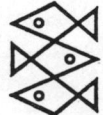

Über dieses Buch
Amitai Etzionis »Moral Dimension«, 1988 in den USA erschienen, löste in Amerika und Europa heftige Diskussionen aus. Etzionis Kernthese: Das Theoriegebäude, auf das alle Marktwirtschaftler sich berufen, beruhe auf Teilwahrheiten. Es sei an der Zeit, das alte Smith'sche Paradigma zu korrigieren, in der Verfolgung des Egoismusprinzips finde jeder Einzelne sein maximales Wohlbefinden und gleichzeitig werde auf diese Weise das Gemeinwohl gefördert. Gegen die Annahme des allein am Eigennutz orientierten Individuums, das die dominierende neoliberale Wirtschaftstheorie bestimmt, stellt Etzioni ein Konzept, das dem einzelnen Gemeinschaftssinn, gesellschaftliche Verantwortung und emotionale Prägung zuerkennt. Damit formuliert er nicht mehr und nicht weniger als ein neues Bild von Wirtschaft, Politik und Gesellschaft.

»Etzionis Buch kommt zur rechten Zeit. Es wirft eine Fülle von Fragen auf, die erst jenseits der wissenschaftlichen Debatte ihr volles Gewicht entfalten. Der Angriff auf die Neoklassik schließt eine politische Kritik des Kapitalismus ein. Egoismus und Streben nach Eigennutz führen in den Ruin, wenn nicht Kräfte der Zivilität, des Engagements ein adäquates Gegengewicht bilden. In den Worten des Autors: ›Die Ichs brauchen ein Wir, um existieren zu können.‹« (Südwestfunk)

Der Autor
Amitai Etzioni, seit mehr als dreißig Jahren international bekannter Soziologe und Autor der bahnbrechenden Untersuchung »The Active Society«, trat als Berater der amerikanischen Präsidenten Carter und Bill Clinton in das Bewußtsein einer breiteren Öffentlichkeit. In den zwanziger Jahren in Köln geboren, mußte er vor den Nationalsozialisten nach Palästina fliehen und wurde später amerikanischer Staatsbürger. Etzioni lehrt an der George Washington University und der Harvard Business School und ist Direktor des Center for Political Research.

Fischer Wirtschaft

Herausgegeben von
Prof. Dr. Dr. h.c. Bert Rürup

Amitai Etzioni
Die faire Gesellschaft
Jenseits von Sozialismus und Kapitalismus

Aus dem Englischen von Patricia Blaas

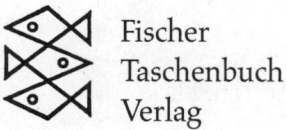

Fischer
Taschenbuch
Verlag

Lektorat: Martin Rethmeier

Veröffentlicht im Fischer Taschenbuch Verlag GmbH,
Frankfurt am Main, Juli 1996

Lizenzausgabe mit freundlicher Genehmigung der
Schäffer-Poeschel Verlag für Wirtschaft Steuern GmbH, Stuttgart
Die amerikanische Originalausgabe erschien 1988 unter dem Titel »The Moral Dimension. Towards a New Economics« im Verlag The Free Press, New York
© 1988 by Amitai Etzioni
Die deutsche Erstausgabe erschien unter dem Titel »Jenseits des Egoismus-Prinzips«
© 1994 Schäffer-Poeschel Verlag für Wirtschaft Steuern GmbH
Satz: Fotosatz Otto Gutfreund GmbH, Darmstadt
Druck und Bindung: Clausen & Bosse, Leck
Printed in Germany
ISBN 3-596-12537-5

Gedruckt auf chlor- und säurefreiem Papier

Dieses Buch ist Minerva Etzioni gewidmet, die am 20. Dezember 1985 verstarb. Ihre Zuwendung zu transzendentalen Dingen, ihre Sorge um die Familie und die Freunde und ihre Lebensfreude finden sich auf diesen Seiten wieder.

Inhalt

Vorwort 11
Danksagungen 18
Kapitel 1: Das Neue Paradigma: Grundlagen 21

TEIL I:
Jenseits des Vergnügens:
Für eine deontologische Sozialwissenschaft

Einleitung 55
Kapitel 2: Vergnügen, Altruismus und die große
Unbekannte (X) 58
Kapitel 3: Substantielle Unterschiede: Moral versus Vergnügen . 78
Kapitel 4: Einige empirische Evidenzen: Menschen handeln
selbstlos 102
Kapitel 5: Moralisches Verhalten ist nicht auf ein Anreizsystem
zurückführbar 127

TEIL II:
Jenseits des Rationalismus:
Die Rolle der Werte und Emotionen

Einleitung 163
Kapitel 6: Normativ-affektive Faktoren 168
Kapitel 7: Wie ineffizient? Der Bereich der intra-kognitiven
Beschränkungen 202

Kapitel 8: Was ist rational? 238
Kapitel 9: Instrumentelle Rationalität: Förderliche Bedingungen . 262
Kapitel 10: Rational handeln, ohne nachzudenken
(Faustregeln) 285

TEIL III:
Jenseits des radikalen Individualismus:
Die Rolle der Gemeinschaft und der Macht

Einleitung 313
Kapitel 11: Kollektive (Makro-)Rationalität 317
Kapitel 12: Die eingekapselte Konkurrenz 338
Kapitel 13: Politische Macht und innermarktliche Strukturen . 367
Kapitel 14: Zusammenfassung: Politik und moralische
Implikationen 399
Übersicht und Vorschlagskatalog 423
Bibliographie 430
Namenregister 470

Vorwort

Sind Menschen nichts anderes als kalte, nur auf ein Ziel programmierte Rechner, die nichts anderes im Sinn haben, als ihr Wohlbefinden zu maximieren? Sind Menschen in der Lage, allein unter Verwendung ihrer Vernunft den effizientesten Weg zur Verwirklichung ihrer Ziele zu finden? Ist die Gesellschaft nichts anderes als ein Markt, auf dem Individuen bei der Verfolgung ihrer privaten Interessen miteinander in Konkurrenz treten – am Arbeitsplatz, in der Politik und in der Liebe – und dabei das Gemeinwohl fördern? Oder streben wir eher danach, beides zu tun, das, was richtig *und* das, was angenehm ist, und geraten dadurch oft in Konflikte, wenn ethische Werte und Glück miteinander unvereinbar sind? Sind wir in erster Linie »normativ-affektive« Wesen, deren Überlegungen und Entscheidungen von unseren Werten und Emotionen stark geprägt sind? Und wenn wir uns bei der Wahl unserer Handlungen auf Erfahrungen und Vernunft verlassen, welche Strategien haben wir entwickelt, um unsere beschränkte Fähigkeit zu wissen, wettzumachen? Welche Probleme entstehen dadurch, daß wir uns auf diese Strategien verlassen, Probleme, die zu den schon von Natur aus angeborenen Beschränkungen hinzukommen? Geht man davon aus, daß sich Menschen sowohl als Mitglieder einer Gemeinschaft als auch als Individuen sehen, die ihre eigenen Interessen verfolgen, muß man sich die Frage stellen, wie die Grenzen zwischen den Verpflichtungen gegenüber der Gemeinschaft und den Eigeninteressen gezogen werden? Hier geht es um das Paradigma, das wir anwenden, um in der sozialen Welt, die uns umgibt und deren integraler Bestandteil wir sind, einen Sinn zu finden; um das Paradigma, das wir bei dem Versuch anwenden, unser Selbst zu verstehen und zu entwickeln und uns ein klares Bild von jenen zu machen, die wir lieben, aber auch von denen, die uns nicht so teuer sind.

Und schon sind wir mitten im paradigmatischen Duell. Herausgefordert wird das herrschende utilitaristische, rationalistisch-individualistische, neoklassische Paradigma, das nicht nur auf die Wirtschaft, sondern immer mehr auch auf die ganze Bandbreite sozialer Bindungen anwendbar ist, ob es nun die Beziehungen zwischen Täter und Opfer eines Verbrechens sind oder die vielfältigen sozialen Bande innerhalb einer Familie. Einer der Herausforderer ist ein sozial-konservatives Paradigma, das Individuen als moralische Mangelwesen sieht, die oft irrational handeln und daher eine starke Autorität benötigen, die ihre Impulse kontrolliert, ihre Anstrengungen kanalisiert und die Ordnung aufrechterhält. Im Dialog dieser zwei Paradigmen entsteht eine dritte Sichtweise des Menschen und der Gesellschaft, die in dieser Arbeit vorgestellt werden soll. Sie betrachtet Individuen als Personen, die in der Lage sind, rational und selbständig zu agieren und damit ihr Selbst oder »Ich« zu fördern. Diese Fähigkeit ist jedoch davon determiniert, wie sehr sie in einer funktionierenden Gemeinschaft verankert sind und wie stark ihre persönliche moralische und emotionale Basis ist. Diese Gemeinschaft wird von ihnen als die ihre empfunden, als ein »Wir«, und nicht sosehr als ein aufgezwungenes, ihre Freiheit einschränkendes »die anderen«. Das Thema dieses Buches soll es sein, dieses neue synthetisierende Paradigma des Ich+Wir und die damit verbundene deontologische Ethik genau zu untersuchen. Es soll auch die Auswirkungen prüfen, die dieses neue Paradigma auf den Entscheidungsprozeß des einzelnen und für den Markt hat, und welchen Platz es in der Gesellschaft einnimmt. Wir werfen hier die Fragen auf, unter welchen Bedingungen Personen effektiv und rational handeln können, ob Märkte effizient sind und ob das Gemeinwesen eine praktikable Lösung darstellt.

Auf den ersten Blick mag es so aussehen, als ob es hier nur um die Grundlagen der Sozialwissenschaften ginge. Das neoklassische Paradigma dominiert in unserer Zeit nicht nur in der Ökonomie, sondern spielt auch in allen anderen Sozialwissenschaften eine große Rolle. Doch auch jene Menschen, die sich für die Sozialwissenschaften nur sehr wenig interessieren, sollten sich eigentlich von diesem »Kampf« der Paradigmen betroffen fühlen, denn, sei es nun über den Umweg der Sozialwissenschaften oder auf direktem Weg, diese Paradigmen beeinflussen unsere Ansichten und Moralvorstellungen.

In dieser Diskussion wollen wir unser besonderes Augenmerk der Untersuchung wirtschaftlichen Verhaltens zuwenden, da die neoklassische Ökonomie das Flaggschiff des neoklassischen Paradigmas ist. Diese Arbeit stützt sich auch auf eine Art Guttman-scale point: Wenn man die Vorteile aufzeigen kann, die es hätte, den moralischen Werten, dem Affekt und den sozialen Beziehungen eine Schlüsselrolle bei der Untersuchung wirtschaftlichen Verhaltens zuzuschreiben, sollten kaum Zweifel bestehen, daß solche Annahmen auch für das Verständnis anderer Elemente des Individualverhaltens und der Sozialbeziehungen wertvoll sind.

Wir wollen unser Ich+Wir-Paradigma, das auf einer gemäßigten Version der deontologischen Ethik fußt, darlegen, indem wir drei grundsätzliche Fragen behandeln: Wie entstehen menschliche Wertsysteme oder Ziele? (Teil I: Jenseits des individuellen Vergnügens, eine wertende Person.) Wie werden die Mittel zur Erreichung unserer Ziele ausgewählt? (Teil II: Jenseits der Vernunft, die normativaffektive Person.) Und: Wer sind die Hauptakteure? (Teil III: Jenseits des Individualismus, die Gemeinschaft.)

Zuerst fragen wir: Was sind unsere Ziele? Wonach streben wir? Das neoklassische Paradigma geht davon aus, daß die Menschen versuchen, einen Nutzen zu »maximieren«. In frühen (und in sehr wenigen zeitgenössischen) ökonomischen Arbeiten wird »Nutzen« als das individuelle Vergnügen oder die Interessen des einzelnen definiert. (In einigen neueren Arbeiten wird auch das Vergnügen anderer mit diesem Begriff bezeichnet oder Nutzen wird einfach als ein formales Attribut behandelt.) Diese Sichtweise der Ziele von Menschen ist Ergebnis einer Form utilitaristischer Ethik.

Wir hingegen gehen von einer anderen Ethik aus, von einem deontologischen Standpunkt, der voraussetzt, daß Menschen moralische Urteile über ihre Bedürfnisse stellen. Daher haben moralische Verpflichtungen den Status einer kausalen *Ursache*, wie Fried (1964) meinte, und können daher das menschliche Verhalten teilweise erklären. So sparen Menschen zum Beispiel nicht nur, um im Alter konsumieren zu können, sondern auch, weil sie glauben, daß es ungehörig ist, vom Staat oder ihren Kindern abhängig zu werden. Und die Leute zahlen Steuern nicht nur, weil sie die Strafen fürchten, sondern auch, weil sie ihre Regierung als eine legitime Institution betrachten.

Um es anders zu formulieren: Die neoklassische Ökonomie versucht, die Mechanismen (vor allem die Preise) zu bestimmen, die zur effizientesten Allokation der Ressourcen führen, zur Allokation, die am besten geeignet ist, die Wünsche der Menschen zu befriedigen. Dennoch neigt sie dazu, diese Wünsche als auf das eigene Glück zentriert zu sehen. Außerdem glaubt sie, daß diese klar strukturiert und in einem alles umfassenden Nutzen ausgedrückt werden können. Die Erkenntnis, daß Menschen mehrere Wünsche haben, zu denen auch das Bedürfnis zählt, ihren moralischen Werten gemäß zu leben, und daß diese Wünsche nicht durch Preise geordnet oder reguliert werden können, bildet einen Ausgangspunkt, der sich von den neoklassischen Prämissen grundsätzlich unterscheidet. Von dort aus können wir eine neue Untersuchung des individuellen wirtschaftlichen und sonstigen Verhaltens, der Gesellschaft und der in sie eingebetteten Wirtschaft starten. Die weitreichenden Implikationen dieser Verschiebung der Prämissen werden im Teil I behandelt.

Zweitens wird die Vorstellung, daß die Menschen rational die effizientesten Mittel zur Erreichung ihrer Ziele suchen, durch ein neues Entscheidungsmodell ersetzt, das davon ausgeht, daß die Menschen ihre Vorgangsweise in erster Linie aufgrund von Emotionen und Werturteilen wählen und erst in zweiter Linie aufgrund logisch-empirischer Überlegungen. Sogar wenn sie Entscheidungen innerhalb jenes eher beschränkten Bereichs treffen, in dem sie sich nur auf logisch-empirische Überlegungen stützen wollen, sind ihre Entscheidungen aufgrund ihrer eher beschränkten intellektuellen Fähigkeiten immer noch *sub*-rational. Kurz gesagt, *die Menschen treffen im allgemeinen keine rationalen Entscheidungen*. Sie putzen ihre Zähne, aber sie legen keine Sicherheitsgurte an; sie hören auch zwanzig Jahre nach dem Surgeon General's Report nicht zu rauchen auf; sie kaufen teure, ungeeignete Lebensversicherungen und bezahlen Börsenmakler für sinnlose Ratschläge usw. Dennoch *handeln sie manchmal relativ rationaler,* und wir werden die Voraussetzungen und Kräfte beschreiben, die solche höheren Rationalitätsgrade fördern. Außerdem sind wir der Ansicht, daß es oft sehr effizient ist, sich in einer Entscheidungs- oder Wahlsituation auf Emotionen und Werturteile zu verlassen (Teil II), und daß die Rationalität dadurch nicht in Mitleidenschaft gezogen wird.

Drittens stellen wir uns die Frage, wer die »Akteure«, die »Wirtschaftseinheiten« sind, die die meisten Wahlentscheidungen treffen. Das neoklassische Paradigma sieht in den Menschen einzelne Individuen, die völlig eigenständig Entscheidungen treffen. Diese Vorstellung wird in dieser Untersuchung durch ein Konzept ersetzt, das die Menschen als Teile sozialer Kollektive sieht, die die individuellen Entscheidungen stark formen. Freie, ungebundene Individuen, die in der Lage sind, relativ rationale Entscheidungen zu treffen, findet man nur in Gemeinschaften, denn, wie wir sehen werden, die Menschen finden nur in solchen Gemeinschaften den psychischen und sozialen Rückhalt, der notwendig ist, um unbeeinflußt vom Druck der Behörden, Demagogen und Massenmedien zu Entscheidungen zu stehen. Individualität existiert, aber nur innerhalb dieses sozialen Kontexts (Teil III, Kapitel 11).

Welche Phänomene führen zur sozialen Organisation, zur Koordination von Millionen von Aktivitäten, die eine Gesellschaft und die gesamte Wirtschaft ausmachen? Neoklassiker neigen dazu, in Tauschbeziehungen die primäre Basis der sozialen Organisation und den Markt als ein selbsttragendes System zu sehen. In diesem Buch werden sowohl die Tauschbeziehungen als auch die Märkte als Untersysteme gesehen, die in einem Kontext aus Gesellschaft, Kultur und Staatswesen stehen. Dieser Kontext bestimmt in einem großen Maß, ob dem Markt ausreichende Freiheit gegeben wird, damit er effizient funktionieren kann, oder ob ihm zuviel Freiheit eingeräumt wird, was den so essentiellen gesellschaftlichen Kontext unterminiert (Teil III, Kapitel 12).

Vom Standpunkt des besonderen deontologischen Paradigmas aus, das hier entwickelt wird, nämlich das »Ich+Wir-Paradigma«, sind Individuen nicht frei herumfliegende Atome innerhalb der Gesellschaft und Wirtschaft, noch gründen sich ihre Beziehungen zueinander vor allem auf ihre persönlichen Eigenschaften. Ihre Beziehungen werden entscheidend von ihrem Platz in verschiedenen Gesellschaftsstrukturen geprägt, die wiederum Formen der von ihnen gewählten Gemeinschaftsform sind (Individuen verändern diese oft mit der Zeit, sind ihnen aber zu jedem Zeitpunkt stark unterworfen). Diese Strukturen spiegeln zum Teil gemeinsame Werte, zum Teil Machtverhältnisse wider.

Anhänger des neoklassischen Paradigmas nehmen an, daß Unternehmen und andere Wirtschaftsakteure keine Macht über den Markt haben; sie müssen seinem Diktat folgen. Der hier vorgestellte deontologische Ansatz erkennt hingegen die zentrale Rolle der Macht an. Er geht davon aus, daß die Tauschhandlungen nicht *zwischen Gleichgestellten stattfinden*, sondern daß eine oder mehrere Parteien einen Machtvorteil haben, der in den »Austausch«-Raten (jener Ressourcenmenge, die ein Akteur investieren muß, um von einem anderen eine vergleichbare Leistung oder Ware zu bekommen) Niederschlag findet. So müssen Mexikaner zum Beispiel bei Einsatz der gleichen Zeit und des gleichen Kapitals viermal mehr arbeiten als Amerikaner, wenn sie ein US-amerikanisches Auto kaufen wollen, während Amerikaner nur ein Viertel an Arbeit, Zeit und Geld investieren müssen, um ein vergleichbares Auto mexikanischer Produktion zu kaufen. Außerdem verfügen Wirtschaftsakteure keinesfalls nur über wirtschaftliche Macht, sondern setzen häufig ihren politischen Einfluß (ihre Macht über die Staatsorgane) ein, um ihre wirtschaftlichen Ziele zu erreichen. Daher werden Wirtschaftsprozesse oft stark von ein paar wenigen mächtigen Unternehmen, Gewerkschaften und anderen »Partikularinteressen« gelenkt und können keinesfalls ihre eigene Dynamik entwickeln (Teil III, Kapitel 13).

Die hier untersuchten Fragen reichen weit über die technischen und konzeptuellen Aspekte einer brauchbaren Theorie des Entscheidungsprozesses in wirtschaftlichen und anderen Bereichen hinaus.* Hier geht es um die menschliche Natur: Wie klug sind wir, und welche Rolle spielen Moral, Emotionen und soziale Beziehungen in

---

* Für einen Überblick und Vorschlagskatalog siehe S. 423–429

unserem persönlichen und kollektiven Verhalten? Und es geht auch um die Frage, inwieweit freie und völlig ungebundene Individuen die Grundlage unserer Gesellschaft bilden; oder besteht diese Grundlage aus Personen, die kleinen Gruppen und Gemeinschaften angehören? Wer ist am besten in der Lage, das geistige Gleichgewicht zu bewahren, das notwendig ist, um frei wählen und effektive Entscheidungen treffen zu können, um eine effiziente und innovative Wirtschaft mit einer lebbaren und freien Gesellschaft in Einklang zu bringen?

Nach der Veröffentlichung einiger Artikel, die diesem Buch vorangegangen sind, und der Diskussion seines Inhalts mit Kollegen, wurde der Autor mit so heftigen Reaktionen konfrontiert, wie sie ihm zuvor nur dann begegnet waren, wenn er heikle Themen wie die Beteiligung der USA am Vietnamkrieg, multilaterale atomare Abrüstung und die Zukunft der Familie behandelt hatte. Daher scheint es notwendig, darauf hinzuweisen, daß der Autor nicht erwartet, daß das vorherrschende neoklassische Paradigma verworfen werden wird. Denn viel von dem, was es an Erkenntnissen gebracht hat, könnte sehr wohl in ein umfassenderes Paradigma eingebaut werden. Gleichzeitig scheint es jedoch sinnvoll, einen Teil der Anstrengungen, die auf die Entwicklung von Theorien, auf die Ausrichtung der Forschung und auf die Vertiefung der Kenntnisse über die Welt des Individuums und der Gesellschaft, im besonderen des Wahl- und Wirtschaftsverhaltens verwandt werden, in den Versuch zu investieren, neue Paradigmen zu konzipieren, die eine Synthese der Arbeit der Neoklassiker und anderer Sozialwissenschaftler ermöglichen. Ab und zu sollten solche Paradigmen eine faire Chance bekommen, gehört zu werden.

A.E.
Cambridge, Massachusetts, 1988

Danksagungen

Minerva Etzioni ermutigte mich, das Konzept dieses Buch 1983–84 zu entwickeln. Ihr Tod ließ das Buch fast ein Jahr in der Schreibtischschublade verschwinden, da dieser Verlust mein Leben sehr erschütterte und ich damit umzugehen lernen mußte. Viele Freunde drängten mich ins Leben und in die Arbeit zurück; ich kann sie hier nicht alle aufzählen oder ihnen auch nur annähernd gebührend danken. Meinen Söhnen – Benjamin, Dari, Michael, Oren und Ethan –, die mir, obwohl sie selbst sehr verletzt waren, halfen, meinen Weg zu diesem Buch zurückzufinden, schulde ich jedoch besonderen Dank.

Joy Brookbank nahm mit ihrer Textverarbeitung endlose Änderungen am Manuskript dieses Buches vor und war dem Autor mit ihrem Wissen und ihren Vorschlägen eine große Hilfe. Was jedoch das Wichtigste war, sie wurde in sehr schweren Zeiten von der Mitarbeiterin zur Freundin.

Einige Kapitel sind aus Artikeln entstanden, die in den erwähnten Zeitschriften schon publiziert wurden. Ich bin den anonymen Lesern und den Herausgebern von *Economics and Philosophy* (Michael McPherson und Daniel Hausman), *Journal of Psychology and Economics* (W. Fred van Raaij), *Journal of Post-Keynesian Economics* (Paul Davidson), *Journal of Behavioral Economics* (Richard Hattwick), *Kyklos* (René L. Frey), *Journal of Public Policy* (Richard Rose), *Journal of Policy Analysis and Management* (Raymond Vernon) und *Social Science Quarterly* (Robin Williams), das auch die Erwiderung auf Frank (1987) enthält, für ihre Anregungen zu großem Dank verpflichtet.

Bei der Entwicklung meiner Vorstellungen über die Sozioökonomie lernte ich sehr viel aus zahllosen Diskussionen mit anderen Ökonomen, von denen ich keinen für meine Mißverständnisse verantwortlich machen kann. Zu diesen zählten Van Adams, Brian Boulier, Jessica Einhorn, Bob Goldfarb, John Kwoka, Joe Pechman, Paul Streeten, Tony Yezer und vor allem Joe Cordes. Von den Kollegen aus anderen Bereichen der Sozialwissenschaft möchte ich Tom Burns, Matt Greenwald, Robert Mitchell, Paul E. Peterson, Paul Stern, Steve Tuch, Ruth Wallace und vor allem Dennis Wrong nennen. Ich bin auch Peter Caws, James Childress, William Griffith und vor allem Douglas MacLean für fruchtbare Diskussionen dankbar. Auf Vorschlag von Rod French veranstalteten wir ein Universitätsseminar über Sozioökonomie, an dem viele der gerade angeführten Wissenschafter teilnahmen. Rod war es auch, der meine Aufmerksamkeit auf die deontologische Literatur lenkte.

Oren und Ethan Etzioni diskutierten geduldig über viele Teile dieses Buches, von der hier entworfenen Ethik bis hin zu ihrer möglichen Umsetzung in mathematische Ausdrücke.

Die endgültige Version dieses Buches entstand während meines Jahres als Professor der Thomas Henry Carrol Ford Foundation an der Harvard Business School (1987–88). Dort machte eine große Zahl von Kollegen zahlreiche, sehr inspirierende und durchdachte Vorschläge, die zu vielen Überarbeitungen des Buches Anlaß gaben. Diese Vorschläge waren keinesfalls nur auf die Ökonomie oder das »Business« beschränkt, sondern reichten von philosophischen zu psychologischen Belangen, von der Soziologie zur Politikwissenschaft. Das nichtwissenschaftliche Personal unterstützte sie dabei sehr stark.

Meine Konfrontation mit der neoklassischen Ökonomie begann mit meinen Lehrjahren bei Don Patenkin an der Hebräischen Universität in Jerusalem. Während meiner Tätigkeit als Forschungsassistent am Institute of Industrial Relations der University of California in Berkeley vertiefte sie sich noch. Ein Jahr als Gasthörer an der Brookings Institution und die Arbeit über Reindustrialisierung im White House, 1979–80, brachten weitere Auseinandersetzungen mit der neoklassischen Theorie.

Als Forschungsassistenten, die mich bei diesem Buch sehr unterstützten, sind zuerst und vor allem Tim Miller und Mark Brian Smith zu nennen. Ich wurde auch von Kathy Wilson, Gita Bhatt, Lucy Ferguson und Ken Cobb unterstützt.

Dieses Buch ist das Produkt des Sozioökonomischen Projekts, das von der George Washington University und dem Center for Policy Research unterstützt wurde. Das Buch wurde an der Harvard Business School fertiggestellt.

Kapitel 1
Das Neue Paradigma: Grundlagen

Eine neue Synthese

Sowohl Sozialwissenschaftler als auch andere Intellektuelle gehen von einem übergeordneten System von Annahmen – d. h. von Paradigmen – aus, wenn sie versuchen, unsere Welt zu verstehen, unsere Ziele und die Art und Weise, wie wir die Mittel zu ihrer Verfolgung wählen, wenn sie versuchen zu verstehen, wie wir als Einzelpersonen handeln oder als Teil einer Gemeinschaft miteinander in Beziehung stehen. Wenn diese Paradigmen für die Formulierung von Theorien und Strategien verwendet werden, die in ihrer empirischen und ethischen Reichweite beschränkt sind, wird die Untersuchung unserer Welt ebenso beschränkt sein wie die Bestrebungen, ihre Probleme zu beheben. Dieses Buch vertritt die Meinung, daß das neoklassische Paradigma – d. h. eine auf der utilitaristischen Sicht basierende Version des radikalen Individualismus – in ein umfassenderes Paradigma eingebunden werden muß. In einem ersten Schritt werden die Unterschiede in den zentralen Annahmen zwischen dem vorherrschenden neoklassischen Paradigma einerseits (am deutlichsten in den grundlegenden Arbeiten der neoklassischen Ökonomie zu erkennen) und einem neu entstandenen deontologische Paradigma (das des »Ich+Wir«) andererseits herausgearbeitet. Danach werden die Unterschiede von sozialphilosophischen, ethischen, epistemologischen, historischen und methodologischen Gesichtspunkten aus untersucht. In einem letzten Schritt werden die Möglichkeiten aufgezeigt, diese zwei Paradigmen zusammenzuführen.

Das neoklassische Paradigma ist utilitaristisch, rationalistisch und individualistisch. Es sieht Individuen als Personen, die danach streben, *ihren* Nutzen zu maximieren, wobei sie rational die besten Mittel zur Verfolgung ihrer Interessen wählen. Sie sind die Entscheidungsträger, d. h., sie treffen ihre eigenen Entscheidungen. Das Zusammentreffen dieser Individuen auf dem Konkurrenzmarkt führt, so meinen die Neoklassiker, keinesfalls zu einem allumfassenden Konflikt, sondern zu einem Maximum an Effizienz und Wohlfahrt. Der Begriff einer Gemeinschaft, soweit er in diesem Paradigma enthalten ist, wird oft als das Ergebnis der Aggregation rationaler Individualentscheidungen gesehen.

Diese utilitaristischen Annahmen bilden die Grundlagen der neoklassischen Ökonomie (für weitere Diskussionen siehe S. 94 f.). Sie spielen jedoch in bedeutenden Theorien aller zeitgenössischen Sozialwissenschaften eine Schlüsselrolle. Da die neoklassische Wirtschafts*theorie* viel mehr als diese Annahmen umfaßt und da diese Annahmen auch anderen sozialwissenschaftlichen Theorien als Grundlage dienen, scheint es angebracht, sie als das neoklassische *Paradigma* zu bezeichnen. Dieses Paradigma spielt in der zeitgenössischen Politikwissenschaft (z. B. in der Public-Choice-Schule), der Psychologie (z. B. in der Gleichgewichtstheorie, die die Gruppenmitglieder als Personen sieht, die den Vorteil der Mitgliedschaft in der Gruppe permanent berechnen und eher nicht »involviert« oder »der Gemeinschaft verpflichtet« sind), der Soziologie (z. B. Tauschtheorie), ja sogar der Anthropologie (in Arbeiten, die zu dem Schluß kommen, daß Stämme, die noch keine Schrift kennen, den Gesetzen der neoklassischen Ökonomie gehorchen, z. B. Schneider 1974), der Geschichte (z. B. North 1981) und der Rechtswissenschaft (z. B. Posner 1977). Außerdem bestimmt das neoklassische Paradigma sehr stark die öffentliche Diskussion, die Gespräche, das intellektuelle Leben und sozial- und politikwissenschaftliche Philosophien, die die Öffentlichkeit bewegen. Die für das neoklassische Paradigma in der öffentlichen Diskussion verwendeten Termini außerhalb der Sozialwissenschaften im Laufe der Jahrzehnte veränderten sich immer wieder; derzeit sind es die Begriffe *Laisser-faire*, konservativ und liberal, die am häufigsten benützt werden.

Das neoklassische Paradigma und die aufgrund seiner Annahmen und Grundkonzepte formulierten Theorien wurden als unrealistisch, unproduktiv und amoralisch bezeichnet (Malinowski 1922; Parsons 1937; Thurow 1983; Allvine and Tarpley 1977; Wilber and Jameson 1983). Dennoch können die Vertreter des neoklassischen Paradigmas und der abgeleiteten Theorien diesen Kritiken ein starkes Argument entgegenhalten: Sie können ihre Kritiker auffordern, Verhaltenstheorien aufzuzeigen, die produktiver sind als die vorherrschende. Der Ausspruch »You cannot beat a theory with nothing« ist mehr als eine kluge Entgegnung – er ist ein etwas übertriebener, aber keineswegs unfairer Kommentar zum heutigen Stand der Wissenschaften.

Wohin führt uns unser Weg? Diese Frage beschäftigt sich mit der Art und Weise, wie wissenschaftlicher und intellektueller Fortschritt erreicht wird. In diesem Zusammenhang greifen wir auf Thomas Kuhns Erkenntnisse über die Rolle und die Dynamik von Paradigmen zurück. Sie stellen eine geordnete Methode dar, unser Denken über eine ungeordnete Welt zu strukturieren. Die Entwicklung eines Paradigmas ist ein ungeheures Unterfangen: Man muß Hunderttausende Mannjahre investieren, Milliarden von Dollar für die Sammlung und Analyse von Daten und die Erstellung von Modellen und enorme Anstrengungen unternehmen, um unter denen, die ein gegebenes Paradigma vertreten, Einigkeit darüber zu erlangen, wie man annehmen sollte, daß die Welt beschaffen sei. Der ungeheure Umfang dieser Investitionen ist eine Ursache dafür, daß man an traditionellen Paradigmen festhält. Hinzu kommt, daß Wissenschaftler oft ihr ganzes Leben in ein solches Paradigma investiert haben und daß es dabei auch um die wissenschaftliche »Hackordnung« geht, alles Probleme, mit denen wir uns hier nicht beschäftigen werden. Andererseits geht es auch um ideologisch-moralische Verpflichtungen, auf die wir weiter unten zu sprechen kommen werden.

Solange es kein anderes produktives Paradigma gibt, ist es schwierig, sich Anstrengungen zur Erhaltung des neoklassischen Paradigmas zu widersetzen, selbst wenn es einige sogenannte »stubborn facts« gibt, das sind Tatsachen, die sich nicht mit der Theorie vereinbaren lassen oder andere geringere Ungereimtheiten (z. B. die Entdeckung einiger Inkonsistenzen innerhalb der Theorie). Tatsächlich ist es durchaus richtig, das Paradigma und die darauf beruhenden Theorien zu stützen, zu verstärken oder zu modifizieren, um Einwände zu entkräften, in der Hoffnung, eine Paradigmenverschiebung hintanzuhalten. Es ist ebenso richtig, das Grundgerüst des vorherrschenden Paradigmas zu bewahren – solange es keine erfolgreiche Alternative gibt. Dies sogar, wenn diese Anstrengungen nicht zum gewünschten Erfolg führen (oder nur dadurch ihr Ziel erreichen, daß sie weit hergeholte Annahmen einführen oder Teile der Theorie zu Tautologien machen). Bis jetzt scheint noch keine solche Alternative entwickelt worden zu sein. Wie Ulen (1983, S. 576) schrieb: »... viele der jüngsten Ansprachen der Präsidenten an die American Economic Association waren gegenüber der anerkannten mikro- und makroökonomischen Theorien sehr kritisch. Dennoch wurde bis jetzt noch kein neues Paradigma angeboten.« Wenn er unter einem neuen Paradigma ein erfolgreiches meint, das für eine Fülle von Tatsachen einen Kontext bieten könnte und allgemeinen Konsens entstehen ließe, hat er sicherlich recht. Er fährt fort, indem er auf »den für die Profession natürlichen Versuch hinweist, die Sprünge im derzeitigen Paradigma mit so genialem Füllmaterial wie Transaktionskosten und rationalen Erwartungen zu schließen« (Ulen 1983, S. 576). Während in der Fassade mehr als nur Sprünge aufgetreten sind, ist diese Vorgangsweise, um es noch einmal zu wiederholen, nicht nur einfach »natürlich«, sondern auch legitim.

In der Tat, Ulens eigenes Werk beleuchtet dieses Problem noch besser. Nachdem er einen Literaturüberblick von Nelson und Winter (1983, S. 577) zitiert hat, der »die beschränkten Optimierungsfähigkeiten von Organisationen und Individuen« aufzeigt, stellt sich Ulen die Frage, ob das ein ausreichender Grund ist, die orthodoxe Theorie durch eine neue zu ersetzen, statt sie »einfach zu flicken«. Ein anderer Wissenschaftler, der sich mit demselben Problem auseinandersetzt (Rubin 1983, S. 719), überlegt, ob dies wohl bedeute, daß das neoklassische Paradigma nun »ausrangiert« werden müsse, oder ob der neue Ansatz (in diesem Fall die evolutorische Ökonomie) von der neoklassischen Ökonomie absorbiert werden könne, eine Vorgangsweise, die er bei weitem vorziehen würde. Andere versuchen, neue Paradigmen zu entwickeln.

Falls und sobald solche Bemühungen von Erfolg gekrönt sind, heißt dies nicht, daß das neoklassische Paradigma zusammenbrechen wird. Es hat schon mehrere Wissenschaftsdisziplinen gegeben, in denen sich zwei Paradigmen über lange Zeit offen Konkurrenz machten. Der Marxismus ist schließlich ein Paradigma, das unter anderem versucht, wirtschaftliches Verhalten zu erklären. Er bestand lange neben dem neoklassischen Paradigma, wobei keines der beiden Paradigmen das andere verdrängte.

Die in dieser Arbeit entwickelte These schlägt ein anderes Konfrontationsmuster für Paradigmen vor: Es wird angenommen, daß das rationale, auf das Selbst orientierte Verhaltens»modell«, wie es von den Neoklassikern entwickelt wurde, durchaus innerhalb des Kontexts von Persönlichkeitsstruktur und Gesellschaft zu beobachten ist. Diese wird wiederum nicht einfach als Spiegelbild der aggregierten Individualakte gesehen, sondern als Phänomen, das wesentlich von dynamischen Kräften gebildet wurde. Diese Kräfte unterscheiden sich auf eine noch genauer zu beschreibende Art und Weise von denen, die vom neoklassischen Paradigma als gegeben betrachtet werden. Das heißt, daß neoklassische Konzepte und Erkenntnisse nicht verworfen werden, sondern hier so gesehen werden, daß sie durchaus auf Teile der Gesellschaft (Märkte) und der Persönlichkeit anwendbar sind (in denen die rationale Entscheidungsfindung von Emotionen und Werten begrenzt, ersetzt *und* fallweise unterstützt werden). In anderen Worten, der hier vertretene Ansatz ist der der *Kodeterminierung*: Er umfaßt Faktoren, die die Gesellschaft und die Persönlichkeit prägen, sowie neoklassische Faktoren, die die Märkte und die rationale Entscheidungsfindung bestimmen. Außerdem können wir noch über den Vorschlag zur Synthese beider Ansätze hinausgehen. Wir können in gewissem Rahmen festlegen, in welcher Beziehung sie zueinander stehen: Das hier vorgestellte Paradigma versucht den *Kontext* zu definieren, in dem die Kräfte wirksam werden, auf denen der neoklassische Ansatz beruht. Dieser Kontext setzt diesen Kräften Grenzen und lenkt sie in bestimmte Richtungen. (Für weitere Diskussionen zur Persönlichkeitsstruktur siehe Teil II, besonders Kapitel 6; bezüglich der Gesellschaft siehe Teil III, im besonderen Kapitel 12.)

Grundannahmen

Ein Hauptverdienst des vorherrschenden neoklassischen Paradigmas besteht darin, daß es seine Grundannahmen sehr klar definiert. Das vorliegende Buch ist so aufgebaut, daß diese Grundannahmen sukzessive verändert und die sich daraus ergebenden Konsequenzen untersucht werden. Es werden drei grundlegende Veränderungen vorgenommen, und zwar (1) hinsichtlich der Ziele von Menschen, (2) hinsichtlich der Wahl ihrer Mittel und (3) hinsichtlich der Frage, wer diese Wahl trifft.

Dort, wo die Neoklassiker davon ausgehen, daß die Menschen einen Nutzen zu maximieren versuchen (sei dies nun Vergnügen, Glück, Konsum oder einfach ein formaler Begriff eines singulären Ziels), nehmen wir an, daß die Menschen zumindest zwei nicht weiter reduzierbare »Nutzen« verfolgen und zwei Bewertungsmaßstäbe haben: Vergnügen und Moral (das Thema von Teil I).

Die neoklassische Annahme, daß die Menschen ihre Entscheidungen (nach einer noch zu klärenden Definition) rational treffen, wird durch die Annahme ersetzt, daß die Menschen die Mittel und nicht nur die Ziele in der Regel zuerst und vor allem aufgrund ihrer Werte und Emotionen wählen. Werte und Emotionen *stören* oder *verdrehen* keinesfalls immer die rationalen Überlegungen, sondern machen den Entscheidungsprozeß manchmal sogar effektiver. Dies trifft nicht nur für soziales Verhalten wie Liebesbeziehungen zu, sondern auch für wirtschaftliches Verhalten, sagen wir für Beziehungen zu Angestellten oder Vorgesetzten. Die Umstände, unter denen Menschen sich so verhalten, wie die Neoklassiker glauben, daß sie es im allgemeinen tun – nämlich (in dem einen oder anderen Maße) rational –, werden in dem hier entwickelten Paradigma berücksichtigt (das Thema von Teil II).

Die neoklassische Annahme, daß das Individuum der Entscheidungsträger ist, wird hier insofern verändert, als wir annehmen, daß soziale Kollektive (wie ethnische oder rassische Gruppen, »peer groups« am Arbeitsplatz und Nachbarschaften) die eigentlichen Entscheidungsträger sind. Individuelle Entscheidungen spiegeln oft sehr stark kollektive Attribute und Prozesse wider. Individuelle Entscheidungen werden sehr wohl getroffen, aber vor allem innerhalb des von zahlreichen Kollektiven definierten Rahmens.

Dasselbe Argument gilt auch für die Beziehung zwischen Gesellschaft und dem Markt als *Sub*system. Die neoklassische Annahme, daß die Marktwirtschaft als isoliertes System betrachtet werden kann, als ein System, das grundsätzlich in sich geschlossen ist und dessen verschiedene Attribute mit Hilfe eines perfekten Wettbewerbsmodells untersucht werden können, wird hier durch die Annahme ersetzt, daß die Wirtschaft ein Subsystem einer viel umfassenderen Gesellschaft, eines Staatswesens und einer Kultur ist. Es wird daher angenommen, daß die Dynamik der Wirtschaft und damit auch ihr Wettbewerbsgrad nicht untersucht werden kann, ohne daß soziale, politische und kulturelle Faktoren in das jeweilige Paradigma integriert werden. Außerdem dürfen soziale Kollektive nicht als Aggregate von Individuen gesehen werden, sondern als Organisationsformen mit eigenen Strukturen, die ihrerseits wieder die Individuen (und anderen Untereinheiten) nicht aufgrund ihrer individuellen Eigenschaften definieren, sondern deren gegenseitigen Umgang stark beeinflussen (siehe Kapitel 11).

Die Bedeutung von Struktur wird in diesem Buch anhand der Untersuchung eines wichtigen strukturellen Attributs, nämlich der politischen Macht ausgewählter Wirtschaftsakteure, dargestellt. Anstatt davon auszugehen, daß die Wirtschaft grundsätzlich auf Wettbewerb beruht und daß Wirtschaftsakteure (vor allem Firmen) daher grundsätzlich dem »Markt« unterworfen sind und über keinerlei Einfluß auf ihn verfügen (Monopole werden als Ausnahmen und Verirrung betrachtet), nimmt das hier entwickelte deontologische Ich+Wir-Paradigma an, daß ungleiche Machtverteilungen unter den Akteuren kongenial, also strukturinherent sind und ihre Beziehungen wesentlich beeinflussen. Wir werden weiter unten sehen, daß die Machtdifferentiale dadurch gewonnen werden, daß sowohl wirtschaftliche Macht (die Macht, die einige Akteure im Rahmen der Wirtschaft direkt über andere haben) als auch politische Macht (die Macht, die einige Akteure indirekt über andere haben, indem sie die Regierung veranlassen, zu ihren Gunsten in der Wirtschaft zu intervenieren) eingesetzt wird (siehe Kapitel 12).

Diese grundlegend andersartigen Annahmen machen das hier mit »Ich+Wir« bezeichnete Paradigma aus (das nur eines von einer viel größeren Palette möglicher deontologischer Paradigmen ist). Diese Bezeichnung unterstreicht die Annahme, daß Individuen innerhalb eines sozialen Kontexts handeln, daß dieser Kontext nicht auf individuelle Akte reduziert werden kann und, was am wichtigsten ist, daß dieser soziale Kontext nicht notwendigerweise oder gar vollständig aufgezwungen ist. Statt dessen wird der soziale Kontext in hohem Maße als ein legitimer und integraler Bestandteil der eigenen Existenz erlebt, als ein Wir, ein Ganzes, das aus Individuen zusammengesetzt ist.

Die Internalisierung des sozialen Kontextes, die *teilweise* Überlappung der Ichs mit der Gesamtheit ist ein essentieller Unterschied zwischen dem neoklassischen und dem hier vorgestellten deontologischen Paradigma. Das neoklassische Paradigma erkennt Kollektive entweder überhaupt nicht an oder sieht sie als Aggregate von Individuen, die keine eigenen kausalen Fähigkeiten haben und die Individuen nicht beeinflussen. Es betrachtet Individuen als von der Gemeinschaft losgelöst und frei von gemeinsamen Werten. Dieses Individuum kalkuliert genau, ob es Mitglied sein soll oder nicht, ob es dem Diktat der Werte folgen soll oder nicht. Das hier vorgestellte deontologische Paradigma geht davon aus, daß die Menschen zumindest *ein gewisses Maß* an persönlicher Verbundenheit mit der Gemeinschaft (Neoklassiker würden dazu »Aufgabe der Souveränität« sagen), ein Gefühl von *gemeinsamer* Identität und eine Verpflichtung gegenüber den moralischen Werten haben, ein Gefühl, daß »Wir Mitglieder voneinander sind.« (Baldwin 1902, S. 3). Daher werden gemeinsame Werte oft nicht aus zielgerichteter Konformität angenommen, sondern weil sie zumindestens teilweise internalisiert werden (Wrong 1961, S. 186).

In gleicher Weise wie die neoklassische Ökonomie das Flaggschiff des neoklassischen Paradigmas ist, ist eine von hier an als Sozioökonomie bezeichnete Theorie ein Versuch, im Rahmen unseres deontologischen Ich+Wir-Paradigmas eine Theorie des wirtschaftlichen Verhaltens zu entwickeln.

Sozialphilosophische Grundlagen: Das »Ich+Wir«

Tories und Whigs, Über- und Untersozialisierung

Der Dialog zwischen dem vorherrschenden und dem neuen Paradigma beruht auf grundlegenden Unterschieden in der Sozialphilosophie: Die zwei Positionen gehen von divergierenden Sichtweisen der menschlichen Natur (sind die Menschen grundsätzlich Knappen oder Edelleute?) und der sozialen Ordnung (können Individuen von Natur aus harmonisch leben oder ist der Mensch dem Menschen ein Wolf?) aus.

Obwohl nicht jeder Neoklassiker, der sich mit Lohndifferentialen oder Sparraten beschäftigt, Anhänger der Sozialphilosophie von Adam Smith' unsichtbarer Hand und ihrer *Laisser-faire*-Implikationen ist, bilden diese Konzepte offensichtlich die Basis des vorherrschenden neoklassischen Paradigmas. Soziologen bezeichnen die von ihnen implizierte Sichtweise des Menschen als »untersozialisiert«, weil Individuen hier als Personen betrachtet werden, die effektive Akteure sind, unabhängig handeln können und psychologisch und sozial autonom sind. Die soziale Ordnung wird als auf den Markt beschränkt gesehen, vor allem als die Summe individueller Transaktionen (selbst wenn es sich bei den Individuen um Haushalte und Kleinbetriebe handelt), und als grundsätzlich selbstregulierend. Der Staat spielt dabei eine sehr geringe und negative Rolle. Wenn dieser Ansatz der Gemeinschaft überhaupt eine Rolle zuschreibt, so bezieht sie sich keinesfalls auf das Hauptgerüst des Paradigmas. »Die Gemeinschaft ist eine fiktive Einheit, die sich aus (...) Individuen zusammensetzt« (Bentham 1960, Kapitel I, Absatz 2). Hier findet man die Wurzel der Sichtweise, die Ökonomie nicht als eine Wissenschaft versteht, die sich mit Gütern und Dienstleistungen beschäftigt, sondern mit der Logik der Wahlakte (Barry 1978, S. 5). Wessen Wahl? Die Antwort der Neoklassiker darauf ist: die Wahl völlig freier Individuen (Granovetter 1985).

Die historischen Wurzeln dieser Sozialphilosophie des radikalen Individualismus sagen viel über ihre Sichtweise aus. Sie wurde von einer intellektuellen und politischen Bewegung entwickelt und vertreten, die als »Whigs« bezeichnet wird (die Liberalen jener Tage). Die Whigs standen in Opposition zu einer autoritären Monarchie und einer eng verflochtenen Gesellschaft, die den Bürgern ihren Moralkodex mit Hilfe der etablierten Religion aufzwang (Guttridge 1942). Obwohl die Whigs auch viele andere Ideen vertraten, hat die Essenz dieser Position, lange nachdem die historischen Umstände, gegen die die Whigs ursprünglich aufgetreten waren, verschwunden waren, weiterhin großen Einfluß auf die heutigen Sozialwissenschaften, die intellektuellen Kreise und die breite Öffentlichkeit unserer Zeit. Zu führenden Whigs unserer Zeit zählen Friedrich von Hayek, Milton Friedman und Robert Nozick.

Historisch gesehen war es nicht so sehr die in jüngerer Zeit entwickelte liberale Idee von einer bedeutenden und positiven Rolle des Staates, die der Weltsicht der Whigs, die dem neoklassischen Paradigma zugrunde liegt, entgegenstand, sondern die sozialkonservative Ansicht der Tories. Die Tories sehen die Gemeinschaft und die Autorität als Grundlagen der Gesellschaft an. Bei den Tories kommt die Nation, das Vaterland, die Kirche oder die Gesellschaft vor dem Individuum. Während die *Laisser-faire*-Mentalität der Whigs den Staat als von Individuen für Individuen gegründet betrachtet, sehen die Tories die Gemeinschaft als einen Körper, der aus individuellen Zellen zusammengesetzt ist. Sie nehmen an, daß die Individuen mit unmoralischen Anlagen geboren werden und keinesfalls dazu geneigt sind, harmonisch miteinander zu leben. Es müßten ihnen zur Entwicklung ihrer Moral Werte eingeimpft werden, und es bedürfe einer Autorität, um die soziale Ordnung aufrechtzuerhalten. Die Anarchie durch die Masse wird mehr gefürchtet als ein autoritäres Regime.

Die Soziologen bezeichnen diesen kollektivistischen Ansatz der Tories als eine »übersozialisierte« Sichtweise der menschlichen Natur (Wrong 1961). Historisch entstand sie früher als die der Whigs; sie entspricht der mittelalterlichen Sozialphilosophie der Kirche und der Monarchie, die an der Schwelle zur modernen Zeit damit gegen Forderungen nach Individualrechten und Ansprüchen der neu aufstrebenden Klassen argumentierten. In ihr wurzelt Émile Durkheims Hauptwerk, Talcot Parsons Soziologie, einige Sparten der Politikwissenschaft (besonders die von Leo Strauss) und ein großer Teil der Anthropologie.

Durkheim vertrat die Ansicht, daß die Moral ein System von Regeln und Werten sei, das von der Gesellschaft entwickelt werde und in ihrer Kultur eingebettet sei, und daß jedes einzelne Kind diese als Teil der Kultur überliefert bekomme. Nichtrationale Prozesse, wie die Identifikation mit den Eltern, spielen dabei eine Schlüsselrolle. (Durkheim entwickelte diese Einstellung als Antwort auf und in Opposition zu der utilitaristischen Sichtweise, daß moralische Werte von jedem einzelnen Erwachsenen entwickelt würden und das Ergebnis ihrer intellektuellen Bewertung der Handlungen anderer Erwachsener seien [Kohlberg 1968, S. 486.])

Für Parsons ist die Grundannahme funktionalistisch: Die Handlungen der Individuen werden tatsächlich nach ihrem Beitrag zur sozialen Ordnung bewertet, die den Individuen wiederum durch die Sozialisierung antrainiert und deren Einhaltung durch soziale Kontrolle sichergestellt wird. Diese Konzepte decken sich nicht wirklich, doch sie sind Ausdruck der Vorstellung von einer starken Gemeinschaft (die auf einem letztgültigen Wertsystem beruht und eng gewobene Sozialbeziehungen hat) und einem mächtigen Staat (um die Einhaltung der Werte der Gemeinschaft zu sichern). Autorität wird in diesem Zusammenhang meist als legitime Macht gesehen. Ein Bonmot besagt, daß uns die Wirtschaftswissenschaft lehre, wie man wählt, während uns die Soziologie zeige, daß wir keine Wahl haben. Dies ist natürlich eine nicht ganz korrekte Charakterisierung der zwei Disziplinen, die jedoch die Sicht der Whigs und Tories treffend beschreibt.

Das jahrhundertealte Tauziehen zwischen diesen beiden Weltsichten ist alles andere als vorbei. Auch beeinflussen sie die sozialwissenschaftlichen Paradigmen noch immer. Betrachten wir zum Beispiel die Einstellung zum Begriff »Vertrauen«. Auf den ersten Blick könnte das Vertrauen einem dieser typischen sozialwissenschaftlichen Konzepte der Tories entspringen, das von den Whigs inspirierte Ökonomen vielleicht als existent, aber keinesfalls als erklärungsbedürftig betrachten (Luhmann 1979). Vertrauen ist natürlich ein Stützpfeiler der Wirtschaft und nicht nur für die sozialen Beziehungen, da ohne Vertrauen keine Währungen benützt würden, Sparen sinnlos wäre, Transaktionskosten in astronomische Höhen steigen würden; kurz, es ist kaum möglich, sich eine moderne Wirtschaft ohne Vertrauen vorzustellen. Aber wenn man sich die Frage stellt, was denn für das Ausmaß dieses Vertrauens zwischen Individuen und innerhalb der Gesellschaft verantwortlich ist, zeichnen sich die Unterschiede zwischen den zwei Weltsichten deutlich ab.

Die von den Tories inspirierten Sozialwissenschaftler haben eine einfache Antwort: Vertrauen ist ein Wert, der den jungen Menschen durch ihre »Sozialisierungsagenten« (Eltern, Erzieher, peers) eingetrichtert wird. Die, die diesem Wert zuwiderhandeln, werden entweder umerzogen, um ihn achten zu lernen, oder so lange bestraft, bis sie ihn annehmen. Andere wiederum werden abgeschreckt, diesen Wert zu verletzen. Die der Sichtweise der Whigs anhängenden Ökonomen betrachten Vertrauen als ein Produkt vorangegangener Transaktionen, die auf rationalen Berechnungen und effizienten »Faustregeln« beruhen. Wenn zum Beispiel A Ihr Kunde ist und er für die letzten N Transaktionen kreditwürdig war, ist es rational, die Überprüfung seiner Kreditwürdigkeit zum N+1. Mal zu unterlassen (wenn man annimmt, daß das Transaktionsvolumen relativ klein und die Überprüfungskosten relativ hoch sind). Daher ist für die Whigs ein hohes Vertrauensniveau nicht Produkt gelungener Sozialisierung, sondern Ergebnis zahlreicher früherer Erfahrungen, geringer Einsätze oder hoher Verifikationskosten. Diese unterschiedlichen Perspektiven, die anhand der Sichtweisen von Vertrauen illustriert wurden, gelten auch für eine Unzahl anderer Begriffe dieser Art, die diese beiden Paradigmen enthalten.

Ich+Wir, Die zur Verantwortung fähige Gemeinschaft (responsive community)

Dieses Buch versucht nun aber, einen dritten Standpunkt herauszuarbeiten. Seine sozialphilosophischen Grundlagen können als die »responsive community« (etwa »die zur Verantwortung fähige Gemeinschaft« – Anm. d. Übers.), oder zu Ehren meines großen Lehrers, Martin Buber, als »Ich+Wir«-Sichtweise charakterisiert werden. Die Kernidee ist die Annahme, daß zwischen zwei primären Kräften – der des Individuums und der der Gemeinschaft, deren Mitglieder diese Individuen sind – kreative Spannungen und ein unentwegtes Streben nach Gleichgewicht herrschen. Wenn man die Gemeinschaft nur als eine Aggregation von Individuen betrachtet, die für eine bestimmte Zeit zu ihrem Vorteil gebildet wurde, vergißt man dabei, daß Individuen danach streben, gemeinsamen Bedürfnissen zu dienen und in eine Gemeinschaft eingebunden zu sein, die diese Bedürfnisse befriedigt. Sieht man die Gemeinschaft als Quelle von Autorität und Legitimität und versucht man, den Individuen – und sich selbst – im Namen der Pflicht Verhaltensstandards aufzuerlegen, bleibt nicht mehr genug Basis für persönlich Freiheit und andere individuelle Rechte. Ein solches Vorgehen hindert die Gemeinschaft auch daran, auf eine sich ständig verändernde Welt kreativ und flexibel zu reagieren, weil dadurch die Herausbildung differierender Meinungen und Positionen eingeschränkt wird, die mit der Zeit die vorherrschenden Werthaltungen ersetzen könnten und so der Gemeinschaft einen Vorteil brächten.

Der Begriff *responsive community* wurde gewählt, um sowohl den Individuen als auch der Gemeinschaft gerecht zu werden. Eine responsive community ist viel integrierter als ein Aggregat von Individuen, die ihren eigenen Nutzen maximieren wollen; dennoch ist sie viel weniger hierarchisch und strukturiert und »sozialisierend« als eine autoritäre Gemeinschaft. Wir müssen die Hobbessche Vorstellung verwerfen, daß Individuen ihre Grundrechte als Vorbedingung für Sicherheit dem Gemeinwohl unterordnen müssen. Die Bedrohung der Sicherheit ist nicht so hoch, als daß es gerechtfertigt erschiene, daß wir uns alle dem Leviathan überantworten, der uns schützen soll. Wir können auch nicht auf Lockes Auffassung bauen, daß dem Individuum alle Rechte zukommen, das wiederum aufgrund seiner Überlegungen einige dieser Rechte an eine Gemeinschaft abzutreten wünscht oder auch nicht. *Individuen und Gemeinschaften sind beide essentiell und haben daher den gleichen grundlegenden Rang.*

Aus dieser Synthese entsteht eine unvermeidbare, in Wahrheit äußerst produktive Spannung zwischen den zwei Grundelementen der responsive community. Die Individuen mögen danach streben, die Rechte der Gemeinschaft zu reduzieren, die Gemeinschaft mag heftig versuchen, Individuen einzubinden. Aber wenn es keinem der beiden Elemente gelingt, die Oberhand zu gewinnen und wenn die Exzesse des einen durch ein Erstarken des anderen Elements neutralisiert werden, kann eine ausgewogene responsive community aufrechterhalten werden.* Schopenhauer wird der Aphorismus zugeschrieben, daß Menschen wie Stachelschweine in der Kälte seien: Sie frieren, wenn sie sich zu weit voneinander entfernen, aber stechen einander, wenn sie sich zu nahe kommen.

Als erste Annäherung an das Thema haben wir uns in der Diskussion der traditionellen Sichtweise des Individuums und der Gemeinschaft als zwei voneinander deutlich unterschiedlichen Wesenheiten bedient. In dieser Terminologie ist es sinnvoll, von Ansammlungen von Individuen zu sprechen, die entscheiden, ein Staatswesen zu bilden und ihm Aggregate von Individuen ohne Gemeinschaft gegenüberzustellen, zum Beispiel bei der Beschäftigung mit dem Begriff »des größtmöglichen Glücks für möglichst viele«. Dennoch ist es eine grundlegende Erkenntnis der Soziologie und der Psychologie, daß dieses Konzept eines Individuums eine optische Täuschung ist. *Das Individuum und die Gemeinschaft schaffen einander und setzen einander voraus.* Die Gesellschaft ist keine »Einschränkung«, ja nicht einmal eine »Gelegenheit«, *die Gesellschaft sind wir.* (Radikale könnten sagen, daß »die« Gesellschaft nicht durch das Volk entsteht, sondern dem Volk aufgezwungen wird. Wenn genug Leute diese Ansicht teilen, können sie die Gesellschaft ändern, damit sie ihren Vorstellungen besser entspricht. Dennoch ist die Gesellschaft prinzipiell unsere und ein Teil von uns, auch wenn jede besondere Gesellschaftsstruktur von einigen als aufgezwungen erlebt wird.)

Obwohl es möglich ist, abstrakt über Individuen abseits der Gemeinschaft nachzudenken, würden sie, wären sie tatsächlich nicht

---

* Zu diesem Thema muß noch viel mehr gesagt werden, und es wurden darüber schon viele Bücher geschrieben. Für wichtige Beiträge siehe Walzer (1983); Bellah, Adsen, Sullivan, Swindler, Tipton (1985); Aufsätze von Jencks und Featherston in: Gans, Glazer, Gusfield und Jencks (1979).

in eine Gemeinschaft eingebunden, nur sehr wenige der Attribute aufweisen, die üblicherweise mit dem Begriff der Einzelperson assoziiert werden. Solche Individuen sind in der Regel mental labil, impulsiv, selbstmordgefährdet und auch in anderer Hinsicht mental und psychosomatisch krank (Srole 1975). Sicherlich haben solche isolierten Individuen wenig mit den kühl berechnenden Maximierern des von den Whigs inspirierten neoklassischen Paradigmas gemein. Die Ichs brauchen ein Wir, um zu sein.

Fehlplazierte Freiheit

Wie wichtig die Ansicht ist, daß Individuen Mitglieder sozialer Kollektive (wie ethnischer Gruppen und lokaler Gemeinschaften) sind und nicht ungebundene, isolierte Wesen, wird besonders deutlich, wenn man untersucht, wie unterschiedlich das neoklassische und das Ich+Wir-Paradigma die Freiheit sehen.

Dem neoklassischen Paradigma liegt die Annahme zugrunde, daß ungebundene, freistehende Individuen die Entscheidungsträger, die Akteure sind. Dies ist viel mehr als eine Arbeitshypothese; das ist ein Glaubensgrundsatz, der in einer tiefen Verpflichtung gegenüber dem Wert der Freiheit wurzelt. Neoklassiker argumentieren, daß man die Grundfesten der Freiheit – nämlich die Vorstellung, daß jedes Individuum fähig ist, eigene Entscheidungen zu treffen – unterminiert, wenn man annimmt, daß die Präferenzen der Individuen durch gesellschaftliche Kräfte manipuliert oder verändert werden können. Aus diesem Grund nehmen die Neoklassiker an, daß Präferenzen gegeben sind, weshalb sie den Einfluß der Erziehung, der Überzeugung (inklusive überzeugender Werbung) und die Vorbildwirkung ignorieren, als ob der homo oeconomicus ein biologisch-psychologisches Wunder wäre, das, sagen wir im Alter von Mitte Zwanzig, voll entwickelt geboren wird und seine Präferenzen »unbefleckt empfangen« habe (wie es Kenneth Boulding 1985 in einem Seminar über Sozioökonomie an der George Washington University formulierte).

Dieselbe Verpflichtung gegenüber der Freiheit liegt der Vorstellung von der Souveränität des Konsumenten zugrunde sowie der

Neigung neoklassischer Ökonomen, die Rolle der Klasse, der Macht und der gesellschaftlichen Strukturen zu ignorieren. Typische Neoklassiker vertreten die Ansicht, daß die Menschen selbst am besten wissen, was für sie das Beste ist, und daher vom Staat in ihren Aktivitäten nicht gestört werden sollten. Dennoch bedeutet die Anerkennung der Tatsache, daß die Präferenzen der Menschen teilweise von der Gesellschaft geprägt werden, nicht, daß man deshalb einer Gesellschaft das Wort redet, in der der Staat die Entscheidungen für sie trifft. Es bedeutet vielmehr, daß man die Notwendigkeit anerkennt, in die Theorie auch bedeutende historische, kulturelle und gesellschaftliche Kräfte einzubeziehen. Eine systematische Untersuchung der Bedingungen, unter denen die Freiheit vor diesen Kräften geschützt – oder von ihnen gefördert – werden kann, ist nur dann möglich, wenn diese Kräfte ihren Platz im Paradigma finden.

Die Einsichten und Erkenntnisse der Psychologen und Soziologen zeigen, daß Individuen, die prinzipiell von der Gemeinschaft ausgeschlossen und isoliert sind, also die typischerweise Akteure der neoklassischen Welt wären, nicht in der Lage sind, frei zu handeln. Individuen hingegen, die in umfassende und stabile Beziehungen, in zusammenhängende Gruppen und Gemeinschaften eingebunden sind, *sind* viel eher in der Lage, vernünftige Wahlentscheidungen zu treffen, Urteile zu fällen und frei zu sein. Tatsächlich ist die Freiheit dann am meisten bedroht, wenn die soziale Verankerung von Individuen zerstört ist. Die Atomisierung der Individuen, die Reduzierung von Gemeinschaften auf eine Menschenmenge, die zu einem Verlust der persönlichen Fähigkeiten, des logischen Denkens und der Identität führt (Kornhauser 1959; Fromm 1941), ist die gesellschaftliche Voraussetzung für den Aufstieg totalitärer Bewegungen und Regierungsformen. Der beste Schutz gegen Totalitarismus ist eine pluralistische Gesellschaft, die durch Gemeinschaften und freiwillige Zusammenschlüsse verbunden ist, wie sie Alexis de Tocqueville so begeistert beschrieb. Für das Ich+Wir-Paradigma ist die persönliche Freiheit genauso wichtig wie für das neoklassische. Dennoch geht jenes davon aus, daß Freiheit einer funktionierenden – jedoch nicht übermächtigen – Gemeinschaft bedarf, und versucht, die Bedingungen zu erforschen, unter denen sich eine solche Gemeinschaft entwickelt und unter denen sie bestehen kann.

Unserer Ansicht nach *sind Individuen weder einfach Aufbewahrungsorte der Werte ihrer Gesellschaft noch vollkommen freie Akteure.* Sie kämpfen darum, ihren individuellen Lebensweg zu gehen, wobei sie die Werte ihrer Gesellschaft sowohl als Grundlage verwenden als auch verwerfen. Zu keinem Zeitpunkt aber sind sie frei von ihnen, andererseits sind sie ihnen jedoch auch niemals einfach unterworfen. Analoges gilt auf der Makro- oder Gesellschaftsebene: Der Konkurrenzkampf ist so lange förderlich, als er in einen unterstützenden gesellschaftlichen Kontext fest eingebunden ist, was sicherstellt, daß die Voraussetzungen für den Wettbewerb erfüllt werden, während sein Ausmaß zugleich beschränkt wird. Das heißt, soziale Ordnung ist nicht das Ergebnis autoritärer Zwangsmaßnahmen oder ein Aggregat der Verfolgung der Interessen von Einzelpersonen, sondern ein gemeinschaftlicher Rahmen, innerhalb dessen die Menschen frei und ohne den sie es nicht sind. Innerhalb dieses Rahmens überschreiten sie ständig die Grenze zwischen Freiheit und Ordnung.

Während manche Individuen bis zu einem Punkt übersozialisiert sind, daß sie z. B. ihre Identität und ihre Selbstkontrolle im Wir einer charismatischen gesellschaftlichen Bewegung verlieren, und andere wieder untersozialisiert, pervers, kriminell oder wahnsinnig sind, verlangt die Gesellschaft ein Gleichgewicht und baut auf hinreichend sozialisierte Individuen. Diese Individuen können ein Gleichgewicht zwischen den gemeinsamen und den persönlichen Bedürfnissen herstellen, gehorchen ihren eigenen Werten, sind jedoch auch in der Lage, deren Konsequenzen abzuschätzen. Richtig sozialisiert zu sein bedeutet nicht, daß man unfähig ist, mit anderen in Wettstreit zu treten, rational zu handeln oder seine eigenen Interessen zu wahren; es gibt Bereiche, in denen ein solches Verhalten mit den Werten der Gemeinschaft durchaus vereinbar ist. Dennoch gibt es in jedem dieser Bereiche moralische Grenzen, die von diesem Verhalten nicht überschritten werden sollten (zum Beispiel jene, die in den »Spielregeln« festgelegt werden, die im Sport, in der Politik und in der Wirtschaft gelten). Hinsichtlich der richtigen Mischung der beiden Verhaltensvarianten gibt es bedeutende Unterschiede zwischen den verschiedenen Bereichen der Gesellschaft (z. B. innerhalb der Familie oder unter Freunden und am Arbeitsplatz). Daher könnte es nützlich sein, über das relative Ausmaß von Konkurrenz und Kooperation und dessen Unterschied in verschiedenen Bereichen des Verhaltens nachzudenken, wobei man zur Kenntnis nehmen muß, daß eine adäquate Sozialisierung einen Wettbewerb ohne Rücksicht auf Verluste niemals zuläßt.

Auf der Seite der deontologischen Ethik

Die Ethik, die dem neoklassischen Paradigma zugrunde liegt, ist utilitaristisch. Während nicht alle utilitaristischen Philosophien hedonistisch oder egozentrisch sind, ist das neoklassische Paradigma beides. (Für eine Dokumentation und Begründungen siehe Kapitel 2.) Üblicherweise geht das Paradigma davon aus, daß es ein *unteilbares Selbst* gibt, daß die Person ein Bündel eindeutiger und stabiler Präferenzen ist (March 1978, S. 595–96). Außerdem wird die Person als eine *black box* gesehen, die eher auf die Veränderungen der Umwelt reagiert (der Inputs und Zwänge) als auf interne Prozesse oder Strukturen. Im Gegensatz dazu geht das Ich+Wir-Paradigma davon aus, daß Individuen eine ständige innere Spannung erfahren, die aus Konfliktsituationen entsteht: Es handelt sich dabei um Konflikte zwischen den verschiedenen Trieben (oder Wünschen), um Konflikte zwischen den verschiedenen moralischen Verpflichtungen und um Konflikte zwischen Trieben und moralischen Verpflichtungen.

Kritiker vertreten die Ansicht, daß die Vorstellung von einem »multiplen Ich« eine »zu einfache« Theorie ergibt, da man, sollten die Wünsche die Oberhand bekommen, sagen kann, daß dies das Werk des »niedrigeren« Selbst (oder *Es*) sei. Gewinnen hingegen die moralischen Verpflichtungen, schreibt man dies dem »höheren« Selbst (oder *Über-Ich*) zu. Eine Erklärung ist das jedoch nicht. So weit, so gut. Dennoch geht das hier vorgestellte Paradigma primär von einem multiplen Ich aus, sucht aber außerdem spezifische Theoreme über die sozialen und intrapsychischen Bedingungen, unter denen ein Teil des Ich mächtiger ist als der andere.

Obwohl das Ich in vieler Hinsicht mit sich selbst in Konflikt steht, legt dieses Buch *den Schwerpunkt auf nur einen spezifischen Konflikt*, weil (1) anhand der Erklärung dieses Konfliktes die produktive Qualität des Konzepts eines multiplen Ichs ausreichend aufgezeigt werden kann; weil (2) der hier untersuchte Konfliktbereich bisher besonders wenig beachtet wurde; und weil dieser Konflikt (3) für den moralischen Standpunkt des Autors grundlegend ist. Dieser hier untersuchte Konfliktbereich ist der des Konflikts zwischen moralischen Werten einerseits und anderen Bewertungskriterien andererseits, insbesondere des Vergnügens. (Diese zwei Komponenten müssen, wie wir sehen werden, nicht unbedingt im Widerspruch zueinander stehen, streben jedoch oft in zwei entgegengesetzte Richtungen.) Sowohl moralische Werte als auch andere Bewertungskriterien können durch frühere Sozialisierung geprägt sein und kognitive Elemente enthalten (siehe Abelson 1976 zu »emotional besetzten« und »neutralen« Wahrnehmungen). Dennoch betrachten wir einmal gebildete moralische Werte als von Wünschen, Trieben und anderen Quellen der Präferenzen verschieden. Moralische Werte beinhalten nämlich ein präskriptives (»Du sollst...«) und ein interpretatives Element oder ein Motiv (»weil...«).

Das neoklassische Paradigma läßt die moralische Dimension nicht nur einfach unbeachtet, sondern widersetzt sich aktiv seiner Einbeziehung. So wird darin betont, daß verschiedene Individuen hinsichtlich einer Palette von Wahlmöglichkeiten *unterschiedliche* Prioritäten haben können, von denen keine als *besser* bezeichnet werden kann. Tatsächlich fügt Crouch (zitiert von Winrich 1984, S. 994) hinzu, daß »die fehlende Bereitschaft, diese Schlußfolgerung zu akzeptieren, immer schon die Ursache für viel Unheil in der Welt war und ist«. Winrich (1984, S. 994) entgegnet: »Und wie glücklich sind wir doch, daß dieses Unheil reichlich vorhanden ist; vollständiger Relativismus rechtfertigt alle Entscheidungen, egal wie verdreht, pervers oder zerstörerisch sie auch sein mögen.« Andere Neoklassiker schätzen, wie wir sehen werden, die Rolle der Werte als sehr gering ein oder sehen sie nur als einen von vielen Faktoren, die den

»Geschmack« determinieren. Wir sind der Ansicht, daß moralische Verpflichtungen jedes Verhalten, auch das wirtschaftliche, zutiefst beeinflussen.

Der ethische Standpunkt, auf dem wir aufbauen, ist gemäßigt deontologisch. Die Deontologie ist eine wichtige Schule der Ethik, die in ihrer Bedeutung dem Utilitarismus vergleichbar ist. Sie umfaßt verschiedene Unterschulen (z. B. Handlungs- versus Regeldeontologie) und muß daher auch mit einem guten Teil von internen Streitigkeiten leben (Beauchamp 1982, S. 109). Der Versuch, auch nur einem ihrer Vordenker, Immanuel Kant, gerecht zu werden, würde den Rahmen dieser Arbeit bei weitem sprengen. Es gibt auch einige deontologische Ansichten, die der Autor nicht teilt. Statt hier einen Exkurs über Ethik zu halten, wollen wir uns auf die Untersuchung des einen deontologischen Elements beschränken, das hier angesprochen wird.

Die Essenz der deontologischen Sichtweise ist die Vorstellung, daß Handlungen dann *moralisch richtig* sind, *wenn sie einem relevanten Prinzip oder einer Verpflichtung entsprechen.* (Der Begriff Deontologie ist vom griechischen Wort *deon* abgeleitet, das Verpflichtung bedeutet.) Die Deontologie behauptet, daß der moralische Wert einer Handlung nicht nach ihren Folgen beurteilt werden sollte, wie es die Utilitaristen tun, sondern nach der »Absicht«. So handelt also eine Person, die eine andere diffamieren will, unmoralisch, ganz unabhängig davon, ob es ihr gelingt oder nicht.

Als Kriterium zur Bewertung der Moralität einer Handlung dienen der Deontologie weder die Ziele, die sie zu erreichen sucht, noch ihre Folgen, sondern die moralische Pflicht, die sie erfüllt oder mißachtet. Deontologen sind der Ansicht, daß die Folgen einer Handlung, der Hauptblickpunkt der Utilitaristen, oft nicht vorhergesagt werden können. Daher sollte man andere so behandeln, wie man selbst behandelt werden will – als Ziel und nicht als ein Mittel zum Zweck. Diese Entscheidung muß getroffen werden, lange bevor die Folgen einer Handlung bekannt sind. Deontologen legen auch immer Wert darauf, hervorzuheben, daß Utilitaristen zwei Handlungen, die zum selben Ergebnis führen, als äquivalent betrachten würden, selbst wenn es im Zuge einer dieser Handlungen zu einer Übertretung moralischer Gesetze (z. B. zu einem Betrug) käme, im Zuge der anderen aber nicht. Wir sagen eindeutig, daß die Handlung ohne Betrug höher zu bewerten ist. Gemäßigte Deontologen, zu denen wir uns auch zählen, berücksichtigen auch die Handlungsfolgen, dies aber erst in zweiter Linie. Das bringt ihren Standpunkt dem der gemäßigten Utilitaristen näher, die auch Absichten berücksichtigen – aber erst als zweites Kriterium. Anders formuliert bildet eine gemäßigt deontologische Sichtweise die Basis für die Einbeziehung neoklassischer Konzepte und Erkenntnisse als Teilmenge des Ich-+Wir-Paradigmas.

Für die nun folgende Analyse ist die deontologische Anschauung wichtig, daß eine der Hauptquellen von Konflikten des Ichs die Notwendigkeit ist, seine moralischen Verpflichtungen zu erfüllen und, im allgemeinen, moralisch zu handeln. Im Leben geht es also um mehr als darum, die eigene Befriedigung zu maximieren.

Epistemologische Standpunkte: Jenseits des Rationalismus

Es gibt einen engen Zusammenhang zwischen den übersozialisierten (Tories), untersozialisierten (Whigs) und richtig sozialisierten (Ich+Wir-)Sichtweisen des Individuums und den unterschiedlichen Annahmen über die intellektuellen Fähigkeiten der menschlichen Rasse, »die Rationalität des Menschen«. Der untersozialisierte Ansatz steht in engem Zusammenhang mit der Aufklärung, die hinsichtlich der Fähigkeiten des einzelnen, logisch zu denken, sehr optimistisch ist. Sie geht davon aus, daß die Menschen ihre eigenen Ziele auf eindeutig festgelegte Weise definieren. Die Methoden, mit denen sie ihre Ziele verfolgen, können empirisch erfaßt werden und sind logisch nachvollziehbar, d. h., daß Menschen tatsächlich denselben Prinzipien treu sind, deren Verfolgung man von den Wissenschaftlern erwartet, eine Erwartung, die aber oft genug enttäuscht wird. Ein Individuum mag in seinen Entscheidungen fehlgehen, wird es aber »mit gültigen Normen für logisches, wissenschaftliches und statistisches Denken konfrontiert, wird es sich ihnen beugen, seine Fehler erkennen und versuchen, seine Methoden zu reformieren« (Shweder und Levine 1984, S. 23–28). Diese Annahme liegt dem neoklassischen Paradigma zugrunde.

Die übersozialisierte Schule steht der sogenannten »romantischen« Sichtweise sehr nahe, die davon ausgeht, daß die Grundlage des Wissens in der besonderen Kultur zu finden ist, der eine Person angehört. Die Welt liegt nicht vor uns, um entdeckt und erkannt zu werden, sondern wurde vom »Menschen« (als Kollektiv) geschaffen. Nicht nur Ideen und Methoden, sondern auch die Denkweise, das was als Tatsache betrachtet wird und die Logik selbst liegen »außerhalb des Bereiches deduktiver und intuitiver Vernunft«, sind »weder rational noch irrational, sondern eher nichtrational« (Shweder and Levine 1984, S. 28). Was für einen Angehörigen einer Kultur logisch erscheint, ist dies nicht für einen Angehörigen einer anderen Kultur. Anthropologen berichten, daß Menschen verschiedener Kulturen an Dinge glauben, die uns mehr als bizarr erscheinen (die einen müssen den Geistern der Ahnen täglich zu essen geben, andere glauben an die Seelenwanderung), und ziehen anhand von Grundsätzen Schlüsse, deren Logik uns nicht einsichtig ist. Diesem Standpunkt zufolge sind *alle* Tatsachen und logischen Schlüsse nur denen einsichtig, die ein und demselben Paradigma anhängen. Die vorherrschenden Paradigmen definieren nicht nur das, was für wahr gehalten wird. Auch die Kriterien, nach denen solche Behauptungen bewertet werden, sind streng subjektiv oder Teil des eigenen Paradigmas. Die Denkweise der Marxisten, Psychologen und neoklassischen Ökonomen erscheinen uns »nur dann logisch«, wenn wir uns ihre Grundannahmen *und* ihre besonderen Bewertungssysteme aneignen.

Die hier vorgestellte Sichtweise ist ein Mittelweg zwischen den zwei »Ideal«typen der Aufklärung und der Romantik, obwohl sie der romantischen Sichtweise näher steht als der der Aufklärung. Dementsprechend glauben wir, daß die Menschen Ziele verfolgen, die ihnen von ihrer Gemeinschaft übertragen wurden, und einer inneren Moral und einer Gefühlswelt verpflichtet sind, die ab hier die »normativ-affektiven« Faktoren genannt werden.

Die von Menschen verfolgten Ziele, seien es nun Glück oder Reichtum, sind nicht universell oder über lange Zeit stabil, sondern vielfältig. Sie verändern sich und können oft nicht einem klaren, allem übergeordneten Mono-Nutzen zugeteilt werden. Dies zum Teil deshalb, weil Menschen Mitglieder divergierender sozialer Kollektive sind, die miteinander in Konflikt stehen, zum Teil, weil Individuen bis zu einem gewissen Grad ihre eigenen Ziele entwickeln, die zu denen ihrer Kollektive im Widerspruch stehen. Daher kann man die normativ-affektiven Faktoren mit dem Hinweis darauf, daß sie entweder im »Nutzen« (oder in den Präferenzen) oder in den Zwängen enthalten seien, nicht einfach unbeachtet lassen, wie es die Neoklassiker gerne tun. Man muß eher danach streben, die Dynamik der Kräfte zu verstehen, die die Sozialisierung einer Person, ihre Abweichung von oder ihre Auflehnung gegen eine von der Gesellschaft verordnete Palette von Zielen bestimmen. Die sozialen, philosophischen, ethischen und empirischen Gründe für diesen Standpunkt werden in Teil I untersucht.

Für die Erforschung der Wahlakte ist auch der Ansatz sehr wichtig, daß die Mittel, die zur Erreichung der Ziele eingesetzt werden, oft teilweise oder sogar ausschließlich aufgrund normativ-affektiver Faktoren gewählt werden und nicht nur auf der Basis logisch-empirischer Überlegungen. In einigen Situationen schreiben normativ-affektive Faktoren den einzig möglichen Weg zur Erreichung des Ziels vor und belegen alle anderen mit Tabus. Einem Juden zu sagen, daß das Neue Testament kürzer wäre als das Alte und daher ein ökonomischerer Weg zum Heil, ist irrelevant, da nur eines der beiden, nämlich das Alte, für den Juden akzeptabel ist. Einem Amerikaner zu sagen, daß eine Flagge mit einem Stern ökonomischer wäre als eine mit fünfzig, ist völlig verfehlt. In anderen Bereichen beschränken normativ-affektive Faktoren die möglichen Mittel auf eine Teilmenge derjenigen, die ein objektiver Beobachter als relevant erkennt. Und diese Faktoren beeinflussen den Wahlakt, indem sie einige der in Betracht gezogenen Optionen mit negativen normativ-affektiven Bewertungen belegen, während sie andere – völlig unabhängig von ihren logisch-empirischen Vorteilen – viel attraktiver erscheinen lassen. Normativ-affektive Faktoren durchkreuzen auch das logische Denken, verdrehen Wahrnehmungsmuster und behindern die Suche nach den besten Mitteln. Zugleich dienen normativ-affektive Faktoren auch dazu, manche Entscheidungen effektiver zu machen. In einer Notlage steuern sie die Reaktionen des Bedrohten – nämlich die Flucht – ohne Untersuchung, Analyse etc. Und sie sorgen dafür, daß andere Entscheidungen nicht nur effizient sind, sondern auch mitfühlend und fair. Außerdem können diese Entscheidungen durch das Wirken der normativ-affektiven Faktoren auch Zielen dienen, die über den Eigennutz hinausgehen. Normativ-affektive Faktoren sind daher, nur weil sie logisch-empirische Überlegungen ausschalten, korrigieren und neutralisieren, nicht an sich »schlecht«.

Schließlich gibt es einen beschränkten Bereich, innerhalb dessen normativ-affektive Faktoren Wahlakte, die nur oder hauptsächlich aufgrund logisch-empirischer Überlegungen getroffen werden, zulassen oder sogar fördern. Individuen, so stellt man also fest, sind in ihrer Fähigkeit, vernünftig zu denken, viel eingeschränkter, als man oft annimmt. In der Regel handeln sie, wie wir sehen werden, bestenfalls subrational.

Einige Neoklassiker sind der Ansicht, daß rationales Verhalten durch die Verwendung von Faustregeln, die durch Kultur, Evolution oder Erfahrung entstanden sind, mit wenig oder gar keiner Berechnung oder Überlegung möglich ist. Diese Ansicht wird hier verworfen, weil diese Regeln selbst nicht rational und von Werten und anderen sozialen Faktoren stark geprägt sind. Außerdem sind Individuen eher nicht in der Lage, den logisch-empirischen Wert dieser Regeln zu beurteilen. Entscheidungen können als mehr oder wenig rational betrachtet werden, sie sind es jedoch selten in besonders hohem Maße.

Methodologische Standpunkte

Viele der spezifischen weiter unten diskutierten Theoreme wurden als Bausteine einer Theorie der Sozioökonomie entwickelt, die innerhalb des Ich+Wir-Paradigmas formuliert wurde. (Andere Theorien innerhalb dieses Paradigmas können sehr wohl auch soziopsychologische, soziopädagogische, soziopolitische und soziokulturelle

Theorien umfassen.) »Politische Ökonomie« hätte ein vielsagenderer Begriff sein können als Sozioökonomie, wurde jedoch gemieden, weil er in der Vergangenheit mit der Arbeit der Neomarxisten und anderer Wissenschafter ähnlicher politischer Überzeugung assoziert wurde, die der Autor nicht teilt. Historisch betrachtet bezieht sich dieser Begriff außerdem auf eine Zeit vor der Spezialisierung, vor der Differenzierung innerhalb der Ökonomie, auf eine Periode, die der Entstehung verschiedener analytischer Disziplinen voranging, in der zahlreiche Faktoren, die die einzelnen Wissenschaftszweige nun zu ihren Spezialgebieten machen, als ein zusammengehöriges Gebiet untersucht wurden, als ein Teil der Sozialphilosophie oder der politischen Ökonomie. Obwohl die Sozioökonomie ein Maß an transdisziplinärer Integration fördert, kehrt sie jedoch nicht in den Urzustand der frühen politischen Ökonomie zurück, sondern versucht, Verbindungen zwischen eigenständigen Bereichen herzustellen. Sie strebt danach, Elemente der Wirtschaftswissenschaften und anderer Sozialwissenschaften in ein theoretisches System zu integrieren, sie jedoch nicht zu verschmelzen.

Dem Autor ist es schmerzhaft bewußt, daß transdisziplinäre Anstrengungen, wie sie hier unternommen werden, ihren Preis haben. Baut man auf mehrere Disziplinen auf, muß man unvermeidlich einige Details und sogar einen Teil der Präzision opfern, will man einen größeren Ausschnitt der Welt beschreiben. In der Ökonomie gibt es zahlreiche Weiterentwicklungen vieler Modelle und Theoreme; diese werden hier aber nicht diskutiert, sondern es wird nur das grundsätzliche Theorem in Frage gestellt, auf dem sie aufbauen. In der Psychologie gibt es Hunderte, manchmal Tausende Iterationen einer grundlegenden experimentellen Struktur; hier soll auch nicht versucht werden, diese Nuancen zu untersuchen, wenn die grundlegende Struktur in Frage gestellt wird. Der Autor hofft, daß der weitere Horizont und das größere Maß an Integration diese Opfer wieder wettmachen werden.

Unser Ansatz ist der einer ersten Annäherung. Eine tödliche Falle, in der sich auch schon frühere Anstrengungen zur Entwicklung eines neuen Paradigmas gefangen haben, war der Wunsch, für das herrschende neoklassische Paradigma einen vollständigen, alle Bereiche umfassenden Ersatz zu liefern. Dies erscheint angesichts der Hunderttausende von Arbeitsjahren, die in die Entwicklung des neoklassischen Paradigmas und der aufgrund dieses Paradigmas formulierten Theorien, insbesondere der neoklassischen Ökonomie, investiert wurden, einfach unmöglich. Erfolgversprechender scheint es, ein sehr elementares neues Paradigma zu entwickeln. Wenn es sich als brauchbar erweist, können sich andere daran beteiligen, es zu erweitern, zu überarbeiten und zu präzisieren. Daher ist diese Arbeit im besten Fall ein Anfang.

Es ist vielleicht angebracht, an dieser Stelle auf den weiteren intellektuellen und gesellschaftlichen Kontext der Versuche hinzuweisen, die Ökonomie und andere sozialwissenschaftliche Disziplinen wieder zu vereinen. Im wissenschaftlichen Bereich findet das Streben nach einer Überwindung der exzessiven Fragmentierung der Wissensgebiete in einer Bewegung ihren Niederschlag, die eine einheitliche Theorie für alle Wissenschaften suchte. Aber auch in der Kritik der Trennung der »zwei Kulturen«, in den Bedenken bezüglich der Beziehungen zwischen den zwei Gehirnhälften, und in der Spannung zwischen normativen und positiven Ansätzen in der Wissenschaft. Die Sozioökonomie stellt als deontologisch inspirierte Theorie einen Schritt in die Richtung der Überbrückung dieser Schismen dar.

Die Sozioökonomie versucht, eine transdisziplinäre Brücke zwischen Tausch und Struktur zu errichten, die den Markt, das Staatswesen und die Gesellschaft verbindet. Bei der Untersuchung der Wahlakte beschäftigt sie sich mit der Vernunft, mit Werten und mit Emotionen. Und, wie wir sehen werden, nähert sich die Sozioökonomie positiven (logisch-empirischen) und normativen (präskriptiven) Überlegungen an, ohne dabei die Unterscheidung zwischen sachlichen und wertenden Urteilen zu vergessen.

Dieses Buch ist zum Teil meta-theoretisch, da für die Auswahl der Annahmen und Konzepte Rechtfertigungen geliefert werden; zum Teil entwickelt es eine Theorie und formuliert spezifische Lehrsätze, die eher Konzepte als mathematische Ausdrücke verwenden. So wie der Autor diesen Zug nicht in Bewegung setzte, kann diese Diskussion ganz offensichtlich nicht die letzte Station seiner Reise sein. Die nächsten Schritte müssen natürlich weitere Entwicklungen, Verfeinerungen, Spezifikationen und die Prüfung der hier gemachten Hypothesen und Aussagen sein.

Der Autor bedient sich derselben Hilfsmittel, die auch andere Sozialwissenschafter in solchen Arbeiten benützen: logische und inhaltliche Argumente, Analogien, Referenzen auf allgemein bekannte und schon beobachtete Fakten sowie Zitate schon veröffentlichter empirischer Arbeiten. Der Zweck dieser Arbeit ist es, die potentielle Fruchtbarkeit des hier vorgestellten Paradigmas zu zeigen. Es versteht sich von selbst, daß dieser Arbeit die Überprüfung durch empirische Fakten folgen muß, die in solchen Arbeiten meist nicht enthalten ist. Es gibt eine Arbeitsteilung zwischen denen, die Theorien entwickeln, und denen, die sie testen.

Der Anspruch, daß die hier vorgestellte Theorie fruchtbar sei, beruht auf der Realitätsnähe ihrer Annahmen, auf der Tatsache, daß sie in der Lage ist, die vielfältigsten Phänomene zu erklären, auf ihrer großen Fähigkeit, Ereignisse vorherzusagen, und darauf, daß sie weder überdeterminiert noch zu vereinfachend ist. Diese Ansprüche verdienen eine kurze Erklärung. Wir wollen dabei aber nicht auf die zahlreichen Unterpunkte und Nebenthemen eingehen, die in der seit Generationen geführten Debatte über den F-Twist und verwandte Themen aufgetaucht sind.

In der Regel leugnen die Ökonomen nicht, daß ihre Annahmen über die menschliche Natur äußerst unrealistisch sind, sondern behaupten statt dessen, daß der fehlende Realitätsbezug den Wert ihrer Theorien nicht vermindere, weil sie dennoch »funktionieren«, da sie überprüfbare Prognosen produzieren. Diese Sichtweise entspricht der von Friedman (1962, 1982). Ohne auf die von der Definition der Realitätsnähe (siehe Moe 1979, S. 216 ff.) aufgeworfenen Fragen einzugehen, dies kann sicherlich nicht als Argument gegen Theorien dienen, deren Annahmen sowohl sehr viel realistischer sind als auch zumindest genauso gute Vorhersagen möglich machen: ein Status, der für die Sozioökonomie angestrebt wird.

Was jedoch am wichtigsten ist, ist der Umstand, daß Wissenschaftsphilosophen Friedmans Sichtweise fast einstimmig verworfen haben (Boland 1979). Man ist sich ziemlich einig, daß es der Zweck einer Theorie *ist*, Erklärungen zu liefern. Denn können sie das nicht, so wissen wir nicht, warum sich Vorhersagen als gültig erweisen, und sind daher nicht in der Lage vorherzusagen, unter welchen Bedingungen diese Vorhersagen weiterhin richtig sein werden oder falsch oder angepaßt werden müßten.

Geht man einmal davon aus, daß es die Aufgabe einer Theorie ist, Erklärungen zu liefern, stellt sich die nächste Frage: In welchem Umfang kann sie Phänomene erklären? Es ist wenig sinnvoll, Theorien zu entwickeln, die, auch wenn sie Vorhersagen treffen *und* Erklärungen liefern, nur einen sehr kleinen Bereich von Phänomenen umfassen. Dies war zum Beispiel der Fall, als man versuchte, aufgrund sehr beschränkter Beobachtungen den Anteil der Menschen festzulegen, die an einem Stoppschild stehenbleiben oder pünktlich in die Kirche oder zur Arbeit kommen (Loether und McTavish 1980, S. 127, 167). Auch eine Theorie, die nur kleine Teile der Varianz verschiedener Verhaltensarten (die sich in Korrelationen ausdrücken) erklärt anstatt einen hinreichend großen Anteil davon (wie es durch Varianzmessungen dargestellt wird), ist nicht wirklich produktiv. Sozialwissenschafter sind zu schnell mit Korrelationen zufriedenzustellen. Eine Theorie sollte danach bewertet werden, wieviel sie von ihrem Untersuchungsgegenstand erklärt, vorausgesetzt, der Forschungsgegenstand selbst ist nicht trivial.

Bei der Entwicklung solcher Theorien ist Sparsamkeit (oder Einfachheit) eine Tugend, während Überdeterminierung (das Einführen von immer mehr Variablen, um den Umfang einer Theorie zu erweitern) eine Gefahr darstellt. Wie schon andere, im besonderen Hirschman (1984), hervorgehoben haben, kann aber auch Einfachheit übertrieben werden. Besonders im Zeitalter der hochentwickelten Computer und der künstlichen Intelligenz muß eine Theorie, die ein paar Variablen mehr einführt, dafür aber viel mehr der relevanten Varianz erklärt, einfacheren, aber weniger umfassenden Theorien vorgezogen werden. Wir werden später auf diesen Punkt zurückkommen, wenn wir uns für die Abkehr von dem äußerst vereinfachenden Konzept eines singulären Nutzens aussprechen, um die Bedeutung mehrerer Nutzen anzuerkennen, ohne damit jedoch Konzepten Tür und Tor zu öffnen, die zahllose Nutzen propagieren.

Nur weil die Neoklassiker oft behaupten, daß ihre Theorien überprüfbare Prognosen ermöglichen und daß es deshalb unerheblich sei, wenn sie zu vereinfachend oder unrealistisch seien oder Phänomene nicht erklären könnten, müssen diese Behauptungen nicht notwendigerweise ohne kritische Untersuchung akzeptiert werden. Zunächst einmal werden wichtige neoklassische Theoreme oft so formuliert, daß sie entweder nicht falsifiziert oder nur sehr schwer widerlegt werden können, wobei Tautologien oder ihnen nahekommende Gedankenhülsen entstehen. Sen (1977, S. 322) schreibt zum Beispiel: »Es ist möglich, die Interessen eines Menschen so zu definieren, daß er, unabhängig davon, was er tut, als eine Person gesehen werden kann, die in jedem isolierten Wahlakt ihre eigenen Interessen verfolgt.« Arrow (1982, S. 1) bezeichnet das grundlegende Rationalitätstheorem, das von den meisten Ökonomen angewandt wird, als »eine schwache Hypothese, die nicht leicht widerlegt werden kann und daher als Erklärung nicht sehr brauchbar ist, obwohl sie im eigentlichen Sinn keine Tautologie darstellt«. (Er ist bezüglich der neueren Entwicklungen kaum optimistischer.) Latis (1976, S. 11) vertritt die Ansicht, daß die Theorie der Unternehmung für einen bedeutenden Teil der Marktsituationen »ungeeignet« sei, weil sie nicht zu testbaren Modellen führe. Dasselbe wurde auch für viele andere neoklassische Theoreme bewiesen.

Eine andere Methode, um die neoklassische Theorie vor empirischer Überprüfung zu schützen und gegen Daten zu immunisieren, besteht darin, Tatsachen, die sich mit der Theorie nicht erklären lassen, als Zeichen von temporären und begrenzten Abweichungen zu sehen, ohne dabei zu spezifizieren, wie lange sie anhalten müssen oder welches Ausmaß sie erreichen müssen, damit sie als Hinweis auf einen inhärenten Fehler in der Theorie gewertet werden. So erklären neoklassische Unternehmenstheoretiker, daß jegliches nicht gewinnorientierte Streben auf längere Sicht doch nur einen Schritt auf dem Weg zum Profit darstellt (Kahn 1959, S. 671; dasselbe Argument wird auch von den Monetaristen verwendet, siehe Meltzer 1980, S. 43). Dennoch wird der Zeitrahmen, dieses »auf längere Sicht« nicht definiert. Derselbe Definitionsmangel findet sich in Aussagen über das »Ungleichgewicht«.

Wenn Neoklassiker empirische Überprüfungen vornehmen, tun

sie dies häufig, indem sie wenig testen, die Daten dafür aber stark manipulieren. Werden etwa spezifische Erwartungen, die aus einem Theorem folgen, mit einem vorher gesammelten Datenbestand verglichen (statt die Daten zu sammeln, *nachdem* das Theorem entwickelt wurde), fügen die Neoklassiker Variablen und Annahmen auf einer Ad-hoc-Basis hinzu und passen die Daten so an das Theorem an (Machlup 1952, S. 73). Das ist so lange eine legitime Vorgehensweise, wie man versteht, daß diese Post-hoc-Variablen (und die zwischen ihnen und anderen Variablen, die Teil der Theorie sind, postulierten Beziehungen) mit Hilfe von anderen Datenreihen »validiert« werden müssen als jenen, die ursprünglich zur Entwicklung des Theorems benutzt wurden.

Wenn man herausfindet, daß Menschen, die in Gebieten leben, in denen Überschwemmungen auftreten, keine Versicherung gegen Überschwemmungsschäden abschließen, obwohl die Prämien niedrig und die Information über diese Versicherung verfügbar ist, könnte man also der Meinung sein, daß der Grund darin liegt, daß die Menschen vor einer solchen Katastrophe eine so große Angst haben, daß sie gar nicht an eine Versicherung denken. Dies sagt jedoch noch nichts aus, solange man zum Beispiel nicht untersucht hat, ob dieselben »ängstlichen« Leute auch davon Abstand nehmen, eine Lebensversicherung abzuschließen. Denn, wenn sie wegen ihres Besitzes ängstlich sind...

Cross (1983, S. 3) formulierte dies ganz deutlich:
Wenn wir das Maximierungsparadigma verteidigen, indem wir auf die Ähnlichkeit hinweisen, die zwischen seinen Voraussagen und dem beobachteten Verhalten besteht, übersehen wir oft die Tatsache, daß der empirische »Erfolg« vieler ökonomischer Modelle vor allem dadurch erzielt wird, daß man die die komplementären Hypothesen entsprechend anpaßt. (...) Marktdaten werden benützt, um mittels der vermittelnden Annahme eines maximierenden Verhaltens Schlüsse über die Natur der Präferenzen, die Erwartungen und die Produktionsfunktionen zu ziehen. Werden diese Schlüsse nicht unabhängig bestätigt, ist es unmöglich, Widersprüche zur Zwischenhypothese aufzudecken...

Für weitere Diskussionen siehe Sims (1980) und Leamer (1983).
Schlußendlich sind Vorhersagen auch dann immer noch selten und oft ungültig, wenn einige eher dubiose Regressionsanalysen durchgeführt wurden. Leontief (1985, S. 29–30) berichtet, daß 50 Prozent aller Artikel, die während eines großen Teils der 70er Jahre in der *American Economic Review* erschienen, rein mathematisch waren und keinerlei Daten enthielten; 22 Prozent enthielten stark bearbeitete (»zusammengezimmerte«) Daten; von den vier oder fünf Artikel, die empirische Daten enthielten, ging es in zwei davon nur um Tauben oder Mäuse.

Herbert Simon (1986, S. 24) führt in einem Artikel mit dem Namen »The Failure of Arm Chair Economics« (Das Versagen der Ökonomie aus dem Ohrensessel) viele Beispiele an und kommt zu dem Schluß, daß in der Ökonomie »die schlechte Theorie überlebt; sie sagt nicht viel vorher, und wenn sie es tut, *sagt sie unkorrekt voraus.*« (Hervorhebung vom Autor). Für weitere Beispiele siehe Eichner (1983).

Kurz gesagt, will eine Theorie über die vorherrschenden neoklassischen Theorien hinausgehen, muß sie mehr voraussagen und mehr erklären. Wir akzeptieren die Forderung, daß eine Theorie nicht zu komplex sein darf, sehen aber in zu starker Vereinfachung eine ebenso große Gefahr. Und wir schließen uns der Meinung der vielen an, die meinten, daß Tautologien (vollständige Tautologien und Denkhülsen, die ihnen sehr nahe kommen) eher unproduktive theoretische Hilfsmittel darstellen.

Vor allem brauchen wir mehr Induktion. Die Wissenschaft verlangt nach einem ausgewogenen, zugegebenermaßen spannungsgeladenen Gleichgewicht zwischen logischen (deduktiven) und empirischen (induktiven) Elementen. Neoklassische Forschungen sind, wie ihre zunehmend mathematische Natur schon zeigt, aus dem Gleichgewicht geraten. Aussagen wie »es ist [empirisch] falsch, aber [mathematisch] sehr elegant gelöst« sollten daher eigentlich nicht als Komplimente verstanden werden; sie legen nahe, daß neoklassische Theoreme a-wissenschaftlich geworden sind: vielleicht logisch, aber nicht empirisch wahr. Die Sozioökonomie ist weniger deduktiv und bemüht, empirischer zu sein. Würde der Beitrag der Sozioökonomie auch darin bestehen, die Untersuchung des wirtschaftlichen Verhaltens und des Entscheidungsprozesses allgemein induktiver zu machen als die jüngeren neoklassischen Arbeiten, wäre dies die Anstrengungen sehr wohl wert. Dadurch könnte sie das Gleichgewicht zwischen Deduktion und Induktion in der Sozialwissenschaft wieder herstellen.

TEIL I
Jenseits des Vergnügens:
Für eine deontologische Sozialwissenschaft

Einleitung

Dieser Teil des Buches bringt Argumente und Belege für die Ansicht, daß diejenigen, die das menschliche Verhalten im allgemeinen und das wirtschaftliche Verhalten im besonderen untersuchen, die Vorstellung von einer »Mono-Nutzen«-Welt aufgeben sollten, in der alles Streben nur ein überragendes Ziel hat, nämlich das Vergnügen zu maximieren. Sie sollten in ihrem Paradigma zumindest zwei unverzichtbare Bewertungskriterien oder »Nutzen« anerkennen: das Vergnügen und die Moral. Diese Sichtweise stützt sich auf die Logik der Forschung, substantielle konzeptuelle Argumente, einige empirische Fakten und deontologisch-ethische Argumente.

Vom logischen Standpunkt aus werden wir sehen, daß die von vielen Utilitaristen vertretene Ansicht, daß alle Handlungen lustorientiert sind, genauso sinnhaft ist wie die Multiplikation aller Variablen einer Gleichung mit 1. Sie trägt sehr wenig zum Verständnis der aktuellen Probleme bei und verbessert kaum die Fähigkeit, mit ihnen umzugehen. Das grundlegende Konzept einer Welt, die nur einen Nutzen sieht, genügt einem essentiellen Kriterium produktiver Konzeptualisierung nicht: Es differenziert nicht. Eine jüngere neoklassische Version besagt, daß das Konzept des Nutzens von seinen philosophischen Wurzeln und seinen psychologischen Annahmen befreit und als rein formales Konzept angewandt werden sollte. So könnte es als gemeinsamer Nenner aller menschlicher Präferenzen dienen. Eine so umfassende Verwendung des Konzepts verletzt, wie wir sehen werden, entweder die Logik der Wissenschaft oder sie zwingt, zum ursprünglichen engen Konzept des Nutzens zurückzukehren, nämlich dem des Vergnügens.

Wir werden zeigen, daß moralische Handlungen (wie wahrer

Altruismus) völlig andere Bewertungskriterien und eine andere Erklärung der Gründe nahelegen, warum Menschen sich so verhalten, wie sie es tun, als die, die sich aus Konsum und anderen Quellen der Lust ergeben. Der Ansicht bedeutender wissenschaftstheoretischer Schulen nach, auf die weiter unten Bezug genommen wird, stellen Moral und Vergnügen zwei verschiedene inhaltliche Welten dar. Unterscheidet man zwischen ihnen nicht, weil man die Ansicht vertritt, daß moralische und lustorientierte Handlungen dasselbe, nämlich Quellen der »Befriedigung« sind, »verschiedene Quellen der Präferenz«, und daher prinzipiell gleichartig, übersieht man bedeutende essentielle Unterschiede zwischen Handlungen, die in Erfüllung moralischer Verpflichtungen gesetzt werden, und Handlungen, die Lustgewinn bringen. Ferner werden wir sehen, daß es für die Praxis, für die Vorhersagbarkeit und die Interpretation von Vorteil ist, die phänomenologische Unterscheidung zwischen den zwei Arten von Handlungen beizubehalten.

Weiter unten werden Belege dafür angeführt, daß das menschliche Verhalten systematisch und entscheidend von moralischen Faktoren geprägt wird, die nicht auf die Verfolgung des Eigennutzes reduziert werden können: Viele Leute unterlassen das »Schwarzfahren« (Inanspruchnahme einer Leistung auf Kosten anderer – Anm. d. Übers.) aus einem Gefühl von Verantwortung gegenüber der Gemeinschaft und einer persönlichen Verpflichtung zur Fairneß; sie lehnen Wohlfahrtsleistungen ab, weil sie ihre Würde verletzen würden; sie entscheiden sich, als ihre Lösung zum Prisoner's Dilemma, zu kooperieren usw. In den meisten Bereichen wirtschaftlichen Verhaltens ist der »Nutzen« des moralischen Handelns klar erkennbar: von den Arbeitsbeziehungen (z. B. in Form impliziter Verträge) bis zu Sparentscheidungen (geprägt von der moralischen Bewertung des Zustandes, jemandem etwas zu schulden); von der Minimierung der Steuerhinterziehung (die davon beeinflußt wird, ob die Steuer als fair empfunden wird oder nicht) zur Senkung der Transaktionskosten (je höher die Moral, desto geringer sind sie).

Alles in allem läßt sich der Unterschied zwischen dem Paradigma des Mono-Nutzens und dem, welches hier vorgestellt wird, auf unterschiedliche Annahmen über die menschliche Natur reduzieren.

Wir werden sehen, daß allen Konzepten und Hypothesen des neoklassischen Paradigmas – trotz ehrlichen Bestrebens, eine effektive Heuristik zu finden, trotz des großen Interesses an einer mächtigen Wissenschaft (Mathematisierung) und einer Verpflichtung gegenüber einer positiven (»neutralen«) Wissenschaft – Adam Smith' Sichtweise zugrunde liegt, die er in *Wealth of Nations* dargelegt hat: nämlich daß nur die ihren eigenen Interessen dienenden Menschen in einem kompetitiven Markt für die effizienteste Form der sozialen Organisation sorgen, insbesondere für die optimale wirtschaftliche Organisation. Im Gegensatz dazu steht das hier vorgebrachte deontologische Modell multipler Nutzen einem anderen Adam Smith näher, nämlich dem Autor von *The Theory of Moral Sentiments*, der den ersten aber nicht verdrängen soll. Er soll jedoch das Konzept des einzigen Nutzens, des Vergnügens, um das der Moral bereichern, das des Wettbewerbs um das der Gemeinschaft. Die Vorteile der sich daraus ergebenden kodeterminierenden Theorie, der Sozioökonomie und ihres Ich+Wir-Paradigmas liegt darin, zu mehr Logik zu führen, mehr Interpretationsmöglichkeiten zu bieten, die Vorhersagbarkeit zu erhöhen, politisch umsetzbarer zu sein und auch mehr ethische Faktoren zu berücksichtigen.

Kapitel 2
Vergnügen, Altruismus
und die große Unbekannte (X)

In einer konzeptuellen Diskussion wie der, die nun folgt, kann das eigentliche Grundthema leicht aus den Augen verloren werden. Die Debatte darüber, ob es produktiv ist, einen alles überragenden Nutzen anzunehmen oder nicht, ist eine Diskussion über Motive von Verhaltensweisen. Kann alles durch ein Grundmotiv (oder einen »Mono-Nutzen«) erklärt werden, sei dies nun das Vergnügen oder die Selbstbefriedigung, oder sind die Menschen von widersprüchlichen Kräften zerrissen, im besonderen zwischen ihrem Vergnügen und ihren Pflichten? Sind wir im Grunde nur eine Gattung unter vielen im Tierreich oder haben wir ein edleres Selbst, das mit unserem niedrigeren Teil in ständigem Kampf liegt?

Einem Kritiker des Konzepts des Mono-Nutzens, diesem zentralen Element des neoklassischen Paradigmas, geht es nicht besser als einem Menschen in einem Vergnügungspark, der an einem Schießstand auf eine Reihe von Zielen schießt, die auf einer rotierenden Scheibe montiert sind: Kaum hat er eines getroffen, erscheint ein ganz ähnliches, und kaum hat er dieses beseitigt, kommt ein drittes in sein Blickfeld – und kurz danach erscheint das dritte wieder. Neoklassiker verwenden nämlich drei Hauptvariationen dieses Konzepts: erstens das ursprüngliche enge Konzept der Lust des einzelnen, das von den frühen utilitaristischen Philosophen, besonders aber von Bentham geprägt wurde und mit deren psychologischen Annahmen verbunden ist. Zweitens eine jüngere, stark erweiterte Version, die in zunehmendem Maße (wenn auch nicht vorwiegend) benutzt wird und über der Befriedigung aus dem eigenen Konsum auch die Befriedigung einschließt, die ein Akteur aus dem Konsum anderer zieht. D. h. diese Version sieht auch Befriedigung vor, die

Folge wohltätiger Handlungen und der Erfüllung von Pflichten gegenüber der Gemeinschaft ist. Drittens benützen noch andere Neoklassiker den Terminus »Nutzen« als formales Attribut, als gemeinsamen Nenner, demzufolge jedes spezifische Streben nach Befriedigung gereiht werden kann, ein Schritt, der notwendig ist, um die mathematische Darstellung zu ermöglichen (und um die Annahme von einer Welt abzustützen, die nur von einem singulären Nutzen regiert wird), der aber keine substantiellen Eigenschaften besitzt, das große X. Wie wir sehen werden, lassen diese Varianten alle zu wünschen übrig, allerdings aus verschiedenen Gründen.

Die Diskussion in diesem Kapitel versucht, eine logische Basis (für die korrekte Entwicklung von Konzepten) zu legen sowie einige vorläufige Grundsätze zu definieren, um zwischen dem Konzept des Nutzens, d. h. der *Befriedigung* (das zu tun, was man gerne tut, genießt und lustvoll findet) und dem Gefühl der *Genugtuung* zu unterscheiden, das die Erfüllung der eigenen moralischen Verpflichtungen begleitet, die oft eher belastend als lustvoll erlebt werden. Das heißt, wir suchen Grundlagen, die die Anerkennung eines moralischen »Nutzens« über oder zusätzlich zu einem P (Pleasure = Vergnügen)-, I (interdependenten)- oder X (formalen)-Nutzen möglich machen. Die Nutzentheorie erkennt die Sonderstellung der Moral als eine Hauptquelle der Bewertung und daher als Erklärung für das Verhalten nicht an, eine Unterlassung, die zu einer Vielzahl von weiter unten beschriebenen Mängeln führt.

Der P-Nutzen: Im Widerspruch zu den Fakten

Das Originalkonzept des »Nutzens« wie es im späten 18. Jahrhundert vor allem von Jeremy Bentham entwickelt und von den neoklassischen Ökonomen vielfach benützt wird, war besonders eigennützig und geradewegs hedonistisch. »Alle Handlungen sind auf den Lustgewinn oder auf die Vermeidung von Schmerz ausgerichtet« (Dyke 1981, S. 31). »Die Angehörigen eines Haushalts werden versuchen, ihren Gesamtnutzen zu maximieren. Dies ist nur eine andere Formulierung für die Tatsache, daß die Angehörigen eines Haushalts versuchen, unter den gegebenen Umständen so gut wie möglich zu leben« (Lipsey und Steiner 1975, S. 142). »Als Kunde kaufen Sie ein Gut, weil Sie glauben, daraus eine Bedürfnisbefriedigung oder einen ›Nutzen‹ zu erlangen« (Samuelson 1971, Band II, S. 85). »Menschen konsumieren Güter und Dienstleistungen, weil ihren Wünsche oder Präferenzen damit gedient ist: Sie erlangen Befriedigung, wenn sie konsumieren. (...) *Nutzen* ist einfach ein objektives Maß für die Nützlichkeit oder Wunschbefriedigung, die aus dem Konsum erwächst« (Browning und Browning, 1983, S. 56).*

Um diese Vorstellung von Nutzen zu verstehen, muß man daran erinnern, daß ihr Ursprung und ihre Basis in der utilitaristischen Philosophie liegen. Diese geht davon aus, daß alle Mittel ihre Berechtigung in den Zielen finden, denen sie dienen; die Ziele geben den Mitteln den »Nutzen«. Während es nichthedonistische utilitaristische Philosophien gibt, etwa jene von Rawls, in der ein Ziel, das Wert verleiht, nicht das eigene Vergnügen ist, liegt die Wurzel der modernen Ökonomie in der hedonistischen Version des Utilitarismus. Adam Smith schrieb: »Wir sind nicht bereit, von irgend jemandem anzunehmen, daß er in seinem Egoismus ungenügend ausgeprägt ist« ([1759] 1969, S. 446). Es wird postuliert, daß »ein menschliches Wesen ein *zielbewußtes* Tier ist und daß es sein Ziel ist, den Lebensgenuß zu maximieren« (Crouch 1979, S. 2). Glück, Befriedigung und Lust werden als Synonyme benützt (Dyke 1981, S. 10–11; Walsh 1970, S. 21–26). Es ist dies eine Meinung, die mehrere neoklassische psychologische Theorien mit den neoklassischen Wirtschaftswissenschaften gemeinsam haben (Wallach und Wallach 1983).

Außerdem erhält die Lust von vielen Utilitaristen moralische Zustimmung; sie sei »gut«, Schmerz hingegen böse. Bentham (1948, S. 1) unterstrich, daß Schmerz und Vergnügen uns nicht nur faktisch beherrschen, sondern auch unsere ethischen Führer sind: »Es liegt *allein* an ihnen festzulegen, was wir tun *sollten*, sowie zu determinieren, was wir tun werden« (Hervorhebungen vom Autor). Sie,

---

* Falls nicht anders angegeben, sind Hervorhebungen in Zitaten aus dem Original übernommen.

so fährt er fort, setzen die Standards von richtig und falsch. Kohlberg (1968, S. 486) bemerkt dazu: »Die Utilitaristen waren der Ansicht, daß Handlungen des Ichs oder solche anderer Personen, deren Auswirkungen für das Ich schädlich (schmerzlich) sind, von Natur aus für böse gehalten werden und Ärger oder Bestrafung auslösen, und Handlungen, deren Auswirkungen förderlich (lustvoll) sind, ganz natürlich für gut gehalten werden (...)« Brandt (1982, S. 169) erklärt, daß die utilitaristische Annahme, daß Glück, der einzige Nutzen, der maximiert werden soll, im moralischen Sinn an sich gut ist, weil »Gott danach strebt, das Glück seiner Kinder zu maximieren« (siehe auch Little 1957, S. 9). (Während es unter den utilitaristischen Philosophien bedeutende Strömungen gibt, die weder hedonistisch noch ego-zentristisch sind, waren die Väter des Utilitarismus beides [siehe Frankena 1973]. Ihre Arbeiten liegen dem neoklassischen Paradigma zugrunde.) Läßt man dieses grundsätzliche Werturteil über das moralisch Gute des Vergnügens einmal beiseite und zieht man die Tatsache in Betracht, daß zahlreiche lustvolle Handlungen auch unmoralisch sind (siehe unten, S. 101–121), steht der Erkenntnis nichts mehr im Wege, daß es zumindest zwei große Bewertungsquellen gibt und daß diese in den deontologischen Philosophien, in unserer Kultur und im allgemeinen Sprachgebrauch anerkannt sind und sich auch im Verhalten »aufspüren« lassen.

Der interdependente Nutzen: Amoralisch und tautologisch

Angesichts der Tatsache, daß das Konzept des P-Nutzens amoralisch und asozial ist und den grundlegenden Tatsachen über das menschliche Verhalten widerspricht, setzen Neoklassiker auf ein Konzept von Nutzen, das in Wahrheit völlig verschieden ist, doch mit dem gleichen Namen bezeichnet wird: ein Konzept, das Hilfe für andere und die Verpflichtung gegenüber moralischen Werten enthält, die über das eigene Vergnügen hinausgehen. Dafür wird ein einfacher Trick benützt: Der Lustgewinn andrer Personen wird zur Lustquelle des Handelnden erklärt. (Daher bezeichne ich dies als den »I-Nutzen«, »interdependenten« Nutzen.) Wenn ein Mensch also altruistisch handelt, wird dies dadurch erklärt, daß das Vergnügen der Person, die von dieser Handlung profitiert, für den Handelnden eine Lustquelle darstellt und somit Teil seines eigenen Nutzens ist.

Nehmen wir das Beispiel von Geschenken. Sie haben den Neoklassikern immer schon Sorgen bereitet, weil Geschenke eine andere Tauschbasis vermuten lassen als wirtschaftlichen Vorteil oder Gewinn. Neoklassiker sind mit Geschenken auf zwei Arten umgegangen: Zuerst haben sie die Motive der Geber »reduziert«, indem sie die Ansicht vertraten, daß sie nicht wirklich altruistisch sind, sondern von Eigeninteressen getrieben wären. So sagt man zum Beispiel denen, die Geschenke machen, nach, daß sie Gegengeschenke erwarten, sich damit einen guten Ruf erwerben wollen oder eine gute gesellschaftliche Stellung und Anerkennung oder sich damit andere »Güter« erkaufen wollen, die der Geber sich wünscht. Insofern, als sich das Schenken (und andere altruistische Handlungen) nicht derart reduzieren ließen, schlugen Neoklassiker vor, daß der Geber den Konsum des Empfängers genießt. »Alles, was wir annehmen müssen, ist, daß das Wohlbefindens der Person B eine Variable in der Nutzenfunktion von A ist, so daß, A's Nutzen ansteigt, wenn A bemerkt, daß es B bessergeht« (Boulding 1981, S. 6). Zur Feststellung, daß Individuen danach streben werden, ihren Nutzen zu maximieren, meinen Lipsey und Steiner (1975, S. 142–143):

Diese Annahme wird manchmal so verstanden, daß man von Individuen glaubt, im engen Sinn egoistisch zu sein und jeglicher altruistischer Motive zu entbehren. Dies ist nicht der Fall. Wenn das Individuum zum Beispiel daraus einen Nutzen zieht, daß es sein Geld anderen schenkt, kann dies in die Analyse eingebunden werden, und der Grenznutzen, den er aus einem Dollar zieht, den er wegschenkt, kann dem Grenznutzen gleichgestellt werden, den er daraus zieht, den Dollar für sich selbst auszugeben.

Nach dem Hinweis, daß »in den letzten Jahren sehr viele Anstrengungen unternommen wurden, altruistische Präferenzen in die konventionellen Strukturen zu integrieren«, fährt Margolis (1982, S. 11) fort:

Es besteht der gleiche Unterschied zwischen dem Brot, das Herr Schmidt kauft, um es den Armen zu geben, und dem, das er für seinen eigenen Konsum kauft, wie zwischen dem Zucker, den sein Nachbar braucht, um Kekse zu produzieren, und dem Zuckerbedarf für die Ginproduktion in seinem Keller.

Ein neoklassischer Ökonom, dessen Arbeit im anerkannten *Journal of Political Economy* erschien, war von der Tatsache beunruhigt, daß religiöse Handlungen nicht durch »den erwarteten ›Gewinn‹« erklärt werden können, »die ein Individuum im Laufe seines Lebens zu machen plant« (Azzi 1975, S. 28). Heftig bemüht, die Aktivitäten der Menschen mit Hilfe eines konsumierbaren Gutes zu erklären, führte er den Begriff des »Konsums nach dem Tod« ein und meinte, daß »diese Variable zumindest teilweise eine Funktion der Investitionen der Haushaltsmitglieder in religiöse Aktivitäten während ihrer Lebenszeit« wäre (ebd.).

Von unserem Standpunkt ist das Konzept eines abhängigen Nutzens selbst dann moralisch fragwürdig und methodologisch mangelhaft, wenn es nur auf dieses Leben beschränkt ist. Ethisch gilt das I-Nutzen-Konzept für die hedonistische Version des Utilitarismus: Altruistsiche Handlungen werden durch die Lust des *Handelnden* erklärt; wahre altruistsiche Taten, Handlungen der Selbstaufgabe und Opfer sind mit diesem Konzept nicht vereinbar. Was sollte sie motivieren? ist die implizierte utilitaristische Frage. Geht man davon aus, daß nur das Streben nach Lust (und die Vermeidung von Schmerz) Menschen *motivieren* kann, muß man logisch folgern, daß Heilige ihr Selbstopfer genießen; sie »müssen« Masochisten »sein«. Legt man jedoch die Zwangsjacke des Mono-Nutzen-Konzepts ab und zieht man auch anderen Faktoren zur Erklärung des Verhaltens heran, so sieht man, daß normale Menschen einige Dinge tun, weil sie sie für ihre Pflicht halten oder weil sie sie einfach für richtig halten, ob sie diese Handlungen nun genießen oder nicht. Tatsächlich sahen zahlreiche Theologen und Philosophen die Besonderheit der Menschen im Vergleich zu den Tieren jahrhundertelang darin, daß sie dazu fähig sind, eine Entscheidung über ihre Triebe zu stellen und diesen nicht automatisch nachzugeben. Tatsache ist, daß nicht alle diese Entscheidungen moralisch sind; sie können zum Beispiel ästhetischen Kriterien gehorchen. Dennoch spielen moralische Werte ganz klar eine tragende Rolle bei vielen Entscheidungen dieser Art.

Wenn man außerdem die Notwendigkeit, in Übereinstimmung mit moralischen Werten zu handeln, als eine »Präferenz« von vielen im Präferenzenbündel des Nutzens sieht, bleibt eine wichtige Frage offen, nämlich: Was macht das Verhalten mancher Menschen moralischer als das anderer? Dieses »Bündeln« passiert sowohl, weil Neoklassiker die Bildung von Präferenzen nicht untersuchen (ein bedeutender Fehler, auf den wir noch zurückkommen werden) als auch, weil die moralischen Präferenzen in einer Myriade anderer verschwinden, wie etwa der Präferenzen für kalifornische Weine gegenüber französischen, für Pepsi Cola gegenüber Coca-Cola.

Von einem methodologischen Standpunkt widerspricht diese allumfassende Erweiterung des Nutzenkonzepts den Regeln der fundierten Konzeptualisierung. Ist ein Konzept einmal so definiert, daß es *alle* Fälle einschließt, die Teil einer Kategorie sind (in diesem Fall die Motive für menschliches Handeln), kann es nicht mehr der Erklärung dienen.

Solange das eigene Vergnügen und das des anderen in ihrer Bedeutung für den eigenen Nutzen als gleichrangig gesehen werden, hört das Konzept zu differenzieren auf. Daher vergrößere ich meinen Nutzen bei gegebenen X neuen Ressourcen, wenn ich diese Ressourcen benütze, um zu konsumieren. Ich steigere meinen Nutzen genauso, wenn ich diese Ressourcen für wohltätige Zwecke benütze oder mit denen teile, die ich liebe, oder sogar, wenn ich sie verbrenne – so wie es die Kwakiutl tun (Benedict 1934, S. 143), vorausgesetzt, daß ich mich am Feuer erfreue – was bringt das Konzept dann überhaupt? Es nennt einfach alles Streben von Menschen »Nutzen«. Masochismus, Sadismus, das Streben nach Ertrag mit fairen oder mit unfairen Mitteln haben alle denselben Status. Insoferne, als diese »Theorie« die Motivationen zu erklären versucht, verfehlt sie als Konzept ihren Zweck, weil Konzepte eingeführt werden, um sinnvolle Unterscheidungen sichtbar zu machen. Dasselbe Problem entstand in der Psychologie der Instinkte. Von Menschen, die hungrig waren, sagte man, daß sie ihrem Instinkt gehorchten, und ebenso von denen, die sexbesessen waren, usw. (Davor bevölkerten die Griechen die Welt mit unsterblichen Göttern und »erklärten« jedes Ereignis mit dem Wirken eines Gottes.)

Tatsächlich sind neoklassische Ökonomen in ihrem Bestreben, das nichtegoistische Verhalten der Menschen zu erklären, in dieselbe Falle getappt. Sie erklärten »exzessives« Sparen mit einem »Vererbungs-Motiv« (Laitner 1979, S. 403; Shorrocks 1979, S. 415) und religiöse Aktivitäten mit einem »Erlösungs-Motiv« (Azzi 1975, S. 24). (Andere haben Konzepte wie »eine Vorliebe für Diskriminierung« [Becker 1957, S. 6] und »eine Vorliebe für Nationalismus« [Johnson 1965] verwendet.) Altruismus wird manchmal begründet mit »einer Vorliebe für die Wahrnehmung des Wohlbefinden anderer« (Boulding 1979, S. 1383). Wenn der Versuch, ein Phänomen zu erklären, sich darin erschöpft, der Beschreibung eine weitere Bezeichung wie Instinkt, Motiv oder Nutzen hinzuzufügen, erklärt man damit nichts. Der Autor schließt sich der Meinung zweier Ökonomen, nämlich Kalt und Zupan (1984, S. 281) an, die geschrieben haben: »(...) Individuen können auch daraus Befriedigung ziehen, ›das Richtige getan zu haben‹.« Ich sehe nicht ein, was damit gewonnen ist, dies ein Konsummotiv zu nennen.

Einige Ökonomen haben erkannt, wie unproduktiv und tautologisch dieses Nutzenkonzept ist, das davon ausgeht, daß man aus allem, was man tut, Lust gewinnt. Stigler (1966, S. 57) führt dies so aus: »(...) wir würden sagen, daß für alles, was wir den Menschen tun sehen, ein Grund gefunden werden kann«, was »den Nutzen zur Tautologie macht«. Bowie und Simon (1977, S. 194–95) schreiben: »Vom klassischen Standpunkt aus betrachtet ist jeder Konsument ein Befriedigungs-Maximierer, d. h., er ist ein rationaler Egoist (...) Diese Annahme widerspricht den Tatsachen so eindeutig, daß die Ökonomen sie in eine Tautologie verwandelt haben. Jedes Konsumverhalten ist per definitionem ein Versuch, die Befriedigung zu maximieren.« Die Autoren fahren fort, indem sie unterstreichen, daß wir als Ergebnis »nunmehr keine empirische Theorie über das Konsumverhalten mehr haben« und daß die Theorie »äußerst trivial« wird (ebd.). Wenn man also Selbstmord begeht, bedeutet das, daß das Leben schlimmer gewesen sein muß als der Tod (Hammermesh und Soss 1974). In anderen Situationen, in denen ein gewisses Maß an Lustempfindungen meßbar ist, die die Handlung aber deshalb auch nicht erklären kann (wie etwa ein Steuernachlaß nicht erklärt, warum man deshalb jemanden anderen beschenkt, weil die Höhe eines solchen Nachlasses in der Regel geringer ist als der Wert des Geschenks), wird angenommen, daß ein anderer, nicht meßbarer Faktor – sagen wir in diesem Fall das Ansehen – die Differenz ausmachen »muß«. (Wenn man waschechte Neoklassiker fragte: »Aber was ist mit anonymen Geschenken?« höre ich sie praktisch sagen: »Es gibt keine ganz anonymen Geschenke; sie ›müssen‹ gemacht werden, um die Ehefrau, Geliebte oder den Buchhalter zu beeindrucken.«) Aus rein methodologischer Sicht ist es produktiver, die Hypothese aufzustellen, daß der Unterschied auf eine moralische Verpflichtung zurückzuführen ist.

Wenn man das Nutzenkonzept tautologisch nennt, so tut man das nicht nur, um auf einige technische Mängel oder auf kleinere methodologische Fehler hinzuweisen, die logische Puristen beunruhigen. Es geht vielmehr darum, daß die Erklärungskraft, über die das ursprüngliche Konzept des P-Nutzens verfügte, verlorengeht, wenn der Begriff des I-Nutzens eingeführt wird. Zu sagen, daß die Menschen lustorientiert sind, ist eine mächtige Hypothese; sie erklärt sicherlich einen Großteil des menschlichen Verhaltens. Sie wird sicherlich zu weit angewendet, weil man versucht, damit mehr vom menschlichen Verhalten zu erklären, als damit möglich ist. Dennoch bleibt es ein wichtiger Teil der Erklärung. Wenn jedoch die Befriedigung der eigenen Bedürfnisse, die Selbstaufopferung sowie Hilfe für andere und die Gemeinschaft – wenn also *all* diese verschiedenen Handlungen nur »Befriedigung« sind, wird die Erklärungskraft des Konzepts bis zu einem Punkt verdünnt, an dem es ziemlich sinnlos wird. Durch den Versuch, das Konzept – und das auf ihm errichtete Paradigma – zu retten, wird es entleert.

Abgesehen davon, daß diese alles einschließen wollende Erweiterung des Nutzenkonzepts durch die Einführung des I-Nutzens die Erklärungskraft des Konzepts unterminiert, nimmt sie einem Haupttheorem der neoklassischen Ökonomie, nämlich ihrem zentralen

Theorem über den Ursprung der Ordnung, die Basis. Dieses Theorem wurzelt in den Arbeiten Adam Smith', der die Ansicht vertrat, daß der Markt als System darauf beruht, daß jeder Akteur seine *eigenen* Interessen verfolgt.

Nicht vom Wohlwollen des Metzgers, Brauers und Bäckers erwarten wir das, was wir zum Essen brauchen, sondern davon, daß sie ihre eigenen Interessen wahrnehmen. Wir wenden uns nicht an ihre Menschen- sondern an ihre Eigenliebe, und wir erwähnen nicht die eigenen Bedürfnisse, sondern sprechen von ihrem Vorteil. (Smith [1776] 1974, S. 17)

Wenn es zwischen »Eigenliebe« und Liebe zu anderen* keinen grundlegen Unterschied gibt, löst sich Smith' ganze These in nichts auf. Wenn also Leute Lust daraus gewinnen können, anderen und der Gemeinschaft zu dienen, besteht kein Bedarf nach einer unsichtbaren Hand, die dafür sorgt, daß das Streben des einzelnen zum Wohl der Gesellschaft führt. Tatsächlich wird die Unterscheidung zwischen Gewinn und Verlust entbehrlich: denn des einen Verlust ist des anderen Gewinn. Will man daher ein arbeitsfähiges Konzept entwickeln, so scheint es, daß es das Beste ist, das Streben nach Selbstbefriedigung streng vom Wunsch zu trennen, anderen (inklusive der Allgemeinheit) aus einem Gefühl moralischer Verpflichtung heraus zu dienen.

---

* Ein Rezensent meinte hier, daß, auch wenn der Altruismus die eigenen Kinder umfaßt, noch immer ein Bedarf nach der unsichtbaren Hand besteht, um die Beziehungen *zwischen* den Haushalten zu ordnen. Dies ist ein berechtigter Einwand. Dennoch ergänzt oder ersetzt der Altruismus die Eigeninteressen als Ordnungsmechanismus in dem Maß, in dem der Altruismus oder gegenseitige Verbundenheit jene einschließt, mit denen man verkehrt. Für Belege siehe weiter unten.

Nutzen als formales Konzept: Eine leere Hülle

In einem weiteren wesentlichen Versuch, das Mono-Nutzen-Konzept zu stützen, vertreten Neoklassiker die Ansicht, daß das Konzept des Nutzens als abstrakte Einheit gesehen werden sollte, die weder Vergnügen noch Konsum enthalte. Und zwar unabhängig von seinen philosophischen Ursprüngen oder den psychologischen »Gutenachtgeschichten«, mit denen es meist verbunden war. Es sei einfach ein gemeinsamer Nenner, ein X, in das alle anderen Werte umgewandelt werden könnten und mit Hilfe dessen eine Rangordnung aufgestellt werden könne. (Ein ähnliches konzeptuelles Hilfsmittel gibt es auch in der Theologie. Wenn verschiedene Beweise für die Natur Gottes nicht wirklich überzeugen, wird Gott als die große Unbekannte (X) beschrieben. Es wurde in der Literatur schon vielfach darauf hingewiesen, daß der Konsum oder das Vergnügen in den meisten weltlichen Konzepten der westlichen Kultur die Rolle eines Gottes spielt.)

Der hier vorgeschlagene Begriff ist etwas, das Nutzen genannt wird und das – wie Masse, Höhe, Reichtum oder Glück – von Menschen maximiert wird. Man nahm in den Anfängen der Geschichte der ökonomischen Analyse tatsächlich an, daß Güter in einem meßbaren, psychologischen Sinn einen Nutzen oder etwas Nützliches darstellen. Obwohl dieses irreführende psychologische Konzept inzwischen verworfen wurde, blieb der Begriff ›Nutzen‹ in Verwendung. So ist er heute nur die Bezeichnung für eine Rangordnung von Optionen in Übereinstimmung mit den individuellen Präferenzen. (Alchian und Allen 1977, S. 40)

Hirshleifer formulierte sehr knapp: »Was die modernen Ökonomen ›Nutzen‹ nennen, ist nicht mehr als eine Rangordnung von Präferenzen« (1976, S. 85, Hervorhebung vom Autor). Und Little (1957, S. 20) meint: »Er (der Nutzen) muß sich auf nichts beziehen.« Die Vielfachen der großen Unbekannten (X), die die verschiedenen Konsumgüter und Dienstleistungen darstellen, nachdem sie in den anonymen gemeinsamen Nenner umgewandelt wurden, werden manchmal als »utils« bezeichnet. »Man könnte in dieser Sprache daher ganz korrekt sagen, daß man von einem Glas Whiskey der Marke Jack Daniels zwei ›utils‹ und von einem Abend mit Marina wesentlich mehr ›utils‹ hatte« (Walsch 1970, S. 24).

Samuelson (1983, S. 91) kritisiert dieses Nutzenkonzept als eine »leere Konvention« und als »in jeder operationellen, empirischen Hinsicht sinnleer«. Tatsächlich verstößt das Konzept des X-Nutzens, wenn es völlig sinnleer und nur als ein formaler Faktor verwendet wird, mit dessen Hilfe eine Rangodnung unter verschiedenen Präferenzen aufgestellt werden kann, gegen eine Grundvoraussetzung naturwissenschaftlichen Arbeitens: Im Gegensatz zur Mathematik benötigt die nichtformale Wissenschaft grundlegende Konzepte. In mathematischen Berechnungen ist es möglich, formale, inhaltsleere, gemeinsame Nenner zu benützen, weil die Elemente, die in diese umgewandelt werden, selbst abstrakt sind. Wenn man also beweisen will, daß 3/8 weniger sind als 2/3, kann man einen gemeinsamen Nenner wie etwa 1/24 benützen, ohne zu fragen, wofür die n/24 stehen oder was sie »bedeuten«. Vergleicht man jedoch, sagen wir, drei Brote und zwei Schweinskoteletts, kann man nicht exakt sagen, daß ein Brot 3 »utils« bringt, während ein Schweinskotelett 9 »utils« bringt, noch daß ein Schweinskotelett in der Rangordnung der Präferenzen höher stünde. Denn die Zuordnung der Zahl der »utils« zu verschiedenen Artikeln oder ihre Rangordnung untereinander ist davon abhängig, wie der gemeinsame Nenner grundsätzlich definiert wird. Alle Dinge haben viele verschiedene Attribute wie Kalorien, Vitamine, Mineralstoffe und moralischen Wert. Daher wird ihr Wert oder »util« *von dem/den Attribut/en bestimmt, die in die Betrachtung einbezogen werden* (Little 1957, S. 19ff.).

Neoklassische Ökonomen gleiten in ihren eigenen Arbeiten über den X-Nutzen häufig in die Diskussion über Konsum und Vergnügen ab, wodurch sie das Konzept wieder in das des P- oder I-Nutzens verwandeln. So erklären zum Beispiel Kamerschen und Valentine (1981, S. 69) zuerst, daß alle Güter »gewisse« gemeinsame Charakteristika haben »müssen«, damit eine vernünftige Wahl getroffen werden kann und daß »diese gemeinsame Eigenschaft üblicherweise Nutzen genannt wird«. Bald jedoch werden Güter den Konsumgütern gleichgesetzt und die Befriedigung mit dem Wunsch: »Nutzen ist einfach all das, was das Konsumgut wünschenswert macht« (ebd.). Der nächste Schritt besteht darin, alles als ein Konsumgut zu sehen: »Bourbon Whiskey, Rauschgift, Bibeln und auch Opernaufführungen bringen verschieden großen Nutzen« (ebd., S. 82).

In dem Maß, in dem neoklassische Ökonomen die Menschen nicht über ihre Wahlakte befragen, sondern ihr Verhalten nur beobachten (wobei sie behaupten, daß die Rangordnung ihrer Präferenzen daraus abzulesen sei, was sie unter welchen Beschränkungen, im besonderen unter dem ihres Einkommens, kaufen), stoßen die Untersuchungen auf ernsthafte empirische Schwierigkeiten. Es reicht wohl nicht aus, zu zeigen, daß die Menschen bei einem gegebenen Einkommensniveau beginnen, mehr Tee zu kaufen, wenn der Kaffeepreis steigt. Man muß auch alle anderen zur gleichen Zeit stattfindenen Preisänderungen in Betracht ziehen und die Verringerung der allgemeinen Kaufkraft »kompensieren«. Auch wenn dies unter den extrem vereinfachten und kontrollierten Bedingungen von Experimenten mit Ratten versucht wird, die nur die Wahl zwischen *zwei* Optionen haben, ist es sehr schwierig, die Ergebnisse zu interpretieren (Kagel et. al. 1975, S. 36). Mehrere Ökonomen, die der Autor in diesem Zusammenhang befragte, antworteten zuerst, dem formalen Begriff von Nutzen entsprechend, daß man nicht wissen muß, welche Motive »sich« hinter den Präferenzen »verstecken«, damit die Theorie »sehr brauchbar«, »ungeheuer erhellend« ist und »das Verhalten der Menschen recht gut vorhersagt«. Nachdem sie auf die vorher ausgeführten Schwierigkeiten aufmerksam gemacht wurden, stimmten sie zu, daß die Erklärungskraft der Theorie »recht schwach ist«. Tatsächlich, so fügten sie hinzu, sage die Theorie im besten Fall die Richtung – und nicht die Größe – der Verhaltensänderungen voraus, die sich aus Preisänderungen ergeben.

Kurz gesagt, das Konzept des X-Nutzens zwingt einem entweder, auf eines der zwei anderen Konzepte zurückzugreifen, oder es ist – als inhaltsleere Variable – eher unproduktiv, wenn es überhaupt anzuwenden ist.

Eine Bemerkung über Ursachen

Alle Nutzenkonzepte sind mangelhaft, weil sie keine Erklärung dafür bieten, wodurch Präferenzen entstehen und welche Faktoren für eine Änderung der Präferenzen verantwortlich sind. Sie erklären auch nicht, wie die Konsumenten ihr Einkommen auf einzelne Güter verteilen. Solche Erklärungen sind notwendig, weil die Menschen ihre Präferenzen ändern, wenn sich die Restriktionen ändern, unter denen sie sie »implementieren«. Daher können Verhaltensänderungen auf Änderungen der Restriktionen *oder* auf Änderungen der Präferenzen zurückzuführen sein, oft auch auf eine Kombination von beiden. Eine befriedigende Verhaltenstheorie ist nicht vorstellbar ohne ein klares Konzept und eine klare Meßvorschrift für die Bildung von Präferenzen, in denen die moralischen Werte eine entscheidende Rolle spielen, und ihrer Dynamik. Die Annahme, von der das neoklassische Paradigma ausgeht, daß die Präferenzen der Menschen »fix« oder »stabil« sind, und die es ermöglicht, Veränderungen der Absichten und der die Präferenzen beeinflussenden Werte außer acht zu lassen, übersieht einfach die elementarsten Tatsachen des täglichen Lebens. Dem Argument, daß es nichts ausmache, wenn die Annahmen absurd sind, solange die Theorie richtige Prognosen produziert, muß man entgegenhalten, daß diese Prognosen scheinbar doch nicht gut sind.

Die Vorstellung, daß moralische Werte und andere Faktoren, die die Präferenzen determinieren, mit Ökonomie nichts zu tun haben, ist nur ein weiterer Grund, einen Wechsel zu einer Kodeterminationstheorie zu fördern, zu einer Theorie, die die Ökonomie mit den Elementen anderer Sozialwissenschaften kombiniert, um eine Sozioökonomie zu entwickeln. Dies wiederum verlangt nach einem neuen Paradigma, das mehr als eine grundsätzliche Quelle der Bewertung anerkennt, mehr als einen »Nutzen«. (Für weitere Diskussionen siehe S. 127 ff. und Etzioni 1986a.)

Moral und facettenreiche Wahlakte

Die Facetten der Präferenzen

Selbst wenn man die grobe Vereinfachung akzeptierte, daß Präferenzen ein für allemal fixiert und nicht ständig im Wandel begriffen sind, spielt die Moral bei Wahlakten eine wichtige Rolle. Dies vor allem deshalb, weil *Wahlakte nicht einfache, eindimensionale, punktuelle* (oder auf eine Periode beschränkte) Ereignisse sind, sondern tatsächlich *viele Facetten aufweisen.** Viele grundlegende neoklassische Wirtschaftsmodelle gehen davon aus, daß jedes Ding einen einzigen Preis hat, daß alle Angebote zugleich gemacht werden, daß alle Geschäfte zugleich abgeschlossen und alle Preise zugleich festgesetzt werden und daß der Markt sich mit einem Schlag räumt. Dann begänne der gesamte Prozeß von vorne (Thurow 1983). Dennoch zeigen die Beobachtungen und Erfahrungen des täglichen Lebens sowie weiter unten beschriebene wissenschaftliche Experimente, daß viele Käufe von Schuldgefühlen, Scham, Reue, Euphorie, dem Wunsch zu teilen, Stolz und anderen Gefühlen dieser Art begleitet werden oder solche Gefühle in der Folge auslösen. Diese Gefühle sind, wie wir sehen werden, nicht einfach vorübergehende Gemütszustände, sondern haben bedeutende Auswirkungen auf das Verhalten. Man kann also sagen, daß Präferenzen viele Facetten haben. Die moralische Bedeutung der Handlung ist nur eine ihrer wichtigeren Facetten.

Konkrete Beispiele für diesen Ansatz finden Sie in Kapitel 5. Hier soll nur ein einziges Beispiel diese Aussage illustrieren. Es stammt aus dem Bereich des Körperkults, der Gewichtsreduktion, eine Aktivität, auf die Millionen von Bürgern der Industriegesellschaften, besonders die, denen es sehr gutgeht, ihre pseudomoralischen Anstrengungen konzentrieren. Sie fühlen sich schuldig, wenn sie sich gehenlassen, und tugendhaft, wenn sie sich zurückhalten. Stellen

---

* Für einen ausgezeichneten Überblick über die neoklassische Sichtweise der Präferenzen (oder Vorlieben) und eine gut fundierte Kritik derselben siehe March (1978).

Sie sich einen Menschen in der Kantine vor, der meist kein Dessert nimmt, dann drei Tage hintereinander eines ißt und dann am vierten Tag das ganze Mittagessen ausläßt. Man kann dieses Verhalten als eine Reaktion darauf deuten, daß der Dessertpreis drei Tage lang sank, am vierten Tag aber rasant stieg (wobei man von einem gleichbleibenden Einkommen und unveränderten Preisen für alle anderen Produkte ausgeht). Eine bessere Erklärung bringt diese Ereignisse in Zusammenhang und findet heraus, daß es hier zu einer Akkumulation anfänglich nicht sichtbarer Schuld kommt, die dann mit Hilfe des ausgelassenen Mittagessens »abgearbeitet« wird.

Natürlich ist Schuld nicht das einzige Gefühl, das Wahlakte begleitet und in der Folge beobachtbare Auswirkungen hat. Es wurden auch andere Zusammenhänge beobachtet (Kapitel 5). Das Diät-Beispiel soll nur die Tatsache hervorheben, daß die eindimensionale Rangordnung der Präferenzen viel von dem außer acht läßt, was so eine Wahlsituation bestimmt. Vor allem werden die moralischen Faktoren vernachlässigt, deren Wirken nicht bei jedem einzelnen Wahlakt sichtbar gemacht werden kann, besonders dann, wenn eine Wahlentscheidung als ein eindimensionales und in sich geschlossenes Ereignis gesehen wird. Ein Kollege merkte hier an, daß Ökonomen danach streben, *aggregiertes* Verhalten vorauszusagen; sie kümmern sich nicht darum, ob eine Person an einem bestimmten Tag Diät hält oder nicht, die, die es tun und die, die es nicht tun, werden sich »im Durchschnitt gegenseitig neutralisieren«. Wenn Joe am Montag über die Stränge schlägt, wird Jane ihre Diät einhalten und an anderen Wochentagen umgekehrt. Die Antwort der Deontologen darauf ist, daß moralische Faktoren eine »gesamtwirtschaftliche« Konsequenz haben. So war zum Beispiel eine positivere Einstellung zur Scheidung, die sich in der Einführung der »einvernehmlichen« Trennung niederschlug, ein Faktor, der die Scheidungsraten ansteigen ließ (Weitzman 1985). Und die erklärenden Variablen sind, wie wir sehen werden, keine Akkumulierung von Veränderungen der individuellen Wahlhandlungen. Denn welche kollektiven Veränderungen in der Gesellschaft auch immer stattgefunden haben mögen, Veränderungen der moralischen Werte spielen dabei eine wichtige Rolle. Als Beispiel denke man etwa an die

Auswirkungen einer Verfassungsänderung zum Ausgleich des Staatshaushalts (als ein Ausdruck gesteigerter Verantwortung der öffentlichen Hand, so gering sie auch tatsächlich sein mag) im Vergleich zur Entscheidung von Millionen Einzelpersonen, weniger auszugeben.

Externe Kosten als Präzedenzfall

Es gibt einen wesentlichen Bereich, in dem die neoklassischen Ökonomen anerkennen, daß Preise nicht alles enthalten, was von Wert ist, obwohl sie es »eigentlich sollten«, und zwar im Konzept von sozialen Kosten oder »externen Kosten«. Die Umweltverschmutzung ist ein oft zitiertes Beispiel. Da es die Industriekapitäne oft nichts kostet, Abwässer in einen öffentlichen See zu pumpen, ist es ihnen möglich, die sozialen Konsequenzen ihres Verhaltens zu ignorieren. Neoklassiker schlagen die verschiedensten Mechanismen vor, um diese sozialen Kosten in »den Preis« einzubinden und es dem Markt so zu erlauben, die Allgemeinheit zu schützen. Dennoch werden diese Mechanismen selten eingesetzt und die Versuche, sie zu benützen, werfen oft große Probleme auf. So scheint es zum Beispiel keine objektive Methode zu geben, mit deren Hilfe determiniert werden könnte, in welcher Höhe der künstliche Preis festzusetzen wäre. In der Praxis kommt es auch in diesem Bereich zu politischer Manipulation und bürokratischen Verwicklungen wie in anderen Fällen von staatlicher Intervention, wie etwa bei Agrar- oder Energiesubventionen (Etzioni 1985d). Daher besteht weiterhin der Bedarf, soziale Folgen einzuschränken und zu bewältigen, unabhängig davon, was »der Preis« (oder »der Markt«) »sagt« oder davon, was man ihn sagen lassen kann. Dasselbe gilt für die moralische Bewertung eines Dinges oder einer Handlung; diese findet in seinem/ihrem Preis oft nur einen schwachen Ausdruck.

Ein wichtiges Thema ist die Sorge um die längerfristige Zukunft. Ohne moralische Sprüche wie »du *solltest* dich um die Zukunft sorgen, um deine Kinder, darum, nicht abhängig zu werden« und »du solltest sparen«, die einem Kraft geben, momentanem Lustgewinn/

momentanem Konsum zu widerstehen, könnten Individuen sehr wohl weniger sparen, als sie später dann zu brauchen glauben (ganz abgesehen davon, ob sie von einem Standpunkt der sozialen Wohlfahrt aus gesehen »genug« sparen). Zukünftiger Konsum kann das Sparen in der Gegenwart nicht motivieren, weil er in der Gegenwart kein Vergnügen bringt, sondern den Schmerz der Selbstverleugnung. Ebenso könnten die Menschen ohne moralische Verpflichtung zum Sparen tatsächlich »schwarzfahren« – also sich entscheiden, jetzt zu konsumieren und es der Regierung, ihrer Familie oder ihren Freunden überlassen, »in der Zukunft« für sie zu sorgen. Es ist ein großer Irtum, zu glauben, daß sich der, der »spart«, gegen den Konsum in der Gegenwart und für einen größeren Konsum in der Zukunft entschieden hat, als ob mehr Konsum zu einem späteren Zeitpunkt in der Gegenwart motivierend wirken könnte. Später zu Konsumieren bringt unausweichlich eine auf später verschobene Belohnung mit sich. Eine solche wird als »Schmerz« empfunden und ist keinesfalls vergnüglich. Daher ist sie grundsätzlich *de*motivierend.

In der im neoklassischen Paradigma enthaltenen hedonistischen Psychologie gibt es nur wenige Erklärungen für die auf später verschobene Belohnung. Eine Erklärung dafür findet man in den moralischen Verpflichtungen, in Verpflichtungen gegenüber anderen Werten und in der deontologischen Psychologie, die das Konzept eines multiplen Ichs umfaßt. Sparverhalten muß also als ein Konflikt zwischen dem Konsum in der Gegenwart und dem Leben mit der Verpflichtung gegenüber moralischen Werten gesehen werden, denen die Akteure im selben Zeitabschnitt, nämlich jetzt, verpflichtet sind.

Diese Analyse prognostiziert, daß die Personen, die bei gleichem Einkommensniveau und Alter größere moralische Verpflichtungen verspüren, selbst für sich zu sorgen und nicht von anderen abhängig zu werden, mehr sparen werden. Man erwartet auch, daß Unterschiede in den Wertsystemen verschiedener Gesellschaften auch mit den Sparraten korrelieren, wie es sichtbar wird, wenn man das heutige Japan mit den USA vergleicht. Die verschiedene moralische Bewertung von Schulden ist einer der Hauptfaktoren der unterschiedlichen Sparaufkommen. Das Sparverhalten ist natürlich nur ein Beispiel. Die gleichen »Korrekturen« sind zu erwarten bei der Analyse von Phänomenen wie der Steuerhinterziehung, der Verletzung impliziter Übereinkommen, der Verletzung von Spielregeln und anderer moralischer Verpflichtungen, die dazu beitragen, ein an sich nicht lustbringendes Verhalten aufrechtzuerhalten.

Zweitens treffen die gesellschaftlichen Folgen, die die Individuen angeblich ignorieren, weil sie nicht sie selbst und ihr Eigentum betreffen, weshalb sie Abwässer in einen See pumpen, natürlich doch sie selbst, ihre Kinder, Freunde, Nachbarn, Mitbürger, aus denen die Gesellschaft besteht. Sie trinken alle aus dem See, den sie verschmutzen. Die Moral motiviert sie, sich auch für öffentliche Güter verantwortlich zu fühlen und nicht »schwarzzufahren«. Die Moral ist ganz deutlich ein wichtiges Mittel, das Gemeinwesen zu unterstützen. Außerdem wird durch sie der Bedarf an staatlicher Intervention – und auch die Notwendigkeit, Anreize für sozial erwünschtes Verhalten zu schaffen – gering gehalten.

Die Moral ist einer der Hauptwege, auf dem Externalitäten in die individuellen Überlegungen und den Entscheidungsprozeß Eingang finden, obwohl sie oft mit dem P-Nutzen in Konflikt steht. Tatsächlich ist die Moral ein viel häufiger benützter, kostengünstigerer und weniger als Zwang empfundener Mechanismus zur Bewahrung und Förderung des Allgemeinwohls* als staatliche Vorschriften oder öffentliche Anreize durch den Markt.

Schließlich weist die Art, wie Neoklassiker die Externalitäten »modellieren«, darauf hin, daß sie mehr als eine Quelle der Bewertung anerkennen: der vom Markt festgesetzte Preis kann durch einen anderen, bedeutenden Faktor oder Faktoren anderer Art »korrigiert« werden. Tatsächlich ist die Befassung mit Externalitäten, mit öffentlichen Gütern oft in sich eine Kategorie moralischen Handelns.

---

* Dies soll nicht heißen, daß alle oder die meisten unmittelbaren Vorteile unmoralisch sind oder daß alle Ansprüche der Allgemeinheit moralisch sind. Siehe weiter unten über das Kriterium zur Definition moralischer Ansprüche.

Zum Schluß

Der P-Nutzen hat schon eine sehr alte philosophische und psychologische Basis; er liefert ein bedeutendes Konzept zur Erklärung vieler Phänomene und läßt testbare Hypothesen entstehen. Das heißt, er stellt ein logisches, richtiges und produktives theoretisches Konzept dar. In dem Maß, in dem es verwendet wird, um zu untermauern, daß jedes (oder fast jedes) Verhalten mit dem Streben nach Vergnügen oder engen Eigeninteressen erklärbar wäre, ist es deutlich falsch. Weiter unten werden wir sehen, daß das Verhalten oft mehr oder weniger moralisch und selbstlos ist. Insoweit die Hypothese aufgestellt wird, daß die Verfolgung des P-Nutzers ein bedeutender Erklärungsfaktor ist, ist diese Hypothese eindeutig gültig, weist jedoch auf die Notwendigkeit hin, auch andere Nutzen anzuerkennen.

Die Einführung des Konzepts eines I-Nutzens verursacht einige Verwirrung, weil versucht wird, Vergnügen, Eigennutz und das entgegengesetzte Verhalten – nämlich die Sorge für andere und für die Gemeinschaft – mit Hilfe desselben Konzepts zu erklären. Es hört also auf zu differenzieren und wird tautologisch. Das Konzept des I-Nutzens liefert also entweder keine Erklärung oder verlangt, wie wir gesehen haben, daß die Unterscheidung, die es zu vermeiden sucht, durch die Hintertür wieder eingeführt wird.

Der X-Nutzen ist ein formales Konzept, das in seiner reinen Form a-wissenschaftlich logisch ist, weil es keinen essentiellen Inhalt hat und daher nichtemprisch ist. In seiner verwässerten Form, in der X gleich »Befriedigung« ist, bringt es uns zur Schlüsselfrage zurück: Sind alle Bewertungen von ein und derselben grundsätzlichen Art und sind sie alle untereinander kompatibel oder bilden sie ein teilweise inkompatibles, nicht reduzierbares und konfliktreiches Universum?

Kapitel 3
Substantielle Unterschiede:
Moral versus Vergnügen

Völlig unterschiedliche Welten

Man sagt, daß das sprachliche und begriffliche Paradigma einiger Stämme, die noch über keine Schrift verfügen, das Konzept »grün« nicht enthalten. Die Stammesangehörigen bezeichnen alle Farben, die wir grün oder blau nennen, mit nur einem Begriff, nämlich »blau« (Berlin und Kay 1969, S. 1–14). Aus einer differenzierteren Betrachtungsweise sind die Angehörigen dieses einen Stammes teilweise farbenblind. Das neoklassische Paradigma ist auf ähnliche Weise zu einfach: Es beinhaltet keine wirkliche Unterscheidung zwischen dem Gefühl des Vergnügens – das aus dem Konsum von Gütern und Dienstleistungen und aus anderen Quellen gewonnen wird – und dem Gefühl der Genugtuung, das eine Person daraus zieht, ihren moralischen Verpflichtungen gemäß gehandelt zu haben. Diese moralischen Verpflichtungen sind die Hauptquelle deontologischer Urteile, denen Menschen Vorrang vor ihren Trieben geben (seien sie nun von selbst entstanden oder in Folge ihrer Sozialisierung).

Dieses Kapitel soll darlegen, daß moralische Genugtuung und lustorientierte Handlungen deutlich unterschieden werden können und daß sie verschiedene Dimensionen haben, sowohl was den inneren psychischen Zustand der Person als auch was das mit ihm einhergehende Verhalten betrifft. Wir untersuchen die verschiedenen Wurzeln des hier entwickelten deontologischen, auf zwei Nutzen ausgelegten Partadigmas, verschaffen uns einen kurzen Überblick über die Arbeit von Wissenschaftlern, die in diesem Zusammenhang verschiedene Phänomene untersuchen, und definieren die Unterschiede zwischen den beiden Konzeptionen. Diesen Ausführungen folgt eine grundlegende Untersuchung der Moral. Wir behaupten, daß eine operationale und empirische Unterscheidung zwischen moralischem und lustorientiertem Verhalten fruchtbar sein kann für die Zwecke der Erklärung und Theoriebildung, für die Entwicklung von politischen Strategien sowie auch in ethischer Hinsicht und führen dies in den folgenden Kapiteln aus.

Schritte zu einem Zwei-Nutzen-Konzept

Die Vorstellung, daß Individuen zwei oder mehr Nutzen verfolgen, ist kaum neu. Ein bedeutender Beitrag zu so einem Ansatz findet sich in den Schriften des Großvaters der neoklassischen Ökonomie, Adam Smith. In *The Theory of Moral Sentiments* weist er darauf hin, daß die Menschen aus dem Gewissen heraus handeln und miteinander nicht nur über den Markt – in Form von Tauschbeziehungen und dem Bestreben, ihre Interessen zu maximieren – in Beziehung stehen, sondern auch als Menschen, deren psychisches Wohlbefinden sehr stark von der Anerkennung der anderen abhängig ist. Diese Anerkennung wird wiederum davon bestimmt, ob jemand moralisch handelt und nicht davon, ob er Reichtum anhäuft. »Wie egoistisch man sich den Menschen auch vorstellen mag, in seiner Natur gibt es ganz offensichtlich einige Prinzipien, die ihn dazu bestimmen, am Schicksal anderer Anteil zu nehmen und sich deren Glück zum eigenen Bedürfnis zu machen« (Smith [1759] 1976, S. 9).

Die Tatsache, daß sich die von Smith in *Moral Sentiments* bezogene Position mit der in *Wealth of Nations* nur schwer vereinbaren läßt, hat eine Unmenge von Schriften entstehen lassen, in denen die Unterschiede interpretiert und neue Methoden entwickelt wurden, diesen als *Das Smith Problem* bezeichneten Widerspruch aufzuheben. Es mag hier genügen, festzustellen, daß die meisten Neoklassiker (und die zeitgenössischen Whigs) den frühen Adam Smith zugunsten des späteren ignorieren. In ähnlicher Weise tendieren Neoklassiker dazu, die Auswirkungen zu ignorieren, die die Arbeiten von Sen, Hirschman und anderer weiter unten angeführter Wissenschaftler auf das neoklassische Mono-Nutzen-Paradigma haben, obwohl sie mit diesen Schriften sehr wohl vertraut sind.

Diese Autoren, die der Tradition von *The Moral Sentiments*, auf der auch der Verfasser aufbaut, treu blieben, kann man grundsätzlich in zwei Gruppen einteilen: diejenigen, die die Notwendigkeit der Einführung eines anderen Bewertungskriteriums bzw. eines anderen »Nutzens« einsehen, aber mit allen Mitteln nachzuweisen versuchen, daß es eigentlich doch mit dem Ansatz des Mono-Nutzens vereinbar wäre und jene, die für den Übergang zu einem Mehr-Nutzen-Paradigma bereit zu sein scheinen. (Diejenigen, die mit den Methoden der Autoren vertraut sind, orthodoxe Schemata zu bewahren, werden in den neoklassischen Arbeiten sehr schnell die Anzeichen dafür finden, daß diese Wissenschaftler die Notwendigkeit einer größeren Anpassung einsehen. Man findet darin aber deutliche Unterschiede zwischen denen, die diese Anpassung verzweifelt innerhalb des herrschenden Paradigmas zu vollziehen versuchen, und denen, die bereit sind, neu anzufangen. Für eine Diskussion der neoklassischen Ökonomie als orthodoxe Lehre siehe Nelson und Winter 1982, S. 5 ff.)

Eine Arbeit, die sehr gut die erste Gruppe repräsentiert, also jene Ökonomen, die die Veränderungen innerhalb des Paradigmas anstreben, ist die »Economic Theory of Self Control« von Thaler und Shefrin (1981). Das Verhalten, das diese beiden Autoren beunruhigt und über das sich vor ihnen auch Schelling (1960) (siehe auch Schelling 1984a und b) den Kopf zerbrochen hat, ist das von Menschen, die an Raucherkliniken Geld dafür bezahlen, ihnen dabei zu helfen, daß sie zu rauchen aufhören, auf Schönheitsfarmen Geld dafür ausgeben, daß sie kein Essen bekommen oder ihr Geld auf Weihnachtsklub-Konten einzahlen, die keine Zinsen bringen, dafür aber monatliche Einlagen notwendig machen. Diese und andere ähnliche Verhaltensweisen, die von Willensschwäche zeugen, scheinen Neoklassikern irrational. Was ist hier die Präferenz, der Nutzen? Wenn man zu rauchen aufhören will, hört man auf; es ist doch nicht effizient, andere dafür zu bezahlen, damit sie einen zum Aufhören bringen. Und tut man es dennoch, so zeigt dies, daß man gleichzeitig mit *zwei* einander entgegengesetzten Kräften kämpft. Für jemanden, der sich auf andere Paradigmen beruft, und der davon ausgeht, daß die

Menschen widersprüchliche Interessen haben und oft inkonsistent, nicht-rational oder irrational handeln oder sich im Kampf ihres »besseren« Ichs mit dem »niedrigeren« Ich Unterstützung bei Institutionen holen, sind diese Phänomene nur logisch und keinesfalls überraschend.

Thaler und Shefrin versichern ihre Leser in einem Artikel in *The Journal of Political Economy*, daß sie den durch Beobachtungen innerlich widersprüchlichen Verhaltens hervorgerufenen Zweifel durch »eine einfache Erweiterung der orthodoxen Modelle unter Verwendung orthodoxer Mittel beseitigen werden, wodurch ein solches Verhalten rational erscheint« (1981, S. 393). Sie zitieren zuerst die grundlegende Erkenntnis von McIntosh, daß Akte der Selbstkontrolle (wie sie in dem erwähnten Verhalten sichtbar sind) für diejenigen paradox erscheinen müssen, die an dem Ein-Nutzen-Konzept festhalten, es sei denn, sie gingen davon aus, daß die Psyche mehr als ein Energiesystem umfaßt und diese Energiesysteme ein gewisses Maß an Unabhängigkeit voneinander besitzen (ebd., S. 393–94). Diese Überlegung, so bemerken Thaler und Shefrin richtig, insinuiert, daß die Menschen »*zwei* Gruppen von Präferenzen haben, die zu einem bestimmten Zeitpunkt miteinander im Widerspruch stehen« können (ebd., S. 394; Hervorhebung vom Autor), was die Autoren dazu veranlaßt, von »einem in zwei Ichs gespalteten wirtschaftlichen Menschen« zu sprechen (ebd.).

Von da an greifen Thaler und Shefrin zu einem ziemlich komplizierten Argument und behaupten, daß das zweischichtige Ich eigentlich doch ein Ganzes wäre, und versuchen durch diese Überlegung, dem neoklassischen Mono-Nutzen »das Leben zu retten«. Wir können ihre Argumentation hier nicht vollständig wiedergeben, doch zusammengefaßt meinen sie folgendes: Eine Person muß als eine Organisation gesehen werden, die aus einem Planer und einem Handelnden besteht; der Handelnde ist völlig egoistisch und kurzsichtig, der Planer strebt nach einem Nutzen über die gesamte Lebensdauer (lifetime utility) – ein Konzept, das nicht weiter erklärt wird.

Die Beziehung zwischen dem Nutzen über die gesamte Lebensdauer und den moralischen Werten, wie der Autor sie als Sozialwissenschaftler sieht, sollte kurz behandelt werden. Wie wir in der

Diskussion über das Sparen schon gesehen haben, leben Hedonisten für den Augenblick; sie überlassen anderen oder dem Staat die Sorge um die Zukunft, auch die um *ihre eigene* Zukunft. Moralische Werte dienen oft dazu, ein solches Verhalten zu unterbinden und eine Verantwortung für die Zukunft zu wecken. Daher führt Thaler und Shelfrins Begriff von der lifetime utility und dem Planer-Ich tatsächlich einen moralischen »Nutzen« ein.

Thaler und Shefrin (ebd., S. 395) nehmen weiters an, daß »der Planer (das Planer-Ich) nicht wirklich konsumiert, sondern den Nutzen aus dem Konsum des Handelnden (des handelnden Ichs) zieht« und daß der Planer »über gewisse psychische Mechanismen verfügt, um das Verhalten des Handelnden zu beeinflussen«. Mit diesen Annahmen bewaffnet, ist es relativ leicht, die Argumentation zu Ende zu bringen. Um es grober, aber auch knapper zu formulieren: Laut Thaler und Shefrin hat der Handelnde die Übermacht, wenn Menschen ihre unmittelbaren Triebe maximieren. Tun sie dies nicht, ist dies auf das Wirken des Planers zurückzuführen. Da beide innerhalb derselben Person existieren, vor allem weil sie durch ein Ordnungsprinzip vereinigt sind (die Beziehung zwischen dem Handelnden und dem Planenden, von der Thaler und Shefrin ausgehen), kann man sagen, daß die Menschen einen Nutzen maximieren. (Desgleichen unterscheidet Harsanyi [1955] zwischen »subjektiven« und »ethischen« Präferenzen, glaubt aber, daß ethische selten sind.)

Lindenberg (1983) nimmt ebenfalls eine Anpassung innerhalb des Paradigmas vor, die aber eher dynamisch als statisch ist. Er beobachtet die Spannung zwischen wirtschaftlicher Nützlichkeit und moralischen Verpflichtungen. Er geht damit so um, daß er annimmt, daß Akteure zwei »Körbe« haben. In einem befinden sich alle Kräfte, die ihren »normalen« Nutzen fördern, der andere all jene, die den Akteur dazu treiben, von der Handlungslinie abzuweichen, die den normalen Nutzen fördert. Diese zwei Körbe werden miteinander durch die Annahme von rationalen, wiederholten Wahlhandlungen verbunden. Lindenberg bringt dazu das folgende Beispiel: Nehmen wir an, ein Akteur steht vor zwei Hebeln. Ein rechter Hebel, dessen Betätigung mit einer Wahrscheinlichkeit von 0,7 $1 000,– bringt und einen linken Hebel, bei dem die Wahrscheinlichkeit des Gewinns von $1 000,– bei

0,4 liegt. Die »reine« (d. h. »normale«, rationale) Vorgangweise wäre es, nur den rechten Hebel zu drücken, aber weil der Akteur auch eine »Vorliebe für die Abwechslung« hat, wird er auch manchmal den linken Hebel drücken, sagen wir in 25 % der Fälle. Dies würde, als isoliertes Ereignis betrachtet, keinen Sinn geben, ist jedoch im Kontext einer Reihe von identischen Wahlhandlungen erklärbar (andere Wissenschaftler, die in diese Richtung arbeiteten, sind Siegel et. al. 1964; Ofshe und Ofshe 1970 und Alhadeff 1982).

Margolis (1982) unternimmt einen dritten Versuch, um die zwei Nutzen in einem zu behandeln. Er entwickelt ein Modell einer dualen, rationalen Wahlhandlung, das von einem geteilten Wertsystem innerhalb jeder Person ausgeht. Es nimmt an, daß die Menschen ihre Ressourcen zwischen der Verfolgung der Eigeninteressen (inklusive Aktivitäten, aus denen andere Profit ziehen) und jenen Handlungen aufteilen, die einer größeren sozialen Einheit zugute kommen, als deren integraler Bestandteil sich die Menschen fühlen. Dies unabhängig davon, ob und wie sie dabei Vorteile oder Vergnügen aus dem Wohlbefinden der Gruppe erzielen (»participative altruisme«).

Dies würde sehr wie eine Bi-Nutzen-Welt aussehen. (Tatsächlich ist der Titel eines Teils von Margolis Buch »Der Duale Nutzen«.) Margolis verwendet aber ein Darwinsches Gesetz, um die Regel zu erklären, die die beiden Nutzen im Gleichgewicht hält und aggregiert, nämlich den »fairen« Anteil. Diese Regel bestimmt das Verhältnis zwischen dem Wert, den eine Person dem letzten Dollar zuschreibt, den sie für das Gruppeninteresse (G') ausgibt, im Vergleich zum Wert, den die Person dem letzten Dollar zuschreibt, den sie im Eigeninteresse (S') ausgibt, also einen Indikator $W = G'/S'$. Je größer der Indikator (W), desto mehr ist das Individuum geneigt, das Gruppeninteresse zu verfolgen. Die Regel vom fairen Anteil, die den tatsächlichen Anteil von G' definiert und die zwei Nutzen verbindet, ist also eine Überlebensregel, eine Regel des Eigennutzes. Der Darwinsche Aspekt liegt darin, daß Gruppen den Menschen mit einem bestimmten Anteil an G' brauchen, um überleben zu können. Geht man von dieser Annahme aus, ist es nicht verwunderlich, daß der einzelne seinen Gruppen-Nutzen und seinen persönlichen Nutzen in einem Rahmen von »letztgültigen« Präferenzen harmonisieren kann.

Es sollte hier darauf hingewiesen werden, daß Margolis sich nur mit »public choices« wie Wahlen beschäftigt, weil er sieht, daß der Mono-Nutzen des neoklassischen Modells hier nicht erklären kann, wieviel von ihren Ressourcen die Menschen solchen Entscheidungen und Zielen zuordnen. Was die privaten Entscheidungen von Konsumenten und Produzenten und daher den größten Teil des Wirtschaftsverhaltens betrifft, sieht er keine Probleme für Mono-Nutzen-Modelle. Darin ist er sich vor allem mit jenen Neoklassikern einig, die nicht leugnen, daß es einige wirklich altruistische Elemente – d. h. Elemente eines anderen Nutzens – in den Wahlentscheidungen der Einzelpersonen gibt. Dennoch sind sie der Meinung, daß sie in diesem Bereich »empirisch so unwichtig sind, daß der Gebrauch von Occam's Razor zu gestatten ist ...« (Kalt and Zupan 1984, S. 279). Das heißt, sie sind so selten, daß sie um der Knappheit der Theorie willen bedenkenlos ignoriert werden können.

In der folgenden Passage, in der es um öffentliche, nicht um private wirtschaftliche Ziele geht, wird sowohl die Anerkennung der konzeptuellen Notwendigkeit eines moralischen Nutzens als auch die Zurückhaltung der neoklassischen Ökonomen deutlich, diesen moralischen Nutzen in ihre Modelle zu integrieren: »Stigler (1972) wies auf die Möglichkeit altruistischer Motive im politischen Handeln hin. Diese können die Form eines Gefühls von ›Bürgerpflicht‹ annehmen, also der Pflicht, den öffentlichen Interessen zu dienen.

Die Verfolgung solch einer Pflicht ist eine Konsumaktivität, die Nutzen in Form des Wohlgefühls bringt, das moralisch Richtige zu tun« (Kalt and Zupan 1984, S. 280). So weit, so gut, wenn wir den einigermaßen präjudizierenden Namen, der moralischen Handlungen hier gegeben wird – nämlich »Konsum« –, und die Frage ignorieren, ob sein Wesen als Aktivität, die ein »Wohlgefühl« bringt, richtig beschrieben ist. Aber Stigler ist nicht bereit, eine andere Kategorie hinzuzufügen. Er stellt Bürgerpflichten, die seiner Ansicht nach vom Konsumzweck motiviert sind, den Aktivitäten gegenüber, die der Verfolgung der Eigeninteressen dienen und vom Investitionsmotiv, wie er es nennt, getrieben sind. Er stellt dann fest: »Das Investitionsmotiv ist reich an empirischen Implikationen, das Konsummotiv ist wesentlich bescheidener ausgestattet, weshalb wir untersuchen sollten, wie weit wir die Analyse des ersteren führen können, bevor wir letzteres hinzufügen müssen.« (Stigler 1972, S. 104; zitiert von Kalt und Zupan 1984, S. 280.)

Sen (1977, S. 326) kommt in seinen Schriften über »Verpflichtungen« einem Bruch sehr nahe, ohne ihn zu vollziehen. Die »Verpflichtung«, die nicht formal definiert wird, stellt Sen hier dem Verantwortungsgefühl für andere gegenüber, wenn es auf dem eigenen Wohlbefinden fußt. Sen gibt dafür das folgende Beispiel: Wenn man sieht, daß eine andere Person gefoltert wird und dieser Anblick zu Übelkeit führt, handelt man aus Sympathie. Wenn man aber denkt, daß eine solche Handlung falsch ist, handelt man aus einer »Verpflichtung« heraus. »Die Verpflichtung steht natürlich in engem Zusammenhang mit den eigenen Moralvorstellungen«, erklärt Sen (ebd., S. 329). Die Bedeutung des Konzepts der Verpflichtung, so führt er weiter aus, liegt darin, daß es auf Bewertungskriterien für Präferenzen oder Werte hinweist, die deutlich von dem Streben zu unterscheiden sind, sein Leben angenehmer zu gestalten. Sen hebt hervor, daß es ihm nicht um die Terminologie geht, sondern darum, die *zwei Wertdimensionen* voneinander getrennt zu halten.

Sen beschränkt – wie Margolis und Stigler – seine Kritik der neoklassischen Sichtweise vom Mono-Nutzen auf den Bereich öffentlicher Aktivitäten. »Fragt man sich, wie relevant dies alles für die Art der Wahlsituationen ist, mit denen sich Ökonomen befassen, ... glaube ich, daß man sofort zustimmen wird, daß es eher unwahrscheinlich ist, daß die Verpflichtung für viele Verhaltensformen einen wichtigen Faktor darstellt« (ebd., S. 330). Er fügt hinzu, daß die Erfüllung von moralischen Verpflichtungen eher selten in »so exotischen Akten wie dem Boykott südafrikanischer Avokados oder dem Verzicht auf Ferien in Spanien« zu Tage treten. Er vertritt jedoch die Ansicht, daß das Konzept der Verpflichtung nicht nur für Wahlsituationen wichtig wäre, die öffentliche Güter betreffen, sondern auch für die Arbeitsmotivation und »in einer Reihe anderer wirtschaftlicher Zusammenhänge« zum Tragen käme.

Hirschman (1984) geht noch ein Stück weiter. Er beginnt damit, darauf hinzuweisen, daß die ökonomischen Modelle zu sparsam und dünn sind. Er unterstreicht dann die verschiedenen Fähigkeiten des

Menschen, sich im Gegensatz zu einem »Sklaven seiner Triebe« (Tiere bzw. Menschen, die sich wie Tiere benehmen), die vollständig Opfer ihrer Triebe und Leidenschaften sind, Distanz zu verschaffen und seine eigenen Handlungen zu reflektieren (und sie selbst zu verändern). (Er schreibt diese Unterscheidung dem Philosophen Harry Frankfurt [1971] zu.) Hirschman arbeitete heraus, daß Menschen also Präferenzen und Meta-Präferenzen haben und daß ihre Handlungen unter dem Einfluß beider Präferenzarten stehen. Meta-Präferenzen entsprechen in etwa den oft als Werte bezeichneten Phänomenen, die Kriterien für die Wahl zwischen Präferenzen darstellen.

Unserer Ansicht nach sind die moralischen, abgesehen von den nichtmoralischen Kriterien, die bei weitem häufigsten Meta-Präferenzen oder Werte. McPherson (1984, S. 241), der die von Hirschman und einigen anderen vertretenen deontologischen Sichtweisen untersucht, schreibt: »Wenn die neoklassische Theorie diese Konflikte (zwischen Präferenzen und Meta-Präferenzen) überhaupt anerkennt, könnte sie es nur tun, um sie abzulehnen; solche Konflikte zeigen einen Mangel auf, ein *Versagen* der Rationalität...« (S. 241).* Im Gegensatz dazu zitiert er Hirschman, der diese Konflikte als *verschiedene* Stadien des Glücks sieht, als eine Quelle der Erfüllung für das Individuum. Das heißt, daß Hirschman, obwohl er das Konzept der Meta-Präferenzen nicht explizit mit dem moralischen Nutzen in Beziehung setzt, dem Übergang von einem Mono-Nutzen zu einem auf mehreren Nutzen beruhenden deontologischen Paradigma näher kommt als alle anderen hier erwähnten Wissenschaftler.

Untersucht man die verschiedenen Arbeiten, die sich mit dem Konzept des multiplen Nutzens auseinandersetzen, ergeben sich zwei Fragen: Können die verschiedenen Arten von Bewertungen

---

* Einen umfassenderen Überblick über die Entwicklung der hier untersuchten Sichtweise würde auch die Arbeit jener Autoren umfassen, die einen ständigen Kampf zwischen dem Es und dem Über-Ich sehen, der nicht einmal im starken Ich wirklich jemals gelöst werden kann; McGregors (1960) Arbeit über »zwei« menschliche Naturen; Schellings Schriften über »zwei« Ichs (1984b) und Elster (1979) sowie einer Sammlung ausgewählter Aufsätze, die er herausgegeben hat (1985a).

miteinander vereinbart, also in einen übergeordneten Nutzen zusammengefaßt werden oder sind sie Quellen nicht reduzierbarer, völlig verschiedener Bewertungen? Erklärungen dafür, wieso diese Quellen nicht reduziert werden können, finden Sie im Kapitel 4. Zweitens suchen die Autoren die Quelle anderer Nutzen. Wir sind der Meinung, daß neben dem Vergnügen die Moral die Hauptquelle der Bewertungen ist und nicht ästhetische Werte oder ein Streben nach Neuem (z. B. Scitovsky 1978). Dieser Schritt bindet das Konzept des multiplen Nutzens an die deontologische Philosophie. Will man ein deontologisches Konzept des multiplen Nutzens weiter ausarbeiten, muß man erst das Wesentliche der moralischer Bewertung untersuchen.

Ein grundsätzlich verschiedenes Konstrukt

Was macht einen moralischen Akt aus?

Die Untersuchung der relevanten Literatur führt zu dem keinesfalls überraschenden Schluß, daß die Philosophen eine vollständig befriedigende Definition dessen, was moralisch ist, trotz vieler Jahrhunderte Beschäftigung mit diesem Thema, noch schuldig geblieben sind. Ohne hier versuchen zu wollen, einen Überblick über die unüberschaubare Literatur zu diesem Thema, die verschiedenen Ansätze und die Probleme, mit denen diese konfrontiert werden, zu geben, glauben wir, daß es für die Zwecke dieser Diskussion ausreicht, moralische Handlungen als solche Akte zu sehen, die vier Kriterien genügen: sie gehorchen einem Imperativ, können verallgemeinert werden, weisen eine Symmetrie auf, wenn sie auf andere angewandt werden und sind in der Persönlichkeit angelegt (jedes dieser Kriterien ist an sich notwendig, aber nicht ausreichend: nur zusammen können sie dazu dienen, eine moralische Handlung zu definieren).

Die *imperative Qualität* moralischer Handlungen wird darin sichtbar, daß Menschen, die moralisch handeln, das Gefühl haben, in der vorgeschriebenen Weise handeln zu »müssen«, daß sie tatsächlich dazu gezwungen sind, diese Verpflichtung zu haben. Aus persönlicher Erfahrung oder Beschäftigung mit uns selbst kennen wir das Gefühl, daß man etwas tun sollte, weil es richtig ist. Ein solches Handeln ist deutlich unterscheidbar von Handlungen, die getan werden, weil sie lustvoll sind.

Die Annahme, daß es sich dabei um einen Imperativ handelt, wird auch von der Beobachtung erhärtet, daß Menschen einige Bereiche als besonders zwingend erleben. Durkheim (1949) weist darauf hin, daß Menschen bestimmte Handlungen und Überlegungen als »heilig« betrachten, was nicht unbedingt religiös sein muß. Walzer (1983, S. 97) führt 14 große Bereiche »blockierter Tauschbeziehungen« an, zu denen er grundlegende Freiheiten (auf die man ein Recht hat, ohne für sie zu bezahlen), die Ehe (Lizenzen für Polygamie werden nicht verkauft) und göttliche Gnade zählt.

Laut Goodin (1980) besteht ein Charakteristikum dieser »heiligen« moralischen Prinzipien darin, daß sie die Anwendung der instrumentalen Rationalität, die Kosten- und Nutzenüberlegungen einbezieht, auf bestimmte Verhaltensbereiche hemmen. Ein Mensch fühlt sich verpflichtet, ein Leben zu retten oder eine Spende zu machen, ohne dabei solche Kosten- und Nutzenüberlegungen anzustellen (Simmons, Klein und Simmons 1977). Tatsächlich wird die Spontaneität solcher Entscheidungen von mehreren Forschern als Hinweis darauf interpretiert, daß eine nichtvorsätzliche Verpflichtung eingegangen wird (Fellner und Marshall 1968).

Erst wenn diese Prinzipien verletzt worden sind, treten die Menschen in ein zweites Entscheidungsstadium ein, in dem moralische Überlegungen und andere gegeneinander abgewogen und augerechnet werden. Diese Hierarchie moralischer Prinzipien erklärt, warum die Tatsache, daß Menschen manchmal überlegen, wieviel sie geben sollen – oder wenn sie X geben, darüber nachdenken, was diese Gabe für eine Auswirkung auf ihren Ruf haben wird usw. – nicht zur Erhärtung der Behauptung dienen sollte, daß sie keine anderen »heiligen«, unveräußerlichen moralischen Verpflichtungen haben. Die Moral prägt ihre Entscheidungen auf zwei verschiedene Arten: In einigen Lebensbereichen oder über bestimmte Zeitstrecken hinweg werden sie von einem Gebot vollständig beherrscht; und sie ziehen bestimmte Mittel, nämlich die moralischen, anderen Mitteln vor, das aber nicht um jeden Preis. Menschen haben also eine absolute *und* eine zweckgerichtete Moral. Ebensowenig zeigt die Tatsache, daß Menschen eine moralische Verpflichtung dann mit geringerer Wahrscheinlichkeit erfüllen, wenn die Kosten hoch sind, daß sie keinem Imperativ gehorcht. Tatsächlich treiben solche Verpflichtungen die Kosten unmoralischen Verhaltens in die Höhe. Wenn moralische Verpflichtungen nicht im Verhalten, sondern nur in Worten oder »Haltungen« ihren Ausdruck finden, kann man schließen, daß es keinen moralischen Imperativ gibt.

Die Notwendigkeit, zusätzliche Kriterien zu finden, um moralische Akte zu beschreiben, entsteht dadurch, daß es nichtmoralische Imperative geben kann, z. B. die Besessenheit von einer vergangenen Liebe oder von Dingen wie Drogen oder Fetischen. Fügt man dieses zweite und dritte Kriterium hinzu, kann man moralische Imperative leichter von anderen unterscheiden (Childress 1977).

Individuen, die moralisch handeln, sind *in der Lage*, ihr Verhalten *zu generalisieren* – sie können einen Akt anderen und sich selbst gegenüber dadurch rechtfertigen, daß sie auf allgemeine Regeln, auf ihre deontologischen Pflichten hinweisen. Aussagen wie »weil ich es will« oder »Ich brauche es dringend« entsprechen diesem Krierium nicht, weil sie keine Generalisierung enthalten. »Tu keinem anderen, was du nicht willst, das man dir tut« ist ein sehr gutes Beispiel für eine generalisierte Regel.

Symmetrie ist insofern notwendig, als es eine Bereitschaft geben muß, anderen Menschen vergleichbarer Stellung unter vergleichbaren Umständen denselben Status oder dieselben Rechte einzuräumen. (Ist dies nicht der Fall, wird die moralische Regel zur Willkür. So eine willkürliche Regel würde zum Beispiel lauten: »Diese Regel gilt für Jane, aber nicht für Jim, obwohl zwischen beiden kein relevanter Unterschied besteht.«) Legt man dieses Kriterium als Maßstab an, so erweisen sich rassistische Ideologien als amoralisch, obwohl sie in vieler Hinsicht den Anschein von moralischen Systemen haben, da sie (für ihre Anhänger) zwingend sind und möglicherweise verallgemeinerbar.

Schließlich *bestätigen* moralische Handlungen eher *eine Verpflichtung oder sind ihr Ausdruck*, als daß sie mit dem Konsum eines

Gutes oder einer Dienstleistung assoziiert werden können. Deshalb sind sie intrinsisch motiviert und nicht einer Ziel-Mittel-Analyse unterworfen (Dyke 1981, S. 11). (Die Tatsache, daß es nichtmoralische Handlungen gibt, die intrinsisch motiviert sind, macht dieses Kriterium nicht ungültig. Sie zeigt nur, daß intrinsisch motivierte Handlungen mehr umfassen als moralischen Handlungen und daß dieses Kriterium, wie bereits hingewiesen, daher notwendig, aber an sich nicht ausreichend ist.) Der Behauptung, daß moralische Handlungen in ihrem Wesen nicht impulsiv sind, sondern das Ergebnis von Überlegungen und Urteilen (besonders augenfällig ist dies dann, wenn man sich aus mehreren Wegen den richtigen wählen muß, wenn man sich widersprüchlichen moralischen Ansprüchen gegenübersieht), muß man entgegnen, daß diese Überlegungen nicht dieselben sind wie Überlegungen, die man anstellt, um die richtigen Mittel zur Erreichung eines Ziels zu finden; sie verlangen eine Entscheidung für eines von mehreren Zielen.

In rein moralischen Situationen ist dieses Ziel-Mittel-Schema nicht anwendbar. Moralische Mittel und Ziele, soweit sie analytisch überhaupt getrennt werden können, verschwimmen im Bewußtsein und Verhalten der Menschen oft. Meist gibt es hier keinen Platz für Wahlverhalten oder den Vergleich von Mitteln im Sinne relativer Effizienz. Eheliche Verpflichtungen werden in unserer Kultur durch einen Ehering symbolisiert; andere Schmuckstücke könnten diese Rolle nicht übernehmen, auch wenn sie viel bessere Investitionen darstellen. Allein schon die Vorstellung vom Vergleich von Mitteln wird von den betroffenen Akteuren in diesem Zusammenhang als höchst ungeeignet, wenn nicht gar »undenkbar« beurteilt.

Handlungen sind oft in ihren Absichten und Prozessen, nicht aber in ihren Ergebnissen moralisch. (Das soll aber nicht heißen, daß die Resultate völlig nebensächlich sind, doch wird eine Handlung danach beurteilt, ob sie moralischen Kriterien entspricht. Siehe die Diskussion der deontologischen Sichtweise auf S. 38–41.) Im Gegensatz zum Vergnügen, bei dem es darum geht, das gewünschte Endstadium zu erreichen, können moralische Verpflichtungen auch dadurch zum Ausdruck gebracht werden, daß man die richtigen Schritte unternimmt (wobei man den moralisch untadeligen Kurs wählt), selbst wenn das angestrebte Ziel damit nicht erreicht wird. So kann man einer moralischen Verpflichtung gemäß leben, wenn man vor Gericht für einen fälschlich Beschuldigten aussagt, selbst wenn diese Person den Prozeß verliert; ein anderes Beispiel wäre, daß man einem Verwandten Blut spendet, der trotzdem stirbt.

In dem Maß, in dem moralische Handlungen Auswirkungen haben, ist es entscheidend, wie sie zustande gekommen sind. Die Verwendung unmoralischer Mittel wirft einen dunklen Schatten auf das Ergebnis: eine gestohlene Kerze braucht kaum in der Kirche angezündet zu werden; eine Befreiung, die nur mit einem Blutbad erkauft werden konnte, ist moralisch bedenklich. Im Gegensatz dazu ist das aus dem Verzehr eines gestohlenen Apfels gewonnene Vergnügen durchaus mit dem zu vergleichen, das aus dem Verzehr eines voll bezahlten Apfels zu ziehen ist (wenn es nicht sogar größer ist). Mit gestohlenen $1000 kann man genausoviel kaufen wie mit derselben Summe schwer verdienten Geldes. Kurz gesagt, Vergnügen hat nur mit dem Ergebnis der Handlung zu tun. Bei moralischen Handlungen geht es hingegen um die Prädisposition (oder die Absichten), um die gewählten Mittel und um die Folgen der Handlung.

Einige Neoklassiker sind der Ansicht, daß moralische Verpflichtungen das Verhalten gemeinsam mit anderen Faktoren zwar beeinflussen, aber dennoch nicht gesondert untersucht werden müssen, weil sie in den Präferenzen Ausdruck finden und damit letztlich im Preis. Man muß nicht untersuchen, was hinter den Präferenzen »lauert«. »In der üblichen neoklassischen Formulierung ist eine Person einfach ein Präferenzenbündel; ihre moralischen Ideale, falls sie überhaupt in die Analyse mit einbezogen werden, werden einfach als Präferenzen unter anderen Präferenzen behandelt, wobei ihre Vorliebe für Ehrlichkeit gleich behandelt wird wie ihre Vorliebe für Erdnußbutter.« (McPherson 1984, S. 243).

In Kapitel 2 (S. 58–77) sahen wir, daß dieses In-einen-Topf-Werfen von moralischen und anderen Faktoren die Untersuchung der Faktoren sehr behindert, die die Moral fördern. Wir fügen hier hinzu: Moralische Faktoren betreffen nicht nur die Präferenzen, sondern auch die Restriktionen. Darauf antworten die Neoklassiker, daß diese Faktoren dann eben die Kosten beeinflussen und daher implizit berücksichtigt werden. Trotzdem müssen moralische Faktoren, insofern als sie einen Weg von vielen als den einzig richtigen bezeichnen oder ihn zumindest stark bevorzugen, explizit in das Paradigma aufgenommen weden, weil sie völlig oder weitgehend für die Entscheidung verantwortlich sind, anstatt die Wahl nur zu beschränken. Im Verlauf der Handlung eliminieren sie Optionen, die, von einem P-Nutzen-Maximierungsstandpunkt aus betrachtet, vorzuziehen wären. Ein für diesen Aspekt bezeichnendes Beispiel ist die Weigerung der Hafenarbeiter, Schiffe zu beladen, die Waren nach Polen bringen sollten; sie protestierten damit gegen die Unterdrückung der »Solidarität« durch das polnische Regime, obwohl ihnen diese Handlungsweise einen Einkommensverlust eintrug. Dieses Verhalten kann als esoterische Ausnahme betrachtet werden, die, selbst wenn sie nicht durch irgendein verstecktes Vergnügen oder einen verborgenen Eigennutz erklärbar ist, keine große Bedeutung hat (Sens Avocados). Dennoch findet man in Untersuchungen der Arbeitsbeziehungen eine Menge Beispiele für die Loyalität von Arbeitnehmern gegenüber dem Unternehmen, gegenüber der Unternehmensleitung und gegenüber ihrem Arbeitsplatz. Es gibt dort auch viele Beispiele dafür, daß höherrangige Angestellte sich einer Verantwortung für die ihnen unterstellten Arbeitnehmer bewußt sind. Ökonomen haben häufig beobachtet, daß Arbeits»märkte« niemals wirklich »geräumt« werden, daß sie sich nicht den Erwartungen entsprechend verhalten (Thurow 1983, Kapitel 7). Die Unterschiede in der Art und Weise, wie Konsumgüter und Menschen als legitime Tauschobjekte gesehen werden, sind entscheidend dafür verantwortlich, daß diese »Schwierigkeit« auftritt. Kurz gesagt, ein Wahlverhalten, bei dem wichtige Optionsmöglichkeiten eliminiert werden, weil man sie als unmoralisch betrachtet, sind nicht nur im Familien- und Gemeinschaftsleben durchaus häufig anzutreffen, sondern auch in wichtigen Bereichen des Wirtschaftslebens.

Hier könnte noch sehr viel darüber gesagt werden, was einen moralischen Akt ausmacht. Dennoch mag die vorangegangene Diskussion ausreichen, um eine ausreichende Charakterisierung dieser Akte für den hier untersuchten Zweck zu liefern.

Die Beziehungen zwischen moralischen Verpflichtungen und Lust

Untersucht man das Wesen des Begriffes »moralisches Verhalten« sowie die Arten der Handlungen, die dieser Terminus benennt, findet man einen anderen Grund, um auf ihrer Andersartigkeit zu bestehen: Moralische Handlungen stellen andere Bewertungskriterien dar als die Lust. *Tatsächlich beruhen viele Handlungen explizit auf der Ablehnung des Vergnügens im Namen der/des genannten Prinzipien/s.* Das Bekennen der Sünden, der Verzicht auf voreheliche Sexualverkehr und das Fasten im Ramadan sind nicht etwa das, was die meisten Menschen als Quellen des Vergnügens bezeichnen würden. Tatsächlich bringt moralisches Verhalten oft eine Einschränkung der Triebe, einen verzögerten Lustgewinn oder große Anstrengungen mit sich; viele Vergnügen sind entweder moralisch neutral oder unter bestimmten Umständen verboten. Daher ist die typische Form vieler moralischer Richtlinien »Du sollst nicht...«, wie die meisten der zehn Gebote und zahlreiche andere religiöse und moralische Regeln formuliert werden. Und die moralischen Gebote, die Handlungen nicht ver-, sondern gebieten, wie zum Beispiel die Verpflichtung, altersschwache Eltern oder behinderte Kinder zu pflegen, verlangen Anstrengungen, die die Menschen wohl nicht auf sich nehmen würden, wären diese Handlungen nicht durch die Moral vorgeschrieben.

Sicherlich bringt es eine gewisse Befriedigung, sich entsprechend seiner moralischen Werte zu verhalten, man gewinnt daraus ein Gefühl, moralisch wertvoll zu sein, doch diese Befriedigung entspricht eher dem Wohlbefinden am Ende eines langen und harten Arbeitstages und nicht der Lust, die man empfindet, wenn man früher von der Arbeit wegkommt und trotzdem voll bezahlt wird. Man fühlt sich selbst *bestätigt*, empfindet Genugtuung, hat ein Gefühl, getan zu haben, was notwendig ist, fühlt sich in seinem Wertsystem bestärkt, eins mit seinem besseren Ich, als jemand, der seinen Impulsen und Trieben widersteht und sich tugendhaft verhält.

Obwohl das Streben nach Vergnügen und nach einem den eigenen moralischen Werten entsprechenden Leben nicht immer oder unbedingt miteinander in Konflikt stehen müssen, tun sie das oft hinsichtlich ihres Bedarfs an Ressourcen (die dem einen zugedachte Zeit, Energie und die Mittel werden oft auch vom anderen beansprucht – dieses Problem spielt z. B. im Leben von Eltern eine wichtige Rolle, die außer Haus arbeiten). Sehr häufig sind lustorientierte Handlungen und moralische Ansprüche auch im erwarteten und belohnten Verhalten unvereinbar (z. B., wenn Manager unter großem Druck stehen, Gewinne zu steigern, aber gleichzeitig die Spielregeln einzuhalten. Auch der Einsatz von illegalen Provisionen und Schmiergeldern, um zu mehr Aufträgen zu kommen, sind dafür relevante Beispiele.)

Internalisierung: Wie verwandelt man Restriktionen in Meta-Präferenzen?

Eine wesentliche Eigenschaft, welche die moralischen Verpflichtungen von lustvollen Handlungen unterscheidet, ist die Tatsache, daß die Werte »internalisiert« sind. Das bedeutet, daß die Individuen diese Werte als ihre eigenen ansehen und nicht als externe Bedingungen, an die sie sich einfach anpassen. Internalisierung wurde als Teil des Sozialisierungsprozesses definiert, in dessen Verlauf die Person lernt, »sich in Situationen, in denen Anreize existieren, die Regeln zu verletzten, und die *frei* von Überwachung und Sanktionen sind, doch entsprechend den Regeln zu verhalten« (Kohlberg 1968, S. 483, Hervorhebung vom Autor). Hat diese Internalisierung einmal stattgefunden, verfolgen die Individuen das, was sie als moralische Verhaltensrichtlinien betrachten, selbst wenn es keinerlei externe Sanktionen für ihre Nichteinhaltung gibt (Hoffman 1983, siehe auch Meissner 1981, S. 7). Der Sozialisierungsprozeß, in dessen Verlauf ein Kind eine autonome Person wird, ist vor allem ein Prozeß der Internalisierung der Werte, der Entwicklung der Selbstkontrolle und weniger ein Prozeß der Kontrolle durch externe Kräfte. Daher ist das Verhalten von richtig sozialisierten Erwachsenen, ganz abgesehen davon, welche Vorteile sie daraus ziehen, stark von ihren absoluten Moralvorstellungen geprägt.

Das Konzept der moralischen Internalisierung ist einer der Hauptunterschiede zwischen der neoklassischen und der deontologischen Psychologie. Die neoklassischen Psychologen leugnen tatsächlich, daß es zu irgendeiner wie auch immer gearteten Internalisierung kommt. Sie sind stark umweltorientiert: (1) Sie sind der Ansicht, daß Menschen nur auf ihre momentane Situation reagieren (Individuen werden sich in dem Maße »benehmen«, als moralisches Verhalten »erwartet« wird, d. h. durch Billigung seitens der Gesellschaft belohnt wird); (2) sie meinen, daß Menschen in der Lage sind, diese Situation zu kalkulieren und mit ihr kühl und distanziert umzugehen, ohne durch Werturteile oder emotionale Verwirrungen behindert zu werden, wie es ein Lobbyist in Washington tun würde, der sich überlegt, zu welchem Kongreßempfang er gehen soll.

Die deontologische Psychologie geht hingegen davon aus, daß zwei Arten des Verhaltens möglich sind: die Leute verhalten sich zielgerichtet und passen sich an oder sie folgen ihren inneren Grundsätzen. Was jedoch daran am wichtigsten ist: sie werden sich je nachdem, ob ihre Entscheidung durch äußeren Zwang fällt oder von ihren eigenen inneren Werten geleitet wird, verschieden verhalten. Daher unterscheidet sich das Verhalten eines Menschen, der das Gefühl hat, daß er hart arbeiten *sollte*, von dem, der der Ansicht ist, daß es *sich auszahlt*, hart zu arbeiten. Der Unterschied wird deutlich, wenn die Verhaltensrichtlinien nicht internalisiert sind: (a) Wenn die Überwachung schwach ist, wenn sich Gelegenheiten ergeben, »sich zu drücken«, werden sie ausgenützt werden; (b) wenn Menschen sich aufgrund der Restriktionen konform verhalten, wird ihr Verhalten von Groll und Entfremdung begleitet sein, von Gefühlen, die nicht auftreten, wenn das Verhalten auf internalisierten Werten beruht, die das Vergnügen oder das Präferenzniveau konstant halten (Etzioni 1975). Kurz gesagt, *die Internalisierung moralischer Werte verwandelt Zwänge in Präferenzen*. Das Gegenteil gilt für den Fall, wo eigene moralische Vorstellungen eher schwach ausgeprägt sind. Es müssen zusätzliche Anreize oder Sanktionen eingeführt werden, um dasselbe Niveau an angepaßtem Verhalten aufrechtzuerhalten.

Sozialwissenschaftler schreiben zwar die Herkunft von Moralvorstellungen den Eltern, der Kultur und Peer groups oder Referenzgruppen zu, doch unabhängig von ihrer Herkunft werden sie, wenn sie einmal internalisiert sind, ein integraler Bestandteil der Persönlichkeit. Daher sind diejenigen, die glauben, daß sie ihrem Land, Gott oder einer Sache dienen müssen, fest davon überzeugt, daß diese Handlungen ihren Wertvorstellungen entsprechen, ihre Pflicht sind – und das oft ungeachtet heftiger Proteste seitens ihrer Partner, Freunde und Peers.

Empirische Evidenzen, daß es zur Internalisierung kommt, finden sich in Experimenten mit Kindern, die zeigen, daß Kinder sich mit größerer Wahrscheinlichkeit »benehmen«, wenn sie leicht als wenn sie streng bestraft werden; Studien über Rückfalltäter zeugen von einer ähnlichen Korrelation (Dickens 1968). Es gibt einige Interpretationen dieser Forschungsergebnisse. Die mit der hier entwickelten Sichtweise vereinbare lautet, daß die harte Bestrafung die Schuld tilgt, während die leichtere zur zusätzlichen Internalisierung des jeweiligen Wertes führt.

Einer informellen Untersuchung zufolge ist ein Beispiel für die Macht internalisierter Werte, daß, trotz der hohen Akzeptanz der Scheidung in der amerikanischen Gesellschaft der 60er und 70er Jahre, nur sehr wenige Menschen ihre/n Ehepartner/in verlassen, wenn diese/r lange Zeit an einer unheilbaren Krankheit wie Alzheimer, Krebs, ernsthaften Lähmungen nach einem Schlaganfall usw. leidet. Und dies, obwohl es sich dabei um Krankheiten handelt, die auch für die Partner besonders anstrengend sind. Die Vermutung, daß der/die gesunde Partner/in wegen des sozialen Drucks bleibt, erklärt die oft sehr große Aufopferung nicht. Auch die Ansicht, daß die Menschen einige Befriedigung daraus ziehen, gebraucht zu werden, ist nicht wirklich eine ausreichende Erklärung für das riesige Leid, das von den Partnern/innen oft ertragen wird. Es scheint eher Ausdruck der Stärke der moralischen Vorstellungen zu sein: Die Menschen scheinen aus einem Gefühl heraus durchzuhalten, daß sie es tun sollten, »daß es das Richtige ist«, obwohl es im großen und ganzen keinesfalls lustvoll ist.

Die vorangegangene Diskussion bezieht sich auf das Konzept der Internalisierung, wie es in der psychoanalytischen Literatur häufig benützt wird. Es sollte hier aber darauf hingewiesen werden, daß dieses Konzept von vielen Psychologen verworfen wurde, als sie zum neoklassischen Konzept übergingen und sich auf den Einfluß der Umwelt (oder der Restriktionen) konzentrierten und die Bedeutung der intrapersonellen Prozesse und Strukturen sowie die der Werte herunterspielten oder gar völlig ignorierten. Die neoklassischen Psychologen behaupten, daß die empirische Evidenz zeigt, daß es keine (oder nur sehr schwache) Persönlichkeitsmerkmale gibt (seien sie nun das Ergebnis der Internalisierung oder auch nicht), weil sich das moralische Verhalten der Menschen der jeweiligen Situation anpaßt. Das ist ein oft zitiertes Ergebnis einer sehr einflußreichen Studie darüber, warum Kinder lügen (Hartshorne und May 1928, 1930). Es wurde auch die Ansicht vertreten, daß Internalisierung nichts als Konditionierung ist, also ein Ergebnis vorangegangener Belohnungen und Bestrafungen.

Der Grund, weshalb wir dennoch der Ansicht sind, daß Internalisierung ein produktives Konzept darstellt, beruht teilweise darauf, daß wir die Daten neu untersucht haben, aufgrund derer dieses Konzept verworfen wurde. Diese empirische Evidenz zeigt tatsächlich, daß die Persönlichkeit sehr wohl einen Einfluß auf die Erklärung hat, warum Kinder lügen. Obwohl die Umwelt auch eine große Rolle spielt, wurde die Persönlichkeit für 35 bis 40 % der Varianz verantwortlich gemacht (Burton 1963). Diese Erkenntnis wurde in nachfolgenden Studien nachvollzogen (Nelson, Grinder und Metterer 1969). Richtig ist, daß die Persönlichkeit nicht einfach nur die internalisierten Werte widerspiegelt; es gibt einige innere Entwicklungen und bewußte Reaktionen auf das, was akzeptiert wird. Dennoch kann man zusammenfassend sagen, daß internalisierte Werte eine bedeutende Auswirkung auf das Verhalten haben, obwohl die Umwelt einen größeren Teil der Varianz zu verursachen scheint als die Persönlichkeit und die internalisierten Werte in gewissem Maße intern modifiziert werden.

Im Hinblick auf die Annahme, daß Internalisierung einfach nur das Ergebnis von Konditionierung wäre, lassen die Studienergebnisse darauf schließen, daß, wenn Individuen Verhaltensrichtlinien einmal internalisiert haben, diese für eine Vielzahl von Situationen generalisiert werden, die anders sind als die, in denen das Individuum konditioniert wurde, und nicht einfach nur eine Folge vorangegangener Belohnungen/Bestrafungen sind. Außerdem sitzen diese Richtlinien viel tiefer als man es von Konditionierung erwarten könnte.

Heißt das alles, daß das Streben nach Vergnügen oder die Verfolgung des Eigennutzes unmoralisch sind? In keiner Weise. Es gibt bedeutende Bereiche, innerhalb derer ein solches Streben als legitim betrachtet wird, ganz besonders im Geschäftsleben. Wir konzentrieren uns in unserer Diskussion deshalb auf Bereiche, in denen die zwei Dimensionen miteinander in Konflikt geraten, weil gerade dort ihre unterschiedlichen Eigenschaften am deutlichsten sichtbar werden.

Mehr als zwei?

Es ist die Frage aufgetaucht, warum man die Zahl der Nutzenkategorien auf zwei beschränken soll, wenn man das Mono-Nutzen-Modell schon verworfen hat. Neid, Ärger, Streben nach gesellschaftlicher Macht, Konformismus, Neuheit und Fremdenhaß wurden als zusätzliche Kategorien vorgeschlagen. Tatsächlich haben Psychologen eine lange Liste von Motiven oder Bedürfnissen aufgestellt. Der Hintergrund für diese von den Neoklassikern gestellte Frage ist darin zu sehen, daß, gäbe es eine Unzahl von verschiedenen Nutzenarten, so würde dies den Bedarf nach einem Supra-Nutzen offensichtlich machen, um alle diese Bewertungskritierien zu ordnen; verläßt man die herrschende Ordnung, so drohe die Anarchie.

Wir möchten darauf entgegnen, daß Nutzen erstens nicht mit besonderen Bedürfnissen, Motiven, Zielen, Absichten, Präferenzen oder Prädispositionen gleichgesetzt werden dürfen. Sie sind analytische Kategorien, die zahlreiche konkrete Ausformungen umfassen können. Ebenso wie das Konzept eines P-Nutzens zahlreiche besondere Formen des Lustgewinns umfaßt – es gibt keinen eigenen Nutzen für das Vergnügen, das man beim Fahren eines Sportwagens oder beim Sitzen auf der Veranda empfindet –, kann auch der moralische Nutzen zahlreiche verschiedene Formen annehmen. Außerdem kann eine Unzahl besonderer Bedürfnisse, Motive, Ziele, Absichten, Präferenzen oder Prädispositionen als Ausdruck verschiedener Kombinationen dieser zwei Hauptbewertungskriterien analysiert werden.

Es besteht jedoch kein Grund, die Ansicht zu vertreten, daß es logisch notwendig oder produktiv wäre anzunehmen, daß es nur zwei Nutzenarten (oder Hauptbewertungskriterien) gäbe und keine anderen in Betracht kämen. Ein Kandidat, der häufig als dritte Nutzenart vorgeschlagen wurde, ist die Zuneigung. Diese ist Bestandteil von Adam Smith' Theorie der ethischen Gefühle, in der er die Ansicht vertritt, daß die Menschen nach einem Gleichgewicht zwischen dem eigenen Willen und dem Bedürfnis nach guten Beziehungen zu anderen streben.

Die Hauptfrage, ist jedoch nicht, ob man einen dritten (vierten oder fünften) Nutzen ausmachen kann, sondern ob man ihre *Zahl klein* halten kann, um Überdeterminierung zu vermeiden und die Sparsamkeit der Theorie zu wahren. Und man muß sich die Frage stellen, welche *Kriterien* anzuwenden sind, wenn es darum geht, in ein Paradigma neue Nutzen einzuführen oder ein beobachtetes Motiv, einen Impuls oder eine Präferenz in einem Nutzen zu subsumieren, der schon Bestandteil des Paradigmas oder der Theorie ist.

Die Antwort ist teilweise pragmatisch. Nutzen lassen sich nicht in der Natur oder an einem Ort im Gehirn finden; sie sind von uns eingeführte Konzepte, die dazu dienen, unser Denken und die empirische Evidenz, die wir generieren, zu organisieren. Es geht also teilweise darum, was »funktioniert«, was produktiv ist. Wenn wir zum Beispiel versuchen, das (politische) Wahlverhalten in traditionell utilitaristischem Sinn zu erklären, wie Neoklassiker es wiederholt getan haben, ist Wählen sinnlos, weil es Anstrengungen bedeutet und keinen spezifischen Ertrag bringt. (Ein Wähler kann vernünftigerweise nicht erwarten, das Ergebnis der Wahl zu beeinflussen.) Neoklassiker integrieren diese »Anomalie«, indem sie ad hoc-Annahmen einführen und meinen, daß Wähler aus verschiedenen Gründen sehr wohl »erwarten«, die Wahlen zu beeinflussen. So gehen z. B. mehr Menschen zur Wahl, wenn ein knappes Ergebnis erwartet wird. (Es stellt sich aber heraus, daß die Korrelation zwischen Wahlbeteiligung und dem Umstand, daß ein knappes Ergebnis zu erwarten ist, schwach ist. So wird das Konzept des »erwarteten« knappen Ergebnis hinzugefügt, das schwer zu messen ist. Dennoch bleiben die Korrelationen schwach. [Hishleifer 1985, S. 55]). Ein Deontologe vermeidet dieses ad hoc-»Flickwerk« und führt statt dessen einen anderen Nutzen ein, der Ausdruck der *Pflicht* des Bürgers ist. Es besteht eine starke Korrelation zwischen dem Niveau der Bürgerpflicht und dem Wahlverhalten (Barry 1978, S. 17, Godwin und Mitchell 1982). Man erreicht damit eine größere Vorhersagekraft, ohne dadurch etwas zu verlieren, und gewinnt durch die Einführung der »Bürgerpflicht« an theoretischer Knappheit. Dieses zusätzliche Konzept ist, wie wir sehen werden, auch oft an anderer Stelle einsetzbar, wodurch mehr Phänomene erklärt werden können, da es Faktoren in Betracht zieht, welche das Mono-Nutzen-Konzept meist ignoriert. Daher ist die Frage, ob die Vorhersagekraft und die Erklärungsmöglichkeiten *entscheidend* vergrößert bzw. erweitert werden, ohne zu einer Überdeterminierung zu führen, ein Kriterium bei der Entscheidung, ob ein weiterer Nutzen hinzugefügt werden soll oder nicht.

Ein anderes Kriterium ist die Reduzierbarkeit, d. h. die Möglichkeit, ein Phänomen durch schon in der Theorie enthaltene Kategorien zu erklären. So wird zum Beispiel die Notwendigkeit, eine neue Kategorie einzuführen, in dem Maße geringer, als man nachweisen kann, daß Zuneigung teilweise Lust ist (genießen Sie ihre Freunde) und teilweise Verpflichtung (die Regel, daß man andere so behandeln soll wie sich selbst und nicht als Tauschmedium). Dennoch könnte eine dritte Kategorie notwendig werden, wenn nachgewiesen werden könnte, daß ein Faktor – nehmen wir als Beispiel ein Gefühl wie Haß – durch unsere Kenntnisse über die moralischen Prädispositionen der Menschen und ihr Streben nach Lust nicht erklärt werden kann; sagen wir, wenn der Haß die Menschen dazu brächte, Dinge zu tun, die sowohl unmoralisch als auch selbstzerstörerisch wären (d. h. nicht lustvoll).

Wie will man voraussagen, ob diese Kriterien zu einer begrifflichen Anarchie führen werden, die durch die Einführung immer weiterer Nutzenkategorien entstehen? Beobachtet man die Wahlakte der Menschen, so kann man kaum umhin zu erkennen, daß die

Menschen die zahlreichen Kräfte, denen sie dabei ausgesetzt sind, als die Summe einer beschränkten Zahl von Faktoren erleben. So glaubt eine Person z. B., daß X aus zwei, drei oder mehr Gründen lustvoll sein könnte (ein Urlaub im Süden kann im Winter entspannend und angenehm warm sein), moralische Überlegungen können aber widersprüchliche Verpflichtungen gegenüber dem Partner, den Kindern, ja sogar der Gemeinschaft einschließen. Nichtsdestotrotz, das Denken und Verhalten der Menschen zeigt, daß *sie* diese zahlreichen Kräfte in ihren Überlegungen auf eine kleine Zahl reduzieren. Die meisten Menschen fühlen sich die meiste Zeit nur in zwei oder drei Teile gespalten; diejenigen, die sich in wesentlich mehr Teile gespalten fühlen, werden als geisteskrank betrachtet. Diese summierten Gefühle können uns bei der Entwicklung einer *Nutzen*theorie leiten.

Hier wird kein Versuch unternommen, eine Liste von Nutzen aufzustellen. Es möge reichen, festzustellen, daß eine multiple, aber kleine Zahl einem einzigen Nutzen, aber auch einer längeren Liste vorzuziehen ist, und aufzuzeigen, wie so eine Liste erstellt werden kann. Aus Gründen der Ausgewogenheit der Diskussion beschränken wir uns darauf, die Unterscheidung zwischen dem P-Nutzen und moralischen Einstellungen zu untermauern.

Kapitel 4
Einige empirische Evidenzen:
Menschen handeln selbstlos

Da wir nun untersucht haben, was eine moralische Handlung ist, sollten wir uns die Frage stellen, wie häufig sie vorkommt und wie wichtig sie besonders im wirtschaftlichen Verhalten ist. Zuerst kann man sich darüber wundern, »warum man dokumentieren soll, was offensichtlich ist«. Denn bezweifelt den wirklich irgend jemand, daß ein bedeutender Teil des menschlichen Verhaltens Ausdruck moralischer Vorstellungen ist? Es ist jedoch eine Tatsache, daß die Neoklassiker lang und hart daran gearbeitet haben, um nachzuweisen, daß praktisch das gesamte Verhalten vom Streben nach Vergnügen und von Eigennutz gesteuert ist. Altruistische Handlungen werden von ihnen »wirklich« als Anstrengungen gesehen, das eigene Ansehen zu verbessern, soziale Anerkennung zu gewinnen usw. Um die Rolle moralischer Faktoren herunterzuspielen, haben einige Ökonomen sogar triviales Verhalten extensiv diskutiert, wie etwa den Umstand, daß sogar Neoaklassiker bei einem Ausflug aufs Land in Restaurants, die sie nicht wieder besuchen werden, Trinkgelder geben (Roberts 1986; Frank 1987). Das »Herunterspielen« und Verneinen moralischen Verhaltens ist aber keinesfalls das Monopol der neoklassischen Ökonomen. Dieser Umgang mit dem Thema wird von einer Anzahl bedeutenderer psychologischer Theorien gepflogen (Wallach und Wallach 1983). Die Neoklassiker folgen einer langen Tradition: Als Thomas Hobbes gefragt wurde, warum er einem Bettler ein Almosen geben würde und ob dies nicht in den christlichen Geboten begründet wäre, antwortete er, daß er dies »allein deshalb tue, um sein eigenes Unglück beim Anblick des Bettlers zu lindern« (Losco 1986, S. 323).

Findet wahrer Altruismus im neoklassischen Paradigma überhaupt einen Platz, so wird er als in seinem Umfang sehr beschränkt betrachtet, weshalb man ihn genausogut ignorieren könne. »Was ... seltsam ist, ist der Wunsch, alles vom Eigennutz herzuleiten, als ob dieses Konzept ein natürlicher oder notwendiger Ausgangspunkt wäre. Es ist ein besonderer soziologischer Aspekt der heutigen Ökonomie, daß diese seltsame Bestrebung so vorherrschend ist« (McPherson 1984, S. 77–78). »Tausch«soziologen, Politikwissenschafter, die sich mit dem Public-Choice-Ansatz befassen, Historiker des Neoinstitutionalismus haben diesen »seltsamen« Fall auch aufgegriffen. Tatsächlich wurden solche Anstrengungen, Altruismus wegzuerklären, schon von den alten Griechen, den Sophisten, unternommen. Es scheint, als ob jede Generation diese Herausforderung *von neuem* annehmen muß.

Um unsere Pflicht zu tun, führen wir als nächstes einige empirische Evidenzen an (Ergebnisse von Experimenten, öffentliche Meinungsumfragen, Wirtschaftsdaten und Informationen über einzelne Ereignisse), die darauf schließen lassen, daß viele Menschen oft aus einem moralischen »Nutzen«* heraus handeln und nicht einfach, um mehr konsumieren zu können oder mehr Lust zu gewinnen, wobei diese Beispiele sowohl individuelle Wahlakte als auch die politischen Handlungen betreffen.

Viele der Studien beschäftigen sich mit dem sogenannten wahren Altruismus, also auf Vorfälle, in denen das einzige und unmißverständliche Motiv die Verantwortung und die Sorge für andere ist. Es mag jedoch vom Standpunkt des hier vorgetragenen Ich+Wir-Paradigmas, des Konzepts der Kodetermination, genügen zu zeigen, daß moralische Vorstellungen (die auch viele andere Formen annehmen können als den Altruismus) tatsächlich eine große Rolle spielen, ob sie nun mit anderen Motiven »vermischt« sind oder nicht. Personen, die für wohltätige Zwecke spenden, können dies entweder zur Verbesserung ihres Ansehens und ihrer Selbstachtung tun *und* auch, weil es das Richtige ist. Warum spielt das eine Rolle? Weil die, die es

---

* Zwei Ökonomen benützen den Begriff »moralischer Nutzen« in ihrer Untersuchung von Investitionen unter dem Einfluß sozialer Überlegungen (z. B. die Verweigerung, in Südafrika zu investieren); siehe Barth und Cordes (1981), S. 235.

teilweise aus einer moralischen Überzeugung heraus tun, sich anders verhalten werden als die, deren einziges Motiv der Eigennutz ist. Geht man davon aus, daß die Begleitumstände identisch sind, so werden die ersteren eher größere Opfer bringen, weil sie mehr Motivation haben; und sie werden auch bei aufkommendem Widerstand eher weitermachen, weil sie die Werte internalisiert haben, die ihre Handlungsweise rechtfertigen.

Einige Evidenzen von Wahlentscheidungen im Privatbereich

Fälle von Altruismus

Aus einer bemerkenswerten Menge experimenteller Daten läßt sich schließen, daß der Altruismus einen nicht unbeträchtlichen Teil des Verhaltens ausmacht. Einige Experimente zeigen, daß viele Menschen »verlorene« Brieftaschen an ihnen Unbekannte zurückgeben, ohne das Bargeld anzurühren (Hornstein, Fisch und Holmes 1968). In einer anderen Studie gaben 64 Prozent der Untersuchten, die die Gelegenheit hatten, eine einem »Institut für medizinische Forschung« zugedachte verlorene Spende zurückzuschicken, diese auch wirklich zurück (Hornstein et. al. 1971, S. 110; Hornstein 1976, S. 95–96). Die dabei entstandenen Kosten umfassen den Verzicht auf das gefundene Bargeld, das Porto und die Umstände, die Spende mit der Post zu verschicken. Die Belohnung? Vor allem das Gefühl, das Richtige getan zu haben.

In einigen Situationen eilen viele Menschen, die andere in Not sehen, diesen zu Hilfe, ohne die Folgen für ihr eigenes Leben zu berücksichtigen, wenn sie sich verantwortlich fühlen. So verhalten sich Mütter gegenüber ihren Kindern, wenn sie versuchen, diese aus dem brennenden Haus zu retten (Janis und Mann 1977, S. 27). In einer Experimentenreihe, deren Ziel es war, »kostenintensive Selbstaufopferung« zu untersuchen, wurden die Probanden gefragt, ob sie ihnen unbekannten Personen Knochenmark spenden würden (Schwartz 1970a, S. 283). Von den Gefragten sagten 59 Prozent, daß sie es täten, weitere 24 Prozent meinten, daß die Chancen zumindest 50:50 stünden, wenn man sie darum bitten würde; 12 Prozent meinten, daß die Chancen für eine solche Spende unter 50:50 stünden; nur 5 Prozent sagten, daß sie dies geradewegs ablehnen (ebd., S. 289).

Neoklassiker argumentieren, daß Untersuchungen von Einstellungen, in denen die Menschen danach gefragt werden, ob sie einen Beitrag leisten würden, das menschliche Verhalten nicht wirklich voraussagen können. Dies ist im allgemeinen eine begründete Kritik. Dennoch kommen Studien des altruistischen *Verhaltens* zu denselben Ergebnissen. Latani und Darley (1970) schickten Forscher ausgerechnet in die Straßen von New York City, wo sie die Menschen um Hilfe baten. Ein großer Anteil von Menschen, halfen Individuen, von denen sie dachten, sie wären auf verschiedenste Arten in Bedrängnis. So bekam zum Beispiel einer der Forscher, der sich wiederholt zu Boden fallen ließ, als ob er betrunken wäre, von 70 Prozent der um Hilfe ersuchten Passanten Hilfe (Piliavin, Rodin und Piliavin 1969). (Für weitere Evidenzen und einen Überblick über einige der zitierten Studien siehe Rushton 1980 und Derlega und Grzelak 1982.) Menschen tun für das Wohl anderer, was sie für sich selbst nicht tun würden. Eine ältere Frau verweigerte so lange einen chirurgischen Eingriff zur Rettung ihrer Sehkraft, bis sie daran erinnert wurde, was ihre Blindheit für Auswirkungen auf ihre Kinder hätte (Wallach und Wallach 1983, S. 4).

In vielen Situationen (Wells 1970, S. 47) werden Geschenke weder gegeben, um Gegengeschenke zu provozieren, noch »werden sie an den Grenznutzen des Empfängers angepaßt«, sondern sind Ausdruck von Verpflichtungen gegenüber der Familie oder Familienbanden (Cheal 1984, S. 1, Cheal 1985). Obwohl Bargeld das effizienteste Geschenk ist, ist ein solches Geschenk oft tabuisiert. Wird dennoch Geld geschenkt (und nicht eine Sache), so nur, weil es im Wertsystem der Gruppe(n) als schickliches Geschenk definiert ist.

Jene Leser, die die hier angeführten Beispiele für noch nicht überzeugend halten, finden die Tatsache, daß Menschen, die ihren Kindern Nieren spenden, dies aus einem Verantwortungsgefühl heraus tun, weil sie es tun »sollten«, sicher zwingender. Tatsächlich finden wir in der Geschichte immer wieder Menschen, die ihr Leben für andere oder für eine Sache aufs Spiel setzten: angefangen bei den wenigen Christen, die im Nazideutschland Juden retteten, bis zu den Tausenden Freiheitskämpfern, die in den 60er Jahren mit Bussen in den Süden fuhren, um dort gegen rassistische Diskriminierung zu protestieren.

Ein Faktor im wirtschaftlichen Verhalten

Neoklassiker könnten dem entgegenhalten, daß die angeführten Beispiele vor allem soziales Verhalten betreffen. Dennoch zeigen empirische Evidenzen, daß moralische Ansprüche auch bei wirtschaftlichen Aktivitäten zum Tragen kommen. Betrachten wir das Sparverhalten. Neoklassische Ökonomen erklären das Sparniveau vor allem durch die Einkommenshöhe (je höher das Einkommen, desto mehr wird gespart), durch den Wunsch, für Kaufkraft im Ruhestand zu sorgen, und durch die Höhe der Zinssätze. Dennoch erklären diese Faktoren nur einen Teil der Varianz der gesparten Beträge. Es gibt zumindest drei moralische Werte, die die Sparsumme auch beeinflussen: daß es unmoralisch wäre, verschuldet zu sein; daß man zu seinem eigenen Wohl sparen sollte und damit man nicht vom Staat oder den eigenen Kindern abhängig ist; daß man seinen Kindern helfen sollte, »im Leben Fuß zu fassen«. Diese moralischen Grundsätze werden wiederum durch den Inhalt und das moralische Niveau der Gesellschaft, durch die Werte der jeweiligen Subkultur (zum Beispiel scheint die hohe Bewertung der Spartätigkeit in Kleinstädten häufiger vorzukommen als in Großstädten) und durch andere nichtwirtschaftliche Faktoren bestimmt.

Ökonomen haben herausgefunden, daß die Menschen viel mehr sparen als durch den Wunsch erklärbar ist, ihr Konsumniveau nach der Pensionierung aufrechtzuerhalten. »Es gibt praktisch keinen Amerikaner über 65, der im Schnitt entspart« (Thurow 1983, S. 221). Es wurden Versuche unternommen, dieses »exzessive« Sparen durch die Notwendigkeit zu erklären, dem »Risiko« zu begegnen, länger zu leben als erwartet, doch bleibt damit noch immer ein bemerkenswerter »Überschuß« unerklärt. Dies wird wiederum damit erklärt, daß ältere Leute sich am Konsum ihrer Kinder erfreuen, da sie ihr Leben, meint ein Ökonom, »über mehrere Generationen ausdehnen« (Shorrocks 1979, S. 416), sogar auch am »Konsum der Nachkommen (ihres Haushalts) in allen zukünftigen Generationen«, meint ein anderer (Laitner 1979, S. 403). Diese Anstrengungen scheinen eine übertriebene Interpretation der Konsumfunktion zu sein; es ist nämlich ziemlich schwierig sich vorzustellen, wie man sich am Konsum eines noch nicht einmal gezeugten Nachkommen seiner Nachkommen *erfreuen* soll. Es scheint plausibler, anzunehmen, daß die Menschen sich moralisch verpflichtet fühlen, ihren Kindern zu helfen.

Ein Neoklassiker meinte, daß die hier angestellten Überlegungen rein semantischer Natur wären: Ihrer Ansicht nach würden die Menschen sich am Konsum ihrer Enkel erfreuen, Deontologen sind der Meinung, daß genau dasselbe Verhalten Ausdruck moralischer Grundsätze wäre. Wie auch immer, die verschiedenen Konzepte führen auch zu verschiedenen Prognosen. Wir haben schon gesehen, daß diejenigen, die Anhänger des Lustprinzips (oder des P-Nutzens) sind, Probleme damit haben, das Sparen überhaupt zu erklären; denn der, der spart, muß den Lustgewinn verschieben, was nun sicher nicht lustvoll ist. Die Vertreter dieser Ansicht müssen seltsame Annahmen einführen, um die verschiedenen Sparniveaus zu erklären, z. B., daß es eine festgelegte Gesamtmenge menschlichen Konsumbedürfnisses gibt, dessen Sättigungsgrad (mit steigendem Einkommen) proportional zur Spartätigkeit wäre. Dies führt zu der Vorhersage, daß die Menschen um so mehr sparen, je mehr sie verdienen, was jedoch oft nicht der Fall ist. So sparen zum Beispiel die Amerikaner, die lange Zeit eines der höchsten Einkommensniveaus der Welt hatten, vergleichsweise wenig. Wenn die hier vertretene Ansicht korrekt ist, so sparen Menschen einer Einkommensklasse um so mehr, je mehr sie bestimmten Werten verpflichtet sind, z. B. denen, die mit einer konservativen Weltsicht in Zusammenhang gebracht werden.

In anderen gesellschaftlichen Kontexten können moralische Ansprüche die Sparkurve eher sinken als steigen lassen, obwohl sie das wirtschaftliche Verhalten natürlich sehr wohl beeinflussen. Kunkel (1970, S. 163) führt aus, daß Sparen in vielen historischen Gesellschaften nur möglich war, wenn man sich von der Familie und den Stammesverpflichtungen genügend zurückzog, um irgendeinen Überschuß akkumulieren zu können. Deis könnte auch für viele Einwanderer der ersten Generation in den USA gelten.

Ebenso stellt die Frage, ob man den Kreditkauf für moralisch akzeptabel hält oder nicht, einen Hauptfaktor bei der Festsetzung des nationalen Sparniveaus dar. Longman (1985) zeigt, wie die Angst vor einer neuen Depression nach dem Zweiten Weltkrieg zu einer konzertierten Kampagne führte, deren Ziel es war, aus der Tugend des Sparens ein Laster zu machen. Bald stiegen die Schulden der Konsumenten (die Hypothekarkredite nicht eingerechnet) von 27,4 Milliarden $ im Jahre 1952 auf 190 Milliarden $ im Jahre 1974 (Galbraith 1984, S. 149). So bewirkten Verschiebungen der öffentlichen Moral und der Einstellungen das Ansteigen der Staatsverschuldung und anhaltende und wachsende Handels- und Budgetdefizite. Natürlich waren auch ander Faktoren im Spiel: z. B. Veränderungen des Banksystems. Dennoch scheint es ziemlich offensichtlich, daß Veränderungen der moralischen Werte (und der sich daraus ergebenden Legitimationsänderungen) die Veränderungen im Banksystem erleichtert haben.

Phelps (1975, S. 5) hebt hervor, daß man in derselben Welt, in der die Menschen unsichere Produkte verkaufen, andere »übers Ohr hauen« und zu wenig einwiegen, auch »weitverbreitetes altruistisches Verhalten erleben kann: So kommt es zum Beispiel vor, daß ein Produzent sein Produkt der Wahrheit entsprechend bewirbt, auch wenn er dazu nicht gezwungen wäre; daß es eine Gewerkschaft unterläßt, das Gesetz zu brechen, auch wenn sie die Gelegenheit hätte, sich derart einen Vorteil zu verschaffen; (...) daß ein tugendhafter Fleischhauer davon Abstand nimmt, den Finger mit auf die Waage zu legen.« Arrow (1975) geht noch einen Schritt weiter und meint, daß die ganze Wirtschaft zusammenbrechen würde, wenn es diese sich selbst durchsetzenden Arrangements, d. h. auf Moral basierenden Übereinkommen nicht gäbe. Denn es wäre unmöglich, genug »Durchsetzungsagenten« (Polizei, Richter usw.) und Anreize für die vielen Elemente der impliziten und expliziten Sozialkontrakte zu schaffen, um den Markt aufrechtzuerhalten (z. B. Vertrauen in Geld).

Die utilaristischen (der Art des P-Nutzens) und methodologischen (Bedarf an einem gemeinsamen Nenner) Zwänge und die Mißachtung der Rolle der Werte, die in der neoklassischen Wirtschaftstheorie im Hinblick auf die Individualentscheidungen offensichtlich sind, werden auch in der Unternehmenstheorie deutlich sichtbar. Dort wird das Konzept des »Gewinns« anstelle des Konzepts der Lust als einziges, alles überragendes Ziel angewandt. Neoklassische Arbeiten lesen sich oft so, als ob das Unternehmen nichts anders als ein überdimensionales Individuum wäre, daß danach strebt, den Nutzen seiner Investitionen zu maximieren, als ob das Unternehmen den Unternehmer oder den »Besitzer« verkörpere.

In vielen Forschungsarbeiten wurde gezeigt, daß Unternehmen nicht ein einziges, alles überragendes Ziel verfolgen, sondern mehrere Ziele haben; sie maximieren nicht einen Nutzen, sind intern eher gespalten und handeln nicht konzertiert (Herendeen und Schechter 1977, S. 1514; Bailey und Boyle 1977, S. 50; Monsen, Chieu und Cooley 1968, S. 442). Zu den für die Manager zwingenden Gründe gehören die, die ihnen von ihren Peers, Gemeinschaften und der Gesellschaft als Ganzes als moralisch vorgeschrieben werden. Diese Ziele sind selten darauf beschränkt, den Profit zu maximieren (Donaldson und Lorsch 1983).

Viele neoklassische Ökonomen erkennen dies alles an, halten aber weiterhin an ihrer Mono-Nutzen-Theorie fest. Ein für diese Beharrlichkeit oft angegebener Grund ist, daß die orthodoxe Unternehmenstheorie ein mächtiges heuristisches Instrument ist und daß sich die Ökonomen nicht mit tatsächlichen Unternehmen, sondern mit einem theoretischen Konzept befassen, das In- und Output in Zusammenhang bringt (Machlup 1967, S. 9). Ein Unternehmensmodell, das von vielen verschiedenen Zielen ausgeht und Konflikte zwischen diesen Zielen annimmt, ist mit dem Bi- (oder Mehrfach-) Nutzen-Konzept und dem Ich+Wir-Paradigma besser in Einklang zu bringen. Neben anderen legen Cyert und March (1963) sowie Pfeffer (1981) solide Grundlagen für die Konstruktion eines solchen Modells.

Empirische Evidenzen zur Public Choice

Bürgerpflicht: eine moralische Verpflichtung gegenüber der Allgemeinheit

Das Mono-Nutzen-Konzept wird besonders überstrapaziert, wenn es auf »öffentliche Güter« und Handlungen im öffentlichen Bereich ausgedehnt wird. »Öffentliche Güter« ist ein von Samuelson eingeführter Begriff, der jene Güter einschließt, die »von vielen Personen zur gleichen Zeit benützt werden können, ohne daß dadurch die für alle anderen Personen zur Verfügung stehende Menge verringert wird« (Alchian und Allen 1983, S. 99). Preismechanismen führen hier nicht zur rationalen Allokation der Ressourcen oder zu einer Sicherung eines »ausreichenden« Angebots, einer effizienten Produktion oder der allgemeinen Wohlfahrt (Arrow 1974). Diese »Güter« umfassen einen Großteil der Kultur einer Gesellschaft, des Erbes, der Landesverteidigung, des Umweltschutzes, grundlegende Voraussetzungen für Wirtschaftsaktivitäten wie große Teile der wissenschaftlichen Erkenntnisse sowie der Infrastruktur des Landes. Unter »kollektiven Aktivitäten« versteht man zum Beispiel das Wählen oder freiwillige Arbeitsleistungen, die gemeinsamen Bedürfnissen dienen.

Der vom Staat ausgehende Zwang und die von ihm eingesetzten Anreize sind die wichtigsten Methoden, um diesen öffentlichen Bedürfnissen Aufmerksamkeit und Ressourcen zu verschaffen. Eine andere Methode, die besonders angesichts der von vielen anerkannten Tatsache sehr wichtig ist, daß die übermäßige Übertragung von Verantwortung auf den Staat sehr oft ineffizient ist und die individuelle Freiheit bedroht, beruht auf den moralischen Grundsätzen. Ziviles Verhalten, die moralische Verpflichtung des einzelnen, sich für gemeinsame Interessen einzusetzen, ist ein Konzept, das im Zusammenhang mit diesem Faktor verwendet wird, der die Menschen dazu bringt, etwas zur Allgemeinheit beizutragen (für eine weitere Diskussion dieses Konzepts siehe Benn und Gaus 1983; Etzioni 1983, S. 56 ff. und Janowitz 1983). Zu Hause gelehrt, in den Schulen verfeinert, von den Nachrichtenmedien gefördert, von freiwilligen

Vereinen verstärkt und von der »Kanzel« des Präsidenten und anderer gesellschaftlich anerkannter Leitfiguren herunter verherrlicht, fühlen sich Staatsbürger verpflichtet, zum Wohl der Gemeinschaft beizutragen, der sie angehören.

Es steht außer Frage, daß es ziviles Verhalten gibt; hier geht es aber darum, wie umfassend und wie mächtig es ist und was die auslösenden Faktoren für das jeweilige Niveau von zivilem Verhalten in den verschiedenen Gesellschaften und innergesellschaftlichen Gruppen zu verschiedenen Zeitpunkten ist. Können diese Faktoren mit Hilfe eines P-Nutzens erklärt werden, oder weisen sie eher auf das Wirken moralischer Verpflichtungen hin?

Die Standpunkte der Public-Choice-Schule

Wie wir gesehen haben, versucht das neoklassische Paradigma nicht nur zu zeigen, daß in jedem scheinbar altruistischen Verhalten ein Element des Vergnügens (oder des Eigennutzes) enthalten ist, sondern daß Eigennutz die einzige Erklärung dafür ist. In seiner Ansprache, die Mueller (1986, S. 18) 1986 als Vorsitzender der »Public Choice Society« hielt, meinte er: »Und so behaupte ich, daß die einzige, für eine beschreibende und vorhersagende Wissenschaft menschlichen Verhaltens brauchbare Annahme die des Egoismus ist.« Wird diese auf das öffentliche Leben angewandt, also etwa im Rahmen der Public-Choice-Schule, so folgt daraus die Hauptthese, daß kollektives Handeln nichts anderes ist als das Ergebnis des individuellen Strebens nach Nutzenmaximierung (Downs 1957; Buchanan und Tullock 1965; Riker and Ordeshook 1968; Mueller 1979) oder nach Maximierung ihres Wohlstands (Barzel und Silberberg 1973, S. 51).

Es gibt eine Reihe von Unterschieden unter den Anhängern dieser Schule, doch Buchanans Arbeiten sind typisch. Er erhielt für seine führende Rolle bei der Bildung und Entwicklung der »Public-Choice«-Schule 1986 den Nobel-Preis für Öknomie. Buchanan sieht staatliche Entscheidungen (z. B. die Höhe der Staatsausgaben oder des Staatsdefizits) als eine direkte Folge persönlicher, eigennütziger Kosten-Nutzen-Überlegungen der Politiker. So erklärt er die Höhe der Defizite zum Beispiel dadurch, daß die Wähler viel eher bereit sind, Politiker wiederzuwählen, wenn sie mehr in Projekte in ihrem Bezirk investieren, also die öffentlichen Ausgaben steigen, als wenn sie die Steuern erhöhen oder die Ausgaben senken.

Downs, ein früher Verfechter dieser Argumentationslinie (1968, S. 27) schreibt:

Daher streben in unserem Modell die Politiker niemals ein öffentliches Amt an, weil es ihnen ermöglicht, bestimmte politische Konzepte zu verwirklichen; ihr einziges Ziel ist, die Vorteile zu genießen, die ein öffentliches Amt an sich bietet.

Tullock (1974, S. 46, 140) vertritt die Ansicht, daß Revolutionäre *ausschließlich* vom Wunsch nach einem guten Posten im neuen Regime beseelt sind.

Die einzelnen, von den verschiedenen Vertretern der Public-Choice-Schule vertretenen Ansichten sollen hier kurz aufgeführt werden:

(1) Individuen werden öffentlichen Gütern keine Ressourcen zuteilen (es sei denn, sie bekommen davon »etwas ab«, um sie persönlich für solche Investitionen zu belohnen). So erwartet man von den Menschen, daß sie nicht wählen gehen, weil der Wähler bei den meisten Wahlen nicht erwarten kann, daß die Abgabe seiner Stimme Einfluß auf sein eigenes Leben haben wird (Foster 1984, S. 678). Die Verfechter dieses Ansatzes weisen zur Untermauerung ihrer These auf »die große Zahl« von Nichtwählern hin (Barzel und Silberberg 1973, S. 53).

(2) Man erwartet von den Menschen, daß sie »schwarzfahren«, wo immer sie straffrei damit durchkommen. D. h., man nimmt an, daß sie andere für ein öffentliches Gut zahlen lassen, da sie es auch dann benützen können, wenn sie dafür nicht bezahlen. So wird vom einzelnen erwartet, daß er keine Beiträge für das öffentliche Fernsehen bezahlt.

(3) Man geht davon aus, daß das »Schwarzfahren« in großen Gruppen eher vorkommt als in kleinen, weil es in großen Kollektiven schwieriger ist, für seine Anstrengungen »belohnt« zu werden

(und umgekehrt leichter, »sich zu drücken«). Mitglieder einer großen Gruppe werden sich an kollektiven Aktivitäten nicht beteiligen, wenn sie dazu nicht gezwungen werden oder »aber den einzelnen Mitgliedern der Gruppe zusätzlich zu der Verwirklichung des gemeinsamen oder Gruppen-Interesses ein besonderer Anreiz geboten wird« (Olson 1968, S. 2). Während Olsen seinen Standpunkt später in gewissem Maße änderte, hielten viele andere diese These weiterhin aufrecht und suchen nach empirischer Evidenz zu ihrer Untermauerung.

(4) Eine weniger verbreitete Ansicht ist die, daß der einzelne nicht kooperiert, weil er Angst hat, »übrigzubleiben«, falls nur er eine Leistung erbringt und die anderen nicht. Solch eine Situation wird im allgemeinen als das Prisoner's-Dilemma bezeichnet. »Wenn wir alle auf Zehenspitzen stehen, um das Spiel besser zu sehen, sehen wir nicht mehr, als wenn wir alle sitzen würden. Dennoch wird jeder von uns nur dann so vernünftig sein und sich niedersetzen, wenn die anderen dazu gebracht würden, sich auch niederzusetzen« (Olson 1984).

(5) Eine von einigen Anhängern der Public-Choice-Schule und einigen anderen neoklassischen Ökonomen vertretene Ansicht ist, daß Individuen immer dann lügen, betrügen und andere moralische Grundsätze verletzen, wenn sie erwarten, daß sie damit entkommen oder wenn die Strafe dafür geringer ist als der daraus gezogene Gewinn. Williamson meint, daß vernünftige Akteure, die ihren Eigennutz verfolgen, erwartungsgemäß opportunistisch handeln müssen, was oft unmoralisches Verhalten mit sich bringt. So »realisieren« z. B. »diejenigen, die sich gut verstellen können, Transaktionsvorteile. Der homo oeconomicus, der im Hinblick auf seine Transaktionseigenschaften beurteilt wird, ist eine subtilere and listenreichere Person als es die traditionelle Vorstellung von der Verfolgung des Eigennutzes vermuten läßt« (1975, S. 255). Becker (1976) beleuchtet die Effizienz einer Person, die Altruismus vortäuscht (»simuliert«), weil sie vom Altruismus anderer profitieren kann, ohne ihren Teil dazu beizutragen. Das Simulieren wird vor allem durch die »Transaktionskosten« des Vortäuschens und der Schwierigkeit beschränkt, ein erfolgreicher Simulant zu sein (1976, S. 13).

Starke empirische Evidenzen gegen die Aussagen der Public-Choice-Schule

Doch die empirische Evidenz spricht eine deutlich andere Sprache: Millionen von Menschen gehen wählen, finanzieren das öffentliche Fernsehen, leisten ihren Beitrag in großen Gruppen ohne eigenen Vorteil, »fahren nicht schwarz«, kooperieren usw. Es soll hier keinesfalls der Versuch unternommen werden, die Evidenzen noch einmal zu untersuchen. Es reicht, die Schlußfolgerungen der Wissenschaftler zu zitieren, die diesen Bereich vor kurzer Zeit bearbeitet haben, und auf einige besonders bildhafte Beispiele hinzuweisen, die für unser Thema, die Rolle der moralischen Verpflichtungen, relevant sind. Margolis (1982, S. 1) bezieht sich auf einen »katastrophalen« Irrtum des Public-Choice-Modells und seiner Unfähigkeit, die elementare Tatsache zu erklären, daß Menschen wählen gehen und »nicht immer betrügen, wenn niemand zuschaut« (ebd., S. 3). Keine Gesellschaft könnte überleben, wenn ihre Mitglieder in dem Maße »schwarzfahren« würden, wie es das Modell vorhersagt (ebd.).

Zwei Wissenschaftler, zwei Ökonomem aus Harvard und vom MIT, die die Daten über das Verhalten von Politikern untersuchten, kamen zu folgendem Schluß: »Wir sind der Ansicht, daß Ansätze, die die politischen Akteure als rein egozentrische Maximierer sehen, die Ergebnisse der politischen Arbeit, nämlich die Gesetze, nur sehr unzureichend erklären und vorhersagen können« (Kalt und Zupan 1984, S. 279). Ein anderer Wissenschafter, der die Datengrundlagen des Public-Choice-Modells untersuchte, macht dem Modell ein seltsames Kompliment: In seiner Analyse stellt er die Friedman-These auf den Kopf: Public Choice, so schreibt er, macht keine Vorhersagen – »liefert« aber sehr wohl »Erklärungen«: »Obwohl bestehende Theorien (von Teilnehmern des politischen Lebens als rationalen Akteuren) den Fehler haben, daß das vorhergesagte Verhalten im Widerspruch zu dem Beobachtbaren steht, liefern sie Instrumente dafür, eine Erklärung politischer Geschehnisse auf eine Theorie menschlicher Motivation zurückzuführen« (Uhlaner 1986, S. 551–52). Trotz widersprüchlicher Fakten ist die Devise offensichtlich: Mit Volldampf voraus! Es ist wohl müßig, darauf hinzuweisen, daß dies keinesfalls eine weitverbreitete Sichtweise theoretischen Arbeitens ist.

Das Beispiel Olsons vom Verhalten der Menschen bei einem Fußballspiel illustriert eine Tatsache, die das Gegenteil zeigt: Die Menschen bleiben bei den meisten Sportveranstaltungen sitzen, und wenn sie aufstehen, so leisten sie der Aufforderung, sich wieder zu setzen, meist Folge. Die Gründe dafür sind genau die, die die Public-Choice-Schule ignoriert: Die meisten Menschen, zumindest die meisten amerikanischen Zuschauer von Sportveranstaltungen, haben eine Reihe von Werten internalisiert, die es als unschicklich erscheinen lassen, zu stehen und eine Aufforderung, sich zu setzen, zu mißachten.

Schwarzfahrer?

Eine große Zahl von Experimenten unter verschiedensten Bedingungen, von denen die meisten für ziviles Verhalten recht ungünstig angelegt waren, zeigen, daß die Menschen nicht »schwarzfahren«, sondern freiwillig 40 bis 60 Prozent dessen bezahlen, was Ökonomen als den der Gemeinschaftskasse zustehenden Betrag errechneten, wenn nicht »schwarzgefahren« wird. Der Hauptgrund dafür: Die Probanden betrachten es als »richtig« oder »fair«, so zu handeln. (Für einen Artikel über diese Experimente sowie für einen Bericht über ihre eigenen siehe Marwell und Ames 1981, S. 295–310.)

Ein Überblick über die verfügbaren empirische Evidenzen kommt zu folgendem Schluß: »Die Logik des Problems kollektiven Handelns (wie sie sich in der Denkweise der Public-Choice-Schule findet) ist sowohl zwingend als auch erhellend. Das Problem bei dieser Logik besteht jedoch darin, daß es empirische Evidenzen für ihre Fähigkeit, tatsächliches Verhalten vorherzusagen, eher selten bzw. überhaupt nicht gibt. Es scheint so zu sein, daß die Menschen unter den Bedingungen, die die Theorie als Umstände beschreibt, die zum ›Schwarzfahren‹ führen, dies dennoch nicht tun« (Marwell 1982, S. 208). Und weiter unten: »In mehr als 13 Experimenten fanden wir heraus, daß die Probanden weiterhin substantielle Teile ihrer

Ressourcen in öffentliche Güter investierten, obwohl wir Bedingungen hergestellt hatten, die besonders darauf abgestellt waren, das ›Schwarzfahren‹ zu maximieren und damit die öffentlichen Investitionen zu minimieren. Dieses wirtschaftlich gesehen ›unlogische‹ Verhalten trat immer wieder auf. Auch in anderen Experimenten verhielten sich die Probanden nicht viel anders (z. B. Bohm 1972, Brubaker 1975, Schneider und Pommerehne 1979)« (ebd., S. 210).

Tatsächlich sind die Ergebnisse der Experimente, die von Marwell und Ames durchgeführt wurden, aussagekräftiger, als es die vorangegangene Zusammenfassung vermuten ließe. Zur Untermauerung dieser Behauptung muß ein wichtiger Aspekt der Experimente erklärt werden. Die Forscher gestatteten ihren Versuchspersonen zu wählen, ob sie ihre Ressourcen entweder in einen eigenen oder in einen Gruppentopf investieren wollten. Im ersten Topf war der Ertrag unabhängig vom Beitrag anderer Gruppenmitglieder. Im Gruppentopf bekamen die einzelnen Probanden einen Ertrag, der auf Basis einer vorher festgelegten Formel errechnet wurde, wobei die Erträge von den Beiträgen der anderen Gruppenmitglieder abhängig waren. Die Formel lautete so, daß jeder einzelne nur dann Vorteile aus seiner Investition ziehen würde, wenn alle anderen in den Gruppentopf investierten. Dennoch wäre es für jeden einzelnen am besten gewesen, in den eigenen Topf zu investieren, wenn alle anderen in den Gruppentopf einzahlten (Marwell und Ames 1981, S. 297). Geht man vom Schwarzfahr-Konzept aus, so wäre unter diesen besonderen Umständen zu erwarten, daß niemand freiwillig in den Gruppentopf einzahlt. Von sechs Ökonomen waren auch fünf dieser Ansicht, als sie die Anlage des Experiments untersuchten. Doch die »Schwarzfahrer«-Hypothese erwies sich als vollständig falsch; in allen untersuchten Gruppen überstiegen die Investitionen in den Gruppentopf bei weitem die Erwartungen. Daraufhin konzentrierte sich die Forschungsarbeit auf die Frage, warum durchschnittlich »nur« 47 % der verfügbaren Mittel in den Gruppentopf investiert wurden. Doch es besteht keine Veranlassung zu erwarten, daß Menschen 100 % ihrer Ressourcen für kollektive Aktionen zur Verfügung stellen. Die Frage wurde eingehend untersucht, weil es, ausgehend von der entgegengesetzten Annahme, daß die Menschen nichts in den Gruppentopf einzahlen würden (weil keinerlei besondere Erträge für sie zu erwarten waren), nichts zu untersuchen gab: keine einzige Versuchsperson verhielt sich so. (Für eine Studie, die ergab, daß das kooperative Verhalten der Menschen nicht anhält, siehe Isaac, McCue und Plott 1985. Diese Studie führt jedoch fünf weitere Studien an, die zu gegenteiligen Ergebnissen kommen [ebd., S. 69].)

Eine andere Versuchsreihe war besonders darauf ausgelegt, zu zeigen, daß egoistische Anreize (Ansehen, Gegenseitigkeit) nicht notwendig sind, damit Kooperation und Altruismus entstehen. Die Versuchspersonen machten anonyme Spenden, wobei Seitenzahlungen explizit ausgeschlossen waren. Das »pro-soziale« Verhalten war die Regel, und das Gefühl moralischer Verpflichtung war *leicht* zu wekken, oft schon in einem zehnminütigen Gespräch (Dawes, Orbell und Kragt unveröffentlicht 1983; siehe auch Dawes et. al. 1986). (Für eine weitere Diskussion des Altruismus ohne »Zwang«, d. h. ohne Belohnung oder Bestrafung, siehe Kahneman, Knetsch und Thaler 1986. Für eine weitere Diskussion des »pro-sozialen« Verhaltens und der Kooperation siehe Collard 1978 und Derlega und Grzelak 1982.)

Kooperative Gefangene

Gefangenen-Dilemma-Experimente sind Experimenten sehr ähnlich, die das »Schwarzfahren« untersuchen. Auch sie beleuchten das Public-Choice-Problem: Wird das Streben jedes Individuums, seinen Erfolg zu maximieren, zu einem positiven *gemeinsamen* Erfolg führen? Dennoch unterscheiden sich diese Experimente im Hinblick darauf, wo ihr Schwerpunkt liegt. Es geht hier nicht darum, ob Menschen – ohne eine Gegenleistung zu erwarten – zu einem öffentlichen Gut beitragen oder nicht, sondern darum, wie dem Eigennutz am besten gedient ist: Soll man auf eigene Faust losmarschieren oder für ein potentiell besseres Ergebnis ein Risiko eingehen und einen gemeinsamen Weg einschlagen?

Diese Frage ließ eine wahre »Forschungsindustrie« entstehen, die mehr als 1000 Studien erstellte. Diese Studien unterscheiden sich stark in ihrer Anlage, in ihren Details und Ergebnissen. Ohne diese verschiedenen Experimente wirklich bis ins letzte Detail zu beschreiben, soll hier nur erwähnt werden, daß *ein bemerkenswerter Anteil der Personen in den meisten Fällen kooperiert*, ohne dazu gezwungen oder dafür bezahlt zu werden. Dies ist besonders beachtenswert, weil die Versuchspersonen der meisten Experimente einzeln rekrutiert werden und durch keine Gruppenbeziehungen oder Loyalitäten gebunden sind – nicht einmal jene, die in sehr großen Gruppen existieren, ganz abgesehen von besonderen Werten, die von denen geteilt werden, die regelmäßig miteinander arbeiten. Sie sind wie eine Gruppe von Individuen, die einander am Bahnhof zum erstenmal sehen. Außerdem werden den Kommunikationsmöglichkeiten der Versuchspersonen untereinander sehr enge Grenzen gesetzt: Sie werden durch Trennwände abgeschieden, haben entweder das strikte Verbot, miteinander zu kommunizieren, oder dürfen dies nur auf eine sehr eingeschränkte Weise tun (Rapoport 1985, S. 148). Und doch *kooperieren sehr viele*.

Der Anteil der Kooperierenden variiert je nach besonderen Umständen, besonders jedoch danach, wie oft das Experiment mit denselben Personen wiederholt wird. Es scheint, daß die Versuchspersonen, wenn es ihnen nicht erlaubt ist, miteinander zu kommunizieren, die ersten »Runden« dazu benützen, ihre Bereitschaft zur Zusammenarbeit kundzutun, wie Bridge-Spieler ihr Eröffnungsgebot benützen, um ihren Partnern Signale zu geben. Ein durchaus nicht untypisches Ergebnis ist das folgende: »Beim ersten Versuch liegt der Anteil der kooperativen Entscheidungen typischerweise leicht über 50 %. Bei den folgenden Versuchen nimmt die Kooperationsbereitschaft stark ab. Nach ungefähr 30 Wiederholungen beginnt die Zahl der kooperativen Entscheidungen wieder zu steigen..., um bei etwa 300 Wiederholungen auf mehr als 60 % anzusteigen« (Coleman 1982, S. 116). Andere Studien berichten sogar von noch höheren Kooperationsanteilen: Lave (1962) fand heraus, daß 80 oder noch mehr Prozent kooperierten oder zu kooperieren versuchten; andere Studien, die zwar mit Hilfe von Computersimulationen und nicht mit tatsächlichen Experimenten arbeiteten, kamen zu geringeren Ergebnissen (Axelrod 1984). Dennoch findet man, unabhängig davon, wie man die Ergebnisse interpretiert, trotz äußerst ungünstiger Umstände signifikante Kooperationsniveaus, für die die Public-Choice-Theorie keine Erklärungen findet.

Andere Evidenzen

Studien des (politischen) Wahlverhaltens haben immer wieder die Aufmerksamkeit der Public-Choice-Schule erregt, da sie unter anderem mit großen Zahlen von Versuchspersonen durchgeführt werden und daher im Gegensatz zu anderen Formen öffentlichen Verhaltens (von den Verhandlungen des Weißen Hauses bis zu den Entscheidungen des Obersten Gerichtshofs) für statistische und mathematische Auswertungen sehr geeignet sind. Sears et. al. (1980) geben einen Überblick über die Ergebnisse von Public-Choice-Studien des Wahlverhaltens und vergleichen die Rolle der Ideale und Gefühle mit der des Eigennutzes. Sie kommen zu folgendem Schluß: »Im allgemeinen haben symbolische Attribute (Liberalismus-Konservatismus, Identifizierung mit einer Partei und Rassenvorurteile) starke Auswirkungen, während der Eigennutz fast keine hatte« (Sears et. al. 1980, S. 679). Zu den Gründen, warum Menschen wählen gehen, gehören ihr Bedürfnis, ihre Zustimmung zum politischen System zum Ausdruck zu bringen, ihre Identifikation mit ihrem Kandidaten und/oder ihrer Partei, ihr Bedürfnis, an diesem Ereignis teilzuhaben und ihre moralischen Verpflichtungen gegenüber der Allgemeinheit, ihr Maß an zivilem Verhalten zu demonstrieren.

Von den Anhängern der Public-Choice-Theorie wurden zahlreiche Versuche unternommen, ihre Theorie angesichts solch überwältigender konträrer empirischer Evidenzen zu stützen. Einer dieser Versuche, der die großen Anstrengungen vieler anderer Wissenschafter besonders gut illustriert, ist die Vorstellung der Anhänger der Public-Choice-Theorie, daß die Menschen, wenn sie wählen gehen, dies nur tun, wenn das Wahlergebnis voraussichtlich knapp ausfallen wird oder weil die Wähler, die dieser Ansicht sind, glauben, daß ihre Stimme den Wahlausgang beeinflussen kann. Da es aber eine eher schwache Korrelation zwischen der Wahlbeteiligung und dem Umstand gibt, daß das Wahlergebnis voraussichtlich knapp sein wird, bleibt der Großteil der Varianz durch die erklärende Variable »voraussichtlich knappes Wahlergebnisse« unerklärt (Hirshleifer 1985). Offensichtlich gehen Millionen von Bürger ganz unabhängig davon wählen, ob die erwarteten Ergebnisse nun knapp sind oder nicht. *Der* Faktor, der für die Erklärbarkeit und Prognostizierbarkeit entscheidend ist, scheint eine moralische Verpflichtung zu sein, nämlich das Maß, in dem sie ihre Bürgerpflichten perzipieren und wahrnehmen. Wie die folgende Tabelle zeigt, wird die Knappheit der Wahl nur für maximal 9 %, meist für einen geringeren Prozentsatz des Unterschieds, verantwortlich gemacht, das zivile Verhalten für 30–40 % oder mehr.

	Ausmaß des zivilen Verhaltens					
	Hoch		Mittel		Niedrig	
Erwartete Knappheit der Wahlergebnisse	Hoch PD*	*Niedrig* PD	Hoch PD	*Niedrig* PD	Hoch PD	*Niedrig* PD
Sehr knapp	91 %	83 %	85 %	71 %	65 %	44 %
nicht knapp	86 %	74 %	77 %	71 %	62 %	39 %
* PD = Parteidifferential, d. h., wieviel Unterschied es nach Ansicht der Befragten machte, welche Seite gewänne.						

Quelle: Brian Barry, *Sociologists, Economists and Democracy*. The University of Chicago Press 1978, S. 17.

Ein anderes Problem für die Public-Choice-Schule ist folgendes: Selbst wenn die Menschen ihren Beitrag zu öffentlichen Gütern aus irgendwelchen eigennützigen Motiven leisten, sollten sie der Theorie zufolge, *um so weniger* beitragen, *je mehr* die anderen dazu beitragen. Doch in der Regel ist das Gegenteil der Fall – wenn das moralische Klima günstig ist, tragen viele Personen mehr dazu bei und umgekehrt (Sandquist 1985).

Die Versuche, die Public-Choice-Theorie gegen die vielen kritischen Stimmen zu verteidigen, beruhen auf dem I-Nutzen-Konzept (siehe oben, S. 61–67). Es wird behauptet, daß unabhängig davon, welche moralischen Überlegungen die Menschen motivieren, diese Teil ihres Nutzens sind. Downs führt, wie einen *deus ex machina*, das Verlangen nach der Bewahrung der Demokratie ein (1957, S. 266–71). Riker and Ordeshook (1968) fügen einfach ein »B« zum persönlichen Nutzen hinzu, um damit die Bürgerpflicht zu operationalisieren. Die schon früher angeführte Kritik an diesem Ansatz ist auch hier gültig. Daher verwandelt die Feststellung, daß Politiker der Allgemeinheit entweder aus Eigennutz oder aus Pflichtgefühl dienen, daß jedoch kein Unterschied zwischen beiden Motiven bestünde, da beides für sie persönlich befriedigend wäre, eine interessante, wenn auch irrige Annahme (nämlich, daß sie nur aus Eigennutz handeln) in eine nutzlose Tautologie. Wie McPherson formulierte: Die Argumente der Anhänger der Public-Choice-Theorie »sind eine schlechte Mischung aus Tautologie und Irrtum« (1984, S. 77).

Buchanan verlangt nach einer Verfassungsänderung zum Budgetausgleich, um damit eigennützigen Politikern Grenzen zu setzen, die den Wählern, die sich für nichts anderes interessieren als für ihren eigenen Vorteil, zynisch genau das geben, was sie verlangen. Aber wer sollte eine solche Verfassungsänderung durchsetzen, wenn nicht die Politiker und/oder die Wähler? Und warum sollten sie sich in Zukunft die Hände binden und ihrer Geldbörse schaden, wenn sie keinerlei Verantwortungsgefühl gegenüber der Allgemeinheit hätten? In ähnlicher Weise argumentiert Buchanan, daß das Defizit anstieg, als sich das moralische Klima nach dem Zweiten Weltkrieg (seiner Ansicht nach als Folge der Verbreitung des Liberalismus) verschlechterte. Aber in seiner Theorie ist kein Platz für ein Konzept wie »das moralische Klima«. Die Tatsache, daß er dieses Konzept für die Erklärung öffentlicher Angelegenheiten ganz wesentlich benötigt, ist ein weiterer Hinweis – falls ein solcher Hinweis überhaupt notwendig ist – darauf, daß eine Theorie, die keine bedeutsame moralische Kategorie vorsieht, äußerst unzureichend ist.

Kurz, Public Choice ist ein wirklich extremes Beispiel einer neoklassichen Theorie, die in der Realität sehr wenig Bestätigung findet und vielfach widerlegt wurde, weil sie moralische Faktoren nicht als bedeutsame, eigenständige Faktoren für die Erklärung und Vorhersage von Phänomenen anerkennt.

Kodeterminierung und Interaktionseffekte

Der grundlegende Standpunkt der Sozioökonomie

Die hier vorgestellte Sichtweise ist *nicht* das Gegenteil der Sichtweise der Public Choice-Schule oder der neoklassischen Schule. Das Ich+Wir-Paradigma behauptet *nicht*, daß Menschen einfach den Moralkodex ihrer Gesellschaft internalisieren und ungeachtet ihrer eigenen Interessen befolgen, noch, daß ihre eigenen Interessen ausschließlich von den Werten ihrer Gesellschaft definiert werden. Es behauptet hingegen, daß (1) Einzelpersonen gleichzeitig von zwei Gruppen von Faktoren beeinflußt werden – von ihrem Streben nach Vergnügen und ihrer moralischen Pflicht (die beide durch die Sozialisierung geprägt sind), daß (2) große Unterschiede in bezug auf das Ausmaß bestehen, in dem jede dieser beiden Arten von Faktoren unter verschiedenen historischen und gesellschaftlichen Bedingungen und für verschiedene Persönlichkeiten unter denselben Bedingungen wirken. Daher ist die Untersuchung der Dynamik jener Kräfte, die beide Faktoren prägen, sowie die Studie ihrer relativen Größe die grundlegende Basis für eine gültige Verhaltens- und Gesellschaftstheorie, die auch wirtschaftliches Verhalten einschließt, also für eine Theorie, die wir Sozioökonomie nennen wollen.

Das gemäßigte deontologische, sozioökonomische Kodeterminierungskonzept wird als eine alternative Hypothese zu der alles auf Vergnügen reduzierenden Konzeption der neoklassischen Ökonomen entwickelt, zu der Vorstellung, daß die Menschen nur so lange moralisch handeln, als es in wirtschaftlicher Hinsicht sinnvoll ist: »Die Wirtschaftstheorie ... neigt dazu, zu behaupten, daß die Menschen nur in dem Maße ehrlich sind, als sie wirtschaftliche Anreize für ein solches Verhalten haben« (Johansen zitiert von Sen 1977, S. 332; siehe auch Cloniger 1982). Tobin vertrat die Ansicht, daß Einstellungen vor allem objektive wirtschaftliche Gegebenheiten reflektieren (1972, S. 55). Diese Feststellungen sind aber mit vielen Fällen von real beobachtetem Verhalten nicht in Einklang zu bringen. Schließlich nehmen die meisten Männer und Frauen deshalb Abstand von der heimlichen Teilzeit-Prostitution, nicht nur weil sie schlecht bezahlt ist, weil die Arbeitszeit sehr lang ist, weil ihnen die Kenntnisse darüber fehlen, wie man dabei vorgeht, weil der Ertrag gemessen am Kapitaleinsatz unattraktiv ist oder weil großer Kapitaleinsatz oder sehr viel vorbereitende Forschung und Entwicklung notwendig wäre.

Hat man einmal erkannt, daß es produktiv ist, moralische Grundsätze als einen vom Streben nach Vergnügen verschiedenen Faktor anzuerkennen, besteht der nächste Schritt darin, sich zu fragen, welche Beziehung zwischen diesen beiden Faktoren besteht. Es scheint, daß *beide sowohl das Verhalten prägen als auch aufeinander Einfluß ausüben*. Und da nicht nur moralische Faktoren die wirtschaftlichen bestimmen oder umgekehrt, stehen sie *in Wechselbeziehung zueinander*. Während des relative Gewicht dieser zwei Schlüsselfaktoren und das Ausmaß ihrer Interaktion erwartungsgemäß unter verschiedenen Bedingungen variieren, *wird jeder Faktor* im allgemeinen *nur teilweise vom anderen bestimmt*. Dies bedeutet, daß jeder Faktor über ein recht großes Maß an Autonomie verfügt. Die folgende Abbildung stellt diese Aussagen bildlich dar:

Gesellschaftliches Umfeld und Gesellschaftsstruktur

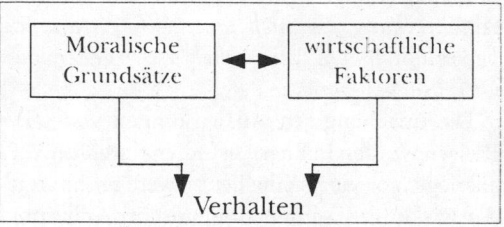

Untersuchungen der Kodeterminierung

Eine besonders aufschlußreiche Studie von Grasmick und Green (1981) beschäftigt sich mit der Rolle der Abschreckung (durch Strafe, d. h. Kosten) und der moralischen Grundsätze bei der Senkung der Kriminalitätsrate. Die Teilnehmer einer Studie wurden gefragt, ob sie in der Vergangenheit schon verschiedene kriminelle und unmoralische Handlungen begangen hätten und ob sie der Meinung wären, daß sie dies auch in der Zukunft tun würden. Dann wurden sie gebeten, »die Chancen zu bewerten, *selbst von* der Polizei erwischt zu werden, wenn sie *selbst* diese verschiedenen Taten begehen würden« (1981, S. 3). Die Frage wurde so formuliert, weil die Autoren der Ansicht waren, daß »Einschätzungen der *Wahrscheinlichkeit* einer Bestrafung vom Standpunkt des Befragten aus gemacht werden müssen, um der utilitaristischen Perspektive gerecht zu werden« (1981, S. 3). Danach wurden die Teilnehmer der Studie gefragt, »was für ein Problem würde eine solche Bestrafung für Ihr Leben darstellen?«, um auch der Tatsache Rechnung zu tragen, daß einige Strafen für die Menschen verschiedene Auswirkungen haben. Zur Bewertung moralischer Grundsätze wurden Antworten der Studienteilnehmer herangezogen, die ihre Einstellungen zu einer Reihe krimineller Handlungen aufzeigten; ähnliche Bewertungsmethoden wurden auch in vorangegangenen Untersuchungen angewandt (Grasmick und Green 1981, S. 5). Die Leute wurden gebeten, die Handlungen danach zu reihen, für wie falsch sie diese hielten (niemals, selten, manchmal, meist, immer). Daraus ergab sich, daß alle drei unabhängigen Variablen eindeutig korrelierten, d. h., daß *sowohl Abschreckung als auch moralische Grundsätze die Prädisposition beeinflußten, ein Verbrechen zu begehen oder einen moralischen Grundsatz zu verletzen.*

Die unabhängigen Auswirkungen von moralischen Werten und Preisen wurden in Energiestudien untersucht. Plötzliche starke Preisanstiege motivierten die Leute, weniger Energie zu konsumieren. Die Auswirkungen weniger dramatischer Änderungen der Preise oder anderer geldlicher Anreize (wie die steuerliche Begünstigung von baulichen Energiesparmaßnahmen) waren bei weitem weniger eindeutig. Gleichzeitig hatten moralische Werte, wie die Verpflichtung, anderen zu helfen, einen großen Einfluß (Stern 1984, S. 72).

Das Zusammenwirken von Information und moralischen Werten wurde in einer vierjährigen Feldstudie mit nach Tageszeit verschiedenen Haushaltsstrompreisen in Wisconsin untersucht. Den verschiedenen Teilnehmern der Studie wurden im Rahmen des Experiments verschiedene Energiepreisstrukturen zugeteilt. Diejenigen, die der

Bivariate Korrelationen zwischen allen Variablen (N = 390)*

Variable	Sicher	Streng	Moral	P-Übertretung
Wahrgenommene Sicherheit der Ergreifung (SICHER)	–			
Wahrgenommene Strenge der Bestrafung (STRENG)	.31	–		
Moralische Grundsätze (MORAL)	.21	.28	–	
Übertretungen in der Vergangenheit lt. eigenen Angaben (P-ÜBERTRETUNG)	–.34	–.27	–.42	–
Erwartete Übertretungen in der Zukunft (F-ÜBERTRETUNG)	–.24	–.30	–.55	–.71

* Alle Korrelationen sind über einem Niveau von 0,001 signifikant.

Quelle: Harold Grasmick und Donald Green, »Deterrence and the Morally Committed«, *Sociological Quarterly*, Vol. 22, No. 1, S. 6.

Ansicht waren, daß eine reduzierte Nachfrage in Spitzenzeiten für die Gemeinde gut wäre, weil so z. B. ineffiziente und umweltbelastende Kraftwerke geschlossen werden könnten, und die auch glaubten, daß die privaten Haushalte als Gruppe viel Einfluß auf die Nachfrage in Spitzenzeiten hätten, empfanden es als ihre moralische Verpflichtung, ihren Stromverbrauch in Spitzenzeiten zu verringern (Black 1978).

Die Menschen, die sich verpflichtet fühlten, ihr Verhalten zu ändern, hatten niedrigere Stromrechnungen als diejenigen, die keinerlei moralische Verpflichtung empfanden, jedoch dieselben Strompreise bezahlten. Die moralische Verpflichtung hatte eine stärkere Auswirkung als die Preisdifferenzen zwischen den Spitzen- und Nicht-Spitzenzeiten, selbst wenn sie ein so großes Verhältnis wie 8:1 hatten (Heberlein und Warriner 1983). In diesem Zusammenhang ist auch eine von Heberlein und Warriner durchgeführte dreifache Pfadanalyse besonders relevant. Sie stellten einfach eine Korrelation zwischen dem Preisverhältnis (Spitzen- zu Nicht-Spitzenzeiten) und dem Stromverbrauch in Spitzenzeiten, der Größe der moralischen Verpflichtungen und dem Verbrauch her und fanden so »die unabhängigen, direkten Auswirkungen sowohl der Preise als auch der moralischen Grundsätze« heraus (ebd., S. 123). Dennoch waren die Autoren der Ansicht, daß »das Ausmaß moralischer Verpflichtungen auch zum Teil auf den Strompreis während der Spitzenzeiten zurückführbar sein könnte. Wäre dies der Fall, könnte eine Theorie moralischer Einstellungen und Verhaltensweisen einfach in die bestehende ökonomische Theorie integriert werden...«. Um diese Möglichkeit auszuschließen, wurden im Zuge einer dritten Pfadanalyse beide Faktoren in einem Modell kausal vor den moralischen Grundsätzen mit dem Preis in Verbindung gebracht. Diese Analyse ergab, daß der Einfluß des Preises auf die moralische Verpflichtung gering war und nur weniger als ein Prozent der Varianz ausmachte, weshalb er statistisch nicht signifikant war (ebd., S. 24).

Eine andere Studie korreliert Einkommen und soziale/moralische Einstellungen mit der »Steuermoral« (gemessen an der Neigung, fällige Steuern nicht zu zahlen). Die Studie ergab, daß das Einkommen stärker mit der »Steuermoral« korreliert als moralische Einstellungen. Dies jedoch erst, nachdem für die Studie die Einkommen aus allen Quellen zusammengefaßt worden waren, während sie soziale Entfremdung (im Sinne der Ablehnung der herrschenden Regierungsform, der Politik oder der Werte) in sechs Faktoren unterteilt hatte. Sogar nach diesem Vorgang erreichte die Korrelation der »Steuermoral« mit dem Einkommensniveau 0,3560, während die mit »allgemeiner« Entfremdung 0,3024 betrug, gefolgt von einer Korrelation mit fehlendem Vertrauen von 0,2955, mit Argwohn (»die anderen betrügen«) von 0,2788 usw. (Song und Yarborough 1978, S. 447). Unabhängig von der Frage nach ihrer relativen Stärke werden hier eindeutig sowohl ökonomische als auch moralische Einstellungen wirksam. Beide scheinen große Teile der Varianz zu erklären und sich nicht nur gegenseitig zu bedingen.

Kapitel 5
Moralisches Verhalten ist nicht auf ein Anreizsystem zurückführbar

Die Untersuchung des Verhaltens zeigt, daß sich Individuen, die danach streben, ihren moralischen Grundsätzen gerecht zu werden, systematisch und signifikant in ihrem Verhalten von jenen Menschen unterscheiden, deren Handlungen nur auf Lustgewinn abzielen. Dieses Kapitel versucht, diese Unterschiede darzulegen. Es ist natürlich richtig, daß das Verhalten oft kodeterminiert ist und somit beide Nutzen reflektiert. Dennoch ist die technisch präzise Formulierung folgende: Die Menschen verhalten sich in dem Ausmaß systematisch und signifikant anders, in dem ihr Verhalten durch moralische Vorstellungen und nicht nur durch Streben nach Vergnügen geprägt ist. Diese Besonderheit moralischer Verpflichtungen wurde von einem der wichtigsten utilitaristischen Philosophen, John Stuart Mill, hervorgehoben, obwohl er sie als »soziale Nutzen« bezeichnete. Er schrieb: »Bestimmte soziale Nutzen... sind bei weitem wichtiger und deshalb absoluter und zwingender als irgendwelche anderen...«, und diese Nutzen werden »von einem Gefühl getragen, das sich nicht nur in seiner Stärke, sondern auch in seiner Art von den anderen unterscheidet« (zitiert von Nisbet 1981, S. 42).

Außerdem soll dieses Kapitel auch die schon weiter vorne eingeführte Annahme bestätigen, daß es produktiv ist, Wahlentscheidungen als mehrphasige Ereignisse auf mehreren Ebenen zu betrachten, bei denen moralische und lustorientierte Überlegungen sehr komplex miteinander verwoben sind. Und die empirischen Evidenzen untermauern die Ansicht, daß es nicht produktiv ist, moralische Grundsätze nur als eine weitere Quelle von Konsumentenpräferenzen zu sehen, um zu dem Schluß zu kommen, daß moralische Verpflichtungen am besten als eine eigenständige und nicht auf das

Anreizsystem zurückzuführende Kategorie gesehen werden sollten. Außerdem lassen die Beispiele den Schluß zu, daß Objekte moralischer Verpflichtungen und solche, die zum Lustgewinn führen, nicht auf die gleiche Art wie zahlreiche Konsumgüter gegeneinander »eingetauscht« werden können. Solche »Tauschgeschäfte« können, wenn sie überhaupt zustande kommen, von den Marktmodellen nur sehr beschränkt abgebildet werden. Schließlich werden wir sehen, daß die Menschen eher danach streben, ein *Gleichgewicht* zwischen ihren moralischen Ansprüchen und ihrem Lustgewinn (eine vernünftige »Mischung«) herzustellen, als danach, eines von beiden »zu maximieren«.

Wie wir schon zu Beginn erklärt haben, hat sich diese Arbeit zum Ziel gesetzt, ein Paradigma zu entwickeln und eine Theorie aufzustellen. Die hier angeführten Evidenzen dienen der Erläuterung, sind jedoch nicht zwingend. Die Formulierung »es wird erwartet« wird in der nun folgenden Diskussion verwendet, um den Leser daran zu erinnern, daß die Feststellungen eher Hypothesen als schlüssige Aussagen sind.

Trägheit, Lernfähigkeit und Transaktionskosten

Je mehr Menschen unter dem Einfluß von moralischen Grundsätzen handeln, um so eher wird von ihnen erwartet, daß sie einem einmal eingeschlagenen Kurs (auch unter sich verändernden Bedingungen) treu bleiben. Dies ist hingegen um so unwahrscheinlicher, je mehr die Menschen ihr Vergnügen oder ihren Eigennutz verfolgen, z.B. indem sie Vor- und Nachteile gegeneinander aufwiegen. Daher nimmt man an, daß moralische Grundsätze, die Lernkurve »verlängern« und die Transaktionskosten erhöhen, wenn die von der wirtschaftlichen Vernunft geförderten Veränderungen mit den moralischen Grundsätzen unvereinbar sind.

Die Lernkurve zeichnet die Zeitspanne und die Kosten auf, die eine Leistungsverbesserung bewirken. An ihr ist der Umstand abzulesen, daß die Menschen im Gegensatz zu der Annahme früherer und auch einiger moderner Ökonomen Informationen, die ihnen zur

Verfügung gestellt werden, nicht sofort aufnehmen. Je steiler die Kurve ansteigt, desto geringer sind die Lernkosten; je langgezogener, desto höher. Das Niveau der Lernkosten, also die Form der Kurve, wird zum Teil von nichtethischen Faktoren bestimmt (z. B. von der Komplexität der aufzunehmenden Information). Dennoch wird, geht man von der Annahme aus, daß alle diese Faktoren gleich stark sind, erwartet, daß der Lernprozeß um so länger und teurer ist, je größer die moralischen Widerstände gegen das zu Lernende sind. Eine neuerliche Analyse der Daten der Coleman-Studie über amerikanische Schulen ergab, daß die Leistung der Studenten dadurch beeinflußt wird, für wie *legitim* (d. h. moralisch entsprechend) sie die ihnen übertragenen Aufgaben halten und wie *fair* die Lehrer ihre Leistungen ihrer Meinung nach beurteilen (Etzioni 1984, S. 26).

Das Konzept der »Transaktionskosten« wurde von Ökonomen eingeführt, um damit die »Trägheit« der Menschen zu erklären, die Tatsache, daß die Menschen ihr Verhalten auch dann nicht verändern, wenn solche Veränderungen für sie vorteilhaft wären, wenn die Kosten der Veränderung den erwarteten Gewinn übersteigen würden. Zu den Faktoren, die das Niveau der Transaktionskosten beeinflussen, zählen die moralischen Grundsätze. Je höher die moralischen Ansprüche sind, um so höher müssen die Erträge sein, um das Individuum dazu zu bringen, seine impliziten Verträge angesichts veränderter ökonomischer Bedingungen, die eine solche Vertragsverletzung fördern, zu brechen. Solche Menschen mit hohen moralischen Ansprüchen werden größere ökonomische Verluste hinnehmen, um ihren moralischen Grundsätzen zu genügen. So wird es zum Beispiel für Universitätsprofessoren als »unanständig« betrachtet, im Mai ein Angebot einer anderen Universität für eine Lehrtätigkeit ab September anzunehmen (weil es schwierig ist, diesen Lehrstuhl so spät im Lehrjahr neu zu besetzen). Dieses Gefühl von »Anständigkeit« soll in einigen Universitäten (Ivy League?) stärker ausgeprägt sein als in anderen (Red Brick?). Daher geht man davon aus, daß es größerer Gehaltsunterschiede bedarf, um einen Professor im Mai von einer der ersteren Universitäten abzuwerben als von einer der zweiteren. Dies bedeutet, daß moralisch inspiriertes Verhalten »träger« ist als amoralisches.

Moralische Grundsätze reduzieren das, was die Ökonomen »moral hazard« nennen (für eine Definition siehe Kapitel 14, S. 399 ff.). Im besonderen gilt: *Je stärker die moralische Untermauerung von impliziten Verträgen, desto niedriger sind die Transaktionskosten, denn es besteht weniger die Notwendigkeit, sich gegen Ausfälle abzusichern* (z. B., wenn Rohstoffe nicht geliefert werden oder Arbeiter kündigen etc.) *oder Geld in die Ergreifung rechtlicher Mittel zu investieren* (wie etwa in das Aufsetzen von expliziten Verträgen oder in gerichtliche Klagen wegen ihrer Nichterfüllung). Hier beziehen wir uns auf spezifische Situationen, zum Beispiel auf Unterschiede zwischen den Wirtschaftszweigen, wo man sich (»gewöhnlich«) auf das Wort des anderen verlassen kann, und denen, wo ein solches Vertrauen weniger gerechtfertigt ist. Dieselben Aussagen können über die Gesellschaft als Ganzes gemacht werden. Es ist allgemein bekannt, daß es in Wirtschaft und Gesellschaft für die meisten Transaktionen eine Art freiwilliger Unterwerfung unter die Regeln gibt, angesichts der Unmöglichkeit, genug Polizisten, Buchhalter und Inspektoren zur Verfügung zu stellen, um mehr als einen kleinen Teil der Transaktionen zu überwachen. Dieses Verhalten wird wiederum stark vom relativen *Niveau* der Moral in einer bestimmten Gesellschaft (oder Gesellschaftsgruppe) in einer bestimmten Periode ihrer Geschichte geprägt. Wenn also in einer Gesellschaft starke Korruption herrscht, stellt diese Korruption eines der Haupthindernisse für die wirtschaftliche Leistung dar.

Ungewöhnlich großer Widerstand gegen Veränderungen (unerwartet geringe Elastizität) ist ein weiterer Hinweis auf die Trägheit, die durch moralische Grundsätze entsteht. Dies ist sogar in so alltäglichen Handlungen wie Einkaufen deutlich sichtbar. So ist die Nachfrage der Konsumenten nach einer bestimmten Kaffeemarke meist eher elastisch. Als jedoch der lösliche Pulverkaffee auf den Markt kam, wurde er als »unpassend« betrachtet: seinem Partner oder Gast einen Pulverkaffee vorzusetzen wurde als »Faulheit« interpretiert. Es waren größere Werbungskosten (ein empirisches Maß des Widerstandes gegen ein Produkt) als üblich nötig, um beim Konsumenten Zustimmung für Pulverkaffee zu erreichen. (Er ist immer noch nicht völlig anerkannt.) Aus denselben Gründen fanden es jene

Hersteller fertiger Kuchenmischungen, sinnvoll, Mischungen anzubieten, die der Hausfrau noch ein oder zwei Handgriffe überlassen, z. B. Eier dazufügen, obwohl eine vollständig fertige Mischung weniger Aufwand wäre und daher eigentlich attraktiver sein müßte. In den letzten Jahren ist der Widerstand gegen die berufliche Versetzung von Managern deutlich gestiegen, da die Ehemänner den Rechten der Frau gegenüber aufmerksamer geworden sind. Dieser Widerstand wuchs so weit, daß es deutlich seltener zu Versetzungen kommt. Viele Firmen, die ihre leitenden Angestellten meist alle drei Jahre zu versetzen pflegten, tun dies nun viel weniger oft und unterwerfen sich damit den neuen Werten der Gleichheit zwischen den Geschlechtern.

Anders formuliert: in dem Maß, in dem moralische Grundsätze die Ressourcen steigern, die in ökonomische Aktivitäten und nicht in Überwachung und Überprüfung investiert werden können, steigert ein höheres moralisches Niveau die Produktivität und das BIP. (Für empirische Evidenzen der Auswirkungen von Diebstählen durch Arbeitnehmer und andere Verbrechen auf das Prdouktivitätsniveau siehe Denison 1979.)

»Inkonsistente« Präferenzen und beladene Tauschvorgänge

Die Neoklassiker nehmen meist an, daß Präferenzen konsistent (»sauber«) sind. Bei gegebenem Preis und gegebener Ware wird ein Konsument mit einem bestimmten Einkommensniveau meist entweder die Ware kaufen oder davon eindeutig Abstand nehmen. Würde man ihm eine identische Ware zu einem niedrigeren Preis anbieten und geht man dabei davon aus, daß ihm dafür keine Transaktionskosten entstehen, müßte er die billigere Ware kaufen, etc. Hinweise für die Existenz einer *Ambivalenz* – sei sie nun durch den Konflikt Moral oder Vergnügen, widersprüchliche moralische Ansprüche oder einander entgegengesetzte Vergnügungen hervorgerufen – stellen für die neoklassische Ökonomie ein Problem dar. Das »Standard«-Modell geht davon aus, daß eine solche Ambivalenz nur dann entsteht, wenn die Konsumenten verschiedenen Kombinationen von Gütern und Dienstleistungen gleichgültig gegenüberstehen. Der Lead-Artikel in einer Ausgabe der *American Economic Review*, dem offiziellen Publikationsorgan der American Economic Association, beschäftigt sich mit dem erstaunlichen Phänomen, daß es Menschen gibt, deren Verhalten gleichzeitig Ausdruck *zweier miteinander unvereinbarer Präferenzen* ist (Schelling 1984b). Stellen Sie sich vor, auf einer Cocktailparty tritt ein Gast an den Gastgeber heran, übergibt ihm seine Autoschlüssel und bittet diesen, ihm, wenn er betrunken sei, die Autoschlüssel nicht auszuhändigen. Was *ist* nun die Präferenz dieses Gastes? Wenn es ihm darum geht, betrunken Auto zu fahren, warum sollte er den Gastgeber dann bitten, ihm die Autoschlüssel zu verweigern? Und wenn es ihm wichtiger ist, nicht betrunken zu fahren, warum sollte er dann nach den Schlüsseln fragen? Es werden noch viel mehr solcher Beispiele angeführt. Außerdem wurde dieses Dilemma von vielen Wissenschaftlern diskutiert (Ainslie 1985, Schelling 1985 und Elster 1985a). Es entsteht natürlich nur dadurch, daß die Theorie davon ausgeht, daß Menschen eine klare Präferenz haben, die einen singulären Nutzen widerspiegelt.

Im Gegensatz dazu erwarten viele Psychologen, daß die Menschen *bei jeder Handlung* verschiedene Motive haben, die zumindest teilweise inkompatibel sind. Neoklassiker könnten argumentieren, daß sich diese verschiedenen Motive zu einer Präferenz »geballt« haben, die dann in der einen Sache sichtbar wird, die eine Person am Ende unter bestimmten Restriktionen tut. Diese Argumentation berücksichtigt (1) den Gemütszustand und die Gefühle nicht, die dieser Entscheidung vorangehen, sie begleiten und danach vorherrschen (z. B. wie »schlecht« oder »gut« es der Person mit dieser Handlung geht) und übersieht (2) die Tatsache völlig, daß diese Gefühle zu einem späteren Zeitpunkt oft *Auswirkungen auf das Verhalten* haben. Unser Verständnis vom Verhalten der Menschen und unsere Vorhersagen sollten immer besser werden, je mehr wir diese Gefühle berücksichtigen. Natürlich ist es richtig, daß diese Mischung aus Motiven andere Konflikte bergen kann als den, mit dem wir uns hier beschäftigt haben; z. B. einen Konflikt zwischen zwei starken Gefühlen. Dennoch ist das Modell vom geteilten Selbst besonders auf die moralische Bewertung von Dingen oder Situationen anzuwenden, weil sie, wie schon erwähnt, oft im Widerspruch zum Lustgewinn steht, den die Person in der Entscheidungssituation derselben Sache oder Situation zuschreibt. Ein wichtiger Faktor in diesem Zusammenhang ist die Einstellung gegenüber dem »Kauf« (dem Haben) von Kindern. Ökonomen, die Kinder mit haltbaren Konsumgütern vergleichen, lassen die tiefe Ambivalenz außer acht, die Kinder in ihren Eltern hervorrufen. Eltern mögen den Eindruck haben, daß Kinder sehr kostspielig sind, neigen aber, angesichts des besonderen moralischen Wertes, der Kindern zugeschrieben wird, eher dazu, über diese Kosten nicht nachzudenken (Zelizer 1985). (Über eine ähnliche Diskussion anderer Güter siehe Douglas 1979; Douglas und Isherwood 1984 und Thompson 1979.)

Nun werden wir einige empirische Evidenzen anführen und die allgemeine Hypothese weiter entwickeln, daß Tauschgeschäfte facettenreich sind und daß diese Qualität zum Teil durch moralische Faktoren entsteht. Diese Feststellung verlangt nach größeren Modifikationen im vorherrschenden Verhaltensparadigma, besonders des Tauschverhaltens.

Schuld

Da moralische und lustorientierte »Präferenzen« qualitativ verschieden sind, können Sachen oder die Mittel zu ihrer Befriedigung nicht einfach »gegeneinander abgewogen« werden oder wie zahlreiche Konsumgüter untereinander ausgetauscht werden. Die Annahme, daß sie gegeneinander ausgetauscht werden können, ist jedoch für das neoklassische Grundkonzept des Marktes essentiell. Wenn es mein Grenznutzen unter bestimmten, gegebenen Umständen verlangt, mehr Orangen und weniger Äpfel zu kaufen, gibt es keinen Nachgeschmack (oder Restgefühl) von Schuld oder Scham oder das Gefühl von Bestätigung, das Richtige getan zu haben, das entsteht, wenn man, sagen wir, etwas für die Obdachlosen getan hat. Im Gegensatz dazu gilt: *Wenn die Menschen ihre moralischen Verpflichtungen zugunsten ihrer Lustbefriedigung verletzen oder auf Ver-*

gnügungen verzichten, um ihren moralischen Grundsätzen zu gehorchen, ist es duchaus zu erwarten, daß solche Gefühle ihren Handlungen vorausgehen, sie begleiten und ihre Folge sind und daß diese Gefühle wiederum *Auswirkungen auf ihr zukünftiges Verhalten haben.*

In Experimenten stellte sich heraus, daß Menschen, die zunächst verleitet worden waren zu lügen, danach mit doppelter Wahrscheinlichkeit bereit waren, freiwillig eine unangenehme Arbeit zu übernehmen als diejenigen, die nicht gelogen hatten (Freedman 1970, S. 156). 55 Prozent von Kunden, die glaubten, in einem Geschäft eine Photokamera kaputtgemacht zu haben, boten einem anderen Kunden in einem inszenierten Unfall Hilfe an. In einer Kontrollgruppe ohne Schuldgefühle waren es nur 15 Prozent. (Diese und andere Studien wurden von Rushton 1980, S. 43–44, zusammengefaßt.) Versuchspersonen, die glaubten, anderen einen elektrischen Schlag versetzt zu haben, waren danach dreimal so bereit, anderen zu helfen wie jene Versuchspersonen, die dachten, sie hätten andere nur mit einem lauten Geräusch erschreckt (Carlsmith und Gross 1969). Die Beziehung ist oft komplexer: eine einfache Übertretung kann zu einem gewissen Maß an Schuld führen, doch nur der kumulative Effekt mehrerer Zwischenfälle wird zu einem Akt der Reue führen. Wenn es möglich ist, für ein solches Verhalten ein ökonomisches Analogon zu finden, entspräche es dem, Konsumenten rückwirkend und in unzulässiger Weise für eine zufällig gewählte Zahl von vergangenen Kaufhandlungen bezahlen zu lassen oder für schon konsumierte Artikel Preisaufschläge zu verlangen oder ihnen in derselben Art für irgendeinen Artikel, den sie nicht gekauft haben, einen Aufpreis zu verrechnen! (Schuld schwappt oft über und hängt sich an andere, mit dem Auslöser in keinerlei erkennbaren Zusammenhang stehende Dinge.) Es stellt sich oft heraus, daß die Güter in einer Art miteinander in Beziehung stehen, die nichts mit Substitution, Komplementarität oder relativen Preisen zu tun haben. So kann ein Mensch nach dem Kauf verschiedener Süßigkeiten sehr wohl Joggingschuhe erstehen.

Dadurch entstehen Verhaltensweisen wie Sequenzen oder Kreisläufe, in denen eine oder mehrere verbotene Handlungen einer Reihe moralisch anerkannter Handlungen folgen und/oder eine *verstärkte Suche nach oder eine verstärkte Verbundenheit gegenüber der »Rehabilitation« (oder Wiedergutmachung) durch moralisch anerkanntes Verhalten.* Einige Experimente haben positive Korrelationen zwischen »pro-sozialen« Handlungen (z. B. Spenden für wohltätige Zwecke) und vorherigen »Übertretungen« festgestellt, wobei solche Korrelationen dann als das Ergebnis von »Gewissensbissen« interpretiert wurden (Carlsmith und Gross 1969, S. 232–33, Sadalla und Wallace 1966, S. 187–94).

Dissonanz, Stigma und Ablehnung

Konflikte zwischen vergnügungsorientierten Motiven und moralischen Grundsätzen führen, so erwartet man, wie andere Situationen, die von Psychologen als von Dissonanz* geprägt betrachtet werden, zu *Untätigkeit* – solange keine der widersprüchlichen Kräfte die Oberhand gewinnt und die Dissonanz verringert wird – *und zur Ablehnung* (man handelt auf die eine Art, gibt jedoch vor, oder glaubt sogar fest daran, anders zu handeln). Ein einfaches Beispiel für die Auswirkungen von Dissonanz ist das der veränderten Einstellung zu Kreditschulden. Zwischen 1967 und 1977 kam es zu einem starken Absinken des Anteils an Amerikaner, die die Kreditverschuldung für »schlecht« hielten. Dieser Anteil sank von 40 auf 15 Prozent. Dennoch gab es in derselben Periode so gut wie keine Veränderung des Anteils an Familien, die tatsächlich auf Raten kauften (Curtin und Neubig 1979); ihr Anteil stieg nur um 2 Prozent. Alle anderen wurden unentschlossen, brachten sowohl die Vor- als auch die Nachteile der Kreditverschuldung vor (ebd., S. 2), handelten aber nicht und kauften nicht auf Kredit.

Maital (1982, S. 142–43) weist darauf hin, daß der Erfolg der Kreditkarten und Kontokorrentkredite darauf zurückzuführen ist, daß diese Form der Kredite es den Menschen ermöglicht, Schulden zu

---

* Bezüglich dieses Begriffes siehe Festinger (1957) und (1964); für eine Verwendung des Begriffs in der Ökonomie siehe Akerlof und Dickens (1982).

haben, ohne sich mit der Dissonanz zwischen ihren Gefühlen, daß »Schulden schlecht sind«, und ihrem Wunsch, diesen Kredit zu benützen, auseinandersetzen zu müssen. Die Menschen erleben diese Verbindlichkeiten nicht als Anleihen oder Schulden. Dissonanz beeinflußt auch die Art, wie die Menschen investieren: Klausner (1984) meint, daß Individuen, die zwischen zwei Aktien wählen, oft die Vorzüge der gewählten Aktie loben und kein Wort über die Nachteile verlieren, die Vorteile der anderen Aktie herunterspielen, jedoch die Gründe hervorheben, die gegen diese Aktie sprechen. Das Ergebnis ist dann, daß diese Person »die Distanz, die zwischen dem tatsächlich Gewählten und dem Abgelehnten zu liegen« scheint, »kognitiv erweitert« (Klausner 1984, S. 73).

Auch Moffits Erkenntnis, daß große Bevölkerungsteile, die Anspruch auf soziale Unterstützung hätten, diese wegen des damit verbundenen Stigmas verweigern. Bei einigen Sozialprogrammen beträgt die Rate der Teilnehmer nur 43 Prozent (AFDC-U) und gar nur 38 Prozent bei jenen Personen, die Anspruch auf Nahrungsmittelmarken haben.* Seiner Ansicht nach steht dieses Verhalten in krassem Widerspruch zu dem, was »vielleicht die grundlegendste Annahme der ökonomischen Theorie des Konsums ist (...) nämlich, daß ›mehr besser ist als weniger‹ [und] die Annahme, daß ›Güter gut sind‹« (1983, S. 1023). Moffit zeigt auf, daß für die Testpersonen seiner Studie das Einkommen nicht einfach Einkommen ist; es spiele eine Rolle, woher das Geld käme. Manche Gelder tragen ein Stigma und sind dadurch weniger anstrebenswert als andere. Das Stigma besteht schon mit der bloßen Teilnahme an der Sozialhilfe; es variiert nicht mit der Höhe der Unterstützung. (Moffits Versuch, dieses Problem vor dem Hintergrund eines Mono-Nutzens zu untersuchen, wird weiter unten diskutiert.)

Ein Hinweis auf Ablehnung von Vorteilen kann in *der Suche nach weniger offensichtlichen Methoden zur Erreichung des angestrebten Zieles* gesehen werden. So sind amerikanischen Zuckerpflanzern,

* Moffit (1983), S. 1023. Andere Faktoren neben der Stigmatisierung sind wahrscheinlich auch entscheidend: mangelnde Information darüber, wie man am Programm teilnehmen kann, und von sparwilligen Behörden bewußt aufgestellte Hürden, um die Zahl der Nutznießer des Programms zu beschränken.

von denen die meisten einer konservativen politischen Philosophie anhängen, staatliche Unterstützungen und Subventionsgelder eine Quelle der Scham. Deshalb kämpften sie für eine weniger offensichtliche Form staatlicher Hilfe (*New York Times*, 14. Januar 1979). Sie erreichten die Vergabe von staatlichen Krediten, für die sie ihren Zucker als Sicherheit gaben. Wenn der Zuckerpreis über ein vereinbartes Niveau steigt, verkaufen sie den Zucker und zahlen ihre Kredite zurück; steigt er nicht, kann die Regierung den Zucker übernehmen, darf ihn aber weder verkaufen noch verschenken. Vergleicht man die höheren Kosten dieses Förderungsprogramms mit denen »echter« Subventionen, bekommt man ein Maß für den moralischen (stigmatisierenden) Faktor. So beliefen sich die Kosten der Verwaltung, Lagerung und des Transports im Geschäftsjahr 1979 auf 2 521 403 $, die Gesamtkosten des Programms auf 89 909 447 $. In den folgenden Jahren stiegen die Kosten weiterhin, obwohl kein Zucker zusätzlich ins Lager kam. So betrugen diese Kosten im Geschäftsjahr 1981 1 166 305 $.* Außerdem verdarb der gelagerte Zucker schnell (*New York Times*, 14. Januar 1979), was Kapitalverluste nach sich zog.

Die konservativen Zuckerpflanzer wählten nicht nur das »lustvollere« höhere Einkommen staatlicher Subventionen, das der weniger lustvollen, aber moralisch untadeligen Haltung, keine Almosen zu nehmen, vorzuziehen ist. Sie entschieden sich auch dafür, den Staat noch höhere Auslagen haben zu lassen, um die Schuldgefühle zu lindern, die ihre Entscheidung auslöste, das Vergnügen höheren Einkommens der Befolgung eines moralischen Prinzips vorzuziehen und sich zu erlauben, ein staatliches »Almosen zu verweigern«. Dies bedeutet, daß diese Entscheidung keine klaren Trade-offs zuläßt und daß der komplizierende moralische Faktor sichtbare Kosten verursacht.

---

* Diese Kosten wurden aufgrund von Zahlen berechnet, die uns Frank Briggs vom amerikanischen Landwirtschaftsministerium zur Verfügung stellte.

Streß: Verringerte Fähigkeiten

Man ist der Ansicht, daß der Konflikt zwischen dem möglichen Lustgewinn und dem moralischen Wert einer Sache – sei es nun Schuld, Verweigerung oder ein anderer psychischer Mechanismus, der zu einem Konflikt führt – *zu intra-psychischem Streß führt,* der wiederum Kosten verursacht, die keine typischen Informations- oder Transformationskosten sind: *Sie reduzieren die Fähigkeiten des Akteurs.* Eine Unzahl von Forschungsarbeiten zeigt, daß Menschen unter Streß weniger rationale Entscheidungen treffen (wenn man unter rationalem Verhalten versteht, daß man verfügbare Informationen verarbeitet, richtige Schlüsse daraus zieht usw.). Eine Hauptquelle für Streß ist das »Verkaufen« von moralischen Werten, an die man glaubt, und die damit verbundene »Prostitution«. (Für eine Diskussion des Konzeptes rationalen Verhaltens siehe Kapitel 8; für eine Diskussion der Faktoren, die das Niveau der Rationalität bestimmen, siehe Kapitel 9. Eine wichtige Arbeit von Janis und Mann 1977, die die Auswirkungen von Angst auf die Entscheidungsfindung aufzeigt, wird in Kapitel 7 untersucht.)

Bisher hat uns die Diskussion gezeigt, daß moralische Grundsätze nicht gegen lustbringende Handlungen getauscht werden können, ohne daß dies Auswirkungen auf die Person und ihr Verhalten hätte. Es sollte darauf hingewiesen werden, daß viele Psychologen, von Sigmund Freud bis Herbert Marcuse, der Ansicht waren, daß auch der Umkehrschluß wahr ist: Grundlegende Triebe oder Lüste können nicht vollständig in moralische Grundsätze oder in sozial anerkanntes Verhalten sublimiert werden, ohne Nebenwirkungen zu haben. Dies spricht natürlich noch mehr für die These, daß die zwei Konzepte sich auf grundsätzlich verschiedenes Verhalten beziehen – und somit nicht austauschbar und nicht aufeinander zurückführbar sind.

In ein soziales Ganzes eingebettete Beziehungen

Während die vorangegangene Diskussion einige relativ klare und überprüfbare Hypothesen ergab, beziehen sich die nun folgenden Überlegungen auf ein Phänomen – nämlich die Schaffung eines Kontexts, eines »Klimas« –, das schwieriger in ein Konzept zu fassen und umzusetzen ist. Wir behandeln es hier, weil es potentiell wichtig ist. Wir gehen von der Beobachtung aus, daß moralische Werte eher *diffuse* Beziehungen zwischen einem breiten sozialen Kontext und einer offenen Liste spezieller Verhaltensmuster entstehen läßt, ein Zusammenhang, der sich von den in mechanistischen Modellen entwickelten radikal unterscheidet. Die Vorstellung, daß man seinen Arbeitnehmern gegenüber »fair« und »loyal« zu sein habe, soll hier als Beispiel dienen. Ein mechanistischer Ansatz nimmt an, daß es eine Reihe klarer Verpflichtungen gibt. Wenn eine Arbeitnehmerin X Jahre lang für ein Unternehmen gearbeitet hat und ihre Sache gut gemacht hat (was daran abzulesen ist, daß sie von ihren Vorgesetzten gute Beurteilungen bekommt), sollte der Betrieb für sie bestimmte Dinge tun, wie z. B. ihr eine goldene Uhr kaufen oder es ihr ein Monat vorher mitzuteilen, daß sie gekündigt wird (obwohl diese Frist vertraglich mit 2 Wochen festgelegt ist), oder ihr eine freiwillige Abfindung bezahlen.

Demgegenüber sind Soziologen der Ansicht, daß moralische Grundsätze meist nicht so strukturiert sind, sondern »diffus« und offen (Parsons 1937). Daher gibt es, besonders in Kleinbetrieben, oft ein kaum definiertes, aber dennoch wirksames Gefühl, daß man gegenüber loyalen Mitarbeitern, die schon lange in der Firma beschäftigt sind, »gewisse« Verpflichtungen hat und daß man für sie »etwas« tun »sollte«. Eine Vielzahl von Verhaltensmustern, die sich in ihren Kosten stark unterscheiden, können zur Erfüllung dieser Verpflichtungen führen. Ebenso herrscht dort, wo es explizite Verpflichtungen gibt, oft das Gefühl, daß man eigentlich »mehr« tun sollte. Was dieses »mehr« aber ist, ist wiederum völlig unklar.

Viele Beziehungen zwischen Arbeitgebern und ihren Arbeitnehmern entsprechen, besonders bei Angestellten und Arbeitnehmern, die de facto unkündbar sind, jenen Arbeitssozialbeziehungen, die wir gerade beschrieben haben, und weniger reinen Marktbeziehungen. Das neoklassische Paradigma weiß mit diesen Arbeitsbeziehungen nicht richtig umzugehen; Stücklöhne und leistungsbezogene Löhne passen besser in das neoklassische Konzept, da dadurch die Möglichkeiten verringert werden »zu lachieren«. Dennoch arbeiten viele Leute dann am besten und fühlen sich dann am wenigsten ausgebeutet, wenn sie in solchen Arbeitsbeziehungen mit sozialem Kontext stehen, in denen sie *zum Teil* aus moralischer Überzeugung arbeiten, als Menschen behandelt werden und nicht einfach als Produktionsfaktoren (Etzioni 1961, 1975).

Leibenstein (1976) zeigt auf, daß Unternehmen oft die *Zeit* des Arbeitnehmers kaufen, doch der relevante Faktor für die Produktivität ist der *Einsatz* des Arbeitnehmers. Das Ergebnis hängt davon ab, wie motiviert der Arbeiter *innerlich* ist, weil Entlohnungen auf Zeitbasis nur einen Kontext festlegen, in dem die Leistung von anderen Motiven bestimmt wird – dem X-Faktor. Leibenstein ist der Ansicht, daß ein Außerachtlassen dieser Motivationsüberlegungen durch die Konzentration auf pekuniäre Belohnungssysteme zu großer »X-Ineffizienz« führt, die nicht unbedeutende Verluste nach sich zieht.

Eheliche Verpflichtungen sind ein anderes Beispiel in diesem Zusammenhang. In Versicherungsverträgen mit dem Blue Cross (US-amerikanische Krankenversicherungsanstalt – Anm. d. Übers.) gibt es keinerlei Bestimmungen, die festlegen, wie viele Pflegetage ein Ehepartner dem anderen »schuldig ist«, noch ist geregelt, an welchem Punkt die Verpflichtungen erfüllt sind; außerdem kann Zuneigung auf verschiedenste Weise ausgedrückt werden, seien es nun Umarmungen oder Blumen, alles Liebesbeweise, die große Kostenunterschiede haben, in bezug auf die Festigung des sozialen Kontextes aber durchaus vergleichbar sind. Tatsächlich schlagen Versuche, eheliche Beziehungen auf expliziten Verträgen zu begründen, in der Regel fehl oder regeln nur wenige Facetten der Beziehung, wie die Aufteilung der Güter im Fall einer Scheidung.

Es sollte auch darauf hingewiesen werden, daß einerseits zwischen expliziten Tauschbeziehungen der Art, wie wir sie meist mit Markttransaktionen in Verbindung bringen, und andererseits der Vorstellung, daß man Dinge tut, weil sie zum Sozialsystem beitragen, das wir als legitim betrachten, oder zum Wohl der Allgemeinheit beitragen, ein großer Unterschied besteht, selbst wenn wir der Ansicht sind, daß wir indirekt Nutznießer dieses Allgemeinwohls sind. So kann man zum Beispiel eine Welt, in der Blut wie jedes andere Produkt in Geschäften gekauft werden kann, tatsächlich als neoklassisch betrachten. Im Gegensatz dazu ist eine Welt, in der Blut gespendet wird – zum Teil aus reinem Altruismus, zum Teil deshalb, weil man an die Berechtigung eines freiwilligen Systems glaubt, zum Teil, weil man glaubt, daß es fairer wäre, Blut gespendet zu haben, wenn man selbst eines Tages auch Blut brauchen würde (auch wenn wir wissen, daß das Spenden nicht die Voraussetzung ist) – eine Welt, in der moralische Werte eine bedeutende Rolle spielen. Dies ist sogar der Fall, wenn es ein vages Gefühl von Belohnung für »gute« Taten gibt, besonders, wenn die Belohnung nur darin besteht, in einer Welt zu leben, die moralischer ist (Titmuss 1970; Kennett 1980, S. 348).

Viele Geschenke haben etwas mit dem sozialen Kontext zu tun: Geschenke dienen oft dazu, Beziehungen zu festigen. Die Menschen erwarten irgendeine Gegenleistung, doch ist dies nicht der einzige oder haupsächliche Grund für das Schenken. Es ist kein spezifischer Tauschhandel, der durch Transaktionsregeln definiert wird, sondern ein Akt, der durch den Wunsch definiert wird, die Beziehung und das, was als faires Gleichgewicht bezeichnet wird, aufrechtzuerhalten. Was als fair betrachtet wird, ist wiederum moralisch definiert.

Ein Großteil des wirtschaftlichen Verhaltens, das auf Vertrauen (zum Beispiel zwischen Händlern und Kunden) und Loyalität (über mehrere Hierarchieebenen und innerhalb von Hierarchieebenen) beruht, scheint mit dem sozialen Kontext zusammenzuhängen: Verpflichtungen sind im Detail eher unklar; Dinge, deren Preise höchst unterschiedlich sind, scheinen gegeneinander tauschbar zu sein, solange sie in ihrem *symbolischen* Wert (Golduhren vs. freiwillige Abfindungszahlungen) vergleichbar sind; Verpflichtungen sind diffus, obwohl nicht unbegrenzt (z. B. gibt es eine Grenze dafür, wie viele Tage Krankenstand man einem loyalen Arbeitnehmer über die im Vertrag festgelegten hinaus zugesteht). D. h., daß diese Beziehungen zwar nicht jeglicher Kosten-Nutzen-Überlegungen entbehren, doch werden diese Berechnungen vor dem Hintergrund und unter

Berücksichtigung der Dynamik des sozialen Kontexts angestellt. Und, was für unsere Untersuchung besonders wichtig ist: Moralische Werte sind die Hauptpfeiler der Entstehung dieses sozialen Kontexts. Sie definieren, oft zwar nur sehr lose, was möglich und was unzumutbar ist.

Strukturelle Unterschiede

Irreversibel, uneben und schwer passierbar

Schuld, Ambivalenz, Ablehnung und Streß sind Gefühle, die Wahlakten vorangehen, folgen oder sie begleiten und das Verhalten des einzelnen prägen. Außerdem unterscheidet sich die Struktur vieler Entscheidungsprozesse, in denen moralische Grundsätze eine bedeutende Rolle spielen, grundsätzlich von der jener Wahlsituationen, in denen es um Vergnügen geht. *Es wird erwartet, daß Wahlentscheidungen inklusive vieler wirtschaftlicher Entscheidungen, die mit moralischen Überlegungen relativ »belastet« sind, im allgemeinen ungewöhnlich schwer wieder zurückzunehmen sind* (d. h. sie sind asymmetrisch), *sehr »uneben«* (oder besonders diskontinuierlich) *und haben einen starken »Schwelleneffekt«* (einen Widerstand, eine Schwelle zu überschreiten, der das Verhalten stark bremst, bevor die Schwelle überschritten ist; diese Verzögerung verringert sich stark oder ist völlig verschwunden, wenn die Schwelle passiert ist). Betrachten wir als Beispiel die Entscheidung über voreheliche Geschlechtsverkehr, vor die viele Frauen gestellt werden. Es gab grundsätzlich nur drei moralische Bewertungen: eine Frau kann Jungfrau sein, sexuell aktiv oder promisk. Jede dieser Haltungen umfaßt eine große Bandbreite von Verhaltensweisen, die alle moralisch gleichwertig sind; d. h. die Entscheidung war sehr diskontinuierlich. Wenn eine Frau nun einmal »ihre Tugend verloren hat« oder als promisk bekannt ist, ist es für sie fast unmöglich, ihren moralischen Status wieder zu verändern. Außerdem haben Handlungen, die vor dem Überschreiten der Schwelle einen großen Wert hatten (Geschlechtsverkehr), einen viel geringeren, wenn die Schwelle das erste Mal überschritten war. D. h. das Objekt der Entscheidung kann nicht standardisiert werden.

Dieselben grundsätzlichen Überlegungen können über die Inanspruchnahme von Wohlfahrtsleistungen angestellt werden. Bevor man zum erstenmal Nutznießer solcher Leistungen wird, kann ein Dollar aus der Sozialhilfe leicht nur 80 Cent wert sein; hat man die Schwelle jedoch einmal überschritten und ist als »Sozialfall« stigmatisiert, kann der nächste Dollar schon 100 Cent wert sein. Und selbst wenn man keine Wohlfahrtsleistungen mehr bezieht und nicht mehr von diesem stigmatisierten Einkommen lebt, wird das Stigma wahrscheinlich nicht verschwunden sein. Ebenso kostet die Inanspruchnahme des ersten Kredits für Menschen, die der Ansicht sind, daß Schulden moralisch verwerflich seien, eine ganz andere Überwindung als die Entscheidung, diesen Kredit zu erhöhen oder einen zweiten aufzunehmen. Der Verkauf des Hauses, besonders wenn es das erste ist; der Umzug in eine neue Stadt, besonders wenn es im Rahmen der ersten Versetzung ist, und der erste freiwillige Jobwechsel können aufgrund moralischer (und emotionaler) Faktoren alle eine solche Struktur aufweisen und damit in heftigem Gegensatz zur allgemeinen Sichtweise von ökonomischen Transaktionen stehen.

Non-markets und poor markets

Einige Verhaltensbereiche werden, wie wir gesehen haben, als »heilig« betrachtet, sei es nun im religiösen oder im weltlichen Sinn. Ein empirisch nachweisbares Charakteristikum einer solchen Weltentrennung ist die anfängliche Ablehnung rechnerischer Ansätze wie z. B. der Kosten-Nutzen-Analyse. Daher erwartet man allgemein, daß *moralische Grundsätze dort, wo sie vorherrschen, in einigen Bereichen Non-markets schaffen, in anderen eher poor markets.*

Nehmen wir zwei extreme Beispiele. Orthodoxe Juden werden es unabhängig vom Preis, den Opportunitätskosten oder potentiellen Gewinnen überhaupt nicht in Erwägung ziehen, Schweinefleisch zu kaufen oder zu verkaufen, denn man weiß, daß sie eher ihr Leben lassen würden, als Schweinefleisch zu essen. Es ist völlig irrelevant, ob ein orthodoxer Jude Schweinefleisch essen würde, wenn man ihm dafür 10 Millionen Dollar bieten würde (was nur zeigen würde, daß jeder käuflich ist und daß die Nachfrage nach Schweinefleisch unter orthodoxen Juden einfach nur *sehr* unelastisch ist). Hier geht es darum, daß ein solches Geschäft unter orthodoxen Juden undenkbar ist und daß es fruchtlos ist, in typisch neoklassischem Sinn ein Konzept ihres Schweinefleisch»kauf«verhaltens zu entwickeln.

Man könnte nun sagen, daß dies nur einige Haushalte betrifft. Solange sie nur wenige sind, werden sie den Schweinefleischmarkt nicht beeinflussen (Kalt und Zupan 1984, S. 281). Dennoch gibt es wichtige Artikel, die für die meisten Mitglieder einer bestimmten Gesellschaft zu einem bestimmten Zeitpunkt aus moralischen Gründen nicht gehandelt werden können: z. B. menschliche Organe. Es ist unerheblich, daß es vielleicht einzelne Menschen gibt, die daran denken, eine ihrer Nieren zu verkaufen, oder daß einige Ärzte angeboten haben, eine gewinnbringende Organbank einzurichten. Das morgige *Wall Street Journal* wird sicher nicht das letzte »Gebot« oder »nachgefragte« Organmengen veröffentlichen, noch gibt es wegen der kategorischen moralischen Ablehnung der Menschen irgendeinen anderen Platz, an dem ein Markt für solche Güter entstehen kann. Insgesamt betrachtet werden menschliche Organe in den meisten Gesellschaften nicht auf dem Markt gehandelt, selbst wenn es einige isolierte Transaktionen gibt. Tatsächlich denken die meisten Menschen darüber nicht einmal nach; es ist für sie undenkbar, ihre Organe zu verkaufen. Ebenso kommt es den meisten Amerikanern nicht in den Sinn, ihre Kinder betteln zu schicken, selbst wenn ihr Einkommen sehr stark und plötzlich zurückgeht.

Einige Neoklasiker haben die Entscheidung, Kinder zu bekommen oder nicht, untersucht, als ob es sich dabei um die Entscheidung handle, ein »dauerhaftes« Konsumgut zu erwerben oder um einen »Trade-off« für den Kauf anderer Güter (Becker 1976, S. 169). Es scheint sehr offensichtlich, daß die Entscheidung, ein Kind zu bekommen, gerade aufgrund der moralischen Überlegungen der Entscheidung sehr unähnlich ist, z. B. ein Auto zu kaufen. Ein Auto kann man hinsichtlich der gewünschten Mischung aus Farbe, Größe, Leistung, Prestige und zahlreicher anderer »Optionen« genau nach den eigenen Vorstellungen kaufen. Befriedigt es den Käufer nicht, kann er es zurückgeben, verkaufen, eintauschen oder verschrotten lassen. Beim »Kauf« eines Kindes spielt man »biologisches Roulette« und begibt sich auf ein erziehungstechnisches Abenteuer, bei dem man keinerlei Kontrolle über das Ergebnis hat und noch dazu eine moralische Verpflichtung für das ganze Leben gegenüber dem »Kaufobjekt« eingeht. Es gibt weder Rückgaberecht noch irgendwelche Garantien. Zweifellos hat der Ansatz von Becker et. al. einige analytische Vorteile. So ist z. B. das für Kinder ausgegebene Geld nicht für den Kauf eines Autos verfügbar und umgekehrt. Der hier mögliche Einwand bezieht sich auf die implizite und manchmal explizite Behauptung, daß es keine bedeutenden Unterschiede gibt, die *für das Tauschverhalten relevant sind,* wenn die Analyse Güter umfaßt, die einen besonderen moralischen Wert besitzen, aber auch wenn es sich um welche handelt, die keinen haben.

Ein Ökonom, der eine Rohfassung dieser Seiten las, schrieb dazu: *Autos und Kinder* können beide ›Nieten‹ sein. Je höher die Wahrscheinlichkeit, daß ein Auto oder ein Kind unter gleichen Umständen eine Niete ist, desto geringer wird die Nachfrage danach sein. Es gibt Analogien zu dem Verkauf von Autos oder sogar zu ihrer Verschrottung: Eltern von stark behinderten Kindern geben ihre Kinder in Heime, andere Eltern geben ihre Kinder zur Adoption frei oder töten sie sogar. Van de Walle war der Ansicht, daß ein Teil der sinkenden Kindersterblichkeit im Frankreich des 19. Jahrhunderts auf die verbesserten Möglichkeiten der Geburtenkontrolle zurückzuführen sei. Das Aussetzen von Kindern, das Verschicken der Kinder zu Hebammen in die Normandie, das Ruhigstellen der Kinder mit Laudanum und der Mißbrauch von Kindern waren allgemein üblich. Er meint, daß diese Praktiken Methoden waren, mit denen die Eltern dem Problem der exzessiven Kinderzahl begegneten.

All das mag wahr sein, obwohl zu verschiedenen Zeiten und in verschiedenen Gesellschaften verschiedene Moralvorstellungen herrschen, womit ein Teil der Verhaltensunterschiede erklärt werden kann. Die Frage ist jedoch nicht, ob wirtschaftliche Faktoren die Haltung gegenüber Kindern so beeinflussen wie die Einstellung gegenüber Autos, sondern, ob es in der Entscheidungsstruktur entsprechend folgender Überlegungen keine bedeutenden Unterschiede gibt: Tauschen die Menschen ihre Kinder ein oder tauschen sie sie gegen erstrebenswertere Modelle aus? Stürzen die meisten Eltern in ein brennendes Haus, um ihre Kinder zu retten, nicht aber um ihre Autos zu retten, selbst wenn beide versichert sind?

Dennoch ist der wichtigste Faktor nicht der, daß solche extremen »Grenz«-Situationen existierien, sondern daß in vielen Bereichen, in denen starke moralische Grundsätze herrschen, Marktmodelle nicht so recht funktionieren. Ein Parade-»Beispiel« ist der Arbeitsmarkt. Tatsächlich handelt es sich dabei um mehr als ein Beispiel. Auf den Arbeitsmärkten wird ein großer Teil des wirtschaftlichen Verhaltens abgewickelt. Das kann man auch aus der Tatsache ersehen, daß die Arbeitskosten auch in den hoch industrialisierten Ländern drei Viertel aller Produktionskosten ausmachen (Kuttner 1985, S. 80). Die Schwierigkeiten des Marktmodells beginnen bei grundlegenden Überlegungen wie der Tatsache, daß Menschen aufgrund moralischer und gesetzlicher Regeln nicht so gekauft und verkauft werden können wie seinerzeit die Sklaven; und daß die Art, wie sie behandelt werden, ihre Motivation, ihre Kooperationsbereitschaft und ihre Produktivität beeinflussen (siehe McGregor 1960; human-relations-Schule Mayo 1933; Presseberichte über den Erfolg der Anwendung japanischer Arbeitsbeziehungsmodelle in den USA, *Business Week*, 14. Juli 1986. Zu Programmen zur Steigerung der Qualität des Arbeitslebens siehe Kerr und Staudohar 1986; Lincoln und Kalleberg 1985. Zu den Schwierigkeiten bei der Anwendung von Marktmodellen auf die Arbeitsökonomie siehe Thurow 1983, Kapitel 7).

All dies gilt noch mehr für jene Arbeits-»Märkte«, auf denen Menschen über lange Zeit durch Vereinbarungen oder durch formelle Verträge gebunden sind, die von moralischen Verpflichtungen getragen werden. Viele Arbeitnehmer, besonders Angestellte, angelernte Arbeiter und Facharbeiter werden nicht durch irgendeinen allgemeinen Preismechanismus von einem Job zum nächsten getrieben, sondern sind meistens tatsächlich fest in einem Unternehmen verankert. Wenn sie versetzt werden, so geschieht dies als Ergebnis eines individualisierten Verhandlungsprozesses, der mit dem Marktmechanismus wenig gemein hat. Jedes »Produkt« wird so behandelt, als ob es einzigartig wäre. Dieser Non-market (oder poor market), der von einigen Ökonomen beschrieben wurde (Baily 1974; Azariadis 1975), hat viele so »verstört« (Bull 1983, S. 658), daß sie ihn auf verschiedene Arten zu erklären versuchten. So wiesen sie zum Beispiel auf die Transaktionskosten hin, die auflaufen, wenn man einen Vertrag bricht, oder auf den Schaden für den Ruf eines Unternehmens. Diese Faktoren existieren sicherlich. Aber es entspricht durchaus der Erfahrung und den Beobachtungen, daß viele Menschen die Vorstellung internalisiert haben, daß es moralisch falsch wäre, Verträge zu brechen. Die Antwort auf die Frage, wie die Erfüllung dieser Verträge durchgesetzt wird, wenn sie nur auf formlosen Vereinbarungen beruhen (Bull 1983; Hart 1983), lautet: Unter den meisten Bedingungen zwingen moralische Verpflichtungen die Menschen dazu, Verträge nicht zu brechen. Tatsächlich werden viele formelle Verträge so behandelt, als ob sie durch ungeschriebene Gesetze getragen würden, die es »unanständig« erscheinen ließen, den Versuch zu unternehmen, sich »herauszuwinden«, wenn sich die Umstände ändern.

Neoklassische Kosten-Nutzen-Analysen der Gesundheit, Sicherheit und öffentlicher Güter (wie Umweltschutz) stoßen auf ernsthafte Schwierigkeiten. Der eigentliche Grund für diese Schwierigkeiten liegt darin, daß es keinen Markt gibt, auf dem diese Güter gehandelt werden, weil der Handel damit als unmoralisch betrachtet wird. Da sie also keinen Preis haben, »schreiben« die Ökonomen dem Leben, den Armen und Beinen, den öffentlichen Gütern wie reiner Luft auf der Basis von Situationen, in denen ihr Preis angeblich indirekt sichtbar wird, einen monetären Wert »zu«. So schließen Ökonomen z. B. aus der Tatsache, daß Häuser, die nahe bei Atomkraftwerken stehen, nur um wenig billiger sind als vergleichbare Häuser in größerer Entfernung, daß der Wert, den Menschen ihrem Leben zuschreiben, relativ gering ist. Andere Studien beschäftigen sich mit der Entlohnung von Arbeitnehmern für unterschiedlich gefährliche Tätigkeiten. Der Eindruck, daß solche Berechnungen die

Phänomene, die sie abzubilden suchen, nicht beschreiben, wird durch die Entdeckung verstärkt, daß denselben Gütern, eben weil sie dem Bereich des Non-market angehören, stark unterschiedliche »Preise« zugeschrieben werden. So wurde der Wert des Lebens 1984 von der Occupational Safety and Health Adminstration mit 3,5 Millionen Dollar angesetzt, von der Federal Aviation Administration mit 650000 Dollar und vom Environmental Protection Agency mit 400000 bis 7 Millionen US Dollar (*New York Times*, 26. Oktober 1984). Die Ergebnisse werden stark von der Berechnungsmethode bestimmt. Berechnungen auf der Basis von Einkommen, das eine tödlich verletzte Person erarbeitet hätte, wenn sie ein ganzes Arbeitsleben durchlaufen hätte – eine Methode, die das Leben eines Pensionärs, aber auch das einer »Nur«-Hausfrau und Mutter mit 0 bewertet –, ergeben einen relativ niedrigen Preis. Berechnungen, die sich auf von Jurien vergebene Preise oder auf Versicherungszahlungen stützen, ergeben viel höhere Beträge. Andere Methoden ergeben wieder andere Werte. Wenn dem Leben oder anderen Gütern, die üblicherweise nicht gekauft oder verkauft werden, einmal ein Preis zugeschrieben wurde, entwickeln neoklassische Ökonomen daraus ein Modell, das vorgibt, daß sie gehandelt würden, und versuchen aufgrund dieser zugeschriebenen Werte das Verhalten vorherzusagen. Die Ergebnisse sind oft ziemlich dubios. Die Schwierigkeiten werden durch die Erkenntnisse illustriert, daß Blutpreise in den Vereinigten Staaten immer gleich bleiben – obwohl seine Qualität – im Sinne der Wahrscheinlichkeit, daß es Hepatitis-Viren enthält – um den Faktor 10 variieren kann (Kessel 1980, S. 75–76), also weit außerhalb dessen, was ein Marktmodell vorhersagen würde.

Goodin (1985) weist darauf hin, daß Ökonomen meist davon ausgehen, daß wir, wenn wir Menschen dafür entschädigen können, »alles« mit ihnen anstellen können. Denn sie entscheiden ja frei, ob sie diesen Trade-off akzeptieren. Diese Annahme, so schreibt Goodin, läßt zwei wichtige Unterscheidungen außer acht: die Situationen, in denen der Staat legitime »Macht« hat, Personen etwas wegzunehmen (es wird keinerlei Kompensation erwartet), und jene Wahlsituationen, die »unerlaubt« sind (selbst mit Kompensation). Zu den Dingen, die sich der Staat moralisch gerechtfertigt nehmen kann, ohne dafür eine Kompensation zu bieten, gehört die Freiheit von Verbrechern während ihrer von einem Gericht festgesetzten Haft, die Rechte der Besitzer benzinfressender Fahrzeuge, wenn die Erdölsteuer erhöht wird, und die Rechte von Unternehmen, ein Bürogebäude dorthin zu stellen, wo ein Haus unter Denkmalschutz gestellt wurde. Die für den Markt unerlaubten Bereiche liegen auf der Hand: Sie reichen von der Sklaverei bis zum Babyhandel. Die Empörung über den Handel mit Kindern von Leihmüttern unterstreicht diesen Punkt eher als ihn zu widerlegen. Es wäre unglaublich dumm zu glauben, daß 10 000 $ der übliche Marktpreis für Kinder wäre, weil einige Frauen ihre Babies um diesen Preis verkaufen. Weiters wäre es dumm, daraus zu folgern, daß Eltern »ineffizient« sind, weil die Kosten den Preis des Produkts bei weitem überschreiten. Aufgrund der moralischen Rechtfertigung der erzielbaren Absichten und der Auswirkungen auf das Moralsystem liegen ganze Welten zwischen dem Zahlen einer Entschädigung für einen durch Unachtsamkeit verursachten Verlust und der bewußten Entscheidung, es zu diesem Verlust kommen zu lassen. Die Familie eines Piloten zu entschädigen, der bei einem Zusammenstoß seines Flugzeugs mit einem anderen Flugzeug ums Leben kam, ist nicht dasselbe wie es bewußt zu unterlassen, Kollisionswarnanlagen nicht zu installieren (wenn man davon ausgeht, daß keine bedeutenden Kostenunterschiede bestehen).

Natürlich geht es dabei um historische und kulturelle Tatsachen. Was als ein fairer Tausch oder korrekter Handel betrachtet und was mit Tabus belegt wird, ist in großem Maße Sache der besonderen Moralvorstellungen einer bestimmten Gesellschaft (oder sogar einer Teilsozietät wie einer sozialen Klasse oder einer Region) und hat mit der jeweiligen geschichtlichen Periode zu tun. Blut wird in den Vereinigten Staaten gehandelt, in Großbritannien aber grundsätzlich nicht (Titmuss 1970). Wir finden es heutzutage abstoßend, daß man sich im Jahre 1863 mit 300 $ vom Militärdienst freikaufen konnte oder daß es in der Kirche vor der Reformation möglich war, Ablässe zu erwerben, doch scheint es, daß dies in jener Zeit und an jenen Orten durchaus üblich war. Und obwohl wir der Ansicht sind, daß die meisten amerikanischen Eltern der Mittelklasse nicht daran denken würden, ihre Kinder betteln zu schicken, selbst wenn sie plötzlich vor dem finanziellen Ruin stehen, gilt dies offensichtlich nicht für Eltern armer Schichten und Länder.

Ein Ökonom, der die Einführung moralischer Faktoren in die Verhaltensanalyse grundsätzlich ablehnte, schrieb dem Autor:

Ich vermute, daß wir diese Praktiken in den Vereinigten Staaten deshalb nicht sehr häufig beobachten können, weil die Einkommen nicht genug sinken, um ein solches Verhalten notwendig zu machen. Dies zum Teil deshalb, weil unser Wohlfahrtssystem einen Mindestlebensstandard ermöglicht. Die Gesetze verbieten solche Aktivitäten und die Eltern, die ihre Kinder betteln schickten, würden sie verlieren. Das heißt, das Jugendgericht würde die Vormundschaft übernehmen. Auf den Philippinen und in Indien ist es allgemein üblich, die Kinder betteln zu schicken. Der Grund dafür ist keineswegs moralischer Natur; ich bin sicher, daß philippinische Katholiken genauso moralisch sind wie die irischen Katholiken in Boston und die indischen Hindus. Wenn das Familieneinkommen ohne den Beitrag der Kinder nur (sagen wir) 100 $ pro Jahr betrüge und ein Kind durch Betteln weitere 25 bis 50 $ pro Jahr verdienen könnte, würden die Vorteile dieses Beitrags die Kosten bei weitem überwiegen.

Was den Militärdienst betrifft, fügte der Ökonom hinzu:

Nicht alle Menschen finden die Möglichkeit, sich vom Militärdienst freizukaufen, moralisch verwerflich. Ich nehme eher an, daß viele Ökonomen ein solches System attraktiv fänden (wenn es nicht schon ein Söldnerheer gäbe, das einen Lohn bezahlt, um genug Bewerber zu gewinnen). Es gibt sowohl Effizienz- als auch Gleichheitsargumente für einen solchen Handel.

Eine von der Kodetermination inspirierte Antwort auf diese Zeilen wäre: Sicherlich, ökonomische Faktoren spielen eine Rolle; man geht im allgemeinen davon aus, daß Betteln um so häufiger vorkommt, je ärmer die Menschen sind und je mehr es einbringt. Dennoch schikken innerhalb derselben Einkommensgruppe sogar in den ärmsten Ländern die meisten Leute ihre Kinder nicht zum Betteln, genauso wie die meisten Armen in den Vereinigten Staaten nicht auf den Strich gehen oder Raubüberfälle verüben. (Einen sehr guten Überblick über das Verhalten der ärmsten Menschen in Calcutta findet man in Dominique LaPiere, *The City of Joy*, 1985). Um es noch einmal zu wiederholen, bestimmte Güter werden in jeder bestimmten Gesellschaft und Zeit als illegitimes Tauschobjekt betrachtet. Walzer erstellt eine Liste von 14 Hauptkategorien von »blockierten Tauschgeschäften« (1983, S. 97). In diesem »Rechtsbereich« (ein Begriff, den Walzer Okun zuschreibt) sind diese 14 Kategorien »vor Verkauf und Kauf geschützt« (1983, S. 100). Diese Kategorien umfassen die Ehe (Lizenzen für Polygamie kann man nicht kaufen), die Grundfreiheiten (die man hat, ohne für sie bezahlen zu müssen) und die göttliche Gnade. Dies bedeutet höchstwahrscheinlich, daß sie bis zu einem bestimmten Punkt gar nicht gehandelt werden, und darüber hinaus, daß sie gehandelt werden können, wenn das Tabu einmal verletzt ist, und dann auch nur auf den weiter oben beschriebenen beschwerlichen Wegen. Daher erwartet man, daß Marktmodelle die Beziehungen im besten Fall sehr schlecht abbilden können; sozioökonomische Konzepte, die moralische, aber auch wirtschaftliche Faktoren berücksichtigen, sind daher nötig (für einen vorläufigen Versuch, ein solches Konzept zu entwickeln, siehe die Diskussion über eingekapselte Märkte in Kapitel 12).

Moralisch inspirierte Märkte

Das neoklassische Paradigma läßt die Rolle moralischer Werte (ebenso wie die der Macht und der sozialen Schichtung) auch insofern außer acht, als es den Markt als einen allokativen Mechanismus beschreibt, d. h. als einen Mechanismus, der bestimmt, wer was bekommt. Für die Neoklassiker geht es hierbei grundsätzlich um die Frage der effizienten Allokationen, die von »extrinsischen« Kriterien »nicht verzerrt« werden sollten, wie etwa die moralischen Werte der Menschen (die sich von selbstbezogenen, individualistischen Präferenzen unterscheiden). Dabei wird impliziert, daß der Markt diejenigen belohnt, die schwer arbeiten und sparen, und die bestraft, die ineffizient oder faul sind (Okun 1975). Als »fair« wird eine Allokation dann betrachtet, wenn die Position jedes einzelnen nur auf Kosten der Position eines anderen verbessert werden kann (»Paretooptimal«).

Dieser Ansatz wurde grundsätzlich und oft kritisiert (siehe zum Beispiel Kuttner 1984, S. 10–19). Hier soll sich unsere Diskussion darauf konzentrieren, wie Allokationen (und Reallokationen) tatsächlich gemacht werden; wir werden die Rolle der Macht später diskutieren. Die Bedeutung der sozialen Schichtung (und damit der »A-priori«-Verteilung der Vermögenswerte) wird zum Beispiel an den Auswirkungen ererbten Wohlstands deutlich sichtbar. Hier wird die Rolle moralischer Werte untersucht. Sie determinieren sehr stark, was die Individuen als gerecht oder fair empfinden, was sie zu akzeptieren, zu tolerieren oder für welche Änderungen sie zu kämpfen bereit sind.

Die Bedeutung der Werte wird deutlich in den nichtwirtschaftlichen »Tauschgeschäften« die die Neoklassiker untersucht haben, z. B. in der Liebe. Sie fanden heraus, daß die Menschen nach Ausgeglichenheit streben; sie hören auf zu lieben, wenn sie das Gefühl haben, entweder ausgebeutet zu werden oder auszubeuten (Walster, Walster und Berscheid 1978). In der Ehe, so ist die allgemeine Auffassung, besteht ein Tauschgeschäft zwischen den Ehepartnern, die die Haushaltsleistungen produzieren, und denen, die für den Markt arbeiten (Heimer und Stinchcombe 1980; Becker 1981). Eine traditionelle Frau, die den ganzen Tag mit Haushalt und Kindern beschäftigt ist, wird aufhören, einen Ehemann zu lieben, der sie und ihre Kinder nicht »versorgt«; und ein traditioneller, schwer arbeitender Ehemann wird aufhören, seine Frau zu lieben, wenn er nach Hause kommt und es kein Essen gibt, die Kinder nicht versorgt sind, usw.

Obwohl diese Sichtweise, daß sogar nichtwirtschaftliche Beziehungen, ja sogar Liebe, meist Elemente von Tauschbeziehungen in sich tragen, ein Körnchen Wahrheit birgt, muß hier darauf hingewiesen werden, daß das, was als gleich und gerecht betrachtet wird, sehr stark von den jeweiligen Werten der betroffenen Menschen abhängig ist. *Dieselben Tauschmuster*, die in der Vergangenheit von vielen als äußerst legitim betrachtet wurden, sind in den letzten

Jahrzehnten stark kritisiert, als besonders ungerecht und für die Frauen von großem Nachteil bezeichnet worden, da sie von den Frauen erwarteten, daß sie zu Hause arbeiten. Auch andere Aspekte des traditionellen Tauschgeschäfts zwischen Ehepartnern werden nun von vielen, sicher nicht von allen, als besonders unfair betrachtet.

Was an Tauschgeschäften innerhalb der Familie leicht abzulesen ist, gilt auch für wirtschaftliche Transaktionen, zum Beispiel zwischen Tochtergesellschaften oder Abteilungen desselben Konzerns. Wie Eccles (1985, S. 27) gezeigt hat, sind die Produktionskosten und die Gewinnspannen außerhalb des Konzerns nur ein Faktor der Festsetzung von Transferpreisen – Preisen für Transaktionen innerhalb eines Konzerns. Ein anderer wichtiger Faktor ist, was die Manager als einen »gerechten« Preis betrachten.

Werte spielen auch bei Transaktionen innerhalb des Marktes als Ganzes eine Schlüsselrolle. Viele Konzerne kürzen die Löhne und Gehälter in Zeiten großer Arbeitslosigkeit nicht, zum Teil weil ihre Manager nicht als unfair gelten wollen. Die Sport- und Unterhaltungsindustrie erhöht nicht die Kartenpreise für sehr beliebte Sportereignisse oder Vorstellungen, die schon beinahe ausverkauft sind, usw. Natürlich könnten die Konzerne fürchten, daß die Konsumenten und Arbeiter auf das reagieren, was sie als »unfaire« Geschäftspraktiken betrachten, und sich weniger loyal verhalten. Doch dies ist nur ein Grund mehr, folgende Frage zu stellen: Was wird als fair betrachtet? Was fair ist, wird ganz klar vom Wertsystem der Menschen und nicht von ihrer Wirtschaftssituation bestimmt.

Kahneman, Knetsch und Thaler (1986) befassen sich intensiv mit dieser Frage. Sie kommen zu dem Ergebnis, daß die Menschen bestimmte Preisniveaus und Gewinnspannen als fair betrachten (Referenzpunkte) und etwas gegen ein Unternehmen haben, das die Preise *willkürlich* erhöht. Dennoch werden diese Referenzpunkte angepaßt, wenn die Menschen der Ansicht sind, daß es legitime Gründe dafür gibt, die Preise und Gewinne anzupassen, ob dies nun objektiv der Fall ist oder nicht, und dann werden Preis- und Gewinnspannenänderungen als legitim angesehen. So sind die Menschen gegen ein Unternehmen, das die Löhne seiner Arbeiter kürzt, weil neue Konkurrenten ihren Arbeitnehmern weniger zahlen, finden es jedoch gerechtfertigt, wenn die Firma *neu eingestellten* Arbeitnehmern weniger zahlt (ebd, S. 730). Die Autoren fanden heraus, daß Menschen Maßnahmen legitim fanden, die der Aufrechterhaltung der Gewinnspannen dienten, nicht aber solche, die die Vergrößerung niedriger Gewinnspannen zum Ziel hatten, obwohl aus ökonomischer Sicht sehr wenig Unterschied besteht. Außerdem sind die Menschen bereit, aufgrund dieser Gefühle von »Fairneß« zu handeln, und sie »bestrafen« diejenigen, die sie als unfair betrachten (zum Beispiel, indem sie ihre Produkte boykottieren).

Andere Werte als ein Gefühl für Fairneß, die Transaktionen stark beeinflussen, umfassen auch die Vorstellung, daß die Mächtigen (oder Glücklichen oder Privilegierten) den schwachen Mitgliedern der Gemeinschaft »etwas schuldig« sind, eine Sichtweise, die manchmal auch als die Vorstellung von sozialer Verantwortung bezeichnet wird. So haben Menschen, die unheilbar krank oder alt sind, »einen Anspruch« auf Unterstützung, und man erwartet von ihnen *nicht*, daß sie eine Gegenleistung erbringen (Gouldner 1960). Experimente zeigen, daß die Arbeiter ihren Vorarbeitern um so mehr halfen, je mehr sie glaubten, daß diese von ihnen abhängig wären (z. B., um eine Lohnerhöhung zu erhalten), selbst wenn die Arbeiter glaubten, daß ihre Anstrengungen anonym seien (Berkowitz und Daniels 1963). Und obwohl in den letzten Jahren viel über die wachsende »Klasse« der Alten geschrieben wurde, die die Jungen ausbeuten oder von ihnen abhängig sind, geben alte Amerikaner ihren Nachkommen viel mehr als sie von ihnen erhalten, obwohl sie keinerlei Erwartungen in eine Rückzahlung in der Zukunft haben (Cheal 1986). Angebot und Nachfrage sind nicht die einzigen Faktoren, die Gruppen zusammenbringen und ihre Tauschgeschäfte organisieren; die Werte jeder Gruppe und die allen gemeinsamen Werte erklären teilweise ihre Beziehungen.

Die Suche nach Gleichgewicht

Gleichgewicht versus Maximierung

Das Konzept eines einzigen, alles umfassenden Nutzens vernachläßigt eine wichtige menschliche Eigenschaft, die im hier untersuchten Verhalten beobachtbar wird: Die Menschen versuchen nicht, ihr Vergnügen zu maximieren, sondern ein Gleichgewicht zwischen zwei Hauptzwecken herzustellen – nämlich ihr Wohlbefinden zu fördern *und* moralisch zu handeln. Das Streben nach Gleichgewicht ist insofern sichtbar, als Individuen dann, wenn sie ein alles überragendes Ziel verfolgen, ständig versuchen, das andere nicht zu vernachlässigen.

Ein triviales Beispiel für den Unterschied zwischen Maximierung und Gleichgewicht ist das Einkaufen von Obst. Wenn man beim Obstkauf ein Ziel verfolgt, sagen wir, für das verfügbare Geld möglichst viele Vitamine zu bekommen, könnte man nur Äpfel oder nur Bananen kaufen oder auch beide Sorten in einer Mischung, die das eine gewählte Ziel »maximiert«. Will man jedoch einen Fruchtsalat machen und hat dabei keine genaue Vorstellung von der richtigen Zusammensetzung, wird der Kauf zu vieler Früchte einer Sorte nicht als befriedigend erlebt.

Wenn man untersucht, wie die Leute ihre Ressourcen auf die Arbeit, den Konsum, die Freizeit, das Sparen und ihre Bürgerpflichten verteilen, wird klar, daß sie danach bestrebt sind, ein ähnliches Gleichgewicht herzustellen. Im Gegensatz zu der neoklassischen Annahme, daß Arbeit mühevoll und Freizeit als Vergnügen empfunden wird (die Menschen müssen für die Arbeit kompensiert werden), fand Juster (1986, unveröffentlicht) heraus, daß die meisten Menschen eine Mischung aus Arbeit und Freizeit der Nur-Freizeit vorziehen und daß die Arbeit große intrinsische Belohnungen bringt. Im besonderen ziehen viele Leute eine Teilzeitarbeit und mehr Freizeit sowohl der Nur-Freizeit als auch einer Ganztagsarbeit und wenig Freizeit vor. Da Teilzeitjobs jedoch rar sind, ziehen die Menschen der Nur-Freizeit Ganztagsarbeitsplätze vor, weil es in unserer Gesellschaft positiv bewertet ist, wenn man eine Arbeit hat.

Ebenso sind die meisten Menschen der Ansicht, daß sie zwischen dem, was sie von der Allgemeinheit für sich selbst erhalten und dem, was sie zur Allgemeinheit (Wohlfahrt, freiwillige Arbeit, Hilfe für die Nachbarn usw.) beitragen, eine Art Gleichgewicht herstellen müssen. Die Menschen »fahren« nicht einfach nur »schwarz« oder geben all ihre Habe für das öffentliche »Gut«; sie teilen ihre Zeit und ihr Geld zwischen beidem auf. Viele Menschen sind außerdem der Ansicht, daß sie einen gewissen Anteil ihres Einkommens spenden sollten. Manchmal werden solche Regeln explizit gemacht, so zum Beispiel spenden Mitglieder der Mormonen 10 % ihres Einkommens für die Gemeinschaft. Im »5-Prozent-Club« in Minneapolis erwartet man von den Konzernen, daß sie 5 % ihres Gewinnes der Allgemeinheit zugute kommen lassen. Meist sind solche Regeln aber implizit und unpräzise und finden ihren Ausdruck in Entscheidungen darüber, wieviel der einzelne konsumiert, wieviel man seinen Kinder hinterlassen oder für wohltätige Zwecke spenden »sollte« (siehe Collard 1978, Kapitel 10 und 15).

Faßt man nun alle Präferenzen eines Menschen (unter gegebenen Restriktionen) – auch die moralischen Grundsätze – zu einem gemeinsamen Indikator zusammen, wie es die Mono-Nutzen-Theorie tut (meist im Preis, den eine Person zu zahlen bereit ist), dann lenkt man die Aufmerksamkeit vom eigentlichen Kern des Problems ab: nämlich vom Streben der Menschen nach Gleichgewicht. Nimmt man in diesem Kontext eine einzige, gemeinsame Präferenz an, so ist das, als wollte man eine Wertung errechnen, indem man den Mittelwert und die Standardabweichung einer statistischen Verteilung in einer Zahl ausdrückt. Eine solche Berechnung kann sehr wohl angestellt werden, doch sie geht auf Kosten wichtiger relevanter Informationen über zwei stark unterschiedliche, unabhängige Komponenten; tatsächlich ist es eine eher sinnlose Messung. Dasselbe gilt für die Kombination von lustorientierten und moralischen »Vorlieben«.

Hier sei ein Beispiel aus dem Bereich des Verhaltens von Organisationen angeführt: Universitäten versuchen, sowohl das Wissen der Studenten als auch die Qualifikationen der Lehrenden zu vergrößern. (Viele streben auch noch weitere Ziele an; z. B. den Dienst an der Gemeinschaft, der hier nicht berücksichtigt wird.) Sicherlich sind diese Ziele in gewissem Maß komplementär, geraten aber im Hinblick auf die Ressourcen und Verhaltensnormen oft miteinander in Konflikt. Obwohl es keine genaue Definition des richtigen Gleichgewichts zwischen Bestrebungen zur Erreichung dieser zwei Ziele gibt, existiert (1) die einhellige Meinung, daß die Mischung aus Aktivitäten dann, wenn eines der Ziele zu kurz kommt, verändert werden sollte, um dieses Ziel zu fördern; und es herrscht (2) die Meinung, daß Maßnahmen, die das eine Ziel fördern, das andere aber beeinträchtigen (z. B. Forschungsarbeiten, die die Professoren lange Zeit von der Universität wegführen), besonders unerwünscht sind. Diese und ein paar andere derartige Regeln sind viel weniger einheitlich und zwingend als die von den Maximierern vorgeschlagenen, doch wir sind der Ansicht, daß sie es sind, die die Entscheidungsträger in Organisationen leiten, die multiple Ziele verfolgen.

Wenn solche Organisationen untersucht werden, kann man sich abstrakt sehr wohl ein »Supraziel« als Bezugspunkt wählen, es »akademische Ziele« nennen und versuchen, für die Förderung solcher Ziele eine einheitliche Bemessung zu formulieren. Ein solcher Ansatz würde jedoch eine essentielle Qualität des Verhaltens in solchen Situationen unberücksichtigt lassen: den Wunsch, das Gleichgewicht zwischen diesen Zielen aufrechtzuerhalten und nicht einfach nur eine Summe anzustreben. Anders formuliert könnte man sagen: Obwohl 5 Einheiten Forschung und 5 Einheiten Lehre (vorausgesetzt, die jeweilige Universität gewichtet sie gleich) genauso als ein Beitrag zu einem Gesamtziel betrachtet werden können wie das Verhältnis 1 : 9 und das Verhältnis 9 : 1, würde eine nach Gleichgewicht strebende Organisation eine Verteilung vorziehen, die innerhalb des Bereichs zwischen 7 : 3 und 3 : 7 oder ähnlich liegt.

Streß ist dem deontologischen Individuum inhärent, da es als sozioökonomisches Wesen das Gleichgewicht zwischen Vergnügen und moralischem Verhalten nicht ein für allemal erreichen kann. Es geht ihm dabei wie beim Radfahren: es muß die Tendenzen, zu sehr in eine oder die andere Richtung zu kippen, ständig »ausgleichen«. Außerdem haben auch die Umstände einen Einfluß auf das Gleichgewicht. So ist zum Beispiel das Verhalten in einer hoch integrierten Gemeinschaft (in der ein klarer, von den Mitgliedern getragener Moralkodex herrscht) bei einem völlig anderen Verhältnis zwischen

Vergnügen und Moral ausgewogener als in einer Gemeinschaft, die sozial und moralisch ungeordnet ist (Banfield 1958). Daher sucht man vergeblich nach einer festgelegten Proportion im Sinne von »soviel für den Kaiser, soviel für Gott«. Obwohl zu erwarten ist, daß die gesuchte Kombination sich im Laufe der Zeit und in verschiedenen sozialen Umfeldern verändert, glauben wir, daß (1) beide Elemente immer in durchaus bedeutsamer Menge präsent sind und daß (2) sowohl die Erklärbarkeit als auch die Prognostizierbarkeit individuellen Verhaltens sowie seine Aggregation stark gesteigert werden können, wenn die das Gleichgewicht verändernden Faktoren einmal verstanden sind.

Zahlreiche verschiedene multidimensionale Modelle

Wenn wir behaupten, daß Menschen (und auch Organisationen) nicht danach streben, einen Nutzen zu maximieren, sondern zwei (oder mehrere) Ziele verfolgen, und daß eine Messung durch einen singulären Indikator daher irreführend sei, so wollen wir damit nicht sagen, daß ein solches Bi-Nutzen-Verhalten nicht in einem Modell abgebildet werden kann. Tatsächlich wurden viele Studien sowohl auf der individuellen als auch auf der organisatorischen Ebene durchgeführt, um solche Modelle mit mehreren Zielen zu entwickeln. Einige von ihnen versuchen nachzuweisen, daß diese verschiedenen Ziele nur Unterziele eines alles umfassenden Ziels sind, andere verwerfen diese Annahme. Einige Arbeiten (Johnsen 1968, Stockey und Zeckhauser 1978, Kapitel 8; Lee 1972, S. 18–20) und größere Aufsätze (Amemiya 1981; Buckley 1984; Goldberg 1974, S. 201–04; Keeney 1973) beschäftigen sich mit diesen zahlreichen Versuchen. Wir wollen hier nicht den Versuch unternehmen, diese noch einmal zusammenzufassen. Es werden jedoch einige wenige Beispiele zitiert, um darauf hinzuweisen, daß (1) solche Modelle erstellt werden können, daß (2) das eigentliche Modell jedoch noch nicht entwickelt wurde, da diese Modelle für andere Gleichgewichte als das zwischen Vergnügen und Moral erstellt wurden.

So könnte man den Konflikt zwischen Lust und Moral (so er auftritt) als einen »tie-in-sale« betrachten, ein Begriff, der dann verwendet wird, wenn Käufer ein Gut wollen, vom Verkäufer aber gezwungen werden, es mit einer bestimmten Menge eines anderen Guts zu erwerben, das sie nicht (oder weniger gerne) kaufen wollen. Man kann dann den Preis des anderen Guts zu den Kosten des ersten hinzurechnen oder ihn vom Gewinn abziehen, den das erste Gut einbrachte. Das ist grundsätzlich das, was Moffit (1983) tut; er behandelt das Stigma wie eine Gebühr. (Moffit fand heraus, daß diese Gebühr eher konstant ist als etwa mit der Höhe der Sozialunterstützung oder eines anderen Einkommens zu variieren. Dies wahrscheinlich deshalb, weil das Stigma mit der Inanspruchnahme der Sozialunterstützung verbunden ist und nicht mit der Höhe dieser Unterstützung.)

Ein anderer Ansatz verringert die Diskontinuität – die im Falle von Entscheidungen, die stark von moralischen Überlegungen geprägt sind, für besonders groß gehalten wird –, indem berücksichtigt wird, daß das, was wie eine diskretionäre Handlung aussieht (z. B. ein Haus zu kaufen oder nicht), tatsächlich als eine viel kontinuierlichere betrachtet werden kann. Etwa dadurch, daß man bedenkt, daß die Menschen sich auch dafür entscheiden können, kleinere und nicht größere Häuser zu kaufen, sie zu leasen oder zu mieten usw. Es ist anzunehmen, daß man mit Entscheidungen moralischer Natur genauso verfahren kann. So könnte man, statt eine so diskontinuierliche Entscheidung zu fällen, die Jungfräulichkeit aufzugeben oder zu bewahren, einige Abstufungen der »Jungfräulichkeit« einführen; so zum Beispiel jene Frauen, die Petting betreiben und solche, die es nicht tun. (Manchmal wird der Begriff von »technischer Jungfräulichkeit« gebraucht.)

Ein noch anderer Ansatz betrachtet bestimmte Überlegungen als Beschränkungen, innerhalb deren Rahmen die endgültige Entscheidung getroffen werden muß. So berücksichtigen individuelle Diätprogramme, daß eine bestimmte Person X mg Vitamin A, B usw. braucht und fragen dann danach, was innerhalb dieses Rahmens das »Beste« ist. Wahrscheinlich kann man moralische Grundsätze als solche zwingenden Rahmenbedingungen betrachten. Und es wurden Modelle entwickelt, um Dinge wie Autos als ein Bündel von Attributen zu sehen und dieses Bündel zu »disaggregieren«, um jedem

Attribut seinen »Nutzen« zuschreiben zu können (Lancaster 1966). Wahrscheinlich könnten lustbringende und moralische Aspekte einer Handlung gleich behandelt werden.

Eine Einschätzung der Anwendbarkeit dieser und vieler anderer Modelle auf das hier behandelte Thema kann hier nicht unternommen werden, weil sie den Rahmen sprengen würde. Es möge genügen, hier anzumerken, daß die zitierten Arbeiten verschiedene Themen aufwerfen, die die Probleme illustrieren, die entstehen, wenn Modelle, die für andere Zwecke entwickelt wurden, auf die Darstellung einer Mischung von Lustgewinn und moralischer Befriedigung und das Streben nach Gleichgewicht angewandt werden. Moralische Grundsätze als eine Art Gebühr zu betrachten ignoriert die Tatsache, daß die Verletzung der eigenen Prinzipien eine seltsame Abgabe ist: sie wird erhoben, lange nachdem das Einkommen (oder der Lustgewinn) verbraucht ist. Schuld ist, wie es ein Bonmot sagt, das Geschenk, das dafür sorgt, daß weiterhin geschenkt wird. Die Maßnahmen zur Reduzierung der Diskontinuität berücksichtigen weder Nach- noch Nebenwirkungen noch Haloeffekte (auf andere scheinbar damit nicht in Zusammenhang stehende Dinge oder Ereignisse) von moralischen Verstößen. Der Ansatz der »tie-in-sales« und der Disaggregation lassen die Akkumulierungseffekte (einige Übertretungen können sich akkumulieren und einen Akt der Reue auslösen) außer acht usw. Das »Diät«modell berücksichtigt die Tatsache nicht, daß moralische Grundsätze nicht fixe Restriktionen darstellen und besonders diskontinuierlich sind.

Diese Modelle können angepaßt werden, um eines oder mehr dieser Attribute berücksichtigen zu können. Zwei oder mehr dieser Modelle könnten kombiniert werden oder es könnten für diesen Zweck neue Modelle entwickelt werden. Dennoch wird wahrscheinlich keines der Modelle fruchtbar sein, das ein einziges, alles umfassendes Ziel annimmt und die Stärke und die Nichtrückführbarkeit sowohl des Nutzens als auch des Strebens nach einer ausgewogenen Mischung außer acht läßt. Kurz gesagt, sozioökonomisches Verhalten kann ohne weiteres in einem Modell abgebildet werden, aber nicht in Modellen, die von einem alles andere überragenden Nutzen oder Ziel ausgehen.

TEIL II
Jenseits des Rationalismus:
Die Rolle der Werte und Emotionen

Einleitung

Die Natur menschlicher Absichten (»Nutzen« oder Ziele), die Quelle verschiedenster Bewertungen, wurde in Teil I behandelt, wobei wir uns auf die Gebiete der Ethik, der Sozialphilosophie und der Soziologie konzentrierten. Unsere Überlegungen führten uns über die utilitaristischen Grundlagen des neoklassischen Paradigmas hinaus, brachten uns dazu, uns mit Deontologie zu beschäftigen und die Bedeutung moralischer Wertungen gegenüber und über der des Lustgewinns und jenseits des Eigennutzes zu erkennen. Die Frage nach den Kriterien für die Wahl der Mittel zur Verfolgung der Ziele, mit der sich Teil II vor allem beschäftigt, wird ohne die Hilfe der Psychologie nicht beantwortet werden können. Wir mußten feststellen, daß weite Bereiche der Psychologie wie die der traditionellen Ökonomie von neoklassischen Annahmen geprägt sind. In diesem Kapitel werden wir versuchen, über den Rationalismus hinauszugehen, um die positive Rolle der Werte und Emotionen bei der Entscheidungsfindung einbeziehen zu können.

Die Aufklärung schuf das Bild einer rationalen Person, die die Mittel auf der Basis von empirischen Erfahrungen und Logik wählt, die von den Fesseln des Aberglaubens, der Vorurteile und der Befangenheiten früherer Jahrhunderte befreit ist. Der rationalistische, völlig auf sich selbst gestellte und nur vom Eigennutz beseelte *homo oeconomicus* ist nur ein Nachfahre des aufgeklärten Menschen; dieser Nachkomme hat einen neoklassischen psychologischen Abkömmling. Auch dieser Abkömmling ist sehr reaktiv, wird von Inputs getrieben, entbehrt jeder Persönlichkeit, ist hedonistisch und egozentrisch, asozial und bar jedes Affekts (oder jeder Emotion). Außerdem hat er seine Werturteile in irgendeinen verstaubten und vergessenen Winkel gesperrt.

Wir sind nun klüger geworden, oder wir sollten es zumindest sein. Die Zeit, in der wir die Macht der Wissenschaft und Technik kollektiv verherrlicht haben, ist vorbei. Ebenso ist unsere Hoffnung geschwunden, daß die Vernunft alles besiegen wird und an die Stelle emotions- und wertgeleiteter Urteile Schlußfolgerungen aus sorgfältig angestellten Überlegungen treten werden. Je näher wir den modernen, vernunftgeleiteten Menschen kennenlernten, desto mehr entdeckten wir wieder, wie wichtig moralische Grundsätze und wie positiv der Einfluß von Gefühlen ist. Uneingeschränkte Vernunft jagt uns nun einen Schrecken ein; sie läßt uns an Frankenstein, wenn nicht gar an Dr. Strangelove denken. Wir verwerfen die Vorstellung, daß Emotionen irrationale, tierische Instinkte sind, die ein reifer, vernünftiger Mensch sublimiert und, wenn notwendig, unterdrückt. Die positive Rolle der Affekte wie jener, zu lieben und geliebt zu werden, wird immer mehr anerkannt, selbst wenn diese Affekte die Vernunft beeinflussen. Hinzu kommt, daß die Mittel zur Erreichung eines Zieles nicht nur im Hinblick auf ihren materiellen Beitrag bewertet werden – also im Hinblick darauf, wie effizient sie sind –, sondern auch hinsichtlich ihres normativen Wertes. (»Normativ« bezieht sich auf den deontologischen präskriptiven Aspekt des Verhaltens, auf Aussagen darüber, was *sein sollte*, im Gegensatz zu Aussagen darüber, was »ist«. Die Gründe, warum der Begriff »normativ« ab hier benützt wird und nicht der verwandte, gleich umfassende Begriff »moralisch«, werden in Kapitel 6, S. 168–201, diskutiert. Grundsätzlich sind moralische Werte universell, wie das Tabu zu morden, während normative Werte auch bestimmte soziale Werte einschließen, wie die Vorstellungen von Gerechtigkeit.) Menschen hörten natürlich niemals auf, affektiv oder normativ zu handeln; es sind vielmehr die Sozialwissenschaften und die auf ihnen beruhenden intellektuellen Perspektiven, die diese Tatsachen nun wieder anerkennen.

Die Hauptthese, die hier vorgestellt wird, ist, daß die wichtigsten Grundlagen von Entscheidungen affektiv und normativ sind. Das heißt, daß Menschen oft nicht- oder subrationale Entscheidungen treffen, erstens, weil sie dabei von normativ-affektiven Grundsätzen ausgehen und zweitens, weil sie nur über geringe und beschränkte intellektuelle Kapazitäten verfügen.

Im besonderen werden wir sehen, daß normativ-affektive Faktoren in einigen Bereichen die Entscheidungen völlig bestimmen; in anderen Bereichen sind diese Faktoren entscheidend, obwohl logisch-empirische Erwägungen auch eine Rolle spielen. Schließlich sind Menschen unter manchen eher seltenen Bedingungen, nämlich dann, wenn die verschiedenen Optionen vom normativ-affektiven Standpunkt etwa gleichwertig sind, bereit, logisch-empirische, rationale Entscheidungen zu treffen (soweit siehe Kapitel 6). An diesem Punkt werden die Akteure aber durch die engen Grenzen ihrer intellektuellen Fähigkeiten und Ressourcen behindert. Sie maximieren oder »befriedigen« nicht »hinreichend«, sie treffen oft ziemlich schlechte, subrationale Entscheidungen. Obwohl diese Ansicht vom rationalistischen Standpunkt des neoklassischen Paradigmas aus ziemlich pessimistisch wirken mag, ist sie nicht annähernd so pessimistisch wie die Überzeugung, daß die Menschen grundsätzlich irrational oder nur in der Lage wären, sich irgendwie durchzulavieren, wie andere behaupten (Kapitel 7). Und, um es noch einmal zu wiederholen, betrachtet man die ganze Palette menschlicher Bedürfnisse, sind *einige* Beschränkungen der Rationalität äußerst funktionell.

Das Konzept der Rationalität illustriert selbst die Rolle der normativ-affektiven Faktoren. Es ist Ausdruck der Werte jener Menschen, die dieses Konzept entwickelten, und wird häufig mit erstaunlich heftigen Emotionen verteidigt. (Tatsächlich ist Rationalität für die meisten Menschen aus westlichen Kulturen ein Plus. Wenn ihnen gesagt wird, daß sie sich irrational benehmen, kommt das einer Beschimpfung gleich.) Es sollte jedoch klar sein, daß, ob der »Mensch« nun als rational »gesehen wird« oder nicht, dies nur teilweise das beschreibt, was er oder sie ist oder sein kann; es ist vor allem eine Sache der Definition und hängt davon ab, wie eng oder weit rationales Verhalten definiert wird.

In der unüberblickbaren Literatur zu diesem Thema gibt es zahllose Definitionen. Nach einigen Definitionen ist es den Menschen, wie wir sehen werden, beinahe – oder wirklich – unmöglich, nichtrational zu handeln, selbst wenn sie Börsenmakler für Beratung auf Märkten bezahlen, die zufällig sind, allen Erkenntnisse und Grundregeln der Ökonomie zuwiderhandeln (indem sie z. B. verlorene

Kosten [sunk costs] in Kauf nehmen) oder sich auf eine Art benehmen, die Psychiater als wahnsinnig betrachten. Dennoch sind solche undifferenzierten Definitionen, wie wir sehen werden, meistens tautologisch und bestenfalls höchst unproduktiv. Da sie nicht zwischen dem Rationalen und dem Irrationalen unterscheiden, verhindern sie, daß die Theorie eine ihrer Hauptpflichten erfüllt: nämlich Erklärungen zu liefern. Die Vorhersagekraft der Theorie ist, wie wir sehen werden (Kapitel 8), auch nicht viel höher.

Die hier angewandte Definition von Rationalität ist folgende: Rational ist ein Akteur, der die für die Erreichung seiner Ziele geeignetsten Mittel wählt; d. h. aufgrund empirischer Evidenzen und logischer Erwägungen entscheidet (Kapitel 8). Wird diese Definition verwendet, so ist ein hohes Niveau an Rationalität nicht zu erwarten. Daher gehen wir von der *Grundlage* eines normativ-affektiven, nichtrationalen Akteurs aus, der außerdem ineffizient ist. Die besonderen persönlichen und die gesellschaftlichen Faktoren, die manche Individuen und Gemeinschaften über das grundsätzliche Niveau hinausheben, indem sie sie in dem einen oder anderen Maß rational machen, werden später ebenfalls untersucht (Kapitel 9).

Die Neoklassiker sind der Ansicht, daß Individuen nicht in der Lage sein müssen zu überlegen; sie können rationale Entscheidungen auch ohne eigene Erwägungen treffen. Sie können sich dabei der Faustregeln bedienen, der Heuristik, der Normen oder Institutionen, die ihre Kultur hervorgebracht hat. Diese, so sagt man, sind rational, weil sie entweder Ergebnis akkumulierter Erfahrungen oder der evolutorischen Selektion sind. Wir sind hingegen der Ansicht, daß Regeln, Heuristik, Normen und Institutionen zwar manchmal auf die oben beschriebene Art nützlich sein können, jedoch mehr Ausdruck normativ-affektiver Faktoren (besonders des sozialen Konsenses) und der Machtbeziehungen sind als der Erkenntnisse. Empirische Evidenzen über die Anwendung von Regeln lassen viele Zweifel an ihrer Nützlichkeit aufkommen; wir werden sehen, daß sie nach logischem Ermessen *nicht* in der erwarteten Weise dienen *können*. Außerdem kann weder die Erfahrung noch die Evolution rationale Regeln sicherstellen und es ist oft rationaler, solche Regeln zu brechen, als ihnen zu folgen (Kapitel 10).

Kurz gesagt, Teil II ist ein Versuch, ein Entscheidungsmodell zu entwickeln, das der tatsächlichen Entscheidungsfindung der Menschen näher ist als das des neoklassischen Paradigmas; unser Modell betont eher die normativ-affektiven Faktoren als die kognitiven. Im Laufe des Prozesses werden eher »altmodische« psychologische Konzepte wie Persönlichkeit, Affekt (oder Emotion), Werte und Gruppe bemüht. Obwohl diese Konzepte für viele Sozialwissenschaftler und Mitglieder der Intelligentia selbsterklärend sind, sollte man darauf hinweisen, daß diese Konzepte in den 60er und 70er Jahren von vielen Psychologen streng gemieden wurden. Erst in letzter Zeit haben sie ein Comeback erlebt. Sie werden hier Anwendung finden, weil sie produktive Konzepte sind, wie die folgende Diskussion zu zeigen versuchen wird. Gleichzeitig wollen wir nicht darüber hinwegsehen, daß ernsthafte Probleme auftreten, wenn man diese Konzepte operationalisieren will. Glücklicherweise werden auch in dieser Richtung Fortschritte gemacht.

Kapitel 6
Normativ-affektive Faktoren

Jenseits des Rationalismus

Intellektuelle Kreise in Europa haben mehr als ein Jahrhundert lang mit dem Geist von Karl Marx Schattenboxen betrieben und versuchten immer wieder nachzuweisen, daß die Geschichte nicht von ökonomischen oder materialistischen Faktoren bestimmt wird, sondern daß Ideen entscheidend sind. Ebenso bemühten sich Sozialwissenschaftler und Intellektuelle in ihrem Dunstkreis auf beiden Seiten des Atlantiks (und bemühen sich noch immer), den Begriff des rationalen Menschen (oder *homo oeconomicus*) zu preisen, zu untersuchen und aufzubauen. Tatsächlich definieren selbst diejenigen, die diesen Begriff in Zweifel ziehen, ihren Standpunkt oft in Modellen, die nur durch zahlreiche Abweichungen vom Original charakterisiert werden. Dies wird dadurch deutlich, daß sie ihre Konzepte häufig als solche bezeichnen, die mit der restlichen, nichtrationalen Welt zu tun haben, und nicht Kategorien darstellen, die für sich selbst positiv definiert werden können. Außerdem wird Nichtrationalität oft mit Irrationalität verwechselt und ist meist mit negativen Attributen behaftet. »Das Problem liegt darin, daß die Rationalität, hat man einmal begonnen, über sie zu sprechen, die Art vorbestimmt, auf die wir unsere Ansichten vom menschlichen Denken und Verhalten organisieren. Wir tendieren dazu, immer in Form von Abweichungen von einem Standard zu denken...« (Abelson 1976, S. 61).

Hier wird ein Versuch unternommen, es jenen gleichzutun, die aus dem rationalistischen Rahmen ausbrechen, indem wir eine neue Sicht der menschlichen Natur postulieren: ein Konzept, das Individuen vorsieht, die von normativen Verpflichtungen und affektiven

Beziehungen gelenkt werden, die wir als N/A-Faktoren bezeichnen. Die Hauptthese, die hier aufgestellt wird, lautet: (1) Der Großteil aller von Menschen getroffenen, auch ökonomischen Entscheidungen beruht vollständig oder in großem Maße auf normativ-affektiven Erwägungen; dies nicht nur im Hinblick auf die Wahl von Zielen, sondern auch auf die Wahl von Mitteln. (2) Die äußerst beschränkten Bereiche, in denen andere, logisch-empirische (L/E) Erwägungen vorherrschen, sind selbst von N/A-Faktoren definiert, die solche Entscheidungsfindungen legitimieren und in anderer Hinsicht motivieren.

Eine der Tugenden des neoklassischen Paradigmas ist die Tatsache, daß es ein klares, präzises und einfaches Konzept der menschlichen Natur bietet, von dem es ausgeht. Viele der Sozialwissenschaftler, die nachgewiesen haben, daß dieses Konzept extrem unrealistisch ist, und versucht haben, eine andere Sichtweise zu postulieren, bekamen große Schwierigkeiten, weil das Konzept, das sie aufstellten, komplex und unklar war. Sie hatten das Basiskonzept mit zahlreichen Erweiterungen und Qualifikationen angereichert. Hier wird der Versuch unternommen, ein sparsames deontologisches Konzept zu erstellen, obwohl es zugegebenermaßen nicht so einfach ist wie der Begriff eines rationalen, seinen Nutzen maximierenden Individuums, ein Begriff, dessen allzugroße Einfachheit man berechtigterweise nicht anstreben sollte (Hirschman 1984, S. 11).

Das Konzept der normativ-affektiven Akteure, jener Akteure, deren Entscheidungen von Werten und Gefühlen geleitet werden, ist ein Idealtyp, ein Grundkonzept. Ist es einmal eingeführt, können die Bedingungen diskutiert werden, unter denen das Verhalten von diesem Basiskonzept abweicht. Neoklassische Ökonomen bezogen sich oft auf Theoreme über rationale Nutzen-Maximierer, als ob es sich dabei um Theoreme von der als friktionslos gedachten Ebene handle (dennoch diskutieren sie in der Regel nicht über die wegen des Reibungsfaktors notwendigen Korrekturen). Das Konzept der normativ-affektiven Akteure ist unsere reibungsfreie schiefe Ebene; die Reibung wird erst später eingeführt. Oder, um den Aspekt noch weiter zu entwickeln: Da Akteure hier aufgrund des oben eingeführten Rationalitätskriteriums (das weiter unten definiert wird) als meist besonders ineffiziente (jedoch nicht als ineffektive) Personen gesehen werden, kann man die hier benützte Basis als 100-Prozent-Reibung betrachten; die später einzuführenden Korrekturen betreffen jene Faktoren, die die Reibung verringern. N/A-Faktoren bilden also den Kontext, innerhalb dessen L/E-Erwägungen angestellt werden.

Bleibt man bei diesem vorläufigen Ansatz, so bildet er nur ein Skelett eines Konzepts; Erkenntnisse sollen dann eher illustrieren und nicht einen weiteren Überblick über die Literatur bieten.

Hier geht es vor allem um Mittel und nicht um Ziele; nur fanatische Rationalisten leugnen die Rolle der normativ-affektiven Faktoren bei der Wahl der Ziele oder des Nutzens. Der Hauptstreitpunkt ist die Rolle der normativ-affektiven Faktoren bei der Wahl der Mittel. Ein typisches neoklassisches Argument (Stigler und Becker 1977, S. 76) lautet, daß man über Geschmäcker, Vorlieben oder Werte nicht streiten kann. Der Wunsch, Deodorants zu kaufen, ist nicht »rationaler« (oder irrationaler) als der Wunsch, Brot (oder gar weißes Brot) zu kaufen. Dabei geht es angeblich darum, ob der Konsument von zwei vergleichbaren (homogenen) Deodorants, von denen eines billiger ist als das andere, das billigere kaufen wird. Das heißt, die Rationalität kommt ins Spiel, wenn wir zur Wahl der Mittel kommen. Die hier entwickelte Sichtweise lautet, daß *normativ-affektive Faktoren die Informationen, die gesammelt werden, die Art, wie diese Informationen verarbeitet werden, die Schlüsse, die gezogen werden, die Optionen, die in Betracht gezogen werden, die Optionen, die schließlich gewählt werden, in einem großen Maß determinieren.* Das heißt, daß die Erkenntnis, die logischen Schlüsse und das Urteil – also die einzelnen Schritte der Entscheidungsfindung – nicht logisch-empirische Prozesse sind, sondern von normativ-affektiven (nicht kognitiven) Faktoren gelenkt werden, die individuelle, psychodynamische und, wie wir sehen werden, kollektive Prozesse widerspiegeln. So bestimmen N/A-Faktoren in großem Maße, auf welche Quellen die Menschen zurückgreifen, um sich Informationen zu verschaffen (zum Beispiel, ob sie Zeitung lesen oder fernsehen, und wenn sie fernsehen, welche Sendungen sie anschauen: Nachrichten, Sport oder Seifenopern); wie sie das interpretieren, was sie sehen;

und was sie glauben, was sie aus dem schließen sollten; was sie glauben über die jeweilige Situation gelernt zu haben.

In diesem Kapitel wird erst ein auf N/A-Faktoren beruhendes Entscheidungsmodell vorgestellt. Dann werden wir untersuchen, ob N/A-Faktoren für die Entscheidungsfindung notwendigerweise dysfunktional sind, wie oft behauptet wurde, oder nicht. Am Ende des Kapitels versuchen wir, drei von uns antizipierten Kritikpunkten entgegenzutreten: nämlich jener Kritik von Kognitivisten, die die Konzepte von Emotionen und Werten »bereinigen«, jener von Empirikern, die der Ansicht sind, daß diese Konzepte nicht meßbar sind, und jener von Neoklassikern, die die Meinung vertreten, daß N/A-Faktoren in ihr Paradigma nicht integriert werden können.

Der Weg zu einem N/A-Entscheidungsmodell

Eine radikale Abwendung vom Standardmodell

Das neoklassische Entscheidungsmodell beruht auf einer der Varianten des informationsverarbeitenden Ziel-Mittel-Schemas. Man nimmt an, daß Individuen (klare und geordnete) Ziele haben und sich daran machen, Informationen über alternative Mittel zur Erreichung dieser Ziele zu sammeln, zu verarbeiten und zu interpretieren, und dann richtige Schlüsse im Hinblick auf die effizientesten Mittel zu ziehen, um damit ihre Entscheidungen zu fällen. In dieser Arbeit wenden wir uns von diesem Modell völlig ab und vertreten die Ansicht, daß fast jede Wahl mit sehr wenig oder gar überhaupt keiner Informationsverarbeitung auskommt und in großem Maße oder vollständig aufgrund von affektiven Beziehungen und normativen Verpflichtungen getroffen wird. Daher ist für die meisten Amerikaner die Frage, ob sie in den Vereinigten Staaten, in Mexiko oder gar in Kanada arbeiten wollen, nicht vordringlich eine Frage von relativen Einkommen oder Steuersätzen, sondern vor allem eine der nationalen, kulturellen und sozialen Identität. Diese Wahlakte sind entweder überhaupt nicht mit Erwägungen verbunden (die »richtige« Entscheidung »liegt auf der Hand«) oder sie lösen einen ganz anderen Prozeß aus, z. B. lassen sie einen Wert wichtig werden oder zwingen die Person, zwischen mehreren Werten abzuwägen. Daher ist die Frage, ob ein Arbeiter dem Arbeitsplatz oder einer Gewerkschaft mehr Loyalität schuldet, nicht vor allem oder nicht nur eine Frage der relativen Kosten und Nutzen, sondern eine Frage der Einschätzung, welche Loyalität zwingender ist.

Eine Minderheit von Wahlakten beruht auf L/E-Erwägungen, von denen noch viele, wie wir sehen werden, mehr oder minder stark mit N/A-Erwägungen durchdrungen sind. Es ist vielleicht sinnvoll, den Begriff »Wahlakt« für die Bezeichnung jeder Auswahl zwischen verschiedenen Optionen zu benützen, wie beschränkt die Informationsverarbeitung, Schlußfolgerungen und andere L/E-Erwägungen auch immer sein mögen, während man den Begriff »Entscheidung« für planvoll kalkulierte Wahlentscheidungen reserviert. Diese Terminologie wird im folgenden verwendet. (Zusätzliche Gründe für diese Unterscheidung werden in Kapitel 8 diskutiert. Für andere Versuche, »moralische« Entscheidungsmodelle zu entwickeln siehe Schwartz 1970a, 1970b; Simmons, Klein und Simmons 1977, S. 237 ff., und Latané und Darley 1970.)

Das N/A L/E Wahlkontinuum

Normativ-affektive Faktoren beeinflussen die Wahl der Mittel in vielen Bereichen, indem sie logisch-empirische Erwägungen *ausschließen* (d. h. die Wahl wird ausschließlich auf normativ-affektiver Basis getroffen); in anderen Bereichen, indem sie die Überlegungen so durchdringen, daß logisch-empirische Erwägungen gegenüber N/A-Faktoren eine relativ geringe oder sekundäre Rolle spielen; in wieder anderen Bereichen, indem sie die Bedingungen definieren, in denen Wahlakte großteils oder nur aufgrund logisch-empirischer Aspekte getroffen werden, Bereiche, die hier als normativ-affektive *Indifferenz*-Zonen bezeichnet werden. Zusammen charakterisieren die drei Konzepte – Ausschluß, Durchdringung und Indifferenz – drei Segmente eines Kontinuums von Grundlagen von Wahlakten, das von 100 Prozent N/A und 0 Prozent L/E zu 100 Prozent L/E und

0 Prozent N/A reicht. Hinzuweisen ist jedoch darauf, daß laut der hier vorgestellten These (1) die Zone hoher L/E-Erwägungen wiederum durch N/A-Faktoren gebildet und definiert ist und daß (2) die Segmente keinesfalls gleich groß sind. Für die meisten Individuen der meisten Gesellschaften in den meisten Perioden der Geschichte sind die Indifferenz-Zonen viel kleiner als die anderen zwei. Das Ausschlußsegment ist im allgemeinen Verhalten, aber auch im ökonomischen, das größte. Wie Katona (1975, S. 197) es formulierte: ».... es gibt kaum irgendeine Erkenntnis, die frei von affektiven Atributen ist.« Diese drei Zonen werden anschließend genauer diskutiert.

Ausschluß

Eine der hauptsächlichen Arten, durch die L/E-Erwägungen ausgeschlossen werden, ist die auf N/A-Faktoren beruhende Verschmelzung eines bestimmten Mittels mit einem bestimmten Ziel. Wenn es zu einem solchen Ausschluß kommt, werden alle anderen Mittel, die aufgrund objektiver L/E-Erwägungen in Betracht kämen, vom Entscheidungsträger als moralisch und/oder emotional »undenkbar« oder irrelevant betrachtet. Behauptet man, daß L/E-Erwägungen in dieser Zone als »inakzeptabel« betrachtet werden, ist dies eine Untertreibung, weil dies impliziert, daß solche Erwägungen angestellt und verworfen wurden. Ausgeschlossene Optionen werden von den Akteuren nicht in Betracht gezogen; das Bewußtsein wird gegenüber bewußten Erwägungen blockiert. Sie *in Betracht zu ziehen* – und nicht nur sie zu wählen – ist tabu. Daher, um ein deutliches Beispiel zu bringen, ziehen es die meisten Geschäftsinhaber nicht in Betracht, die Geschäfte ihrer Konkurrenten mit Bomben zu zerstören, selbst wenn die Zeiten schwierig sind. Oder, anders formuliert, nur eine Strategie oder nur eine Art von Mitteln wird als angemessen betrachtet.

Solche Verschmelzungen von Mitteln und Zielen findet man oft, wenn ein Mittel symbolische Bedeutung hat, d. h., wenn es einen Wert verkörpert, verdeutlicht und illustriert.

Wenn N/A-Faktoren L/E-Erwägungen völlig ausschließen, wählen Akteure einen Aktionskurs, ohne Alternativen zu untersuchen, weil sie fühlen, daß es der richtige Weg ist. Sie geben Interviewern gegenüber an, daß sie keine Erwägungen anstellten, und Beobachter sehen keine Anzeichen dafür, daß sie es taten. Wenn das Haus brennt und die Kinder im ersten Stock sind, stürzt die Mutter hinein, ohne über Alternativen nachzudenken. Internalisierte moralische Werte und Emotionen, die in die Kinder investiert wurden, bestimmen völlig die Wahl. Untersuchungen über Menschen, die gebeten wurden, einem ihrer Kinder eine Niere zu spenden, berichten, daß sie sofort zusagten (Simmons, Klein und Simmons 1977, S. 243): »Fall 1: Spender (Mutter): ›Ich? Ich dachte niemals darüber nach... Ich dachte automatisch, daß ich es sein würde. Es gab da keine Entscheidung zu treffen oder Vor- und Nachteile abzuwiegen.‹ Fall 2: Sie meinen, ob er darüber nachdachte und dann entschied? Nein – es war einfach spontan. Sobald er wußte... es war ganz natürlich. Das erste, woran er dachte. Er würde spenden.« Die, die meinen, daß solche »verbalen Antworten« unzuverlässig wären, sollten wissen, daß die meisten der untersuchten Personen auch so handelten und die Niere tatsächlich spendeten (Fellner und Marshall 1970, S. 1249).

Die bisher beschriebenen Situationen sind extrem. Dennoch werden viele ökonomischen Wahlsituationen alltäglich so entschieden – Impulskäufe zum Beispiel. Dasselbe gilt für die viel häufigeren Gewohnheitskäufe. Empirische Evidenzen über die Bandbreite solcher Wahlakte finden Sie in Kapitel 9. In Kapitel 10 wird die Argumentation kritisch untersucht, daß diese wohl »rational« sind, weil sie die Kosten des Entscheidungsprozesses senken.

Wahlakte, die ausschließlich aufgrund von N/A-Faktoren getroffen werden, wurden bisher im Hinblick auf Situationen untersucht, in denen die Akteure nur *einen* Aktionskurs wahrnehmen, obwohl vom Standpunkt des neutralen Beobachters zumindest zwei möglich sind. Man könnte sagen, daß eine Mutter »wählt«, ob sie ins Feuer läuft oder nicht; tatsächlich können alle Handlungen der Möglichkeit gegenübergestellt werden, sie nicht zu vollziehen; dennoch nimmt der Akteur nur eine Option wahr; nicht zu handeln wird durch die N/A-Faktoren als »nicht in Frage kommend« qualifiziert.

Sieht man von den Fällen ab, wo N/A-Faktoren die Wahl völlig bestimmen, entscheiden sie oft, selbst wenn der Akteur zwei oder mehr Optionen wahrnimmt. In einem psychologischen Experiment hatten die Untersuchungspersonen die Wahl zwischen einem klassischen und einem modernistischen Schriftsatz (d. h. für beide entstehen die gleichen Kosten, nämlich keine). Wenn das Gruppenklima eine Art des Schriftsatzes vorschrieb, wählten die Testpersonen diesen ohne zu überlegen. Genauso würde ein typischer amerikanischer Teenager nicht darüber nachdenken müssen, wenn es darum ginge, zwischen einem Schneckengericht mit Perrier oder einem Hamburger mit Coca-Cola zu wählen.

In wieder anderen Situationen treffen nicht die N/A-Faktoren die Wahl, schließen jedoch die meisten (aber nicht alle) Optionen aus, oft indem sie *wichtige Untergruppen* von Fakten, Interpretationen und Ansätzen, die L/E-Erwägungen (laut wissenschaftlichen Beobachtern) zugänglich wären, nicht in die Überlegungen einbeziehen. In diesem Fall führen N/A-Faktoren, anstatt bestimmte Mittel an ein Ziel zu knüpfen, zu einem sogenannten *Tunnelblick* (Easterbrook 1959).

Als der Autor einem jungen, erfolgreichen Wall-Street-Bankier vorschlug, nach einer Wohnung in Brooklyn Heights (eine U-Bahn-station von seinem Arbeitsplatz entfernt) und nicht mitten im viel teureren und weiter entfernten Manhattan Ausschau zu halten, fuhr der Bankier völlig entsetzt zurück: »In Brooklyn leben?!!« rief er aus und verwarf den Vorschlag, »zumindest einmal zu schauen« ohne zu zögern. Man könnte sagen, daß die Wahl des Bankiers »rational« war, weil der Prestigeverlust und die Restriktionen seines sozialen Lebens, die sich aus der Tatsache ergeben hätten, in Brooklyn zu wohnen, weitaus höher wären als die Ersparnis beim Immobilienkauf. Dennoch vertreten wir die Ansicht, daß das Stigma verhinderte, daß diese Option überhaupt in Betracht gezogen wurde, als er sich weigerte, die Brooklyn-Option zu untersuchen und keinerlei Wissen über die Immobilienpreise hatte, darüber, wie viele Singles, wie viele Diskotheken es in Brooklyn Heights gibt etc. Da die Kosten eines Besuchs von Brooklyn sehr niedrig sind, beurteilen wir solche Wahlakte als von N/A-Faktoren dominiert und als nicht rational.

Ausbildungs-, Karriere- und Berufsentscheidungen werden oft nur innerhalb von Kontexten getroffen, die von N/A-Faktoren definiert werden. So werden zum Beispiel ganze Kategorien von Berufen von den meisten jungen Menschen, die ihre Berufsausbildung oder Karriere planen, überhaupt nicht in Betracht gezogen. Diese Kategorien reichen vom Straßenkehrer zum Direktor eines Bestattungsunternehmens; genauso kommt es traditionellen Männern nicht in den Sinn, »weibliche« Berufe zu ergreifen. Und Menschen, die sich entschlossen haben, Angestellte zu werden, ziehen es nicht in Betracht, Arbeiter zu werden, selbst wenn sie dabei mehr verdienen könnten. (Neoklassiker könnten sagen, daß dies nur heißt, daß diese Menschen das Angestelltenprestige höher bewerten als, sagen wir, das höhere Einkommen einiger Arbeiterberufe. Unserer Meinung nach werden einige Akteure, die diese Option aufgrund von Tabus nicht sehen, überhaupt nicht in Betracht ziehen, Arbeiter zu werden, und sich auch nicht darum kümmern, wieviel man dafür bezahlt bekommt.)

N/A-Durchdringung

Die partielle Ausschließung von Optionen läßt insofern einen Kontext entstehen, als sie einen normativ-affektiven Rahmen bildet, innerhalb dessen L/E-Erwägungen angestellt werden können. Die N/A-Durchdringung, die als nächstes behandelt wird, prägt den besonderen Wahlakt, der innherhalb des N/A-Kontexts getroffen wird, und engt den Raum der L/E-Erwägungen weiter ein. (Als erste Annäherung beschäftigt sich die Diskussion hier mit der Rolle der N/A-Faktoren bei Wahlakten, als ob sie ein isolierter Faktor wären. Zusätzliche Verfeinerungen verlangen nach einer Untersuchung der Beziehungen der N/A-Faktoren untereinander, was zu Themenbereichen führt, die schon früher als substantielle Rationalität (Weber [1921–22] 1968) oder moralisch geprägtes Denken (Kohlberg 1981) untersucht wurden. Einige Aspekte davon werden als kognitive Dissonanz (Festinger 1957, 1964) bezeichnet, spiegeln jedoch N/A-Faktoren wider. Diese Themen werden hier nicht behandelt.)

In jenen Zonen des Verhaltens, in denen Akteure für »Suchverhalten« offen sind, wo sie gültige Informationen suchen, diese zu interpretieren und daraus richtige Schlüsse zu ziehen versuchen, sind ihre Wahlakte oft und extensiv von N/A-Faktoren durchdrungen. Solche Durchdringung nimmt zwei Hauptformen an: Ladung und Eindringen.

Normativ-affektive Faktoren *laden* (oder »färben«) verschiedene Tatsachen, ihre Interpretation und die daraus gezogenen Schlüsse mit nichtlogischen und nichtempirischen »Gewichten«. Im Unterschied zum Ausschluß, der bestimmte Fakten, Interpretationen, Schlüsse und damit Optionen der Erwägung entzieht, sorgt die Ladung nur für eine *unterschiedliche normativ-affektive Rangordnung*, die Optionen anders klassifiziert, als es aufgrund von L/E-Erwägungen der Fall wäre.

So hat das Verkaufen einer Aktie (ohne Deckung) bei erwarteten Kursrückgängen (»selling short«) dieselbe grundsätzliche L/E-Bewertung wie der Kauf einer Aktie in Erwartung von Kurssteigerungen (obwohl dabei unterschiedliche Risiken eine Rolle spielen sowie einige andere L/E-Erwägungen im Hinblick auf Dividenden, Zinsen und Steuern). Dennoch waren viele Amerikaner – vor allem Kleinanleger – lange Zeit der Ansicht, daß selling short unpatriotisch sei, daß es hieße, »Amerika zu verkaufen«, weil man dann nicht an Amerikas Zukunft glaube. Wir nehmen an, obwohl wir keine Kenntnis von einer solchen Studie haben, daß es um so unwahrscheinlicher war, daß jemand selling short betrieb, je mehr er/sie dieser Ansicht verpflichtet war. Dieses Beispiel illustriert in einem Bereich wirtschaftlichen Verhaltens eine Situation, in der die Akteure zwei Optionen *wahrnehmen*, ihr Vermögen zu vergrößern – nämlich die Aktie A zu kaufen oder die Aktie B zu verkaufen. Dennoch betrachten sie die eine als weniger »akzeptabel« als die andere und wählen daher B nur dann, wenn der Ertrag viel höher ist, obwohl es wenige oder keine L/E-Gründe für ein solches Verhalten gibt. Andere Beispiele (Katona 1975, S. 272) beziehen sich auf Leute, die trotz höherer Zinsen eher auf Raten oder mit Kreditkarte kaufen würden, als bei einer Bank einen Kredit aufzunehmen, weil sie etwas dagegen haben, »verschuldet zu sein«. Sie betrachten den Gebrauch von Kreditkarten nicht als geborgtes Geld, sondern als »verschobene Zahlung«. Das bekannte Phänomen der »Geldillusion«, nach der die Menschen unter bestimmten Umständen scheinbar höhere Nominallöhne den Löhnen vorziehen, die tatsächlich höher, aber scheinbar niedriger sind, ist ebenso, zumindest teilweise, durch affektive Faktoren erkärbar. Hohe Nominallöhne können mehr Selbstwertgefühl verleihen. Das heißt, obwohl vom Akteur beide Optionen wahrgenommen werden, wird eine Option aufgrund von Nicht-L/E (also aufgrund von N/A)-Erwägungen höher bewertet.

Eindringen passiert, wenn N/A-Faktoren die ordnungsgemäße Vollendung einer besonderen L/E-Erwägung verhindern. L/E-Erwägungen verlangen die Vollendung einer *Sequenz*, die aus dem Sammeln von Fakten, der Interpretation ihrer Bedeutung und dem Ziehen von Schlüssen besteht, die einen dann dazu bringen, eine Option den anderen vorzuziehen. Entscheidungen bringen oft mehrere solcher Sequenzen mit sich, eine oder mehrere für jede Option, ganz abgesehen von der Aufgabe, die Optionen selbst zu gewichten. Ganz abgesehen von der Tatsache, daß sie die Optionen beschränken, die in Betracht gezogen werden, oder diejenigen belasten, die untersucht werden, unterbrechen N/A-Faktoren solche L/E-Erwägungen oft, da durch ihr Einwirken einige Schritte übersprungen oder nur ungenügend vollzogen werden.

Unterbrochene Sequenzen findet man in vielen Formen. In einigen wird jeder Schritt des Entscheidungsprozesses verkürzt, in anderen sammeln Einzelpersonen (und Organisationen) zahlreiche Fakten, werten sie aber nicht genügend aus und ziehen zu früh Schlüsse. Während das L/E-Denkmuster »vertikal« in Sequenzen abläuft, beruhen N/A-Erwägungen oft auf dem »lateralen Denken«, dem »Springen« zur Lösung. Es wurden auch andere Formen des Eindringens identifiziert. So zeigte sich zum Beispiel, daß großer Streß das zufällige Verhalten verstärkt, die Fehlerrate erhöht, Regressionen auf »primitivere« oder einfachere Reaktionen auslöst, Unflexibilität verursacht, die Aufmerksamkeit und die Toleranz für Zweideutigkeiten senkt, die Fähigkeit verringert, gefährliche von ungefährlichen Vorfällen zu unterscheiden, und die Fähigkeit zum abstrakten Denken stark beeinträchtigt (Torrance 1954; Korchin 1964; Holsti 1971).

Daten über N/A-belastete Wahlakte können Untersuchungen darüber entnommen werden, wie Abgänger von Universitäten, auch MBAs (Master of Business and Administration – Anm. d. Übers.) zwischen Jobs wählen, die ihnen angeboten werden. Eine Untersuchung berichtet, daß die Absolventen lange Zeit damit verbrachten, das erste und zweite interessante Angebot zu vergleichen. Dabei nahmen sie eines der beiden Angebote als ungünstiger wahr, um sich selbst gute Gründe zu geben, das andere zu wählen (Soelberg 1967). Zwei anderen Untersuchungen zufolge erfolgen solche Wahlakte ohne große Denkarbeit (Moment 1967; Nisbett und Grant 1965). Es sollte jedoch darauf hingewiesen werden, daß einige andere Studien einen höheren Grad von L/E-Erwägungen herausfanden (z. B. Glueck 1974).

Entscheidungen werden oft diskutiert und untersucht, als ob sie zu einem bestimmten Zeitpunkt stattfänden. Tatsächlich setzen sich die meisten Entscheidungen aus einer Reihe von Schritten oder Vorentscheidungen zusammen oder verlangen nach Wiederholungen der Schritte. Die Entscheidung, das Rauchen aufzugeben, ist zum Beispiel selten eine einmalige und definitiv getroffene Entscheidung, sondern eher eine kontinuierliche. Für viele Menschen ist die Entscheidung, Geld in eine Aktie zu investieren, nicht ein punktuelles Ereignis im Sinne eines einmaligen Kaufes, sondern eine Entscheidung, die oft überprüft und tatsächlich wiederholt wird. Laut Sjöberg (1980, S. 123) gibt es für solche Entscheidungen oft »Rückfälle auf nicht bevorzugte Alternativen«, da N/A-Faktoren die aufgrund von L/E-Erwägungen gemachten Entscheidungen unterminieren. Beispiele dafür wären der Entschluß abzunehmen, nicht mehr zuviel zu trinken oder eine Aktie trotz kurzfristiger Preisschwankungen nicht abzustoßen. (Für weitere Diskussionen siehe Elster 1985a, S. 6ff.)

N/A-Faktoren bringen Menschen auch dazu, an beladenen Entscheidungen festzuhalten, selbst wenn L/E-Faktoren gegen sie sprechen. Verschiedene Untersuchungen zeigen, daß die Menschen dazu neigen, bei ihren Entscheidungen zu bleiben, wenn sie sich einmal, sei es nun öffentlich oder sich selbst gegenüber, verpflichtet haben (Steiner 1980, S. 22). Sie reflektieren damit einen Wert, den man als

»leichtfertig inkonsistent« bezeichnet. Wenn neue Informationen eingebracht werden, die gegen ihre Entscheidung sprechen, neigen die Menschen dazu, zu verneinen, daß sie es hätten vorhersehen können (ebd., S. 245). Berelson und Steiner (1964, S. 575) sind der Ansicht, daß »je mehr eine Person in ihre Überzeugungen emotional eingebunden ist, desto schwerer ist es, sie durch Argumente oder Propaganda – also durch Appellieren an ihre Intelligenz – dazu zu bringen, ihre Meinung zu ändern. Das kann bis zur virtueller Unmöglichkeit gehen.« Kurz gesagt, N/A-Faktoren können auf viele Arten zum Tragen kommen, fehlen aber selten ganz.

Zahlreiche Versuche wurden unternommen, um N/A-Faktoren in das neoklassische Paradigma zu integrieren, indem angenommen wurde, daß die Akteure sich dieser Faktoren bewußt sind und ihnen auf berechnende Weise begegnen, grundsätzlich so, als ob sie nichts anderes wären als zusätzliche externe Restriktionen (Fishbein und Ajzen 1975; Kelley und Thibault 1978). Es ist also notwendig, wiederum darauf hinzuweisen, daß mit den N/A-Faktoren unter bestimmten Bedingungen manchmal so umgegangen wird, daß aber diese Faktoren sehr oft internalisiert sind, d. h., daß sie von der betreffenden Person absorbiert wurden und das innere Selbst prägen. Im Laufe des Prozesses kann ein N/A-Faktor durch die Persönlichkeit sehr wohl verändert werden, doch wenn der Prozeß abgeschlossen ist, sind die Werte und Emotionen zumindest teilweise Ausdruck dessen, was diese Person glaubt, fühlt, vorzieht und sucht – nicht etwas, was die Person als extern betrachtet. (Mit anderen Worten, die Tatsache, daß die Menschen bis zu einem gewissen Grad wählen, welche Emotionen sie zeigen oder für welche Werte sie mit Worten eintreten, bedeutet nicht, daß sie keine anderen haben, die sie als ihre eigenen betrachten.)

Legitimierte Indifferenzbereiche

Normativ-affektive Faktoren *definieren spezifische, oft ziemlich beschränkte* Bereiche, in denen Entscheidungen, die im wesentlichen (seltener ausschließlich) auf der Basis logisch-empirischer Erwägungen getroffen werden, angebracht oder sogar notwendig sind. Diese Bereiche sollen von nun an als *legitimierte Indifferenzbereiche** bezeichnet werden. Damit soll betont werden, daß sie von N/A-Faktoren gebildet und vor N/A-Eindringen geschützt werden. Ein bekanntes Beispiel aus dem täglichen Leben ist der Fall, daß Eltern ihren Teenagern heftige Vorwürfe wegen Impulskäufen machen oder wenn Ehemänner in einer traditionellen Familie (die sich selbst oft als »rationalere« und das Haushaltsbudget besser im Auge habende Menschen betrachten) ihre Ehefrauen wegen »impulsiven Kaufens« tadeln. Das heißt, Werte (z. B. Sparsamkeit) und ihre Folgen (z. B. Ärger) werden dazu benutzt, die Kurve der Impuls- und Gewohnheitskäufe zu verflachen und rationales Kaufverhalten zu erzielen. Ebenso gibt es in manchen Kreisen von Heimwerkern den Druck, vernünftig, d. h. rational einzukaufen, indem man sich in Konsumentenmagazinen informiert, Preisvergleiche anstellt, von Gutscheinen und Preisreduzierungen Gebrauch macht usw. Diese Beobachtungen sind deshalb interessant, weil Indifferenzzonen nicht einfach nur existieren. Sie sind nicht die »normale« Art, wie die Menschen Konsumentscheidungen treffen, wie es die neoklassische Ökonomie impliziert, sondern werden von N/A-Faktoren geprägt. Das Ausmaß, in dem die Menschen »suchen«, ist also nicht nur eine Funktion der Informationskosten und der potentiellen Ersparnisse, sondern auch von der normativen Toleranz für das Suchverhalten oder seine Unterstützung abhängig. (Daher ist es in unserer Zeit legitimer, Kosten-Nutzen-Überlegungen anzustellen, wenn »heroische« Taten notwendig werden, um ein Leben zu verlängern, als es in früheren Generationen war. Damals war es der vorherrschende Wert, »alles« in seiner Macht Stehende für einen geliebten Menschen zu tun.)

Das sogar im Hinblick auf den Kauf von Konsumgütern beschränkte (weniger N/A-beladene als andere ökonomische Entscheidungen wie Investitionen oder Arbeitsplatzwahl) Ausmaß von Indif-

---

* Barnard (1947, S. 167–69) verwendet diesen Ausdruck zur Bezeichnung eines Bereichs, in dem eine Einzelperson bereit ist, Befehle zu akzeptieren. Handlungen außerhalb dieser Zone verletzen die Vorstellungen dieser Person davon, was befolgt werden sollte.

ferenzzonen wird von Untersuchungen des Prestiges beleuchtet. Ein Überblick über verschiedene Studien des Konsumverhaltens unterscheidet zwischen Produkten »mit hohem Prestige« (für die meisten amerikanischen Konsumenten unserer Zeit) und Produkten »mit geringem Prestige« (Engel und Blackwell 1982, S. 21–22). Güter mit hoher Betroffenheit sind solche, die die Konsumenten nicht nur als Produkte betrachten, die sie vielleicht benützen wollen, sondern auch als Artikel, die »der Welt eine Nachricht« über die Person »vermitteln« und damit also in Beziehung zum Selbstwert der Person stehen. Unter solchen Produkten zu wählen, zieht Entscheidungen nach sich, die »komplexer«, länger und stärker von N/A-Faktoren beeinflußt sind, als es Wahlhandlungen zwischen Dingen mit geringem Prestige sind, also Entscheidungen, die keinerlei Auswirkungen auf das Selbstwertgefühl haben.

Die Erkenntnis, die für unser Modell besonders bedeutsam ist, besteht darin, daß erstaunlich viele Dinge in diese Kategorie mit hoher Betroffenheit fallen. Sie umfaßt nämlich nicht nur »große« Käufe wie Autos, Häuser und die meisten Kleidungsstücke, sondern auch Kaffee (dessen Qualität als Indikator für die hausfraulichen »Fähigkeiten« betrachtet wird), der Kauf von naturbelassenen Medikamenten anstelle von Markenprodukten (was so betrachtet wird, als ob man »die Gesundheit der Familie aufs Spiel setzen« wollte) und viele andere Artikel (Engel und Blackwell 1982, S. 21). Zu den Dingen mit geringer Betroffenheit gehören Kugelschreiber, Glühlampen, Alufolie und andere relativ triviale Güter. Andere Studien haben andere Listen aufgestellt, doch die Rolle der N/A-Faktoren und der beschränkte Bereich der Indifferenzzonen werden aus allen deutlich (Furnham und Lewis 1986, S. 207 ff.; Morgan 1978, S. 61).

Ebenso ist es allgemein bekannt, daß man sich im politisch-öffentlichen Bereich auf Expertenmeinungen verlassen sollte, daß Entscheidungen jedoch aufgrund der N/A-Faktoren oft von Politikern gemacht werden, die sich auf »andere«, besonders auf ideologisch-politische Erwägungen stützen. Nur Entscheidungen hoch technischer Natur werden den Experten überlassen, meist nur innerhalb eines Kontexts von Optionen, der teilweise aufgrund von N/A-Faktoren festgelegt wurde.

Mit anderen Worten: L/E-Erwägungen dürfen nur solche Wahlakte bestimmen, in denen keine der Optionen N/A-beladen ist, d. h. wenn alle Optionen denselben oder einen vergleichbaren N/A-Rang haben. In diesem Fall sind die Individuen laut Aussage von Janis und Mann (1977) »kühl« und emotionsfrei und in der Lage, aufgrund von L/E-Erwägungen zu entscheiden. Unserer Ansicht nach entspricht dies alles der Wahrheit, sieht man davon ab, daß die Menschen oft nicht so »kühl« sind. Und das Ausmaß, in dem sie es sind, ist teilweise von N/A-Faktoren bestimmt.

Sind N/A-Erwägungen »zerstörerisch«?

Affekte: Eine Sache der Persönlichkeitstheorie

Die Art, wie man die Rolle des Affekts bei der Entscheidungsfindung sieht, kann – wenn überhaupt – nur im Rahmen der jeweils verwendeten Persönlichkeitstheorie betrachtet werden. Dieses »wenn überhaupt« steht nur da, weil die großen Schwierigkeiten, sich auf eine Persönlichkeitstheorie zu einigen und so eine Theorie operational zu machen, viele Psychologen in den letzten Jahrzehnten dazu veranlaßt haben, von der Benutzung einer Persönlichkeitstheorie überhaupt Abstand zu nehmen und sich statt dessen auf die Untersuchung spezifischer kognitiver Prozesse zu konzentrieren. Ohne hier den Versuch unternehmen zu wollen, die immense Literatur zu Persönlichkeitstheorien zusammenzufassen (allein die Bände über die verschiedenen Interpretationen Freuds würden eine kleine Bibliothek füllen), sollen die für unser Thema relevanten Punkte kurz angerissen werden.

Einige Persönlichkeitstheorien, die meist mit Freud in Zusammenhang gebracht werden, betrachten die rohen Emotionen (oder das *Es*) als wilde Kräfte, die die Vernunft ausschalten. Während diese Kräfte »zivilisiert« werden können, ja sogar dazu benützt werden, dem *Über-Ich* und dem *Ich* zu dienen, läßt eine nicht ordentlich durchgeführte oder unvollständige Sozialisierung einige dieser rohen Emotionen in dunklen Winkeln der Persönlichkeit bestehen. Früher oder später brechen diese Emotionen durch, verursachen impulsives, regressives, infantiles – d. h. irrationales – Verhalten oder aktivieren verschiedene schädliche Verteidigungsmechanismen. Kurz gesagt, rohe Emotionen werden als Gegenteil der Vernunft gesehen. Kein Wunder, daß Freuds Arbeit für das Zeitalter der Vernunft als eine große Herausforderung gesehen wird.

Die Ansicht, daß L/E-Erwägungen rational sind, impliziert als Kernstück des neoklassischen Paradigmas, daß diese Erwägungen die richtigen Überlegungen sind, die man anstellen muß. Tatsächlich ist es weitgehend anerkannt, daß neoklassische Entscheidungstheorien eher präskriptiv als deskriptiv sind. Falls sie nicht einfach ignoriert wird, wird die Rolle des Affekts als negativ beschrieben, als ein Faktor, der das Denken »verdreht« und »entstellt«. Elster (1985b, S. 379) meint dazu: »Wenn Emotionen direkt in eine Handlung involviert sind, neigen sie dazu, den rationalen Denkprozeß zu überwältigen oder zu beenden und ihn nicht zu ergänzen.« Sjöberg (1980, S. 123) spricht von einem Denkprozeß, der durch »emotionalen Streß« »verdreht« wäre. Für Toda (1980, S. 133) spielen Emotionen eine »störende« Rolle, sie sind »für die Entscheidungsfindung schädliche, irrationale Faktoren«. Für andere wiederum haben Emotionen »desorganisierende« Wirkungen (vier Quellen werden von Isen 1984, S. 180 zitiert).

Es könnten buchstäblich Hunderte Studien zitiert werden, die diese Sichtweise untermauern. Eine dafür typische Untersuchung definiert die Rolle des Affekts bei der Einschätzung von Wahrscheinlichkeiten. Wright und Bower (1981) testeten den Einfluß der Gemütslage auf die Einschätzung »glücklicher« oder »katastrophaler« Ereignisse. Die Testpersonen wurden gebeten, die Wahrscheinlichkeit zahlreicher Ereignisse auf einer Skala von 1 bis 100 einzuschätzen. Sie schätzten die Hälfte der Ereignisse in einem vorher herbeigeführten glücklichen Gemütszustand ein, die andere Hälfte in trauriger Verfassung. Die Kontrollgruppe nahm dieselbe Wertung in neutraler Gemütsverfassung vor. Diese neutrale Gruppe bewertete die Ereignisse wie folgt: glücklich: 44 %, katastrophal: 43 %. Die glückliche Gruppe bewertete die Wahrscheinlichkeit »glücklicher« Ereignisse mit 52 %, die »katastrophaler« mit 37 %, während die traurige

Gruppe die Wahrscheinlichkeit von glücklich mit 38 % und die von katastrophal mit 52 % einschätzte. Wenn die Menschen traurig sind, werden also negative Ereignisse als wahrscheinlicher erlebt, und ein guter Ausgang wird für weniger wahrscheinlich gehalten, als wenn die Versuchspersonen in neutraler Gemütsverfassung sind. Wenn sie glücklich sind, sehen die Testpersonen einen guten Ausgang für wahrscheinlicher an. Kurz gesagt, die Gemütslage präjudiziert die Wahrnehmung. (Für weitere Evidenzen bezüglich subjektiver Veränderungen der Wahrscheinlichkeiten siehe Steiner 1980, S. 23 und Edwards 1954, S. 400.)

Während sich die hier angeführte Studie mit einem Element der Informationsverarbeitung und der Entscheidungsfindung beschäftigt (der Einschätzung von Wahrscheinlichkeiten), untersuchen Janis und Mann die Rolle des Affekts im ganzen Entscheidungsprozeß. Sie finden heraus (1977, S. 10–11), daß es sehr schwierig ist, die Effizienz eines Entscheidungsträgers anhand der Ergebnisse seiner Entscheidungen zu messen, da diese Ergebnisse zahlreich sind und quantitativ oft schwer einzuschätzen. Daher entwickelten sie ein Prozeßmodell in sieben Schritten, die effiziente Entscheidungsträger durchlaufen, wobei sie sich hauptsächlich auf die Arbeiten von Etzioni (1967, 1968), Katz und Kahn (1966), Simon (1976) und andere stützten. Diese Schritte umfaßten »das gewissenhafte Untersuchen einer großen Palette alternativer Handlungsverläufe«, das sich einen genauen Überblick über eine ganze Reihe von Zielen Verschaffen, das sorgfältige Auflisten der Konsequenzen, »die Suche nach neuen Informationen« und »die offene Assimilation neuer Informationen« (Janis und Mann 1977, S. 11). Werden alle diese Schritte durchlaufen, so nennt man dies umsichtiges Entscheiden. Die Unterlassung eines einzelnen dieser Schritte wird die Entscheidung fehlerhaft machen, und je mehr Schritte unterlassen werden, desto fehlerhafter die Entscheidung.

Janis und Mann untersuchten zunächst zahlreiche psychologische Studien, um zu zeigen, daß die meisten Entscheidungsprozesse nicht umsichtig sind, weil jeder bedeutsame Entscheidungsprozeß angstbesetzt ist – d. h. unter emotionalem Druck abläuft. Die Menschen verfallen dann oft in eines der vier folgenden Fehlverhalten: Trägheit (einem einmal eingeschlagenen Kurs aufgrund von schon aufgestellten Kriterien treu zu bleiben, ohne eine richtige Entscheidung zu treffen, obwohl neue Fakten diesen Kurs in Frage stellen); ein unüberlegter Wechsel zu einem neuen Aktionskurs; defensive Vermeidung; übertriebene Wachsamkeit. Die Studie liefert detaillierte Analysen jedes dieser Muster und seiner Entstehung. Für jedes ist die Angst die eigentliche Quelle.

Die Freudsche und andere psychodynamische Theorien, die reinen Affekt als Antithese zur Vernunft sehen, stehen meist den Arbeiten von Piaget gegenüber, der sich vor allem mit kognitiven Prozessen beschäftigt. Selbst wenn er die moralische Entwicklung untersucht, ist für ihn das Herzstück die Entwicklung von Urteilen und nicht die von moralischen Grundsätzen. Die kognitive Psychologie war in den letzten Jahrzehnten im allgemeinen stark geneigt, Emotionen als ein entbehrliches Konzept zu betrachten. Um Leventhals (1982, S. 126) Worte zu verwenden: sie neigte dazu, »(...) Emotionen als das Produkt nicht-emotionaler Prozesse zu betrachten, meist als eine Synthese kognitiver und motorischer Reaktionen«. Darauf werden wir weiter unten noch näher eingehen. Dennoch ist die Hauptalternative der Freudschen und anderer ähnlich umfassender Ansichten über die Rolle der Emotionen, die – in den Arbeiten humanistischer Psychologen, z. B. von Abraham Maslow zum Ausdruck gebrachte – Sichtweise, der zufolge der Affekt eine konstruktive Basis für Verhalten und Entscheidungsfindung darstellt. Die Menschen werden in diesem Konzept als vom Wunsch nach Befriedigung grundlegender menschlicher Bedürfnisse wie Zuneigung, Selbstwert und Selbstverwirklichung motiviert gesehen. Der Affekt wird als gesund und »normal« betrachtet und nicht als zerstörerisch. Tatsächlich sehen einige die übertriebene Beschäftigung mit der Vernunft als problematisch an. Die Spontaneität wird höher bewertet als langwierige Erwägungen.

Die hier vertretene Ansicht lautet, daß die rohen Emotionen die Vernunft oft beeinträchtigen und daß die Sozialisierung von Emotionen niemals vollständig erfolgen kann. Gleichzeitig erkennen wir an, daß sozialisierte Emotionen oft, wenn auch nicht immer, bedeutende positive Auswirkungen haben, zu denen auch die Erleichterung des Entscheidungsprozesses zählt. Das heißt, es hängt von den spezifischen Umständen und der Rolle ab, ob ein Affekt konstruktiv oder destruktiv wirkt.

Zur Illustration: Einige Studien meinen, daß die Wahrnehmung um so enger wird, je intensiver die Emotionen sind. So wird ein Individuum in einem extremen Angstzustand nur mehr das gefürchtete Objekt wahrnehmen. Diese Verengung der Wahrnehmung ist je nach der Art der zu lösenden Aufgabe positiv oder negativ. Diese Verengung kann irrelevante Fakten ausschließen und dem Individuum helfen, seine intellektuellen Kräfte zu konzentrieren. Andererseits kann es auch höchst relevante Faktoren ausschließen und so die korrekte Analyse der verfügbaren Optionen verhindern.

Obwohl nicht alle Erkenntnisse zum selben Schluß führen, herrscht weitgehend Übereinstimmung darin, daß es sich bei der Beziehung zwischen dem Affektniveau und der Rationalität um eine *nichtlineare* Beziehung handelt. Wenn das Affektniveau sehr gering ist, kann es möglicherweise auch dann nicht zu Entscheidungen kommen, wenn es rational wäre, zu handeln. Wenn das Affektniveau sehr stark ist, sind Erwägungen meist nicht möglich. In gemäßigter Menge wird der Affekt die Entscheidungsfindung eher erleichtern (Woodworth und Schlosberg 1954; Holsti 1971, S. 57).

Yerkes und Dodson (1908) fanden heraus, daß das optimale Niveau emotionaler Erregung um so geringer ist, je komplizierter die zu lösende Aufgabe ist. Diese Erkenntnis wurde von einigen jüngeren Studien erhärtet. In einer von ihnen wurde einer Studentengruppe ein Test vorgelegt, in dessen Verlauf die zu lösenden Probleme immer komplexer werden. Vor dem Test, während die Kontrollgruppe eine mit dem Versuch nicht in Zusammenhang stehende Aufgabe löste, bekam die Versuchsgruppe einen sensomotorischen Geschicklichkeitstest, der so schwer war, daß er unmöglich zu lösen war. Diese frustrierte Gruppe (die nun emotional erregter war als die Kontrollgruppe) erzielte im ersten Teil des Tests bessere Ergebnisse. Als die Probleme komplexer wurden, überholte die Kontrollgruppe die frustrierte Gruppe in ihrer Leistung. Und die Studenten, die durch diesen Test am frustriertesten waren, brachten die schwächsten Leistungen bei den komplexeren Problemen.

Pieters und van Raaij (1987) bieten einen umfassenden Überblick über die Rolle des Affekts im ökonomischen, besonders im Konsumverhalten. Sie listen dabei die folgenden wichtigen Funktionen auf:
(1) Der Affekt liefert Information über die eigenen somatischen Funktionen (z. B. informiert er einen darüber, wie hungrig man ist) und über die Umgebung (z. B. wie sehr man sich, sagen wir, über Berichte beunruhigt, die von irgendwelchen Verknappungen handeln).
(2) Der Affekt dient dazu, Ressourcen zu mobilisieren und zu allozieren (z. B. mobilisieren bzw. behindern starke Affekte die Handlungsfähigkeit).
(3) Aufgrund von Affekten strebt man danach, Aufregungen zu erleben (z. B., um die Langeweile an einem Fließband zu bekämpfen) und schwierige Situationen zu vermeiden (um Streß zu bekämpfen).
(4) Der Affekt dient als Kommunikationssystem (indem man anderen seine Gefühle, sagen wir, im Hinblick darauf kundtut, wie sehr man sich einen Pelzmantel wünscht).

Die Autoren fassen die Ergebnisse der Studien zusammen, die diese verschiedenen Auswirkungen der Affekte untersuchen.

Kurz gesagt, die Vorstellung, daß Affekte rationale Entscheidungsprozesse notwendigerweise, meist oder sogar typischerweise stören, wird verworfen. Der Affekt spielt oft eine positive Rolle, obwohl er die Rationalität beeinträchtigt, wenn er den Entscheidungskontext zu sehr einschränkt, eine Option im Vergleich zu den anderen stark belädt oder L/E-Erwägungen unterbricht. Es werden detailliertere Untersuchungen notwendig sein, um die besonderen Bedingungen zu definieren, unter denen der Affekt produktiv ist bzw. die Vernunft behindert. Diese Einstellung ziehen wir der undifferenzierten Annahme vor, daß er entweder konstruktiver oder destruktiver Natur ist.

Die Rolle der normativen Werte

Werte sind ein umfassendes Kriterium, das Menschen benützen, um Wahlentscheidungen zu treffen. Werte können moralisch, persönlich, sozial oder ästhetisch sein (Williams 1968). Die meisten Werte – abgesehen von den ästhetischen – beinhalten ein affektives Element. Dieses ist die motivierende Kraft, die Quelle der Verpflichtung gegenüber dem Inhalt des Wertes. Werte, die ihre affektiven Elemente verloren haben, werden zu leeren Hüllen, zu Fragmenten von Streitschriften oder zu Phrasen, deren Verteidigung für die Menschen Lippenbekenntnisse sind, die jedoch keinen großen Einfluß auf ihre Wahlhandlungen haben. In der Folge sollen nur mehr jene Werte untersucht werden, die affektive Macht haben, die das Verhalten determinieren – also Werte, die als »normativ« bezeichnet werden können.

Normative Werte unterscheiden sich von der reinen affektiven Betroffenheit dadurch, daß sie eine Rechtfertigung beinhalten und eine umfassende Forderung definieren (es gibt also auch andere, auf die dieselben Rechte anzuwenden sind), während rein affektive Zustände solche Feststellungen nicht enthalten und oft partikularistisch sind. (Die Liebe zur Menschheit ist ein Wert, die Liebe zu einer bestimmten Person ist eine Emotion.) Normative Werte können internalisiert sein und damit ein Teil der Wahrnehmung und des Urteilsvermögens einer Person werden. Oder sie können ein Teil der externen Restriktionen sein, die dem Akteur gesetzt sind. Urteile, die auf normativen Werten beruhen, können benützt werden, um Emotionen abzuschwächen oder sie zu legitimieren. Und normative Werte bilden den Kern des deontologischen Paradigmas.

Die Grenze, die moralische Werte (der Schwerpunkt des Teils I) von der größeren, umfassenderen Palette normativer Werte trennt, ist nicht klar gezogen. Es ist jedoch allgemein üblich, Werte, die das Lügen, das Stehlen, das Töten verdammen, als »moralisch« zu bezeichnen, und Werte wie Gleichheit, Freiheit und Gerechtigkeit als soziale Werte zu betrachten. Da die Diskussion in Teil II und III sowohl moralische als auch soziale Werte umfaßt, wird dafür der Begriff normative Werte benützt.

Die Beziehung zwischen normativen Werten und der Rationalität entspricht in vieler Hinsicht jener zwischen Affekt und Rationalität. Normative Werte können einige oder die meisten Optionen ausschließen, andere belasten usw. So zeigte zum Beispiel eine Studie (Lefford 1946, S. 141), daß normative Beladung das logische Denken behindert. Einer Studentengruppe wurden 40 Syllogismen vorgelegt. 20 von ihnen hatten mit gesellschaftlich umstrittenen Themen zu tun, die anderen mit neutralen. Die Versuchspersonen wurden gebeten, die Richtigkeit dieser Syllogismen zu überprüfen und auch mitzuteilen, ob sie mit ihrem Schluß einverstanden waren oder nicht. Die meisten Versuchspersonen waren eher in der Lage, die neutralen Syllogismen zu beurteilen als die gesellschaftlich umstrittenen, und ihr Denken wurde durch ihre Überzeugungen präjudiziert. Außerdem erzielte die Gruppe von Studenten, die zuerst die neutralen und dann die umstrittenen Syllogismen zu beurteilen hatte, bessere Resultate bei beiden.

Normative Werte sollen auch zu selektiver Informationswahrnehmung führen. So suchten zum Beispiel McGovern-Anhänger im Verlauf der Watergate-Affäre aktiv nach Informationen über dieses Ereignis, Anhänger von Nixon vermieden sie (Chaiken und Stangor 1987, S. 10). Normative Werte beeinflussen die Gewichtung von Information derart, daß Urteile in Richtung der Bestätigung vorher bestehender Überzeugungen gefällt werden (Abelson und Levi 1985). Wenn Informationen im Widerspruch zu den eigenen moralischen Überzeugungen stehen, können sie möglicherweise nicht »aufgenommen« und damit nicht verarbeitet werden (von Magnus 1984, S. 637). Jeder, der einmal mit einem wahren Gläubiger diskutiert hat, mit jemandem, der einer Religion oder einer Ideologie verpflichtet ist, die sich von der eigenen unterscheidet, ist mit einem solchen Verhalten vertraut.

Abelson (1976, S. 61) diskutiert die vielen Funktionen von Glaubenssätzen (ein Terminus, der oft als Synonym für normative Werte benützt wird), »... die anderen Funktionen dienen als der Rationalität. Solch ein Glaube kann trösten, kann gegen Angst schützen, kann vage Gefühle organisieren, kann ein Gefühl von Identität vermitteln, kann die Vorbedingung dafür sein, für eine Sache einzutreten, kann Gesprächsstoff liefern, damit man nicht uninformiert wirkt etc.«

Schließlich tragen normative Werte als Faktoren, die die Mittelwahl beeinflussen, dazu bei, die Vorherrschaft von Zielen zu garantieren. Die Beschäftigung mit Mitteln, mit der Steigerung ihrer Durchschlagskraft, ihres Umfangs, ihrer Quantität und ihrer Qualität ist die Essenz der Industrialisierung, der Marktwirtschaften und der Ökonomie, der Technik und der angewandten Wissenschaften, kurz, der modernen Zeit. Dennoch neigt diese Beschäftigung mit einem Prozeß, der als »Zielverschiebung« bekannt ist, dazu, zur Vorherrschaft der Mittel über die Ziele zu führen. Studien über Organisationen sind voller Beispiele von Institutionen, die eingerichtet wurden, um einem bestimmten Zweck zu dienen. Als sich aber Struktur und Aufbau als ungeeignet erwiesen, wurde das organisatorische Ziel verändert, um der bestehenden Struktur zu genügen, und nicht diese selbst (Sills 1957). Multimillionäre arbeiten sich zum Krüppel, um ihr Einkommen zu vermehren. Beamte und Manager arbeiten »für ihre Familien« und zerstören ihr Familienleben dabei. Gesellschaften unterminieren ihre Basis, um das Wirtschaftswachstum zu beschleunigen. Dieses Phänomen wurde als irrationale Rationalität oder als verrückte Rationalität bezeichnet.

Dr. Strangelove liefert ein passendes Symbol für dieses Thema. Es geht nicht um die Ziele. Dr. Strangelove mag, das kann man einräumen, dem Frieden wirklich verhaftet sein, doch er scheint keinerlei Grenzen für die Mittel zu sehen, die er einsetzt. In seinem Streben nach immer »besseren« Mitteln der Abschreckung, »besseren« Atomwaffen, kann es passieren, daß er schließlich die Menschheit ausradiert, um den Frieden zu erhalten. Dieses Thema tritt auch in anderen Bereichen zutage. Totalitäre Bewegungen mißachten oft die normative Bewertung von Mitteln völlig. Castro glaubt, daß man bereit sein muß, Späne (Tote) zu erzeugen, wenn man hobelt (Revolutionen macht), während Demokraten der Ansicht sind, daß nicht alle Zwecke die Mittel heiligen. Normative Werte dienen als Gegenmittel für die Zielverschiebung, weil sie ein Gegengewicht gegen die Verwendung bestimmter Kategorien von Mitteln (nämlich solche, die die Ziele zerstören) darstellen, aber auch gegen die exzessive

Beschäftigung mit Mitteln (oder der Effizienz) auf Kosten anderer Werte wirken.

Im westlichen Denken findet die rationalistische Haltung – die dazu neigt, die legitime Rolle normativer Werte bei der Mittelwahl zu übersehen – in der unter Wissenschaftlern weitverbreiteten Ansicht Ausdruck, daß Politiker diese oder jene L/E-Erwägung leider »nicht berücksichtigen«. Sie schlagen auch vor, daß Experten dann, wenn die Ziele gewählt sind, die Entscheidungen treffen sollten. (In einer extremeren Form wollen sie die Ziele aufgrund einer wissenschaftlichen Analyse definieren. Dies ist also der Versuch, eine Wissenschaft der Ethik zu schaffen.)

Die medizinische Forschung bietet ein anderes Beispiel für die positive Auswirkung normativer Werte. Es besteht laufend die Notwendigkeit, neue experimentelle Eingriffe vom moralischen Standpunkt her zu überprüfen. Sicherlich kann es sein, daß die normativen Werte den Kontext manchmal zu eng definieren; z. B. indem sie Experimente unnötigerweise einschränken. Dennoch haben die Wissenschaftler in anderen Situationen zu große Freiheit. Die richtige Frage lautet also nicht: Spielen normative Werte eine positive Rolle bei der Entscheidungsfindung, sondern eher: Unter welchen Bedingungen unterstützen sie die Rationalität, und wann schränken sie sie ein? (Sehr gutes Material über diese Bedingungen findet man in der Literatur über das Verhalten von Organisationen. Siehe Beer, Spector, Lawrence, Mills und Walton 1985; Walton und Lawrence 1985.)

Man gerät leicht in Versuchung zu glauben, daß N/A-Faktoren sowohl im Hinblick auf Werte als auch auf Emotionen dann den Entscheidungsprozeß unterstützen, wenn sie Kontexte festlegen (Grenzen, innerhalb derer die Mittel frei gewählt werden können) und die Entscheidungsfindung dort behindern, wo sie L/E-Erwägungen durchdringen, besonders, wenn sie sie unterbrechen. Obwohl eine solche Feststellung als sehr grobe erste Annäherung an das Thema dienen kann, muß darauf hingewiesen werden, daß auch die »Enge« des Kontexts ein anderer Faktor ist: je weniger Optionen legitim sind, desto mehr wird die Rationalität beschränkt. Doch nicht alle Beschränkungen der Rationalität sind dysfunktional. Ja, sogar Unterbrechungen der Entscheidungsfindung – z. B. in einer Notlage, wenn die Emotionen uns treiben, zu fliehen und nicht zu überlegen – sind in manchen Fällen höchst funktional. Kurz gesagt, die Spezifizierung der Beziehung zwischen der Rolle der Werte und der Rationalität im Entscheidungsprozeß ist wie die des Affektes eine noch keinesfalls gelöste Problematik. Doch es steht klar und deutlich fest, daß sowohl Affekte als auch normative Werte oft bedeutende positive Funktionen ausüben und daß sie nicht einfach nur die Vernunft behindern.

Über Definitionen, Messung und alternative Interpretationen

Kognitive Interpretationen der N/A-Faktoren

Kognitive Psychologen kritisierten zu Recht die Vorstellung, daß jede Abweichung von der Rationalität auf einen N/A-Faktor zurückzuführen sei. Tatsächlich haben sie gültige empirische Evidenzen geliefert, die zeigen, daß L/E-Erwägungen oft durch *intra*-kognitive Faktoren (die weiter unten diskutiert werden) beschränkt oder gestört werden. Hier wird jedoch die Ansicht vertreten, daß man etwas zu weit geht, wenn man behauptet, daß alle oder die meisten Beschränkungen von L/E-Erwägungen kognitiver Natur sind und daß N/A-Faktoren keine entscheidende Rolle spielen. Obwohl wir keine neuen Evidenzen vorstellen können, lassen die verfügbaren Daten darauf schließen, daß die Rolle der N/A-Faktoren bei der Entscheidungsfindung alles andere als trivial ist.

Im Rahmen der meisten kognitiven Studien hatten die Testpersonen Aufgaben zu lösen, die zwei für das untersuchte Thema besonders relevante Eigenschaften aufwiesen: Sie haben eine eindeutige Lösung (zumindest im Rahmen der Bayesschen Logik), und keine der Optionen ist mit einer normativ-affektiven Ladung belastet. Wenn die Versuchspersonen zum Beispiel gefragt werden, ob X oder O in einer zufälligen Buchstabensequenz (deren Muster sie herauszufinden haben) häufiger vorkommt, wird die richtige Antwort – nämlich, daß sie gleich häufig vorkommen – nicht von einer affektiven

Bindung zu X oder O oder einem normativen Urteil über einen der beiden Buchstaben behindert. Daher ist es ziemlich plausibel, daß die Verzerrungen, die Testpersonen zeigen, intra-kognitiver Natur sind.

Im Gegensatz dazu haben viele Tatsachen, Schlüsse und Urteile, die Menschen in Situationen des täglichen Lebens treffen, mit Problemen zu tun, auf die es keine eindeutigen Antworten gibt und die mit Dingen zu tun haben, die Affekte und normative Urteile wecken. Typischerweise sind Fakten, die Einzelpersonen benützen, jenen ähnlich, derer sich die Amerikaner bedienen, um die Vertrauenswürdigkeit der Sowjetunion zu bewerten oder zu bestimmen, welche Inflationsrate und Zinssätze es in zehn Jahren geben wird – also Urteile, die Angst auslösen (ein Fehler kann das Haus oder das Heimatland kosten). Das heißt: Obwohl in einigen Situationen nur intra-kognitive Verzerrungen auftreten und in anderen sowohl intra-kognitive als auch N/A-Faktoren, sind wir der Ansicht, daß die meisten Entscheidungen des täglichen Lebens mit beiden zu tun haben.

Tatsächlich scheinen die N/A-Faktoren für uns in jenen Studien kognitiver Psychologen, die mit Situationen des täglichen Lebens zu tun hatten, besonders deutlich vorzuherrschen und eine sehr einfache Erklärung zu bieten. So fanden Psychologen z. B. heraus, daß die Menschen im allgemeinen besonders zuversichtlich sind, wenn sie Wahrscheinlichkeiten einschätzen, die mit ihrem eigenen Leben zu tun haben. Sie glauben, daß sie überdurchschnittlich gute Autofahrer sind, mit größerer Wahrscheinlichkeit als der Durchschnitt älter als 80 Jahre werden und auch mit geringerer Wahrscheinlichkeit von Konsumgütern geschädigt werden (Slovic und Lichtenstein 1982). Dies wird als eine Sache der »Verfügbarkeit« erklärt, ein kognitives Phänomen, im Rahmen dessen die Menschen mehr auf »lebensnahe« Informationen ansprechen als auf »tote« Statistik. Da die Menschen wenig Erfahrung mit schweren Unfällen haben, glauben sie, daß diese Ereignisse nicht »lebensnah« sind und unterschätzen sie daher. Dies kann sehr gut wahr sein. Es scheint jedoch plausibel, daß *ein Teil* der Varianz durch N/A-Faktoren – wie zum Beispiel, daß die Menschen versuchen, ihr Selbstwertgefühl zu schützen oder zu steigern (»Ich bin ein guter Autofahrer«) und durch gesellschaftlichen Druck zum Vertrauen in die Zukunft – erklärt werden muß. (Daher könnte man erwarten, daß solche Antworten in prahlerischen Kulturen häufiger vorkommen als in solchen, in denen die Zurückhaltung die akzeptierte Norm ist. Hier könnte man zum Beispiel amerikanische und britische Einstellungen vergleichen.)

Dasselbe kann man aus dem Untersuchungsergebnis herauslesen, daß das Risikoverhalten der meisten Menschen im Widerspruch zu den Annahmen neoklassischer Ökonomen hinsichtlich dieses Verhaltens steht. So ziehen Individuen einen sicheren Gewinn sogar dann einem viel größeren, aber weniger sicheren Gewinn vor, wenn der ökonomische Wert der zweiten Option nach den Wahrscheinlichkeiten bedeutend höher ist (Kahneman und Tversky 1982, S. 160); d. h. die Menschen ziehen die geringeren Erträge vor. Ebenso verhalten sich die Menschen nicht konform zu den neoklassischen Annahmen, wenn sie ein Risiko nur dann auf sich nehmen, falls sie dafür entschädigt werden. So ziehen sie es vor, um einen Verlust zu spielen statt einen sicheren Verlust hinzunehmen, selbst wenn der Spielverlust viel höher ist (natürlich nur, wenn man die verschieden großen Wahrscheinlichkeiten in Betracht zieht) usw. Alle diese Erkenntnisse sind *teilweise* durch den relativen Verlust an Selbstachtung (ein Teil Emotion, ein Teil Wert) erkärbar, der im Vergleich zu anderen durch manche Verhaltensweisen entsteht. So ist zum Beispiel der Grund, warum die Menschen einen sicheren, aber kleineren Gewinn einem weniger wahrscheinlichen, größeren Gewinn vorziehen durch die Beobachtung erklärbar, daß ein kleiner, aber sicherer Gewinn die Möglichkeit ausschließt, sich Vorwürfe machen zu müssen, wenn der Gewinn verloren geht; eine Aussicht, die nur dann Wirklichkeit werden kann, wenn der Versuch unternommen wird, den größeren Gewinn zu machen. Diese Erklärung durch N/A-Faktoren kann zusätzlich zur kognitiven Interpretation dann als gültig angesehen werden, wenn Menschen mit höherem Selbstwertgefühl eher bereit wären, Risiken einzugehen.

Tatsächlich gibt es eine ganze Reihe psychologischer Studien, die die kognitiven Verzerrungen, die weiter oben diskutiert wurden, mit verschiedenen Selbstverteidigungsmechanismen in Zusammenhang bringen, im besonderen mit dem Selbstwertgefühl (Heider 1958;

Jones und Davis 1965; Kelley 1967). So schreiben Einzelpersonen Erfolge oft ihren eigenen Bemühungen zu, während sie Mißerfolge mit Unglück assozieren oder mit anderen Faktoren, die außerhalb ihrer Kontrolle liegen (bei der Erfüllung von Aufgaben: Davis und Davis 1972; Feather 1969; Fitch 1970; Wolosin, Sherman und Till 1973; für die Lehre: Beckman 1970, Freize und Weiner 1971; Johnson, Feigenbaum und Weiby 1964). Ebenso scheint die Tatsache, daß die Menschen viel eher bereit sind, ein Risiko auf sich zu nehmen, um einen Verlust zu vermeiden, als einen entsprechenden Gewinn zu machen, zum Teil auf N/A-Faktoren zurückzuführen zu sein: Verlieren kann man nur etwas, was man schon hat, ein Gewinn, der noch erzielt werden muß, ist noch nicht Teil des Selbstbilds geworden. Vergleichen Sie zum Beispiel den Widerstand gegen eine Lohnsenkung mit dem Widerstand, den die Menschen einer Lohnerhöhung entgegensetzen, die geringer ausfällt, als sie es erwarteten. Sicherlich sind auch andere Faktoren am Werk; so können Menschen zum Beispiel finanzielle Verpflichtungen auf der Basis dessen eingehen, was sie haben; sie sind lange nicht so schnell bereit, für Gelder Verpflichtungen einzugehen, die sie erst zu gewinnen hoffen. Doch selbst denen, die bereit sind, Kredite aufzunehmen, »tun« Verluste mehr »weh« als entgangene Gewinne.

Der Unterschied in der Bedeutung wird in der Diskussion über Vorurteile untersucht. Nisbett und Ross (1980, S. 237–42) greifen die Tendenz an, motivatorischen, emotionalen oder spirituellen »Defekten«, dem »Triumph des Herzens über den Intellekt« rassische oder ethnische Vorurteile zuzuschreiben. Sie sehen den Grund für Vorurteile in zahlreichen *kognitiven* Verzerrungen. So wird zum Beispiel jenen Gruppenmitgliedern, gegen die Vorurteile existieren, die also den Stereotypen entsprechen, überproportionale Bedeutung zugeschrieben, und »Vorkommnisse aus dem täglichen Leben« werden benützt, um die Stereotypen zu »validieren« (S. 140). Folgt man dieser Analyse, so tun jene, die einige faule Neger oder laute Italiener sehen und daraus schließen, daß alle Angehörigen dieser Gruppe so sind, nichts anderes als grob verallgemeinern. Man kann sich fragen, warum verallgemeinern sie nicht die positiven Eigenschaften dieser Menschen? Warum konzentrieren sie ihre feindliche Einstellung so oft auf schwache Gruppen? Hier scheinen emotionale Mechanismen am Werk zu sein. So scheinen die Menschen zum Beispiel ihre zwiespältige Einstellung zu anderen so zu spalten, daß negative Gefühle auf die Außenseiter-Gruppe, die positiven auf die Wir-Gruppe projiziert werden.

Probleme der Operationalisierung

Ungeachtet der Tatsache, daß die Begriffe »Affekt« und »normative Werte« in den traditionellen Werken der jüngeren psychologischen Literatur vermieden werden, obwohl der Begriff des Affekts (oder der Emotionen) in den 80er Jahren ein gewisses Comeback feierte (dies gilt jedoch bis jetzt nicht für die normativen Werte), wurden sie in der vorangegangenen Diskussion benützt. Ohne hier die komplexen, damit in Zusammenhang stehenden Probleme im Detail behandeln zu wollen, ist es notwendig, kurz anzudeuten, weshalb sich der Autor auf diese unmodernen Konzepte beruft.

Ein Teil der Antwort liegt in der Geistesgeschichte begründet. In der Zeit zwischen 1960 und 1980 waren die Vertreter der traditionellen Psychologie damit beschäftigt, die Theorie aufzustellen, daß intrakognitive Prozesse gültig sind, und damit, sich von der behavioristischen Vorstellung zu lösen, daß das Verhalten von außen gelenkt ist, geprägt von Inputs der Umwelt, wodurch der Mensch als »Black Box« gesehen wurde, die in ihrem Inneren nicht untersucht werden muß (Norman 1980, S. 1–11). Die internen Prozesse, mit denen man sich beschäftigte, wurden als rein kognitiv betrachtet, als ob die Schwierigkeit, ein ephemäres Konzept wie das kognitive Denken einzuführen, so groß wäre, daß jegliche Bereitschaft weiterzugehen und auch den Affekt wieder einzuführen dadurch von vornherein entkräftet würde (Zajonc 1980, S. 152). Tatsächlich wurde »bewiesen«, daß Emotionen ein unnötiges Konzept wären, oder sie wurden als Auswirkung kognitiver Interpretationen unspezifischer psychischer Erregungszustände interpretiert.

Die Arbeiten von Schachter (1966, 1971) und seiner Forschungskollegen (Schachter und Singer 1962) werden oft zitiert, um zu argumentieren, daß Emotionen nichts als psychologische Erregung und eine kognitive Verschlüsselung der Situation sind, die diese Erregung verursacht. Was eine Person »fühlt«, wäre nicht von der inneren Empfindung abhängig, sondern von der Situation, die den Gemütszustand auslöste, und von der Art, wie die Person die Situation einschätzt. *Dieselbe* Erregung kann als Freude oder als Ärger erfahren werden, je nachdem, welche Wahrnehmung dabei zum Tragen kommt. Wir möchten hier darauf hinweisen, daß die Originalstudien heftig kritisiert wurden und daß Versuche, sie nachzuvollziehen, nicht erfolgreich waren (Marshall und Zimbardo 1979; Maslach 1979) und daß Hunderte Studien die Rolle der Affekte nachgewiesen haben (für einen Überblick über diese Studien siehe Isen 1984).

Ein anderer wichtiger Grund, warum Emotionen in ihrer Bedeutung heruntergespielt wurden, ist, daß sie immer schon schwierig zu definieren waren. Dennoch sollte nicht übersehen werden, daß es ähnliche Schwierigkeiten bei der Definition des Begriffs Wahrnehmung (Holyoak und Gordon 1984, S. 62) und natürlich des Begriffs Rationalität gibt. Schwierigkeiten bei der Begriffsbestimmung sollten daher nicht zugunsten eines Konzeptes und auf Kosten eines anderen benützt werden.

Schließlich sind die Forscher auch bei der Suche nach empirischen Meßmethoden für Emotionen auf Schwierigkeiten gestoßen. Dennoch glauben wir, daß es ein vielversprechender Ansatz ist, einige Maße miteinander zu kombinieren und so die Schwächen jedes einzelnen Maßstabs zu korrigieren. So sind Berichte der Betroffenen über ihre eigenen Gefühlszustände (»verbaler, introspektiver« Natur) eher problematisch, weil sie der Rationalisierung unterworfen werden. (Die Menschen kaufen mehr von einem Produkt, wenn ihnen die Hintergrundmusik im Kaufhaus gefällt, doch wenn man sie darauf anspricht, haben sie das Produkt wegen seiner Vorzüge gekauft.) Psychologische Aspekte der Emotionen werden durch elektronische Anlagen gemessen (die Polygraphen ähnlich sind), und Indikatoren wie Erröten, Stocken des Atems, Zittern etc. sind unzuverlässig, da sie auch auf andere Faktoren zurückzuführen sein könnten, z. B. auf Schwankungen der Körpertemperatur oder verschieden große physische Anstrengungen. Verhaltensspezifische

Anzeichen wie Lächeln (wenn man glücklich ist) oder Stirnrunzeln (wenn man sich Sorgen macht) sind ebenso unzuverlässig, wenn nur sie als Kriterien herangezogen werden.

Dennoch, wenn alle drei Arten von Indikatoren in dieselbe Richtung weisen, so kann man sicher sein, daß der Affekt tatsächlich wirksam ist. Und wenn die Messungen unvereinbar sind, kann dies dazu benützt werden, eine Typologie verschiedener Affekte aufzustellen, wie die der deklarierten Emotionen (nur durch die betroffene Person selbst), physiologische Erregung usw. Diese können wiederum mit verschiedenen psychologischen Beobachtungen korrelieren. So erwartet man, daß Emotionen, die auf eine der drei möglichen Ebenen beschränkt bleiben, weniger stabil sind als jene, die alle drei Ebenen betreffen. So kann man erwarten, daß sich zum Beispiel eine Person, die ein Gefühl nur verbal manifestiert, jedoch keinerlei Anzeichen von Erregung oder emotionalem Verhalten an den Tag legt, an soziale Normen anpaßt, die jedoch nicht internalisiert wurden (so kann man zum Beispiel eine Fahne grüßen, auch wenn man ziemlich unpatriotisch ist). Für weitere Diskussionen der Definitionen und Meßmethoden von Emotionen siehe Izard, Kagan und Zajonc (1984).

Das Konzept der normativen Werte ist wahrscheinlich weniger problematisch als das des Affekts, wirft jedoch auch einige methodologische Fragen auf. Dieses Konzept wird oft mit dem Argument angegriffen, daß Werte als Geisteshaltung nicht beobachtbar sind und nur schlechte Vorhersagen auf das Verhalten ermöglichen. Dennoch wurden in den letzten Jahren neue Ansätze entwickelt, die bei der Messung der Emotionen das Verhalten viel mehr berücksichtigen, als es früher der Fall war (Schwartz 1977; Ajzen und Fishbein 1980; England 1967; England und Lee 1974; und Watson und Barone 1976). Tatsächlich machen Studien, die solche Variablen einbeziehen, oft bessere Vorhersagen als jene, die diese Einstellungen nicht berücksichtigen (Hoch 1985).

Damit soll nicht gesagt werden, daß die ernsthaften Probleme bei der Definition und Operationalisierung der Affekte und Werte gelöst wurden. Dennoch gibt es solche auch in den anderen häufig benützten Konzepten, und einige vielversprechende Lösungsansätze sind schon gefunden.

Können N/A-Faktoren in das neoklassische Paradigma integriert werden?

Neoklassiker vertreten die Ansicht, daß es, selbst wenn alle diese Aussagen über die Bedeutung der N/A-Faktoren gültig sind, nicht notwendig ist, ein anderes Paradigma zu entwickeln, weil diese Faktoren in das vorherrschende Paradigma integriert werden können. N/A-Faktoren könnten in die Präferenzen eingebaut werden (da sie Ziele beeinflussen) und in die Restriktionen (da sie die Mittelwahl beeinflussen). Moralische Grundsätze und emotionale Verpflichtungen wären einfach zwei der vielen Faktoren, die in den Präferenzen der Einzelperson »reflektiert« würden. Ein großes Stück von Teil I dieses Buches ist der Argumentation gewidmet, daß eine solche Einschließung der Werte übertrieben vereinfacht und unproduktiv sowie ethisch inakzeptabel ist. Hier werden zusätzliche Argumente gebracht, die die These stützen sollen, daß N/A-Faktoren als bedeutsame, sowohl von den Präferenzen als auch von den Restriktionen unterschiedliche Kategorie betrachtet werden sollten (Etzioni 1986a).

Wenn die N/A-Faktoren die Wahlakte des Individuums nur in einem beschränkten Maße beeinflußten, könnten diese Faktoren in einem Modell einfach als ein weiterer Faktor abgebildet werden, der die Restriktionen bestimmt, als ob man einen weiteren Reibungsfaktor in das Modell der reibungslosen »schiefen« Ebene einführte. Dies wäre zum Beispiel der Fall, wenn jemand einen Stamm untersuchte, dessen Angehörige keine Kühe kaufen, aber mit Tausenden anderen Dingen handeln dürften. Dennoch lautet die hier vertretene Position, daß ein Großteil der von Individuen getroffenen Wahlentscheidungen aufgrund von N/A- und nicht aufgrund von L/E-Erwägungen getroffen werden. N/A-Faktoren sind nicht einfach ein weiterer Faktor, ein Teil eines Faktorenbündels, sondern erklären eine bedeutsame Menge der getroffenen Wahlentscheidungen. Sie müssen daher getrennt untersucht werden, sollen diese Wahlakte hinreichend gut erklärt werden.

Es ist jedoch von größter Wichtigkeit, daß Neoklassiker Präferenzen als stabil und/oder als gegeben betrachten (siehe oben). Dennoch muß ein produktives sozialwissenschaftliches Paradigma in der Lage sein, die Faktoren zu identifizieren, die Affekte und Werte bilden und verändern, da N/A-Faktoren für einen großen Teil der Varianz unter Präferenzen und für Präferenzänderungen verantwortlich sind. Daher müssen kulturelle Veränderungen, soziale Bewegungen, wechselnde Leitbilder, gesellschaftliche Spannungen und ihre Auflösung oder Verringerung – also alles Faktoren, die N/A-Veränderungen erklären – in das Paradigma eingebaut werden.

Da Neoklassiker den Verdienst ihres Ansatzes hervorheben, weil er so sparsam ist, sollte man auch darauf hinweisen, daß die Anerkennung der Rolle der N/A-Faktoren besonders verknappend ist, weil diese sowohl die Präferenzen *als auch* die Restriktionen determinieren.

Hier sei ein Beispiel zur Illustration dieser Argumente zitiert. In den USA gab es von 1981 bis 1986 einen Rückgang im Alkoholkonsum. Ein Neoklassiker wird versuchen, diesen Trend durch geänderte Restriktionen wie steigende Kosten, neue Steuern, Ansteigen des Alters, ab dem man Alkohol trinken darf, usw. zu erklären. Im Gegensatz dazu fiel aber der Preis von Alkoholika im Vergleich zu anderen Produkten. Der Konsum ging sogar in Staaten zurück, die das Alter, ab dem man Alkohol trinken darf, nicht heraufsetzten. Der Hauptgrund war eine Veränderung der Präferenzen, das Ergebnis einer Bewegung für neue Mäßigung (besonders MADD und SADD), die mit ihrem Einfluß eine immer mehr verbreitete Gesundheits- und Fitneßwelle verstärkte. *Dieselben Faktoren* hatten weiters nicht nur eine Wirkung auf den Preis – sie führten zu einer Anhebung der Steuern –, sondern auch auf das Alter, ab dem man Alkohol trinken darf: dieses wurde heraufgesetzt.

Kapitel 7
Wie ineffizient?
Der Bereich der intra-kognitiven Beschränkungen

Der subrationale Standpunkt

Aufriß der Themen

Sogar in Bereichen, in denen N/A-Faktoren die Wahlhandlungen der Individuen nicht gänzlich prägen, und im besonderen in Bereichen, in denen N/A-Faktoren das Primat der L/E-Erwägungen legitimieren, sind Individuen nicht unbedingt frei, rationale Entscheidungen zu treffen. In diesen Bereichen werden Entscheidungsträger von den Beschränkungen ihrer intellektuellen Fähigkeiten behindert. Wir haben die Gründe schon beschrieben, warum wir erwarten, daß ihre Emotionen und Werte sie dazu bringen, mit starken Autos in verstopften Innenstadtstraßen zu »fahren«, selbst wenn das Zufußgehen billiger, schneller und gesünder ist. Und wenn sie einmal in ihrem Auto sitzen, scheinen sie nicht mehr in der Lage, die beste Route zu finden oder sie zu fahren, wenn sie ihnen einmal gezeigt wurde.

Es gibt zahlreiche sehr fundierte Studien, die den Schluß untermauern, daß *intra*-kognitive Faktoren, Faktoren, die in den intellektuellen Fähigkeiten des Individuums begründet liegen, die Menschen meist daran hindern, Entscheidungen zu treffen, die völlig rational sind. (Für eine Definition von Rationalität siehe Kapitel 8, S. 238–261.) Das heißt, selbst wenn N/A-Faktoren die L/E-Erwägungen nicht behindern, ist das Wissen der Akteure (über Situationen des täglichen Lebens) in der Regel nicht einfach nur »imperfekt«, sondern ziemlich beschränkt, und ihre Fähigkeiten, über die sie zur Analyse jedweder Information verfügen, und daraus richtige

Schlüsse zu ziehen, eher gering. Sie sind selbst innerhalb der L/E-Zonen *sub*-rational.

Die wahre Frage lautet: Wie beschränkt ist die Denk- und Entscheidungsfähigkeit des Individuums wirklich? Beim Versuch, diese Frage zu beantworten, bezieht sich die folgende Analyse auf eine spezielle Variante von Herbert Simons wohlbekanntem kritischen Durchbruch, der Verwerfung des Begriffs der Maximierung (oder Optimierung) und der Einführung des Konzeptes des »satisficing« (der hinreichenden Befriedigung). Was zu klären bleibt, ist, ob das hinreichend befriedigende Verhalten dem maximierenden nahekommt oder nur dem »ziemlich guten« oder ob sich die meisten Individuen mit ziemlich mittelmäßigen Entscheidungsprozessen zufriedengeben (oder zufriedengeben müssen).

Nach Beantwortung dieser Frage stützt sich die Diskussion auf einen zweiten Durchbruch auf dem Gebiet der Psychologie, nämlich dem der Prospect School, die nachgewiesen hat, daß die intra-kognitive Heuristik, die von Entscheidungsträgern angewandt wird, systematisch verzerrt wird. Diese Heuristik wirkt wie verzerrende Augengläser, die sozusagen jeder trägt. Die Frage ist hier nur: Können diese Verzerrungen korrigiert werden, oder stellen sie eine angeborene Beschränkung dar?

Eine Untersuchung dieser zwei Standpunkte wird zeigen, daß sie, obwohl sie zunächst als wichtige Korrektive für den extremen Optimismus der aufgeklärten Haltung dienen, die in der neoklassischen rationalistischen Haltung begründet liegt, diese Auffassung noch weiter »nach unten« korrigieren: Die intellektuellen Fähigkeiten der Menschen sind sogar geringer als von diesen wichtigen Revisionisten erwartet. Der nächste Schritt in der Diskussion besteht darin, diametral entgegengesetzte Standpunkte zu untersuchen, nämlich zu überlegen, ob »nicht umzubringende« pessimistische Haltungen geeigneter sind. Wir untersuchen erst die Ansichten der Inkrementalisten, die von Charles Lindblom angeführt werden. Sie gehen davon aus, daß der Mensch nicht fähig ist, systematisches, umfassendes Wissen zu akkumulieren. Dann diskutieren wir kurz die Subjektivisten, die sogar noch pessimistischer sind, weil sie das Konzept einer L/E-Gültigkeit oder -Wahrheit überhaupt in Frage stellen.

Unserer Meinung nach sind diese Haltungen besonders pessimistisch, obwohl sie der tatsächlichen Situation näher kommen als die optimistischen Schulen.

Die hier vorgebrachte Sichtweise kann (im Hinblick auf die Fähigkeit, L/E-Entscheidungen zu treffen) als gemäßigt pessimistisch betrachtet werden. Sie geht davon aus, daß die Menschen, obwohl sie detaillierte Analysen in der Regel nicht erfolgreich durchführen können, die Verwendung von Richtlinien für einen groben Überblick mit einigermaßen detaillierten Analysen kombinieren können. Dieser Ansatz wird als »mixed scanning« bezeichnet. Arbeiten darüber wurden schon publiziert (Etzioni 1967) und fanden auch einige Beachtung (für einen Überblick siehe Etzioni 1986a).

Die Spezifizierung des Verhaltens der hinreichenden Befriedigung

Herbert Simon ist der David, der es erfolgreich wagte, den neoklassischen Maximierungsgoliath herauszufordern, nachdem dieser über Generationen hinweg nur ab und zu mit Kritik bedacht worden war (für einen Überblick über diese Versuche siehe Papandreou 1952; für empirische Evidenzen zur Untermauerung von Simon siehe Rados 1972 und Cyert und March 1963). Es ist weitgehend bekannt, daß Simon der Ansicht ist, daß der Mensch (aus weiter unten angeführten Gründen) nicht in der Lage ist, seinen Nutzen zu maximieren. Leider wird viel weniger oft darauf hingewiesen, daß folgende Frage nicht beantwortet wurde, weil praktisch die ganze Diskussion nur zwischen Maximierern und Satisfizierern abgewickelt wurde: Wie divergent sind die beiden? Sind befriedigende Entscheidungen »ziemlich gut«, wenn auch nicht perfekt, wenn man die, die dann tatsächlich getroffen wurden, mit denen vergleicht, die hätten getroffen werden können, wenn die gesamte Information verfügbar und eine korrekte Analyse möglich gewesen wäre? Oder sind sie eher mittelmäßig?

Eine Entwicklung in Simons eigenen Arbeiten zu diesem Thema weist in die Richtung, in der eine Antwort gefunden werden könnte. In einem frühen Artikel, in dem er das Konzept der »hinreichenden

Befriedigung« auf die Unternehmenstheorie anwendet, erklärt Simon den Begriff in psychologischen Worten (1959, S. 262–63). Das Motiv zum Handeln, so schreibt er, »stammt von *Trieben*. Die Handlung ist dann beendet, wenn der Trieb befriedigt ist.« Dies impliziert, daß der Entscheidungsprozeß ziemlich befriedigend ist: Er ist erst dann abgeschlossen, wenn Lösungen gefunden sind, die die eigenen Bedürfnisse befriedigen. Dennoch läßt Simon in den nächsten Zeilen Raum für weniger optimistische Interpretationen:

> Wenn wir das Verhalten im Geschäftsleben aus dem Blickwinkel dieser Theorie erklären wollen, so wäre zu erwarten, daß es nicht das Ziel eines Unternehmens wäre, den Profit zu maximieren, sondern ein *gewisses* Profitniveau oder eine *gewisse* Profitrate zu erzielen, einen *gewissen* Anteil des Marktes zu besitzen oder ein *gewisses* Umsatzniveau. Die Unternehmen würden dann eher versuchen, Bedürfnisse ›hinreichend‹ zu ›befriedigen‹ als Nutzen zu maximieren (1959, S. 263, Hervorhebungen vom Autor).

Die Bezeichnungen »gewisses« Niveau, »gewisser« Anteil etc. sind ziemlich unbestimmt definiert. Sie geben keinerlei Hinweis darauf, ob die Akteure oder Unternehmen sich mit einem Niveau zufriedengeben werden, das aus der Sicht eines objektiven Beobachters deutlich unter dem Niveau liegt, das sie aufgrund der L/E-Erwägungen erreichen könnten oder ihm ziemlich nahe kommt.

In einer späteren Arbeit meint Simon (1979, S. 503):

> (...) man könne postulieren, daß der Entscheidungsträger im Hinblick darauf, wie gut die Alternative sein sollte, die er finden wollte, gewissen *Ambitionen* formuliert hatte. Sobald er eine Alternative für seine Wahl fand, die seinen Ambitionen entsprach, würde er die Suche abbrechen und diese Alternative wählen. Diese Art der Auswahl nenne ich *satisficing* (hinreichende Befriedigung).

Simon fügt auch noch hinzu, daß diese Ambitionen in einer wohlwollenden Umwelt höher und in einer feindlichen niedriger sein werden. Aus diesem Blickwinkel betrachtet, passen die Akteure ihre Ziele dem Niveau an, das ihre Entscheidung bedienen kann. Wenn das Ziel leicht zu erreichen ist, steigen die Ambitionen; wenn es schwer erreicht werden kann, sinken sie. Wenn also durch Entscheidungen in der Wirtschaftspolitik zum Beispiel eine Arbeitslosigkeitsrate von 4 Prozent nicht ohne Inflation erreicht werden kann, werden rationale Gründe vorgebracht, um zu erklären, warum 7 Prozent das richtige Ziel sind. Dadurch verbessert sich unsere Lösungskompetenz sofort entscheidend. Wird diese Linie verfolgt, werden die Entscheidungen vom subjektiven Standpunkt des Akteurs aus eher befriedigend ausfallen, ein Beobachter mag sie aber eher als inadäquat betrachten, zumindest vom Standpunkt des Zieles aus, das sich der Akteur ursprünglich zu erreichen vorgenommen hatte.

Simon (1981, S. 239) kommt einer Antwort in einem neueren Buch am nächsten:

Wir können innerhalb praktikabler Verarbeitungsgrenzen nicht alle zulässigen Alternativen generieren und ihre jeweiligen Vorteile vergleichen. Wir können auch die beste Alternative nicht erkennen, selbst wenn wir glücklich genug waren, sie früh zu generieren, bis wir nicht alle Alternativen gesehen haben. Wir geben uns zufrieden, indem wir so nach Alternativen suchen, daß wir im allgemeinen eine akzeptierbare finden, nachdem wir nicht sonderlich intensiv gesucht haben.

Schlüsselsatz und -hypothese finden sich in der Vorstellung, daß eine Suche typischerweise eher bescheiden ausfällt. Das heißt, wenn eine langandauernde, alles umfassende, komplexe Suche notwendig ist, was für die meisten Entscheidungen des Lebens zutrifft, werden sich die meisten Akteure in den meisten Fällen im Vergleich dazu, was ein Beobachter für möglich halten wird, mit einer eher subrationalen Handlungslinie zufriedengeben. Die pessimistische Interpretation des Konzepts der hinreichenden Befriedigung deckt sich, wie wir sehen werden, mit den empirischen Evidenzen.

Die Gründe, warum man von Akteuren erwarten kann, daß sie nur subrationale Entscheidungen treffen, können aus Simons Untersuchung der intra-kognitiven Faktoren herausgelesen werden, die ihre L/E-Erwägungen im Verein mit den N/A-Faktoren ernsthaft beschränken. Grundsätzlich sieht Simon (1978, S. 13, Hervorhebungen vom Autor) »*beschränkte* Informationen und *beschränkte* Verarbeitungskapazitäten, um mit den enormen Problemen fertig zu werden, deren Form wir kaum erfassen«. Er zeigt weiters auf (1979, S. 96), daß

(...) die empirischen Evidenzen, die darauf hinweisen, daß das System in seiner Funktionsweise grundsätzlich seriell ist, überwältigend sind: Nämlich, daß es nur einige wenige Symbole gleichzeitig verarbeiten kann und daß die verarbeiteten Symbole in besonderen, beschränkten Speicherstrukturen aufbewahrt werden müssen, deren Inhalt schnell verändert werden kann. Die stärkste Beschränkung der Fähigkeit von Individuen, effiziente Strategien einzusetzen, besteht darin, daß die Kapazität des Kurzzeitspeichers (-gedächtnisses) sehr gering ist (vier Gedächtnis-Einheiten) und darin, daß es ziemlich lange dauert (fünf Sekunden), ein Stück Information vom Kurzzeitgedächtnis ins Langzeitgedächtnis zu übertragen.

Steinbruner (1974, S. 49–51) beklagt sich über jene Menschen, die erwarten, daß Tennisspieler berechnen, ob sie nun einen Lob, einen Schmetterball spielen oder ans Netz gehen sollen, und weist darauf hin, daß sie 4200 Möglichkeiten in Betracht zu ziehen haben. Andere nannten sogar noch größere Zahlen. Im einfacheren Schachspiel sagt man, daß es 10^{40} verschiedene Züge gibt. Mit einer Geschwindigkeit von 3 Millimikrosekunden pro Zug würde ein Computer 10^{21} Jahrhunderte brauchen, um alle möglichen Optionen und daraus entstehenden Ergebnisse zu berechnen (Waldrop 1984, S. 1280). Die sogenannte »Explosion der Kombinationen« scheint sogar für Großcomputer nicht lösbar.

An einer anderen Stelle weist Simon auf die Beschränkungen des *Kurzzeitgedächtnisses* hin. Während Einzelpersonen große Mengen von Informationen in den tieferen Bereichen ihres Gedächtnisses speichern können, tritt der Flaschenhals im Schnellzugriffsspeicher auf, den das Kurzzeitgedächtnis benützt. Die Menschen sind nur in der Lage, ungefähr sieben Informationsstücke (oder vielleicht sogar nur drei) für den unmittelbaren mentalen Zugriff bereitzuhalten (Simon 1981, S. 74–75). Man stelle dies den Hunderten verschiedenen Informationen gegenüber, die für eine maximale Entscheidung verarbeitet werden müssen. Und Simon weist auf die großen Schwierigkeiten hin, die Individuen haben, wenn sie ältere Informationen mit neuen Inputs *logisch verknüpfen* müssen. Das bringt sie dann dazu, entweder stark überzureagieren oder sich nicht genug anzupassen (Simon 1979, S. 139). Abschließend kann man feststellen, daß sich, obwohl der Begriff »hinreichende Befriedigung« irgendwie nicht zu entfernt vom »Maximieren« scheint (manche Wissenschaftler argumentierten gar, daß man diese zwei gar nicht unterscheiden könne, siehe die Auseinandersetzung zwischen Lanzillotti und Kahn in Kapitel 10), diese Verhaltensweise bei genauerem Lesen der Arbeiten von Simon eine relativ geringe intellektuelle Leistung impliziert, wenn man sie mit den absoluten Möglichkeiten vergleicht.

Die Prospect School: Verzerrte Heuristik

Ein zweiter großer Durchbruch im Zusammenhang mit dem hier untersuchten Thema ist das Ergebnis einer sehr aussagekräftigen und umfassenden Arbeit über systematische Ablenkungen im Denken, durchgeführt von einer Gruppe kognitiver Psychologen, die die Prospect-Theorie formulierten. Die wichtigsten Mitglieder dieser Gruppe sind Daniel Kahneman, Richard Nisbett, Amos Tversky, Lee Ross, Paul Slovic und Richard Thaler. Ihre Hauptthese besteht darin, daß die Menschen mit ihrer beschränkten Fähigkeit, Informationen zu verarbeiten, und der Komplexität der Welt, mit der sie konfrontiert sind (wie Simon schon sagt), verschiedene heuristische Instrumente benützen, um die Komplexität der Welt zu vereinfachen und mit ihr zurechtzukommen. Obwohl diese Heuristik in einem gewissen Ausmaß hilft, führen sie dennoch von sich aus zusätzliche systematische Verzerrungen ein, die die Erwägungen der Menschen und damit den Entscheidungsprozeß stark behindern.

Die Prospect School beschäftigt sich mit den wichtigen systematischen Verzerrungen, die zum Tragen kommen, wenn Menschen in den meisten Entscheidungssituationen des Lebens mit Unsicherheiten umgehen müssen und den erwarteten Ergebnissen ihrer Interventionen und Ereignissen, die ihnen auf dem eingeschlagenen Weg begegnen könnten, Wahrscheinlichkeiten zuschreiben müssen. Während frühe neoklassische Autoren annahmen, daß Akteure in sicheren Bedingungen agieren, wird in den letzten Jahrzehnten die Tatsache oft anerkannt, daß Akteure häufig zwischen zukünftigen Ergebnissen und unsicheren Entwicklungen wählen müssen. Dazu gibt es eine ziemlich umfangreiche Literatur, die versucht, das neoklassische Paradigma aufrechtzuerhalten (für einen Überblick und Referenzen siehe Hirshleifer und Riley 1979). Diese Autoren nehmen grundsätzlich an, daß Akteure die Wahrscheinlichkeiten verschiedener Ergebnisse von Ereignissen einschätzen können und diese Schätzungen als Richtlinien für ihre Erwägungen heranziehen. Anstatt also anzunehmen, daß sie, wenn sie nach Öl bohren zu den Kosten X und dabei Y Ölfässer finden, die zum Preis Z verkauft werden können, schreiben die Akteure diesen Ereignissen Wahrscheinlichkeiten zu und erstellen so ihre Berechnungen. Die Erkenntnisse der Prospect School, daß Menschen diese Berechnungen nicht richtig ausführen können, reißen die erst kürzlich errichteten neoklassischen Verteidigungsbarrieren wieder ein.

Obwohl eine Vielzahl an heuristischen Verzerrungen entdeckt wurde, haben drei davon besondere Aufmerksamkeit erhalten und sollen hier für diejenigen kurz behandelt werden, denen diese Erkenntnisse nicht bekannt sind. Mit *Verfügbarkeit* wird jene Erkenntnis bezeichnet, daß die Menschen einem Ereignis (oder einer Ereigniskategorie), an das sie sich schneller erinnern können, systematisch eine größere Häufigkeit zuschreiben als jenen, an die sie sich schwerer erinnern. Ereignissen, die »lebensnah« (sagen wir, eine persönliche Erfahrung) oder durch Veröffentlichung stärker im Bewußtsein der Menschen verankert sind, wird eine größere Häufigkeit zugeschrieben als anderen, die als »dumpfe« Statistik erlebt werden, selbst wenn das ganz klar den Tatsachen widerspricht. Die Menschen glauben zum Beispiel, daß Mord viel häufiger vorkommt als Selbstmord, weil der Mord mehr Publizität erhält. Dennoch ist das Gegenteil der Fall. Obwohl alle Ärzte sich der statistischen Evidenzen über die Gefahr des Rauchens bewußt sind, besteht eine deutliche Korrelation zwischen der Nähe ihrer Spezialisierung auf die Lunge und dem Umstand, das Rauchen aufzugeben. Die reine Veröffentlichung von Statistiken über das Brustkrebsrisiko hatte kaum eine Auswirkung, doch die Tatsache, daß die Brustamputationen von Mrs. Ford und Mrs. Rockefeller von den Medien im Herbst 1974 aufgegriffen wurden, führte zu einem Besucheransturm in den Krebsdiagnosekliniken (Nisbett und Ross 1980, S. 56).

Die zweite systematische Verzerrung ist die der *Repräsentation*. Die Frage lautet, wie groß sind die Chancen, daß das Objekt X zur Kategorie Y gehört? Die Menschen beurteilen die Wahrscheinlichkeit nach dem Ähnlichkeitsprinzip: Wie sehr ist X wie Y? Diese Frage ist irreführend, weil Ähnlichkeit und Häufigkeit oft nicht zusammentreffen. Wenn also Menschen zum Beispiel Informationen über die Wahrscheinlichkeit bestimmter Ereignisse erhalten (z. B. wie viele Rechtsanwälte und wie viele Techniker es in einer Population gibt, aus der eine Stichprobe gezogen wurde) und dann einige zusätzliche Informationen im Hinblick auf Ereignisse bekommen, die eingetreten sind (zum Beispiel über eine Person, die aus dieser Population ausgewählt wurde), neigen sie eher dazu, die Wahrscheinlichkeiten zu ignorieren und sich auf die unvollständigen oder sogar irrelevanten Informationen über diese Einzelperson zu verlassen. Selbst wenn sie erfahren haben, daß 70 Prozent der Population Rechtsanwälte sind, und wenn man ihnen dann eine neutrale Beschreibung einer Person gibt (eine die ebenso auf einen Rechtsanwalt wie auf einen Techniker passen würde), werden sie in der Hälfte der Fälle vorhersagen, daß diese Person ein Rechtsanwalt, in der anderen Hälfte, daß er ein Techniker ist – obwohl nach dem Gesetz der Wahrscheinlichkeit »Rechtsanwalt« die beste Vorhersage wäre (National Academy of Sciences 1986, S. 25).

Die dritte systematische Verzerrung wird als *Verankerung und Anpassung* bezeichnet. Die Menschen benützen einen bequemen Bezugspunkt (den Anker), um eine Größe abzuschätzen. Dabei beginnen sie oft mit einer falschen Anfangsschätzung (»A-priori«-Einschätzungen), der nicht soviel Bedeutung zugeschrieben wird, weil man erwartet, daß sie aus ihrer Erfahrung lernen (die durch die Wiederholung desselben Experiments simuliert wird). Dennoch zeigen

die Experimente, daß sich Menschen entweder »auf etwas versteifen« und sich weigern, sich anzupassen, oder ihre Einschätzungen sehr ungenügend anpassen. (Anderson, Lepper, Ross 1980; Kahneman und Tversky 1973). Diese Ergebnisse aus Experimenten werden von realen Vorfällen erhärtet:
Es gibt eine berühmte Fallgeschichte, die diesen Punkt illustriert. Ein Erzeuger brachte eine neue Deckenplatte ohne Löcher oder Perforationen irgendeiner Art auf den Markt, und es konnte nachgewiesen werden, daß dadurch die Schallabsorptionseigenschaften des Deckenziegels deutlich verbessert wurden. Dennoch nahmen die Konsumenten dieses Produkt mit der Begründung nicht an, daß eine effektive Deckenplatte Löcher haben muß. Nachdem der Erzeuger diesen Irrglauben eine Zeitlang ohne Erfolg durch Werbung zu beseitigen versucht hatte, begann er die Deckenplatten dann mit Löchern zu versehen, was ihre Qualität verringerte. Daraufhin stiegen die Verkaufszahlen deutlich an (Engel und Blackwell 1982, S. 14–15).

Nisbett und Ross (1980, S. 41) formulierten es so:
(...) wenn die Menschen einmal einen ersten Schritt zur Lösung eines Problems gemacht haben, können sich die ursprünglichen Urteile gegen weitere Informationen, alternative Denkweisen und sogar gegen logische und empirische Evidenzen als besonders widerstandsfähig erweisen. Bei Versuchen, neue Informationen zu integrieren, kann sich das Individuum als erstaunlich »konservativ« erweisen, d. h. es ist dann nur unter Protesten bereit nachzugeben und sehr geneigt, die Relevanz, Zuverlässigkeit und die Richtigkeit der später hinzugekommenen Informationen oder logischer Erwägungen in Frage zu stellen.

Kagel und Levin (1985) führten eine Reihe von Experimenten mit MBA- und Jusstudenten durch. In diesen Experimenten gab man den Studenten Geld, um in einer Reihe von Versteigerungen mitzubieten. Ihre Gewinne wurden ihrem Kapital hinzugefügt, das ihnen für die folgenden Runden zur Verfügung stand, und wurden ihnen am Ende des Experiments ausgezahlt, ihre Verluste wurden abgezo-

gen. Den Studenten wurde eine Strategie des Bietens zur Kenntnis gebracht (ebd., S. 20), doch sie benützten sie nicht. In allen 11 Auktionen, die durchgeführt wurden, lagen die Erstgebote der Versuchspersonen wesentlich zu hoch. In späteren Runden, nachdem sie Erfahrung gesammelt hatten und die aggressivsten Bieter durch Bankrott eleminiert worden waren, senkten die Testpersonen ihre Gebote, wobei sie noch immer deutlich über dem lagen, was als rational bezeichnet werden konnte. Die Annahme, daß die schlechten »A-priori-Gebote«, die langsame und notdürftige Korrektur auf einen Mangel an richtungsweisenden »Faustregeln« im Experiment zurückzuführen wäre, wird sowohl dadurch widerlegt, daß die Testpersonen über eine gesunde Strategie belehrt worden waren, als auch dadurch, daß Ölgesellschaften, die auf realen Auktionsmärkten agieren, sich genauso benehmen wie die Testpersonen dieses Experiments. Sie schlagen denselben »Gewinnerkurs« ein:
Die Bieter bieten naiverweise eine Summe, die ihrer Einschätzung des Wertes des Gutes nahe kommt, so daß der Gewinner jener »Spieler« ist, der den Wert des Gutes am meisten überschätzt. Daher ist das Gebot des Gewinners meist zu hoch und überschreitet den Wert des Gutes oft bedeutend, was zu unterdurchschnittlichen, ja oft sogar negativen Gewinnen führt. (Appen, Clapp und Campbell vertraten die Ansicht, daß dieses Phänomen für die geringen Gewinne verantwortlich wäre, die Ölgesellschaften in den 60er Jahren beim Verkauf von Erdöl aus Off-shore-Vorkommen machten.) (Kagel und Levin 1985, S. 1–2)

Es wurden auch noch viele andere systematische Verzerrungen gefunden, die in das kognitive System des Menschen eingebaut sind. Die Menschen schreiben einer Lotterienummer, die sie gezogen haben, eine höhere Gewinnchance zu als einer, die ihnen, sagen wir von einem Computer, gegeben wurde (Langer 1982). Sie sehen Muster, wo keine sind, was als Erklärung für die Tatsache dienen könnte, daß sie Geld für Anlageberater ausgeben, selbst wenn der Markt zufällige Schwankungen aufweist (Lichtenstein, Fischoff und Phillips 1982). In der Regel unterschätzen die Menschen Opportunitätskosten und überschätzen die Bedeutung von verlorenen Kosten

(sunk costs) (Thaler 1980). Die Menschen sind eher von der Art beeinflußt, in der Wahrscheinlichkeiten ausgedrückt werden, als davon, welche Informationen sie ihnen bieten könnten (Kahneman und Tversky 1982, S. 166–67). Die Menschen tun sich schwer damit, Ereignisse mit geringer Wahrscheinlichkeit richtig einzuschätzen. Ein häufig zitiertes Beispiel ist ihre Weigerung, ihr Hab und Gut gegen Überschwemmungen zu versichern, selbst wenn die Regierung diese Versicherung in hohem Maße fördert (Kunreuther et al. 1978). Hogarth (1980) berichtet von 27 Arten systematischer Fehler und Verzerrungen im menschlichen Handeln. Eine Auflistung und eine kurze Zusammenfassung dieser zahlreichen systematischen kognitiven Verzerrungen von Winterfeldt und Edwards (1986) umfaßt 30 Druckseiten und weitere 19 Seiten von Literaturangaben.
Einige Ökonomen waren der Meinung, daß diese Experimente den Menschen nicht genügend wirtschaftliche Anreize bieten und die Menschen sich deshalb nicht besonders anstrengen, richtig zu handeln (Grether und Plott 1979). Dennoch fand man keine wirklich relevanten Unterschiede, wenn man diese Experimente mit ökonomischen Anreizen wiederholte (Grether und Plott 1979). Wenn es Unterschiede gab, wiesen diese darauf hin, daß die Menschen sogar etwas weniger rational handeln, wenn ihnen monetäre Anreize geboten werden.

Wie angeboren?

Wie sehr man die Erkenntnisse der Prospect School als Indikatoren für ernsthafte zusätzliche Beschränkungen der L/E-Fähigkeiten der Individuen (zusätzlich zu und unabhängig von den Auswirkungen der N/A-Faktoren) hält, wird teilweise von der Antwort auf die Frage bestimmt, wie sehr diese kognitiven Verzerrungen »heilbar« sind. Wenn sie leicht zu korrigieren sind (sagen wir, indem man in die Lehrpläne der High Schools Statistik einbaut oder indem man das Wissen um diese Verzerrungen im Entscheidungsprozeß bei den Individuen erhöht), bleibt die Auswirkung dieses Handicaps natürlich beschränkt. Wenn diese Verzerrungen jedoch sehr schwer zu überwinden sind, wenn also die Menschen weiterhin diese systematischen Fehler machen, auch wenn sie richtig geschult wurden, dann ist diese Behinderung wesentlich ernsthafter.

Es gibt auf diese Frage keine Antwort, denn diese Umstände wurden wesentlich weniger häufig untersucht als die Existenz der Verzerrungen selbst. Einhorn (1982) fand heraus, daß die Menschen, obwohl sie theoretisch lernen könnten diese Verzerrungen zu korrigieren, es in den *meisten* Situationen nicht tun, weil es kein gut strukturiertes Feed-back gibt. Lichtenstein et al. (1982) fanden heraus, daß die meisten Menschen *zu vertrauensselig bleiben*.

Es liegt auf der Hand, daß Ärzte eine viel bessere Ausbildung haben als der Durchschnittsbürger. Dennoch unterliegen ihre Urteile – auf dem Gebiet ihrer Fachausbildung – »allen Schwächen des menschlichen Denkens«, war in einem Überblick über die Fachliteratur zu lesen (Borak und Veilleux 1982, S. 1939). Dies führte zu der Forderung, daß im Rahmen der medizinischen Ausbildung auch Unterricht in quantitativer Analyse eingeführt werden sollte. Dennoch verbessert eine solche Schulung die Entscheidungsprozesse eher wenig (Nisbett und Ross 1980, S. 286–94). In einer Studie, die besonders darauf angelegt war, diese Frage zu untersuchen, ist zusammenfassend zu lesen: »Unter praktischen Ärzten mit besseren Kenntnissen von statistischen Prinzipien (...) war die Einschätzung von Wahrscheinlichkeiten, die zwar etwas realistischer war, noch immer stark von logischer Inkonsistenz und einem Versagen bei der Anwendung grundlegender Prinzipien der Wahrscheinlichkeitsrechnung gekennzeichnet« (Borak und Veilleux, S. 1941). Tatsächlich lieferten »gebildete Ärzte« nicht wesentlich bessere Ergebnisse als Krankenschwestern oder ungelerntes Spitalspersonal, selbst wenn es um medizinische Probleme ging (ebd.). Zu ähnlichen Ergebnissen kamen Untersuchungen über Experten anderer Wissensbereiche (Dawes und Corrigan 1974; Einhorn 1974; Radner 1975, S. 253). Stein (1986, S. xi), der als der »Pionier der aufrichtigen Ignoranz« bezeichnet wurde (McCloskey 1986, S. 1), meint: »1. Ökonomen wissen nicht sehr viel. 2. Andere Menschen ... wissen sogar noch weniger. ... Diese Ansichten bieten keinen guten Ausgangspunkt für starke Aussagen über die Wirtschaft oder die Politik.«

In der psychologischen Literatur gibt es eine Tendenz, die Erwägungen der Allgemeinbevölkerung so zu betrachten, als wären sie Erwägungen von Wissenschaftlern, Menschen als logisch-empirische Denker zu sehen, als »Laien-« oder »intuitive« Wissenschaftler. Es wird also zu einem guten Teil unterstellt, daß die große ungebildete Masse und die Wissenschaftler sich gleich verhalten. Da drängt sich die Frage auf, ob *entweder* die Massen *oder* die »Hohepriester« überhaupt so wissenschaftlich sind. Tatsächlich wird es niemanden überraschen, daß sich die Allgemeinbevölkerung nicht an die Lehrsätze der Wissenschaft halten kann, wenn nicht einmal Wissenschaftler sie anwenden können, wenn die Rationalisten sie ihnen nahebringen. *Statt also die Menschen als Laien-Wissenschaftler zu sehen, sollten wir die Wissenschaftler nur als etwas besser informiert*, ausgerüstet, ausgebildet und sachlicher *als die Laien* sehen, die aber immer noch subrational handeln.

Tatsächlich liegt das Problem tiefer. Abgesehen von den angeborenen Beschränkungen der Wissenschaftler gibt es in der Wissenschaft, im Wissen, dessen sich die Wissenschaftler bedienen, eingebaute Beschränkungen. Diesen sollte im Hinblick auf die zentrale Rolle des nichtrationalen Glaubens in der Rationalität der Wissenschaft eine gewisse Aufmerksamkeit geschenkt werden, die das Zeitalter der Aufklärung beherrschte und noch immer gültig ist. Wir werden als nächstes zeigen, daß die Wissenschaft nicht jene klaren Richtlinien für die Entscheidungsfindung aufstellt, die Schlüssel zur Wahrheit, von denen die Rationalisten überzeugt waren, sie zu liefern. Wir versuchen darüber hinauszugehen, indem wir einfach die Grenzen des wissenschaftlichen Ansatzes zeigen, indem wir fragen, welche Anpassungsmechanismen die Menschen benützen, um etwas weniger subrationale Entscheidungen zu treffen.

Die Grenzen der Wissenschaft

Als empirisch-logisches Unterfangen bedient sich die Wissenschaft eines relativ zuverlässigen Elementes, nämlich der Logik, und eines viel unzuverlässigeren Elementes, der empirischen Evidenz. Sicherlich ist auch Logik eine Sache der Definition; was in einem Rahmen logisch ist, ist es in einem anderen nicht (z. B. Pascalsche vs. Baconsche Logik). (Cohen 1979 ist der Ansicht, daß der Grund, warum viele Menschen die von der Prospect School aufgestellten kognitiven Tests nicht lösen können, darin zu suchen ist, daß sie auf der Pascalschen Logik aufbauen, während die Menschen nach den Gesetzen der Logik Bacons handeln.) Und die Schritte, die man unternehmen muß, um logische Schlüsse zu ziehen, wären keinesfalls so selbstverständlich, wie es Uninformierte anzunehmen pflegen. Das heißt, sogar die Logik ist kein einfacher, zuverlässiger Leitfaden für Schlüsse.

Dennoch stellt die Logik eine viel sicherere Basis für Schlüsse dar als die empirische Evidenz. Es ist nicht nur so, daß sowohl die Laien als auch die Wissenschaftler (aufgrund von N/A-Beladungen und intra-kognitiven Verzerrungen) große Schwierigkeiten haben, festzulegen, was eine Tatsache ist; selbst die Wissenschaft als akkumulatives, kollektives Unterfangen wird von der relativen Natur aller Beobachtungen behindert (sie sind vom Paradigma abhängig, das ihnen zugrunde liegt), von der Tatsache, daß jede Erkenntnis vorläufig ist, und von den großen Schwierigkeiten, die Induktions- und Deduktionsergebnisse unter einen Hut zu bringen.

Einige Wissenschaftsphilosophen verzweifeln selbst daran, eine Definition von wissenschaftlicher Wahrheit zu finden. Statt dessen ziehen sie es vor, die Wissenschaft als eine Methode zu diskutieren, die Behauptungen aufstellt, d. h. eine Behauptung durch eine andere ersetzt, die fundierter zu sein scheint, ohne aber dabei sicher zu sein (Popper 1961). (Siehe auch die heftige Kritik am Positivismus von Rorty 1979 und seine besondere Anwendung auf die neoklassische Ökonomie von McCloskey 1985.)

Die Subjektivisten kommen auf anderen Wegen zum selben grundlegenden Schluß. Das zugrundeliegende Thema ist so alt wie Platos Analogon, das die Schatten (Erscheinungen) mit dem verglicht, was sie auch immer abbilden oder »darstellen« (Realität). Die Wissenschaft beruht zu einem großen Teil auf diesem Dualismus, auf der Erwartung, daß unsere Hypothesen mit der »realen« Welt verglichen werden können. Die Subjektivisten haben viele

Jahrhunderte lang argumentiert, daß man nicht hinter die Erscheinungen schauen kann, daß man die Welt nicht erreichen kann; unsere ganze Existenz wäre nichts weiter als eine Schattenwelt. Viele zeitgenössische Schulen, von der Phänomenologie zum Dekonstruktivismus, beruhen tatsächlich auf dieser grundlegenden Sichtweise (siehe z. B. Schultz 1967; für Untersuchungen von Organisationen, die die Rolle gemeinsamer Bedeutungen und Interpretationen von Erfahrung herausarbeiten, siehe Donnellon, Gray und Bougan 1986).

Ein führender Sozialanthropologe, Shweder (1986), formuliert die Essenz der subjektivistischen Haltung sehr gut. Er vergleicht die Erfahrung eines Besuchs in einem indischen Hindutempel mit der Teilnahme an einem Seminar in einem Institut für Psychoanalyse oder einem Institut für Marxistische Studien. Im Hindutempel wird gelehrt, daß die Geister der Verstorbenen täglich mit Speisen und Getränken versorgt werden müssen, daß es eine Seelenwanderung gibt usw. Diese Vorstellungen scheinen für einen Fremden aus einer westlichen Kultur lächerlich, sind jedoch sinnvoll, wenn man sie *innerhalb* des hinduistischen Paradigmas betrachtet. Und was die Psychoanalytiker oder Marxisten vertreten, ist nicht realistischer, gültiger oder wahrer; es ist nur für jene sinnvoll, die die internen Prämissen dieser Paradigmen teilen. Ebenso gibt das, was die neoklassischen Ökonomen sagen, nur dann Sinn, wenn man auch an ihre grundlegenden Annahmen glaubt.

Besonders wichtig ist jedoch, daß *jedes* Paradigma seine eigenen Validitätskriterien hat, eigene Kriterien für den Test an der Realität, die es aufrechterhalten. Testet man eine Aussage mit den Kriterien eines anderen Paradigmas, so hat es keine Gültigkeit. D. h., daß, wie es die Subjektivisten sehen, *jede Realität nur innerhalb des Paradigmas existiert*. Shweder (1986a, S. 170) zitiert Horton, dessen Meinung er sich anschließt: »... die Ziele des religiösen Denkens ›können den Zielen wissenschaftlichen Denkens nicht unähnlich sein‹, insofern als sie die Phänomene des Alltags erklären und beeinflussen, indem sie die konstanten Prinzipien entdecken, die dem offensichtlichen Chaos und dem Fluß der sinnlichen Erfahrung zugrunde liegen.« Etwas weiter unten stellt er fest, daß »die Doktrin über das Reich des Teufels den Menschen im 16. und 17. Jahrhundert glaubhafte Erklärungen für Krankheit und Leid lieferte ... diese Doktrin wurde ununterbrochen an der ›Realität‹ getestet«. Und noch ein wichtiger Punkt: »Es ist vorstellbar, daß sich das Gefühl von Objektivität, das mit dem Glauben an Religion verbunden ist, nicht grundsätzlich von dem Gefühl von Objektivität unterscheidet, das mit dem Glauben an wissenschaftliche Erkenntnisse einhergeht, und daß die Tatsche, daß wir die Überzeugungen anderer Menschen als religiösen Glauben bezeichnen und unsere eigenen als wissenschaftliche Tatsachen, nur dazu dient, ein Vorurteil zugunsten unserer eigenen Vorstellungen von den Naturgesetzen gegenüber den ihren zu verschleiern« (S. 107). Diejenigen, die sich mit diesem Problem noch nicht beschäftigt haben, könnten entgegnen: »Aber ein wissenschaftliches Theorem kann getestet werden.« Shweder (S. 173) antwortet darauf mit einem Zitat von Kuhn: »Es gibt, so glaube ich, keinen theorieunabhängigen Weg, Aussagen zu rekonstruieren wie ›das ist wirklich so‹.«

Die intrinsischen Beschränkungen der Wissenschaft (und aller anderen Formen des Wissens, die auf L/E-Erwägungen basieren) wurden schon oft aufgezeigt und müssen hier nicht weiter behandelt werden. Es gibt jedoch einen zweiten sehr wichtigen Grund, warum die Wissenschaft keine Richtlinien für den rationalen Entscheidungsprozeß liefern kann, dafür, wie man in der Welt handeln muß (im Gegensatz dazu, wie man versucht, sie zu verstehen); dieser Grund wird nicht oft erforscht und soll deshalb hier etwas genauer diskutiert werden.

Es wurde oft darauf hingewiesen, daß die wissenschaftliche Analyse sich der Abstraktion bedienen muß. Einmalige Aspekte verschiedener Vorkommnisse desselben Phänomens werden zugunsten von Schlüsselfaktoren bewußt vernachlässigt. Es wird wesentlich weniger oft in Betracht gezogen, daß die wissenschaftliche Analyse auch durch die stückweise Betrachtung des untersuchten Phänomens vorankommt. Statt alle Facetten eines Phänomens zu studieren, werden viele, auch besonders wichtige Eigenschaften zugunsten der Konzentration auf wenige ausgewählte Attribute bewußt ignoriert. Ein Chemiker kann sich mit der Photosynthese bei Blumen beschäftigen, ein Genetiker mit ihren verschiedenen Chromosomen, ein Ökonom mit den Unterschieden bei Blumenpreisen, ein Sozialpsychologe mit der Bedeutung des Schenkens verschiedener Blumensorten.

Die wissenschaftliche Arbeit kommt voran, indem man die Informationen (oder Erkenntnisse) über einen Ausschnitt des untersuchten Phänomens in analytische Kategorien einteilt. Analytische Theorien werden aufgestellt, indem man Variablen einer Art, seien das nun chemische, genetische, ökonomische usw., in Gruppen zusammenfaßt. Innerhalb dieser getrennten Kategorien werden Hypothesen abgeleitet und mit Daten verglichen, die nach denselben Kategorien geordnet wurden. Wissenschaftliches Wissen wird innerhalb dieser Rahmen akkumuliert und weitergegeben.

Bisher wurde den Problemen wenig Aufmerksamkeit geschenkt, die durch die Fragmentierung der Wissenschaften beim alltäglichen Handeln in dieser Welt entstehen, im Gegensatz zu den Problemen des Verstehens dieser Welt. In vielen Fällen *ist es aber notwendig, sich mit allen miteinander in Wechselbeziehungen stehenden Hauptelementen des Phänomens auseinanderzusetzen, wenn man handeln will.* Das heißt, daß man eigentlich versucht, wenn man die Erkenntnisse einer analytischen Wissenschaft direkt anwendet, die Handlung auf die Kenntnis einer *Teilmenge* von Variablen zu gründen. Diese Vorgangsweise kann nur unter sehr speziellen Umständen zu einer effektiven Handlung führen.*

Meist haben wir es mit einer komplexen und sich laufend verän-

---

* Wenn die Dynamik der Phänomene von Variablen bestimmt werden, sind alle Elemente derselben analytischen Teilmenge (z. B. die Physik, die Biologie oder die Chemie) und die Phänomene von allen anderen getrennt, zum Beispiel die Bewegung der Planeten vom radioaktiven Zerfall auf der Erde. Oder wenn nur ein niedriger Präsizionsgrad angestrebt wird (die fehlende Präzision ist die Varianz, die durch andere, nicht berücksichtigte Faktoren zustande kommt); wenn die anderen Variablen, die die Phänomene beeinflussen, sich sehr langsam verändern (z. B. Werte) oder die untersuchte Zeit zu kurz ist, was dazu führt, daß einer Teilmenge von Variablen, die im Zentrum der Betrachtung steht, eine größere Bedeutung zukommt. Dennoch wird eine Handlung, die nur auf einer analytischen Disziplin beruht, unter allen Bedingungen zu einem fehlerhaften Ausgangspunkt für die Politik führen.

dernden Welt zu tun und müssen mehr als eine Menge spezialisierter Variablen anwenden; Entscheidungsträger müssen in der Regel alle relevanten Faktoren berücksichtigen, die Ursache für einen signifikanten Teil der Varianz sind. Ebenso müssen sie das Resultat ihrer Interaktionen einbeziehen und dabei die Grenzen der Wissenschaftsdisziplinen, denen die das Phänomen charakterisierenden Variablen angehören, laufend übertreten. Wird das nicht getan, werden die ignorierten Variablen den Akteur wie Geister beunruhigen, wie es der Fall ist, wenn psychische Implikationen oder die sozialen, kulturellen und politischen Voraussetzungen der Wirtschaftpolitik mißachtet werden. Dies passiert zum Beispiel, wenn von monetaristischen Theorien inspirierte Sparprogramme in Entwicklungsländern ohne Rücksicht auf die Stabilität der Regierungen eingeführt werden, um die Inflation zu dämpfen. Die Folgen sind, daß Regierungen gestürzt werden und diese Politik samt den Politikern über Bord geworfen wird (Diaz-Alejandro 1981; Nelson unveröffentlicht).

Wenn man versucht, die Erkenntnisse der Grundlagenforschung auf komplexe Phänomene anzuwenden, ist der vorgeschriebene Weg, die durch die Fragmentierung hervorgerufenen Probleme zu überwinden, so einfach zu beschreiben, wie er schwer zu beschreiben ist. *Der richtige Weg wäre es, die Erkenntnisse der verschiedenen relevanten analytischen Disziplinen wieder zu synthetisieren, bevor man* in der konkreten Welt *zu handeln versucht.* (Diese Vorstellung ist implizit auch Teil der Bewegung der »Einheit der Wissenschaft«, die die Förderung »aller Arten der wissenschaftlichen Synthese« als eines ihrer Hauptziele ansah.) Die durch Synthese wieder zusammengesetzte Blume des weiter oben angeführten Beispiels würde alle relevanten Informationen über die Blume und die Variablen enthalten, die für die Veränderungen in den beobachteten Daten verantwortlich sind. Sie würde die Beziehungen und Interaktionen unter diesen Variablen umfassen, nicht nur innerhalb einer Disziplin, sondern auch zwischen mehreren Disziplinen. So wäre darin enthalten, daß die exzessive Plasmolyse der Zellflüssigkeiten zum Verwelken führt, wodurch der Preis der Blume sinkt und ihre symbolische Bedeutung ins Gegenteil verkehrt wird.

Warum sollte man dann nicht relevante Erkenntnisse verschiedener analytischer Disziplinen kombinieren? Aus zwei Gründen: Die Resynthese wird selten versucht und niemals erfolgreich vollendet (für komplexe Systeme, wie es die meisten Situationen des richtigen Lebens ja sind). Erstens verlangen komplexe Phänomene nach einem aufgeklärten, rationalen Geist, der in der Lage ist, die Vielzahl der Variablen zu berücksichtigen und Daten über ihren Status und ihre Auswirkungen aufeinander zu kombinieren. Oft erweist sich schon die Kombination der Daten von zwei Disziplinen wie Chemie und Biologie als sehr mühsam. Eine umfassende Resynthese ist daher prinzipiell zu umfangreich. (Mit Hilfe von Computern kann man die Daten sicher leichter verarbeiten, die Computer scheinen jedoch bisher für die notwendige konzeptuelle Integration noch nicht einzusetzbar zu sein.) Ist die Resynthese nicht umfassend, bleiben wahrscheinlich einige wichtige relevante Variablen unberücksichtigt.

Zweitens sind beim Aufbau der analytischen Disziplinen Annahmen über die Natur der Welt und die in ihr ablaufenden Prozesse eingeführt worden. Diese Annahmen sind für jede Disziplin unterschiedlich und oft mit denen anderer Disziplinen unvereinbar (Hammond, McClelland und Mumpower 1980). Viele Vertreter der Wirtschaftswissenschaften neigen dazu, anzunehmen, daß die Menschen grundlegend rational sind und nur aus Eigennutz handeln. Im Gegensatz dazu gehen große Teile der Psychologie, der Soziologie und der Anthropologie davon aus, daß die Menschen zum Großteil von nichtrationalen Kräften wie Werten und Emotionen gelenkt werden, und sehr geneigt sind, im Sinne gemeinsamer Ziele zu handeln. Außerdem sieht die Physiologie die Menschen eher als Wesen, die weder das eine noch das andere können.

Die Resynthese wird zumindest in absehbarer Zukunft kaum realisierbar sein. Es ist übertrieben rationalistisch zu glauben, daß man die Menschen dazu bringen kann, ihre Handlungen geradliniger zu machen und bei ihren Schlüssen und Entscheidungen wissenschaftlichen Prozeduren zu folgen. Die Wissenschaft bietet solche Richtlinien auch nicht an. Fragen Sie irgendeinen Politiker, der ein Team von Wissenschaftlern zusammenrief, um von ihnen Richtlinien zu erfragen. Sicherlich gibt es dabei noch andere Schwierigkeiten: Für

Politiker sind politische und N/A-Erwägungen entscheidend, aber nicht wissenschaftliche Erkenntnisse. Politiker sind oft viel risikoscheuer usw. Dennoch, selbst wenn Politiker dem Rat von Experten offen gegenüberstehen und in der Lage sind, diesen Rat zu befolgen, sollte ein ehrlicher wissenschaftlicher Rat klar begrenzt sein: Wir kennen im besten Fall nur ein Fragment dieser Welt.

Das wissenschaftliche Modell, das dem Aufbau analytischen Wissens im Laufe eines unendlichen Prozesses (in dem die letzte Wahrheit nicht faßbar ist) *dienen kann, ist kein passendes Modell für die Entscheidungsträger und Politiker.* Dies nicht nur deshalb, weil die Akteure besonders affektiv und normativ handeln, weil ihre Indifferenzzone eher klein und ihre Fähigkeiten und Ressourcen beschränkt sind, sondern auch wegen der fragmentierten Struktur der Wissenschaft. Verschiedene Anpassungsmechanismen, die entwickelt wurden, um mit den Beschränkungen des Entscheidungsträgers *und* denen der Wissenschaft zu Rande zu kommen, werden weiter unten behandelt. Sie ermöglichen es zwar, mit dem Dilemma umzugehen, können es aber nicht lösen: Es ist selbst dann nicht möglich, in komplexen Situationen rational zu handeln, wenn man über wissenschaftliche Erkenntnisse und Methoden verfügt.

Inkrementalismus

Die tiefliegenden und angeborenen kognitiven Beschränkungen der individuellen Fähigkeiten, L/E-Erwägungen anzustellen, brachten einige Wissenschaftler dazu, eine Entscheidungstheorie zu entwickeln, die wenige Annahmen trifft und von den Entscheidungsträgern weniger verlangt. Dieser Ansatz wird inoffiziell als »sich durchwursteln« (muddling through) oder technischer als »zusammenhangloser Inkrementalismus« bezeichnet. Lindblom (1965, S. 144) faßt die Grundvoraussetzungen dieses Ansatzes so zusammen: Anstatt zu versuchen, sich einen umfassenden Überblick zu verschaffen und alle Alternativen zu bewerten, konzentriert sich der Entscheidungsträger nur auf jene Strategien, die sich von bestehenden Strategien graduell unterscheiden. Nur eine relativ kleine Zahl von

Alternativen wird in Betracht gezogen. Für jede Alternative wird nur eine beschränkte Zahl wichtiger Konsequenzen abgeschätzt. Daher gibt es keine Entscheidung oder richtige Lösung, sondern eine »niemals endende Reihe von Versuchen, sich den jeweiligen Problemen durch serielle Analysen und Einschätzungen zu nähern«. Der Begriff »zusammenhangloser Inkrementalismus« wird benützt, um das Fehlen von Richtung, Maßnahmen oder der Fähigkeit, Leitlinien festzulegen, zu unterstreichen. Das Schicksal des Inkrementalisten ist es, so schrieb Kenneth Boulding, durch die Geschichte zu stolpern und dabei betrunken einen Fuß vor den anderen zu setzen (Boulding 1964, S. 931).

Lindblom (1965, S. 138–43) identifizierte sieben Gründe, warum die Menschen zum Inkrementalismus verdammt (dieser Ausdruck stammt vom Autor) sind, und die seiner Ansicht nach das rationalistische (»synoptische«) Modell der Entscheidungsfindung »nutzlos« erscheinen lassen: Diese Gründe sollen hier für jene, die sie noch nicht kennen, kurz aufgeführt werden:

(1) Die beschränkten intellektuellen Fähigkeiten der Menschen machen eine umfassende Analyse aller Optionen und ihrer Konsequenzen unmöglich. Die Menschen sind einfach nicht in der Lage, der Forderung des synoptischen Ideals zu gehorchen: »Sei umfassend!« Es gibt einfach zu viele Dinge zu berücksichtigen.

(2) Die Information ist inadäquat.

(3) Die Analyse ist teuer. Viele faktische Informationen können nicht beschafft werden. Die Entscheidungen müssen trotz mangelnder relevanter Faktoren getroffen werden. Oft sind die Kosten des Sammelns und Analysierens sogar jener Faktoren, die man sammeln muß, bevor man die Entscheidung treffen kann, höher als der Gewinn, den man dadurch machen könnte. Es besteht auch ein Zusammenhang zwischen der beschränkten intellektuellen Kapazität der Menschen und der allgemeinen Unangemessenheit der Informationen: Je mehr Informationen man hat, desto größer ist die Anstrengung für die intellektuellen Fähigkeiten. Je mehr man sich vom ersten Zwang befreit (Mangel an Information), desto näher kommt man dem zweiten Zwang (Überforderung der intellektuellen Kapazitäten).

(4) Es gibt keine befriedigende Menge von Kriterien, anhand derer die Ergebnisse beurteilt werden können. Die Ziele können nicht klar definiert und systematisch erreicht werden. Außerdem besteht Uneinigkeit bezüglich der Werte; und die Tatsache, daß hinsichtlich der einzusetzenden Mittel Einigkeit besteht, weist *nicht* darauf hin, daß auch eine Übereinstimmung bezüglich der Werte besteht (z. B. gibt es in den USA sowohl unter den politisch rechts orientierten Menschen als auch unter den Anhängern der Linken Menschen, die eine größere Dezentralisierung der Macht verlangen).

(5) Es besteht ein enger Zusammenhang zwischen den Fakten und den Werten. Sie sind nicht in verschiedenen Schubladen zu finden. Die Untersuchung der Fakten geht oft mit der Untersuchung der eigenen Werte einher. Die Werte bestimmen aber wiederum die Wahl der relevanten Fakten. Diese Wechselbeziehung zwischen Fakten und Werten impliziert, daß man bei der Entscheidungsfindung ständig zwischen empirischen und wertenden Elementen hin- und herschaltet.

(6) Das untersuchte Variablensystem ist sehr offen; es ist schwierig, ein geschlossenes Variablensystem für die Entscheidungsfindung zu schaffen. Im Gegensatz zu den einfachen, geschlossenen Systemen der Experimente werden die Variablensysteme in der realen Welt durch einen hohen Offenheitsgrad charakterisiert.

(7) Die Probleme entstehen in verschiedener Form. Man kann »das Problem« nicht leicht isolieren. »Das Problem« ist eher tatsächlich ein Teil einer Unzahl miteinander verflochtener Probleme mit voneinander abhängigen Lösungen.

Geht man vom inkrementalistischen Ansatz aus, so konzentriert man sich vor allem auf die *Inkremente*, durch die sich Alternativen und Konsequenzen unterscheiden. Diese ungeheure Reduzierung der Palette der zu untersuchenden Optionen ist eine Anpassung an die beschränkten intellektuellen Kapazitäten der Menschen, die Inadäquatheit der Informationen und die Kostenintensität der Analyse. Die Aufmerksamkeit wird außerdem dadurch weiter eingeschränkt, daß viele Alternativen und Ergebnisse einfach nicht berücksichtigt werden, selbst wenn diese Eliminierung zufällig oder bewußt dazu führt, daß wichtige Alternativen und Ergebnisse nicht berücksichtigt werden. Wie Lindblom feststellt, »müssen Entscheidungsträger wählen, ob sie Fehler machen wollen, indem sie Alternativen oder Ergebnisse unberücksichtig lassen oder indem sie Alternativen oder Ergebnisse miteinander verwechseln« (1965, S. 146).

Die Inkrementalisten vertreten die Ansicht, daß eine Option, die auf der Basis einer vereinfachten, durch Unterlassungsfehler gekennzeichneten Analyse gewählt wird, sicher unvollständig ist, jedoch innerhalb ihrer Grenzen korrigiert werden kann. Wenn man zum Beispiel die Auswirkungen des Tabaks auf die Gesundheit einfach untersucht, indem man die Auswirkungen des Zigarettenrauchens untersucht, ist diese Lösung innerhalb ihrer eigenen Grenzen (der Auswirkungen von Zigaretten) korrekt, aber unvollständig (da sie die Auswirkungen von Zigarren, Kautabak usw. unberücksichtigt läßt). Eine Option, die aufgrund einer komplexen Analyse gewählt wurde, ist wiederum mit Verwechslungsfehlern behaftet. Das Streben nach Vollständigkeit kann zur Wahl völlig falscher Optionen führen.

Die Inkrementalisten sind weiters der Ansicht, daß ihr Ansatz die serielle Analyse und Bewertung beinhaltet: Ein Problem wird immer wieder neu aufgerollt. Deshalb sei es nicht notwendig, nach der richtigen Lösung zu suchen. Und die inkrementalistische Politik sieht auch eine rekonstruktive Analyse vor: es gibt keine isolierte Spezifikation »des Problems«. Die Ziele werden eher ständig an die Mittel angepaßt; »das Problem« wird bei der Suche nach Lösungen immer wieder neu definiert. Anstatt ein unlösbares Problem unentwegt weiterzuverfolgen, wird es neu definiert, damit man damit besser umgehen kann.

Adaptive Ansätze

Man kann den rationalistischen Ansatz als Leitfaden für die Entscheidungsfindung verwerfen, ohne dadurch so pessimistisch zu werden, wie es die Inkrementalisten sind. Es wurden zahlreiche Anpassungsstrategien entwickelt (Katona 1975 zieht den Begriff »Bewältigung« dem der Anpassung vor). Keine von ihnen kann das Problem des Enscheidungsprozesses »lösen«; sie versuchen lediglich, relativ effektivere Entscheidungsstrategien zu formulieren als die Inkrementalisten. Die Ansätze, die bis jetzt noch nicht weit entwickelt sind, werden auf drei Ebenen formuliert: Erreichung eines gewissen Wissensstandes; isolierte Richtlinien und Entscheidungsstrategien. Alle Ebenen zusammengenommen stellen einen weniger pessimistischen Ansatz dar als den der Inkrementalisten, ohne auch nur annähernd so optimistisch zu sein wie die Rationalisten.

Die Medizin als Fallstudie der Anpassung

Die Medizin (als eine Wissenschaft, die den Ärzten gelehrt wird) bietet die Gelegenheit zu untersuchen, wie man sich an die Tatsache anpaßt, über eher geringes Wissen und beschränkte Entscheidungsfähigkeiten zu verfügen. Wie kann es die Medizin ihren Vertretern erlauben, komplexe Entscheidungen zu treffen, obwohl sie nur über sehr beschränkte Fähigkeiten zur Resynthese verfügen? Erstens stützt sich die Medizin gleichzeitig auf einige analytische Disziplinen, ohne jedoch zu versuchen, ihre Erkenntnisse oder Annahmen in das zu integrieren, was – im Unterschied zu einer chemischen – eine mechanische Kombination genannt werden könnte. Wenn der praktische Arzt also zum Beispiel Patienten zu behandeln hat, die über ernsthafte und anhaltende Kopfschmerzen klagen, muß er nach der festgelegten medizinischen Vorgangweise zuerst nach organischen Ursachen forschen (z. B. das Gehirn scannen). Erst wenn die Suche nach organischen Ursachen erfolglos ist, dürfen die Patienten zum Psychiater geschickt werden. Die Kombination der beiden radikal verschiedenen Ansätze bei der Diagnose heftiger Kopfschmerzen beruht auf der praktischen Überlegung, daß die organischen Ursachen (z. B. ein Tumor) sofortige Behandlung notwendig machen könnten, während psychische Ursachen warten können. Eine solche sequentielle Diagnose, die darauf beruht, daß praktische Prioritäten gesetzt werden, »wird« für Behandlungszwecke »ausreichen«. Im Gegensatz dazu verlangt eine umfassende Analyse einen viel höheren Wissensstand, über den praktische Ärzten oft nicht verfügen. So stellt sich z. B. die Frage, was sind die Folgen der Interaktion (falls es sie gibt) zwischen organischen und psychischen Faktoren bei der Auslösung von Kopfschmerzen? Werden diese Kopfschmerzen nur von psychischen Faktoren verursacht? Können die »psychischen« Kopfschmerzen von denen unterschieden werden, die organische Ursachen haben? Dies ist nur einer der vielen Fälle, die man anführen könnte, um zu zeigen, daß die Medizin verschiedene Arten analytischen Wissens zusammensetzt. Dieses Zusammenstückeln ist ausreichend, wenn es darum geht, die Menschen zu heilen, nicht aber, wenn es darum geht, das Problem umfassend zu verstehen.

Das Beispiel illustriert auch, warum die Medizin sich auf verschiedene analytische Disziplinen stützt. Die Ursachen können genetischer, chemischer, physiologischer oder psychischer Natur sein. Die medizinische Diagnose, die nur auf einer analytischen Disziplin beruht, wird sich wahrscheinlich in sehr vielen Fällen, die die Medizin zu behandeln versucht, als unbefriedigend erweisen. Zweitens profitiert die Medizin, nachdem sogar das kombinierte analytische Wissen nicht ausreicht, oft auch davon, daß sie sich auf Wissen stützt, das sie aus Experimenten, Fallstudien, statistischen Zusammenhängen (ohne Wissen über die Mechanismen oder Ursachen) und anderen Quellen praktischen Wissens zieht. So ist es für einen praktischen Arzt zum Beispiel sehr nützlich zu wissen, daß Studien zeigen, daß es eine enge Korrelation zwischen dem Rauchen und dem Lungenkrebs gibt, selbst wenn die Wissenschaft noch nicht herausgefunden hat, wie das Rauchen Krebs erregt. Die Schätzungen darüber, wieviel von dem in der Medizin derzeit enthaltenen Wissen eher praktischer Natur ist, variieren (wie auch die Proportionen innerhalb der einzelnen medizinischen Disziplinen). Dennoch belaufen sich die Schätzungen auf bis zu 50 Prozent (Inglefinger, Erlman und Findland 1966; Schon 1983).

Schließlich eignen sich die Ärzte, um sich an die Notwendigkeit anzupassen, innerhalb komplexer und nur teilweise bekannter Systeme zu handeln, als integralen Bestandteil ihrer Disziplin bestimmte Richtlinien und Entscheidungsstrategien an, um angesichts hoher Unsicherheit und der Tatsache, daß sie nur über ein partielles Wissen* verfügen, überhaupt entscheiden zu können.

Beispiele für adaptive Verhaltensregeln

Die wahrscheinlich am meisten verbreitete Verhaltensweise für die Anpassung an unbekanntes Wissen könnte *fokussierter trial and error* genannt werden. Sie stellt eine Kombination dar aus Wissen, wo man die Suche nach einer effektiven Handlungsweise beginnen soll, mit der Überprüfung der Ergebnisse in vorher festgelegten Intervallen, um die Intervention anzupassen oder zu verändern und so die beschränkte Fähigkeit wettzumachen, zukünftige Ergebnisse zu antizipieren. Dieser Ansatz unterscheidet sich deutlich von dem, was *wirklicher* trial and error genannt wird, bei dem kein anfängliches Wissen vorausgesetzt wird, und von *fine-tuning*-Suchen, das nur dann unternommen werden sollte, wenn das Wissen groß und die Unsicherheit gering ist.

Es kann nicht oft genug darauf hingewiesen werden, daß der fokussierte trial and error eine adaptive, jedoch keine rationale Prozedur ist. Er geht davon aus, daß es größere Segmente der Welt gibt, die dem Akteur nicht bekannt sind, mit denen der Akteur jedoch umgehen

---

* Der Begriff »partielles Wissen« wird bewußt gewählt, um sich vom oft benutzten Begriff des »unvollständigen« Wissens zu unterscheiden. Das unvollständige Wissen impliziert, daß wir das meiste von dem wissen, was wir wissen müssen, um rational zu handeln. Daher können wir die Ungenauigkeit, die sich aus der Unvollständigkeit ergibt, fast ignorieren oder später korrigieren und so handeln, als ob wir über das gesamte Wissen verfügten. Dies ist bei sehr vielen, wenn nicht bei den meisten medizinischen Problemen nicht der Fall. Gleichzeitig ist das medizinische Wissen in der Regel nicht so mangelhaft, daß es die Anwendung von Prozeduren notwendig macht, die dann geeignet sind, wenn es kein Wissen gibt oder nur sehr wenig, z. B. zufällige Interventionen. Wir können also nicht den Prozeduren folgen, die vollständig rationales Verhalten notwendig machen, noch müssen wir Prozeduren anwenden, die für Situationen geeignet sind, in denen wir fast oder völlig uninformiert sind. Es gibt jedoch besondere Prozeduren, die die Handlungen lenken, wenn das verfügbare Wissen nur einen Bruchteil dessen umfaßt, was für eine vollständig rationale Entscheidungsfindung notwendig wäre.

muß, um weiterzukommen. Daher ist es keine Frage des »richtigen« Verstehens der Welt und des logischen Schließens, was aufgrund der Fakten getan werden muß, usw. Es geht darum, wie man unter Berücksichtigung der Tatsache, daß der Entscheidungsträger über große Teile der notwendigen Informationen nicht verfügt, viele Optionen nicht überblicken kann usw., am besten vorgehen muß.

Eine andere wichtige Anpassungsregel bezieht sich direkt auf das Verstehen der Grenzen des Verständnisses des Akteurs: Sie verlangt nach *Aufschub*, danach, eine Entscheidung so lange wie möglich zu verzögern. Diese Verzögerungen ermöglichen es, mehr empirische Evidenzen zu sammeln, mehr Daten zu verarbeiten, neue Optionen zu entdecken, oder geben den Problemen Zeit, ohne Eingriff seitens des Akteurs – der wahrscheinlich fehlerhaft sein würde – von selbst zu verschwinden. Eine daraus folgende Regel lautet daher, *eine Entscheidung* so stark wie möglich *zu zerlegen* (statt sie auf einen Schlag umzusetzen). Ein Grund dafür, daß Nationalbanken (wie das Federal Reserve System in den Vereinigten Staaten) ihre Zinssätze zu einem bestimmten Zeitpunkt meist nur um einen Bruchteil anheben oder senken und diese Vorgangsweise mehrmals hintereinander wiederholen, statt das »richtige« Ausmaß der Veränderung auf einmal durchzuführen, liegt darin, daß sie nicht wissen, was dieses richtige Ausmaß ist. Sie fürchten, die Zinsen zu stark zu erhöhen oder zu senken; daher ist es klug, die Entscheidungen in kleinen Schritten umzusetzen.

Das Absichern von riskanten Einsätzen ist ein weiteres Beispiel für die adaptive Handlungsmaxime. Offensichtlich würde der Investor, wüßte er mit Sicherheit (oder mit relativ hoher Sicherheit), welche Aktie für die von ihm verfolgten Investmentziele in der für ihn interessanten Periode die beste wäre, sein ganzes Kapital in diese Aktie investieren. Andererseits ist es um so klüger, seine Investition auf mehrere Aktien aufzuteilen, je weniger man über eine bestimmte Aktie weiß. Ebenso sollte man, wenn man sich mit Aktien nicht gut auskennt, seine Investitionen auf mehrere Finanzinstrumente aufteilen (Anleihen, Grundbesitz etc.). Die ökonomische Theorie, im besonderen die Portfeuille-Theorie verlangt, daß Modelle entwickelt werden, die die Investoren darüber informieren, wie sehr sie ihr Kapital streuen sollen. Diese Forderungen können hier nicht untersucht werden. Die meisten Entscheidungsträger, besonders jene, die mit schwer zu quantifizierenden Optionen umgehen müssen, finden die von den Ökonomen entwickelten Modelle möglicherweise schwer anwendbar. Das Absichern ihrer Einsätze wird ihren langfristigen Ertrag und ihre Sicherheit wahrscheinlich immer noch verbessern, selbst wenn ihre Investitionen alles andere als maximal sind.

Dies sind nur einige Beispiele für adaptive Verhaltensregeln (für eine weiterführende Diskussion der adaptiven Regeln siehe Quade 1982, besonders S. 217 ff.). Obwohl es noch andere Verhaltensregeln gibt, müssen diese zum Großteil als Modelle noch entwickelt werden. Außerdem muß ihre Effizienz unter verschiedenen Umständen und für Akteure, deren Kapazitäten und Ressourcen variieren, noch ausgetestet werden.

Mixed Scanning: eine Anpassungsstrategie

Die bis jetzt untersuchten adaptiven Handlungsmaximen sind isolierte Regeln; sie werden nur einzeln eingesetzt. Mixed Scanning bietet eine voll entwickelte Entscheidungsstrategie und eine Methode, wie man verschiedene Anpassungsregeln ableiten kann. Mixed Scanning bezeichnet sowohl ein deskriptives als auch ein präskriptives Modell der Entscheidungsfindung; d. h. es gibt eine Anleitung, wie man effizientere und effektivere Entscheidungen fällen kann. Jene, die Mixed Scanning anwenden, kombinieren breit gestreute, aber nicht detaillierte Untersuchungen von Fakten und Optionen mit detaillierteren, aber weniger umfassenden Untersuchungen ausgewählter Teilmengen von Fakten und Optionen. Die Methode, nach der die Weltbank und die Entwicklungsländer Investitionsentscheidungen fällen (Leff 1985), illustriert die Strategie des Mixed Scanning. In einem ersten Schritt bestimmen diese Institutionen Sektoren hoher Priorität und wählen *innerhalb dieser Sektoren* erfolgversprechende Projekte aus. Das »optimale« Projekt ist vielleicht in einem Sektor mit niedriger Priorität; es zu finden würde aber die Untersuchung aller

Adaptive Ansätze 231

Projekte implizieren, was unter Mixed Scanning als nicht möglich angenommen wird.

Mixed Scanning kann am besten durch Gegenüberstellung mit den zwei vorherrschenden Modellen der Entscheidungsfindung – dem rationalistischen und dem inkrementalistischen – beschrieben werden. Das rationalistische Modell verlangt die vollständige Untersuchung aller relevanten Faktoren und Optionen. Es wurde oft und grundlegend kritisiert, weil es nicht durchzuführen ist. Es verlangt vollständiges Wissen über Konsequenzen, die zeitlich weit entfernt sind, die Anhäufung riesiger Mengen von Fakten und den Einsatz analytischer Fähigkeiten, über die die Akteure nicht verfügen. Da die Mängel des rationalistischen Ansatzes schon weiter oben extensiv behandelt wurden, werden sie hier nicht weiter diskutiert.

Ein Hauptmangel des Inkrementalismus, der vor allem das Mixed Scanning als Lösung erscheinen läßt, zeigt sich beim Auftreten von grundlegenden Entscheidungen, wie etwa der einer Kriegserklärung. Inkrementalisten leugnen die Existenz solcher Entscheidungen nicht, behandeln sie aber als Ausnahmen. Es ist sicherlich richtig, daß inkrementelle Entscheidungen bei weitem häufiger vorkommen als fundamentale, doch ist die Bedeutung der grundlegenden Entscheidungen für den Entscheidungsprozeß an sich nicht durch ihre Häufigkeit bestimmt. Es ist also ein Fehler, nichtinkrementelle Entscheidungen mit der Begründung zu vernachlässigen, daß sie nur in Ausnahmefällen vorkommen. Außerdem definieren grundlegende Entscheidungen oft den Kontext für zahlreiche inkrementelle Entscheidungen. In anderen Situationen werden grundlegende Entscheidungen durch mehrere inkrementelle Entscheidungen »vorbereitet«, so daß die endgültige Entscheidung zu einer weniger abrupten Änderung führt. Dennoch sind die Entscheidungen relativ grundlegend. Die daraus folgenden inkrementellen Schritte können nicht ohne die grundlegenden Entscheidungen verstanden werden, und die vorangegangenen Schritte beziehen ihren Sinn aus den fundamentalen Entscheidungen, zu denen sie führen.

Daher reicht es nicht, wie Fenno (1966) aufzuzeigen, daß der Kongreß vor allem marginale Veränderungen im Bundesbudget vornimmt (ein Vergleich des Jahresbudgets mehrerer Ministerien mit dem des vorangegangenen Jahres zeigte in vielen Fällen nur einen Unterschied von 10 Prozent) oder daß der Anteil des Verteidigungsbudgets am Gesamtbudget über lange Zeit gleich blieb oder daß das Bundesbudget im Vergleich zum vorangegangenen Jahr im Hinblick auf seinen Anteil am BIP (Polsby 1964, S. 86) nur gering variiert. Diese inkrementellen Veränderungen sind oft die Auswirkungen von Trends, die zu besonderen Zeitpunkten einsetzen, zu denen fundamentale Entscheidungen getroffen wurden. Das US-Verteidigungsbudget stieg von 5 Prozent des BIP zum Beginn des Koreakrieges im Jahre 1950 auf 10,3 Prozent im Jahre 1951. Die Tatsache, daß es nach dem Ende dieses Krieges (1954–60) ungefähr auf diesem Niveau (zwischen 9 und 11,3 Prozent des BIP) blieb, war eine Auswirkung von inkrementellen Entscheidungen, sich am Koreakrieg zu beteiligen (ebd.). Fennos eigene Zahlen zeigen fast ebenso viele Veränderungen über dem 20-Prozent-Niveau wie darunter. Sieben Veränderungen waren Anstiege um 100 oder mehr Prozent, 24 Veränderungen waren Anstiege um 50 oder mehr Prozent (Polsby 1964, S. 83). Jüngere nichtinkrementelle Entscheidungen umfassen die Steuerreform von 1986, die hinsichtlich ihres Ausmaßes in den letzten 70 Jahren einzigartig war. Die von Präsident Reagan verursachten Steigerungen des Bundesbudgetdefizits übertrafen die Summe aller Defizite seiner Vorgänger.

Während der Kongreß oder andere entscheidungstragende Institutionen einige inkrementelle Entscheidungen kumulieren, ohne sich mit der darin implizierten grundsätzlichen Entscheidung auseinanderzusetzen, bewirken viele andere Entscheidungen, die so aussehen, als ob sie eine Reihe inkrementeller Entscheidungen wären, tatsächlich die Umsetzung oder Ausarbeitung einer grundlegenden Entscheidung. Nachdem der Kongreß im Jahre 1958 die nationale Raumfahrtbehörde gegründet hatte und sich damit einverstanden erklärt hatte, die Ziele des Präsidenten Kennedy im Bereich der Raumfahrt zu unterstützen, ging er mit dieser Entscheidung zusätzliche, »inkrementelle« Verpflichtungen für einige Jahre ein. Ursprünglich war jedoch eine grundsätzliche Entscheidung getroffen worden. Es ist nicht denkbar, daß sich der Kongreß im Jahre 1958 aufgrund seiner Erfahrungen und seines Verständnisses der Dynamik inkrementeller Prozesse der Tatsache nicht bewußt war, daß eine einmal eingegangene, grundsätzliche Verpflichtung sehr schwer wieder rückgängig zu machen ist. Obwohl das ursprüngliche Raumfahrbudget relativ gering war, bedeutete schon allein die Gründung einer Raumfahrtbehörde, daß sich der Kongreß bereiterklärte, weitere Budgetanstiege in der Zukunft hinzunehmen. (Für eine aussagekräftige Anwendung von Mixed Scanning auf die Untersuchung von Gerichtsentscheidungen siehe Snortland und Stanga 1973, S. 1021–31.)

Die Inkrementalisten sind der Ansicht, daß inkrementelle Entscheidungen meist zum Besseren führen. Es werden kleine Schritte in die »richtige« Richtung unternommen, oder, wenn es offensichtlich ist, daß die Richtung die »falsche« ist, wird der Kurs gewechselt. Doch wenn die Entscheidungsträger ihre inkrementellen Entscheidungen und ihre kleinen Schritte beurteilen – und das müssen sie, wenn sie entscheiden wollen, ob die Richtung, in die sie gehen, die richtige ist oder nicht –, wird ihr Urteil stark von den Kriterien bestimmt werden, die sie zur Beurteilung einsetzen. Auch in diesem Zusammenhang muß man aus der inkrementalistischen Konzeption heraustreten, um die Art zu erkennen, in der diese Kriterien aufgestellt werden. Daher ist die Zahl und die Bedeutung grundsätzlicher Entscheidungen wesentlich größer als die Inkrementalisten glauben, obwohl natürlich beide Arten von Entscheidungen vorkommen. Wenn die grundsätzlichen Entscheidungen nämlich fehlen, führt das Treffen inkrementeller Entscheidungen zu einem Getriebenwerden, zu richtungslosem Handeln.

Eine etwas aktiverer Ansatz des Entscheidungsprozesses verlangt zwei Arten von Mechanismen: (1) hochrangige, grundlegende Entscheidungsprozesse, die die fundamentalen Richtungen festlegen, und (2) inkrementelle Prozesse, die die fundamentalen Entscheidungen vorbereiten und sie spezifizieren, nachdem sie erreicht worden sind. Beide Arten von Entscheidungen werden vom Mixed Scanning erfaßt. Mixed Scanning ist jedoch viel weniger komplett und anspruchsvoll als rationale Entscheidungsfindung, doch wesentlich umfassender und innovativer als der Inkrementalismus. Es ist insoferne eine adaptive Strategie, als es davon ausgeht, daß wir zwar nicht in der Lage sind, mehr als einen Teil dessen zu wissen, was wir wissen müssen, jedoch sehr wohl fähig, uns mit Problemen auseinanderzusetzen und nicht einfach blind irgend etwas zu tun.

Ein bedeutender Teil der Arbeiten, die nach der ersten Veröffentlichung des Konzepts des Mixed Scanning (Etzioni 1967) publiziert wurden, definierten Mixed Scanning als systematische Regeln, Regeln, die als Richtlinien für Entscheidungsträger dienen können, als Vorgaben für ein Computerprogramm und als Basis für Forschungsarbeiten. Etzioni (1968, S. 286–88) setzte die ersten Impulse für diese Ausarbeitung:

a. *Im Falle von strategischen Entscheidungen* (für eine Definition siehe d. weiter unten). (i) Listen Sie alle relevanten Alternativen auf, die Ihnen einfallen, die die Mitarbeiter einbringen und für die Berater eintreten (inklusive Alternativen, die üblicherweise als nicht machbar betrachtet werden).

(ii) Untersuchen Sie die unter (i) aufgeführten Alternativen kurz (für eine Definition von ›kurz‹ siehe d. weiter unten) und verwerfen Sie die, für die Ihnen ein ›fataler‹ Einwand einfällt. Zu diesen gehören: (a) utilitaristische Einwände gegen Alternativen, die Mittel erfordern, die nicht verfügbar sind, (b) normative Einwände gegen Alternativen, die die grundlegenden Werte des Entscheidungsträgers verletzen und (c) politische Einwände gegen Alternativen, die die grundlegenden Werte oder Interessen anderer Akteure verletzen, deren Unterstützung für die Entscheidung und/oder Umsetzung der Entscheidung wichtig zu sein scheint.

(iii) Für alle nicht unter (ii) verworfenen Alternativen wiederholen Sie (ii) detaillierter, aber nicht in allen Details (für eine Definition des Umfangs siehe d).

(iv) Für die Alternativen, die unter (iii) nicht verworfen wurden, wiederholen Sie (ii) noch genauer (siehe d). Fahren Sie damit so lange fort, bis nur mehr eine Alternative übrigbleibt oder treffen Sie die Wahl zwischen den verbliebenen Alternativen willkürlich (und bitten Sie Ihre Mitarbeiter, in Zukunft genug Informationen zu sammeln, um zwischen allen zu untersuchenden Alternativen differenzieren zu können).

b. *Vor der Umsetzung.* (i) Teilen Sie die Umsetzung, wenn

möglich, in einige sequentielle Schritte auf (eine administrative Grundregel).

(ii) Wenn möglich, teilen Sie die Verpflichtung zur Umsetzung in einige serielle Schritte auf (eine politische Grundregel).

(iii) Wenn möglich, teilen Sie den Einsatz der Mittel in mehrere serielle Schritte und behalten eine strategische Reserve zurück (eine utilitaristische Grundregel).

(iv) Vollziehen Sie die Umsetzung so, daß kostenintensive und weniger leicht rückgängig zu machende Schritte im Prozeß später gemacht werden als jene, die billiger und leichter rückgängig zu machen sind.

(v) Erstellen Sie einen Zeitplan für das Sammeln und Verarbeiten zusätzlicher Informationen, so daß die Informationen an Wendepunkten für nachfolgende Entscheidungen verfügbar sind. Rechnen Sie aber mit ›unvorhergesehenen‹ Verzögerungen der Verfügbarkeit dieser Inputs. Greifen Sie auf umfassenderes Scanning zurück, wenn solche Informationen verfügbar werden und bevor Sie solche Wendepunkte erreichen.

c. *Prüfen Sie, während Sie implementieren.* (i) Untersuchen Sie auf einem hinsichtlich des Umfanges mittleren Niveau, nachdem die erste Teilmenge der Inkremente implementiert ist. Wenn alles ›funktioniert‹, untersuchen Sie nach längeren Intervallen weiter auf diesem Niveau und führen Sie in immer größer werdenden Intervallen sehr gründliche Überprüfungen durch.

(ii) Stellen Sie immer dann umfassendere Untersuchungen an, wenn eine Reihe von Inkrementen zu größeren Schwierigkeiten führt, obwohl jedes ein Schritt in die richtige Richtung zu sein scheint.

(iii) Vergessen Sie nicht, in bestimmten, vorher festgelegten Intervallen ganz umfassende Überprüfungen durchzuführen, selbst wenn alles in Ordnung zu sein scheint, weil (a) eine größere Gefahr, die bei früheren Untersuchungen nicht sichtbar war, jetzt jedoch sichtbar wird, weil sie näher gerückt ist und ein paar Schritte voraus lauern könnte; (b) eine bessere Strategie jetzt möglich sein könnte, obwohl sie in einer früheren Untersuchungsrunde verworfen wurde (untersuchen Sie, ob einer oder mehrere der fatalen

Einwände weggefallen ist, suchen Sie jedoch auch nach neuen, zuvor noch nicht untersuchten Alternativen); und (c) das Ziel möglicherweise schon erreicht ist und deshalb keine weiteren Inkremente notwendig sind. Wenn dies eintritt, fragen Sie nach (einem) neuen Ziel(en) und ziehen Sie die Beendigung des Projekts in Erwägung.

d. *Formulieren Sie eine Regel für die Allokation von Ressourcen und Zeit auf die verschiedenen Ebenen des Scanning.* Die Regel besteht darin, folgenden Tätigkeiten Teile davon zuzuteilen: (i) den ›normalen‹ Scanning-Routinen (wenn die inkrementellen Schritte ›funktionieren‹), (ii) den Kontrollen mittlerer Reichweite, (iii) den ganz umfassenden Überprüfungen; (iv) den anfänglichen Untersuchungen, wenn ein ganz neues Problem oder eine neue Strategie in Betracht gezogen wird; (v) einem Auslösemechanismus, der in bestimmten Intervallen umfassendere Untersuchungen initiiert, ohne abzuwarten, bis eine Krise auftritt; und (vi) einer fallweisen Überprüfung der Allokationsregel im Rahmen der allumfassenden Überprüfung und der Definition des Allokationsmusters in der ursprünglichen Strategie.

Janis und Mann (1977, S. 37) führten eine wichtige Verbesserung des Programms ein. Sie weisen darauf hin, daß, obwohl in der anfänglichen Untersuchung all jene Optionen, gegen die keine fatalen Einwände zu finden sind, einer genaueren Untersuchung unterzogen werden (was einem »quasibefriedigenden« Ansatz gleichkommt), »jedesmal, wenn die übriggebliebenen Alternativen wieder untersucht werden, die Testrichtlinie in Richtung Optimierung verändert werden könnte, indem der Minimalstandard (von fatalen Einwänden bis zu geringeren Einwänden) angehoben wird«.

Sie erweitern auch die Palette der Entscheidungen, auf die das Mixed Scanning angewandt werden kann: »Obwohl es für politische Entscheidungsträger gedacht ist, könnte dasselbe Programm mit geringen Änderungen auf Arbeitsentscheidungen einer Einzelperson oder auf persönliche Entscheidungen hinsichtlich der Karriere, der Ehe, der Gesundheit oder der finanziellen Sicherheit angewandt werden« (ebd., S. 38). Für solche Anwendungen, so meinten sie, sei der Schritt a (i) zu modifizieren: Mitarbeiter und Berater seien durch die Familie oder Freunde zu ersetzen.

Die detaillierten oder inkrementellen Entscheidungen werden am besten innerhalb des Kontextes von fundamentalen Entscheidungen getroffen, obwohl man zahlreiche Beispiele inkrementeller Entscheidungen finden kann, die unabhängig von einem Kontext ohne Berücksichtigung einer fundamentalen Richtung getroffen wurden. Der Vorteil einer Vorgangsweise, die inkrementelle Entscheidungen in einen fundamentalen Kontext stellt, besteht nicht darin, daß man davon ausgeht, daß fundamentale Entscheidungen ausschließlich aufgrund von L/E-Erwägungen getroffen werden können, sondern darin, daß sie im Zentrum der ablaufenden Trial-and-error-Prozesse stehen und daher die Überprüfung der Realität erleichtern. Sie sind wie Arbeitshypothesen (einer sehr jungen »Wissenschaft«), aber nicht Quellen definitiver Antworten.

Es stellt sich nun die Frage, worauf diese Kontext erzeugenden, fundamentalen Entscheidungen beruhen. Teilweise entstehen sie aufgrund von L/E-Erwägungen, Erfahrungen, vorherrschenden Theorien usw. Zum Teil sind sie jedoch Brücken, die von den beschränkten L/E-Zonen zu den N/A-Kontexten führen. Es gibt wenige fundamentale Entscheidungen, die nicht von N/A-Faktoren geprägt sind. Viele werden großteils aufgrund von N/A-Faktoren gefällt. Kurz gesagt, eine weitere Art, die beschränkte Rolle der L/E-Erwägungen und der Schwierigkeiten, sie auf kognitiver Basis durchzuführen, unter Beweis zu stellen, besteht darin, die Beziehung zwischen detaillierten inkrementellen Entscheidungen (die für L/E-Erwägungen relativ zugänglich sind) und den fundamentalen Entscheidungen zu untersuchen, die dies viel weniger sind. Wir sind der Ansicht, daß Mixed Scanning den Entscheidungsprozeß weit über den zusammenhanglosen Inkrementalismus hinaus verbessert; dennoch liefert es keine Grundlage für rationale Entscheidungen. Letztlich ist die Unfähigkeit des Geistes, vollkommen detaillierte Entscheidungen zu treffen – der Grund, warum es überhaupt zu Mixed Scanning kommt –, ein klarer Hinweis darauf, daß der Entscheidungsprozeß sogar in den Bereichen, die von den N/A-Faktoren als legitime L/E-Zonen definiert werden, eher subrational ist.

Kapitel 8
Was ist rational?

Die Antwort auf die Frage »Wie rational wählen die Menschen ihre Mittel?« hängt teilweise davon ab, wie man Rationalität definiert. Es ist ganz klar, daß man viel mehr rationale Entscheidungen antreffen wird, wenn man Rationalität so definiert, daß es leicht ist, diesem Kriterium zu entsprechen, als wenn man strengere Kriterien benützt. Wenn man also Rationalität als ein Verhalten definiert, das darin besteht, alle Fakten, über die man verfügt, mit Hilfe jener logischen Regeln zu verarbeiten, an die man glaubt, so ist es auch rational, den Rat von Astrologen zu befolgen. Definiert man Rationalität jedoch als die Anwendung hochwissenschaftlicher oder analytischer Prozeduren, sagen wir etwa höhere Differentialrechnung, werden die meisten Menschen – auch manche Wissenschaftler – wohl nicht rational handeln. Was ist also eine sinnvolle Definition dieses so häufig benützten Konzepts?

Auf der Suche nach einer sinnvollen Definition hielten wir es für notwendig, die normativen (Wert-)Grundlagen des Rationalitätsbegriffs zu untersuchen; er ist wohl kaum ein neutraler Begriff. Die Neoklassiker setzen aus Gründen, die kurz diskutiert werden müssen, voraus, daß man davon ausgehen muß, daß Menschen rational sind, weil man sonst ihre Freiheit untergräbt. In diesem Kapitel werden wir die Meinung vertreten, daß man die deutlichen Grenzen der menschlichen Rationalität, so wie sie üblicherweise definiert wird, anerkennen kann und der Freiheit und den Rechten des einzelnen trotzdem genauso verpflichtet sein kann wie die Neoklassiker.

Sind einmal die normativen Grundlagen des Rationalitätsbegriffs umrissen, wendet sich die Diskussion der Definition des Konzepts zu. Obwohl es zumindest 60 Definitionen von Rationalität gibt (für eine umfassende Liste siehe March 1978), denken die meisten, die diesen Begriff benützen, tatsächlich an das Konzept eines Akteurs, der weise handelt und der die Mittel, die ihn seinen Zielen näherbringen, effizient wählt. Dieses Konzept der *instrumentellen Rationalität* ist so definiert, daß man gegenüber empirischen Evidenzen (keine N/A-Barrieren gegenüber neuen Informationen bzw. kein Beharren auf obsoleten Daten) und der Vernunft offen ist (keine N/A-*a-priori*-Annahmen und/oder Widerstand gegen irgendeine gegebene Denkrichtung, z. B. die weltliche). Das ist eigentlich das Konzept der Rationalität, das viele Autoren selbst dann benützen, wenn sie die Diskussion mit anderen Definitionen des Begriffs begonnen haben. Es ist auch das Konzept von Rationalität, das in unserer Kultur tief verwurzelt ist. Außerdem werden wir sehen, daß dies das Konzept der Rationalität ist, das von einem methodologischen Standpunkt her am besten zu verteidigen ist, weil es einem Hauptkriterium für sinnvolle Konzepte gerecht wird: es differenziert; es ermöglicht einem, Rationales von Nichtrationalem zu unterscheiden und verschiedenen Rationalitätsgraden zuzuschreiben.

Rationalität ist im neoklassischen Paradigma an das Individuum gebunden, das seinen/ihren Eigennutz verfolgt. Wir werden jedoch sehen, daß man auch zum Wohl der Gemeinschaft rational handeln kann. Es gibt keine notwendige Verbindung zwischen Rationalität und dem Selbst; eine Aktivität die dem Ich, dem Wir, ja sogar dem Sie dient – inklusive jener, die versucht, dem Gemeinwohl zu dienen –, kann in Hinblick auf den Grad ihrer Rationalität untersucht werden. Wir werden jedoch argumentieren, daß Rationalität in jedem Falle mit planvollen Überlegungen verbunden sein muß. Sie ist weder automatisch noch unbewußt.

Freiheit ohne Rationalismus

Praktisch keine der umfangreichen Arbeiten über das Konzept der Rationalität und seiner zahlreichen Bedeutungen erkennt seine normative Natur an. (»Normativ« bezieht sich auf das implizierte Werturteil des Verdienstes rational zu handeln, nicht auf die Unterscheidung zwischen präskriptiven und deskriptiven Entscheidungsmodellen.) Viele Autoren scheinen sich der Tatsache nicht bewußt zu sein, manche scheinen sie gar nicht zu kennen, daß das Konzept tief in einer besonderen politischen Philosophie und Ethik verwurzelt ist. Tatsächlich besteht ein enger Zusammenhang zwischen jenem spezifischen Begriff der Freiheit, der die Freiheit und die Rechte des einzelnen betont (Kapitel 1, S. 21–52). Der tiefere Grund, warum die Neoklassiker annahmen, daß Individuen rational »sein müssen«, in der Lage »sein müssen«, ihre eigenen Urteile zu bilden, und daß ihre Wahlhandlungen als grundsätzlich moralisch korrekt betrachtet werden müssen, ist darin zu finden, daß Neoklassiker glauben, daß jene andere Sichtweise eine Beschneidung der Rechte des einzelnen zur Folge hätte.

Die Vorstellung, daß die Individuen selbst am besten wissen, was für sie gut ist, wird in den neoklassischen (und anderen Whig-, besonders liberalen) Schriften zum Ausdruck gebracht und ist der Kern des tragenden Begriffs der »Konsumentensouveränität«. Ökonomen erklären, daß ein Akteur schlimmstenfalls nur »manchmal« das, was für ihn/sie gut ist, »unvollkommen« wahrnimmt. Doch um diese Unvollkommenheit wirklich aufzudecken, müßte man schon den/die EhepartnerIn einer Person und/oder seinen/ihren Psychiater interviewen. In der Praxis wäre es daher, so argumentieren sie, am besten, davon auszugehen, daß Individuen ihre eigenen Gedanken kennen.

Wesentlich ist dabei, wie die Neoklassiker meinen, daß die gegenteilige Annahme dazu führt, von unklugem und moralisch zweifelhaftem Entscheidungsverhalten der Menschen auszugehen, und auch anzunehmen, daß sie manipulierbar sind (West und McKee 1983, S. 1110). Dies öffne der staatlichen Intervention, wenn nicht sogar dem Totalitarismus Tür und Tor. Außerdem wird angenommen, daß jegliche Einschränkung der individuellen Freiheit, die notwendig ist, um dem Gemeinwohl zu dienen (besonders der gemeinsamen Sicherheit), von freien Individuen selbst eingerichtet werden kann. Kurz gesagt, das neoklassische Konzept der Rationalität wurzelt in einer von den Whigs inspirierten Vorstellung von Gesellschaft und Freiheit.

Das Problem liegt nicht darin, daß es eine tiefe Verpflichtung gegenüber der Freiheit gibt. Man kann es voll und ganz teilen und dennoch anerkennen, daß das neoklassische Paradigma jener Vorstellungen und Perspektiven entbehrt, die notwendig sind, um die soziologischen und psychologischen Bedingungen zu verstehen, unter denen Menschen frei sind und unter denen die Freiheit bewahrt werden kann. Die Individuen können am besten vernünftig denken und sind Manipulationen und staatlichen Eingriffen dann am wenigsten ausgesetzt, wenn sie Mitglieder einer Gemeinschaft sind, wenn sie sich für ihre psychologische Verankerung und die soziale Unterstützung beim Widerstand gegen äußere Zwänge auf die Beziehungen zu ihren Mitbürgern, auf deren Wir-Gefühl verlassen können. Dies ist der Grund, warum die Gründungsväter der Vereinigten Staaten von Amerika die Herrschaft des Mobs, d. h. einer Masse von »freien«, miteinander nicht in Beziehung stehenden Individuen, die von Demagogen in die Raserei getrieben werden können, so fürchteten. Deshalb wurde von Alexis de Tocqueville (1840) bis Erich Fromm (1941) immer wieder darauf hingewiesen, wie wichtig eine Gesellschaft ist, in der die Individuen Angehörige funktionierender Gemeinschaften und freiwilliger Assoziationen sind. Dies ist der oft diskutierte Verdienst des Pluralismus. Man fand heraus, daß die Massengesellschaft, in der die Individuen ihren Platz im sozialen Gewebe verloren haben und auf sich selbst gestellt sind, »atomisiert« sind, für totalitäre Bewegungen und Manipulationen durch charismatische Führer und die Massenmedien sehr empfänglich ist (Kornhauser 1959). Kurz gesagt, frei können nur Individuen sein, die nicht sozial isoliert und voneinander abgeschnitten sind; sie müssen miteinander in Beziehung stehen und in eine Gemeinschaft eingebunden sein, um ein Wir zu bilden, und in der Lage sein, die gegenseitige emotionale Stabilität und innere Sicherheit zu fördern. Auf diesen psychologischen und soziologischen Grundlagen können sich Menschen voll entwickeln und ihrer Individualität unbeschränkt Ausdruck verleihen. Wenn die Gemeinschaft als unterdrückend, die Gruppe als ein »Sie« erlebt wird, können die Menschen ihre Individualität immer noch behaupten, aber niemals so vollständig und so frei von Verzerrungen sein, wie sie es könnten, wenn sie eine auf gegenseitige Verantwortung beruhende Gemeinschaft werden, indem sie ihre Mitmenschen von einem »Sie« in ein »Wir« verwandeln.

Schließlich vermeidet das neoklassische Paradigma durch die Annahme, daß Präferenzen stabil und individueller Natur sind, alle Fragen nach der Bildung von Zielen (Werten). Es stellt fest, daß die Menschen Präferenzen »haben«; es scheint aber unwichtig, wo sie herkommen oder was sie sind. Wichtig ist nur, daß sie »stabil« sind. Wenn jedoch einmal anerkannt ist, daß Ziele verändert werden können und auch Manipulationen unterliegen, daß sie teilweise »importiert« sind, erkennen wir, daß der Schwerpunkt des neoklassischen Paradigmas auf dem effizienten Einsatz der Mittel zu eng ist, zu sparsam. Eine sinnvolle Theorie muß sich aber auch mit dem eigentlichen Prozeß der Bildung von Zielen (z. B. Mitbestimmung versus Zwang) und dem Schutz des Primats der Ziele über die Mittel beschäftigen. Effizient zu sein kann nur so gut sein wie die Ziele, die effizient implementiert werden. Wir können es nicht vor der Beurteilung der Ziele drücken, z. B. dadurch, daß wir es uns einfach machen und ihnen aufgrund *unserer persönlichen* Präferenzen und Werte Plus- und Minuspunkte zuschreiben. Wir müssen vielmehr eine solide Bewertung auf der Basis einer Ethik finden, deren Kriterien gerechtfertigt werden können, eine Bewertung auch der *Quellen* dieser Ziele: Inwiefern werden sie von den Mitgliedern einer Gemeinschaft frei gebildet oder ihnen von mächtigen Akteuren aufgezwungen, sei dies nun der Staat, eine fremde Macht, ein Konzern oder eine Gewerkschaft?

Aus diesem Grund beschäftigen wir uns mit der positiven und nicht nur mit der destruktiven Rolle normativer Faktoren bei der Entscheidungsfindung (siehe Kapitel 6) und untersuchen die Rolle des Wir – neben der des Ich – im Entscheidungsprozeß (siehe Kapitel 11). In diesem Zusammenhang hilft uns der Begriff »instrumentelle Rationalität«, nicht zu vergessen, daß Rationalität nicht ein ultimativer Wert ist; es ist wünschenswert, effizient zu handeln – aber nur in Verfolgung wertvoller Ziele.

Methodologische Erwägungen

Differenzierung als Kriterium

Ist das Konzept der Rationalität und die Frage danach, wie rational Individuen sind, einmal von der durch die Whigs inspirierten Annahme befreit, daß die Menschen rational »sein müssen«, kann man untersuchen, nach welchen Kriterien man entscheiden kann, welches Konzept der Rationalität für ein sozialwissenschaftliches Paradigma *produktiv* ist. In der diesem Thema gewidmeten Literatur wird die Frage danach, ob die neoklassische Sichtweise der Rationalität »realistisch« ist oder nicht und ob es korrekt ist oder nicht, unrealistische Annahmen zu verwenden, solange sie Prognosen erlauben und eine sparsame Theorie liefern, sehr genau diskutiert. Auch wir beschäftigen uns damit, bringen jedoch einen Ansatz ein, der in diesen Diskussionen meist nicht berücksichtigt wird, nämlich die Vorteile der Verwendung eines *differenzierenden* Konzepts.

Damit eine Variable produktiv ist, muß sie zu einer Verteilung der verschiedenen Punkte (oder »Bewertungen«) auf dem Kontinuum führen, das die meisten Variablen generiert. Die Verteilung der Fälle auf diese Punkte muß nicht gleichmäßig, z. B. glockenförmig sein oder irgendeine andere besondere Form annehmen, sie sollte jedoch nicht besonders stark auf eine Seite hin verzerrt sein. Für die meisten Fälle wird zum Beispiel eine Geschlechtstypologie, die Männer und Frauen in eine Kategorie zusammenfaßt und »alle anderen« in eine andere Kategorie stellt, nicht sinnvoll sein.

Von einem methodologischen Standpunkt aus werden Inklusiv-Aussagen – die eine ganze Gattung mit gemeinsamen Attributen als eine Gesamtheit definieren –, sofern sie in anderen Disziplinen gemacht werden, als vorläufige, erste Annäherungen betrachtet, weil die Wissenschaft nicht auf Charakterisierungen aufbaut, die sich auf alle Fälle einer untersuchten Kategorie beziehen, sondern darauf, daß Variationen und Variable erkannt werden (Nisbett und Ross 1980, S. 8; Musgrave 1981). Daher ist es wenig relevant festzustellen, daß die Menschen Warmblüter sind, es sei denn, man stellt sie einer Gattung gegenüber, die Kaltblüter sind. Wenn man nur Menschen untersucht, werden z. B. die Temperaturunterschiede im Zentrum des Interesses stehen und nicht das, was sie gemeinsam haben.

Geht man von dieser allgemeinen Ansicht darüber aus, wie wissenschaftliche Erkenntnisse entstehen, scheint es produktiv zu sein, die Rationalität nicht als einen allen Menschen gemeinsamen Charakterzug zu behandeln, sondern zu fragen, in welchem Ausmaß das Verhalten verschiedener Gruppen (Subaggregate) von Menschen rational ist und unter welchen Bedingungen ihr Verhalten mehr oder weniger rational ist. Das heißt, es ist unproduktiv zu fragen, ob die Menschen rational »sind« oder nicht. Rationalität sollte am besten als eine kontinuierliche Variable gesehen werden: Die Menschen sind mehr oder weniger rational, je nach ihren Fähigkeiten und der Stärke der sie aktivierenden Kräfte (siehe unten) und der durch die Umwelt gegebenen Bedingungen, die diese Kräfte unterstützen oder hemmen. Daher kommt man von einem methodologischen Standpunkt aus zum selben Schluß, zu dem man auch von einem normativen Gesichtspunkt her kommt: Es ist nicht hilfreich, davon auszugehen, daß alle Menschen rational *sind*; es ist produktiver anzunehmen, daß ihre Rationalität unter bestimmten Bedingungen funktionsfähig, stark ausgeprägt und relativ hoch ist, während sie unter anderen Bedingungen niedrig und stark eingeschränkt ist.

Neoklassische Definitionen

Das Problem des neoklassischen Konzepts der Rationalität besteht darin, daß es entweder überhaupt nicht oder nur sehr wenig differenziert. Es definiert individuelles Verhalten entweder als rational (was erreicht wird, indem man »ausgewachsene« Tautologien bastelt) oder es definiert Rationalität so, daß die meisten Verhaltensweisen aller Akteure als rational qualifiziert werden. In diesem Falle gibt es dann nur wenige Ausnahmen, die als eine irrelevante Restmenge unberücksichtigt bleiben können, wie etwa im Konzept des »unvollständigen Wissens« (imperfect knowledge) – einer unproduktiven Beinahe-Tautologie.

Meist wird nicht die Frage gestellt, wie rational die Menschen sind, sondern man sagt, daß die Menschen rational »wären«, und es werden Argumente gegen jene vorgebracht, die anderer Meinung sind. Leckachman (1976, S. 108) schreibt: »Jeder in diesem prosaischen Universum [der Welt, wie die Ökonomen sie sehen] ist rational.« Und Tobin (1971, S. 18): »Die ökonomische Theorie wird meist unter der Prämisse vertreten, daß sich die Individuen bei gegebenen Präferenzen für Güter, Dienstleistungen und Freizeit, konsistent und ›rational‹ verhalten.« Williams und Findlay (1981, S. 18–19) sind auch dieser Ansicht: »Die ökonomische... Disziplin ist auf der Prämisse des rationalen Menschen begründet.... Selbst die von der traditionellen Ökonomie am weitesten entfernten Ökonomen, die sowohl die Methoden als auch die Schlüsse der neoklassischen Sichtweise ablehnen, schließen sich ohne zu zögern jenen Annahmen über das menschliche Verhalten an, die andernorts immer mehr in Frage gestellt werden...« Die Neoklassiker argumentieren oft, daß jede Art des Verhaltens, auch wenn es auf den ersten Blick nicht rational zu sein scheint, im Endeffekt rational ist. Einige schließen sogar pathologische Verhaltensweisen ein, da die psychoanalytische Literatur »die Krankheit des Patienten im Hinblick auf die Funktionen erklärt, die sie für ihn hat« (Simon 1978, S. 3). Es wurde bereits darauf hingewiesen (Williams und Findlay 1981, S. 23), daß »eine solche generalisierte Definition der Rationalität sogar Verrückte rational macht«. Daher berauben allumfassende Definitionen das Konzept seiner Differenzierungskraft und seines Sinnes.

Selten werden Versuche unternommen, diese Annahmen zu verifizieren. Wenn also ein Autokäufer nach zwei Besuchen bei verschiedenen Händlern aufhört, nach einem besseren Geschäft zu suchen, wird argumentiert, daß der Käufer damit gerechnet »haben muß«, daß die zusätzlichen Suchkosten die potentiellen Ersparnisse übersteigen würden, und nicht, daß er nicht rational gehandelt haben könnte. Meist wird gar nicht versucht, festzustellen, ob Käufer solche Berechnungen anstellen oder überhaupt in der Lage sind, sie anzustellen oder ob die Kosten der weiteren Suche, die der Akteur nicht durchführte, wirklich die potentiellen Gewinne überschreiten würden; und ob der Wert, der der Zeit und den Anstrengungen bei dieser Gelegenheit beigemessen wird, wirklich dem Wert entspricht, den die Käufer ihrer Zeit und anderen Ressourcen üblicherweise zuzuschreiben pflegen.

In den seltenen Fällen, wo das untersuchte neoklassische Theorem ausreichend spezifiziert wird, um empirisch getestet zu werden, und der Test richtige Daten (anstatt solchen, die durch die Hinzufügung verschiedener Annahmen und Regressionsanalysen verändert wurden) verwendet, sind die Ergebnisse mit dieser These eindeutig inkompatibel. Telser (1973, S. 46) meint zwar, daß es eher selten wäre, zwischen zwei Geschäften oder Lieferanten desselben Marktes einen Preisunterschied von mehr als 50 Prozent zu finden. Dies ist aber ein eher schwacher Test. Denn obwohl eine Ersparnis von 50 Prozent für den einzelnen Kosumenten dann nicht viel ausmachen würde, wenn es sich um billige Güter handelt (eine Ersparnis von 10 Cents bei einem Kaugummi wird die meisten Käufer nicht für die »Kosten« komparativen Einkaufens entschädigen), müßte der Gewinnaufschlag in dieser Höhe weitere Konkurrenten auf den Markt bringen und ihn damit reduzieren, wenn das neoklassische Theorem Gültigkeit hat. Im Gegensatz dazu ergab eine Untersuchung von Mittelklassekonsumenten, daß es innerhalb ihres Einkaufsbereichs nicht nur einen Preisunterschied von 408 Prozent für das billige Aspirin gab, sondern auch einen Unterschied von 286 Prozent für Tonbandgeräte. Aus einer Stichprobe von 25 Produkten lag die Preisdifferenz bei 19 dieser Produkte (das sind 76 Prozent) höher als der Telser-Test von 50 Prozent. Tatsächlich betrugen die Preisdifferenzen bei 44 Prozent der Produkte, inklusive so substantieller Käufe wie Fahrräder und Lebensversicherungen, bei 100 oder mehr Prozent (Maynes et al. 1984, S. 187 ff.).

Mueller (1986, S. 13) bringt ein anderes vielsagendes Beispiel:
Sowohl Arrow (1982) als auch Heiner (1983) haben auf das scheinbar irrationale Verhalten vieler Individuen in Entscheidungssituationen hingewiesen, in denen mit einer sehr geringen Wahrscheinlichkeit sehr hohe Erträge erzielt werden können. Hingewiesen wird dabei auf die Weigerung vieler Individuen, Versicherungen gegen Überschwemmungen zu Preisen abzuschließen, die weit unter ihrem versicherungsmathematischen Wert lagen, wie Howard Kunreuther et al. (1978) berichten. Obwohl dieses Verhalten, wäre

es rational, eine extreme Bereitschaft zum Risiko implizierte, lassen andere Verhaltensmuster in Fällen mit winziger Wahrscheinlichkeit und großen Erträgen darauf schließen, daß es eine besonders große Aversion gegen das Risiko gibt, zum Beispiel, wenn Ehepaare, die Kinder haben, mit verschiedenen Flugzeugen fliegen, um die Möglichkeit auszuschließen, daß beide Elternteile bei einem Flugzeugunglück sterben, oder wenn man die Maßnahmen betrachtet, die von manchen Menschen in letzter Zeit angewandt werden, um den Kontakt mit HIV-Infizierten zu vermeiden. Obwohl die Informationskosten einige dieser Anomalien erklären können, wie Arrow im Hinblick auf die Überschwemmungsversicherung anmerkt, ›scheint die Information so leicht zu bekommen zu sein und der Gewinn so groß, daß diese Hypothese kaum haltbar scheint‹ (Arrow 1982 S. 2).

Wenn alles andere versagt, werden einige Faktoren hinzugezogen, die schwer zu messen sind, im besonderen psychische Kosten, um irgendwie zu argumentieren, daß die Aktion, wie absurd sie zunächst auch erscheinen mag, rational ist (Thurow 1983, S. 16). Das Ergebnis ist oft eine eher gezwungene Argumentation, wie man sie in wissenschaftlicher Literatur eher seltener findet als in scholastischer oder im Talmud und in den Schriften von Marx. Das Argument, daß die Werbung eher informativ ist und weniger überzeugende Elemente enthielte, ist so ein Fall. So wurde z. B. argumentiert, daß, wenn Joe Namath für ein Paar L'Eggs (Strümpfe für Frauen) eintritt und Muhammad Ali für ein Insektenvertilgungsmittel, daß das keine Überredung und Beeinflussung, sondern Information sei! Wie ist das möglich? Da der Produzent große Summen dafür ausgibt, solche teuren Werbeträger einzukaufen, bedeutet das, daß er den Konsumenten darüber informiert, daß die Produkte eine hohe Qualität haben müssen (Lindsay 1984, S. 205).

Cross (1983) startet einen Rettungsversuch, indem er argumentiert, es könne vorkommen, daß Entscheidungen zu irgendeinem Zeitpunkt nicht rational sind, weil die Akteure sich noch nicht an die verschiedenen Feedbacks der Ergebnisse ihrer vorherigen Handlungen angepaßt haben. Dies impliziert, daß sie es auf längere Sicht sicher tun werden. Das Problem mit dieser Argumentationskette besteht darin, daß die Menschen ständig »daneben« sind, und sei es nur, weil sich ihre Umstände laufend ändern und sie niemals eine Chance haben, nachzukommen, selbst wenn dies theoretisch möglich wäre. Wenn aber die Menschen ständig »daneben« sind, sei es nun »temporär« oder existentiell, sollte das Schwergewicht unserer Untersuchung wohl auf diesem Zustand liegen und nicht darauf, wie sie sich verhalten, wenn sie es eines Tages schaffen werden, rational zu handeln.

Die großen Schwierigkeiten bei der Verteidigung des neoklassischen Begriffs von Rationalität haben zu zahlreichen Versuchen geführt, dieses Konzept neu zu definieren. In der daraus resultierenden, sehr umfangreichen Literatur werden esoterische Definitionen anderen esoterischen Definitionen gegenübergestellt, und es kommt aufgrund der Tatsache, daß diese oder jene Autorität auf dem Gebiet dies oder jenes gesagt hat, zu Haarspaltereien. Es werden sehr wenige Versuche unternommen, die Fruchtbarkeit dieser oder jener Definition aufzuzeigen. Hier soll auch nicht versucht werden, einen Überblick über diese Definitionen zu geben, mit ihnen zu argumentieren oder ihnen etwas hinzuzufügen, weil keine von ihnen wirklich benützt wird und man daher annehmen muß, daß sie nicht produktiv sind. (Unter den nicht diskutierten Standpunkten ist der interessanteste der, daß es verschiedene Arten der Rationalität gäbe, sagen wir ökonomische und politische. Siehe Mannheim 1949; Diesing 1962; Parsons und Smelser 1956.) Die Diskussion soll sich hier mit einigen wenigen, von Neoklassikern häufig benützten Definitionen beschäftigen und die methodologischen Gründe für die besondere Definition liefern, die wir in der Folge anwenden werden.

Konsistenz: Weder Gültigkeit noch Differenzierung

Die Neoklassiker definieren rationales Verhalten oft als konsistentes Verhalten, als Verhalten, das stabil und transitiv ist. Stabilität heißt, Menschen, die das X dem Y vorziehen (sei es nun ein einziger Artikel oder ein ganzer Korb), werden eine Minute später dieselbe Wahl treffen. Transitivität heißt, wenn Sie das X dem Y und das Y dem Z vorziehen, werden sie auch das X dem Z vorziehen. Dies ist, wie Becker (1975, S. 153) aufzeigt, eine sehr weitverbreitete Definition: »... jeder stimmt mehr oder weniger zu, daß rationales Verhalten einfach nur konsistente Maximierung einer wohlgeordneten Funktion wie einer Nutzen- oder Gewinnfunktion impliziert.« Einige sind der Ansicht, daß diese Definition insofern jedem Test genügt, als sie empirisch weder verifiziert noch falsifiziert werden kann (Sen 1977, S. 325). Andere trugen empirische Evidenzen zusammen, die zeigten, daß die Menschen sich nicht konsistent verhalten (Kahneman und Tversky 1982, S. 163).

Trotz der ziemlich einfachen Natur dieser Definition ist es sehr schwierig, die Bedingungen zu spezifizieren, unter denen sie getestet werden können, denn wenn die Menschen inkonsistent handeln, sagen die Neoklassiker, hätten sie wohl ihre Präferenzen verändert (Sen 1977, S. 322–23). Auf diese Weise kann jegliches Verhalten für konsistent erklärt werden. Der Fall des »Rheinweines« zeigt, wie weit einige Neoklassiker gehen würden, um ihr Paradigma zu verteidigen. Dieser Fall betrifft eine Person, die im allgemeinen keinen Wein trinkt und daher auch nicht die Absicht hat, irgendeine besondere Weinmarke zu kaufen. Dennoch gibt sie einem Impuls nach und kauft und konsumiert eine Flasche Rheinwein. Croce (1953, S. 177) benützt ein solches Verhalten, um rationales von irrationalem Verhalten zu unterscheiden. Er sieht im Weinkauf eine Handlung, die im Widerspruch zum Zweck dieser Person steht, einen unlogischen Akt. Die Neoklassiker argumentieren jedoch dahingehend, daß die Vorstellung von einem *A-priori*-Plan oder einer derartigen moralischen Verpflichtung unpassend wäre. Schließlich »existiere« der Plan nicht, er wäre nur im Geist der Person vorhanden. Ziele sind aus dem Verhalten ablesbar. Wenn die Person also einen Rheinwein kaufte, ist es unwichtig, was diese Person kaufen wollte; der Kauf muß als rational angesehen werden, weil er angeblich dem Ziel dieser Person dient – wie es am Akt des Kaufens abzulesen ist. (Diese Argumentation stammt von Tagliacozzuo, zitiert von Kirzner 1976, S. 169–70.)

Unserer Ansicht nach ist Konsistenz bestenfalls eine notwendige, aber nicht eine ausreichende Bedingung für den Großteil des Verhaltens, das üblicherweise als rational, hier aber als Beispiel für instrumentelle Rationalität bezeichnet wird. Konsistenz hat nicht notwendigerweise etwas mit Vernunft oder Bewußtsein zu tun (Becker 1976, S. 7; March 1978, S. 593). So können sich zum Beispiel niedrige Arten, sagen wir Würmer, deren Verhalten nur durch genetische Codes determiniert wird, konsistenter verhalten als Menschen. Ein Konzept, das zwischen den intellektuellen Fähigkeiten niedriger Arten und denen der Menschen nicht unterscheiden kann, scheint nicht sehr nützlich zu sein. Genau aus demselben Grund mag man über die Erkenntnis beunruhigt sein, daß sich Ratten nach neoklassischen Kriterien rational verhalten (Kagel et al. 1975). Hier geht es um die Frage, wie vernünftig und klug menschliche Entscheidungsprozesse sind. Um es noch einmal zu wiederholen: Wenn das Konzept nicht zwischen dummen und brillianten Entscheidungsprozessen unterscheiden kann, also nicht zwischen Ratten und Menschen differenziert, was kann es dann aussagen? Es kann uns nur beweisen, daß die Definition mehr als dürftig ist und von der normativen Verpflichtung getragen wird, die Rationalität um jeden Preis zu verteidigen. Es ist schwierig, es noch besser auszudrücken als Samuelson (1983, S. 91–92): »Das Ergebnis kann sehr leicht eine zirkuläre Argumentation sein und ist es in vielen Formulierungen zweifellos auch. Sehr oft wird nicht mehr festgestellt, als daß die Menschen sich benehmen, wie sie sich benehmen, ein Theorem, das keinerlei empirische Implikationen hat, da es keine Hypothese enthält und mit jedem wahrnehmbaren Verhalten übereinstimmt, weil es auch von keinem widerlegt werden kann.« Wir brauchen ein Konzept, das besser differenziert.

Sparsamkeit versus Überdeterminierung

Wenn man Neoklassikern vorschlägt, N/A-nichtrationale Grundlagen für die Wahlentscheidung anzuerkennen und diese Faktoren in ihr Paradigma einzubauen, entgegnen sie, daß ihr Ansatz sparsamer wäre und daher den »überdeterminierten« Theorien vorgezogen werden sollte. In dieser Argumentation wird das Konzept der Sparsamkeit so benützt, als ob Sparsamkeit ein einfaches, objektives und leicht zu verifizierendes Kriterium wäre, das es einem ermöglicht, eindeutig festzulegen, welche Theorie sparsamer ist als die andere. In Wirklichkeit ist es ziemlich schwierig, das Ausmaß festzulegen, in dem eine Theorie sparsam ist. Können Sie zum Beispiel sagen, wie viele Annahmen im Funktionalismus von Parsons, wie viele im Strukturalismus von Levi-Strauss oder in der Ökonomie von Marx getroffen werden? Oder gibt es einen einzigen neoklassischen Ökonomen, der sein Paradigma verwerfen und, sagen wir, der institutionellen Ökonomie – um nicht die marxistische Ökonomie zu erwähnen – anhängen würde, selbst wenn es bewiesen werden könnte, daß diese anderen Paradigmen deutlich sparsamer wären?

Neoklassische Ökonomen beginnen zwar oft mit sehr wenigen Annahmen, fügen aber im Laufe ihrer Versuche, ihre Behauptungen und die Daten aufeinander abzustimmen, zahlreiche ad-hoc-Annahmen hinzu (Blaug 1985, S. 242–43). Ein komplexeres Paradigma, das jedoch alle wichtigeren, notwendigen Annahmen umfaßt, ist einem Paradigma vorzuziehen, das zwar nur wenige Annahmen als fixe Bestandteile des Paradigmas aufweist (wenn dies überhaupt aufgestellt werden kann), jedoch zahlreiche ad-hoc-Annahmen benötigt. Hirschmann (1984, S. 12) stellte schon die Forderung nach mehr Komplexität auf: »Wie jede Tugend... kann Sparsamkeit bei der Erstellung einer Theorie übertrieben werden, und manchmal kann einiges dadurch gewonnen werden, daß man die Dinge *komplizierter macht*.« Wir werden weiter unten die besonderen Annahmen untersuchen, die dem neoklassischen Paradigma hinzugefügt werden müssen, um das Konzept der Rationalität benützen zu können und es zu einem differenzierenden Konzept zu machen.

Instrumentelle Rationalität

Die Definition von Rationalität, die wir für die produktivste halten, ist jene, die den Entscheidungsprozeß als planvolles, überlegtes Handeln charakterisiert, d. h. das Entscheiden auf der Basis von Sammeln und Verarbeiten von Informationen und auf dem Ziehen korrekter Schlüsse. Das heißt, rationale Entscheidungsfindung basiert auf einer Aufgeschlossenheit gegenüber empirischer Evidenz (eine empirische Orientierung) und auf wohlbegründeter Vernunft (Logik). Je offener der Akteur für Vernunft und Evidenzen, für L/E-Erwägungen ist, desto rationaler kann er handeln. Nimmt man an, daß der Akteur Überlegungen anstellt und also bewußt handelt, so bedeutet dies, daß automatische Wahlakte, die auf unterbewußten Antrieben, Gefühlen oder Intuition beruhen, effektiv sein können – aber nicht rational sind. Ebenso können Entscheidungen, die aufgrund von Regeln getroffen werden, die andere festgelegt haben oder die vom Akteur zuvor definiert wurden und die nicht dahingehend überprüft werden, ob sie für diesen Fall zutreffen, vollständig rational sein, müssen es aber nicht in jedem Falle notwendigerweise sein. Sie werden von der Kultur und der Gewohnheit definiert. (Diese Punkte werden weiter unten näher beleuchtet.)

Der Begriff *instrumentelle* Rationalität wird deshalb verwendet, weil diese Definition den Akteur als jemanden sieht, der Ziele verfolgt, denen er aus Gründen verpflichtet ist, die für die Definition irrelevant sind. Statt dessen liegt der Schwerpunkt der Definition auf der Wahl der Mittel. Die zusammengetragene und verwertete Information wird dazu benützt, effiziente, »passende« Mittel zu finden. Diese Facette der Definition von Rationalität ist für den deontologischen Standpunkt wichtig: Sie unterstreicht, daß Entscheidungen im Dienste anderer Erwägungen getroffen werden und getroffen werden sollten und daß die Entscheidungen »instrumentell« und nicht vorherrschend sein sollten. Das heißt, Rationalität hat zwar eine beschränkte, aber dennoch wichtige Rolle.

Der Autor wurde gefragt, an welchem Punkt die Menschen nach dieser Definition aufhören, nichtrational zu handeln. Aus der Sicht eines objektiven, allwissenden Beobachters, der über alle Informationen und unbeschränkte Verarbeitungskapazitäten verfügt, könnten ja alle Entscheidungen als nichtrational beurteilt werden. Tatsächlich *sind* Entscheidungen nach der hier verwendeten Definition niemals vollständig »rational« (außer vielleicht, wenn es sich dabei um besonders einfache Situationen handelt) oder »nichtrational«, sondern sind in verschiedenem Grad rational (und nach demselben

Merkmal nichtrational). Dieses »Ergebnis« der Definition ist eines der wichtigsten Argumente, das für sie spricht: sie differenziert. Ihre Produktivität wird weiter unten dokumentiert (Kapitel 9).

Die Sichtweise von Rationalität als einem Verhalten, das für logisch-empirische Mittelwahl offen ist, ist natürlich die Art, wie Max Weber (1947) den Begriff benützte, als er zwischen *Zweckrationalität* und *Wertrationalität* unterschied (siehe auch Parsons 1937). Sie wird machmal auch als kalkulative oder intentionale Rationalität (March 1978, S. 589) oder prozedurale Rationalität (Simon 1976, S. 131) bezeichnet. Untersucht man die zahlreichen Verwendungen des Begriffs Rationalität genauer, was hier nicht nachvollzogen werden muß, so kommt man zu dem Schluß, daß dies die Bedeutung ist, die am häufigsten impliziert wird, wenn dieser Begriff benützt wird (Simon 1976, S. 130, 179; Kunkel 1970, S. 62–64; Lee 1972, S. 6ff.).

Bisher wurde die Unterscheidung zwischen instrumenteller Rationalität und dem Konzept von Rationalität untersucht, das typischerweise von den Neoklassikern benützt wird. Nun gibt es auch die entgegengesetzte, subjektivistische Definition. Die Subjektivisten sind der Ansicht, daß Entscheidungen nicht als nichtrational betrachtet werden dürfen, wenn sie ohne Verwendung aller verfügbaren Informationen getroffen werden, wie es von einem objektiven Beobachter gesehen wird, sondern nur dann, wenn die Entscheidungen unter Mißachtung von Informationen getroffen werden, zu denen die Akteure Zutritt haben. Sie meinen außerdem, daß Entscheidungen nur dann nichtrational sind, wenn die Akteure die ihnen zur Verfügung stehenden Informationen aufgrund *ihrer eigenen* Logik des Schließens falsch interpretieren, nicht aber wenn sie sie nach der anerkannten Logik falsch interpretieren.

Der »Cargo-Kult« wird oft benutzt, um die subjektivistische Sichtweise der Rationalität zu illustrieren. Im Zweiten Weltkrieg nahmen die Japaner die Küstenstädte Neuguineas in Besitz. Die Amerikaner setzten mehrere Fallschirmjägereinheiten in den Bergen des Landesinneren ab, um die Japaner zu zermürben. Lastenflugzeuge warfen Kisten mit Gütern ab, die die Eingeborenen niemals zuvor gesehen hatten, von Kleidungsstücken bis zu Gewehren. Als die Flugzeuge nicht mehr kamen, bauten die Eingeborenen aus

Stöcken und Lehm Flugzeuge und verehrten diese Modelle in der Hoffnung, wieder mit dem begehrten Mannah versorgt zu werden. Subjektivisten vertreten die Ansicht, daß die kulthafte Verehrung rational ist, weil diese Handlung, geht man von den für die Bewohner von Neuguinea zu diesem Zeitpunkt zugänglichen Informationen und *ihrer* Logik des Schließens und ihres Glaubens an Magie usw. aus, sinnvoll ist (Shweder 1986).

Im Gegensatz dazu geht das hier verwendete Konzept der instrumentellen Rationalität davon aus, daß die Entscheidung der Akteure mit dem verglichen wird, was sie vom Standpunkt eines objektiven Betrachters aus hätte sein können. Das heißt, Akteure, die nicht oder nur wenig suchen, wenn die Umstände (inklusive der Kosten) eine extensive Suche verlangen, und die trotz Hinweisen auf das Gegenteil an ihren schon zuvor festgelegten Überzeugungen festhalten, werden nicht als Personen betrachtet, die rationale Entscheidungen getroffen haben. Die Gründe dafür, diesen Ansatz vorzuziehen, sind: (1) daß die subjektive Definition von Rationalität eine weitgehende, wenn nicht vollständige Tautologie darstellt: Was eine Person auch immer entscheidet, kann als auf dem aufbauend betrachtet werden, was sie wußte und/oder interpretierte; (2) daß er nicht zwischen schlechten Entscheidungsträgern und effizienteren differenziert; und (3) daß er ein Affront gegenüber dem Inhalt dieses Begriffs ist, wie er üblicherweise benutzt wird. Da kann man sich nun fragen: Wenn der Cargo-Kult rational ist, was für eine Handlung muß eine Person dann setzen, um sich als nichtrational zu qualifizieren? Allgemeiner formuliert suchen wir nach einem differenzierenden Konzept. Instrumentelle Rationalität, die die Ergebnisse *und* Prozesse der Erwägungen des Akteurs mit denen eines objektiven und allwissenden Entscheidungsträgers mit unbeschränkten Fähigkeiten vergleicht, ist ein solches Konzept.

Überlegt, effizient, aber nicht egozentrisch

Als nächstes werden Schlüsselattribute der Definition intrumenteller Rationalität untersucht: Was ist das oder was sind die Ziele, denen sie dient? Inwiefern unterscheidet sich diese Form der Entscheidungsfindung von den anderen Verhaltensformen? Und muß der Prozeß der Mittelwahl bewußt unternommen werden?

Rationalität ist nicht gleich Eigennutz

Das neoklassische Schlüsselkonzept der rationalen Nutzenmaximierung ist eigentlich die Verschmelzung von zwei Konzepten: eines betrifft das Ziel, das andere beschäftigt sich mit den Mitteln. In diesem Konzept ist es das Ziel einer rationalen Handlung, den Nutzen eines Akteurs, d. h. seinen Eigennutz zu maximieren (Mueller 1986, S. 18; Wilde et al. 1985, S. 406; Brandt 1972). Die rationale Person strebt danach, *ihre* Ziele zu fördern. Die Mittel werden nach Ansicht der Neoklassiker so gewählt und die Ressourcen so alloziert, daß der Nutzen des *Akteurs* maximiert wird. Unserer Ansicht nach besteht keine notwendige Verbindung zwischen dem eigennützigen Ziel und der effizienten Verwendung der Mittel. Die beste Art, den Unterschied zu zeigen, besteht darin, Aktivitäten im Dienste anderer Ziele zu untersuchen, sagen wir, die Produktion öffentlicher Güter. Offensichtlich können Ressourcen genauso effizient (oder ineffizient) benützt werden, um dem Gemeinwohl zu dienen wie dem individuellen Nutzen. Daher sollte sich die Definition von Rationalität ausschließlich von der Mittelwahl herleiten und nicht von der Art des Ziels. (Die Zielwahl ist eine Sache der Ethik oder der Werturteile.) Eine gegenteilige Sichtweise würde der Einführung eines utilitaristischen Werturteils entsprechen, daß jene, die dem Gemeinwohl oder anderen zu deren Nutzen dienen, unerklärlich und nicht rational handeln, ein Urteil, dem wir uns nicht anschließen können.

Zweckorientiertheit

Verwirft man das Konzept, das den Nutzen nur als Eigennutz definiert, leugnet man damit aber nicht, daß rationales Verhalten zweckorientiert ist. Das heißt, wir teilen die Ansicht, daß die jeweilige Person, Organisation oder Gesellschaft einem oder mehreren Zielen (zukünftigen Zuständen, die sie verwirklichen wollen, die sie mit einem bedeutenden Einsatz an psychischer Energie und Ressourcen anstreben)* verpflichtet ist. Ein rein »funktionales«, aber nicht zweckorientiertes Verhalten, also Verhalten, das von Beobachtern als nützlich bezeichnet, dem Akteur jedoch unbekannt ist oder von ihm nicht überlegt gesetzt wurde, ist im Sinne der hier und von vielen anderen benützten Definition nicht rational. Daher zeigt eine Person, die mit den Augen zwinkert, um ein Staubkörnchen aus einem Auge zu entfernen, eine reine Reflexhandlung, kein rationales Verhalten. Nur »funktionales«, aber nicht zweckorientiertes Verhalten, das schließen wir aus, weil sonst jedes Verhalten rational wäre, da jedes Verhalten in einem bestimmten Zeitrahmen oder einem anderen nach irgendwelchen Kriterien als nützlich betrachtet werden kann. Daher geht die Unterscheidungskraft des Konzepts verloren.

Die Ziele, die in den definierenden Kriterien benützt wurden und die von den Akteuren verfolgt werden, können empirisch beobachtet werden (sie finden ihren Niederschlag in den Protokollen von Vorstandssitzungen, in Vereinsstatuten, in Budgetzuteilungen etc.). Hierbei handelt es sich nicht um theologisches Denken**, weil wir nicht »annehmen«, daß es dabei einen Zweck gibt, sondern diesen empirisch unabhängig von der getroffenen Maßnahme messen.

Bevor wir die Diskussion weiterführen, muß auf eine wichtige Beschränkung des Konzepts hingewiesen werden, die schon oft unterstrichen wurde: Die Definition geht von einer klaren Unterscheidung zwischen Zielen und Mitteln aus, was an sich eine rationalistische Entscheidung ist. Sehr oft sind die Ziele noch völlig in der Schwebe, während schon die Mittel gewählt werden, oder die Entscheidungsträger haben anfangs keine klaren (geschweige denn klar gegliederten) Ziele, sondern finden die Ziele erst im Laufe des Handlungsprozesses. Daher beginnen viele junge Menschen eine College-Ausbildung, ohne zu wissen, in welchem Fach sie ihren Abschluß machen wollen und versuchen verschiedene Ausbildungsrichtungen, bis eine

---

* Der letzte Teil der Definition ist notwendig, um Lippenbekenntnisse auszuschließen.
** vgl. Miller und Starr, S. 19

davon ihre gewählte Berufung oder ihr Hobby wird, wobei in diesem Prozeß viele ihrer Lebensziele klar – wenn nicht sogar überhaupt erst entdeckt – werden. Manchmal gehen Hausfrauen, Menschen in ihrer Freizeit oder Wochenendausflügler einfach *ohne* eine klare Einkaufsliste »einkaufen« und werden dadurch oft zu Impulskäufen angeregt. In diesem Zusammenhang ist auch die Erkenntnis zu sehen, daß ein Mensch, wenn er sich einmal entschieden hat, für die Firma X zu arbeiten, diesen Betrieb viel ansprechender findet als vor seiner Wahl und die Firma, für die er sich nicht entschieden hat, viel weniger ansprechend als vorher (Vroom 1966, Soelberg 1967). Man könnte sagen, daß der Grund dafür darin zu suchen wäre, daß man über die gewählte Firma mehr Informationen erhält. Das würde jedoch implizieren, daß die ursprüngliche intuitive Wahl immer die richtige war. Viel wahrscheinlicher ist, daß die Menschen ihren »Geschmack« dem anpassen, was sie gewählt haben. Ebenso muß Spar- und Investitionsverhalten nicht unbedingt zweckorientiert sein; Menschen mit »überschüssigem« Einkommen können Geld einfach auf die Seite legen und später darüber nachdenken, was sie mit dem Geld anfangen, aber auch ob sie weiter sparen sollen oder das Geld lieber ausgeben sollen, je nachdem, wie sich ihre Ziele entwickeln. Nach der hier (und oft auch von anderen) vertretenen Definition ist keines dieser Verhalten rational oder irrational, sondern *prärational*, wenn man will, oder normativ (Zielbildung oder Zielklärung), denn wenn Ziele gar nicht vorhanden sind oder zu einem großen Teil unklar und in Bewegung sind, können Mittel typischerweise nicht gut gewählt werden.

Nicht implementiert

Es geht bei der Beurteilung der Rationalität um den Entscheidungsprozeß und nicht um ihre Implementierung; so geht es z. B. um die Entscheidung, welche Fabrik zu bauen ist und nicht um den Bau dieser Fabrik; es geht um das, was einige Psychologen »überlegte Handlung« nennen (Ajzen und Fishbein 1980). Diese Unterscheidung wird so hervorgehoben, weil sich die Umstände trotz gut überlegter Entscheidungen durch unerwartete Ereignisse ändern können (z. B. Ölpreis»schocks«), die eine Entscheidung rückblickend als nichtrational erscheinen lassen, selbst wenn zu dem Zeitpunkt, als sie getroffen wurde, alle verfügbaren Informationen benützt und die richtigen Schlüsse gezogen wurden. Und schlechte Entscheidungen können durch glückliche Umstände problemlos bleiben. Das heißt, eine Aktie, die aus einer Laune heraus gekauft wurde, kann steigen; doch macht auch ein solcher Anstieg die Entscheidung, sie zu kaufen, nichtrational. *Instrumentelle Rationalität wird nicht nach den Auswirkungen einer Handlung beurteilt, sondern nach dem Entscheidungsprozeß.*

In einer Modellwelt, in der alle zukünftigen Ereignisse (oder zumindest alle wichtigen zukünftigen Ereignisse) antizipiert werden können, ist die Unterscheidung zwischen Entscheidungsfindung und Implementierung der Entscheidung möglicherweise irrelevant. Doch für Entscheidungen, die mit realeren und komplexeren Dingen zu tun haben als mit dem Werfen von Münzen oder mit stark gestellten Situationen in Laborexperimenten – d. h. für die meisten Entscheidungen – ist diese Unterscheidung essentiell.

Die tiefere Quelle des Unterschieds zwischen rationaler Entscheidungsfindung und der Implementierung ist die Welt, in der sie stattfinden. Entscheidungsfindung geschieht im Bewußtsein einer Person, bei Betriebszusammenkünften, in Computerprogrammen – im Reich der intellektuellen Prozesse und symbolischen Transaktionen. Die Implementierung passiert in der Welt der Natur und Gesellschaft, der Dinge und Menschen. Es gibt zwischen diesen beiden Welten signifikante inhärente Unterschiede: Die symbolische Welt kann viel leichter (wenn auch nicht notwendigerweise leicht) umstrukturiert, manipuliert und rationalisiert werden als die andere. Man kann leicht an ein Pferd mit Flügeln denken, eines zu züchten ist eine ganz andere Sache. (Für weitere Diskussionen siehe Etzioni 1968, Kapitel 2.)

In der vorangegangenen Diskussion über instrumentelle Rationalität wurde dieser Begriff bewußt im Hinblick auf die Entscheidungsfindung definiert. Während es möglich ist, von rationalem Verhalten zu sprechen, meint eine solche Verwendung des Ausdrucks rational tatsächlich »nach den Regeln der rationalen Entscheidungsfindung«. Hier geht es um mehr als eine fachliche Unterscheidung: Wenn Entscheidungen kaum jemals sehr rational sind, dann ist die Implementierung dies noch weniger oft, weil zahlreiche unvorhergesehene Faktoren eintreten, die das Ergebnis anders als im Sinne des Akteurs beeinflussen. Dies ist ein wichtiger Punkt, den der Rationalismus zu übersehen neigt.

Zentrale Erwägungen

Die Definition der instrumentellen Rationalität macht die zentrale Rolle der Erwägungen klar. Sehr selten weist die Information allein auf die Entscheidung, die sich daraus ergibt. Meist muß sie bewertet und mit anderen Informationsteilen integriert werden, über die der Akteur schon verfügt. Projektionen und Interpretationen müssen hinzugefügt und Schlüsse gezogen werden.

Die Neoklassiker behaupten oft, daß es unwichtig wäre, ob der Akteur überlegt (oder berechnet) oder nicht, ob der Entscheidungsprozeß bewußt wäre oder nicht. Becker (1976, S. 7) schreibt dazu: »... der ökonomische Ansatz geht nicht davon aus, daß Entscheidungseinheiten sich ihrer Bemühungen um Maximierung notwendigerweise *bewußt* sind oder Gründe für die systematischen Muster in ihrem Verhalten verbalisieren oder auf andere informative Weise beschreiben können« (Hervorhebung vom Autor. Siehe auch March 1978, S. 593; Wilde et al. 1985, S. 404 ff.) Diese Ansicht basiert meistens auf sehr losen Definitionen von Rationalität. Dies stellt sicher, daß sie auch alle Handlungen einschließt. Wenn man also die minimalistischen Kriterien der Konsistenz benützt, ist nicht nur das unbewußte, automatische Verhalten von Menschen, sondern es sind sogar Wahlakte von Ratten »rational« (Kagel et al. 1975). »Die Menschen, die in diesem Buch vorkommen werden, sind, wenn man will, nicht weniger rational als Tauben«, sagt Homans (1961, S. 85). »Wäre es rational von Tauben, den kürzesten Weg zu einer Belohnung zu lernen und zu nehmen, so gilt dies wohl auch für den Menschen...« Homans fährt fort, indem er einräumt, daß »eine solche

Rationalität nicht zu viel führen kann« (ebd.). Wir sind der Ansicht, daß es zu noch weniger führt.

Aber es gibt noch andere Methoden, wie man automatisches Verhalten als Reflex rationaler Entscheidungen erscheinen lassen kann: Man zieht Situationen heran, in denen physische Grenzen (oder in experimentellen Situationen: simulierte Grenzen) unbewußte Entscheidungen in eine scheinbar rationale Form zwingen. Gibt man einem Käufer also eine beschränkte Summe von Ressourcen vor, wird er, wenn er mehr von einem Gut kauft, von einem anderen weniger kaufen (wenn Freizeit als ein Gut und auch Sparen miteinbezogen sind), ob er jetzt darüber nachdenkt oder nicht. Und da ein Tag nur 24 Stunden hat, können Frauen, die außer Haus arbeiten, ihren anderen Aktivitäten entsprechend weniger Zeit »zuteilen«.

Obwohl es, wie gerade gezeigt, möglich ist, das Element der Erwägung (oder des Bewußtseins) aus der Definition der Rationalität zu entfernen, ist das Ergebnis dann ein undifferenziertes – oder bestenfalls sehr schlecht differenziertes – Konzept, was den Verlust vieler interessanter Aspekte mit sich bringt. Zum Beispiel: Inwieweit kann die Rationalität der Entscheidungen verbessert werden, indem man die Fähigkeit zu überlegen fördert? Oder, wenn Individuen weniger von X kaufen, vorausgesetzt, sie transferieren die frei gewordenen Ressourcen auf Nicht-X, werden sie sie unter den zahlreichen Nicht-X-Artikeln effizient verteilen? Und welche Rolle spielen Erwägungen bei der Bildung solcher Neu-Allokationen?

Um die Behauptung zu untermauern, daß das Ausmaß instrumenteller Rationalität bei der Entscheidungsfindung mit dem Maß und der Qualität der angestellten Erwägungen zusammenhängt, reicht es, das folgende mentale Experiment durchzuführen. Stellen Sie sich eine Person vor, die eine Entscheidung zu treffen hat, sagen wir, eine Liste von Aktien im Hinblick darauf zu untersuchen, welche Aktie aufgrund der für die Person verfügbaren Informationen über neuere Entwicklungen gekauft werden soll. Stellen Sie sich weiter vor, daß diese Person eine Infusion erhält mit Alkohol. Zweifellos verschlechtert sich die Fähigkeit dieses Menschen, Aktien entsprechend den empirischen Evidenzen und den zuvor festgelegten Kriterien auszuwählen, und vielleicht verschwindet sie sogar völlig.

Andere Drogen, die das Bewußtsein verändern, Müdigkeit, Mangel an geeigneter Nahrung, emotionaler Streß und moralische Verpflichtungen haben alle ähnliche Wirkungen. Es genügt, einen impulsiven, gehetzten, uninformierten Käufer mit niedrigem Intelligenzquotienten mit einem genauen, nicht gehetzten, informierten Käufer mit hohem Intelligenzquotienten zu vergleichen, um zu sehen, worum es geht. Es scheint schwer verständlich, warum ein Faktor, der *so* folgenschwer ist, nicht in ein Paradigma integriert wird, es sei denn, dies geschieht aus einer normativen Verpflichtung, jede Person per definitionem als rational zu betrachten, selbst wenn sie ohne Vorbedacht handelt. (Für weitere Diskussionen über die entscheidende Rolle des Bewußtseins für den rationalen Entscheidungsprozeß siehe Brunsson 1982, S. 29; Simmons, Klein und Simmons 1977, S. 237 ff.)

Wir versuchen, in die entgegengesetzte Richtung zu gehen, weil es uns darum geht, differenzierende Konzepte zu finden und weil es uns aus deontologischer Sicht wichtig ist, Absichten und Konsequenzen deutlich zu unterscheiden, wobei wir die Bedeutung der Absicht hervorheben wollen. Um diese Unterscheidung deutlich zu machen, haben wir die folgende terminologische Unterscheidung getroffen: Der Begriff *Wahlakt* sollte benutzt werden, um jegliche Auswahl aus verschiedenen Optionen zu bezeichnen, sei sie nun bewußt oder unbewußt. Überlegte Wahlhandlungen sollten als *Entscheidungen* bezeichnet werden (d. h. alle Entscheidungen beinhalten per definitionem planvolle Erwägungen), und die anderen Entscheidungen können als unüberlegte Wahlakte bezeichnet werden. Mit diesen Definitionen untersuchen wir im nächsten Kapitel jene Kräfte, die ceteris paribus die Erwägung fördern oder hemmen und daher das Niveau instrumenteller Rationalität heben oder senken.

Kapitel 9
Instrumentelle Rationalität:
Förderliche Bedingungen

Rationalität als Produkt

Die These, daß die Menschen als Wesen gesehen werden sollten, die über variierende Grade von instrumenteller Rationalität verfügen und nicht einfach als rationale oder nichtrationale Wesen, läßt die Frage auftauchen, welche Bedingungen die instrumentelle Rationalität fördern und welche sie behindern. Wie wir sehen werden, ist diese Frage durchaus produktiv. Außerdem lassen sich mehrere »abnormale« Erkenntnisse mit diesem Ansatz systematisch theoretisch einordnen, womit einer der Zwecke des Strebens nach einem umfassenderen Paradigma erfüllt wird.

Grundsätzlich wird hier die Ansicht vertreten, daß *Rationalität antientropisch* wäre. Das heißt, der natürliche oder ursprüngliche Zustand des menschlichen Wahlakts wird als *nicht*rational angenommen, oft werden die Mittel aufgrund von N/A-Faktoren gewählt, und die eingeführten L/E-Erwägungen sind mangelhaft. Damit *Wahlakte in jedem Teil rational sein können, müssen Kräfte wirken oder aktiviert werden, die die Wahlakte in die rationale Richtung bringen.* Diese Kräfte können identifiziert werden. Außerdem kann ihre Rolle bei der Förderung der verschiedenen Ausmaße an Rationalität empirisch »validiert« werden. Hinzu kommt, daß das Wahlverhalten nach einer solchen Aktivierung wieder danach »strebt«, in den entropischen Zustand zurückzukehren.* *Rationales Verhalten*

---

* Für einen früheren, wohlbekannten Versuch, einen Zusammenhang zwischen ökonomischer Theorie und Entropie herzustellen, siehe Georgescu-Roegen (1971).

verlangt also kontinuierliches Investieren an Ressourcen und Anstrengungen. (Die Analogie zwischen Nichtrationalität und Entropie beschränkt sich hier auf einen einzigen Punkt: Es bedarf besonderer Kräfte, um die Situation oder das Verhalten aus seinem natürlichen Zustand zu bringen. Ansonsten gibt es viele Unterschiede zwischen Entropie in der Natur und im Verhalten, die hier aber nicht diskutiert werden müssen.)

Anders formuliert: *nichtrationale Wahlakte sind natürlich; rationale Wahlprozesse sind künstlich;* sie müssen erzeugt werden. In diesem Kapitel werden wir diesen Standpunkt dadurch untermauern, daß wir uns auf verschiedene gut bekannte Datensammlungen beziehen, die mit der hier vorgetragenen These kompatibel sind, und indem wir auf eine anerkannte Tatsache hinweisen – nämlich daß Rationalität wie andere verderbliche Güter laufend bewußt erzeugt werden muß und daß dadurch *Kosten* entstehen. Die Tatsache, daß Ressourcen geopfert werden müssen, um auch nur ein geringes Maß an Rationalität zu gewinnen, deutet darauf hin, daß instrumentelle Rationalität ein Produkt ist, das oft nur mit hohen Kosten erzeugt werden kann.

Die hier eingenommene Position ist weit davon entfernt, allgemein anerkannte Standpunkte in der Sozialwissenschaft radikal zu verwerfen. Williams und Findlay (1981, S. 17) beschlossen ihren Überblick über die relevante sozialwissenschaftliche Literatur 1981 mit der Feststellung, daß »es aufgrund der Forschungsergebnisse anderer [nichtökonomischer] Disziplinen (Psychologie, Philosophie, Politikwissenschaft und besonders Soziologie) immer klarer wird, daß der simplizistische Begriff des ›homo oeconomicus‹, der in der ökonomischen Literatur so häufig vorkommt, mehr Illusion als Tatsache ist«. Lovejoy (1961, S. 64) meinte, daß »die ›Vernunft‹ des Menschen im besten Fall einen sekundären und sehr geringen Einfluß auf sein Verhalten hat und daß die irrationalen und nichtrationalen Gefühle und Wünsche die wahren effizienten Auslöser aller, oder beinahe aller menschlicher Handlungen sind«. Viele andere haben ähnliche Standpunkte eingenommen (für eine extensive Bibliographie siehe Williams und Findlay 1981). Cohen (1976, S. 148) und Johnson-Laird (1982) zählen zu denen, die das Konzept der Rationalität als eine Sache von Graden oder Ebenen sehen und nicht annehmen, daß die Menschen einfach rational (oder nichtrational) »sind«. Auch Leibensteins (1966, 1976) Konzept der X-Effizienz und der verschiedenen Faktoren, die sein Niveau beeinflussen, ist von größter Relevanz in diesem Zusammenhang (für einen Überblick über die Literatur siehe Alessi 1983).

Im Vergleich ist der hier eingenommene Standpunkt eher gemäßigt. Wir gehen nicht davon aus, daß Rationalität schwer zu definieren ist, sondern nur davon, daß sie oft kostspielig ist, und, wenn sie »gekauft« wird, geschieht dies nur in eher kleinen Mengen. Gleichzeitig ist es richtig, daß dann, wenn die benötigten Ressourcen verfügbar sind und in die Entwicklung von Wissenschaft und Technik, in die effiziente Organisation von Produktion und Vertrieb und in eine professionelle öffentliche Administration gesteckt werden, (oft über viele Jahrzehnte) im Modernisierungs- (oder Entwicklungs-)prozeß bedeutende Bereiche von relativ rationalem Verhalten errichtet werden.

Von einem methodologischen Standpunkt aus werden wir sehen, daß es effizienter ist, nichtrationales Verhalten als Basis zu verwenden, da es ja der allgemeine Naturzustand und für die noch nicht sozialisierten Menschen der Ausgangspunkt ist, und das jeweilige erreichte Niveau an instrumenteller Rationalität zu erklären, als von der anderen Seite zu kommen, indem man davon ausgeht, daß die Menschen rational sind und sich darüber den Kopf zerbricht, warum ihr Verhalten nicht immer auf diese Prädisposition schließen läßt (vgl. Day 1967; Wilson 1970 und Elster 1979).

Rationalität gleich Anstrengungen

Will man das effizienteste Mittel finden, um seine Ziele zu erreichen, will man rational handeln, so bedeutet das Anstrengungen. Der Begriff »Anstrengung« wird hier in einem weiten Sinn verwendet und umfaßt das Einbringen von Ressourcen, Energie, Zeit und Hingabe. (Er ist viel umfassender als der Begriff »Kosten«, zumindest insoweit wie beide Begriffe üblicherweise verstanden werden. »Anstrengung« umfaßt solche Elemente wie die Entwicklung von Selbstdisziplin und die Mobilisierung der eigenen Person oder der

Kollektivität.) Im Gegensatz dazu verlangt die Entropie, der natürliche Zustand, keine Anstrengungen. Man muß sich keine Ziele setzen und keine Mittel wählen, laufende Prozesse werden nicht überlegt gesteuert, sondern laufen weiter wie Flüsse, die talwärts fließen. Ebenso ist für impulsives Handeln aufgrund der eigenen Vorurteile, Triebe oder Gewohnheiten und ohne Rücksicht auf Information, Analyse oder Erwägung nur sehr wenig Anstrengung nötig.

Die Anstrengungen, die für Rationalität unternommen werden müssen, sind folgende: (1) die Suche nach effektiven Mitteln (inklusive der Vorbereitungen für die Suche), die als *kognitive Arbeit* bezeichnet werden soll, (2) die Entwicklung von *Persönlichkeit, organisatorischen und gesellschaftlichen Grundlagen*, die Voraussetzung für eine extensive Suche sind bzw. für eine Suche, die relativ frei von irrelevanten Restriktionen und Unterbrechungen ist, und (3) eine Kombination aus *Erhaltung* der geeigneten Ressourcen, Prozeduren und Institutionen (z. B. Computer, Software und Forschungs- und Entwicklungspersonal) und *der Anpassung* (das »Updating« der Ressourcen, um angesichts der sich immer wieder verändernden Umwelt sicherzustellen, daß sie Antworten auf die Probleme geben können). Die Unterschiede zwischen diesen drei Arten von Anstrengungen werden in der Folge für Individuen, Organisationen und Gesellschaften untersucht. Danach werden empirische Evidenzen für die Korrelation zwischen dem Niveau der Anstrengungen und dem der Rationalität angeführt.

Kognitive Arbeit

Eine Art der Anstrengung, von der man erwartet, daß sie mit dem Rationalitätsniveau in Zusammenhang steht, ist die *Benützung von Ressourcen für eine kognitive Arbeit*, die notwendig ist, um relevante Informationen zu sammeln, zu analysieren und anzuwenden. Kognitive Arbeit umfaßt Anstrengungen, die direkt bei der Suche unternommen werden (zum Beispiel, wie viele Händler eine Person aufsucht, bevor sie ein Auto kauft) sowie Anstrengungen, die im Zuge der Vorbereitungen notwendig sind (zum Beispiel könnte ein neuer Investor auf dem Aktienmarkt zuerst ein Investment Workshop besuchen, bevor er sich auf die »Suche« nach einer Aktie macht, in die er investiert).

Kognitive Arbeit kann für eine Person bedeuten, zu besonderen Informationen Zutritt zu erlangen (zum Beispiel durch den Kauf eines Fachberichts), zu allgemeinen Informationsquellen (zum Beispiel die Erlaubnis, eine Bibliothek zu benützen) oder zu Informationsverarbeitungstechnologien. Für ein Unternehmen kann sie bedeuten, seine Forschungs- und Entwicklungsausgaben zu erhöhen oder das Verhältnis von Stab und Linie zu verändern, um die relative Mitarbeiterzahl zu erhöhen. Für eine Gesellschaft kann kognitive Arbeit bedeuten, sich verstärkt auf eine professionelle Administration zu stützen und die Rolle politischer Erwägungen bei der Mittelwahl zu verringern.

Der hier vertretene Ansatz wird Subaggregation genannt. Statt zu versuchen, die Frage zu beantworten, wie rational »der Mensch ist« – wie diese Frage oft noch immer gestellt wird –, liegt der Schwerpunkt der Diskussion hier auf dem Maß, in dem verschiedene Unterkategorien von Menschen, Organisationen und Gesellschaften mehr oder weniger fähig sind, Mittel effizient zu wählen. Ein einfaches Beispiel dafür ist, daß Menschen, die mehr Bildung, besonders technische Ausbildung haben, im Durchschnitt fähiger sind (in Bereichen, in denen ihre besonderen Qualifikationen nützlich sind), instrumentell rationale Entscheidungen zu treffen als jene, die dafür weniger vorbereitet sind. Andere weiter unten angeführte Beispiele sind weniger offensichtlich, folgen jedoch demselben grundlegenden Muster der Subaggregation, der Korrelation verschiedener psychischer und sozialer Attribute mit verschiedenen Ebenen der instrumentellen Rationalität.

Entwicklung der Persönlichkeit und der Gesellschaft

Die Erkenntnis, daß persönliche und gesellschaftliche Entwicklungen wichtige nichtkognitive Grundlagen für rationales Verhalten liefern, ist eine besonders bedeutsame Feststellung und kann aus psychologischen, soziologischen und anthropologischen Arbeiten gewonnen werden. Das heißt, rationales Verhalten findet nicht in einem Vakuum statt, es verlangt nach einer entsprechenden Persönlichkeit, einem gesellschaftlichen Kontext und einer gesellschaftlichen Struktur. Diese Rahmenbedingunen werden weiter unten untersucht; der Terminus nichtkognitiv soll nur ausdrücken, daß die untersuchten Aspekte mit anderen Attributen zu tun haben als mit den intellektuellen Fähigkeiten.

Obwohl alle Individuen sehr wohl dasselbe Potential haben können, rationales Handeln zu erlernen, werden die Menschen nicht mit der notwendigen Motivation und den entsprechenden Charakterzügen geboren, um rational zu handeln. Tatsächlich unterscheiden sich die Gesellschaften sehr deutlich im Hinblick auf ihre Toleranz für rationale Entscheidungsprozesse. In einigen Gesellschaften werden Entscheidungen von N/A-Faktoren bestimmt, die die Form von Mythen, Traditionen, Familien- oder Stammesverpflichtungen oder in politischen Einstellungen ihren Ausdruck finden. In anderen ist die Größe legitimierter L/E-Indifferenzzonen relativ bedeutend. Max Webers bekannte vergleichende Studie von Westeuropa, China und Indien ([1904–05] 1930, [1915] 1951 und [1916–17] 1958) beschäftigt sich natürlich vor allem mit diesem Thema.

Da persönliche und gesellschaftliche Entwicklungen einander beeinflussen, ist es sinnvoll, zuerst eine Situation zu diskutieren, wo der gesellschaftliche Kontext schon »rationalisiert« wurde (d. h. eine moderne Gesellschaft). »Neue« Personen (Kinder oder Einwanderer aus weniger entwickelten Ländern) müssen aber erst in die relativ stärker instrumentell orientierte Kultur und Gesellschaft eingeführt werden. Diese Personen werden sich die nichtkognitiven Fähigkeiten aneignen müssen, die die instrumentelle Rationalität voraussetzt. Das bedeutet mehr als der Erwerb der geeigneten kognitiven Fähigkeiten, sagen wir, zum Beispiel das Lesen eines Plans zu erlernen. Es bedeutet auch, sich die Fähigkeit anzueignen, Impulsen und Vorurteilen zu widerstehen, geordnete Denksequenzen zu vollenden, zu verhindern, daß N/A-Faktoren die eigenen L/E-Zonen zu sehr vereinnahmen, indem man die notwendigen psychischen Eigenschaften und sozialen Beziehungen aufbaut – zum Beispiel ein Maß an »coolness« und Distanz von der Familie, wenn man am Arbeitsplatz ist. Ein gutes Beispiel für den Unterschied zwischen kognitiven Fähigkeiten und nichtkognitiven Grundlagen der Persönlichkeit sind Menschen, die erkennen, daß sie Gründe haben zu vermuten, Krebs zu haben. Im Zuge einer Studie fand man heraus, daß Menschen, die Krebssymptome erkennen, nicht mit größerer Wahrscheinlichkeit etwas dagegen unternehmen als Menschen, die davon keine Ahnung haben (Goldsen et al. 1957, op. cit.). Diejenigen, die in der Lage waren, rational zu handeln und einen Arzt aufzusuchen, waren jene, die über mehr als die notwendige Information verfügten – sie hatten die Fähigkeit, die Angst zu besiegen (ebd., S. 5): Ein Großteil der Literatur über die psychologischen und soziologischen Bedingungen, unter denen es zu einer Blüte des Unternehmertums kommt, ist auch für diese Analysekette relevant (Casson 1982).

In der Literatur findet man keinen Konsens über die psychischen Grundlagen für rationales Entscheiden, über die besondere Natur der dafür notwendigen Fähigkeiten oder darüber, wie sie entwickelt werden. Ohne den Versuch unternehmen zu wollen, die enorme Literatur zu diesem Thema zusammenzufassen, sollen die folgenden Ausführungen nur das illustrieren, was in Ermangelung eines besseren Ausdrucks als die nichtkognitiven Grundlagen der Rationalität bezeichnet wird. Einer soziologischen Schule zufolge wird die Fähigkeit, instrumentell rationale Entscheidungen zu unternehmen, zuerst in der Familie entwickelt, später dann in der Schule gefördert. Im besonderen lautet die Hypothese, daß die Fähigkeit zur kognitiven Arbeit mit der Fähigkeit zur Selbstmotivation zusammenhängt (im Unterschied zur Aneignung bestimmter Fertigkeiten wie des Rechnens). Um logisch denken zu können, empirische Evidenzen aufnehmen und verarbeiten zu können, die Hinweise zu befolgen, die sich daraus ergeben und sie korrekt zu interpretieren, muß eine Person in der Lage sein, einer Reihe von Prozeduren und Regeln zu gehorchen, bestimmte »Schritte« einzuhalten und sich nicht auf »vorschnelle Urteile« oder »Intuition« verlassen oder das tun, was »typisch« oder traditionell ist. Eltern und Erzieher tragen dazu bei, daß sich im Kind eine allgemeine Fähigkeit entwickelt, Impulse zu kontrollieren, eine Art psychischer Ausdauer für intellektuelle Anstrengungen.

In modernen Gesellschaften unternehmen jene Eltern, die mit den Hauptwerten ihrer Gesellschaft (die sich von denen abweichender Subkulturen unterscheiden) konform gehen, große Anstrengungen, in ihren Kindern die Fähigkeit zu entwickeln, sich selbst zu motivieren. Die Kindergärten, Schulen und sogar die Colleges tragen zu dieser Entwicklung bei. Dies passiert dann, wenn zum Beispiel die Fähigkeit, von sich aus zu arbeiten, die Arbeit zu planen und nach einem Zeitplan zu arbeiten, belohnt wird. Im Zuge einer neuerlichen Analyse der Daten von Coleman über die amerikanischen High Schools fanden wir eine Korrelation zwischen guten Leistungen und Hausaufgaben. Hausaufgaben sind wertvoll, weil sie es einer Person ermöglichen, Selbstdisziplin zu entwickeln. Sie sind es im besonderen Maße, wenn sie als adäquat und gerecht bewertet betrachtet werden (Coleman et al. 1982; Etzioni 1983, Kapitel 6, 1984b).

Das Hauptargument für die hier untersuchte These ist, daß bestimmte Arten der Persönlichkeitsentwicklung – Vorbedingungen für rationales Handeln – bedeutende Investitionen seitens der Familie und der Schulen verlangen. Die Gegenhypothese wird von einigen radikalen Kritikern der institutionellen Erziehung aufgestellt. Illich (1971) ist der Ansicht, daß es am besten wäre, die Schulen zu schließen und den Kindern die Möglichkeit zu bieten, ihre Eltern an den Arbeitsplatz zu begleiten. Holt (1972, S. 2) schreibt: »Kinder sind von Natur aus schlau, energiegeladen, neugierig, lernbegierig und sehr lernfähig.« In einer früheren Arbeit (1970, S. 70–71) schreibt er den Erziehern eine eher passive Rolle zu: »Wir Lehrer können uns als Reisebüro sehen. Wenn wir in ein Reisebüro gehen, sagt uns der Reisebüroangestellte dort nicht, wohin wir fahren sollen. Er findet zuerst heraus, was wir suchen.... Wenn der Reisebüroangestellte eine Vorstellung davon hat, was wir suchen, macht er einige Vorschläge... Er muß die Reise auch nicht mit uns machen.« Obwohl nicht einmal dieser Ansatz keine Anstrengungen impliziert, sind die damit verknüpften Anstrengungen besonders für diejenigen, die selbst nicht lernen, minimal.

Wenden wir uns jetzt den Gesellschaften zu. Auch sie können sich entwickeln (auf ökonomischem, ausbildungstechnischem oder kulturellem Niveau), was den Gesellschaften, die ihre instrumentellen

Institutionen als Kollektivitäten entwickeln, erlaubt, rationalere Politiken zu wählen. Die Bedingungen, unter denen sich die instrumentellen Grundlagen und L/E-Zonen einer Gesellschaft entwickeln, wurden in einer umfangreichen Literatur untersucht, die allerdings wenig Tendenz zeigt, zu einem Konsens zu finden. Die meisten Ansätze zeigen jedoch deutlich, daß solche Entwicklungen (die oft mit der sogenannten Modernisierung zu tun haben) große Anstrengungen notwendig machen. Eine Denkschule betont die Notwendigkeit von Kapitalbildung. Dies führt typischerweise zur Verzögerung von Konsum, um die Produktionskapazität der Gesellschaft zu fördern, was für die Menschen dieser Länder eine Einschränkung darstellt, besonders, wenn das Konsumniveau niedrig ist. Im Gegensatz dazu sind vergleichsweise weniger Opfer notwendig, wenn die Entwicklung durch ausländische Hilfe zustande kommt oder aus den Gewinnen von wachsendem Handel finanziert werden kann. Es kann jedoch in der Regel nicht erwartet werden, daß Entwicklung in wesentlichen Bereichen auf diesem Weg erreicht wird.

Eine andere Denkrichtung unterstreicht die Rolle der Erziehung, der Ausbildung und der Forschung und Entwicklung, das heißt, die Rolle der Investitionen in das Humankapital bei der Erreichung der Modernisierung. Wegen der längeren Vorlaufzeit zwischen dieser Art der Investition und dem gewünschten Ertrag sind die Anstrengungen, die die Entwicklung laut dieser These notwendig macht, sogar noch größer als die, die von der Kapitalbildungsschule angenommen werden.

Ein großer Teil der Literatur ist der Frage gewidmet, welche organisatorischen Strukturen Rationalität eher fördern als behindern. Williamsons Arbeit (1975) und einige andere, die seinen Ideen folgten, stellten die Frage, unter welchen Bedingungen produziert der Markt einen weniger effizienten Mechanismus als »Hierarchien«, mit dem Arbeitsteilung und Transaktionen organisiert werden. Andere Studien untersuchen, welche besonderen organisatorischen Strukturen verschiedene auf L/E-Erwägungen beruhende Aktivitäten fördern oder beschränken. (Für eine weitere Diskussion siehe Kapitel 11, S. 317–337.)

Max Weber ([1921–22] 1968) widmet der Frage viel Aufmerksamkeit, unter welchen Bedingungen Rationalität »institutionalisiert« werden kann. Stinchcombe (1986), der in letzter Zeit einige Strukturen untersucht hat, beginnt seine Ausführungen so (S. 157): Die Person, die ein Urteil trifft, muß ihre Entscheidung gegenüber anderen Experten ihres Bereichs rechtfertigen. »Wenn also ein Wissenschaftler in einer wissenschaftlichen Arbeit ankündigt, daß er (versuchsweise) eine bestimmte Sache glaubt, muß er eine Erklärung des Denkweges und der empirischen Evidenzen liefern, die zu dieser Überzeugung führen.« Andere Beispiele sind Gerichtsentscheidungen in zweiter Instanz, Zweitgutachten in der Medizin und Wirtschaftsprüfer, wenn sie die Finanzlage eines Unternehmens anders sehen als die firmeneigenen Buchhalter. Tatsächlich findet man nicht nur im Falle von Entscheidungen des Obersten Gerichtshofes Beispiele, daß explizit Rechenschaft für Entscheidungen gefordert wird. Andere Fälle dieser Art sind Entscheidungen zweiter Instanz, wo Gerichte ihr Urteil rechtfertigen müssen und es nicht nur einfach aussprechen. Auch die meisten Expertengutachten sind Rechtfertigungen. Tatsächlich verlangte Weber, daß alle Verwaltungsbeamte und Manager für ihre Entscheidungen Rechenschaft ablegen müssen und vor N/A-Einflüssen der Gemeinschaft und der Politik geschützt werden sollten, damit sie ihre Entscheidungen auf objektiven, logischen Grundlagen treffen können. Für ihn war Bürokratie kein abfälliger Begriff, sondern die Bezeichnung einer Institution, die die Fähigkeit der Menschen fördert, rationalen Regeln zu folgen und nicht ihren Leidenschaften. Eine institutionalisiertes Beamtentum war das Beispiel, das vor seinem geistigen Auge stand, das Gegenteil zu einer Feudalverwaltung.

Aufrechterhaltung und Anpassung

Rationalität ist keine Gewohnheit, die man wie das Schwimmen auch ohne *laufende* Anstrengung nicht verlernt, wenn man es einmal kann. Im Gegenteil, wir stellen die Hypothese auf, daß *Rationalität keine sich selbst erhaltende Eigenschaft ist.* Wenn keine Anstrengungen unternommen werden, sie zu erhalten, wird die Fähigkeit, rational zu handeln, mit der Zeit sinken. Hinzu kommt, daß die sich verändernde Umwelt die Anpassung bestehender Muster kognitiver Arbeit, von Fähigkeiten, ja sogar der Persönlichkeit und der gesellschaftlichen Grundlagen erfordert, wenn ein bestimmtes Niveau an Rationalität aufrechterhalten werden soll. Ärzte müssen an Workshops teilnehmen, Fachliteratur lesen etc., um ihr Wissen und ihre Fertigkeiten auf dem neuesten Stand zu halten. Unternehmen müssen Ressourcen bereitstellen für die Wartung ihrer Computer und für den Erwerb von Software, die auf dem neuesten Stand der Wissenschaft ist. Gesellschaften müssen ein Budget für die Erziehung und Ausbildung der neuen Generation einrichten, um sowohl das schon erworbene Wissen weiterzugeben, als auch neue Erkenntnisse zu gewinnen. Während frühe Studien die Erwartung hatten, daß Erfindungen (oder Forschung und Entwicklung) Investitionen nach sich ziehen, wurde inzwischen erkannt, daß Investitionen zu Erfindungen führen (Schmookler 1972, S. 74–76).

Die Typologie der gerade beschriebenen Anstrengungen ist analytischer Natur, d. h. besondere Ressourcen werden nicht ausschließlich nur kognitiver Arbeit, Entwicklung, Aufrechterhaltung *oder* Anpassung zugeordnet. Die gleiche Ressource, zum Beispiel eine Schule, kann allen drei Arten der Anstrengung dienen. Die Klassifikation einer Ressource beruht auf der Art, wie sie hauptsächlich genützt wird. Kindergärten werden eher für die Entwicklung der Persönlichkeit genutzt, High Schools für kognitives Training usw. Dennoch darf man nicht vergessen, daß solche Klassifikationen nicht mehr als Annäherungen sind und keinesfalls alle Aspekte berücksichtigen können.

Alles in allem und obwohl es für die hier aufgestellte These Gegenhypothesen gibt und die umfangreiche Forschung über die persönliche und gesellschaftliche Entwicklung nicht zu einem gemeinsamen Schluß kommt, weisen die meisten Arbeiten auf eine Korrelation zwischen vermehrten Anstrengungen und der Aneignung, Aufrechterhaltung und Anpassung von Rationalität hin.

Theoretische Heimat

Einige wichtige Entwicklungsrichtungen der neoklassischen Ökonomie, die mit den wichtigsten »Anomalien« umzugehen versuchen, auf die das Paradigma gestoßen ist, finden ihre theoretische Heimat in der These über die antientropische Natur der Rationalität. Mit der Diskussion dieser Entwicklung verfolgen wir nicht den Zweck, den vielen wichtigen Arbeiten zu diesem Thema gerecht zu werden, sondern wollen nur auf theoretische Verbindungen hinweisen. Gleichzeitig gibt uns die Diskussion die Gelegenheit, die These zu untermauern und auszubauen.

Informationskosten

In frühen und in einigen neueren ökonomischen Arbeiten (besonders in der Schule der »Rationalen Erwartungen«) war es üblich, davon auszugehen, daß Informationen keine Kosten verursachen. Diese Vorstellung ist im Grundkonzept eines Marktes vorgegeben. Sie geht davon aus, daß alle Käufer und Verkäufer unbeschränkten Zugang zu den Informationen über alle Kauf- und Verkaufsangebote haben.

Die Ökonomen haben schließlich erkannt, daß die Information nicht kostenlos ist und sind schrittweise dazu übergegangen, die Informationskosten in ihre Analyse zu integrieren. Informationskosten wurden in das Rationalitätsmodell durch ein marginalistisches Zusatzelement eingebaut: Der »richtige« Zeitpunkt für die Beendigung einer Suche ist dann erreicht, wenn die Grenzkosten des zusätzlichen Lernens den erwarteten marginalen Verbesserungen entsprechen (Stigler 1961, S. 213–15). Sieht man von der Frage ab, ob die meisten Akteure in den meisten Fällen so eine Berechnung anstellen können, muß man feststellen, daß diese Ansätze die Kosten der Suche allzusehr vernachlässigen (Simon 1978, S. 101, Radner 1975, S. 253).

Dabei geht es um mehr, als von einem Autohändler zum nächsten zu fahren. Es gibt emotionale »Kosten« (wie die Notwendigkeit, sich mit seinem Partner über die Nachteile jeder verworfenen Option zu einigen) und normative (z. B. muß jedes Gut hinsichtlich der Werte der eigenen Gruppe oder Gruppen untersucht werden) und noch viele andere. Das heißt, die Erwägungen aktivieren eine ganze Palette komplexer N/A-Erwägungen, die weit über reine Preisvergleiche hinausgehen (vgl. Stigler 1962). Daraus folgt, daß Informationskosten oft bedeutend höher sind als angenommen. Es folgt daher weiters, daß Suchverhalten oft viel beschränkter ist als von den Neoklassikern angenommen wird. Hohe Informationskosten lassen darauf schließen, daß ein Großteil des Verhaltens, auch des wirtschaftlichen Verhaltens, auf verschiedene Veränderungen nicht reagieren wird, nicht einmal auf Preisänderungen, und daß der Bereich des auf die Vermeidung von Wahlakten ausgerichteten Verhaltens bedeutend ist.

Hier wird es notwendig, eine begriffliche Klärung anzubringen. Informationskosten und Transaktions- oder Implementierungskosten dürfen nicht als synonym gesehen werden. Transaktionskosten umfassen neben Informationskosten auch Implementierungskosten. (Dies wird von Nicholson 1978, S. 32, und Kamerschen und Valentine 1981, S. 246 vertreten.) Eine Suche, die X kostet, kann zu dem Schluß führen, daß ein Investor von Instrument A auf Instrument B umsteigen sollte, doch wenn die Umsetzung der Entscheidung (sagen wir für eine geringe Investition) relativ hohe Maklerkosten impliziert, kann dies die Transaktion unrentabel machen. Tatsächlich erwartet man besonders auf dem Arbeitsmarkt, daß die Implementierungskosten die Informationskosten oft bedeutend übersteigen. Zum Beispiel können Arbeiter aus Detroit die Houstoner Zeitung kaufen, um sich über offene Stellen in Texas zu informieren; doch die Kosten des Umzugs an den neuen Arbeitsplatz sind ganz offensichtlich viel höher als die Kosten der Zeitung. Es bietet sich daher an, die Transaktionskosten als eine umfassendere Kategorie zu definieren, die sowohl Informations- als auch Implementierungskosten einschließt.

Die vorangegangene Diskussion beschäftigt sich nur mit den Informationskosten. Im Gegensatz dazu kommen bei der Preisstreuung, die im allgemeinen als Indikator für die *Informations*kosten benützt wird (Stigler 1961, 1962; Marvel 1976), beide Kostenarten zum Tragen. (Vgl. Stigler, S. 214: »Die Preisstreuung ist eine Manifestation –

und tatsächlich auch ein Maß – für die *Uninformiertheit* des Marktes« – Hervorhebung vom Autor.)

Wenn man sich nur mit den Informationskosten beschäftigt, sollte darauf hingewiesen werden, daß die Informationskosten in einigen Bereichen der wirtschaftlichen Aktivitäten höher sind als in anderen. So erwartet man zum Beispiel, daß sie bei gleichem Investitionsvolumen im Durchschnitt dort höher sind, wo es um die Entscheidung über Forschungs- und Entwicklungsarbeiten geht als um Kaufentscheidungen für Maschinen. Entscheidungen in Bereichen, in denen Informationskosten relativ höher sind, werden eher weniger rational sein. Diese Behauptung bedarf näherer Untersuchung.

Marktmodelle gehen meist davon aus, daß alle Teilnehmer am Markt den gleichen ungehinderten Zugang zu Informationen haben. Dennoch sind Informationsungleichgewichte üblich; oft hat eine Seite des Marktes (Käufer *oder* Verkäufer, das Management *oder* die Arbeiter) viel geringere Informationskosten als die andere (Akerlof 1970). Das heißt, die Fähigkeit, die Entropie zu besiegen, ist unter den Akteuren nicht gleichmäßig verteilt. So verfügen zum Beispiel die meisten Verkäufer von Gebrauchtwagen über mehr Informationen als die meisten Käufer, da die meisten Verkäufer ihre Autos besser kennen als die meisten potentiellen Käufer (ebd.). Marktmodelle, die davon ausgehen, daß Information frei zugänglich und kostenlos ist, sind auf diese Situationen kaum anzuwenden, und Modelle, die asymmetrische Informationskosten berücksichtigen, sind bei weitem noch nicht entsprechend entwickelt (Riley 1979; Crocker und Snow 1985).

Kurz gesagt, allein die Tatsache der Existenz von Informationskosten ist mit der antientropischen These kompatibel oder von ihr ableitbar. Will man relativ rational handeln, ist es unter anderem notwendig, Information zu benützen. Ein Grund, warum es Anstrengungen erfordert, rational zu handeln, ist, daß Informationen kein frei zugängliches und kostenloses Gut sind. Es ist zu erwarten, daß zwischen dem Grad an Rationalität und der Menge an in rationale Erwägungen und Vorbereitungen investierten Ressourcen eine positive Korrelation existiert. Große Ressourcenmengen gestatten es einem Akteur, größere (oder bessere) Informationsmengen und Verarbeitungsfähigkeiten zu kaufen. Informationskosten sind oft hoch, und obwohl es nicht rational sein mag, sie gar nicht in Kauf zu nehmen, haben (1) die Akteure oft keine Möglichkeit abzuschätzen, wieviel die Information wert ist, und sie müssen (2) bei hohen Kosten bei ihrer Entscheidungsfindung oft auf andere Wege als Informationsverarbeitung und planvolle Überlegungen zurückgreifen.

Die Lernkurve

Die Lernkurve ist ein anderes Phänomen, das Techniker, Operation-Research-Forscher und Ökonomen entdeckt haben, das in der antientropischen Natur der Rationalität eine theoretische Erklärung findet. Außerdem trägt unsere Beobachtung, daß Rationalität typischerweise oft sogar sehr große Anstrengungen erfordert, dazu bei, die besondere Form verschiedener Lernkurven zu erklären. Grundsätzlich spiegeln die Kurven die Tatsache wider, daß kognitive Arbeit und Vorbereitungen, relevante persönliche und gesellschaftliche Entwicklung, Wartung und Anpassung keine frei zugänglichen und kostenlosen Güter sind.

Die frühe ökonomische Theorie, die davon ausging, daß Information frei verfügbar ist und sofort aufgenommen und verwendet werden kann, glaubte, daß Lernen sofort und ohne Anstrengungen passiere. Dies wurde oft nicht explizit festgestellt, sondern fand darin seinen Niederschlag, daß weder der Aufwand an Zeit noch an Kosten, der Lernen bedeutet, berücksichtigt wurde (MacRae 1978, S. 1245). Die fehlende Berücksichtigung der Lernkurve wird besonders auch an der Vorstellung deutlich, daß die Produktionskosten pro Einheit (desselben Produkts) konstant bleiben (wobei man natürlich davon ausgeht, daß sich die Inputkosten wie Arbeit und Kapital und die Technologie nicht verändern). Es wurde erst im Jahre 1964 (Hirschmann, S. 25) darauf hingewiesen, daß »Lernkurven, obwohl sie auch in anderen Branchen als im Flugzeugbau anerkannt wurden, nicht entsprechend angenommen wurden. Statt dessen beruhen die Prognosen meist auf Annahmen von gleichbleibender Leistung und konstanten Kosten.« Dies trotz der Tatsache, daß industrielle Lernkurven schon im Jahre 1925 bei der Flugzeugproduktion beobachtet wurden (Wright 1936) und daß es anerkannt war, daß die Stückkosten bedeutend sinken, wenn das Management und die Arbeiter durch neue Technologien produktionstechnische Erfahrungen sammeln. Dies wurde auch bei anderen Produkten beobachtet (Andress 1954). Sicher war nicht die gesamte Einsparung auf Lernen zurückzuführen; teilweise war sie auch auf schrittweise Steigerungen der in einem Arbeitsgang erzeugten Mengen zurückzuführen (Goddard 1982); dennoch ist der Lernfaktor eindeutig signifikant.

Was für das schrittweise Lernen, die Kurve, verantwortlich ist, das sind zum Teil die Rationalitätskosten. Eine neue oder veränderte Technologie oder Technik wird in einer Fabrik selten in ihrer voll entwickelten Version eingeführt. Die praktische Erfahrung mit der neuen Technik (eine wichtige Wissensquelle) verlangt dann zahlreiche Modifikationen. Es müssen Ressourcen abgestellt werden, um die Arbeiter zu schulen und sie zum Lernen zu motivieren. Strukturelle Veränderungen in den Beziehungen der Arbeiter untereinander, zwischen der Belegschaft und dem Management und zwischen verschiedenen Managementebenen sind oft notwendig, entstehen aber nicht ohne Anstrengungen. So hat der Mitarbeiterstab der Forschung und Entwicklung oft Interesse daran, neue Technologien auszuprobieren, während die Produktionsmanager oft Widerstand gegen solche Innovationen leisten und daher »gekauft« werden müssen (Dalton 1950).

Die Tatsache, daß Lernen Kosten verursacht, untermauert die Theorie, daß rationales Verhalten nicht kostenlos ist; die Tatsache, daß Lernen oft nur sehr langsam passiert und nur bestimmte Teile des Wissens betrifft, läßt darauf schließen, daß die Rationalitätskosten oft hoch sind. Aus diesem Grund werden die meisten Menschen meistens nicht ganz, ja nicht einmal sehr ausgebildet sein, besonders wenn ihre Umwelt sich schnell verändert; das heißt, sie werden nicht sehr rational handeln.

Thurow (1983) weist darauf hin, daß neoklassische Ökonomen von einem Gleichgewicht ausgehen, das, wenn es gestört wird, stets danach strebt, sich wiederherzustellen. Damit vertreten sie die Meinung, daß man aus Zeiten der Unordnung nichts über die »normale«

Situation lernen kann. Er stellt sich jedoch die Frage, ob man diese Annahmen über das Funktionieren der Wirtschaft in einer Welt schneller Veränderungen aufrechterhalten kann, wo das Lernen immer präsent ist und das Gleichgewicht nie auch nur annähernd erreicht wird. In so einer Welt, und es ist klar, daß es diese Welt ist, mit der wir uns auseinandersetzen müssen, wird das Verhalten wesentlich weniger rational sein, als es die Gleichgewichtstheorie annimmt.

Gewohnheit versus Preis und Anstrengungen

Die üblichste Art und Weise, wie Individuen, Organisationen und Gesellschaften ihre Wahlakte treffen, ist nicht aufgrund von planvollen Überlegungen, sondern aufgrund von Trägheit oder Gewohnheit. Gewohnheiten wurden als Routineverhalten definiert, das ohne Denkleistung oder Bewertung durchgeführt wird (Verhallen und van Raaij 1985, S. 5). Hier werden empirische Beispiele für die große Bedeutung von Gewohnheiten bei Wahlakten angeführt. Dieser Standpunkt wird weiter unten kritisch beleuchtet; es soll hier genügen, daß die Bildung von Gewohnheiten oft von N/A-Faktoren geprägt wird (z. B. von der Tendenz, sich von anderen leiten zu lassen, oder von einem exzessiven Wunsch, sich anzupassen). Gewohnheiten werden oft beibehalten, weil in den Status quo auch emotional investiert wurde und ein Widerstand gegen das Lernen besteht.

Im Gegensatz zu der Annahme, daß Akteure rational entscheiden, was sie kaufen und wieviel sie sparen und daß sie in ökonomischen Dingen rational handeln, deuten empirische Evidenzen darauf hin, daß dies oft nicht der Fall ist. Die Menschen benützen Kreditkarten und kaufen auf Raten, selbst wenn sie dafür 18 % Zinsen zahlen und über Bargeld verfügen (Katona 1975, S. 27). Die Menschen kaufen aus Gewohnheit, aufgrund von Impulsen und aufgrund der sogenannten »Markentreue«. »Gewohnheitsverhalten kommt viel häufiger vor und, welchen Ursprung unsere Gewohnheiten auch haben, sie weisen die wichtigen Faktoren rationalen Verhaltens nicht auf«, meint Katona (ebd., S. 218–19). »Die Menschen handeln, wie sie unter ähnlichen Bedingungen zuvor gehandelt haben, ohne zu überlegen und zu wählen. Routineabläufe und die Anwendung von Faustregeln seitens der Konsumenten oder Geschäftsleute schließt die Abwägung von Alternativen aus« (ebd.).

Untersuchungen über das Kaufverhalten von wichtigen Haushaltsartikeln – d.h. teuren und langlebigen Gütern, die selten gekauft werden und von relativer Wichtigkeit sind – zeigen, daß selbst solche Güter aufgrund von relativ geringen Überlegungen (Katona und Mueller 1954), »ja sogar fahrlässig unüberlegt« gekauft werden (Katona 1975, S. 220). Für andere Artikel, zum Beispiel neue Sportbekleidung, wurden sogar noch weniger Überlegungen angestellt, fand man heraus (Katona und Mueller 1954). Der Grund für den Kauf war das Gefühl, diese Sache dringend zu brauchen, weshalb keine sorgfältigen Überlegungen möglich waren (sagen wir, der Kühlschrank geht kaputt und kann nicht repariert werden), und/oder Zufriedenheit mit einem ähnlichen Artikel, der zuvor gekauft wurde. (Die Tatsache, daß ein Produkt zufriedenstellend war, ist natürlich kein Beweis, daß es das beste ist oder daß seit dem Kauf des letzten kein besserer Artikel auf den Markt gekommen ist.)

Eine klassische Untersuchung dieses Themas wurde von Houthakker und Taylor (1970) durchgeführt, die Ausgaben für 83 Konsumgüter untersuchten. Für 50 dieser Artikel ergab sich ein statistischer Zusammenhang mit der Bildung von Gewohnheiten. Diese 50 Artikel repräsentierten 58,4 Prozent der Gesamtausgaben. Im Gegensatz dazu machten Konsumgüter, bei denen ein Vorrat gebildet wird, nur 28,2 Prozent der Gesamtausgaben aus. Wie Houthakker und Taylor feststellen, sind Preise (in vielen Einkommensschichten) relativ unwichtig, und so kommt es, daß Gewohnheiten die Haupterklärung dafür liefern, warum die Menschen (in einem bestimmten Einkommensniveau) das tatsächlich ausgeben. Houthakker und Taylor schließen daraus (ebd., S. 164), daß »die Bildung von Gewohnheiten im Konsumverhalten in den Vereinigten Staaten ziemlich *klar vorherrscht*« (Hervorhebung vom Autor). (Für eine Gegendarstellung, die verschiedene Zeiteinheiten benützt, siehe Sexauer 1977.)

Obwohl Gewohnheitskäufe viel häufiger zu sein scheinen als Impulskäufe, sind letztere alles andere als unüblich. Um damit arbeiten zu können, werden Impulskäufe als ein Kaufverhalten interpretiert, bei dem Käufe erfolgen, für die es ganz eindeutig keine Notwendigkeit gibt oder bei denen vor Betreten des Geschäftes keine Kaufabsicht bestand (Engel und Blackwell 1982, S. 552). Solche Kaufhandlungen sollen, glaubt man den Ergebnissen mehrerer Studien, mehr als 33 Prozent aller Käufe in Kleinkaufhäusern und Drugstores und noch einen höheren Prozentsatz in Spirituosengeschäften ausmachen (Hansen 1972, S. 338). Eine andere Studie kam wieder zu dem Ergebnis, daß ungeplante Käufe von 38,7 Prozent der Käufe in einem Kaufhaus bis zu beinahe zwei Drittel im Supermarkt reichen (Engel und Blackwell 1982, S. 552). Es sollte darauf hingewiesen werden, daß ernsthafte konzeptuelle und methodologische Probleme im Hinblick darauf entstehen, was als Impulskauf definiert wird. Diese sollen aber hier nicht untersucht werden.

Wenn man von den üblichen Konsumartikeln zu anderen Kaufhandlungen übergeht, ist rationales Verhalten noch weniger beobachtbar. Katona (1975, S. 222–23) stellt fest, daß »sogar Menschen, die daran gewöhnt sind, Autos auf Kredit zu kaufen, oft nicht in der Lage sind zu sagen, was die Anzahlungsbedingungen oder die Kreditkosten sind (...). Der Informationsmangel bezüglich der Lebensversicherung ist extensiv, zum Beispiel, was die Unerschiede zwischen verschiedenen Policen und ihre Kosten betrifft.«

Abhängigkeit von Zigaretten oder Alkohol sind zum Beispiel extreme Beispiele von Gewohnheitsbildung. Dies wurde in Form einer »kinked« Nachfragekurve dargestellt. Wenn es für diese Güter nicht zur Gewohnheitsbildung käme, so würde man erwarten, daß die Nachfragekurve gerade ist und daß die Kurve der Nachfrageelastizität symmetrisch wäre. Dennoch ist die Nachfragereaktion auf Preisveränderungen bei Gütern, von denen Abhängigkeiten bestehen, asymmetrisch, die Reaktion auf Preissteigerungen ist geringer als auf Preissenkungen (Scitovsky 1978; Young 1983).

Gewohnheiten betreffen nicht nur das Kaufverhalten. Veränderungen der Steuerpolitik, zum Beispiel Senkungen der Einkommen- und Lohnsteuer, haben oft, so fand man heraus, nicht die erwarteten Auswirkungen auf die Arbeitsmotivation (Lewis 1982, S. 4), »weil die Bevölkerung oft das frühere ökonomische Verhalten beibehält, als ob sie von diesen steuerlichen Veränderungen nichts wüßte«. Als man den Amerikanern eine kostenlose Energieberatung anbot (um festzustellen, wie sie ihre Energievergeudung und damit ihre Ausgaben reduzieren könnten), nahm nur ein sehr kleiner Teil der Bevölkerung dieses Angebot an (Stern 1984, S. 62).

Die Sparrate blieb in den Vereinigten Staaten zwischen 1951 und 1981 »innerhalb der Bandbreite zwischen 16 und 18 Prozent erstaunlich konstant«, stellt Bosworth (1984, S. 62) fest. Dies trotz der Tatsache, daß in der untersuchten Periode zahlreiche Veränderungen in der Fiskalpolitik durchgeführt wurden, inklusive bedeutender Veränderungen des allgemeinen Steuerniveaus und im besonderen der Kapitalgewinnsteuern, die es eigentlich »rational« gemacht hätten, das Sparverhalten zu verändern. Obwohl die aus den empirischen Evidenzen der Jahre nach 1981 zu ziehenden Schlüsse noch immer strittig sind, scheint es, daß Steuersenkungen zur Entlastung der Produzenten diesen grundlegenden Schluß nicht entkräften.

Doch wir wollen damit nicht behaupten, daß Veränderungen der Preise, der Zinssätze oder Steueranreize keine Wirkung haben. Dennoch stellen wir die Hypothese auf, daß (1) »keine Auswirkung« (oder nur eine sehr geringe) häufiger vorkommt als »eine Auswirkung«, was die weiter oben aufgestellte Theorie stützt, daß nichtrationales Verhalten die Norm (oder der Idealtypus) ist. (2) Das Ausmaß der Veränderung (der Preise, Anreize usw.), die notwendig ist, um eine Veränderung der Häufigkeit und der Größe einer Reaktion nach sich zu ziehen, stellt ein Maß der relativen »Produktionskosten« eines bestimmten Rationalitätsniveaus in einem bestimmten Verhaltensbereich im Vergleich zu anderen dar, für eine besondere Gruppe von Individuen (sagen wir, Mittelschicht) im Vergleich zu einigen anderen.

All dies untermauert unsere Behauptung, daß die Grundannahme für die Untersuchung der Rationalität sein sollte, »keine Auswirkung« anzunehmen, und daß es, wenn Auswirkungen Platz greifen, besondere Umstände gibt, die dafür verantwortlich sind. Zum Beispiel, wenn Preisveränderungen vergleichsweise groß sind und besonders bekannt gemacht werden oder auf eine andere Weise zu einem »Schockerlebnis« führen, dann werden sie mit größerer Wahrscheinlichkeit ein Suchverhalten auslösen als eine Reihe von geringen oder routinemäßigen Veränderungen (Heberlein und Warriner 1983).

Thurow (1983) bringt ein Beispiel für die Trägheit der Wirtschaft, nicht nur der Individuen. Als Präsident Johnson sich entschloß, den Vietnamkrieg zu finanzieren, ohne die Steuern zu erhöhen oder die Staatsausgaben zu beschneiden, wie es ihm seine Ökonomen rieten, da die Wirtschaft schon die Vollbeschäftigung erreicht hatte, wurde allgemein ein Anstieg der Inflation erwartet. Dennoch dauerte es drei Jahre, viel länger als seine Berater es erwartet hatten, bis die Inflation von 2,2 % im Jahre 1965 auf 4,5 % im Jahre 1968 stieg (S. 53–54). Thurow untersucht eine ähnlich langsame Reaktion auf deflationäre Maßnahmen (ebd., S. 54–55, 66). Ein Hauptgrund, warum Routineveränderungen der Preise, Löhne, Steueranreize usw. meist mit geringer Wahrscheinlichkeit Auswirkungen zeigen, ist, daß Gewohnheits- und Impulskäufe, gleichbleibendes Sparverhalten und Markentreue keine kognitive Arbeit, keine Vorbereitungen, keine Entwicklung oder Anpassung erfordern. Das heißt, sie verursachen keine Rationalitätskosten, obwohl sie umgekehrt ganz klar ökonomische Kosten verursachen. Dies weist auch darauf hin, daß die relativ geringe Häufigkeit von sehr rationalem Verhalten beim Kaufen, Sparen usw. ein Beweis für die bedeutenden Anstrengungen und hohen Kosten sind, die sogar bei nur relativ rationalem Verhalten entstehen.

Die »Qualität« der Information

Die vorangegangene Diskussion des konzeptuellen Zusammenhangs (oder der Korrelation) zwischen dem *Ausmaß* an Anstrengungen, die unternommen werden, und dem relativen Niveau der dadurch von den Individuen, Organisationen und Gesellschaften erreichten Rationalität ist nur eine erste Annäherung. Der nächste Schritt besteht darin, die Annahme fallen zu lassen, daß mit größeren Anstrengungen automatisch auch eine Erhöhung des Rationalitätsniveaus verbunden ist. Offensichtlich wird erwartet, daß sich das Gesetz von der abnehmenden Grenzproduktivität auch auf diesen Faktor anwenden läßt. Je mehr Computer, Technik, Forschung und Entwicklung usw. man einsetzt, um so geringere zusätzliche Verbesserungen der Rationalität werden erwartet.

Weniger offensichtlich ist die Erwartung, daß die »Qualität« der Inputs einen Einfluß auf das Ergebnis hat. Ökonomen diskutieren über Information und Anstrengungen (oder Ressourcen) oft im Sinne von verfügbaren Mengen (wie es auch der Autor bis zu diesem Punkt der Diskussion tat). Diverse Untersuchungen zeigen jedoch, daß auch andere Attribute eine wichtige Auswirkung haben. Eine Liste oder eine Theorie dieser Attribute aufzustellen bzw. zu entwickeln würde den Rahmen dieser Arbeit sprengen. Der Zweck der folgendenden Seiten soll nur sein, die Bedeutung der Qualität der Information sowie das Ausmaß zu illustrieren, in dem Information glaubwürdig ist oder zumindest jenen glaubwürdig erscheint, die sie bekommen. Untersuchungen über Abschlüsse von Lebensversicherungen zeigen, daß die Mehrheit der Käufer nicht die Kosten verschiedener Policen vergleicht; sie hat Schwierigkeiten damit, festzustellen, ob sie bei diesem Geschäft auch wirklich den Wert ihres Geldes herausbekommt; und sie verwendet den Kaufführer nicht, der ihr nach dem Gesetz zur Information überreicht werden muß. Das Vertrauen in den Versicherungsvertreter ist für bedeutend mehr Kaufentscheidungen verantwortlich als jeder andere Faktor (Collesano, Greenwald, Katosh 1984). (Das Vertrauen beruhte wiederum auf einem Gefühl gegenüber dem Vertreter und nicht auf einer Art Konkurrenz zwischen den Vertretern.)

Preisveränderungen werden von den Ökonomen oft als Marktsignale gesehen, als Signale, die Informationen vermitteln, auf die ein rationaler Akteur reagieren wird. Die Amerikanische Akademie der Wissenschaften führte eine Studie über Konsumentenreaktionen auf Information über Finanzierungsmöglichkeiten für die Verringerung des Energieverbrauchs im Haushalt (z. B. durch Isolation) durch. Die Studie ergab, daß nichtfinanzielle Aspekte viel wichtiger waren als der Umfang des finanziellen Anreizes. Man koppelte dann die gleiche Finanzierungsinformation mit verschiedenen nichtmonetären Aspekten (wie ein einfacheres bzw. komplexeres Implementierungsverfahren; verschiedene Grade von Schutz gegen schlechte Arbeit), was zu sehr unterschiedlichen Reaktionen (also Verkäufen) führte, die in einem der Staaten von weniger als 1 Prozent zu mehr als 40 Prozent der Haushalte reichten, in einem anderen von 8 Prozent bis beinahe 90 Prozent (Stern 1984, S. 55). Die Verwendung eines schlechteren Informations»formats« brachte die Konsumenten von Duke Power dazu, eine Kombination von Konservierungsmaßnahmen zu wählen, die weniger als halb so effizient war wie die effizienteste ihnen angebotene, wobei sie $230 bis $300 mehr dafür ausgaben als notwendig, um eine jährliche Ersparnis von $252 zu erzielen (Magat, Payne, Brucato 1986, S. 29).

Man wäre schlecht beraten, würde man diese Attribute als »Qualitäten« der Information bezeichnen, weil dies einige Aspekte implizierte, die schwer zu messen sind, wie die Qualität von Nahrungsmitteln oder einer Ausbildung im Unterschied z. B. zu Kalorienangaben und Ausbildungsjahren. Unser Hauptargument ist, daß Information multidimensional ist: Oft muß mehr als ein Attribut gemessen werden, um den Input abzuschätzen. Daher muß man nicht nur einfach wissen, wieviel Information eine Person erhalten hat, sondern auch, wie zuverlässig diese Information ist. Sicherlich sind *einige* dieser »zusätzlichen« Attribute qualitativ oder relativ schwer zu messen, aber viele andere sind es nicht.

Schließlich muß man die Beziehungen zwischen verschiedenen Attributen der erhaltenen Information untersuchen und die relative Fähigkeit des Akteurs, sie zu verarbeiten. So wird zum Beispiel ein Mehr an Information mit relativ geringer Zuverlässigkeit ohne zusätzliche oder effektivere Verarbeitungsmöglichkeiten zu Überbelastungen führen; das heißt, es wird den zusätzlichen Effekt und damit die Rationalität der Entscheidung verringern. Zu diesem Thema wurden bis jetzt sehr wenige Forschungsarbeiten durchgeführt, sowohl weil Information oft als relativ einfaches Gut betrachtet wird und weil die Neoklassiker ihr Hauptaugenmerk auf Inputs und Outputs legen, mit einer Tendenz, die dazwischenliegenden Prozesse zu ignorieren. Hier wird nicht viel mehr getan, als darauf aufmerksam zu machen, daß dieses Thema dringend untersucht werden muß.

Kapitel 10
Rational handeln, ohne nachzudenken
(Faustregeln)

Die Rolle der Regeln

Die Anhänger des neoklassischen Paradigmas vertreten die Ansicht, daß Individuen rationale Entscheidungen treffen können, ohne Informationen zu verarbeiten oder Überlegungen anzustellen, einfach indem sie »Faustregeln« anwenden.

Kognitive Fähigkeiten sind eine ebenso rare Ressource wie viele andere... Um Informationen zu sammeln und die in den naiven Beschreibungen des Rational-choice-Modells implizierten Berechnungen anzustellen, bräuchte man mehr Zeit und Energie als irgendjemand hat.... Jeder, der versuchte, aufgrund von vollständigen Informationen eine rationale Wahl zu treffen, würde jede Woche nur ein paar solcher Wahlentscheidungen treffen können und Hunderte wichtiger Angelegenheiten ungeregelt lassen.

Angesichts dieser Schwierigkeit vertrauen die meisten von uns bei Routineentscheidungen auf Gewohnheiten und Faustregeln. Die Gewohnheiten oder Regeln selbst sind natürlich per definitionem nicht rational: Ungeachtet der Kosten und Gewinne jedes einzelnen Anwendungsfalls geben sie eine immer gleichbleibende Antwort. Die meisten von uns gehen jede Woche in den gleichen Supermarkt einkaufen, selbst dann, wenn andere Märkte oft niedrigere Preise haben. Wir wissen, daß viele unserer Entscheidungen den Entscheidungen, die ein voll informierter, rationaler Akteur getroffen hätte, deutlich unterlegen sind. Und dennoch haben wir keine bessere Alternative. Berücksichtigt man die knappen kognitiven Ressourcen, ist es völlig rational, sich auf

Gewohnheiten und andere nichtrationale Entscheidungsregeln zu verlassen (Frank 1987, S. 23).

Diese Regeln werden den Individuen von ihrer Kultur und ihrem sozialen Umfeld zur Verfügung gestellt, oder aber sie sind ein Produkt ihrer Erfahrungen.

In der sehr geringen Literatur zu diesem Thema findet man keine formale Definition des Konzepts der Faustregeln. Beispiele für Faustregeln, auf die in der Literatur hingewiesen wird, betreffen vor allem Regeln, die im täglichen Leben benützt werden (nimm einen Schirm mit, wenn der Himmel bedeckt ist, anstatt die Wettervorhersage lange zu studieren). Einige Autoren listen expliziter ausgesprochene Regeln auf, die in Unternehmen und in anderen Organisationen verwendet werden, wie »erhöhe immer die Preise, *bevor* du einen Ausverkauf ankündigst«. Wieder andere beschäftigen sich mit kognitiven Mustern wie die Heuristik oder »Routinen«, zum Beispiel mit der Verwendung von Abkürzungen als Erinnerungshilfen. Dieselbe Theorie wird auch für gesellschaftliche Institutionen, Wertsysteme und Verhaltensnormen erweitert und reicht von den Tischmanieren bis zur Verfassung. Alle diese Regeln sollen das Individuum darüber »informieren«, wie es sich am besten verhält, ohne daß es notwendig wäre, Berechnungen oder Überlegungen hinsichtlich der Zukunft anzustellen (March und Olsen 1984; Heiner 1983, S. 573). In der folgenden Diskussion wird der Begriff »Regeln« verwendet, um alle diese informellen, sofort zu verwendenden Entscheidungshilfen zu bezeichnen. Es gibt nur ein Buch, das Faustregeln auflistet (Parker 1983), es wird weiter unten als unsere Hauptquelle verwendet. (Obwohl diese Zusammenstellung typische Regeln zu beinhalten scheint, ist eine Repräsentativität dort schwer zu erreichen, wo die Grundgesamtheit nicht klar definiert ist.)

Ein neoklassischer Kollege vertrat die Ansicht, daß eine Definition notwendig ist, um Faustregeln von anderen persönlichen oder kollektiven Regeln zu unterscheiden, z. B. etwa von religiösen Normen. Er schlug eine Definition vor, die »vielleicht tautologisch« wäre, nämlich, daß Faustregeln die Regeln sind, die zur Lenkung der Handlungen eingesetzt werden, um die Kosten einer detaillierten Berechnung einzusparen. Dennoch wollen wir das Problem nicht wegdefinieren – kann durch die Verwendung solcher Regeln wirklich »gespart« werden? Fördern sie die Rationalität? Auch sind wir nicht davon überzeugt, daß diese Regeln bewußt verwendet werden, sondern eher Wahlakte sind, die aus Gewohnheit so gesetzt werden. Wir glauben auch nicht, daß sie notwendigerweise von religiösen oder irgendwelchen anderen Normen deutlich zu unterscheiden sind. Wir sehen Faustregeln also als informelle Regeln, die die Akteure benützen, um ihre Wahlakte zu vereinfachen, indem sie sich auf fertige Richtlinien stützen. (Wissenschaftstheorie und Logik sind hier nicht relevant; ihre Regeln sind in dem Sinn formal, als sie erklärbare Komponenten eines Systems sind und explizit definierte Begriffe verwenden.)

Die Neoklassiker sind der Ansicht, daß Faustregeln rational sind, weil sie die Folge akkumulierter Erfahrungen sind oder Produkte von evolutionären Entwicklungen sind: Jene, die nichtrationalen Regeln folgen, werden von den Anhängern der rationalen Regeln verdrängt. Daher werden nichtrationale Regeln durch rationale ersetzt.

Die Diskussion konzentriert sich in diesem Kapitel auf die Vorzüge der Anwendung von Faustregeln (und anderen Hilfsmitteln, für die dieselben neoklassischen Argumente vorgebracht wurden). Es wird die Ansicht vertreten, daß (1) die empirischen Evidenzen für die Rationalität dieser Regeln anzuzweifeln sind und daß sie (2) nach den Regeln der Logik nicht als Basis für rationales Verhalten dienen können. Eine Person, die sich an Faustregeln hält, kann mehr oder weniger rational handeln als jene, die sich nicht an solche Regeln hält, doch nach den hier angewandten und auch von vielen anderen anerkannten Kriterien kann dies wohl nicht als sehr rational betrachtet werden (wie in Kapitel 8 ausgeführt wurde).

Ein empirischer Test: Preisgestaltung in Unternehmen

Die detailliertesten empirischen Untersuchungen des Rationalitätsgrades von fertigen Regeln wurden im Hinblick auf die Preisgestaltung in Unternehmen durchgeführt. Es wurde oft beobachtet, daß die Manager der Privatwirtschaft die Preise nicht so festsetzen, wie sie aufgrund der einfachen Profitmaximierungstheorie festgesetzt werden sollten, nämlich dort, wo Grenzkosten und Grenzerlös gleich groß sind. Stattdessen werden Preise so angesetzt, wie es die Firmenpolitik den Managern nahelegt. Doch führen diese Regeln (Unternehmensstrategien) zum selben maximalen Punkt?

Eine der ersten und einflußreichsten Studien über die Verwendung von Regeln ist die von Hall und Hitch (1936). Sie untersuchten 38 Britische Unternehmen und fanden heraus, daß laut Aussage der Verantwortlichen 30 dieser Unternehmen die Vollkostenpreisregeln anwenden. Nach der Vollkostenpreisregel werden zu den geschätzten Stückkosten eine »normale« oder festgesetzte Gewinnspanne (oder ein Prozentsatz des Ertrags auf das investierte Kapital) hinzugezählt. Auf dieser Basis wird der Preis eines Produktes festgesetzt. Als man die Manager danach fragte, warum sie solche Regeln anwenden würden, gaben sie darauf drei Antworten: um den Unsicherheiten bei der Schätzungen der Nachfragefunktionen zu begegnen; um zu vermeiden, zu hohe Preise zu verlangen (und damit die Kunden zu vertreiben) oder (auf einem oligopolistischen Markt) zu niedrige Preise festzusetzen und um die hohen Kosten für Grenzkostenpreiskalkulationen in Unternehmen mit tausenden verschiedenen Artikeln zu umgehen.

Machlup (1952) läßt es auf eine Auseinandersetzung mit Hall und Hitchs Schlußfolgerung ankommen, daß die Vollkostenpreisregel nicht zur Profitmaximierung führt. Unter Verwendung von Hall und Hitchs Daten vertritt er die Ansicht, daß die Manager nur so lange die Vollkostenpreisregel anwenden, als sie zur Profitmaximierung führte. Weiters weist Machlup darauf hin, daß die Antworten auf die Frage, warum sie Vollkostenpreise kalkulieren – Angst vor Konkurrenten und davor, daß die Nachfrage auf die Preisveränderungen nicht reagiert –, zeigen, daß sie Nachfrageelastizitäten berücksichtigen, »was für den Ökonomen gleichbedeutend mit Überlegungen hinsichtlich der Grenzerlöse ist«. Weiters führt er aus, daß die Befragten Nachfragesignale berücksichtigen würden, obwohl der Begriff Elastizität möglicherweise nicht verwendet wurde.

In ihrer einflußreichen Studie unterstützen Cyert und March (1963) Hall und Hitch. Cyert und March waren in der Lage, Preise in großen Kaufhäusern mit großer Genauigkeit vorherzusagen, wobei sie drei Regeln für die Preisgestaltung in verschiedenen Situationen unterschieden: normale Preisgestaltung, Ausverkauf und Preisreduzierung (mark-down). Während normale Preise und Ausverkaufspreise zu regelmäßig wiederkehrenden Perioden vorherrschen, wird die Preisherabsetzung beim Versagen oder vermuteten Versagen der zwei anderen Regeln angewandt. Für jede Situation wird eine gemeinsame Vorgangsweise gewählt, die den Preis durch die Anwendung eines vorher festgelegten, auf einer Regel basierenden Aufschlags auf die Kosten festlegt.

Unter Anwendung dieser Regeln gelang es Cyert und March, in 188 von 197 Fällen auf den Penny genaue Preisprognosen zu erstellen (und hatten damit in 95 Prozent der Fälle Erfolg). Hinsichtlich der Preisbildung für den Ausverkauf (ebd., S. 139) »ist die Preisgestaltung eine direkte Funktion des Normalpreises« (d. h., es gibt einen standardmäßigen Preisnachlaß für den Ausverkauf) oder der Kosten (d. h., es gibt eine Mark-up-Regel für den Ausverkauf). Hier war es ihnen möglich, die Preise in 56 von 58 Fällen auf den Penny genau zu prognostizieren (eine 96 %-Erfolgsrate).

Preisreduzierung ist eine Methode, die dann zur Anwendung kommt, wenn eine ungenügende Verkaufs- oder Lagersituation angezeigt wird. Obwohl dies nur eine bedingte Situation ist, konnten dennoch Regeln gefunden werden, wie mit dieser Situation umgegangen werden soll. Erstens sollen die Preise nicht unter die Selbstkosten gesetzt werden, es sei denn, es bleibt kein anderer Ausweg. Zweitens sollten die Preise um ein Drittel gesenkt und auf die nächstliegende 85-Cents-Marke gebracht werden. Mit Hilfe dieser und einiger anderer Regeln konnten Cyert und March bei 140 von 159 Preisreduzierungen auf den Pfennig genaue Preisprognosen erstellen (eine 88 prozentige Erfolgsrate). Es sollte darauf hingewiesen werden, daß eine derartige Präzision der Vorhersage in der Ökonomie oder anderen Sozialwissenschaften praktisch unbekannt ist; deshalb sollte diese Studie als vom empirischen Standpunkt aus äußerst überzeugend betrachtet werden.

Es hat den Anschein, als ob eine Preispolitik wie die vorher erwähnte nur die Kostenseite berücksichtigte und die Nachfrageseite völlig außer acht ließe. Es könnte daher so aussehen, als ob Profitmaximierung gar nicht stattfände. Dennoch meint Nicholson (1978, S. 275), daß trotz der Tatsache, daß die Regeln scheinbar nur die Kosten berücksichtigen, letztlich auch die Nachfrage in Betracht gezogen würde.

R. M. Cyert und J. G. March bemühen sich sehr, die Rückmeldungen des Marktes auf die Preisgestaltung eines Produktes zu analysieren. Selbst wenn die Preise und Gewinnspannen zu Anfang ohne adäquaten Bezug auf die Nachfrage festgesetzt werden, bringt die Marktreaktion Informationen über die reale Nachfragesituation, und die Preise werden entsprechend angepaßt.

Kurz gesagt, Nicholson versucht mit Cyert und March das zu tun, was Machlup mit Hall und Hitch tat: Er stützt sich auf deren Daten, um zu beweisen, daß Regeln rational sind. Andere Studien liefern – beiden Seiten – zusätzliche Argumente.

In einer Studie, die neun Jahre lang eine Gruppe von Unternehmen untersuchte, fand Lanzillotti (1958) heraus, daß die Firmen verschiedenen Regeln für die Preisgestaltung folgten. Diese umfaßten eine Preisgestaltung, die darauf abzielte, einen zuvor festgesetzten Ertrag auf die Investition zu erreichen, die Preise zu stabilisieren, einen zuvor festgesetzten Marktanteil zu erreichen und eine Preisgestaltung, um gegen die Konkurrenz zu bestehen oder um sie zu verhindern. Ungefähr die Hälfte der untersuchten Unternehmen gaben an, daß ihre Preispolitik vor allem danach ausgerichtet wäre, in einem bestimmten Jahr, auf längere Sicht oder beides eine besondere Ertragsrate auf die Investition zu erreichen. Es tauchte dabei die Frage auf, ob eine Firma ihre Gewinne noch maximiert, wenn sie eine zu erreichende Kapitalverzinsung festsetzt, oder ob sie sich damit nur ein »hinreichend befriedigendes« Ziel setzt. Lanzillotti zeigt auf, daß die Erträge im Lauf der neun Jahre (1947–55) in Wahrheit höher lagen als das beim Festsetzen der Preise angestrebte Ertragsziel. Daher, so schließt er, könnten die Preise kaum am Maximierungspunkt festgesetzt werden.

Im Hinblick auf die Festsetzung der Gewinnziele schreibt Lanzillotti (1958, S. 931):

Die am häufigsten erwähnten Argumente umfaßten: (a) einen fairen oder vernünftigen Ertrag, (b) das traditionelle Wirtschaftskonzept des in bezug auf die Risikofaktoren angemessenen Ertrags, (c) den Wunsch, den Durchschnittsertrag des Unternehmens im Vergleich zur letzten Periode zu erreichen oder zu verbessern, (d) was das Unternehmen glaubte, auf längere Sicht für das Produkt bekommen zu können und (e) die Verwendung besonderer Gewinnziele als Mittel der Stabilisierung der Preise innerhalb der Branche.

In bezug auf die Preisgestaltung zur Stabilisierung entwickelt Lanzillotti (1958, S. 931–32) das Konzept des Firmen-*Noblesse-oblige*, das sehr selten mit der Gewinnmaximierung zusammenfällt, sondern eher den Marques-von-Queensbury-Regeln entspricht:
Das Streben nach stabilisierten Preisen von Unternehmen wie U. S. Steel, Alcoa, International Harvester, Johns Manville, DuPont und Union Carbide beruht sowohl auf der Erwartung einer gerechten Belohnung für getane Arbeit, d. h. »gerechte« Preise, als auch auf einem Gefühl von *Noblesse oblige*. Wenn sie hinreichend gut in schlechten Zeiten verdient haben, werden sie davon Abstand nehmen, in guten Zeiten die Preise so hoch anzusetzen wie es der Markt erlauben würde. Ebenso gibt es die Bemühungen (die in einzelnen Fällen vom Gewissen des Managers geprägt werden, der die Preise festlegt), bei der Preisgestaltung verschiedener Artikel der Produktpalette davon Abstand zu nehmen, irgendeinen Artikel über das Maß hinaus »zu melken«, das die Preissetzung auf der Grundlage von Zuschlägen zu den Kosten (cost-plus pricing) hinaus nahelegt.

Dennoch argumentiert Kahn (1959), daß Lanzillottis Daten auch benützt werden können, um die These zu untermauern, daß sogar große Unternehmen versuchen, ihre Gewinne zu maximieren. Er weist auf die verbreitete Verwendung der Preissetzung nach dem Prinzip einer »angestrebten Kapitalverzinsung« (target pricing) hin,
(...) das in Wahrheit eine Variante des Vollkostenprinzips ist. Dieses Prinzip stellt ihr [Lanzilotti et al.] Hauptindiz gegen die

Gewinnmaximierung im allgemeinen und des dabei verwendeten Marginalprinzips im besonderen dar. Diese falsche Konstruktion besteht darin, daß Prozeduren mit ›Zielen‹ verwechselt werden. Tatsächlich scheint das Ertragsziel vor allem zu reflektieren, was die Manager glauben, daß das Unternehmen erwirtschaften kann; und das Ausmaß, in dem die tatsächlichen Erträge vom Ertragsziel abweichen, hängt davon ab, ob der Markt schließlich mehr oder weniger zuläßt (Kahn 1959, S. 671).

Auf Kahns Kritik führt Lanzillotti (1959) an, daß die Konzepte der angestrebten Verzinsung und Marktanteile bei der Prognose und Erklärung des Preisverhaltens großer Unternehmen bei weitem viel hilfreicher wären als irgendein Begriff von Profitmaximierung. Lanzellotti ist der Ansicht, daß angestrebte Ertragsraten nützliche, quantifizierbare Maßnahmen darstellen, nach denen Unternehmen tatsächlich vorgehen, während die Profitmaximierung wegen ihrer Zweideutigkeit sehr wahrscheinlich eine Ex-post-Rationalisierung ist. Lanzillotti (S. 682) stellt auch die Frage, »... ob Kahn dadurch, daß er behauptet, das Prinzip der angestrebten Ertragsrate sei in Wahrheit ein anderer Name für Profitmaximierung, irgendeine Erklärung für die Preispolitik großer Unternehmen geliefert hätte«.

Katona führte eine der wenigen Studien über die Verwendung von Regeln für Entscheidungen durch, die mit Investitionen zu tun haben und nicht mit der Preisgestaltung. Er weist (1975, S. 323) darauf hin, daß Entscheidungen über die Errichtung einer Fabrik, ihren Standort und über die Anschaffung neuer Anlagen dauerhaft und nicht reversibel sind. In der Regel binden sie große Geldmengen; daher würde man besonders bei diesen Entscheidungen rationales Verhalten erwarten. »In Wirklichkeit zeigt aber schon ein erster Blick, daß in zahlreichen Fällen Faustregeln vorherrschen und die Investitionstätigkeit gewohnheitsmäßiges oder sogar automatisches Ergebnis bestimmter Umstände und nicht das Ergebnis sorgfältiger Erwägungen ist.« Ein Beispiel in diesem Zusammenhang ist das Prinzip der Marktführerschaft: In zahlreichen Branchen wird ein Unternehmen als der Führer betrachtet, dessen Entscheidungen von anderen Unternehmen nachgeahmt werden, ob sie aus der Sicht der zwischen den Unternehmen der Branche herrschenden Unterschiede nun gerechtfertigt sind oder nicht. So scheinen zum Beispiel Entscheidungen, neue Technologien einzuführen, oft einen modeartigen Charakter zu haben.

Ohne versuchen zu wollen, die Details dieser Studien und ihre Verdienste weiter zu untersuchen oder gar noch andere zusammenzufassen (eine Aufgabe, die von Scherer 1980, S. 187–89 übernommen wurde), ist klar, daß dieselben Daten von einigen Wissenschaftlern so interpretiert werden, als würde die Maximierungsregel verwendet, d. h., daß vollkommen rationale Regeln zum Einsatz kommen, während die Daten von anderen jedoch so ausgelegt wurden, daß sie belegen, daß Regeln ihre Funktion nicht erfüllen können und tatsächlich ungeeignete Handlungsweisen perpetuieren. Der offensichtliche Schluß daraus ist, daß *Regeln nicht ausreichend spezifiziert sind, um ihre rationale Anwendung oder ihre Untersuchung zu ermöglichen.* Glücklicherweise werden wir bald sehen, daß die hier involvierte empirische Frage nicht beantwortet werden muß, um zu einem Schluß über die Verdienste der Regeln zu kommen.

Fallstudien von Organisationen

Organisationen aller Art, von Armeen bis zu Kirchen, von öffentlichen Schulen bis zu Gefängnissen benötigen große Mengen von Regeln. Obwohl diese Regeln mit der Zeit verändert werden, ist ihre Anpassung an veränderte Realitäten häufig langsam und bei weitem nicht schnell genug, um einen optimalen Zustand zu garantieren, wie es der Begriff »Bürokratie«, der auf Organisationen oft angewandt wird, schon deutlich macht (Argyris 1985). Ein Überblick über die relevante Literatur (Stern 1984, S. 110) schließt: »Regeln passen sich im großen und ganzen an Veränderungen an, aber es gibt keine Garantie dafür, daß sie optimale oder zumindest akzeptable Lösungen liefern, wenn neue Probleme entstehen.« Häufig bleiben Anpassungen der Regeln auch auf »lokale« Problembereiche beschränkt und werden nicht auf die gesamte Organisation ausgebreitet.

Wenn Manager mit ungewöhnlichen, neuen, komplexen Situationen konfrontiert werden, tendieren sie dazu, diese Situationen in Komponenten zu zerlegen und sich mit jenen Elementen auseinanderzusetzen, die ihnen bekannt sind oder scheinen. Perrows (1981, S. 17) Fallstudie des Atomunfalls in Three Mile Island nahe Harrisburg, Pennsylvania, kommt zu dem Schluß, daß »es in komplexen Systemen, wo die einzelnen Teile in engem Zusammenhang stehen, nicht möglich ist, die Mitarbeiter so zu schulen, die Konstruktionen so zu entwerfen oder zu bauen, daß alle Eventualitäten antizipiert werden können. Sie sind nicht erklärbar, wenn sie auftreten. Deshalb nimmt das Betriebspersonal immer an, daß etwas anderes passiert, etwas, was sie verstehen, und handeln dementsprechend.« Während des Unfalls in Three Mile Island wurden den Schlüsselpersonen die Anzeichen der Gefahr nicht mitgeteilt, weil das Betriebspersonal sie nicht glaubte. Daher verzögerten die Regeln (im Sinne der »Routinen«) die richtige Reaktion auf die noch nie dagewesene Situation, weil die Menschen die Situation falsch interpretierten und sie nicht als eine noch nie dagewesene erkannten. Perrow (ebd., S. 25) meint: »Dies ist die Bedeutung des häufig zitierten Kommentars der Mitglieder der Nuclear Regulatory Commission, daß sie, hätten sie ein einfaches, verständliches Problem wie einen Rohrbruch, wüßten, was sie zu tun hätten.«

Andere Studien zeigen, daß die in Organisationen angewandten Regeln für die Informationssammlung meist zu einem Informationsüberfluß führen, in dem dann wichtige Aspekte unbemerkt bleiben. Dies ist ein Problem, das vielen Geheimdiensten bekannt ist. Und das ist der Hauptgrund, warum die Warnung vor einem bevorstehenden Angriff auf Pearl Harbor auf ihrem Weg nach Washington »verloren«ging (Wohlstetter 1962). Als in Großbritannien neue automatische Schranken an Bahnübergängen eingerichtet wurden, war die Folge ein riesiges Zugunglück, das als die Hixon-Katastrophe bekannt wurde. Später fand man heraus, daß langsame Züge den Bahnübergang in den vorgeschriebenen 24 Sekunden (vor automatischer Öffnung der Schranken) nicht passieren konnten. Diese Tatsache war in einem langen technischen Handbuch korrekt vermerkt, das jeder Polizeistation bei der Installation der Schranken zur Verfügung gestellt wurde, doch sie ging in der Informationslawine des dicken Handbuchs »verloren« (Turner 1976, siehe auch Neustadt und Fineberg 1978).

Nutt (1984) untersucht 78 Entscheidungsprofile von Organisationen, die vor allem auf dem Dienstleistungssektor oder ehrenamtlich arbeiten. Er kommt zu dem Schluß, daß die Manager alle Regeln verletzen, die von den Wissenschaftler für »gute« (rationale) Entscheidungsfindung definiert wurden. Die Manager gehen davon aus, daß es keine Unsicherheiten gibt, und behandeln Ursache und erwünschte Ergebnisse als klar und spezifisch, wodurch sie ein falsches Sicherheitsgefühl entstehen lassen. Nutt berichtet weiter, daß die Manager prädisponiert sind, ihre Regelsuche auf einen sehr eng begrenzten Bereich zu beschränken, da sie eine »geringe Toleranz für Zweideutigkeiten und einen großen Bedarf an Strukturen haben« (ebd., S. 446).

Cyert und March (1963, S. 121) weisen darauf hin, daß der Suchprozeß ursprünglich auf zwei einfachen Regeln beruht, die kaum rational sind:

(1) suche in der Nachbarschaft des Problemsymptoms und (2) suche in der Umgebung der derzeitigen Alternative. Diese zwei Regeln spiegeln verschiedene Dimensionen der grundlegenden Kausalvorstellung wider, daß eine Ursache ›nahe‹ bei ihrer Auswirkung gefunden werden wird und daß eine neue Lösung ›nahe‹ bei einer alten zu finden ist.

Ein Beispiel dafür, wie eine solche beschränkte Suche zu einer nichtrationalen Reaktion führt, wird von Hall (1976, S. 201) in seiner Studie des Niedergangs der alten *Saturday Evening Post* gebracht. Hall zeigt auf, daß die Manager der *Post* angesichts steigender Produktionskosten, die auf eine exzessive Expansion zurückzuführen waren und die zu reduzierten Gewinnen führten, die Abonnementpreise entscheidend erhöhten. Dies erwies sich als eine Maßnahme, die die *Post* in den Ruin trieb, da sich ihr Leserwachstum stabilisierte und ihre Gewinne weiter fielen. Es mußten nämlich namhafte Beträge aufgewendet werden, um die Leserzahlen stabil zu halten. Die *Post* taumelte so in die schlechte finanzielle Lage der Auflagenkriege der 50er Jahre und erholte sich davon nicht mehr. Hall meint, daß die Entscheidung der *Post* ein typisches Ergebnis einer »zu engen« Regelsuchstrategie ist, die zu einer Anhebung der Abonnementpreise führte, sich mit der »zugrundeliegenden Kausalstruktur des Problems (nämlich des Kontrollverlusts über das jährliche Produktionsvolumen und dem daraus folgenden Anstieg der Produktionskosten) zu befassen«.

Manchmal verändern sich Regeln nicht nur inadäquat, sondern überhaupt nicht. In der Vergangenheit entwickelte Regeln werden weiterhin angewandt, auch wenn ihre Sinnhaftigkeit verlorengegangen ist und effizientere Alternativen verfügbar sind. So werden trotz der offensichtlichen Tatsache, daß reale Preise der beste Maßstab für ökonomische Aktivitäten sind, in Finanzberichten, Verträgen und staatlichen Studien sehr häufig Nominalpreise verwendet (Baran, Lakonishok und Ofer 1980). Cyert und March (1963, S. 138) berichten, daß die Preisaufschläge innerhalb einer Branche oft 40 oder 50 Jahre gleichblieben. Weiters meinen sie, daß Regeln in einem abstrakten Sinn oft rational sein mögen, aber in der Praxis dann zu schlechten Entscheidungen führen können, weil ihre Anwendung nicht ausreichend spezifiziert wurde (Sproull 1981; Britan 1979).

Schließlich geht die Vorstellung von der Rationalität von Regeln davon aus, daß es klare Ziele oder zumindest einige festgelegte, wenn nicht schon ganz klare Ziele gibt. Dennoch ist dies oft nicht der Fall. Eine Studie des Office of Management and Budget unter Präsident Kennedy zeigte die Schwierigkeiten auf, die die Agentur hatte, besondere Budgets aufzustellen, weil der Präsident es versäumte, das Niveau der Gesamtausgaben festzusetzen (Mowery et al. 1980). Tatsächlich verändern sich für viele Organisationen nicht nur ständig die Umweltbedingungen, sondern auch die Ziele (Sills 1957), wodurch die Verwendung der meisten Regeln nicht mehr rational ist. Diesem Problem begegnet man häufig in Evaluierungsstudien: Zu dem Zeitpunkt, an dem die Leistung anhand der ursprünglichen Ziele der Organisation gemessen wird, haben sich die Ziele schon längst verändert.

Regeln können nichtrational verwendet werden

Wir haben bisher gesehen, daß eine empirische Beurteilung der Anwendung von Regeln nicht schlüssig scheint. Trotz verschiedener großer Studien, die über mehrere Jahrzehnte durchgeführt wurden, ist es nicht möglich, einen eindeutigen Schluß darüber zu ziehen, ob Regeln diejenigen, die sich an sie halten, in die Lage versetzen, rational zu handeln, weil die Theorie unzureichend spezifiziert ist. Obwohl einige Untersuchungen von Organisationen der These, daß die Anwendung von Regeln oft zu nichtrationalem Verhalten führt, einige Plausibilität verleihen, sind solche Studien aufgrund der Tatsache, daß es »Fallstudien« sind, nicht vollkommen zwingend. Es gibt jedoch einen Weg, dieses Problem zu lösen, weil es möglich ist zu zeigen, daß Regeln in vielen Fällen keine rationalen Anleitungen sein können. Es ist eine Sache der Logik, nicht der empirischen Evidenzen. Wir werden sehen, daß Regeln immer nur einen Faktor behandeln, obwohl die meisten Wahlakte facettenreiche Situationen betreffen, und daß Regeln, die einen bestimmten Handlungsverlauf vorschreiben, auch u. U. den gegenteiligen vorschreiben usw. Wir müssen die negativen Auswirkungen solcher Regeln untersuchen; auf den ersten Blick können sie gar nicht funktionieren.

Die Diskussion soll als nächstes verschiedene Gründe zur Untermauerung der Ansicht liefern, daß die Verwendung der Regeln in vielen Fällen schon *a priori* nichtrational ist.

(1) Regeln werden meist in *Isolation* voneinander formuliert und nicht als Teile eines umfassenden Systems. Daher neigen sie dazu, die Tatsache außer acht zu lassen, daß eine effiziente Antwort auf die meisten Herausforderungen in der realen, komplexen Welt vielfältige Überlegungen notwendig macht.

Gleichzeitig besteht kein Grund dafür zu leugnen, daß einige einfache Regeln sich in manchen Fällen als sehr nützlich erweisen. Das Internal Revenue Service verwendet zahlreiche Verhaltensregeln, die im *Classification Handbook IRM 41(12)0* zusammengefaßt sind. So widmet das IRS Kindern, die von getrennt lebenden Eltern für einen Steuerfreibetrag herangezogen werden, besondere Aufmerksamkeit, da dieser Steuerfreibetrag oft von beiden Eltern in Anspruch genommen wird, obwohl nur einer der beiden Anspruch darauf hat. Obwohl man aufgrund der weiter oben angeführten *A-priori*-Gründe annehmen muß, daß regelgeleitetes Verhalten oft ziemlich unrational sein wird, erwartet man also nicht, daß sich diese Regel auf alle Fälle anwenden läßt. Unter welchen Umständen ist es relativ rationaler, Regeln anzuwenden? Über diese Umstände weiß man relativ wenig, was wiederum darauf hinweist, daß es nichtrational ist, sich auf sie zu verlassen.

(2) Wenn Individuen über mehr als eine Regel verfügen, *stehen diese Regeln oft im Widerspruch zueinander*. So ist es für einen Investor ratsam, »billig zu kaufen (to buy low) und teuer zu verkaufen (to sell high)« (eine an sich schon zwiespältige Regel, weil sie keine Definition von »teuer« und »billig« gibt und Investoren also dazu einlädt, die Situation nach ihrem Gefühl zu beurteilen). Manchmal bezieht sich »teuer« oder »billig« auf das Kurs/Gewinn-Verhältnis. Dennoch herrscht keinerlei Übereinstimmung darüber, was ein hohes Verhältnis ist, und den Menschen wird geraten, in Aktien von Unternehmen zu investieren, die eine »hohe« Wachstumsrate haben, obwohl ihr Kurs/Gewinn-Verhältnis oft unendlich groß ist, weil sie am Anfang überhaupt keinen Gewinn machen. Man rät Investoren auch, »nicht gegen Markttrends zu agieren« und »die Gewinne laufen zu lassen, die Verluste jedoch zu beschränken«, zwei Regeln, die besagen, daß die Investoren dann, wenn der Preis einer Aktie hinaufgeht, erwarten sollten, daß er noch weiter hinaufgehen wird, während sie, wenn er fällt – und daher relativ niedrig ist – verkaufen sollten. Diese Regeln stehen ganz offensichtlich im Widerspruch zu der vorher zitierten. Fügt man noch »no price is too low for a bear or too high for a bull«, ein Ausspruch aus dem *Barron's* (November 10, 1986, S. 16), hinzu, ist die Verwirrung komplett.

(3) Regeln sind meist so formuliert, *als ob sie allgemeine Wahrheiten wären*, die sich unter allen Umständen, jederzeit und auf alle Menschen anwenden lassen. Drei Beispiele sollen hier illustrieren, daß diese universelle Anwendbarkeit falsch ist: Die Regel Nr. 810 aus dem einzigen Buch, das sich ausschließlich mit »Faustregeln« beschäftigt (Parker 1983, S. 124) lautet: »Zahle nicht mehr als das dop-

pelte jährliche Durchschnittseinkommen für ein Haus.« Diese Regel erwähnt nicht, ob es sich dabei um das Brutto- oder das Nettoeinkommen handelt, und berücksichtigt die Auswirkungen des Steuerstatus nicht. So ist es bei der derzeitigen Steuergesetzgebung für eine Person mit hohem Einkommen, aber geringen anderen absetzbaren Beträgen viel sinnvoller, diese Regel zu verletzen, als für eine Person mit niedrigerem Einkommen oder vielen absetzbaren Beträgen. Auch werden für Personen über 55 Jahren (in den USA) andere Steuergesetze zur Anwendung gebracht. So kommen ältere Amerikaner zum Beispiel in den Genuß einer einmaligen Befreiung von Kapitalgewinnen (bis 125 000 $) beim Verkauf ihres Hauses. Daher sind Regeln, die für die jungen Menschen gültig sind, für ältere nicht sinnvoll und vice versa.

Die Regel Nr. 96 (ebd., S. 16) warnt diejenigen, die eine politische Kampagne starten, denn: »Ein bestimmter Prozentsatz an Wählern wird ausschließlich aufgrund von Parteizugehörigkeiten für oder gegen sie sein. Nur ein kleiner Prozentsatz der Wähler ist wirklich unabhängig und wird sie ohne Vorurteile betrachten.« Abgesehen von der Tatsache, daß diese Regel sehr vage Begriffe wie »ein bestimmter Prozentsatz« und »wirklich« benützt, gilt die Regel, da die politische Zugehörigkeit heutzutage viel weniger wichtig ist, als sie es früher war, heute viel weniger als vor zwanzig Jahren.

Als der Wert des Dollars gegenüber ausländischen Währungen Anfang 1985 um 20 Prozent sank, fürchteten viele Ökonomen, daß dies die Inflation in den Vereinigten Staaten verschärften würde, weil man davon ausging, daß ein Sinken um 10 Prozent 1,5 bis 2 Prozent Inflationssteigerung auslösen würde. Doch James E. Annable, der führende Ökonom für die heimische Wirtschaft der First National Bank of Chicago, meinte, daß dies nicht der Fall wäre, weil »Faustregeln, die in den 70er Jahren gültig waren, in den 80er Jahren nicht mehr anwendbar sind« (*New York Times*, 31. März 1985). Er ging nicht darauf ein, ob die Regeln jedes Jahrzehnt oder öfter angepaßt werden müssen oder wie man im vorhinein wissen kann, ob sie noch gültig sind.

Viele Beispiele für die Anwendung von Regeln in unpassendem Kontext findet man in der häufigen Verwendung der neoklassischen

Ökonomie als Grundlage der Wirtschaftspolitik. Ein großer Teil der neoklassischen Ökonomie beruht auf der Annahme, daß die untersuchten Phänomene in einem vollständigen Konkurrenzmarkt stattfinden. Nun existieren solche Märkte in der realen Welt nicht, und es kommt ihnen keiner der realen Märkte auch nur nahe. Dennoch werden Regeln von den Ökonomen empfohlen und von den Politikern angewandt, die auf der Basis der vollständigen Konkurrenz formuliert wurden, anstatt die völlig anderen tatsächlichen Bedingungen in der Realität zu berücksichtigen.

(4) Wenn Regeln zueinander im Widerspruch stehen, neigen die Menschen dazu, der Regel zu folgen, die mit ihren *subjektiven Einschätzungen*, Emotionen und Werten übereinstimmt. So könnte eine risikofreudigere Person zum Beispiel Parkers Regel Nr. 102 (1983, S. 17) befolgen: »Steige in kein Pokerspiel ein, wenn du nicht zumindest das 40fache Höchstgebot in der Tasche hast.« Die weniger risikofreudigen Personen können sich an die Regel Nr. 103 halten: »Steige in kein Pokerspiel ein, wenn du nicht zumindest das 60fache Höchstgebot in der Tasche hast.«

Zwei andere einander widersprechende Regeln wurden von Kindleberger (1984, S. 1) in seinem Aufsatz über die soziale Verantwortung von Unternehmen diskutiert. Er weist auf »den Konflikt zwischen ›Bist du in Rom, mach's wie die Römer‹ und ›Bleib dir treu‹ hin.« »Schau, bevor du springst« und »wer zögert, ist verloren« sind zwei andere Regeln, die in unserer Kultur recht präsent sind. Es steht den Entscheidungsträgern nun frei, sich je nach Gemütslage der einen oder der anderen zu bedienen. Viele Unternehmen wählen zwischen diesen beiden nicht aufgrund irgendeiner Kosten-Nutzen-Analyse, sondern aufgrund ihrer traditionellen Werte.

(5) Ein anderer Weg, zur Erkenntnis zu gelangen, daß die Regeln, die die Kultur anbietet, nicht rational sind, besteht darin anzuerkennen, daß sie oft *nicht ausreichend spezifisch* sind, um als Leitfaden zu dienen. *Barron's* publiziert wöchentlich eine Sammlung der »Gefühle« von Händlern von Schatzanweisungen, die in Prozentsätzen von »bullish« ausgedrückt werden. Aber der Verleger fügt immer einen Hinweis hinzu, der besagt, daß »hohe Werte gewöhnlich ein Zeichen von Marktspitzen, niedrige von Markttälern wären«. Dabei

wird weder hoch noch niedrig (oder »gewöhnlich«) definiert. Daher liefert die wöchentliche Tabelle eine typische zweiseitige, d. h. eine sehr, wenn nicht gar vollständig zweideutige Regel. Wenn die Schatzscheine hinaufgehen, wird dadurch die Umfrage »validiert«, wenn nicht, dann der warnende Hinweis. Gemeinsam sind sie bestenfalls eine sehr vage Richtlinie.

Das Schreiben und Editieren von Texten wird anhand von Regeln unterrichtet, doch, wie jeder, der einen solchen Unterricht nahm, bezeugen kann, sind diese Regeln oft ziemlich seltsam. Norman Mailer verletzt regelmäßig jede Regel, die in Kursen für das Schreiben von korrektem Englisch unterrichtet wird, wird jedoch als ein sehr kunstfertiger Autor anerkannt (in bezug auf seinen Stil, nicht den Inhalt). Kenner (1985, S. 1) schreibt: »Es war immer schwierig, über klaren Stil zu sprechen, sieht man von Diskussionen in literarischen Zirkeln ab...« Swift, so berichtet Kenner, bezeichnet klaren Stil als die Verwendung »der richtigen Worte am richtigen Platz«, aber Kenner weist darauf hin, daß Swift nicht erklärt, »wie man die richtigen Worte findet oder die richtigen Plätze identifiziert, an die man sie stellen soll« (ebd.).

(6) Psychologen (Chaiken und Stangor 1987) haben gezeigt, daß die Menschen oft die Gültigkeit von Botschaften messen, indem sie Regeln anwenden wie »Länge bedeutet Strenge«, »Konsens bedeutet Richtigkeit«, »dem Urteil von Experten kann man vertrauen«. Das Wissen darum, daß die Menschen auf diese Art verwundbar sind, wird wiederum benützt, um überzeugende Werbung zu gestalten – zum Beispiel, indem Schauspieler als Ärzte verkleidet den Kunden in Supermärkten erhältliche, aber kaum benötigte Medikamente empfehlen. Das heißt, die Regeln, denen die Menschen bei der Entscheidungsfindung folgen, werden *verwendet*, um sie von rationaler Entscheidungsfindung abzulenken, und nicht, um ihre Entscheidungfähigkeit zu verbessern.

(7) Regeln *ignorieren* meist *Interaktionseffekte*. Für einige Menschen kann es empfehlenswert sein, jeden Tag ein Glas Milch zu trinken und unter bestimmten Umständen Antibiotika zu nehmen. Dennoch sind sich wenige der Tatsache bewußt, daß die Kombination beider Dinge, die beide an sich »gut« sind, nicht notwen-

digerweise positiv ist. Milch kann die Wirkung der Antibiotika aufheben.

Ein Kollege schrieb: »Nur weil einige Regeln dumm sind, bedeutet das nicht, daß sie es alle sind.« Da hat er recht. Einige Regeln sind nützlich. Dennoch vertreten wir die Ansicht, daß (1) *viele* Regeln aus einem oder mehreren der oben angeführten Gründe schlechte Anleitungen für die Entscheidungsfindung darstellen und daß (2) Individuen großen, wenn nicht unüberwindlichen Hindernissen begegnen, wenn sie versuchen, die nützlichen Regeln von den anderen zu unterscheiden.

Alles in allem sind informelle Regeln, die Individuen dazu veranlassen, ihre subjektiven Interpretationen, Emotionen und Werte auf die Regeln zu projizieren, und Regeln, die oft im Widerspruch zueinander stehen, meist eine ziemlich irrationale Anleitung zur Entscheidungsfindung, obwohl sie in manchen Fällen nützlich sein können. Daher scheint die These, daß die Menschen weder überlegen noch rationale Entscheidungen treffen müssen – daß sie sich statt dessen auf vorgefertigte Regeln verlassen sollen –, höchst unplausibel.

Erfahrung und Evolution

Obwohl der Darwinismus kein integraler Bestandteil des neoklassischen Paradigmas ist, wird er angeführt, wenn die Situation brenzlig wird. Dementsprechend behauptet man, daß die Menschen die nichtrationalen Regeln verwerfen und dafür die rationalen verwenden, weil sie ihre eigenen und kollektiven (gemeinsamen und akkumulierten) Erfahrungen darüber machen, welches die Regeln sind, die funktionieren. »Passende« Regeln überleben, wähend unpassende aussterben. In Wirklichkeit können die Anwender einer Regel sie erstens nicht besser beurteilen oder bewerten als die Optionen, mit denen sie konfrontiert sind (und die sie dazu bringen, diese Regeln anzuwenden). Dies geschieht grundsätzlich aus demselben Grund, weshalb sie keine sehr rationalen Entscheidungen treffen können. Ihre intellektuellen Kapazitäten sind beschränkt und die Probleme sehr komplex (Winter 1975 verwendet dasselbe Argument im Zusammenhang mit Informationskosten). Man könnte sagen, daß es viel weniger Regeln gibt als Optionen und daß Regeln daher einfacher »zu verarbeiten« wären. Dennoch ist die Bewertung der meisten Regeln viel schwieriger als die Bewertung der meisten Optionen. Vergleichen Sie zum Beispiel das Dilemma eines Schachspielers, der entscheiden muß, wie er in einem bestimmten Spiel und in bestimmten Situationen vorgehen soll, mit der Regel, sagen wir, daß man seine eigenen Kräfte (wie lange?) entwickeln soll, bevor man angreift. Stellen Sie die Schwierigkeit, den richtigen Preis für ein besonderes Produkt auf einem besonderen Markt festzulegen, dem Problem gegenüber zu entscheiden, welche Preispolitik die effektivste ist. Wir sahen schon die Schwierigkeiten, denen professionelle Ökonomen begegnen, wenn sie sich nach Jahrzehnten der Untersuchung und der Diskussion mit letzterer Frage herumschlagen.

Es sollte auch darauf hingewiesen werden, daß die Prospect-Schule festgestellt hat, daß die Heuristik, die ja selbst als ein System von Faustregeln gilt und dafür verwendet wird, Faustregeln zu bewerten, systematisch irrt und daher eine schlechte Anleitung für die Entscheidungsfindung darstellt (siehe oben S. 208–213). Empirische Evidenzen dafür, daß die Menschen nur langsam und schlecht aus der Erfahrung lernen, liefert die Tatsache, daß die Menschen bei der Bewertung von Wahrscheinlichkeiten nicht aufhöhren, dieselben zahlreichen systematischen Fehler zu machen, wobei sie ihr ganzes Leben dieselbe irrige Heuristik verwenden. Das heißt, ihre Erfahrung reicht *nicht* aus, um sie zur Veränderung der Regeln zu bewegen (Tversky und Kahneman 1974, S. 1130). Tatsächlich entwickelt Skinner ein ziemlich überzeugendes Modell dafür, wie Regeln selbst dann, wenn sie mit der empirischen Evidenz völlig unvereinbar sind, verstärkt werden können. Indem er Tauben in kurzen, unregelmäßigen Intervallen fütterte, verstärkte Skinner bestimmte Verhaltensaspekte. Und zwar wurde jede Aktivität, die die Tauben zufällig gerade ausübten, bevor sie gefüttert wurden – zum Beispiel Kopfnicken –, verstärkt. Bald benahmen sich die Tauben so, als ob sie der Meinung wären, daß das Kopfnicken eine Methode wäre, wie sie Futter bekämen (Skinner 1948).

Regeln, die von der Gesellschaft kollektiv weitergegeben werden und in der Kultur eingebunden sind, sind nach Ansicht vieler Menschen rational. Wie Toda (1980) es formuliert, passiert viel Lernen auf der Ebene der »Gattung« und nicht so sehr auf der des »Individuums«. Ein dafür angeführter Grund ist, daß die Individuen – die rational sind – diese Regeln geschaffen haben. Heath (1976, S. 63) führt aus, daß »Normen und Institutionen angeblich von Menschen geschaffen wurden... und es gibt keinen *A-priori*-Grund anzunehmen, daß diese Menschen bei der Formulierung dieser Instruktionen auf irgendeine Weise weniger rational waren, als sie im übrigen täglichen Leben handelten«. Von dem hier vorgestellten Standpunkt aus betrachtet, kann dieselbe Behauptung auch im umgekehrten Sinn verstanden werden: Die Menschen sind im Alltag subrational; es gibt *a priori* keinen Grund anzunehmen, daß die Regeln, die sie erstellen, rationaler wären. Wie Cross (1983, S. 17) schreibt: »Zu beobachten, daß die Entscheidungsfindung in der Praxis von einfachen und sparsamen Entscheidungsregeln geleitet wird, ist eine Sache; eine andere ist es zu zeigen, wie diese Regeln, die verwendet werden, allen anderen einfachen Regeln, die an ihrer Stelle zur Anwendung hätten kommen können, vorgezogen wurden.« Und wie weise Regeln ursprünglich auch formuliert sein mögen, neigen sie, wie wir gesehen haben, dazu, zu verknöchern und Veränderungen in der Umwelt nachzuhinken.

Organisationen (und Institutionen) als Regeln

Von Organisationen angewandte und damit verbreitete Regeln wurden weiter oben untersucht. Es sollte darauf hingewiesen werden, daß Organisationen (und Institutionen) von den Neoklassikern selbst als Mechanismen gesehen werden, die die Notwendigkeit rationaler Handlungen reduzieren, indem sie einen rationalen Kontext für Entscheidungen liefern. Traditionell wurden Organisationen – besonders Unternehmen – von Soziologen als soziale Einheiten gesehen, die sich teilweise auf eine Weise entwickeln, derer sich ihre Angehörigen nicht bewußt sind und die ihre Begründer und Führer nicht wünschen. Es kann wohl sein, daß eine Organisation ursprünglich als effizientes Mittel zur Umsetzung eines bestimmten Ziels oder bestimmter Ziele entwickelt wurde. Doch Studien von Organisationen zeigen, daß die Organisationen, wenn Regeln Wurzeln schlagen und die Mitglieder persönliche Interessen an ihnen entwickeln, Interessengruppen und informelle Kulturen entstehen, dann aufhören, effizient zu sein, wenn sie es überhaupt jemals waren.

Die oben angeführten empirischen Evidenzen scheinen diese Ansicht ausreichend zu untermauern. Dennoch haben Neoklassiker in den letzten Jahren eine Neue Institutionelle Ökonomie entwickelt, die auf einem Artikel von Coase (1937) und auf Arbeiten von Williamson (1975, 1985) aufbaut. Das neoklassische Paradigma der Whigs steht hier in scharfem Gegensatz zum Tory-Paradigma und zum Wir-Faktor des Ich+Wir-Paradigmas. Die kollektivistische Schule der Tories geht davon aus, daß Institutionen zeitlich, hinsichtlich ihres Einflusses und ihrer Rechte vor jedem Individuum kommen und die Verkörperung der Werte und Autorität der Gesellschaft darstellen, wie die Kirche Verkörperung von Jesus Christus ist und weltliche Staaten die Verkörperung der Werte ihrer Begründer sind. Institutionen sind der Ausgangspunkt, und sie haben eine eigene Dynamik. Man analysiert in diesem Zusammenhang Individuen, um festzustellen, unter welchen Bedingungen sie Institutionen akzeptieren, von deren vorgeschriebenem Weg abweichen, sich gegen sie auflehnen oder sie – eher selten – verändern. Die Neue Institutionelle Ökonomie (und die Public-Choice-Schule) untersucht hingegen Institutionen, als ob vollständig kompetente Individuen sie in rationaler Verfolgung ihres Eingennutzens geschaffen und so gestaltet hätten, daß sie diesen Zwecken dienen. Die Institutionen, so glauben die Anhänger der Neuen Institutionellen Ökonomie, sind Spiegel der Aggregation von Präferenzen der Individuen. So werden zum Beispiel Hierarchien eingeführt, Unternehmen gegründet oder erweitert, wenn der Bedarf nach Kontrolle und Informationsverarbeitung wächst. Daher seien Hierarchien effizienter als der Markt. Dementsprechend entstehen Unternehmen, wenn es für sie effizient ist: Wenn die Organisation der Produktion mittels Preismechanismen (oder über den Markt) zu komplex und daher zu kostspielig wird. Die hierarchische Struktur von Unternehmen ist nach diesem Ansatz eine Antwort auf den Bedarf an mehr Kontrolle, mehr Information und mehr Informationsverarbeitung als der Markt bieten kann, wenn die Transaktionen zahlreich oder komplex sind (Williamson 1975). Der Großteil der Arbeiten in diesem Zusammenhang ist sehr deduktiv: »Unternehmen müssen entstanden sein, weil...« Die empirischen Evidenzen sind unzureichend. Allein die Tatsache, daß es in derselben Branche über lange Zeit neben ziemlich effizienten Unternehmen eher ineffiziente Unternehmen gibt, läßt große Zweifel an diesem Ansatz aufkommen.

Einige Neoklassiker haben die Sichtweise der Regeln als effiziente Anleitungen für die Entscheidungsfindung noch weiter ausgedehnt, von Organisationen auf die Politik als Ganzes oder sogar auf Gesellschaften – und auf den Lauf der Geschichte. Sie haben aufgehört, institutionelle Einrichtungen als gegeben hinzunehmen, als Ergebnis historischer oder soziologischer Kräfte, die niemand vollständig versteht oder kontrollieren kann. Sie begannen hingegen, sie als rationale Antworten auf besondere ökonomische Bedürfnisse zu verstehen, als ob sie von einem allmächtigen Gott entworfen worden wären, allein der Maximierung des Nutzens der Konsumenten und der Unternehmer gewidmet. So vertritt zum Beispiel North (1981) die Ansicht, daß Staaten sich genauso verhalten wie Unternehmen auf einem Markt: Sie versuchen das Einkommenswachstum, das verschiedenen Restriktionen (wie einem Mangel an technischem Wissen) unterworfen ist, zu maximieren. Der Aufstieg und Niedergang von Staaten wird dann im Sinne von Veränderungen dieser Restriktionen untersucht. So werden Staaten zum Beispiel die Steuer bis zu einem Punkt erhöhen, an dem die Kosten der damit verbundenen Transaktionen zu hoch werden oder die Loyalität der Bürger (die geringer wird, wenn die Steuern steigen) zu gering wird. Weiters entwickeln Staaten verschiedene Mechanismen (zum Beispiel das Auslagern der Steuereinhebung auf private Institutionen), die eine effiziente Anpassung an die Restriktionen vermuten lassen, mit denen sie konfrontiert sind. (Für weitere Diskussionen und einen kritischen Überblick über diesen Ansatz siehe March und Olsen 1984;

Simon 1983, S. 78 ff.; Perrow 1986, Kapitel 7; Douglas und Wildavsky 1982.)

Heiner vertritt die These, daß Regeln aller Art, von Faustregeln bis zu Regeln, auf denen Gesellschaften beruhen, aufgrund der evolutionären Selektion rational sind. Er erklärt (1983, S. 560): »... evolutionäre Prozesse wurden lange Zeit als Schlüsselmechanismen interpretiert, die meist optimierendes Verhalten erzeugen oder umgekehrt, aufgrund von optimierendem Verhalten ist es möglich, Verhaltensmuster [oder Regeln – Anm. d. A.] zu prognostizieren, die in einem evolutionären Prozeß überleben werden...« Und »entsprechend strukturierte Verhaltensregeln... werden in dem Maß entwickelt werden, in dem der Selektionsprozeß unorganisiertes Verhalten schnell eliminiert« (ebd., S. 586). Field (1984) meint, daß es eine beschränkte Welt möglicher Normen (oder Regeln) gibt. Mitglieder sozialer Gruppen, Organisationen und Gesellschaften arbeiten – unter Verwendung von Strategien der Spieltheorie – gemeinsam aus, welche Regel gemeinsam angenommen wird und welche Regeln die effizientesten sind (siehe auch Ullmann-Margalit 1977).

Für den hier vertretenen Standpunkt ist die Vorstellung von einem natürlichen Zustand, in dem es Individuen gibt, bevor es zu Regeln kommt – Individuen, die nicht nur voll entwickelt und in der Lage sind, Entscheidungen zu treffen, sondern auch komplizierte Spieltheoriestrategien anwenden und ihre Emotionen und Werte ausschalten –, eher falsch; dies nicht nur aus historischer Sicht, sondern auch aus heuristischer. Individuen sind nicht voll entwickelt, wenn sie nicht Mitglieder von Kollektiven sind, die wiederum durch Regeln aufrechterhalten werden (siehe die Diskussion über das Ich+Wir weiter oben). Obwohl es nicht weit führt, darüber nachzudenken, was bei der Schaffung des menschlichen Reichs zuerst war, ein Ich oder ein Wir, läßt die anthropologische Literatur in dieser Frage wenig Zweifel daran, daß es zunächst Kollektive mit geringem oder gar keinem Bewußtsein von individueller Identität und autonomen Handlungen gab und daß erst dann individuelles Selbstbewußtsein und eigenständige Handlungen entstanden sind. Mit anderen Worten: Kollektive können kaum das Produkt rationaler Individuen sein, die vor den Kollektiven bestanden.

Außerdem existieren die Bedingungen für eine evolutionäre Selektion der Regeln nicht. Für die meisten Arten von Organisationen gibt es oft gar keinen kompetitiven Markt; gute Schulen verdrängen schlechte Schulen nicht aus dem Markt, schlecht geführte Pflegeheime findet man in der Nähe von gut geführten usw. Sogar die Konkurrenz zwischen ökonomischen Organisationen ist historisch selten, und ihr Ausmaß ist sogar im Westen viel beschränkter als oft behauptet wird (siehe Kapitel 13). Hinzu kommt, daß die Umwelt, an die sich Unternehmen und andere Organisationen anpassen müssen, sich zu einem Großteil aus Firmen zusammensetzt, die ihnen sehr ähnlich sind und nicht aus einer vorgegebenen Natur bestehen. Außerdem führt die Evolution, so meint Simon, zu lokaler oder suboptimaler Selektion, es gibt also keinen Grund anzunehmen, daß sie zu optimalen Regeln führt (Simon 1982, S. 53 ff.).

Was für Organisationen gilt, gilt noch viel mehr für Gesellschaften. Es gibt ganz offensichtlich keinen Markt für Gesellschaften, in dem die effizienten die anderen verdrängen. Gesellschaften mit extrem ineffizienten Institutionen oder Regierungen, wie die sowjetische Mega-Bürokratie, überleben viele Jahrzehnte. Nur wenige Gesellschaften brechen jemals zusammen, statt dessen verändern sie sich, doch oft sehr schrittweise und bleiben weiterhin ziemlich ineffizient, selbst wenn sie einige ihrer ineffizientesten Aspekte aufgeben, ohne dafür schlechtere anzunehmen. Es ist eindeutig, daß Evolution auch nicht auf dieser Ebene wirksam wird. Das Argument, daß es lange dauert, bis die Evolution die effizienten Einheiten herausgefiltert hat, die vor den anderen überleben (North 1981, S. 113 ff.), wird aus drei Gründen verworfen. Erstens, weil es die Hypothese tautologisch macht. Wenn nichtrationale Institutionen nach langer Zeit, sogar nach Jahrzehnten, noch bestehen, ist die Evolutionshypothese unzureichend spezifisch. Zweitens, wenn nichtrationale Institutionen jahrzehntelang überleben, und wenn es zahlreiche nichtrationale Institutionen gibt, die die Menschen nicht voneinander unterscheiden können, dann sind Institutionen – wie Regeln – keine zuverlässigen Leitfäden zur rationalen Entscheidungsfindung. Schließlich brauchen wir angesichts der so vielen »temporären« nichtrationalen Institutionen für extensive Perioden eine Theorie, die erklärt, wie diese Institutionen funktionieren und die Entscheidungen beeinflussen, eine Theorie der nichtrationalen Wahlakte.

Kurz gesagt: die Ansicht von der automatisch oder kollektiv zur Verfügung gestellten Rationalität, einer Rationalität, die es den Individuen erspart, überlegen zu müssen und sie doch rational handeln läßt, wird von Fakten kaum untermauert und ist logisch unhaltbar. Die Tatsache, daß sie immer wieder vorgebracht werden muß, ist an sich ein Hinweis darauf, daß Regeln, zumindest in der Form von Theoremen, aus anderen als logisch-empirischen Gründen überleben.

Teil III

Jenseits des radikalen Individualismus:
Die Rolle der Gemeinschaft und der Macht

Einleitung

Der radikale Individualismus, der dem neoklassischen Paradigma inhärent ist, bringt es mit sich, daß sich die Neoklassik beim Studium der menschlichen Absichten und ihrer Instrumente auf eine Ebene der menschlichen Aktivitäten konzentriert: auf die von Myriaden von Individuen. Das hier entwickelte Paradigma sieht eine entscheidende Erklärung für die menschlichen Errungenschaften – und für das, was sie zurückhält – in der kollektiven Ebene historischer und gesellschaftlicher Kräfte. Individuen spielen *sehr wohl* eine Rolle, aber nur innerhalb des Kontexts ihrer Kollektive. Diese sind sogar für jene Individuen von entscheidender Bedeutung, die ihre Kollektive in Frage stellen und zusammenarbeiten, um ihr Wir-Sein zu verändern. Außerdem ist die kollektive Ebene nicht die Aggregation von Myriaden individueller Entscheidungen, Transaktionen oder Handlungen, sondern hat eine eigene Form, eine eigene Struktur, die jedes Verhalten entscheidend prägt. Die Individuen müssen entweder innerhalb der ihnen von der Stuktur auferlegten Restriktionen handeln oder lernen, diese zu verändern. Will man den Wahlakt also verstehen und versuchen, seine Bandbreite zu erweitern, muß man die kollektive Ebene untersuchen, die Kräfte, die sie bilden, und jene, die sie verändern könnten.

Der erste Schritt bei der Erforschung der kollektiven (oder Makro-) Ebene des Ich+Wir-Paradigmas besteht darin zu zeigen, daß Kollektive meist mehr Einfluß auf die Entscheidungsfindung der Individuen haben als die Individuen selbst; die Kollektive sind *die* Entscheidungseinheiten schlechthin (Kapitel 11). Das heißt, Entscheidungen der Art, wie sie Ökonomen meist untersuchen – z. B. was und wieviel die Menschen kaufen, wieviel sie investieren, wie lange und intensiv sie arbeiten usw. –, werden in großem Maße von ihrer Gesellschaft, ihrem Staatswesen, ihrer Kultur und Subkultur, ihrer Klasse sowie von Kollektiven geprägt, denen sie angehören, sowie von den diese Strukturen betreffenden Veränderungen. Dies steht natürlich im Gegensatz zum neoklassischen Paradigma, das unabhängige Individuen als Entscheidungseinheiten sieht.

Der nächste Schritt besteht darin, die weitverbreitete Ansicht zu überprüfen, daß Kollektive, oder präziser, ihre Entscheidungsinstrumente, von Komitees bis Organisationen, die auch oft als Bürokratien bezeichnet werden, weniger rational sind als jene von Individuen. Tatsächlich sind, wie wir sehen werden, kollektives Denken und Entscheiden in vielen (wenn auch nicht in allen) Bereichen rationaler (obwohl oft *nicht* besonders rational) als das von Individuen (Kapitel 11).

Neben der Tatsache, daß Kollektive die Rationalität der Entscheidungsfindung im Sinne einer Vermehrung des L/E-Inhalts und der Reduzierung der Informationskosten verbessern, bringen sie oft die Organsation hervor, die Millionen individueller Wahlakte (und Transaktionen) »koordiniert«. Der neoklassischen Sichtweise zufolge ist grundsätzlich keine kollektiv zur Verfügung gestellte Organisation notwendig. Der Markt (der aus Individuen oder Haushalten oder Unternehmen zusammengesetzt gesehen wird, wobei die zwei letzteren so betrachtet werden, als ob sie Individuen wären) ist selbstregulierend; da jedes Individuum versucht, rational seinen »Nutzen« zu verfolgen, empfinden es die Individuen als vorteilhaft, Waren und Dienstleistungen auszutauschen. Das Ergebnis wäre nicht Chaos, sondern Harmonie. Fallweise erwähnen die Neoklassiker, daß es notwendig wäre, dem Markt von außen Spielregeln in Form von Werten oder staatlichen Regelungen aufzuerlegen. Dennoch schließt das neoklassische Paradigma diese Faktoren grundsätzlich nicht ein noch liefert es eine Erklärung für die Prozesse, die die notwendigen Regeln hervorbringen und vor allem – ihre Adäquatheit sicherstellen.

Im Gegensatz dazu geht das hier vorgestellte Paradigma davon aus, daß der Wettbewerb, wenn er sich selbst überlassen wird, zu einem destruktiven, rücksichtslosen Konflikt eskaliert. Daher müssen jene, die im Wettbewerb etwas Positives sehen und ihn fördern, anerkennen, daß er nichts anderes als ein *gezügelter* Konflikt ist. Dieser Konflikt kann nur innerhalb eines moralischen, gesellschaftlichen und staatlich gelenkten Kontextes aufrechterhalten werden, der sicherstellt, daß die Konflikte innerhalb der vorgeschriebenen Grenzen ausgetragen werden. Sicherlich können dieselben Elemente des Kontextes den Wettbewerb übermäßig einschränken. Die Frage ist daher zu stellen, wie man einen Kontext schafft, der stark genug ist, den Wettbewerb einzudämmen, doch nicht so mächtig, ihn zu zerstören; keinesfalls ist aber die Rolle und Dynamik der moralischen, sozialen und staatlichen kontextbildenden Faktoren außer acht zu lassen (Kapitel 12).

Das festgelegte Muster kollektiver Beziehungen, die Struktur der Kollektive, hat einen entscheidenden Einfluß darauf, ob der Kontext den Wettbewerb entsprechend unterstützt oder ungebührlich behindert. Obwohl kollektive Strukturen viele Facetten haben, wird hier nur ein wichtiger Aspekt untersucht, um zu zeigen, welche Art von Analyse notwendig ist. Es geht hier um die Analysen der Beziehungen zwischen wirtschaftlichen Transaktionen und politischer Macht. Die Neoklassiker haben aufgezeigt, daß der Wettbewerb unterminiert wird, wenn einige Konkurrenten wirtschaftliche Macht akkumulieren. Doch die Akkumulation politischer Macht durch Wirtschaftsakteure, die ziemlich häufig ist, ist für den Wettbewerb genauso schädlich. Daher müssen diejenigen, die für den Wettbewerb eintreten, nicht nur versuchen, sicherzustellen, daß der den Kontext gestaltende Staat und seine Organe ihre Macht nicht dazu benützen, auf dem Markt ungebührlich zu intervenieren, sondern auch die Bedingungen schaffen, die mächtige Wirtschaftsakteure daran hindern, ihre *politische* Macht (ihren Einfluß auf den Staat) einzusetzen, um den Wettbewerb zu unterminieren. So müßten zum Beispiel große Unternehmen daran gehindert werden, Druck auf die gesetzgebenden Organe auszuüben, damit diese die Gesetze so verändern, daß sie im Wettbewerb mit kleineren Unternehmen im Vorteil sind. Die Entwicklung von Strukturen, die die politische Macht der Konkurrenten beschränken kann, stellt sich für die Aufrechterhaltung des Wettbewerbs al so wichtig heraus wie die Unterbindung großer Konzentrationen wirtschaftlicher Macht (Kapitel 13).

Wenn diese Analyse einmal viel weiter geführt sein wird, werden wir die Bedingungen verstehen können, unter denen Individuen gemeinsam die Kollektive, deren Teil sie sind (ihr »Wir«), umgestalten und ihren Bedürfnissen und Zielen gemeinsam anpassen.

Kapitel 11
Kollektive (Makro-)Rationalität

Einführung der Makro-Rationalität

Das neoklassische Paradigma feiert das Individuum; die neoklassische Ökonomie geht davon aus, daß die Individuen die Entscheidungsträger sind und daß sie es auch sein sollten. Die Entscheidungseinheit (decision making unit) ist eine Person. Die Rolle der historischen und gesellschaftlichen Kräfte und die Bedeutung der Gemeinschaft und der anderen kollektiven (oder Makro-) Faktoren werden von diesem Ansatz großteils vernachlässigt. Das Paradigma behauptet »... das theoretische Primat der individuellen Akteure gegenüber dem der sozialen Kollektive.... Man geht davon aus, daß die individuelle Handlungseinheit vor und unabhängig von größeren sozialen Institutionen bestanden hat. Sie wird als der autonome Schöpfer der eigenen Ziele betrachtet. Die soziale Realität wird als aus vielen solcher individuellen Akteure zusammengesetzt verstanden...« (Ashley 1984, S. 243). Und Crouch (1979, S. 24) behauptet: »um menschliches Verhalten zu erklären, muß die Aufmerksamkeit auf das Individuum gelegt werden. Es ist immer ein Individuum, das Entscheidungen trifft und Handlungen setzt.« Dementsprechend neigen neoklassische Psychologen dazu, ihre Aufmerksamkeit auf das individuelle Verhalten zu beschränken; und in dem Maße, in dem sie überhaupt nach einer Kausalität suchen, tun sie dies nur innerhalb des Individuums. Daher liegt der Schwerpunkt von Studien über angeborene Defekte der menschlichen Denkfähigkeit auf intrakognitiven individuellen Mängeln.

Im Gegensatz dazu ist es eine Kernannahme der Sozioökonomie, daß soziale Kollektive (wie lokale Gemeinden, ethnische Gruppen und soziale Bewegungen) sehr wichtige Akteure sind und daß die meisten Entscheidungsprozesse *und* Überlegungen – die Sammlung von Information, ihre Verarbeitung, das Ziehen von Schlüssen und die Bildung von Urteilen – stark beeinflußt werden und zu einem bedeutenden Teil erklärt werden können durch kollektive Prozesse und Strukturen (Institutionen und Organisationen). Außerdem finden individuelle Entscheidungsakte und Überlegungen innerhalb kollektiv gestalteter Kontexte statt, obwohl seltene individualistische Eigenleistungen (die Veränderungen der kollektiven Strukturen und die Schaffung neuer Strukturen einschließen) von einer zu ihrer geringen Zahl disproportionalen Bedeutung sind. Vor allem liegt, wie wir sehen werden, viel Kausalität, viel Erklärungskraft auf der Makro-, der kollektiven Ebene. Stellt man die Frage, warum Individuen dieses oder jenes Produkt vorziehen, weshalb sie »erwarten«, daß einige Ereignisse wahrscheinlicher sind als andere (z. B. daß die Inflationsrate eher steigt als sinkt) oder warum sie eine besonders riskante oder risikoscheue Entscheidungsstrategie wählen, müssen die Antworten in entscheidendem Maße in Unterschieden zwischen verschiedenen sozialen Kollektiven gesucht werden, denen diese Individuen angehören, sowie in der diesen eigenen Dynamik. Sogar außergewöhnliche Individuen, wie Innovatoren oder Unternehmer, die aus ihren Kollektiven ausbrechen, müssen vor dem Hintergrund dessen gesehen werden, von dem sie sich gewaltsam lösen. Kurz gesagt, *soziale Kollektive sind sehr wichtige Entscheidungseinheiten, da sie oft den Kontext schaffen, innerhalb dessen individuelle Entscheidungen getroffen werden.* (Es sollte darauf hingewiesen werden, daß dieses Theorem, so erstaunlich und provokant es für die Neoklassiker auch sein mag, für Anhänger vieler anderer Paradigmen, zum Beispiel der Paradigmen, die von traditionellen Soziologen und Anthropologen benützt werden, ebenso elementar und selbstverständlich ist.)

Ist die Bedeutung der Kollektive erst einmal gebührend anerkannt, so muß die Frage »Wie rational ist der Mensch?« noch einmal gestellt und erweitert werden: Wie rational sind soziale Kollektive oder wie rational können sie gemacht werden? Sicherlich überlegen oder entscheiden Kollektive nicht *per se.* Dennoch haben viele soziale Kollektive einen organisierten Sektor, der »sein« Kollektiv mit Fähigkeiten ausstattet. So haben Gesellschaften zum Beispiel Regierungen, und die Regierungen treffen routinemäßig Entscheidungen für die Gesellschaft. Außerdem werden Regierungen unter anderem deshalb häufig umgebildet, damit sie und damit implizit auch die Gesellschaften, denen sie dienen, instrumentell rationaler werden. Ebenso haben ethnische Gruppen Vereinigungen, Berufsgruppen haben Standesvertretungen. Viele Unternehmen sind in Wahrheit Kollektive (oder Unterkollektive), von denen jedes mit einer organisierten Leitung ausgestattet ist. Die meisten Kollektive haben in der Tat ein oder mehrere Organe, die für Überlegungen und Entscheidungen zuständig sind (im Rahmen von Vorstandssitzungen, Belegschaftsversammlungen usw.). Wir behaupten aus den weiter unten angeführten Gründen, daß *Kollektive* trotz der weitverbreiteten gegenteiligen Ansicht in den meisten Entscheidungsbereichen, auch im wirtschaftlichen Bereich durch den Einsatz ihrer Organe *rationaler sind* (oder zumindest gemacht werden können) *als die Individuen, aus denen sie sich zusammensetzen.*

Während die Neoklassiker die Fähigkeit des Individuums, eigenständig Entscheidungen zu treffen, stark überschätzt haben, haben einige Wissenschaftler, die die sozialen Kollektive untersucht haben, zuviel Gewicht auf die Rolle der Gruppen und anderer kollektiver Faktoren gelegt. So wie das neoklassische Konzept vom Individuum untersozialisiert ist, ist das der Kollektivisten übersozialisiert. Die Individuen werden von den Kollektivisten nämlich als im Wir aufgelöst gesehen, als reine Spiegel ihrer Gruppe oder sogar als unfähig, die eigene Entscheidung von Gruppenkonformität zu unterscheiden, eine extreme Version dessen, was als »Gruppendenken« bezeichnet wurde (Janis 1972; Longley und Pruitt 1980). In einem Überblick über die Erkenntnisse der Sozialwissenschaft ist zu lesen: »Für eine Bevölkerung als Ganzes scheint es kaum eine anhaltende Entwicklung von Meinungen, Einstellungen und Überzeugungen zu geben, die unabhängig von elterlichen, gruppen- oder schichtspezifischen Prädispositionen wäre und hauptsächlich auf ›objektiven‹ Daten oder ›rationaler‹ Analyse von Informationen und Vorstellungen beruhte« (Berelson und Steiner 1964, S. 574). Die hier vorgebrachte Einstellung geht davon aus, daß Kollektive (wenn sie richtig strukturiert sind) in vielen Bereichen (1) rationalere (jedoch, um es noch einmal zu wiederholen, nicht notwendigerweise sehr rationale) Entscheidungen treffen können als ihre individuellen Mitglieder und daß sie (2) wesentlich mehr von der Varianz der individuellen Entscheidungsfindung erklären, als es individuelle Attribute tun. Dennoch sind individuelle Eigenschaften sehr wohl von Bedeutung, sie sind jedoch einfach nur der sekundäre und nicht der primäre – geschweige denn der allumfassende – Erklärungsfaktor.

Es ist notwendig, noch einmal darauf hinzuweisen, daß die folgende Diskussion versucht, eine erste Annäherung an das Thema zu liefern, einen ersten Ansatz für ein Paradigma und einen Vorschlag für ein Forschungsprogramm. Zu vielen der weiter unten untersuchten Themen gibt es umfangreiche praktische und theoretische Arbeiten. Es gibt für jeden Punkt zahlreiche Ergänzungen und Einwände. Dennoch soll hier nur ein allgemeiner Ansatz entworfen werden. Es ist für den Fortgang der hier unternommenen Aufgabe von essentieller Bedeutung, diese sekundären Angelegenheiten, so wichtig sie auch sein mögen, zunächst zu vernachlässigen.

Kollektives Denken

Die relevante Entscheidungseinheit

In fast allen wesentlichen Studien der Prospect School wurden die Testpersonen individuell und voneinander isoliert untersucht, wobei ihre »normalen« Gruppenbindungen außer acht gelassen wurden. (In den wenigen Studien, die Aggregate einbezogen, sind sie nur eine falsche Bezeichnung für die ad-hoc-Kombinationen von Individuen als Gruppen.) Daher müssen die Individuen die ihnen zugewiesenen kognitiven Aufgaben lösen und Entscheidungen treffen, ohne sich dabei der Hinweise bedienen zu können, auf die sie sich sonst stützen – nämlich jene, die die sozialen Kollektive zur Verfügung stellen, deren Mitglieder sie sind. Dies ist etwa so, als ob man die Richtung untersuchen wollte, in die ein Fisch schwimmt, nachdem man ihm von seinem Schwarm getrennt hat. Dorfbewohner können sich nicht mit ihren Ältesten beraten, Teenager können ihre Peers nicht befragen, Arbeitnehmer können sich nicht mit ihren Kollegen besprechen. Daher ist es kaum verwunderlich, daß die Individuen so desorientiert sind und schlechte Leistungen erbringen: Zu ihren eigenen wie auch immer gearteten Mängeln kommt eine weitere Beschränkung hinzu: sie werden der sozialen Grundlagen ihres Denkens und Entscheidens beraubt. Sicherlich internalisieren die Individuen die Rahmen, Prozesse und heuristischen Faktoren ihrer Kollektive bis zu einem gewissen Grad. Daher sind sie in der Lage, Entscheidungen scheinbar »eigenständig« zu teffen. Doch sieht man von der Tatsache ab, daß sie sich dabei sehr stark auf internalisierte, kollektiv verfügbare Richtlinien stützen, suchen sie ständig zusätzliche Hinweise darauf, was zu denken und was zu wählen ist – und sind auch gewohnt, solche Hinweise zu bekommen –, und Bestärkung, um sicherzugehen, daß sie »auf dem richtigen Weg«, im Einklang mit ihrem Kollektiv sind.

Wollen wir damit etwa behaupten, daß das Individuum, daß mit Hilfe seiner Gruppe entscheidet, in der Lage sein wird, mehr als acht Tatsachen im Kurzzeitgedächtnis zu behalten, Wahrscheinlichkeiten richtig zu berechnen etc.? Nein. Aber die Menschen werden andere, auf dem Kollektiv beruhende Wege finden, mit ihren kognitiven Defekten umzugehen. Ihr Ehepartner wird sie an einen Teil dessen erinnern, was sie vergessen. Gruppenmitglieder werden einige der gröbsten Fehler korrigieren (»Weißt du«, so sagen sie jenen, die sich vor dem Fliegen fürchten, »es ist sicherer, als mit dem Auto zu fahren.«) Das heißt, die individuellen kognitiven Defekte werden *teilweise* von Gruppen korrigiert (während sie in anderen Situationen von Gruppen verstärkt werden).

Außerdem sind Unterschiede zwischen Kollektiven für einen wichtigen Teil der Unterschiede hinsichtlich des Wissens und der Entscheidungsprozesse verantwortlich. In einigen Gruppen erwartet man von den Mitgliedern, daß sie kalkulieren (z.B. preisbewußt einkaufen, Handbücher und Gebrauchsanweisungen lesen), oder sie bekommen Hilfe von »Experten« zur Verfügung gestellt, während in anderen Gruppen impulsiveres Verhalten legitim ist. Das heißt, *der Punkt, an dem man »hinreichend befriedigt« ist, ist in hohem Maße sozial determiniert.* Kurz gesagt, die Frage danach, wie fähig oder unfähig die Menschen sind, zu denken und zu entscheiden, muß noch einmal gestellt werden, doch die Menschen müssen dann innerhalb ihrer natürlichen *kollektiven* Umgebung untersucht werden.

Von der sehr umfangreichen Literatur, die die vorangegangenen Punkte untermauert, werden hier einige besonders anschauliche Arbeiten besprochen. Eine bekannte und oft zitierte Studie beschäftigt sich mit der Bewegung des Lichts. Das Experiment beruht auf der Tatasche, daß ein Lichtpunkt, der in einem dunklen Raum auf eine Wand oder Leinwand projiziert wird, für das menschliche Auge hin und herzuspringen scheint, obwohl er sich überhaupt nicht bewegt. Wenn man die Testpersonen ersucht abzuschätzen, um wieviel das Licht sich bewegt, sind sie von dem, was ihre Gruppenmitglieder (in vielen Versuchsanordnungen Mitarbeiter der Person, die die Experimente leitet) ihnen sagen, stark beeinflußt (Sherif 1952, siehe auch Asch 1958).

Ein nationales Forschungskomitee, das die Ergebnisse über die Auswirkungen der Referenzgruppe auf die Veränderungen im individuellen Energiekonsumverhalten zusammenfaßte, schloß:
Soziale Gruppenzugehörigkeit ist auch als Quelle für Innovationen und Energieinformationen wichtig. Ein Hausbesitzer kann dadurch auf die Idee kommen, einen Thermostat mit Uhr zu installieren, weil er einen solchen im Hause eines Freundes oder seines Nachbarn gesehen hat. Die entscheidende Information darüber, ob die Investition gut ist, kann aus der Erfahrung dieses Freundes oder Nachbarn kommen. Wenn dies passiert, kann man dieses Phänomen am besten durch die Metapher der »sozialen Ansteckung« beschreiben, selbst wenn das Individuum seine Handlung im Sinne erwarteter finanzieller Erträge rationalisiert. Da solch eine Aktion nicht das Ergebnis genauer Informationssuche ist und daher nicht das Maximum an erwartetem Ertrag bringt, ist sie im formalen Sinn nicht rational. Sie kann sich oft formaler Rationalität nicht einmal annähern – Individuen verlassen sich nämlich möglicherweise auf Quellen, die keine wie auch immer geartete genaue Information liefern können (Stern 1984, S. 63).

Leute in raucherfüllten Räumen meldeten mit geringerer Wahrscheinlichkeit den Ausbruch eines Feuers, wenn andere Personen (Strohmänner) keinerlei Reaktionen zeigten, als wenn sie alleine waren. Das heißt, daß selbst die Wahrnehmung der Gefahr für das eigene Leben durch die soziale Umwelt geprägt wird (Latané und Darley 1968).

Das neoklassische Paradigma sieht die Weitergabe von Informationen an die Individuen so, als ob die Fakten für sich selbst sprechen könnten, als ob sie unmißverständliche, »objektive« Signale wären, die oft als im Preis verkörpert gesehen werden. Im Gegensatz dazu haben zahlreiche Studien unzweifelhaft nachgewiesen, daß die herangezogenen Kommunikationsquellen (Zeitung oder Fernsehen, Sport- oder Wirtschaftsteil), die gehörte Botschaft, die Art der späteren Interpretation des Gehörten und die gezogenen Schlüsse höchst subjektiv und in bedeutendem Maß sozial geprägt sind (Holtz und Wright 1979; Wright 1975; Katz und Lazarsfeld 1955. Für Studien über die Auswirkungen von Gruppen darauf, ob die Befriedigung aus einem neuen Konsumgut als hoch oder niedrig eingeschätzt wird, siehe Johnson und Andrews 1971, zu Gruppenwirkungen auf die Risikowahrnehmung und -bereitschaft und auf Verhandlungen und Preisvereinbarungen siehe eine Zusammenfassung von Studien von Myers und Lamm 1976.) Ob die Menschen nun das Gefühl haben, überhaupt eine Wahl zu haben – was die Psychologen »die Attribution der Wahl« nennen –, ist an sich in großem Maße sozial und kulturell determiniert (Steiner 1980, S. 2). Selbst das, was die Menschen als *Eigen*nutz empfinden, ist von der Gruppe geprägt.

Isolierte Individuen verfügen oft über rationale und völlig eindeutige Informationen darüber, daß sie ein anstrengendes oder »stressiges« Leben führen – d. h. eines, das ein hohes Motivationsniveau verlangt –, und trotzdem mißachten sie diese Information oft. Dies ist zum Beispiel das Schicksal der meisten Warnungen vor Gesundheitsschäden. (Schwere Raucher *wissen*, daß das Rauchen ihnen schadet.) Wenn sie sich aber ändern und für ihr neues Leben auch eine *soziale Unterstützung* der Art bekommt, wie sie bei den Anonymen Alkoholikern geboten wird, gelingt es schweren Trinkern, Heroinabhängigen, Freßsüchtigen und Spielern oft, ihre Abhängigkeit zu überwinden *und* die richtige Entscheidung zu wiederholen, indem sie immer wieder der Versuchung widerstehen, ihrem neuen, gesundheitsorientierten Kurs zuwiderzuhandeln. (Für empirische Evidenzen und einen Überblick über die Literatur siehe Janis 1983.)

Kollektive sind keine »Externalitäten« oder Umgebungen, denen voll entwickelte, autonome Individuen gegenüberstehen, denen es möglich ist, sich frei zu entscheiden, ob sie den Signalen der Kollektive folgen oder nicht. Die hier untersuchten Kollektive sind integrale Teile der Person der Betroffenen, die wiederum diesen Kollektiven angehören. Die kollektiven Effekte wirken teilweise über die Internalisierung und dadurch, daß sie den N/A-Kontext liefern, dessen sich die Menschen bedienen, wenn sie ihre Überlegungen anstellen und Entscheidungen treffen. *Hinzu kommt*, daß sich die Menschen auch oft einiger Facetten der Kollektive als externe Faktoren bewußt sind. Dennoch bemerken die Individuen in der Regel nicht, daß andere Teile derselben sozialen Welt das formen, was sie sehen, wie sie suchen usw., selbst wenn sie sich damit auseinandersetzen, wie sie mit den Teilen der sozialen Welt umgehen sollen, die sie wahrnehmen. Daher kann eine Person überlegen, ob sie Kollegen, denen sie nahesteht, an den neuen Arbeitsplatz folgen soll, wenn das Unternehmen sie versetzt, und dabei den Wert der Kameradschaft in Betracht ziehen. Dennoch sind die Entscheidungen darüber, wieviel Gewicht dieser Kameradschaft im Vergleich zu, sagen wir, den Bedürfnissen der eigenen Kinder beigemessen wird und ob das Risiko, diese Übersiedlung abzulehnen, als akzeptabel betrachtet wird, usw. unbewußt und sozial geprägt. Das heißt, Kollektive »arbeiten« zumindest teilweise über N/A-Prozesse und – teilweise – über Methoden an den Entscheidungsprozessen der Individuen, derer sich diese nicht bewußt sind und die daher von ihnen auch nicht kontrolliert werden können.

Schließlich sollte darauf hingewiesen werden, daß es viele empirische Evidenzen dafür gibt, daß das Denken von Individuen, die aus dem einen oder anderen Grund von allen Kollektiven abgeschnitten werden und isoliert sind, sehr schnell äußerst desorientiert wird (Srole 1975; Berelson und Steiner 1964, S. 252; Kinkead 1959).

Das soziale Reich

Die Diskussion hat bisher eine erste Annäherung geliefert, eine bewußte Vereinfachung. Sie stellt ein sozioökonomisches Äquivalent und eine Gegenmodell zum Konzept des Individuums als rationalem Nutzenmaximierer der neoklassischen Ökonomie und seines psychologischen Verwandten dar. Eine größere Annäherung zum tatsächlichen Verhalten würde bedeuten, daß einige wichtige Komplexitäten hinzugefügt werden müßten. Eine betrifft die Tatsache, daß viele Individuen Mitglieder mehr als eines sozialen Kollektivs sind und diese das Denken und Entscheiden auf miteinander inkompatible Weise lenken. Die sich daraus ergebenden Spannungen können unter bestimmten Umständen zu einem relativ hohen Individualitätsgrad führen (das Individuum gewinnt Freiheitsgrade, indem es nicht unbedingt bewußt die Einflüsse anderer Kollektive ablehnt und sich auf die eines einzigen stützt). Es kommt jedoch häufiger vor, daß solche Konflikte Streß verursachen und das rationale Verhalten des Individuums noch stärker behindern. Eine verbreitete Reaktion darauf ist die Vermeidung von Entscheidungen.

Eine andere Quelle von Komplexität und individuellen Unterschieden liegt in der Wirkung der Nichtzugehörigkeit zu Kollektiven, die als Referenzgruppen bezeichnet werden, Gruppen, auf deren Werte und kognitive Standards sich die Individuen stützen, ohne Mitglieder zu sein (Hyman 1942). Eine jüngere Studie zeigt, wie diese Gruppen das Urteil beeinflussen. Mehreren Studentengruppen wurden Umfrageergebnisse zur Verfügung gestellt, die die Ansichten von Gruppen zum Ausdruck brachten, denen die Studenten angehören wollten. Die Studenten veränderten ihre Ansichten und paßten sie den Sichtweisen dieser Gruppen an (Hall, Varca, Fisher 1986, vgl. dort auch für verschiedene Definitionen des Konzepts und einer Überarbeitung der Ergebnisse über andere Auswirkungen der Referenzgruppen). Der Grund, weshalb Referenzgruppen die soziale Welt weiter komplizieren, ist darin zu suchen, daß ein Individuum, das einer oder mehreren Gruppen angehört (sagen wir, Einwanderer erster Generation, Arbeiter) danach trachten können, widersprüchlichen Referenzgruppen (Einwanderer zweiter Generation, Mittelschicht) anzugehören oder mit ihnen in Verbindung zu treten. Will man also die »individuellen« Wahlakte besser verstehen, müssen daher sowohl Gruppen, denen das Individuum angehört, als auch Referenzgruppen berücksichtigt werden.

Die Rolle der Referenzgruppen ist für die Sozioökonomie und insbesondere für die Untersuchung der Arbeits-, Spar- und Konsummotivation von höchster Relevanz. All das sind Handlungen, zu denen die Individuen nicht nur von »realen« Quantitäten (die Summen, die sie verdienen, sparen usw.) gezwungen werden, sondern bei denen sie auch davon beeinflußt werden, mit wem sie sich vergleichen. Eine Lohnerhöhung um US$ 1000 ist hoch, wenn »jeder« nur eine Erhöhung um US$ 500 bekommt, doch ziemlich gering, wenn alle anderen US$ 2000 bekommen. Es ist aus der hier entwickelten Perspektive nicht erstaunlich, daß sehr viel Unzufriedenheit entstand, als für dieselbe Arbeit verschieden hohe Löhne (z. B. neue und alterfahrene Flugbegleiter, die dieselbe Arbeit taten) eingeführt wurden (Mason 1987). Dasselbe gilt natürlich für Lohnunterschiede zwischen Männern und Frauen, Weißen und Schwarzen, wenn sie einmal zusammenarbeiten und sich nach vergleichbaren, wenn nicht gar identischen Referenzgruppen richten.

Mit Hilfe von Referenzgruppen läßt sich das bekannte Easterlin-Paradoxon (1974) erklären. Easterlin fand heraus, daß »Glück« (die subjektive Seite des Überziels »Nutzen« oder »Befriedigung« des neoklassischen Paradigmas, siehe oben) *nicht* mit Einkommen und Wohlstand zusammenhängt. Die Menschen in armen Ländern sind ungefähr so glücklich (oder unglücklich) wie Menschen in viel reicheren Ländern. So weist Easterlin darauf hin, daß die BRD im Jahre 1957 eine persönliche Glücksrate von 5,3 von 10 und ein reales BIP von US$ 1,860 pro Kopf hatte, während Jugoslawien mit einem dreimal kleineren BIP von US$ 613 eine vergleichbare persönliche Glücksrate von 5,0 hatte. Am anderen Ende der Skala findet man Indien mit einem realen BIP von nur US$ 140 pro Kopf im Jahre 1962 und einer persönlichen Glücksrate von 3,7, die viel höher liegt als die der Dominikanischen Republik, obwohl die Dominikanische Republik im selben Jahr ein reales BIP von US$ 313 pro Kopf verzeichnete. Innerhalb jedes Landes gilt jedoch: je höher das *relative*

Einkommen, desto glücklicher sind die Individuen, die relativ besser »dran« sind. Diese Phänomene lassen sich damit erklären, daß Referenzgruppen meist auf die Nation beschränkt sind und nicht über die Landesgrenzen hinaus wirken. Easterlins Ergebnisse werden von Duncan (1975) weiter untermauert: In Detroit wurde bei einer Gruppe von Testpersonen, deren reales Einkommen zwischen 1955 und 1971 um 42 Prozent anstieg, kein bedeutender Anstieg im Glücksgefühl festgestellt, weil die Einkommen der Referenzgruppe genauso gestiegen war wie das der Testpersonen.

Eine umfassendere Theorie über die Überlegungen und Entscheidungsprozesse von Individuen würde nicht nur aktuelle, sondern auch historische Kollektive als Quelle von Beeinflussungen in Betracht ziehen. Zu diesen zählen im Falle von Emigranten Kollektive in anderen Ländern; im Falle von geographischer Mobilität, z. B. von Detroit nach Houston, Kollektive in anderen Landesteilen; im Falle von sozialer Mobilität, sagen wir von der Arbeiterklasse zur Mittelschicht oder umgekehrt (zusätzliche Komplexitäten umfassen verschiedene psychologische Erklärungen, besonders das Konzept der komparativen Deprivation. Dazu siehe Kaptyn and Wansbeek 1982 und von ihnen zitierte Arbeiten. Für Versuche, dasselbe Phänomen innerhalb des neoklassischen Paradigmas zu erklären, siehe Abramowitz 1979 und Frank 1985).

Kurz gesagt, eine sozioökonomische Analyse der Überlegungen und Entscheidungsprozesse beginnt nicht beim Individuum, sondern bei den sozialen Kollektiven, denen es angehört. Sie sucht eine Erklärung für die unterschiedlichen Fähigkeiten, rationale Entscheidungen zu treffen, in den Unterschieden zwischen Kollektiven und in Veränderungen innerhalb jedes Kollektivs im Laufe der Zeit. Die individuellen Unterschiede sind vor diesem kollektiven Hintergrund zu sehen.

Folgt man der hier vorgeschlagenen Argumentationslinie, muß man immer wieder betonen, daß die wichtigste Quelle der Kausalität auf der Makro-, der kollektiven Ebene liegt. Arbeitet man nur deskriptiv, so könnte man den Entscheidungsprozeß so beschreiben, als ob er vor allem aggregativ-individuell wäre. Man kann zum Beispiel die Tatsache, daß Millionen von Amerikanern zwischen 1980 und

1985 weniger Alkohol kauften (obwohl der Preis im Vergleich zu den meisten anderen Artikeln sank) und mehr Gesundheitsnahrung (obwohl die Preise für gesunde Nahrungsmittel angestiegen zu sein scheinen) so interpretieren, daß dieses Kaufverhalten das Ergebnis der Aggregation zahlreicher individueller Entscheidungen wäre. Versucht man solche Trends jedoch zu erklären oder zu prognostizieren, kann die Rolle der öffentlichen Gesundheitsbehörden, sozialer Bewegungen, des Schulwesens, staatlicher Organe und der Massenmedien – die alle Makrofaktoren sind – nicht ignoriert werden: sie sind Schlüsselfiguren für die Erklärung dieser Trendwende.

Innovation: Das großartige Individuum?

In keinem Bereich ist der Mythos vom Individuum als Denker und als Entscheidungsträger so verwurzelt wie in der Diskussion des Unternehmertums, der Kreativität und Innovation. Diese Aktivitäten werden von der neoklassischen Ökonomie, von großen Teilen der Psychologie und in der damit befaßten populärwissenschaftlichen Literatur als individuelle Handlungen par excellence gesehen. Die Bilder von Alexander Graham Bell und Thomas Edison, die in ihren Laboratorien herumbastelten und dann neue Produkte herausbrachten, vom Telephon zum Plattenspieler, sind sowohl im neoklassischen Paradigma als auch im Bewußtsein der Bevölkerung tief verankert. Laut Schumpeter (1964, S. 138) gibt es für den Unternehmer drei motivierende Faktoren: »... da ist zunächst der Traum und der Wille, ein privates Königreich zu gründen«... »da ist sodann der Siegerwille. Kämpfenwollen einerseits, Erfolghabenwollen des Erfolgs als solchen wegen andererseits«... »Freude am Gestalten endlich ist die dritte solche Motivfamilie...« Facettenreiche Individuen, von John. D. Rockefeller bis J. P. Morgan, von Cornelius Vanderbuilt bis Henry Ford, spielen eine Schlüsselrolle in der Literatur über die Wirtschaftsgeschichte.

Es gibt ein empirisches Element in diesen lebendigen Bildern: Außergewöhnliche Individuen spielen bei der Innovation eine Rolle. Dennoch tun sie es viel weniger, als es ihnen oft zugeschrieben wird.

Und die Bedingungen, unter denen es viele Innovatoren gibt oder überhaupt keine, hängen sehr stark von N/A- und anderen gesellschaftlichen Faktoren ab und sind in der Struktur der sozialen Kollektive begründet. Je niedriger eine Kultur Anpassungsfunktionen (wie Wirtschaftswachstum und Produktivität), Effizienz, Technologie und Wissenschaft bewertet und je höher soziale Kohäsion, Stabilität und Religion, desto weniger innovative Aktivitäten werden erwartet. Japans relativer Mangel an Innovation wurde mit seinem hohen Maß an kollektiven und hierarchischen Strukturen sowie mit dem Respekt gegenüber den Älteren und der Tradition in Zusammenhang gebracht.

Wenn wir behaupten, daß soziale Legitimation bei der Festlegung des Innovationsniveaus eine Schlüsselrolle spielt, wollen wir damit die Rolle der ökonomischen Anreize wie der Kapitalertragsteuer und Steuerabzugsmöglichkeiten für Investitionen in Forschung und Entwicklung, nicht in Abrede stellen. Dennoch sind solche ökonomischen Anreizsysteme selbst wieder Gradmesser der Legitimation: Der Wert, der diesen Aktivitäten zum Beispiel zugeschrieben wird, ist ein Hauptgrund dafür, warum die Gesetzgeber übereinkamen, die Steuersätze zu senken. Außerdem stellt der besondere Steuerstatus nicht nur ein »Preis«signal dar, sondern signalisiert auch Legitimation. Daher können Steuererleichterungen sowohl direkte ökonomische Anreize darstellen als auch soziale Werte signalisieren.

Sehr oft benötigen Innovationen auch kollektiv zur Verfügung gestellte Ressourcen, die weit über das hinausgehen, was dem einzelnen an Mitteln und Leistungsvermögen zur Verfügung steht. Sicherlich passieren einige Innovationen einfach im Bewußtsein, beim Geschirrabwaschen oder in einer Garage (z. B. die Erfindung des Prototypen des Personal Computers, des Apple-Computers). Dennoch finden die meisten Innovationen, besonders in entwickelten Industriezweigen, in spezialisierten kollektiven Rahmen statt, werden von Teams und nicht von Individuen erdacht und beruhen auf einer Konzentration von Ressourcen, wie zum Beispiel im Bell Laboratorium (Schmookler 1972).

Und schließlich werden Innovationen ohne kollektive Zustimmung und kollektive Unterstützung – selbst wenn sie von Individuen gemacht werden – kein Erfolg in dem Sinne, daß aus einer Idee oder einem Prototyp ein erfolgreiches Produkt wird. Sehr oft ist es nicht ausreichend, einfach nur neues Wissen oder technische Errungenschaften zu akkumulieren: die Zustimmung der Gemeinschaft ist notwendig. Tasächlich *stellen Innovationen oft entscheidende Veränderungen im N/A-Kontext und der Struktur einer oder mehrerer Kollektive dar.* So brachte die Einführung des »japanischen« partizipativen Arbeitsmanagementstils Veränderungen in den Beziehungen zwischen denen mit sich, die in der Unternehmenshierarchie niedriger und höher stehen, und die Einführung von elektronischen Datenbanken reduzierte die Bedeutung des mittleren Managements.

Kurz gesagt, die Aktivität, die unter allen wirtschaftlich relevanten Aktivitäten oft als die individualistische angesehen wird, nämlich die Innovation, scheint vor allem innerhalb günstiger N/A-Kontexte und kollektiver Strukturen stattzufinden. Und: das Schicksal aller Innovationen – auch jener, die zufällig von nichtkonformistischen Individuen gemacht wurden und nicht kollektiv geplant und unterstützt wurden – hängt von günstigen kollektiven »Start«bedingungen ab.

Ein Vergleich kollektiver und individueller Rationalität

Die Entscheidungsfindung organisierter Kollektive ähnelt insofern jener von Individuen, als diese Entscheidungen ebenfalls stark von N/A-Faktoren geprägt sind. So ergab eine Reihe anerkannter Studien von Nachrichtendiensten in verschiedenen Ländern und Zeiten, daß die Bewertung der Fähigkeiten und Absichten des Feindes und die daraus gezogenen Schlüsse in jedem einzelnen Fall von Vorurteilen und Wunschdenken beeinflußt waren (May 1984). Informationen waren oft verfügbar, wurden jedoch nicht beachtet, wenn sie dem Nationalstolz oder den Vorurteilen, den Verpflichtungen gegenüber der gesellschaftlichen Elite oder anderen N/A-Faktoren dieser Art nicht entsprachen. So berichtete General Henry Wilson, Leiter der Militäroperationen der britischen Armee vor 1914, seiner Regierung, daß sechs britische Divisionen auf den französisch-deutschen Krieg einen entscheidenden Einfluß hätten, obwohl er privat zugab, daß sechs wahrscheinlich »fünfzig zu wenig« wären (May 1984, S. 15). Der Krieg in Vietnam wurde unter anderem sehr oft von falschen Einschätzungen seitens Angehöriger der Nachrichtendienste behindert, eines der Hauptthemen beim CBS-Westmoreland-Prozeß. Zweitens sind die L/E-Grundlagen kollektiver Entscheidungen oft ziemlich beschränkt. Wir haben keinerlei Einwände gegen zahlreiche Studien, die zeigen, wie subrational oder schlecht die Qualität von staatlichen Entscheidungen ist (siehe zum Beispiel Stein 1984; Wildavsky 1979 und 1984), aber auch die zahlreicher privater Organisationen, ja sogar Unternehmen (siehe die in Kapitel 10 zitierten Studien).

Vor diesem Hintergrund können wir die nächste Frage stellen: Wenn beide Akteure – Individuen und organisierte Kollektive – ziemlich N/A-dominiert sind und über geringe L/E-Fähigkeiten verfügen, wessen instrumentelle Rationalität ist dann geringer? Diese Frage ist nicht nur theoretischer Natur. Sie betrifft den Kern des Gleichgewichts zwischen öffentlicher Politik und privater Entscheidungsfindung (es gibt andere Gründe als die Effizienz, warum man die private Entscheidungsfindung vorziehen kann; dennoch wird das Argument, daß die private Entscheidungsfindung effizient ist, oft zu ihren Gunsten vorgebracht).

Ein Grund, warum man erwarten kann, daß Entscheidungen organisierter Kollektive im Durchschnitt sogar noch mangelhafter sein können als die von Einzelpersonen, besteht darin, daß es innerhalb der Kollektive im Hinblick auf die Wahl der Ziele, denen man dienen soll, und der Werte, die den N/A-Kontext bilden und die Mittelwahl bestimmen, oft große Differenzen gibt. Wir haben gesehen, daß die Individuen nicht das einheitliche, ordentliche, in sich konsistente Präferenzenbündel sind, von dem die Neoklassiker ausgehen; sie sind inneren Konflikten unterworfen, ambivalent und verändern sich laufend. Kollektive sind das um so mehr, weil es, ganz abgesehen von der Tatsache, daß ihre Mitglieder besagten Konflikten unterworfen sind, Differenzen zwischen Unterkollektiven gibt, die die Entscheidungsfindung behindern. Das ist insofern offensichtlich, als die Kollektive, in denen ein relativ hoher Konsens über die zu verfolgenden Ziele herrscht – und über die N/A-Faktoren, die die Mittelwahl bestimmen –, viel eher in der Lage sind, Entscheidungen zu treffen als konfliktreichere Kollektive. Ein Beispiel in diesem Zusammenhang sind die Schwierigkeiten, mit denen Gewerkschaften zu kämpfen haben, wenn sie bei Verhandlungen mit dem Management intern uneinig sind, entweder weil es Fraktionskämpfe gibt oder Auseinandersetzungen zwischen zwei oder mehr Gewerkschaften, von denen alle um dieselbe Arbeiterschaft konkurrieren.

Andererseits gibt es auch einige Gründe, die vermuten lassen, daß organisierte Kollektive in *vielen* wichtigen *Teilmengen* von Problembereichen (wenn nicht in allen) effizienter entscheiden als das Durchschnittsindividuum und möglicherweise effizienter als die meisten Einzelpersonen. Und zwar:

(1) Wenn Vorstände, Manager und ihre Assistenten, Aufsichtsräte und andere Entscheidungsträger dieser Art diskutieren und entscheiden, *schwächen* sie die *Impulse der anderen* häufiger ab statt sie zu verstärken. Dies teilweise deshalb, weil es Zeit und Anstrengungen kostet, zu einer gemeinsamen Linie zu finden, und teilweise, weil sie inkompatible (also einander abschwächende) Neigungen haben. Während ein charismatischer Führer einen Mob aufpeitschen und ihn für seine Zwecke benützen kann, ist ein solches Verhalten in organisierten Kollektiven sehr selten.

(2) Unterschiedliche Mitglieder bringen in den Entscheidungsprozeß mehr und vielfältigeres Wissen ein als das Potential, über das jedes einzelne Mitglied des Kollektivs verfügt. Gruppen sind außerdem in der Lage, mehr Optionen zu überdenken als ein Individuum. Während jede Einzelperson nur vier bis acht Fakten in ihrem Kurzzeitgedächtnis behalten kann, kann eine Gruppe als Entscheidungsträger viel mehr Fakten in Betracht ziehen.

Die Vorstellung, daß die Fähigkeit, aufmerksam zu sein, bei Organisationen genauso beschränkt ist wie bei Einzelpersonen (Stern 1984a, S. 112), scheint uns unhaltbar zu sein. Daher macht es einen Unterschied, ob etwa im Kontrollturm eines sehr frequentierten Flughafens ein oder mehrere Fluglotsen sitzen, von denen sich jeder auf einen Teil des in verschiedene Abschnitte geteilten Himmels konzentriert, wobei noch ein Koordinator tätig ist und andere bereitstehen, bei Problemen einzuspringen, falls ein besonderer Abschnitt überlastet ist.

(3) Organisierte Kollektive können verschiedene Überlegungen mit Hilfe von *intellektueller* Arbeits- und Aufmerksamkeitsteilung institutionalisieren. Daher ist es wahrscheinlich, daß ein Team – besonders wenn die Arbeitsteilung struktureller Natur ist und nicht ad hoc getroffen wurde – dann, wenn eine Entscheidung verschiedene hoch spezialisierte Fähigkeiten verlangt, eine rationalere Entscheidung trifft als die meisten Einzelpersonen. Außerdem können Überlegungen, die von Einzelpersonen meist übergangen werden, der besonderen Verantwortung eines Mitglieds eines solchen Teams zugeteilt werden. So gibt es zum Beispiel in vielen Unternehmen die Tendenz, bei der Entscheidungsfindung auf höchster Ebene ethische Überlegungen und das öffentliche Interesse zu ignorieren. Die Ernennung besonderer Vorstandskomitees – zum Beispiel interne Revisionskomitees – lenkt die Aufmerksamkeit verstärkt auf diese Überlegungen. (Revisionskomitees setzen sich aus Direktoren zusammen, die nicht zum Management gehören. Ihre Aufgabe ist es, den Vorstandsdirektoren in ihrer Verantwortung für das Berichtswesen und die interne Revision zur Seite zu stehen. Diese Einrichtung wurde nach dem Watergate-Skandal aufgrund des verstärkten Drucks auf das Management geschaffen, den ethischen Standard der Unternehmensentscheidungen zu erhöhen.) Ebenso ist es weniger wahrscheinlich, daß die Interessen des Gemeinwesens übersehen werden, wenn sie in einer spezialisierten Abteilung institutionalisiert sind, besonders, wenn der Leiter der Abteilung ein Mitglied der höchsten Entscheidungsebene ist.

Während es aus dem hier diskutierten Blickwinkel nur wenige Studien über organisierte Kollektive gibt, findet man sehr viele experimentelle Studien über kleine Gruppen, die sich mit dem hier behandelten Thema auseinandersetzen. Ihre Ergebnisse sind vielfältig und von den verschiedenen Untersuchungsmethoden geprägt. Wenn man aber aus diesen Studien ein gemeinsames Ergebnis ableiten kann, dann die Tatsache, daß, wenn Bedarf nach einer Entscheidung besteht und es nicht von vornherein eine richtige Antwort gibt, »Gruppen meist bessere Ergebnisse bringen als das Durchschnittsindividuum, doch weniger gute als ihr ›bestes‹ Mitglied« (McGrath und Kravitz 1982, S. 203).

Man sagt, daß Gruppen bei der Elimination von Fehlern durch Überprüfung verschiedener Gesichtspunkte besser sind, wenn die Aufgaben in mehrere Bereiche zerlegt werden können. Dies gilt auch, wenn Probleme zu lösen sind, die eine Vielzahl von Fähigkeiten verlangen, sowie solche, bei denen die »Produktionsmenge signifikant ist« (McGrath 1978, S. 660). Ebenso ergab eine Studie aus dem Jahre 1983, die 241 Investmentclubs untersuchte, daß die Jahresgewinnrate über neun Jahre bei 28 % lag, ein Ergebnis, das anscheinend besser ist als die Ergebnisse vieler Einzelinvestoren (Power 1984). In weiten Teilen des Forschungs- und Entwicklungsbereiches wird die Notwendigkeit anerkannt, in Teams zu forschen und sich nicht auf einzelne »Genies« zu verlassen (eine detaillierte Übersicht über die Konzepte bezüglich der Rolle, die die Gruppenprozesse bei der Gruppenleistung spielen, und über zahlreiche Ergebnisse findet man in Hackman und Morris 1975).

Es gibt einige Unterbereiche, in denen sich die Leistungen der Einzelpersonen als überlegen gezeigt haben. Die Annahme, daß Gruppen Einzelpersonen dann unterlegen sind, wenn es um »kreative« Lösungen und Auswege aus sogenannten »Eureka«-Problemen geht – die als Probleme definiert werden, für die es, sobald sie gefunden sind, eine klare und deutliche Antwort gibt –, ist intuitiv zwingend (Laughlin 1980). Doch alles in allem scheint die Entscheidungsfindung durch organisierte Kollektive ein höheres Niveau an instrumenteller Rationalität zu zeigen als jenes von durchschnittlichen oder sogar der meisten Individuen.

Die Struktur der Rationalität

Das neoklassische Paradigma, dessen radikaler Individualismus insofern reduktionistisch ist, als er die Rolle der Kollektive leugnet, ignoriert auch die Bedeutung der Strukturen und sucht statt dessen nach Aggregaten individueller Entscheidungen (siehe z. B. die weiter oben geführte Diskussion über den Ursprung der Regeln, S. 304–309). Im Gegensatz dazu ist die hier entwickelte Sichtweise vom deontologischen Sturkturalismus geprägt, weil es produktiv ist anzunehmen, daß es bedeutende, nicht-reduzierbare Makro-Eigenschaften gibt, unter denen die Struktur der Kollektive eine Schlüsselposition einnimmt. Strukturen sind anhaltende Beziehungsmuster zwischen Teilen eines Ganzen (oder Mitgliedern einer Gruppe), die durch die Attribute des Ganzen (der Gruppe) definiert werden. Daher unterscheiden sich die Beziehungen zwischen Einzelpersonen, die in streng hierarchischen Systemen arbeiten, sehr stark von denen, die in stark dezentralisierten (oder »flachen«) Strukturen arbeiten. Dies aber nicht aufgrund ihrer individuellen Attribute, sondern aufgrund der systematischen Art, in der Macht, Ressourcen und der Zugang zu Information durch die Organisationsstruktur unter ihnen verteilt sind.

Strukturen sind im gesellschaftlichen Bereich üblich. In Kernfamilien prägen sie eine Art der Beziehungen zwischen Ehepartnern und zwischen diesen und ihren Kindern. Sie formen die Beziehungen zwischen ethnischen Gruppen, Rassen und Klassen der Gemeinschaft. Sie beeinflussen das Gleichgewicht zwischen den »Ichs« und dem Wir innerhalb jeder einzelnen Gesellschaft und zu jeder historischen Zeit. Und wir werden sehen, daß sie die Rolle der Märkte in der Gesellschaft und des Staatswesens sowie die inneren Marktmechanismen beeinflussen.

Hier wird die Beziehung zwischen Struktur und Rationalität nur ansatzweise untersucht. Es wird hier kein Versuch unternommen, die Beziehungen zu spezifizieren. Als eine erste Annäherung an das Thema werden Forschungsergebnisse zitiert, um zu illustrieren, daß die Art und Weise, wie Kollektive strukturiert sind, das Niveau der Makro-Rationalität stark bestimmt, wobei Beispiele aus der Forschung und Entwicklung benützt werden, um die allgemeine These zu untermauern.

Die Diskussion geht davon aus, daß Forschung und Entwicklung darauf abzielen, die Rationalität zu erhöhen, indem effizientere Methoden gefunden werden, bestehende Ziele zu erreichen. Sicherlich ist nicht jedes Projekt des Bereiches Forschung und Entwicklung in dem hier gemeinten Sinn rational (so sind z. B. manche nur Versuche, das Image aufzupolieren). Dennoch scheint es angebracht, wenn man Forschungs- und Entwicklungsarbeit im Ganzen betrachtet, sie als Bemühungen um die Vermehrung der instrumentellen Rationalität zu klassifizieren.

Wodurch wird das Leistungsniveau von Forschung und Entwicklung bestimmt? Untersuchungen aus den frühen 50er Jahren konzentrierten sich auf die Eigenschaften der Einzelpersonen, auch auf die Persönlichkeitsstrukturen (z. B. Roe 1952), den Intelligenzquotienten und persönliche Ziele (Barth und Vertinsky 1975). In der Mitte der 60er Jahre verschob sich die Aufmerksamkeit auf die Vorteile, die Forschungs- und Entwicklungsarbeit in Forschergruppen oder Teams haben (Farris 1978). Wie aber Cheng (1984, S. 161) ausführt, beschäftigte sich ein großer Teil dieser Untersuchungen mit »Forschern im Rahmen von Teams und nicht mit Forschungsteams an sich«, d. h. nicht mit der Rolle der Struktur. Erst Mitte der 70er Jahre konzentrierte sich das Interesse auf die strukturellen Faktoren, wobei man von »der Voraussetzung« ausging, »daß zeitgenössische Forschungsarbeit nicht länger Sache eines einzelnen sein kann« (Cheng 1984, S. 162; siehe auch Cheng und McKinley 1983, S. 86). Die strukturellen Faktoren, die man als eindeutig mit der Forschungs- und Entwicklungsleistung korrelierend erkannte, sind Kontrollmuster (Hierarchisierungsgrad), Kommunikation und Koordination. Sie werden in der Folge einzeln besprochen.

Die Studien, die die allgemeine Anwendbarkeit der Weberschen Vorstellung hinsichtlich der Vorteile der hierarchischen Organisation komplexer Arbeitsteilung in Frage stellen, lassen darauf schließen, daß die *Kontrollmuster* variiert werden müssen, wenn die Strukturen effizient sein sollen. Dies um der spezifischen Natur der jeweiligen Aufgabe und ihrer Umgebung gerecht zu werden, in der sie erfüllt wird. Daher steigt meist der Informationsbedarf, wenn die Unsicherheit hoch ist. Unter diesen Umständen werden hierarchische Strukturen meist überlastet, weil sie nur über beschränkte Informationsverarbeitungskapazitäten verfügen. Daher ist es notwendig, auf relativ »flache« (nichthierarchische) Strukturen zurückzugreifen, die die Informationsaufnahme und die Verarbeitungskapazitäten steigern (Galbraith 1973; Daft und Macintosh 1981). Man kann umgekehrt annehmen, daß dafür die hierarchischeren Strukturen unter den entgegengesetzten Bedingungen geeigneter sind.

Eine Untersuchung von 13 Forschungsteams in einem großen Industrielabor zeigt, daß die Forschungsleistung um so höher ist, je höher das *Kommunikationsniveau im Team* ist (Katz und Tushman 1979). Zu demselben Ergebnis kommt eine Studie über 1131 Forscher, die in elf verschiedenen akademischen, industriellen und öffentlichen Labors (Pelz und Andrews 1966) arbeiten. Kommunikation ist hingegen kein Zufallsprodukt. Sie wird von der Struktur der Forschungsteams bestimmt. Obwohl es zahllose Ergebnisse zu diesem Thema gibt, ist das wichtigste die Erkenntnis, daß zentralisierte Informationskanäle (in denen die Kommunikation von jedem Punkt zu einem Zentrum fließen muß und von dort an die anderen Punkte verteilt wird) im Gegensatz zu lateralen Kanälen, in denen die Information frei von jedem Punkt zu jedem fließen kann (Shaw 1964; Glanzer und Glaser 1961), schlechte Leistungen bedingen.

Eine wichtige Untersuchung zur *Koordination* umfaßt 127 Forscherteams aus 33 Forschungsinstitutionen aus dem universitären, industriellen und öffentlichen Bereich. Die Beziehungen zwischen Koordination und der Qualität der Ergebnisse werden anhand von Teams untersucht, in denen die Aufgaben so beschaffen sind, daß verschiedene Niveaus gegenseitiger Abhängigkeit entstehen. Sowohl die Qualität als auch die Quantität der Forschungs- und Entwicklungsergebnisse korrelieren laut dieser Studie stark mit dem Koordinationsniveau; die Korrelation ist um so signifikanter, je höher der Grad der Interdependenz ist (Dailey 1980).

Diese Ergebnisse sind keinesfalls überraschend. Im Gegenteil, sie bestätigen eher alltägliche Beobachtungen hinsichtlich der Vorteile der Dezentralisierung, der Kommunikation und der Koordination, was besonders für intellektuelle Aufgaben gilt. Dennoch scheint die Bedeutung dieser Ergebnisse noch einiger Hervorhebung zu bedürfen: Diese Ergebnisse illustrieren, daß die Strukturen, die von Kollektiven für die intellektuelle Arbeit aufgebaut werden, einen Einfluß auf das Niveau ihrer instrumentellen Rationalität haben.

Kapitel 12
Die eingekapselte Konkurrenz

Die Einkapselungsthese

Der freie Wettbewerb (der Markt) ist das Herzstück des Makrokonzepts der neoklassischen Sichtweise der Wirtschaft. Meist wird er als unabhängig und sich selbst perpetuierend gesehen. Hinter verschiedenen formalen Definitionen und mathematischen Begriffen steht eine wohlbekannte Vorstellung: Adam Smith' Ansicht, daß, da jeder Akteur auf dem Markt seine eigenen Ziele verfolgt, das Ergebnis nicht der zerstörerische Konflikt ist, sondern, im Gegenteil, ein von sich aus harmonisches und sich selbst erhaltendes System. Außerdem würden die Tauschhandlungen – denn darum geht es auf dem Markt vor allem – die Verwendung der Ressourcen auf eine maximal effiziente Weise organisieren, ohne daß von außen eingegriffen werden muß. Die Aufrechterhaltung der Stabilität und Ordnung wird entweder »implizit vorausgesetzt und daher vollständig außer acht gelassen; oder die Ordnung wird explizit als gegeben angenommen« (Schott 1984, S. 2; siehe auch Thurow 1983, S. 231).

Im Gegensatz dazu sieht das Ich+Wir-Paradigma den Wettbewerb, den Markt, die Wirtschaft insgesamt als Teile eines umfassenderen gesellschaftlichen Kontextes. Und es geht davon aus, daß der Wettbewerb sich nicht selbst aufrechterhalten kann. Seine Existenz sowie der Spielraum der durch ihn organisierten Transaktionen hängt wesentlich vom Kontext ab, der gesellschaftlichen »Kapsel«, in der der Wettbewerb stattfindet.

Anders formuliert: Die Neoklassiker haben heldenhaft versucht, mit der Notwendigkeit von Regeln für das Spiel – d. h. für den Wettbewerb – fertig zu werden, indem sie sie als ein Produkt der Handlungen rationaler, sich selbst maximierender Individuen sahen, die ständig versuchen, ihre Beziehungen zu verbessern. Wie schon weiter oben ausgeführt, gibt es aber keinen historischen oder logischen Grund anzunehmen, daß voll entwickelte Individuen vor der Gemeinschaft vorhanden waren oder sich über Regeln einigten. Es wurde vielmehr argumentiert, daß die Individuen nicht bestehen würden, wenn es keine Gemeinschaft oder Regeln gäbe. Außerdem wurden die Regeln und ihre Veränderungen keineswegs von Individuen beschlossen, sondern großteils durch kollektive Faktoren und Dynamik bestimmt. Diese müssen für sich untersucht werden und können nicht von der Aggregation der Mikroprozesse abgeleitet werden.

Wir sehen sowohl die gesellschaftliche Kapsel als auch den Wettbewerb als Skalenkonzepte, als Variablen in dem Sinn, als der eingekapselte Wettbewerb – im Unterschied zum vollständigen Wettbewerb, der entweder existiert oder nicht – (wie die instrumentelle Rationalität) in verschiedenen Graden und Formen existiert, von denen einige konstruktiver sind als andere. Um dieses sozioökonomische Konzept zu erklären, werden die Faktoren, die die Kapsel entstehen lassen, weiter unten etwas näher untersucht. Zuerst muß jedoch die Bedeutung der neoklassischen Suche nach den »Secondbest«-Wettbewerbskonzepten kurz besprochen werden.

Die Suche der Neoklassiker nach dem »second best«

Sehr große Teile der neoklassischen Ökonomie gehen davon aus, daß die betrachteten Transaktionen und die untersuchten Beziehungen im Kontext des vollkommenen Wettbewerbs auftreten (Marris und Mueller 1980, S. 32). Im Gegensatz dazu ist die reale Welt, in der ökonomische Transaktionen stattfinden und wirtschaftspolitische Ratschläge erteilt werden, nicht vollkommen kompetitiv. Jene Leser, die mit den Second-best-Studien nicht vertraut sind, könnten der Ansicht sein, daß man die Ergebnisse, Erkenntnisse und Einsichten, die für die »Welt« des vollkommenen Wettbewerbs entwickelt wurden, berechtigterweise auf weniger kompetitive Welten anwenden kann, eben auch auf die Realität; die Schlüsse müßten nur etwas angepaßt werden. Nimmt man z. B. an, daß bei vollständiger Konkurrenz Firmen, die die Preise über dem Niveau des Marktes festsetzen, aus dem Markt verdrängt werden, dann würde man erwarten, daß sie in einer weniger kompetitiven Welt noch eine Weile länger existieren könnten. Das ist aber nicht der Schluß der neoklassischen Ökonomie, zumindest nicht in dem Maß, in dem sie die Secondbest-Studien beachtet. Dies bedarf einiger Erklärungen.

Die Ökonomen waren von den frühen Arbeiten von Walras ([1874–77] 1954) bis zu den späteren Schriften von Debreu (1959) sehr darum bemüht, die Voraussetzungen des vollkommenen Wettbewerbs zu spezifizieren. Obwohl sich die Listen dieser notwendigen Voraussetzungen sehr voneinander unterscheiden, enthalten sie oft die folgenden Elemente: Das größte Unternehmen in irgendeinem gegebenen Wirtschaftszweig darf nicht mehr als einen kleinen Anteil an den Verkäufen (oder Käufen) der Branche haben. Die Unternehmen müssen unabhängig voneinander agieren. Die Akteure haben vollkommenes Wissen über die Kauf- und Verkaufsangebote. Die (auf dem Markt verkaufte oder gekaufte) Ware ist teilbar und die Ressourcen sind übertragbar (Stigler 1968, S. 181–82. Für eine formale Diskussion des Walras-Modells und verwandter Themen siehe Malinvaud 1972, S. 138–43. Siehe auch Bohm 1973, S. 128–42).

Ökonomen haben auch schon lange erkannt, daß die Voraussetzungen für den vollkommenen Wettbewerb niemals erfüllt werden können und – was besonders wichtig ist – daß die Vorteile des vollkommenen Wettbewerbs nicht zu lukrieren sind, wenn auch nur eine dieser Voraussetzungen nicht erfüllt ist. Dieser Punkt wurde von einem oft zitierten meisterlichen Artikel von Lipsey und Lancaster (1956) klargestellt. Die Autoren stellen fest, daß die Fähigkeit eines Marktes, vollkommenen Wettbewerb zu erreichen, davon abhängig ist, daß er alle Vorbedingungen des Pareto-Optimums erfüllt. Und sie fügen außerdem hinzu (S. 11): »Es ist allgemein bekannt, daß die Erreichung des Pareto-Optimums die Erfüllung aller Optimal-Bedingungen zur gleichen Zeit verlangt.« Lipsey und Lancaster weisen auch darauf hin, daß, wenn eine der Bedingungen nicht erfüllt werden kann, »die anderen Pareto-Bedingungen, selbst wenn sie immer noch erreichbar wären, im allgemeinen nicht mehr erstrebenswert sind« (ebd.). Dann wird ein anderes Muster oder Modell notwendig.

Es folgt daraus, daß man, nähert sich eine Wirtschaft dem vollkommenen Wettbewerb, z. B. aufgrund der Deregulierung einer Industrie, nicht davon ausgehen kann, daß ein solcher Schritt einige der Vorteile des vollkommenen Wettbewerbs mit sich bringt. Der Wettbewerb ist entweder vollkommen oder nicht; wie Schwangerschaft kann auch vollkommener Wettbewerb nicht abgestuft werden. Oder, anders formuliert, viele Prozesse in der realen Welt scheinen einer nichtlinearen Bahn zu folgen. Das heißt, daß die Straßen, die in das Land des vollkommenen Wettbewerbs führen, oft nicht geradewegs ansteigen, sondern hinauf und auch wieder hinunter führen. So kann es, wenn man z. B. von einer stark regulierten Industrie zu einer weniger regulierten übergeht, sehr wohl einige Verluste geben. Die erwarteten Vorteile der Deregulierung können mit Recht erst dann erwartet werden, wenn der gelobte Zustand erreicht ist. Daher ist das häufig vorgebrachte Argument zugunsten der Deregulierung dieser oder jener Branche im Namen der Vorzüge des freien Marktes nur dann gültig, wenn man annimmt, daß die Deregulierung der bewußten Branche unmittelbar von der Deregulierung aller anderen gefolgt wird *und* der Einführung aller anderen Elemente des freien Marktes. Die oft gemachte Versprechung, daß dieser bestimmte Industriezweig, seine Kunden oder die Wirtschaft als Ganzes daraus Nutzen ziehen werden – unabhängig davon, was an anderen Orten des Systems passiert –, wird von der Wirtschaftstheorie nicht unterstützt.

Dieselben Argumente können von Studien über den internationalen Handel abgeleitet werden. Verfechter des freien Handels argumentieren, daß es, wenn einige Handelsbarrieren reduziert werden, zu einer Verbesserung der Weltwirtschaft käme. Untersuchungen von Ozga (1955) zeigen aber das Gegenteil. Ozga (1955, S. 499) folgert, daß

(...) in einer Welt verschiedener Länder, von denen jedes sein eigenes Zollsystem hat, die Abschaffung einiger Zölle, ganz unabhängig davon, ob sie selektiv sind oder nicht, sowohl in Richtung einer optimalen Verteilung der produktiven Ressourcen der Welt führen kann als auch von ihr weg. Dies bedeutet also, daß es a priori unmöglich ist, zu sagen, ob die Errichtung einer Freihandelszone in einem Teil der Welt, z. B. in Westeuropa, oder eine allgemeine Senkung der Zölle durch ein Land, z. B. durch die Vereinigten Staaten, die nicht von der vollkommenen Abschaffung aller Zölle und dem allgemeinen Freihandel gefolgt werden, zu einem größeren oder kleineren Einkommen für die Weltwirtschaft führen würde.

Viner (1950) war schon früher zu demselben Schluß gekommen.

Über die Vorzüge des freien Handels sind sich die Ökonomen mehr einig als über irgend etwas anderes (Kearl et al. 1979). Dies ist ein Dogma sowohl innerhalb der Disziplin und auch in großen Teilen der Öffentlichkeit. Überlegungen zu diesem Thema leiden jedoch unter einer Verwechslung zwischen einem freien Handel – d. h. Handel in einem weltweiten System vollkommenen Wettbewerbs – und einem Handel, der relativ weniger gelenkt wird, einem frei*eren* Handel. Es gibt in der ökonomischen Theorie, wenn überhaupt, kaum eine Begründung für das Argument, daß der Handel, der, sagen wir, zu 75 % frei ist, effizienter sein wird, als einer, der zu 50 % frei ist, usw. Es kann so sein, aber es kann auch wieder nicht so sein. Das Modell des vollkommenen Wettbewerbs beschäftigt sich nicht mit Teilsituationen. Andere Ökonomen haben dieselben Anmerkungen hinsichtlich anderer wirtschaftlicher Aktivitäten einschließlich öffentlicher Finanzen und monopolistischer Konkurrenz gemacht (Chamberlin 1948, S. 214–15). Neuere Arbeiten untermauern diese These noch weiter (Newbery und Stiglitz 1984).

Lipsey, Lancaster und andere schließen daher, daß es nicht möglich ist, die Attribute der Second-best-Systeme von denen des vollkommenen Wettbewerbsmodells abzuleiten. Sie setzen sich nicht einfach aus »weniger« der konstituierenden Elemente zusammen, die ein vollkommenes System bilden; sie haben ihre eigene innere Logik und ihr eigenes inneres Gleichgewicht. Daraus folgt, daß die Second-best-Modelle auf eine andere Weise gefunden oder formuliert werden müssen. Verschiedene Versuche wurden von Ökonomen unternommen, um solche Modelle mit Namen wie »arbeitsfähige Konkurrenz« (workable competition), »monopolistische Konkurrenz« und »angreifbare Märkte« (contestable markets) zu entwikkeln. Keines dieser Modelle wurde so entwickelt, daß es auch nur annähernd so detailliert und komplex ist wie das Modell des vollkommenen Wettbewerbs. Dieses wird aber weiterhin nicht nur in theoretischen Übungen, sondern auch bei Versuchen sehr häufig verwendet, mit Situationen der realen Welt umzugehen, die alles andere als vollkommen kompetitiv sind. Der Begriff »unvollkommener« Wettbewerb wird manchmal benützt, um den Eindruck zu vermitteln, daß die Realität *dem* Modell »nahe genug« ist, um die völlige Mißachtung dieser Mängel zu erlauben; tatsächlich werden wir sehen, daß es meist um wesentliche, nicht um kleine Abweichungen geht. Mit anderen Worten, man braucht ein anderes Modell. Bisher wurde es innerhalb der Grenzen des neoklassischen Paradigmas nicht gefunden; wir werden als nächstes versuchen, zur Entwicklung eines solchen Konzeptes beizutragen – wobei wir uns auf frühere Arbeiten der Soziologie, der Politikwissenschaft und der Ökonomie stützen –, indem wir die gesellschaftliche Kapsel und ihre Beziehungen zum Markt untersuchen.

Die Einführung des eingekapselten Wettbewerbs

Das sozioökonomische Konzept des Wettbewerbs hat mit Sozialwissenschaft, Kybernetik, Systemtheorie zu tun (Etzioni 1968). Auch hier liegt hinter formalen Begriffen und Theoremen eine Schlüsselidee: daß *der Wettbewerb eine Form des Konflikts ist, nämlich ein gezügelter Konflikt*. Im Gegensatz zu Adam Smith' Annahme einer unsichtbaren Hand geht die Sozioökonomie davon aus, daß die divergierenden Interessen und das Streben verschiedener Individuen *nicht* automatisch ein harmonisches Ganzes bilden. Daher werden spezielle Mechanismen notwendig, die den Wettbewerb bewahren, Konflikte begrenzen und sie daran hindern, bis zur Selbstzerstörung zu eskalieren.

Genauso wie wir in der Diskussion über die individuelle Entscheidungsfindung in Kapitel 6 gesehen haben, daß L/E-Überlegungen innerhalb von N/A-Kontexten angestellt werden, sehen wir auf der Makro-Ebene, daß der Wettbewerb (als ein Bereich der instrumentellen Rationalität und der instrumentellen Mittel) innerhalb eines gesellschaftlichen Kontextes stattfindet, der Ziele setzt und Mittel beschränkt. Und die Konkurrenz dient dazu, die gesellschaftliche Organisationsstruktur zu fördern, solange sie im Kontext bleibt und nicht der Kontext wird, genauso wie Rationalität die Wahl der Mittel verbessern kann, aber nicht ein Ziel an sich ist. Genauso wie die N/A-Faktoren, die die Mittelwahl auf der individuellen Ebene bestimmen, nicht nur einfach »Restriktionen« oder Kosten sind (siehe weiter oben, S. 189–193), sondern eine positive Rolle spielen, ist der gesellschaftliche Kontext, der den Spielraum der Konkurrenz begrenzt, nicht einfach nur eine Quelle von Marktbeschränkungen, sondern auch eine Vorbedigung für seine Funktionsfähigkeit.

Der hier behandelte Kontext innerhalb des Systems, also die *Untersysteme*, werden weder als vollkommen kompetitiv noch als vollkommen inkompetitiv betrachtet, sie variieren in der Bandbreite des von Wettbewerbsregeln organisierten Verhaltens. So lenken diese Regeln eher die Beziehungen unter Fremden als unter Verwandten. In vielen Gesellschaften sieht man sie als mehr für den Handel und den Sport geeignet an als für die Organisation von Sozialbeziehungen. Innerhalb der zeitgenössischen amerikanischen Wirtschaft ist die Konkurrenz in manchen Sektoren (zum Beispiel in der Gastwirtschaft) stärker als in anderen (zum Beispiel im Bereich der Stromversorgung). Und die Gesellschaften unterscheiden sich in der Effizienz der Mechanismen, die das Konkurrenzverhalten beschränken und unterstützen.

Um ein arbeitsfähiges Konzept des Wettbewerbs zu entwickeln, muß man über den konzeptuellen Gegensatz zwischen »freiem Wettbewerb« und »staatlicher Intervention« hinausgehen, der impliziert, daß alle Interventionen von staatlicher Seite vorgenommen werden, daß alle Interventionen schädlich sind und daß ungezügelter Wettbewerb aufrechterhalten werden kann. Dichotomien sind der Fluch des intellektuellen und des wissenschaftlichen Diskurses. Ganz typisch ist die Vorstellung, daß der Wettbewerb »freiwillig«

und daher »gut« ist (wobei völlig übersehen wird, daß die meisten Tauschhandlungen zwischen hinsichtlich ihrer wirtschaftlichen, gesellschaftlichen und politischen Macht nicht Gleichgestellten vollzogen werden, daher also teilweise erzwungen sind) und daß der staatliche Eingriff »zwingend« und daher »böse« ist (wobei nicht bedacht wird, daß der Staat oft persuasiv agiert oder ökonomische Anreize setzt und weniger Gewalt anwendet *und* daß die Kapsel nur teilweise staatlich gebildet ist). Der Wettbewerb sollte wie die Rationalität als Skalenkonzept gesehen werden; die Frage ist, welches Maß an Wettbewerb (besonders gemessen an der Palette der Aktivitäten, die er umfaßt) effizient ist und in Übereinstimmung mit den eigenen Werten steht, dabei aber nicht zerstörerisch wirkt.

Zweitens kann der Wettbewerb (als eine Art des Konflikts) entsprechend der sozioökonomischen Argumentationslinie, die hier vorgebracht wird, nur innerhalb gewisser, kollektiv festgesetzter Grenzen oder Kontexte aufrechterhalten werden. Dies gilt für alle Arten von Konflikten (zum Beispiel nationale Werthaltungen, die gegen Bürgerkriege wirken, setzen die Grenzen für »tolerable« innernationale Auseinandersetzungen), auch für den wirtschaftlichen Wettbewerb (so verbieten ethische Werte zum Beispiel den Einsatz von Gewalt gegen die Konkurrenten oder den Einsatz unzulässiger Mittel wie Industriespionage). Die spezifischen Mechanismen, die die Konkurrenz beschränken, um sie vor der Selbstzerstörung zu bewahren, werden weiter unten untersucht.

Zugleich muß man auch die Bedingungen festlegen, unter denen die gleichen Faktoren, die den Wettbewerb dadurch aufrechterhalten, indem sie ihm Grenzen setzen, ihrerseits den Bereich durchdringen, der von der Gesellschaft als die legitime Zone für Konkurrenz definiert wurde (entspricht etwa der legitimierten L/E-Zone des Individuums, die früher diskutiert wurde), ihre Autonomie verletzen und die Fähigkeit der Akteure in der Zone unterminieren, ihrer Logik zu folgen. Kurz gesagt, so wie eine Kernreaktion kann auch eine angemessen beschränkte Konkurrenz als eine wichtige konstruktive Kraft gesehen werden; gerät sie jedoch außer Kontrolle, wirkt sie zerstörerisch. Wird sie unterdrückt, verliert sie mit großer Wahrscheinlichkeit ihre Kraft oder erlischt ganz. Die hier vorgebrachte Analyse beruht auf den vorangegangenen soziologischen Analysen, die die Wirtschaft als Ganzes (und nicht nur den Wettbewerb) als ein Untersystem betrachtet, das von einem sozialen System »begrenzt« wird oder in ein solches »eingebettet« ist (Polanyi 1944;, Parsons und Smelser 1956, besonders S. 21; Granovetter 1985; Swedberg 1987 und Etzioni 1965).

Das hier entwickelte sozioökonomische Theorem soll anhand des Themas der Deregulierung illustriert werden. Neoklassische Ökonomen unterstützen die Deregulierung meist, wobei sie sich dabei auf die Vorstellung berufen, daß die Wirtschaft effizienter wird, wenn auf dem Markt weniger interveniert wird. Die Ergebnisse der Second-best-Studien hätten diesen Ökonomen zu denken geben müssen, weil es keinen Grund dafür gibt, die Ansicht zu vertreten, daß teilweise Deregulierung (einiger Industrien in wenigen Ländern) die erwarteten Vorteile haben werden; vollkommene und sogar beinahe vollkommene Deregulierung ist kaum erreichbar. Außerdem würde das Modell des vollkommenen Wettbewerbs selbst dann, wenn die vollkommene Deregulierung auf irgendeine wundersame Weise erreicht würde, wegen zahlreicher *anderer* beschränkender Faktoren nicht anzuwenden sein. Hinzu kommt, daß man sich, je ungezügelter der Wettbewerb wird, immer mehr der Notwendigkeit bewußt wird, sich mit der Kapsel zu beschäftigen, mit den Spielregeln. Das wiederum wirft die Frage auf, welche Faktoren die relative Stärke der Kapsel erklären, weil sich die Wirtschaftsakteure *nicht* automatisch Regeln unterwerfen, von denen sie irgendwie herausgefunden haben, daß sie langfristig ihren Eigeninteressen dienen. Außerdem kann die Verfolgung von Werten, z. B. der Sicherheit, vom deontologischen Standpunkt aus nicht dem Markt überlassen werden, abgesehen vielleicht vom Ziel der Effizienz.

Um bei diesem Beispiel zu bleiben: Die Vorstellung, daß Wirtschaftsakteure die Sicherheit (oder andere öffentliche Güter) nicht untergraben werden, weil ein solches Versäumnis ihre langfristigen Kosten erhöhen würde – z. B. wenn Unfälle ihre Versicherungsprämien hinauftreiben –, läßt die Tatsache unberücksichtigt, daß viele Wirtschaftsakteure gar keine Versicherung abschließen, es sei denn, der Abschluß solcher Versicherungen wird vorgeschrieben. Die Mißachtung der Sicherheit wird besonders im Transportwesen seit der Deregulierung im Jahre 1980 sichtbar: Die Transportunternehmen setzen ihre Fahrer unter Druck, länger und schneller zu fahren; sie warten auch die LKWs nicht ausreichend. Wenn größere Unfälle passieren und dem Fahrer in einem Staat der Führerschein entzogen wird, verwendet er Führerscheine anderer Staaten. Kurz: schwache oder unzureichende Regulierung macht es den Wirtschaftsakteuren möglich, den wirtschaftlichen Auswirkungen ihres Handelns gegen die Interessen der allgemeinen Wohlfahrt zu entgehen.

Dasselbe Prinzip wird durch eine Beschäftigung mit den Beschwerden offensichtlich, die die verzerrenden Auswirkungen der Ausgabe von zu wenig Taxilizenzen in New York City zum Inhalt haben. In den 20er und 30er Jahren dieses Jahrhunderts gab es eine solche Regulierung nicht. Es gab einen Überschuß an Taxis, die die Straßen verstopften und in einem Preiskrieg lagen, der die Fahrpreise so niedrig hielt, daß die Fahrer kaum davon leben konnten und die Besitzer sich weder Versicherung noch Wartung leisten konnten (*New York Times*, 10. März 1985). Wenn also öffentliche Güter betroffen sind, scheint es sinnvoll zu sein, *in einem gewissen Maß* zu regulieren.

Darüber hinaus sind Regeln erforderlich, die nicht nur den Wettbewerb aufrechterhalten, sondern auch für das Überleben der Konkurrenten sorgen sollen. Völlig ungezügelte Konkurrenz – Verdrängungswettbewerb – ist meist selbstzerstörerisch. Ein solcher Wettbewerb bringt Unternehmen dazu, ihre Investitionen in Forschung und Entwicklung, in Anlagekapital und Instandhaltung zu streichen, und treibt sie dazu, unerlaubte oder illegale Mittel einzusetzen (oder beides). Dies könnte entweder zu einem »Krieg« führen, in dem nur mehr der stärkste oder rücksichtsloseste Konkurrent überlebt, was die Gemeinschaft erst wieder zum Eingreifen zwingt, oder zum Ruin zahlreicher Konkurrenten sowie »unschuldiger« Drittparteien. Ein solcher »Krieg« würde also zu einer Konzentration der wirtschaftlichen Macht führen und wäre das Ende des freien Wettbewerbs. Jene, die für Wettbewerb auf längere Sicht eintreten, müssen daher auch dafür plädieren, daß er teilweise beschränkt und reguliert wird.

Für diejenigen, die der Ansicht sind, daß Präferenzen am Verhalten abzulesen sind, sollte die Tatsache, daß die Menschen ein nicht unerhebliches Ausmaß staatlicher Regulierung unterstützen, nicht weniger Gewicht haben als ihre Präferenz für andere Güter. Den Menschen scheint die »Privatisierung« des Müllsammelns und anderer ähnlicher Dienstleistungen der Gemeinde nichts auszumachen, aber sie hatten eher etwas gegen die Privatisierung der Feuerwehr, der Polizei, der Luftraumüberwachung und der Food-and-Drug-Administration. Warum sollte man diese Präferenzen weniger beachten als ihre Präferenzen für Deodorants, plastische Chirurgie und tätowierte Fußnägel, geschweige denn für Alkohol und Zigaretten?

Rufen all diese Tatsachen nach einer Regulierung? Sie verlangen nach der Einsicht, daß die Welt komplexer ist, als nur folgende zwei Alternativen zuzulassen: entweder den ungezügelten Wettbewerb oder uneingeschränkte Regulierung. Die sozioökonomische Analyse sollte sich auf folgende Frage konzentrieren: Wie viele Regeln sind vorteilhaft und welche Bereiche welcher Wirtschaftsaktivitäten können ungeregelt sein, ohne die Werte zu untergraben, denen die Allgemeinheit verpflichtet ist, inklusiver jenem der Aufrechterhaltung des Wettbewerbs? Von den Dichotomien, die die ernsthafte intellektuelle Untersuchung dieser Frage behindern, sind wenige so schädlich wie die Vorstellung, daß freie Märkte »gut« und staatliche Intervention »schlecht« sind. Dies sowohl deshalb, weil ein gewisses Maß an Regulierung und Zwang eindeutig notwendig ist, aber auch, weil zu viel schädlich ist. Die richtige Frage lautet nicht: Welcher idealtypische Zustand findet Ihre Unterstützung, sondern: Was ist die produktivste Mischung, geht man von verschiedenen gegebenen Werten (Zielen) aus. Eine wichtige Methode, Regeln aufzustellen und beizubehalten, besteht darin, auf den moralischen Werten und Vorstellungen einer Gemeinschaft aufzubauen statt den staatlichen Einfluß auszuweiten.

Die Mechanismen

Die wichtigsten Mechanismen, die die den Wettbewerb aufrechterhaltende und gleichzeitig beschränkende Kapsel schaffen, sind normativer, sozialer und staatlicher Natur. Jeder dieser Mechanismen umfaßt zahlreiche, spezifische Prozesse, die mit den zwei anderen in komplexer Weise in Wechselbeziehung stehen. Sie wurden oft analysiert und werden hier im Rahmen unserer Bemühungen diskutiert, ein Konzept zu erstellen, um dazu beizutragen, ein Modell der eingekapselten Konkurrenz zu formulieren, aber nicht in der Absicht, über neue Erkenntnisse zu berichten.

Normative Faktoren und die eingekapselte Konkurrenz

Alle Gesellschaften haben Wertsysteme, die definieren, was die Mitglieder als legitimes Verhalten betrachten. Diese umfassen generelle normative Prinzipien, die die Schicklichkeit definieren, Handel zu treiben, körperliche Arbeit zu verrichten oder Unternehmer zu werden (»Geld zu machen«) und angewandte Forschung zu betreiben (im Gegensatz zu »wissenschaftlicher Theorie«). Zusätzlich gibt es spezifische Normen und Haltungen, die zum Beispiel das Zinsniveau betreffen, das als Wucher betrachtet wird und die Sichtweise der Mitglieder der Gesellschaft im Hinblick auf multinationale Konzerne »färbt«.

Der wichtigste Beitrag, den normative Prinzipien für den Wettbewerb leisten, ist die Legitimität, die sie einer Aktivitätssphäre verleihen, in der L/E-Überlegungen die Wahlhandlungen leiten können, die relativ frei von äußeren N/A-Faktoren und Machtüberlegungen sind. Innerhalb des so gebildeten Kontexts kann man einer inneren Logik folgen, die es möglich macht, daß Gewinne für Wettbewerbsteilnehmer vom Ergebnis des Wettbewerbs zwischen ihnen bestimmt werden und nicht durch politische Macht, moralische Bewertung oder gesellschaftlichen Rang. Max Webers bekannte Arbeit läßt sich hier anwenden, wenn man sie so interpretiert, daß bestimmte Religionen dem wirtschaftlichen Wettbewerb mehr Legitimation verliehen als andere (die meisten seiner Argumente führen in andere Richtungen und zeigen, daß bestimmte Religionen andere kapitalistische Aspekte förderten wie das Arbeitsethos, die Initiative und das Sparen). Offensichtlich bewerten kapitalistische Gesellschaften den Wettbewerb höher als feudale, traditionelle und kommunistische Gesellschaften, aber auch höher als sozialdemokratische Gesellschaften wie Israel und Skandinavien. Und innerhalb der kapitalistischen Gesellschaften verändert sich die Legitimität von Konkurrenz im Laufe ihrer Geschichte.

Ohne Zweifel unterstützen manche normativen, für den Wettbewerb exogenen Prinzipien ihn direkt. Primär einmal der Glaube an die moralischen Vorzüge des Wettbewerbs im allgemeinen; die Amerikaner glauben zum Beispiel, daß er den Charakter stärkt. Es gibt auch den Glauben an den Vorzug des wirtschaftlichen Wettbewerbs, des »freien Marktes«, dies nicht nur unter Philosophen und Ökonomen, sondern auch bei der überwältigenden Mehrheit der Politiker, Wähler und der Öffentlichkeit. Die Amerikaner pflegen »dem Markt« zahlreiche Tugenden zuzuschreiben, von der Effizienz und dem Schutz vor Tryrannei bis zur Quelle der Wohlfahrt für alle: »When the tide rises, all ships rise« (Novak 1982; Lipset und Schneider 1933, S. 286 ff.).

Genauso wie der Laisser-faire-Konservativismus den Wettbewerb legitimiert, so lieferten eine Reihe sozialistischer Ideologen, Vertretern der humanistischen Psychologie (zum Beispiel Abraham Maslow) und Gegenkulturliteraten in den Vereinigten Staaten in den 60er und 70er Jahren Begründungen dafür, die Palette des vom Wettbewerb gelenkten Verhaltens stark einzuschränken (z. B., indem sie zahlreiche öffentliche Maßnahmen, die diese Palette beschränkten, rechtfertigten; etwa, indem sie die automatische Aufnahme in Schulen propagierten). Es wurde auch vorgeschlagen, den Wettbewerb zu beschränken, indem man Ergebnisse legitimierte, die durch nichtkompetitive Mechanismen erzielt wurden (z. B. Affirmative Action) und indem die Vorzüge des Wettbewerbsgeistes und des Wettbewerbssystems in Frage gestellt wurden (siehe zum Beispiel Hirsch 1976 und Hirschman 1982, S. 1463–84).

Die soziologische Frage ist nicht, ob diese normativen Überlegungen thematisiert werden, sondern in welchem Ausmaß sie vertreten und befolgt werden und welche Auswirkungen sie haben. Daher wurden zum Beispiel zur Zeit der Hochblüte der Gegenkultur ihre Werte in dem einen oder anderen Maße von viel mehr Amerikanern vertreten als Leute sich tatsächlich als Hippies definierten, und der Wettbewerb verlor in den Vereinigten Staaten einige Legitimität. Der Anteil der Amerikaner, die der Ansicht waren, daß »der Staat die Gewinne« von Konzernen »beschränken sollte«, stieg von 25 Prozent im Jahre 1962 auf 55 Prozent im Jahre 1976 und auf 60 Prozent im Jahre 1979. Das war auch ungefähr die Zeitspanne, in der die Regulierung der Wirtschaft aus sozialen Gründen (soziale Gerechtigkeit; Schutz des Konsumenten, des Arbeiters und der Umwelt) stark ausgeweitet wurde. Das heißt, der Legitimitätsverlust des Wettbewerbs ging mit der politischen Durchdringung des Wettbewerbskontexts einher mit dem Ziel, einige Ergebnisse durch exogene Kriterien zu erreichen.

Über diese generellen normativen Standpunkte hinaus gibt es spezielle Normen und Haltungen, die dazu beitragen, die Kapsel des Wettbewerbs entweder aufrechtzuerhalten oder zu unterminieren. Ein offensichtliches Beispiel ist die Anerkennung der fairen Konkurrenz, der Konkurrenz »nach den Regeln«. Dann steht die Feststellung »es ist nicht wichtig, ob du gewinnst oder verlierst, sondern wie du spielst« im Widerspruch zu der Ansicht, daß »Gewinnen nicht das Wichtige ist, sondern das einzige«, ein Ausspruch, der von Vince Lombardi unsterblich gemacht wurde, und unter anderen von Richard Nixon vertreten wurde. Es gibt zahlreiche andere Normen, die diese oder jene Form des Wettbewerbs (z. B. die sog. »cut throat competition«) oder der Wettbewerbsmethoden (z. B. Preiskriege) als »unfair« – oder als korrekt – bezeichnen. Alle zusammen stellen sie entweder einen spezifischen normativen Hintergrund für einen besonderen Bereich des Wettbewerbs dar oder unterstützen seine Beschneidung oder argumentieren mehr oder weniger für seine Ausweitung. (für eine weitere Diskussion siehe Lodge und Vogel 1987; McCraw 1984 und Zaid 1979).

Abgesehen von periodischen Veränderungen im Inhalt dieser Normen kommt es in dem Maße, in dem sie von den Akteuren in verschiedenen Segmenten der Wirtschaft befolgt werden, zu systematischen Veränderungen. Diese Veränderungen beeinflussen wiederum stark das Wettbewerbsniveau in diesen Wirtschaftssegmenten. Obwohl dem Autor keine systematische Untersuchung dieses Themas bekannt ist, läßt einen die allgemeine Kenntnis der amerikanischen Gesellschaft darauf schließen, daß der Wettbewerb zwischen den meisten Drogenhändlern weniger von normativen Werten beschränkt ist als der Wettbewerb zwischen den meisten Computerverkäufern; er ist zwischen solchen Personen weniger beschränkt als zwischen den meisten qualifizierten Arbeitskräften; und er ist weniger beschränkt unter wenig bekannten Ärzten und Rechtsanwälten als unter den hochrangigen Vertretern dieser Berufe.

Auch Normen der hier diskutierten Art haben einen Einfluß auf das Wettbewerbsniveau, indem sie besondere Elemente bestimmen, auf denen der aufrechterhaltene Wettbewerb beruht. So tragen zum Beispiel manche Normen dazu bei, die Transaktionskosten niedrig zu halten. Wenn Schwarzmarkthändler einander nicht trauen, müssen sie Leibwächter haben, gepanzerte Autos etc. Die Transaktionen müssen bar abgewickelt werden und können nicht mit Schecks beglichen oder über Kredite finanziert werden; langfristige Planung ist also schwierig. Im Gegensatz dazu beruhen die meisten Transaktionen des legitimen Geschäftslebens auf Vertrauen. Meistens werden die Übereinkünfte mündlich getroffen; im Verhältnis werden nur sehr wenige aufgezeichnet. Von den schriftlich festgelegten wird wiederum nur ein Bruchteil von Anwälten formuliert. Doch Vertrauen ist eine stetige und nicht eine dichotome Variable; es ist in manchen Branchen, Subkulturen und Gesellschaften größer als in anderen. Je schwächer die relevanten normativen Faktoren und damit das Vertrauen, desto höher sind die Transaktionskosten (Arrow 1974, S. 23). Tatsächlich sagt man, daß das Vertrauen in vielen Wirtschaften von Entwicklungsländern gering ist (ebd., S. 26; Hirschman 1958). Die hohen Kosten des »Schmierens« erhöhen bekanntlicherweise in vielen Ländern die Geschäftskosten. (Manche unterscheiden zwischen einem niedrigen Niveau der Schmiergelder, sagen wir bis zu 5 Prozent der Gesamtkosten, die ein Wirtschaftssystem belasten, und einem ruinösen Niveau, das 100 oder mehr Prozent der sonstigen Geschäftskosten ausmacht.) Im Bereich der Arbeitsbeziehungen, so berichtet Denison, ist der Diebstahl durch Arbeitnehmer ein entscheidender Faktor, der die Produktivität der amerikanischen Unternehmen schwächt (1979, S. 73 ff.). Kurz, normative Werte sind nicht nur Prinzipien, denen sich die Menschen verpflichtet fühlen; sie haben besondere Auswirkungen auf das Verhalten, die den Wettbewerb aufrechterhalten oder unterminieren und sein Ausmaß erweitern oder beschränken.

Soziale Beziehungen: Versteckte Grundlagen des Wettbewerbs

Das Modell des vollkommenen Wettbewerbs geht davon aus, daß die Beziehungen unter den Akteuren unpersönlich sind, da die Akteure unabhängig voneinander in einem anonymen Markt agieren. »Das Schicksal jedes einzelnen Unternehmens ist unabhängig von dem, was jedem anderen Unternehmen passiert: Es ist kein Vorteil für einen Bauern, wenn die Ernte seines Nachbarn zerstört wird« (Stigler 1968, S. 181). Man könnte noch hinzufügen: oder wenn die Ernte seines Nachbarn besonders gut ausfällt. Jeder Akteur strebt danach, das zu maximieren, was er gewinnen kann. Diese Orientierung ist im neoklassischen Paradigma des vollkommenen Wettbewerbs nicht problematisch, weil es davon ausgeht, daß der Eigennutz das System aufrechterhalten wird. Sie ist jedoch in anderen Paradigmen problematisch, die den Konflikt anerkennen, die Bedeutung von positiven, sich gegenseitig unterstützenden *sozialen* Beziehungen. In diesen Paradigmen behandeln die Akteure einander als Personen, als Ziele und haben Gefühle füreinander und tragen damit zur Kontinuität der *wirtschaftlichen* Beziehungen bei.

Ein bekanntes Beispiel der konfliktbegrenzenden Rolle der sozialen Beziehungen findet sich in der politischen Arena, und zwar im US-Senat. Die Senatoren sind sich der Tatsache sehr genau bewußt, daß sie Mitglieder eines »Clubs« sind, daß sie, auch wenn sie in einigen Dingen uneinig sind, miteinander in anderen Dingen wieder zusammenarbeiten werden müssen. Daher versuchen sie, das Ausmaß ihrer Konflikte zu beschränken: persönliche Angriffe werden als höchst unpassend betrachtet.

Ebenso bestehen unter Händlern soziale Beziehungen, die dazu beitragen, die Vertrauensbeziehungen aufrechtzuerhalten (im großen und ganzen vertrauen die Menschen jenen, die sie kennen, viel mehr als Fremden) und Konflikte zu begrenzen. Diese Beobachtung wird auch als die vorvertragliche Basis von Verträgen bezeichnet. Darauf haben die Soziologen zumindest seit Durkheim hingewiesen. Seine Arbeit (1947) zeigt, daß Verträge, obwohl sie – oberflächlich betrachtet – freiwillige und kalkulierte Geschäfte zwischen einander nicht verpflichteten Individuen sind, tatsächlich auf zuvor geknüpften Beziehungen beruhen, die nicht ausgehandelt wurden und derer sich die Beteiligten oft nicht bewußt sind. Ohne solche Beziehungen sind Verträge fast nicht zu formulieren, und ihre Durchsetzungskosten wären oft so hoch, daß sie nicht durchzuführen wären (Granovetter 1985). Phelps formulierte es besonders treffend. Er stellt zuerst (1975, S. 3) fest, daß »altruistische Phänomene für die Funktionsfähigkeit des Marktes ebenso wichtig sind«. Dann fährt er fort: Die Menschen verhalten sich nicht auf die maximierende Art und Weise, von der das Modell vom vollkommenen Wettbewerb ausgeht; viele Unternehmen betrügen in ihrer Werbung nicht, zahlen faire Löhne, halten ihr Wort usw. Dies, so fügt er hinzu, »trägt zur wirtschaftlichen Effizienz bei. Sicherlich reduziert es die Risiken und Ängste davor, betrogen oder ausgebeutet zu werden. Darüber hinaus verbessert ein solches Verhalten die Allokation der Marktressourcen, da es die Transaktionskosten senkt« (ebd., S. 5). Einer der Hauptgründe, warum die japanische Wirtschaft und Gesellschaft wesentlich besser funktionieren soll als die amerikanische, liegt darin, daß die nationalistische, homogene, an ihre Insel gebundene Gesellschaft auf allen Ebenen stärkere soziale Beziehungen hat als die amerikanische (Vogel 1979). Unter anderem sieht man das daran, daß es in Japan viel weniger Anwälte gibt (die die Transaktionskosten erhöhen) und viel mehr Ingenieure als in den Vereinigten Staaten.

Obwohl soziale Beziehungen und normative Faktoren einander oft verstärken, sind sie unabhängige Faktoren und können nicht als eine Variable gesehen werden. Soziale Beziehungen bringen Menschen oft aufgrund positiver, gegenseitiger Gefühle zusammen, die durch die Kompatibilität des Milieus verstärkt werden (soziale Beziehungen sind zwischen Menschen derselben ethnischen Klasse und desselben Bildungsniveaus stärker als unter Menschen, die sich in diesen Punkten stark unterscheiden), durch kompatible oder komplementäre Persönlichkeiten oder durch gemeinsame soziale Aktivitäten (von Golf bis Bowling). Solche Beziehungen sind nicht inhärent normativ, sie binden eine Gruppe von Dieben genauso wie Polizeioffiziere, die miteinander auf Streife gehen (Etzioni 1975, Kapitel 8). Das heißt, sie stellen eine unterschiedliche Kategorie dar.

Soziale Beziehungen existieren sowohl auf der Mikroebene – Einzelpersonen oder kleine Gruppen – als auch auf der Makroebene, auf der der Gesellschaft. Mikro-Beziehungen unterstützen Transaktionen zwischen Börsenmaklern und ihren Kunden, Handelsvertretern und ihren Kunden, Lieferanten und Produzenten und zahllosen anderen. Die Sozioökonomie darf keinesfalls leugnen, daß die Anreize für Investitionen in solche Beziehungen, die sich von den Versuchen unterscheiden, aus jeder Transaktion den maximalen Nutzen zu ziehen, *teilweise* auf »aufgeklärten« (langfristigen) Eigennutz zurückzuführen sind. Dennoch ist sie der Ansicht, daß (1) soziale Beziehungen, die wirtschaftlichen Beziehungen vorangehen und sie begleiten, z. B. unter den Mitgliedern eines Teams, wirtschaftliche Vorteile mit sich bringen und daß sie (2) Menschen in einem gewissen Maße binden, selbst wenn diese sozialen Beziehungen kurz- *und* langfristig gewisse ökonomische Kosten verursachen (wie zum Beispiel, wenn man, um sich das Wohlwollen einer Gruppe zu bewahren, regelmäßig gewisse Spenden machen muß).

Die relative Stärke von sozialen Beziehungen, so hört man oft, ist ein entscheidender Faktor für die Arbeitsbeziehungen zwischen Vorarbeitern und Arbeitern (und zwischen anderen Rängen), besonders was das Kooperations-, das Produktivitätsniveau, die Arbeitsqualität und die Arbeitszufriedenheit betrifft. In der Literatur über Organisationen wird dieses Phänomen oft so gesehen, daß zu den Überlegungen des »wissenschaftlichen Managements« (oder des Taylorismus) der Aspekt der menschlichen Beziehungen (nach Mayo) hinzukommt.

Die Schlüsselrolle, die den sozialen Beziehungen hinsichtlich der

Bestimmung des Wettbewerbsniveaus zukommt, wurde von Adam Smith ziemlich unverblümt in seinem bekannten Ausspruch anerkannt, daß, wann immer sich Geschäftsleute sozial treffen, sie niemals unterlassen, ihre »Clique« dazu zu benützen, den Wettbewerb zu beschränken. Eine Untersuchung der Geschäfte auf der Warenbörse liefert dazu ein sehr aussagekräftiges Beispiel. Theoretisch bietet die Börse eine Idealsituation für vollkommenen Wettbewerb: alle Käufer und Verkäufer sind anwesend, sie sind alle gleichzeitig an denselben Verkaufs- und Kaufangeboten beteiligt, die Transaktionen werden offen abgewickelt, sie werden sogar ausgerufen. Tatsächlich, so zeigt Baker (1984a, 1984b) unter Verwendung aussagekräftiger Daten aus Beobachtungen und Statistiken, greifen die Händler, die ständig am selben Maklerstand arbeiten, auf ihre sozialen Beziehungen zurück, um Verkäufer und Käufer anderer Maklerstände zu verdrängen. Niedrige Gebote von solchen Außenseitern werden bewußt ignoriert und die Preise werden manipuliert, um die Gebote der Außenseiter zu unterbieten und die Geschäfte zwischen Mitgliedern der Gruppe abzuwickeln (siehe auch Abolafia 1984). Was für den höchst kompetitiven Handel der Warenbörse gilt, muß um so mehr für Handelszweige gelten, die weniger öffentlich sind, weniger sichtbar und daher auch weniger kompetitiv; das heißt, für die meisten Handelsgeschäfte.

Sowohl Minoritäten als auch Frauen treten gegen Clubs weißer Männer auf, unter anderem deshalb, weil sie bemerken, daß die sozialen Beziehungen, die in diesen Clubs aufgebaut werden, nützliche Geschäftskontakte entstehen lassen. Das heißt, Clubmitglieder werden nicht auf dem Markt, sondern eher bei den anderen Clubmitgliedern nach dem besten Gebot suchen. Wir haben schon gesehen, daß die Suche aufgrund der hohen Suchkosten oft stark eingeschränkt wird. Die Clubs stellen eine Faustregel zur Beschränkung der Suche dar, die vom Standpunkt der instrumentellen Rationalität keinesfalls die beste ist, wenn es darum geht, die Gewinne zu steigern (das niedrigste Angebot kann sehr wohl von einem Anbieter kommen, der nicht Mitglied des Clubs ist), doch eine Regel darstellt, die aus anderen, nämlich sozialen Gründen befolgt wird.

Auf der gesellschaftlichen Ebene bestehen soziale Beziehungen zwischen Religionen, Rassen, Klassen und Generationen. In den Vereinigten Staaten waren die makro-sozialen Beziehungen zwischen dem Süden und dem Norden eher schwach, wurden aber in der Wiederaufbauphase nach dem Bürgerkrieg verstärkt. Und während der Umgang mit den amerikanischen Arbeitern im 19. und bis weit ins 20. Jahrhundert von anderen Gesellschaftsschichten eher als unschicklich betrachtet wurden, wuchs ihre soziale Akzeptanz immer mehr. Diese größere Akzeptanz wird oft als einer der Gründe genannt, warum die amerikanische Arbeiterbewegung viel weniger radikal und dem politischen und kompetitiven Wirtschaftssystem gegenüber toleranter ist als ihre europäischen Kollegen. Streiks und Gewalt sind, so sagt man, in den Vereinigten Staaten weniger häufig.

Der nächste Schritt bei der Entwicklung dieses Teils der sozioökonomischen Theorie besteht darin, diese (oft gemachten, aber auch oft übersehenen) Beobachtungen herzunehmen und zu spezifizieren. Dafür müssen Messungen der verschiedenen Attribute sozialer Beziehungen mit dem Ausmaß (und anderen Merkmalen) des Wettbewerbs in Zusammenhang gebracht (oder korreliert) werden. *Es wird die Hypothese aufgestellt, daß zwischen den sozialen Beziehungen und dem Wettbewerb eine nichtlineare Beziehung besteht.* Unter sonst gleichen Bedingungen ist zu erwarten, daß im Falle des Fehlens von sozialen Beziehungen die den Wettbewerb dämpfende Kapsel unzureichend ist, so daß die Gefahr besteht, daß die Konkurrenz diese dämpfende Kapsel sprengen könnte und es zu einem alles vernichtenden Konflikt kommt. In den Arbeitsbeziehungen sind lange und zerstörerische Streiks, Aussperrungen, wilde Streiks und Sabotage und Gewaltakte sowie der Einsatz von Streikbrechern Hinweise auf eine solche Tendenz. Im Gegensatz dazu erwartet man, daß Arbeitsbeziehungen viel harmonischer sind, wenn Arbeitnehmer verschiedener Ebenen sich als eine soziale Gemeinschaft verstehen, als ein Wir (wie es angeblich bei Delta Airlines der Fall ist). (Damit wollen wir nicht sagen, daß Arbeitskonflikte nur durch schwache soziale Beziehungen entstehen, sondern daß schwache Beziehungen zu diesen Konflikten beitragen oder Indikatoren für die Schwäche anderer Faktoren sind, die Konflikte verhindern könnten.)

Im gegenteiligen Fall, wenn soziale Beziehungen sehr stark und eng sind und alles umfassen, wird der Wettbewerb in der Wirtschaft wahrscheinlich behindert, wenn nicht gar unterdrückt. So ist es zum Beispiel für die Mitglieder einer Familie mit engem Zusammenhalt sehr schwierig, einander für geleistete Dienste etwas zu verrechnen oder miteinander wirtschaftliche Transaktionen abzuwickeln oder in Konkurrenz zueinander zu treten. Dies ist ein Grund, weshalb marktwirtschaftliche Verhaltensweisen in kleinen, sehr gemeinschaftlichen und stammesartig organisierten Gesellschaften, wenn überhaupt, meist nur sehr beschränkt vorhanden sind.

Daher *gedeiht der Wettbewerb nicht in unpersönlichen, berechnenden Systemen* unabhängiger Akteure, die keinerlei soziale Beziehungen haben, wie es das neoklassische Paradigma impliziert, *noch in der sozial sehr eng definierten Welt der gemeinschaftlichen Gesellschaften, sondern dazwischen*, wo die sozialen Beziehungen stark genug sind, um das gegenseitige Vertrauen und niedrige Transaktionskosten aufrechtzuerhalten, aber nicht so stark, daß sie das Streben nach Vorteilen aus dem Tauschhandel unterdrücken. Abgesehen davon, daß sie mittelmäßig stark ausgeprägt sein sollen (stärker als zwischen völlig Fremden, aber schwächer als zwischen Familienangehörigen und engen Freunden), fördern die sozialen Beziehungen die Konkurrenz, wenn sie ziemlich klar zwischen Verhaltensweisen unterscheiden, die vom sozialen Standpunkt aus schädlich sind (z. B. Betrug), und denen, die akzeptabel oder zumindest tolerabel sind (z. B. Feilschen). Dies ist der Punkt, an dem soziale Beziehungen und normative Faktoren miteinander verflochten sind. Bevor wir aber solche Berührungspunkte untersuchen, soll noch das dritte Element der Kapsel vorgestellt werden.

Die konkurrenzfördernde Funktion des Staates

Im Modell des vollkommenen Wettbewerbs ist der Staat ein verzerrender Faktor, da es davon ausgeht, daß sich das Wirtschaftssystem selbst reguliert. Was der Staat auch immer tut, es wird als »Verzerrung« oder »Einmischung« bezeichnet, weil es das System von seinem reinen, »natürlichen«, Pareto-optimalen Zustand entfernt. Anderseits reicht es, anzumerken, daß alle Gesellschaften ein gewisses Maß an staatlichem Eingriff haben, um zu erkennen, daß ein Second-best-Wettbewerbsmodell gefunden werden muß. Whigs, die von der philosophischen Ausrichtung mehr der Ökonomie des Adam Smith anhängen, argumentieren meist, daß der Einfluß des Staates minimal und auf ganz wenige nichtwirtschaftliche Aufgaben beschränkt werden sollte, im besonderen auf die Landesverteidigung. Dennoch muß auch die Verteidigung finanziert werden: man braucht also ein System, das Einnahmen lukriert. Und wie der Staat auch konstituiert ist, selbst wenn er nur den Konsum und nur die Privatpersonen besteuert (und weder Kapital noch Unternehmen), »verzerrt« er immer noch das System, zerbricht die Pareto-Form und verweist auf die Notwendigkeit eines anderen Modells.

Im Gegensatz dazu verlangt das Modell des eingekapselten Wettbewerbs gewisse staatliche Aktivitäten, während es einige andere staatliche Aktivitäten als für das Gleichgewicht jener Beziehungen innerhalb der Kapsel schädlich ansieht, die nach den Wettbewerbsregeln organisiert sind und die die Kapsel bilden. Der Staat soll die Kapsel aufrechterhalten, weil man davon ausgeht, daß Konflikte im System endemisch sind. Konfliktbewältigung, die gesellschaftlich von Vorteil ist, kann nicht nur aufgrund von normativen Verpflichtungen und sozialen Beziehungen zustande kommen, weil Akteure diese verletzen können. Daraus folgt, daß eine Institution, die über Zwangsgewalt verfügt, der Schiedsrichter für die Konflikte sein muß (z. B., indem sie Verstöße gegen Gerichtsbeschlüsse mit Haft bestraft, um Gehorsam zu erzwingen). Außerdem macht die Tatsache, daß die Konkurrenten selbst zur Gewalt greifen könnten, eine Institution notwendig, die in der Lage sein muß, sie zu entwaffnen, oder zumindest fähig sein sollte, die Konkurrenten davon abzuschrecken, ihre Ressourcen für gewalttätige Auseinandersetzungen zu benützen.

Andererseits wird der Wettbewerb unterminiert, wenn der Staat mehr Einfluß nimmt, als nötig ist, um die Kapsel aufrechtzuerhalten, und versucht, die Ergebnisse des Wettbewerbs zu beeinflussen, indem er manche Konkurrenten bevorzugt. Dies könnte etwa durch

Werthaltungen wie z. B. die soziale Gerechtigkeit gerechtfertigt werden, die nicht auf die Aufrechterhaltung der Konkurrenz abzielen. Hinzu kommt, daß eine solche Unterstützung durch den Staat, wenn er zuvor ausgeschlossenen Konkurrenten hilft, als gleichwertige Partner am Wettbewerb teilzunehmen, dazu beiträgt, das System zu legitimieren. Nichtsdestoweniger wird der Wettbewerb beschnitten, wenn die Ergebnisse der Konkurrenz von außen bestimmt werden, anstatt daß die Fähigkeit gesteigert wird, am Wettbewerb teilzunehmen.

Vom analytischen Standpunkt aus sind diese zwei Aufgaben des Staates, die Aufrechterhaltung des Wettbewerbs und seine Beschränkung, klar zu unterscheiden. Einige staatliche Maßnahmen, wie die Schaffung von Gesetzen, die das Privateigentum und die Währung schützen oder Betrug und Gewalt untersagen, sind für den Wettbewerb eindeutig förderlich. Andere wiederum haben ganz offensichtlich andere Motive; zum Beispiel diejenigen, die die Größe der Reklametafeln regeln, um die »Verschönerung der Überlandstraßen« zu fördern. Es müssen aber noch viele andere staatliche Maßnahmen untersucht werden, bevor sie entsprechend klassifiziert werden können. Gesetze, die die Ladenöffnung an Sonntagen oder festgelegten Tages- oder Nachtzeiten untersagen, oder Gesetze gegen die Einrichtung von mehreren Warenhäusern mit demselben Sortiment in unmittelbarer Nähe, solche Gesetze können benützt werden, um die Kapsel aufrechtzuerhalten (indem dadurch ruinöser Wettbewerb vermieden wird) oder aber weiße, christliche Geschäftsinhaber gegenüber rassischen und ethnischen Minderheiten zu begünstigen, wodurch der Wettbewerb beschnitten wird, indem die Zahl der Konkurrenten beschränkt wird.

Interaktionseffekte

Obwohl die drei Mechanismen, die die Kapsel konstituieren, nun einzeln diskutiert wurden, treten sie im Rahmen des eingekapselten Wettbewerbs gleichzeitig auf und beeinflussen einander genauso, wie sie das Wettbewerbsniveau bestimmen (nämlich die Bereiche, in denen das Verhalten durch den Wettbewerb determiniert wird, im

Gegensatz zu denen, in denen das Konkurrenzverhalten für ungeeignet betrachtet wird). So ist zum Beispiel der Bedarf an staatlichem Eingriff um so geringer, je stärker die moralische Ablehnung von Gewalt und je enger die sozialen Beziehungen sind. Dieser Punkt ist von besonderer Bedeutung. In großen Teilen der Whig-Literatur über dieses Thema wird der Staat dem Individuum so gegenübergestellt, als ob der einzige kollektive, gemeinschaftliche Ausdruck der des Zwanges wäre. Im Gegensazu dazu ist das normative Wirken der Gemeinschaft, das ›Wir‹, das wichtigste Mittel zur Verteidigung der Rechte des einzelnen. Es appelliert an die moralischen Werte des einzelnen. Moralische Werte beruhen wohl kaum auf Gewalt, obwohl dieses Wirken dem einzelnen insofern die letzte Entscheidung überläßt, als von ihm erwartet, aber nicht erzwungen wird, sich anzupassen. Man kann also sehr wohl über das Ausmaß der staatlichen Zwangsausübung beunruhigt sein und dennoch die Ansicht vertreten, daß das Kollektiv eine wichtige Rolle und Stimme hat. Tatsächlich ist es so, daß man, je mehr einem die Verringerung des Zwangs am Herzen liegt, um so mehr den Wert der normativen Mechanismen der Gemeinschaft anerkennen sollte. Je effektiver die Mechanismen, desto geringer ist der Bedarf an staatlicher Intervention. Gleichzeitig ist es auch richtig, daß der Staat in einem vom normativen Standpunkt aus schwachen System in einem gewissen Maße die normativen Mechanismen ersetzen kann, dies allerdings zu viel höheren Kosten, im wirtschaftlichen (vermehrter Bedarf an Polizei, Gerichten, Gefängnissen) wie im psychischen (Alienation) Bereich. Die Kapsel wird deshalb am besten als ein eng verflochtenes Netz an normativen, sozialen und staatlichen Mechanismen beschrieben, die verschiedene Rollen haben, einander aber innerhalb gewisser Grenzen ersetzen können.

Machtbeziehungen

Das Modell des vollkommenen Wettbewerbs geht davon aus, daß Akteure keinerlei Macht übereinander haben. Diese Sichtweise kommt meist darin zum Ausdruck, daß man sagt, daß kein Unternehmen die Möglichkeit hat, den Markt zu beeinflussen. Ungeachtet der Second-best-Erkenntnisse haben viele Ökonomen für eine wirtschaftliche Entwicklung in Richtung dieses Modells plädiert, und viele Politiker haben es versucht, zum Beispiel durch eine Förderung der Anti-Trust-Politik. Tatsache ist jedoch, daß es in zahlreichen Branchen zumindest einige Unterschiede hinsichtlich der wirtschaftlichen Macht zahlreicher Akteure gibt (siehe Kapitel 13). In der Tat ist die Macht in der Ökonomie so allgegenwärtig, daß die Sozioökonomie davon ausgeht, daß es bei allen Vorhaben und Zielen *nur Transaktionen unter Ungleichen gibt*. Diese Tatsache zeigt sich im realen »Tauschkurs«, d. h. in der Menge an Arbeit und Ressourcen, die ein Akteur investieren muß, um eine Einheit irgendeines Tauschguts zu produzieren, im Vergleich zu den Investitionen der anderen Partei der Transaktion. Solche Tauschraten können zwischen einzelnen Ländern (z. B. den Vereinigten Staaten und Panama), zwischen bestimmten Ländergruppen (z. B. entwickelten und unterentwickelten) und jeder Art von zwei (oder mehr) Akteuren (z. B. Großbanken und Großunternehmen gegenüber Großbanken und Kleinunternehmen) berechnet werden.

Wie man aufgrund des wissenschaftlichen Kodeterminierungsansatzes erwarten könnte, legen solche Berechnungen zwei Arten von Faktoren offen: nämlich die des neoklassischen Modells, also Angebot und Nachfrage, und diejenigen, die die Politologen immer schon untersucht haben, nämlich die Machtdifferentiale. Daher kann General Motors seine Zulieferer davon in Kenntnis setzen, daß das Unternehmen in einem bestimmten Jahr die Zahlungen nicht um mehr als X Prozent erhöhen wird, und die Zulieferer haben in der Regel kaum eine Wahl und müssen ihre Gewinnspannen senken. General Motors kann jedoch gegenüber der Citibank nicht das gleiche tun, wenn das Unternehmen seine Kreditkonditionen neu verhandeln muß. *Preise spiegeln im allgemeinen Angebot und Nachfrage* und *die relative Macht* wider. In einigen Bereichen ist das relative Gewicht der Macht sicherlich gering, doch in vielen ist es ziemlich groß; wenn überhaupt, ist es selten unerheblich. Diese Punkte sind den Neoklassikern aus ihrer Diskussion des monopolistischen Verhaltens vertraut. Dennoch gehen sie meist davon aus, daß dies nur ausnahmsweise der Fall ist und daß die Modelle des freien Marktes daher angewandt werden können. Wir werden weiter unten die Gründe und empirischen Evidenzen sehen, die uns zu der Ansicht veranlassen, daß ein solches Verhalten alles andere als eine Ausnahme und eher üblich ist. Dies macht die Notwendigkeit einer Theorie wieder deutlich, die Machtdifferentiale und Strukturen als grundlegende Elemente erfaßt (Coleman 1984).

Das Konzept des eingekapselten Wettbewerbs fügt dem untersuchten Thema eine neue Dimension hinzu: Die Akteure unterscheiden sich nicht nur hinsichtlich ihrer wirtschaftlichen Macht (ihrer Fähigkeit, den Marktzustand zu beeinflussen), sondern auch hinsichtlich ihrer politischen Macht (ihrer Fähigkeit, auf den Staat, der Teil der Kapsel ist, Einfluß zu nehmen, was wiederum das Ergebnis der Transaktionen innerhalb der Kapsel beeinflußt). Konzentrierte wirtschaftliche Macht kann also in politische Macht umgewandelt und dazu verwendet werden, die Neutralität der Mechanismen zu zerstören, die die Kapsel aufrechterhalten, aber auch dazu, die staatlichen Institutionen zu benützen, einen Akteur (oder eine Gruppe von Akteuren) gegenüber anderen zu begünstigen (zum Beispiel, indem Großunternehmen gegenüber Kleinunternehmen privilegiert werden).

Daraus folgt, daß die Machtvoraussetzungen des eingekapselten Wettbewerbs die Streuung der Wirtschaftsmacht und/oder die Trennung der wirtschaftlichen Macht vom Staatswesen ist, so daß die wirtschaftliche Macht nicht (oder nur sehr schwer) in politische Macht verwandelt werden kann. Dies ist kein absolutes Erfordernis, wie es im Modell des vollkommenen Wettbewerbs der Fall ist. Die Erfahrung des täglichen Lebens weist deutlich darauf hin, daß der eingekapselte Wettbewerb auch dann funktioniert, wenn es ein gewisses Maß an Machtkonzentration gibt. Eine hohe Konzentration wirtschaftlicher Macht ist aber für den eingekapselten Wettbewerb schädlich. Dies nicht nur, weil sie die Zahl der Konkurrenten beschränkt (ein Umstand, der von der neoklassischen Wettbewerbstheorie hervorgehoben wird), sondern weil es mit wachsender Konzentration immer wahrscheinlicher wird, daß wirtschaftliche Macht eine Quelle politischer Macht wird. Dies wiederum untergräbt die

Kapsel (ein Punkt, der in der neoklassischen Wirtschaftstheorie nicht beachtet wird).

Zweitens verlangt die eingekapselte Konkurrenz die Trennung der politischen von der wirtschaftlichen Macht, ganz unabhängig davon, wie stark sie konzentriert ist (z. B. Abschaffung der nach Eigentum gewichteten Stimmrechte und Kopfsteuern; Verbot der Wahlkampfunterstützungen durch Unternehmen und Gewerkschaften, Etzioni 1984a, S. 131 ff.). Je effektiver die Trennung der politischen und wirtschaftlichen Macht ist, desto besser kann der eingekapselte Wettbewerb die Konzentration der wirtschaftlichen Macht verhindern, obwohl sogar bei vollkommener Segregation (die schwer vorstellbar ist) eine hohe Konzentration der wirtschaftlichen Macht gewisse negative Auswirkungen haben würde. Schließlich verlangt die Einkapselung die Aufrechterhaltung eines normativen, im Moralkodex und in den Traditionen des Managerstandes verankerten Verbotes des Einsatzes der die Kapsel aufrechterhaltenden Macht zur Beeinflussung des Wettbewerbsergebnisses, das auch durch die Gerichte und die gesetzgebende Gewalt durchgesetzt werden kann.

Diese Voraussetzungen sollten insofern als Variablen gesehen werden, als sie selten, wenn überhaupt jemals vollkommen erfüllt oder überhaupt völlig abwesend sind und unabhängig von ihrer Stärke die verschiedenen Attribute der eingekapselten Konkurrenz beeinflussen. So wird zum Beispiel ein eher schwacher Staat ein relativ großes Maß an monopolistischem Verhalten und an politischer Korruption in dem Sinne zulassen, als politische Macht für private Interessen eingesetzt wird. Ein derartiges Verhalten wird die Kapsel eher unterminieren, weil einige Konkurrenten in der Lage sein werden, die Mechanismen, die dafür gedacht sind, auf alle Beteiligten in gleicher Weise angewendet zu werden, zu neutralisieren, abzulenken oder zu ihren Gunsten arbeiten zu lassen. Dies wird wiederum die Legitimation der Kapsel eher schwächen. Ein sehr mächtiger Staat wird versuchen, sich in Bereichen zu betätigen, in denen ihm keine legitime Rolle zugeteilt wurde, und so die Palette der Aktivitäten beschränken, die dem Wettbewerb zur Verfügung stehen. Damit wird die instrumentelle Rationalität des Systems und möglicherweise auch seine Legitimität untergraben. Nur wenn die zahlreichen Variablen innerhalb bestimmter Grenzen vorhanden sind, kann der Wettbewerb sowohl aufrechterhalten als auch eingedämmt werden.

Die hier diskutierten Themen werden auch in der politikwissenschaftlichen Literatur und in einer etwas anderen Terminologie im Staatswesen und in der Öffentlichkeit behandelt, doch es geht dabei, zumindest nach Ansicht des Autors, grundsätzlich um das gleiche. Ein Problem ist die Rolle der Interessengruppen. Während die Öffentlichkeit dazu neigt, sie zu verurteilen, sehen viele Politikwissenschaftler sie als Teil der pluralistischen Gesellschaft, als eine Quelle der Repräsentation des Bürgerwillens außerhalb der verfassungsmäßigen Organe. Tatsächlich gehen manche Politologen so weit, den Interessengruppen die Fähigkeit abzusprechen, allgemeine öffentliche Interessen zu formulieren, und sehen das Staatswesen nur als eine Arena, in der verschiedene Interessengruppen um ihren Anteil kämpfen (für weiter Diskussionen und Referenzen siehe Etzioni 1984a).

Vom Standpunkt der hier entwickelten Theorie macht der Pluralismus einen ausgleichenden Faktor der Einheit, eine Gemeinschaft oder ein landesweites Wir notwendig, um die vielfältigen Spezialinteressen, die Egoismen auf Gruppenebene aufzuwiegen. Es gibt also sowohl eine Pluralität der Einzelinteressen als auch ein allgemeines, öffentliches Interesse. Beide sind legitim, solange sie nicht in den jeweils anderen Bereich nicht eindringen.

Dasselbe grundlegende Thema wird in der soziologischen Literatur über Konflikt- (oder Klassen-)Theorien im Gegensatz zu Gemeinschafts- (und damit machtlosen) Theorien angesprochen. Die Konflikttheorien heben die Bedeutung des Kampfes zwischen verschiedenen Kollektiven hervor und verwerfen oft das Konzept einer gemeinsamen Gesellschaft genauso, wie einige Politologen der Whig-Richtung das Konzept des öffentlichen Interesses für ungerechtfertigt halten. Im Gegensatz dazu betont der Gemeinschaftsansatz die Rolle der von allen geteilten Werte und sieht wohlgebildete Gesellschaften als im Gleichgewicht befindlich (so wie die Neoklassiker den unregulierten Markt sehen), alle anderen Kräfte aber als »trennend« und »zerstörerisch«. Wir sehen genug Platz für Konflikte *innerhalb* einer Gemeinschaft; wir sehen Klassen *inner-*

halb einer Gesellschaft. Und während jegliche gesellschaftliche Struktur oder jegliches gesellschaftliche Gleichgewicht zerstört werden kann, muß die Gesellschaft als eine kontextbildende Gemeinschaft für die einzelnen Kollektive aufrechterhalten bleiben, um den Konflikt einzukapseln und den »totalen Krieg« zu vermeiden. Kurz gesagt, die Strukturen können verändert werden, doch die Gemeinschaft ist unbedingt notwendig.

Zusammenfassung

Die Suche nach soziöökonomischen Modellen des Wettbewerbs beruht auf einer Grundidee: die Akteure sind nicht notwendigerweise in Harmonie miteinander, und Konkurrenz ist in Wahrheit eine Form des Konflikts – nämlich ein gezügelter Konflikt. Die dämmende Kapsel, innerhalb derer der Wettbewerb sich frei entfalten kann, besteht aus normativen, gesellschaftlichen und staatlichen Mechanismen, von denen alle einzeln und im Zusammenspiel miteinander funktionieren. Die Stärke dieser Mechanismen reicht von zu schwach, um ihre Aufgabe zu erfüllen, bis zu mächtig, wodurch sie den Wettbewerb über ihre konfliktdämmende Funktion hinaus unterdrücken. Wir beginnen gerade erst, die Bedingungen zu verstehen, unter denen die Kapsel stark genug ist, ohne jedoch zu restriktiv zu wirken. Die interne Struktur des Systems ist eindeutig ein Schlüsselfaktor. Machtbeziehungen zwischen den Kontrahenten in anderen Bereichen als denen, in denen Wettbewerb stattfindet – d. h. im übrigen öffentlichen Bereich –, sind Schlüsselelemente der Struktur, ein Thema, mit dem sich die folgende Diskussion beschäftigen wird.

Kapitel 13
Politische Macht und innermarktliche Strukturen

Die ökonomische Literatur ist voller Hinweise auf Verzerrungen, die der staatliche Eingriff auf dem Markt verursacht. Der Manipulation staatlicher Einrichtungen seitens der Marktteilnehmer und den Auswirkungen dieser Manipulation auf die internen Marktstrukturen sollte aber ebensoviel Aufmerksamkeit gewidmet werden. Eine der Hauptmethoden, wie diese Manipulationen bewerkstelligt werden, besteht für Unternehmen, Banken, Bauern und Gewerkschaften darin, ihre *politische* Macht einzusetzen, um die Ergebnisse der Markttransaktionen entscheidend und systematisch zu beeinflussen. Abgesehen davon, daß dieser Umstand an sich schon ein wichtiger Faktor ist, der einen Großteil dessen erklärt, was auf dem Markt passiert, werden wir sehen, daß dasselbe Phänomen auch dazu dienen kann, einen der wichtigsten Beiträge des deontologischen Ich+Wir-Paradigmas zur sozioökonomischen Theorie zu illustrieren, indem es die Bedeutung der Strukturen (im Gegensatz zu den Aggregaten) hervorhebt; im vorliegenden Fall die Struktur der Machtbeziehungen unter den Teilnehmern am Markt.

Die Beobachtung, daß mächtige Wirtschaftsakteure ihre Macht nicht nur direkt auf dem Markt benützen, sondern auch indirekt, indem sie die staatlichen Interventionen in den Markt beeinflussen, wurde in verschiedenen Bereichen des Wirtschaftsverhaltens gemacht. Schattsneider (1935) kommt zu dem Ergebnis, daß Preise nicht in Übereinstimmung mit einer gewissen ökonomischen Logik festgesetzt werden, sondern die Ergebnisse eines politischen Kampfes zwischen einigen Unternehmen und anderen darstellten, die politisch weniger erfahren waren. Stigler (1971) argumentiert, daß die staatlichen Regulierungsmaßnahmen oft nicht den Bedürfnissen der

Öffentlichkeit entsprechen, sondern denen mächtiger Wirtschaftseinheiten. Ein bedeutender Teil wirtschaftswissenschaftlicher Literatur hat diese These weiter erhärtet und entwickelt (Peltzman 1976; Pashigian 1984, S. 1–24; Toma 1983, S. 103–16; und Kim 1984, S. 227–39). Schließlich analysiert die Literatur über das »rent«-seeking (Tullock 1967; Krueger 1974; Posner 1975; und Buchanan, Tollinson und Tullock 1980) die gesellschaftlichen Kosten, die von Wirtschaftsakteuren verursacht werden, die nach staatlichen Vergünstigungen streben: zusätzlich und über Verzerrungen hinaus, die staatliche Interventionen auf dem Markt auslösen, werden im Kampf darum, wer die staatlichen Begünstigungen bekommt, Ressourcen verschwendet.

Hier wird die Analyse auf die Untersuchung der Machtbeziehungen innerhalb der Wirtschaft ausgedehnt, zwischen Unternehmen, zwischen diesen und den Banken, Gewerkschaften, Bauern usw. Wir werden im besonderen sehen, daß die Beeinflussung staatlicher Einrichtungen durch mächtige Wirtschaftsakteure *Pseudokonzentrations*effekte auslöst. Darunter versteht man Auswirkungen, die mit jenen vergleichbar sind, die durch eine Konzentration wirtschaftlicher Macht, wie durch Monopole oder durch oligopolistische Kollusionen, entstehen – ohne daß es notwendigerweise irgendeine tatsächliche Konzentration wirtschaftlicher Macht oder Absprachen zwischen Wirtschaftsakteuren gibt. Im Gegensatz dazu beschäftigt sich die neoklassische Literatur zu diesem Thema fast ausschließlich mit den intra-ökonomischen und nicht mit den politischen Mitteln der Erlangung von Monopolgewinnen. Will man also die Transaktionen *innerhalb* der Wirtschaft verstehen, muß man ihre innere *politische* Struktur verstehen – die Macht, die verschiedene Wirtschaftsakteure übereinander haben, weil sie effektiver als andere Akteure in der Lage sind, den Staat dazu zu bringen, sie in ihren innermarktlichen Beziehungen zu anderen zu begünstigen.

In der folgenden Diskussion zeigen wir zuerst, wie das neoklassische Paradigma nur die halbe Wahrheit zeigt: es berücksichtigt den Einsatz politischer Mittel für monopolistische Ziele überhaupt nicht. Dieser »interventionistische« Einfluß mächtiger Wirtschaftsakteure wird dann systematisch erklärt, und seine Beziehungen zur Wirtschaftsmacht werden untersucht. Dies wirft die Frage auf, in welchem Maß die amerikanische Wirtschaft kompetitiv ist, zieht man die Anwendung von wirtschaftlicher *und* politischer Macht in Betracht. Das Kapitel schließt mit der Analyse der vom Autor vorgeschlagenen Mittel zur Förderung der Einkapselung des Marktes und zu seinem Schutz vor der politischen Macht seiner eigenen Teilnehmer, nicht nur vor der des Staates.

Die Struktur wirtschaftlicher Macht im neoklassischen Paradigma

Im neoklassischen Paradigma ist kein Platz für das Konzept der Macht. Stigler (1968, S. 181) schreibt dazu: »Die Essenz des vollkommenen Wettbewerbs ist... die äußerste Streuung der Macht.« Er fügt dann noch hinzu, daß die Macht »völlig vernichtet wird... genauso wie ein Liter Wasser effektiv vernichtet wird, wenn man ihn auf tausend Hektar Boden versprengt« (siehe auch Swedberg et al. 1985, S. 21). Dennoch erkennen sogar die Neoklassiker in ihren Schriften über die sogenannte »industrielle Organisation« an, daß man bei der Analyse wirtschaftlicher Transaktionen in irgendeinem System, das der realen Welt auch nur im entferntesten ähnlich ist, in Betracht ziehen muß, daß einige Verkäufer oder Käufer über unterschiedliche wirtschaftliche Macht verfügen. Dieser Umstand wird oft als eine Fähigkeit definiert, die Preise über die Grenzkosten zu heben und damit größere Gewinne zu machen als es in einem freien Wettbewerb möglich wäre. Die dadurch entstehenden sogenannten monopolistischen Gewinne werden entweder als die Folge wirtschaftlicher Macht oder als ein Hinweis auf ihre Existenz beschrieben.

Die Fähigkeit, den Markt in einer oder der anderen Weise zu kontrollieren (d. h. Preise festzusetzen) wird als »industrielle Organisation« bezeichnet, womit die Konzentration der wirtschaftlichen Macht gemeint ist. Während eine kleine Firma nicht über wirtschaftliche Macht verfügt, kann dies ein Käufer oder Verkäufer, der im Vergleich zur Gesamtgröße des Marktes groß ist, sehr wohl. Potentiellen Konkurrenten den Zutritt zum Markt zu verwehren wird oft als eine wichtige, mit der Fähigkeit, den Preis zu bestimmen in Zusammenhang stehende Macht genannt. Ohne sie könnte die Kontrolle der Marktanteile nur vorübergehend sein, besonders, wenn die Zutrittskosten zum Markt im Vergleich zu den potentiellen Gewinnen gering sind (Baumol, Panzar, Willig 1982; Shepherd 1982, S. 616; Greer 1980, S. 111–12 und Needham 1969, S. 84).

Wenn es nur einen einzigen Verkäufer oder nur einen einzigen Käufer gibt – d. h., wenn ein Akteur 100 Prozent des Marktes beherrscht –, sagt man, daß er über monopolistische oder monopsonische Macht verfügt. Wenn es nur wenige Käufer oder Verkäufer gibt, erwartet man, daß sie zumindest potentiell über Macht verfügen (je nachdem, ob sie sich untereinander absprechen oder nicht). Wenn sich eine Gruppe oligopolistischer Unternehmen untereinander tatsächlich abspricht, werden sie manchmal als ein geteiltes Monopol bezeichnet. Die meisten Studien über oligopolistisches Verhalten gehen von diesen Punkten aus, wenn sie die Strategien untersuchen, die manche Firmen dazu bringen, miteinander zu kooperieren, während es andere nicht tun, und auch die Mittel dieser Zusammenarbeit sowie die Methoden beleuchten, mit denen Neuankömmlingen der Zutritt zu »ihrem« Markt blockiert wird.

Die Strategien und Methoden, die am häufigsten untersucht werden, sind intraökonomischer Natur: Sie werden von Wirtschaftsakteuren benützt, die wirtschaftliche Mittel zur Verfolgung wirtschaftlicher Ziele einsetzen. Die Strategien werden von Unternehmensangehörigen (Managern) oder von jenen erdacht und angewandt, die von ihnen bezahlt werden (z. B. von ihren Anwälten). Die eingesetzten Mittel können Preiswucher, Preisführerschaft, Werbekampagnen, »frühes« Vermarkten neuer Produkte, offene oder verdeckte Übereinkommen, Preiskalkulation nach Faustregeln usw. umfassen (Scherer 1980, Kapitel 6). Eine hervorragende Studie der von »dominanten« Unternehmen eingesetzten Mittel hebt die Rolle der nichtpreislichen Strategien hervor: Diese umfassen Marketing, Forschung und Entwicklung, vertikale Integration, Diversifizierung und Aufbau von Vertriebskanälen (White 1983). Sogar die häretische Analyse von Galbraith (1967) konzentriert sich auf die innermarktlichen Kräfte großer Unternehmen, die mittels Werbung und Planung die Konsumnachfrage eher formt und kontrolliert, als auf sie zu reagieren. Kurz gesagt, *obwohl die Untersuchung der »industriellen Organisation« (oder wirtschaftlichen Konzentration) die neoklassische Wirtschaftstheorie eher von den Modellen des vollkommenen Wettbewerbs weg und damit näher an die Realität führt, behandelt diese die Wirtschaft grundsätzlich immer noch als eine eigene Welt, die von politischen Faktoren unbeeinflußt ist.* Dies betrifft sowohl die Transaktionen als auch die Beziehungen zwischen den Wirtschaftsakteuren.

Außerdem wird der Staat in diesem Zusammenhang meist als die Quelle von Anti-Trust-Strategien betrachtet, das heißt als eine Kraft, die die Konzentration wirtschaftlicher Macht zur Förderung des Wettbewerbs zu beschränken sucht. McConnell (1975, S. 102) weist darauf hin, daß »der Staat die Aufgabe übernimmt, den gesetzlichen Rahmen und bestimmte grundlegende Dienstleistungen zur Verfügung zu stellen, die für das Funktionieren einer Marktwirtschaft Voraussetzung sind«. Und glaubt man Navarro (1984, S. 7), so »ist ein zweites Modell, nämlich das des Marktversagens, das stolze Kind der Ökonomen. Es porträtiert den Staat als einen wohlwollenden *deus ex machina*, [dessen Rolle es ist,] ... diese Mängel oder ›Marktversagen‹ auszugleichen.«

Der Staat wird in solchen Diskussionen meist (sieht man von rein rechtlichen Aktivitäten wie der Ausstellung von Patenten und Lizenzen und gewisser Auswirkungen des staatlichen Beschaffungswesen ab) nicht als eine Hauptquelle der »industriellen Organisation« betrachtet und auch nicht als ein wichtiges Instrument, dessen sich die Unternehmen bedienen, um Wirtschaftskonzentrationen zu bilden und aufrechtzuerhalten, d. h. als eine Methode, Monopole und Oligopole zu bilden. Im Gegensatz dazu werden wir sehen, daß Einflußnahme auf den Staat eine allgemein benützte und höchst effektive Methode darstellt, um Marktanteile zu erlangen und sie auch zu behalten, den Zugang von Konkurrenten auf den Markt zu behindern und Absprachen zu treffen, um zu Wirtschaftsmacht zu gelangen. (Der Begriff »mächtige Wirtschaftsakteure« bezieht sich also auf Wirtschaftseinheiten, seien sie nun Produzenten, Gewerkschaften oder Handelsunternehmen, die in irgendeiner Form über Macht über den Markt verfügen, sei sie nun wirtschaftlicher oder politischer Natur; dieser Begriff »mächtige Wirtschaftsakteure« steht im Gegensatz zu kompetitiven Wirtschaftsakteuren.)

Bleibt die Benützung des Staates durch mächtige Wirtschaftsakteure unberücksichtigt, so läßt die Analyse auch eine der effizientesten Methoden außer acht, wie sogenannte übernormale Gewinne gemacht werden können. Dies geschieht *nicht, indem die Preise über den Grenzkosten angesetzt werden*, sondern indem man Marktpreise verlangt und *sich des Staates bedient, um einen oder mehrere Input-Faktoren zu Preisen zu bekommen, die entscheidend unter denen liegen, die die Konkurrenten bezahlen müssen.* Zu diesen Methoden gehören billiges Kapital zu Zinssätzen, die deutlich unter den marktüblichen liegen, zum Beispiel durch spezielle Industrieanleihen, Steuerbefreiungen oder Steuervergünstigungen, die auf eine spezielle Firma oder einen Industriezweig zugeschnitten sind; billige Arbeitskräfte im Rahmen von staatlichen Ausbildungs- und Qualifizierungsprogrammen und Befreiungen von Gesetzen oder Vorschriften wie zum Beispiel jene bezüglich der Mindestlöhne oder Einwandererbeschäftigung; Subventionen; das Recht, aus staatlicher Forschung und Entwicklung kommerziellen Gewinn zu ziehen; der Kauf staatlicher Vermögenswerte zu Notverkaufspreisen und beschleunigte Abschreibungsschemata, die einige Branchen gegenüber anderen privilegieren (z. B. kapitalintensive im Gegensatz zu Dienstleistungsbetrieben).

Wir beziehen uns hier nicht auf die häufig diskutierten Markt- »Verzerrungen«, sondern auf die Benützung staatlicher Einrichtungen durch einige mächtige Wirtschaftsakteure, um ihre Gewinne im Vergleich zu denen ihrer schwächeren Konkurrenten zu steigern. Es ist daher typisch, daß 84 Prozent der Milliarden Steuerbegünstigungen, die von der Domestic International Sales Corporation (DISC) jährlich gewährt werden, Unternehmen zugute kommen, deren Vermögenswerte 100 Millionen US-Dollar übersteigen (Lang 1977, S. 7). »Übernormale« Gewinne auf diese Weise zu machen anstatt durch das Hinauftreiben der Preise macht den Gewinn weniger sichtbar, was für die Nutznießer einer solchen Macht in der politisch sehr hellhörigen Wirtschaft wünschenswert ist (aus ähnlichen Gründen werden direkte Subventionen, die von der Wirtschaftstheorie den Steuererleichterungen vorgezogen werden, als politisch weniger vorteilhaft betrachtet).

Zuletzt wird man durch das besondere Augenmerk auf intra-ökonomische Mitteln unter Außerachtlassung politischer Maßnahmen dazu gebracht, irrige Annahmen über die Kompetitivität einer Wirtschaft zu fassen. Wenn zum Beispiel Konzentrationsraten als Maß für die Wettbewerbsfähigkeit der amerikanischen Wirtschaft verwendet werden, kann man argumentieren, daß sie ziemlich kompetitiv ist. Wenn man aber auch die Verwendung politischer Mittel zur Beschränkung des Wettbewerbs in Betracht zieht, ergibt sich, wie wir sehen werden, ein ganz anderes Bild.

Einflußnahme auf den Staat

Die umfangreiche neoklassische Literatur über den negativen Einfluß staatlicher Interventionen in den Markt widmet aus gutem Grund jenen Kräften, die den Staat zu diesen Interventionen bewegen, sehr wenig Aufmerksamkeit. Für viele analytische Zwecke ist es unerheblich, ob der Staat eingreift, um die Schönheit oder die Gerechtigkeit zu fördern oder um irgendwelchen Unternehmen im Wettbewerb mit anderen zu helfen. Die daraus entstehenden Markt-»verzerrungen« sind, unabhängig von ihrem Motiv (mit der wichtigen, in ihrem Ausmaß angeblich beschränkten Ausnahme, daß der Staat eingreift, um das »Versagen« des freien Marktes zu korrigieren), die gleichen. Es ist also allgemein üblich, den Staat als Verursacher der Interventionen zu sehen, ohne danach zu fragen, wodurch es zu ihnen kam.

Sofern es überhaupt eine Diskussion darüber gibt, wer hinter den staatlichen Interventionen steht, liegt das Schwergewicht dieser Diskussionen auf sozialen Gruppen wie Minoritäten und Frauen und ihren inflationären Forderungen (Bell 1975, S. 100; Friedman 1982, S. 23), Politikern und Bürokraten (Downs 1967; Niskanen 1971) und besonderen Interessensvertretungen (Olson 1982). Und die Studien versuchen meist das Ausmaß der staatlichen Aktivitäten zu erkären und die verzerrenden Auswirkungen, die solche Aktivitäten auf den Markt haben, statt die Effekte zu untersuchen, die sie auf die Beziehungen zwischen den Wirtschaftsakteuren haben (siehe zum Beispiel Epstein 1969). Wichtige Ausnahmen sind die Arbeiten von Schattsneider, Stigler und einigen anderen, die den Mißbrauch staatlicher Zoll- und Regulierungspolitik durch mächtige Wirtschaftseinheiten zur Verfolgung ihrer wirtschaftlichen Ziele untersuchten.

Politische Macht ist die Fähigkeit nichtstaatlicher Akteure, den Staat zu beeinflussen. Der Begriff geht davon aus, daß die Richtung, die die Regierung einschlägt, *teilweise* von externen Faktoren bestimmt wird. (Interne Faktoren umfassen Werte oder Ziele, denen der Staat oder seine Beamten aus moralischen oder ideologischen Gründen verpflichtet sind. Zu diesen gehört auch der Eigennutz der Politiker und Beamten.) In der naiven demokratischen Theorie ist die politische Macht innerhalb der Gesellschaft und zwischen den Wirtschaftsakteuren gleich verteilt: »one person, one vote«. Dennoch funktioniert das politische System kaum auf diese Weise (Lowi 1969; Irbsteub und Elder 1978). In allen Staatswesen ist die politische Macht in der Gesellschaft und unter den Wirtschaftsakteuren ungleich verteilt. In Demokratien mag zwar jeder Mensch ein Stimmrecht haben, doch kontrollieren verschiedene Wirtschaftsakteure große Teile der Ressourcen, die notwendig sind, um die Wähler zu informieren, zu bilden, zu überzeugen und zu mobilisieren. Was jedoch von höchster Wichtigkeit ist, zahlreiche Regierungsentscheidungen werden zwischen den Wahlen in Absprache mit und unter dem Einfluß ökonomischer Interessengruppen getroffen, was den meisten Wählern nicht bekannt ist und ihrer Zustimmung gar nicht unterworfen wird.

Obwohl sich die verschiedenen politischen Lobbyisten gegenseitig in einem bestimmten Maße tatsächlich neutralisieren, weil sie in entgegengesetzte Richtungen ziehen, folgt daraus nicht, daß politische Macht deshalb keinen Effekt hat (vgl. Key 1958 und Thurow 1980) oder daß diese politische Macht vor allem zu einer Pattstellung führt (Ruesnab 1950, S. 244–48). *Keine zwei Gruppen haben gleich viel politische Macht, und daher gibt es immer einen Nettovorteil als Ergebnis des Tauziehens der verschiedenen Gruppen. Außerdem hat oft eine Gruppe in einem beschränkten Bereich eine Hegemonie:* so zum Beispiel die National Rifle Association über die Kontrolle der Schußwaffen oder viele Jahre lang die Bauernlobbies über die Agrarsubventionen.

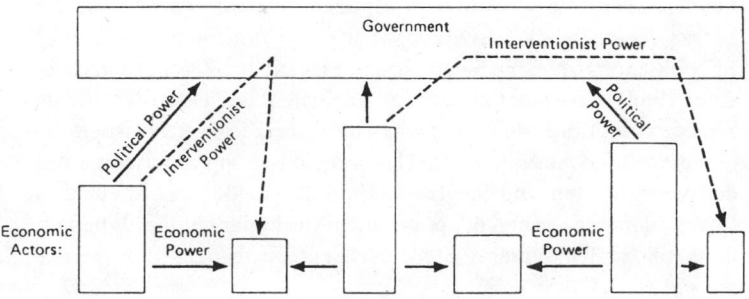

Die Palette der verschiedenen Anwendungsmöglichkeiten politischer Macht ist groß. Politische Macht kann benützt werden, um verschiedene Themen der Sozialpolitik (wie zum Beispiel Abtreibung), der Außenpolitik (wie die Unterstützung der IRA) und vieler anderer Bereiche zu stützen, die an sich nichtökonomischer Natur sind. Worum es hier geht, ist der Einsatz politischer Macht durch *Wirtschaftsakteure* für *ökonomische Zwecke*. Wenn man von politischer Macht spricht, so lassen uns die Sprachkonventionen an die Macht denken, die die Regierung einsetzt oder an Macht, die benützt wird, um den Staat zu beeinflussen. Um die Aufmerksamkeit auf die Verwendung von Einfluß der Wirtschaftsakteure auf den Staat zur Verfolgung ihrer eigenen Ziele zu lenken, könnte man den Begriff *Einflußnahme auf den Staat* verwenden. Einflußnahme auf den Staat seitens der Unternehmen bezeichnet die Verwendung staatlicher Einrichtungen durch Unternehmen, um in Übereinstimmung mit ihren Zielen wiederum Einfluß auf die Wirtschaft zu nehmen. Dieser Begriff kann auch auf andere Interessengruppen angewandt werden, so kann man von der Einflußnahme der Gewerkschaften sprechen, der Bauern, der Konsumentenorganisationen (siehe Graphik).

Ein Großteil der Literatur zu diesem Thema beschäftigt sich mit der politischen Macht, die Unternehmen und andere wirtschaftliche Interessengruppen in Verfolgung ideologischer Ziele (z. B. Unterstützung konservativer Kandidaten) ausüben, und mit Maßnahmen, die im allgemeinen das Unternehmertum begünstigen (z. B. niedrigere Steuersätze für Konzerne), nicht aber mit den speziellen *wirtschaftlichen* Zielen, die sich für ein bestimmtes Unternehmen auf dem Markt begünstigend auswirken. (Für einen umfassenden Überblick über die Literatur siehe Salamon und Siegfried 1977. Siehe auch Epstein 1969.) Und nicht alle dieser wenigen Wissenschaftler, die den Einsatz politischer Macht für wirtschaftliche Ziele untersuchen, finden eindeutige Auswirkungen. Die Ergebnisse solcher Studien werden von Salamon und Siegfried (1977, S. 135–36) beschrieben, die Korrelationen zwischen der politischen Macht der Unternehmen und der Erreichung besonderer Steuersätze entdeckten.

Wirtschaftskonzentration und Einflußnahme auf den Staat

Die zwei wichtigsten Erkenntnisse über die Einflußnahme auf den Staat sind folgende: (1) die Einflußnahme löst *wirtschaftliche* Konsequenzen aus, die in ihrem Umfang mit jenen vergleichbar sind, die durch die Ausübung wirtschaftlicher Macht (von einem Wirtschaftsakteur über andere) erreicht werden, und (2) Einfluß kann auch auf den Staat unabhängig davon genommen werden, *ob der Akteur nun über wirtschaftliche Macht verfügt oder nicht*. Daher impliziert interventionistische Macht, daß ein Unternehmen dadurch in der Lage ist, große Marktanteile zu kontrollieren, ohne ein großes oder dominantes Unternehmen zu sein. Sie impliziert, daß ein Unternehmen auch dann in der Lage ist, Konkurrenten den Zugang zum Markt zu versperren, wenn es kein Monopol hat oder kein oligopolistisches Unternehmen ist, und daß ein Unternehmen mit solchem Einfluß auch in der Lage ist, »exzessive« Gewinne zu machen, ohne seine Preise höher anzusetzen als diese in einem vollkommen kompetitiven Markt liegen würden. Kurz gesagt, *Wirtschaftsakteure können durch den Einsatz politischer Mittel verschiedene Ziele erreichen, deren Erreichung oft nur einer Konzentration wirtschaftlicher Macht zugeschrieben wird.*

Die gerade formulierte These steht im Widerspruch zu der marxistischen Auffassung, daß politische Macht nur oder zu einem großen Teil mit ökonomischer Macht einhergeht. Obwohl die wirtschaftliche Macht eines Akteurs tatsächlich in Einfluß auf den Staat verwandelt werden kann, ist wirtschaftliche Macht *keine Voraussetzung* für die Erlangung dieses Einflusses, der jedoch oft die *Quelle* wirtschaftlicher Macht ist. Obwohl viele Akteure über beide Arten des Einflusses verfügen, besteht *keine notwendige* Korrelation zwischen ihnen.

Es gibt drei grundlegende Formen der Verteilung von politischem Einfluß: Pluralismus, Oligarchie und Hegemonie. Pluralismus herrscht dann, wenn die politische Macht mehr oder weniger gleichmäßig auf eine große Anzahl von Akteuren verteilt ist. Viele Politikwissenschaftler halten die Demokratie für pluralistisch, weil der Staat die Forderungen einer großen Vielzahl politisch aktiver Gruppen erfüllt. Pluralismus herrscht in einer Branche, in der es eine große Zahl an Unternehmen gibt, von denen keine über ein unangemessenes Maß an politischer Macht verfügt. Wenn also zum Beispiel alle ungefähr gleich hohe Wahlspenden leisten oder vergleichbare Interessenvertretungen haben, die für sie arbeiten usw. Unter diesen Umständen entsteht wenig oder gar keine interventionistische Macht, weil alle Akteure annähernd über den gleichen Einfluß verfügen, den Staat zu »lenken«, und keiner diesen Einfluß einsetzen kann, um sich gegenüber den anderen einen Vorteil zu verschaffen. (Theoretisch ist es denkbar, daß in einem Wirtschaftszweig keine internen Machtdifferenzen herrschen und die Branche trotzdem als Gruppe gegenüber anderen Wirtschaftszweigen mächtig agiert. In der Realität passiert dies eher selten, und daher wird diese Möglichkeit im Rahmen dieser ersten Annäherung an das Thema nicht weiter untersucht. Dasselbe gilt für andere mögliche Unterschiede zwischen intra- und interindustriellen »Organisationsformen«.)

Oligarchie herrscht dann, wenn die politische Macht in den Händen weniger Akteure konzentriert ist. Die Kirche, die Armee und die Aristokratie der autoritären Gesellschaften des 19. Jahrhunderts waren Oligarchien. Oligarchie mit Einfluß auf den Staat besteht, wenn eine kleine Zahl von Wirtschaftsakteuren einen Großteil oder die Gesamtheit der politischen Macht ausübt. So ist zum Beispiel die Ölindustrie dann oligarchisch, wenn große Ölgesellschaften einen Großteil der politischen Macht der Branche ausüben (Engler 1961), während nur sehr wenig Einfluß in den Händen der zahlreichen kleinen, unabhängigen Produzenten liegt.

Hegemonie herrscht, wenn die politische Macht vor allem in den Händen eines Akteurs konzentriert ist (Keohane 1984). Ein solcher Akteur wird oft als die Machtelite bezeichnet. In früheren Zeiten kam es zu Hegemonie mit starkem Einfluß auf den Staat, wenn z. B. einem Wirtschaftsakteur das exklusive Recht zuerkannt wurde, Banknoten herauszugeben (meist war es eine private Bank) oder Steuern einzutreiben.

Auf den ersten Blick mag es scheinen, daß diese Arten der Einflußnahme auf den Staat – singulär, selektiv und dispers – den wohlbekannten Modellen wirtschaftlicher Macht – Monopol (und Monopson), Oligopol (und Oligopson) und kompetitiven Märkten entsprechen. Dennoch *gibt es* nach der hier aufgestellten These *keine zwingende Korrelation zwischen den drei Formen wirtschaftlicher Macht und jenen der politischen Macht*; man kann alle neun möglichen Kombinationen antreffen (siehe nachfolgende Tabelle). Außerdem lösen Variationen der einzelnen Kombinationen eine bestimmte prognostizierbare Dynamik aus.

(1) *Monopole auf der Basis wirtschaftlicher und politischer Macht*: In Übereinstimmung mit der hier vorgetragenen Analyse gibt es drei ziemlich verschiedene Arten von Monopolen; diejenigen, die auf wirtschaftlicher Macht beruhen (Typ 7), diejenigen, die auf politischer Einflußnahme seitens eines Wirtschaftsakteurs unter vielen beruhen (Typ 3), und Monopole, die sowohl auf wirtschaftlicher als auch auf politischer Macht begründet sind (Typ 9). (Unternehmen, die ein Monopol besitzen, ihre politische Macht aber mit wenigen anderen Wirtschaftsakteuren teilen – z. B. Beziehungen zwischen monopolistischen Unternehmen und Gewerkschaften mit Mitgliedszwang (Typ 8) –, werfen Probleme auf, die hier nicht untersucht werden sollen.)

Eine Typologie der Macht			
	Einflußnahme auf den Staat		
	PLURALISMUS	OLIGARCHIE	HEGEMONIE
Wirtschaftliche Macht			
Kompetitive Märkte	1	2	3
Oligopol	4	5	6
Monopol	7	8	9

Eine Situation, in der ein Wirtschaftsakteur in einer besonders kompetitiven Branche mit wenig oder keiner wirtschaftlichen Macht tätig ist, jedoch über politische Hegemonie verfügt (Typ 3), wird durch die Geschichte eines Waffenhändlers in Libyen illustriert. Edwin Wilson verkaufte viele Jahre Waffen mit einem 100 bis 200%igen Aufschlag an Libyen. Dies obwohl viele anderen Waffenhändler sich bei denselben Generälen um Aufträge bemühten und es relativ leicht war, ins Geschäft zu kommen: es waren keine Produktionskapazitäten oder Waffenlager oder Herkunftsnachweise erforderlich (Goulden 1984). Es gab unter den meisten Händlern auch keine Absprachen. Wenn also ein einziger Käufer mit vielen unabhängigen Verkäufern zu tun hat, sind solche Gewinnspannen nicht das zu erwartende Ergebnis. Wilson war in der Lage, solche Gewinne zu machen, weil er die Unterstützung des Generals gewonnen hatte, der für die Ankäufe verantwortlich war, und verstand, sie sich zu bewahren. Viele Händler zahlten oder boten Schmiergelder an; Wilsons Schmiergelder waren nicht besonders großzügig, sie waren bestenfalls »konkurrenzfähig«. Die Annahme, daß es für den General »rational« war, mehrere Millionen über dem Marktpreis zu zahlen, weil er wußte, daß Wilson eine zuverlässige Quelle war, wird dadurch widerlegt, daß Wilson regelmäßig mindere Qualität lieferte. Seine Macht lag in seiner Überzeugungskraft und in seiner Hochstapelei. Für die Lieferung bestimmter Waffenkategorien kann man sagen, daß Wilson aufgrund von politischem Einfluß eindeutig ein *Monopol* geschaffen hat. (Der Begriff »legales Monopol« wird vermieden, weil die dafür verwendeten Mittel oft illegal oder nicht legal sind.)

Die Standardbeschreibung der Schaffung und Aufrechterhaltung eines Monopols in der ökonomischen Literautr entspricht dem Typ 7, dem Monopol, das aufgrund von Wirtschaftsmacht entsteht. Laut Demsetz (1974, S. 164) »versteht sie die monopolistische Macht als Einfluß, der von einem Unternehmen oder einer Branche ohne entscheidende Hilfe seitens des Staates erreicht werden kann«. Obwohl es die ökonomische Theorie wenig interessiert, wie Monopole historisch tatsächlich entstehen, wird oft eine heuristische Geschichte zitiert. Diese betrifft den Akteur, der den ersten Schritt tut: In einer Situation, in der ein neues Produkt oder eine Dienstleistung große Kapitalauslagen verlangt, kann man davon ausgehen, daß derjenige, der diese Investitionen als erster tätigt, monopolistische Gewinne einstreichen wird (für eine Diskussion »der Vorteile, der erste zu sein« und Referenzen auf verschiedene andere Arbeiten siehe Glazer 1985. Siehe auch Smiley und Ravid 1981). Andere Wege der Bildung und Aufrechterhaltung von Monopolen, unabhängig davon, ob man der erste ist oder nicht, sollen immer mit der Kontrolle über essentielle Rohmaterialien verbunden sein. (Alcoa kontrollierte die Bauxitvorkommen in den Vereinigten Staaten und war vom Ende des 19. Jahrhunderts bis in die 40er Jahre dieses Jahrhunderts der einzige Aluminiumproduzent; Browning und Browning 1983, S. 305.) Eine andere Methode besteht darin, bei den Konsumenten eine Produkttreue aufzubauen (Kamerschen und Valentine 1981, S. 309).

Solche intra-ökonomischen Entwicklungen monopolistischer Macht kommen vor; aber sie scheinen viel weniger häufig zu sein als allgemein angenommen. Unserer Ansicht nach gewinnt anfangs einer von vielen kompetitiven Wirtschaftsakteuren durch die Anwendung politischer Mittel eine monopolistische Position. So erlangen zum Beispiel Gewerkschaften durch staatlich überwachte Wahlen das Exklusivrecht, die Arbeiter in einer bestimmten Firma zu vertreten. Das beruht auf einem Recht, das der Staat garantiert und durchsetzt, welches wiederum das Ergebnis politischen Drucks durch organisierte Arbeitnehmer auf die Regierung ist. Offensichtlich ist die Möglichkeit, die Vertretung der Arbeitnehmerschaft in einem Unternehmen oder einer Branche zu monopolisieren viel geringer, wenn dieses Recht nicht besteht.

Die Konkurrenz um Kabelfernsehlizenzen ist genau deshalb so heftig, weil es für ein anderes Unternehmen sehr schwer ist, in den Markt zu kommen, wenn eine Firma einmal ihre Kabel gelegt hat, und weil die Gewinne in diesem Bereich sehr hoch sind. In der Branche ist die Ansicht weit verbreitet, daß viele der Kabelfernsehlizenzen in den letzten zwei Jahrzehnten in den Vereinigten Staaten von den Gemeinden aufgrund undurchsichtiger politischer Geschäfte vergeben wurden, von denen das üblichste die Schmiergeldzahlungen sind. Meist ist dies in Form von besonders großen Anwaltshonoraren an eine Kanzlei geflossen, der der Bürgermeister (oder eine andere einflußreiche Person der Stadtregierung) angehörte, bevor er sein Amt antrat, obwohl nur sehr wenige juristische Schritte für die Lizenzvergabe notwendig sind.

Theoretisch könnten alle Bewerber um so eine Lizenz miteinander durch die Höhe der Schmiergelder in Konkurrenz treten und so eine Art Markt schaffen, aber viele Firmen weigern sich, solche Geschäftspraktiken anzuwenden (Phelps 1975, S. 3 ff.), und andere kennen die lokalen Verbindungen nicht. Oft sind nur Akteure »akzeptabel«, denen man aufgrund enger persönlicher oder gesellschaftlicher Kontakte oder einer langen Geschichte dunkler Geschäfte vertrauen kann. Wenn sich also nur eine von mehreren konkurrierenden Firmen dafür »qualifiziert«, Schmiergelder bezahlen zu dürfen, haben wir es mit einer Hegemonie aufgrund politischer Macht *ohne* vorheriger Konzentration von Wirtschaftsmacht zu tun.

Obwohl die politische Einflußnahme oft schon auf nationaler Ebene beträchtliche Formen annimmt, ist sie auf bundesstaatlicher oder Gemeindeebene meist noch viel höher. Man kann darüber diskutieren, über wieviel politischen Einfluß die Autoindustrie in Washington verfügt, doch ist er in Michigan ganz offensichtlich größer und in Detroit am stärksten. Ebenso ist die Macht von DuPont in Delaware beträchtlich größer als in der Hauptstadt des Bundesstaates usw. Dies sowohl deshalb, weil es auf der Gemeindeebene weniger »entgegenwirkende« Kräfte gibt als auf bundesstaatlicher, als auch, weil ein Großunternehmen im Bundesstaat gemessen an seinem Stellenwert im Gesamtstaat mehr Einfluß haben muß. Hinzu kommt, daß Großunternehmen oft in der Lage sind, von Bundesstaaten oder Gemeinden erhebliche Vorteile zu erpressen, indem sie drohen, in einen anderen Bundesstaat oder eine andere Gemeinde abzuwandern oder versprechen, in den jeweiligen Bundesstaat oder die jeweilige Gemeinde zu ziehen. Ein Hinweis auf die größere Empfänglichkeit von Gemeinden oder Bundesstaaten für den politischen Einfluß der Wirtschaftsakteure im Vergleich zu Staatsregierungen ist darin zu sehen, daß viele Konzerne es lieber sehen, wenn Sicherheits-, Gesundheits- und andere Vorschriften auf Gemeindeebene festgesetzt und/oder durchgesetzt werden als auf nationaler Ebene.

Viele Monopole, die politisch initiiert wurden und die auch die wirtschaftlichen Eigenschaften eines Monopols aufweisen, sind Monopole, die auf zwei Grundlagen basieren (Typ 9). So kann zum Beispiel eine Firma, die über viel politischen Einfluß verfügt, ihren Marktanteil so weit ausdehnen, daß sie potentielle Konkurrenten abschreckt, indem sie die Preise niedrig hält oder indem sie große Ressourcen dafür verwendet, die Einstiegskosten der Konkurrenten zu erhöhen (sagen wir, durch massive Werbekampagnen). Ein Weg ist auch der Einsatz anderer wirtschaftlicher Mittel, um ihre Macht weiter zu vergrößern, anstatt sich nur auf politische Einflußnahme zu verlassen.

Die verschiedenen Typen von Monopolen scheinen sich in ihrer Stabilität systematisch voneinander zu unterscheiden. Wirtschaftsakteure, die sich ausschließlich oder großteils auf wirtschaftliche oder aber auf politische Macht verlassen, schaffen sich damit eine relativ instabile Position, während die Stellung jener, die über beide Arten der Macht verfügen, stabiler erscheint. Daher *erwartet man von Wirtschaftsakteuren, die nur über eine Art der Macht verfügen, daß sie danach streben, die andere auch zu erreichen*. Die Monopole, die auf politischem Einfluß beruhen und keine oder nur wenig wirtschaftliche Macht gewinnen, werden als inhärent instabil betrachtet, weil ein Wechsel in den politischen Ämtern oder der Eintritt neuer politisch mächtiger Akteure in den Markt ihre hegemoniale Macht brechen kann. Dies ist der Fall, wenn eine Firma die exklusive Lizenz hat, eine Geschenkboutique, einen Buchladen, ein Hotel oder ein Restaurant in einem bestimmten öffentlichen Territorium zu betreiben (z. B. in einem Nationalpark), wo aber relativ wenig investiert wurde oder das Anlagevermögen der Institution gehört. Unter diesen Umständen können die verantwortlichen Behörden ein Unternehmen ziemlich schnell »fallenlassen«, entweder nach Ablauf einer Vertragsperiode oder aufgrund einer Verständigung, um die Lizenz einem anderen Unternehmen zu erteilen.

Im Falle von rein wirtschaftlichen Monopolen, die nicht auf politischer Intervention beruhen, erwartet man, daß es für sie besonders schwierig ist, ihre monopolistischen Gewinne aufrechtzuerhalten. Dadurch entsteht starker Druck, von dieser Form des Monopols zu der zu wechseln, die auf wirtschaftlicher und politischer Einflußnahme basiert. Tatsächlich hatte es der Autor schwer, Beispiele für rein wirtschaftliche Monopole zu finden, die in der ökonomischen Literatur so oft beschrieben sind. In allen untersuchten Fällen schienen sich die Akteure zumindest in einigen Phasen ihrer Entwicklung auf einen gewissen politischen Einfluß verlassen zu haben.

Öffentliche Versorgungsunternehmen (Strom, Gas und Wasser) werden (wegen ihrer hohen Kapitalkosten) zum Beispiel oft als natürliche und auch als regulierte Monopole bezeichnet. In dem Maße, in dem die Regulierung die Möglichkeit beschränkt, ihre Preise (oder Tarife) zu erhöhen oder ihre Profite zu verringern, können diese öffentlichen Unternehmen immer noch als wirtschaftliche und nicht als politisch-wirtschaftliche Monopole betrachtet werden. In diesen Situationen kommt politische Macht zum Einsatz, nicht aber seitens der Monopole, um ihre monopolistische Position zu sichern, sondern seitens der Öffentlichkeit mit dem Ziel, sie einzuschränken. Dennoch wird die Regulierung auch dazu verwendet, den monopolistischen Status aufrechtzuerhalten. Tatsächlich entwickelte Stigler (1962) als erster seine »capture«-Theorie (d. h., daß die Regulierungen von besonderen Interessen »besetzt« [= »captured«] werden) in einer Untersuchung über die öffentliche Strom-, Gas- und Wasserversorgung. Kurz, »rein« wirtschaftliche Monopole (Typ 7) sind logisch möglich, scheinen jedoch selten und instabil zu sein; Monopole, die auf politischer und wirtschaftlicher Macht beruhen, kommen hingegen häufig vor und sind stabil.

(2) *Der politische Einfluß von Oligopolen* (Typ 4, 5, 6): Neoklassi-

sche Ökonomen haben die Frage untersucht, unter welchen Bedingungen oligopolistische Unternehmen sich eher untereinander absprechen als einander Konkurrenz machen. Im ersten Fall benehmen sie sich eher mehr wie Monopole; im zweiten Fall mehr wie kleine Unternehmen. Die Strategien und Maßnahmen, die oligopolistische Firmen benützen, werden in dem Bestreben genau untersucht, die Faktoren auszumachen, die zur Absprache bzw. zum Konflikt führen. Dennoch umfassen diese typischerweise nur nichtpolitische Maßnahmen. Scherer (1980, Kapitel 6) führt offene und verdeckte Übereinkünfte an, Preisführerschaft, »Preisgestaltung nach Faustregeln«, »focal points and tacid coordination« und Manipulationen der Auftrags- und Lagerstände. Koch (1980, S. 375–85) beschäftigt sich mit Preisführerschaft und administrierten Preisen.

Die hier vorliegende Analyse vertritt die Ansicht, daß die Art der Einflußnahme auf den Staat, die ein Unternehmen *als Gruppe* im Vergleich zu anderen politisch aktiven Akteuren ausübt, ein Schlüsselfaktor für das wirtschaftliche Ergebnis ist. Von diesem Standpunkt aus betrachtet gibt es drei verschiedene Gruppen von oligopolistischen Unternehmen: diejenigen mit wenig oder keinem politischen Einfluß (Typ 4); die mit einem gewissen politischen Einfluß, den sie mit einer oder einigen anderen Gruppen teilen müssen (Typ 5) und solche mit einer Einfluß-Hegemonie in ihrer speziellen Branche oder ihrem Wirtschaftssektor (Typ 6). Sind alle anderen Bedingungen gleich, ist es für die erste Gruppe am unwahrscheinlichsten, daß sie monopolistische Profite erzielen kann, während dies für die letztgenannte Gruppe am wahrscheinlichsten ist. Für die mittlere Gruppe liegt die Wahrscheinlichkeit dazwischen, denn je geringer der gemeinsame politische Einfluß ist, desto geringer ist die Möglichkeit, sich des Staates zu bedienen, um sich besondere Privilegien, Subventionen usw. zu sichern, die die Quelle der »Extra«profite sind.

Zum besseren Verständnis: Einer der Hauptwege, auf dem oligopolistische Unternehmen ihren Konkurrenten den Zutritt zu Märkten versperren, ihre monopolistischen Profite und die Zusammenarbeit miteinander sichern, besteht darin, die Regierung gemeinsam dazu zu bringen, Importe zu beschränken (indem sie Quoten, Zölle und Preisschwellen einführen) oder indem sie die exportierenden Länder dazu veranlassen, sich freiwillige Beschränkungen aufzuerlegen. Wie erfolgreich solche Interventionen sind, hängt zum Teil davon ab, wie groß der relative politische Einfluß *einer Gruppe* ist. Daher hatten oligopolistische Autoproduzenten in den Vereinigten Staaten im Jahre 1984 mehr politischen Einfluß und waren daher eher in der Lage, Importe (durch »freiwillige« Importquoten) zu beschränken als die Kupferproduzenten (wobei angeblich die Argumente der letzteren an sich auch schwächer waren). Als Ergebnis würde man erwarten, daß die Autoindustrie mehr »monopolistische« Erträge erzielt als die Kupferindustrie. (Während die neoklassischen Ökonomen die Unternehmen eher als autonom betrachten, haben andere die Rolle der verflochtenen Führungspositionen als eine Methode erkannt, ein Äquivalent für Absprachen zu finden und damit die Koordination und die Gewinne zu steigern (Useem 1979; Burt 1983.)

(3) *Die politische Einflußnahme von Unternehmen auf kompetitiven Märkten* (Typ 1, 2, 3): Die gegenseitig unterstützenden Eigenschaften des Pluralismus und der kompetitiven Märkte, zwischen freien Märkten (unter anderem frei von wirtschaftlicher Konzentration und staatlicher Intervention) und politischer Freiheit (frei von politischer Unterdrückung), wurden schon oft herausgearbeitet (Friedman 1962; Novak 1982; Berger 1986). Dennoch kann man deshalb nicht voraussagen, ob sich ein kleines Unternehmen auf einem großen Markt erwartungsgemäß verhalten kann, ob es effizient konkurriert oder verdrängt wird. Einige kleine Unternehmen, die über keinerlei wirtschaftliche Macht verfügen, benützen dafür ihren politischen Einfluß, um Oligarchien zu werden oder die Hegemonie zu erlangen, indem sie Firmengruppen bilden oder ihnen beitreten oder sogar, indem sie als individuelles Unternehmen agieren. Dies kann ein Grund dafür sein, weshalb die Korrelation zwischen wirtschaftlicher Konzentration (gemessen an ihrer Größe) und dem Profitniveau eher schwach ist (Demsetz 1974, S. 168 ff.): Wirtschaftssektoren, die die Ökonomen nicht als konzentriert betrachten, erreichen dennoch »exzessive« Gewinne, indem sie politische Mittel einsetzen. Die Landwirtschaft ist dafür ein gutes Beispiel.

Die Landwirtschaft wird oft als eine sehr kompetitive Branche angeführt. In einer Diskussion der Attribute des vollkommenen Wettbewerbs schreibt Stigler (1968, S. 181): »Das Schicksal jedes einzelnen Unternehmens ist unabhängig davon, was mit den anderen Unternehmen geschieht: ein Bauer hat keinen Vorteil davon, wenn die Ernte seines Nachbarn zerstört wird.« Aufgrund verschiedener Messungen, besonders der Marktanteile und der Konzentrationsraten klassifizierte Shepherd (1982, S. 618) die amerikanische Landwirtschaft, Forstwirtschaft und Fischerei 1980 als zu 86 Prozent kompetitiv. Tatsächlich sind viele landwirtschaftliche Betriebe wirtschaftlich betrachtet klein. Dennoch ist es eine bekannte Tatsache, daß die Bauern ihre politische Macht benützen, um Preise festzusetzen und ihre Erträge zu verbessern, indem sie Subventionen bekommen, Kredite zu unter den Marktpreisen liegenden Konditionen aufnehmen und den Zugang zu ihren Märkten (durch Importquoten) kontrollieren. Sie haben eindeutig viel Macht, sie ist jedoch politischer und nicht wirtschaftlicher Natur.

Ob landwirtschaftliche Betriebe nun als Einfluß-Oligarchien (Typ 2) oder als Einfluß-Hegemonien (Typ 3) betrachtet werden sollen, hängt vor allem davon ab, wie sehr die wichtigsten Bauernorganisationen an einem Strang ziehen oder einander in den Rücken fallen. In beiden Fällen besteht nach einem häufig angewandten Kriterium für die Existenz eines Monopols nur wenig Unterschied zwischen einer großen Zahl kleiner Bauern, die gemeinsam als eine (oder zwei) politische Mächte agieren, und einer monopolistischen Firma: nämlich hinsichtlich ihrer Fähigkeit, Preise zu bestimmen und den Marktzugang zu versperren. (Die Tatsache, daß Bauern und andere Monopole möglicherweise keine hohen Gewinne erreichen können, sondern nur im Geschäft bleiben, während sie sonst verdrängt würden oder sich einfach nur überproportionale Gewinne sichern, ist ein technisches Detail.)

Ebenso lassen Einstellungs- und Beförderungsquoten, die politisch auferlegt wurden, in der Regel Einfluß-Oligarchien (Typ 2) entstehen, in denen soziale Gruppen, die wenig wirtschaftliche Macht haben – wie Frauen und Minderheiten –, durch ›Affirmative Action‹ vorrangig an bestimmte Jobkategorien herankommen können. Übereinkommen, seien sie nun formaler oder informaler Natur, um bestimmte Positionen für Fachkräfte in einem Spital entsprechend gewisser Quoten (X den Ärzten, Y den Krankenschwestern, Z den Hilfsschwestern) zu verteilen, wobei es zum Ausschluß anderer Berufsgruppen kommt (Hebammen, medizinisch-technisches Personal und Chiropraktiker), ist ein weiteres Beispiel. Solche Übereinkommen können teilweise auch aufgrund nichtpolitischer Überlegungen entstehen, wie z. B. erwiesener medizinischer Verdienste und relativer Kosten. Politischer Einfluß ist insofern im Spiel, als solche Zuteilungen die relative politische Macht widerspiegeln. Betroffen davon sind jedoch die wirtschaftlichen Ergebnisse.

Ein Vergleich von wirtschaftlicher Macht und politischem Einfluß

Bisher wurde der Einsatz wirtschaftlicher Macht und politischen Einflusses als austauschbare und/oder komplementäre Mittel zur Erreichung derselben Ziele dargestellt. Ein Unternehmen kann also seine Ressourcen verwenden, um einem anderen Unternehmen den Zugang zu seinem Markt zu verwehren, indem es eine große Werbekampagne lanciert und/oder indem es Politiker unterstützt, die ein Gesetz durchbringen, das einen vergleichbaren Effekt hat. Die Diskussion geht nunmehr dahin, die systematischen Unterschiede zwischen den zwei Arten der Macht zu untersuchen. Der wichtigste Unterschied ist, daß Legitimation und nichtwirtschaftliche Akteure in der politischen Welt viel wichtiger sind als in der Wirtschaft.

Legitimation bezeichnet einen deontologischen Faktor, die Rolle der Werte. Die Legitimation ist zwar sowohl für innerwirtschaftliche wie für politische Aktivitäten ein wichtiger Faktor, spielt in der politischen Welt aber eine viel wichtigere Rolle. Politische Funktionäre müssen sich an mehr und höhere Standards halten als Konzernmanager. Hochrangige Politiker müssen ihr Einkommen offenlegen, dürfen Geschenke nur unter sehr genau definierten Bedingungen annehmen, ihre Nebeneinkünfte werden oft sehr genau durchleuchtet usw.

Nichtwirtschaftliche Akteure, die aktiv und wirksam am Staatswesen teilnehmen, sind Gruppen, deren *wesentliche* Statusgrundlage, Zugehörigkeit und Organisationsweise durch soziale, kulturelle oder politische Aktivitäten geprägt sind. Zu diesen gehören religiöse Organisationen, ethnische und rassische Vereinigungen, Interessenvertretungen für ältere Bürger und noch viele andere. Diese Akteure schwächen die wirtschaftliche Macht in der politischen Welt ab.

Als Ergebnis beider Faktoren *wird in der Öffentlichkeit eine gleichmäßigere Verteilung der Vorteile als erstrebenswerter betrachtet als eine ungleichere Verteilung.* Es besteht die Tendenz, zumindest jenen Akteuren einige Vorteile zu sichern, die weder über wirtschaftliche noch über interventionistische Macht verfügen. Das heißt, *wenn eine Transaktion innerhalb des öffentlichen Bereiches durchgeführt wird, werden die Vorteile im Durchschnitt weiter und gleichmäßiger verteilt als bei Transaktionen in einem konzentrierten Wirtschaftssektor.* So sagt Stigler (1971, S. 7), daß »kleine Unternehmen [in einer regulierten Branche] einen größeren Einfluß haben, als sie in einer unregulierten Branche hätten«. Wilson (1980, S. ix) fügt hinzu, daß nicht nur kleinere Wirtschaftseinheiten auch eine Rolle spielen, »sondern wenn die ›capture‹-Theorie – zumindest in einigen Fällen – zutrifft, ist es unvernünftig anzunehmen, daß nur große Konzerne in der Lage wären, sich der Behörden zu bedienen«. Umweltschützer, Bürgerrechtler und sogar Universitätsprofessoren streichen Teile des staatlichen Mannas ein, d. h. sie benutzen ihre politische Macht, um für ihre Gruppe Vorteile zu erreichen.

Wegen der im allgemeinen deutlicheren Sichtbarkeit von auf politischem Einfluß beruhenden (politisch-wirtschaftlichen) Aktivitäten im Vergleich zu innerwirtschaftlichen Maßnahmen kann das Erzielen überproportionaler Gewinne via Staatswesen höhere Kosten verursachen als mittels wirtschaftlicher Strategien. In der Wirtschaft werden solche Gewinne zumindest bis zu dem Zeitpunkt, an dem die Konzentrationen sehr groß werden, von den meisten Menschen als legitim betrachtet; tatsächlich werden Skalenerträge bis zu einem gewissen Punkt als für Modernität notwendig und als Belohnung für Risiko, Investition und harte Arbeit betrachtet. Dennoch wird in der politischen, demokratischen Welt der Wert des »eine Person, eine Stimme« von den meisten Menschen vertreten, und man hängt dem Ideal nach, daß alle Spieler gleich behandelt werden oder daß der schwächste Vorteile bekommt. Daher erregt eine Konzentration von Macht oder Privilegien im Staatswesen mehr Kritik als in der Wirtschaft, und es entsteht mehr Druck, die Verteilung zu »nivellieren«.

Die normative Zensur, die mit extensiver Unterwerfung gegenüber politischer Einflußnahme einhergeht, spiegelt sich in den folgenden Beobachtungen wider: Einige Kongreßmitglieder, die für eher unübliche Integrität bekannt oder die besondere Gegner der Finanzierung von Wahlkampagnen aus privaten Quellen sind, beschränken die Spenden, die sie für ihre Wahlkampagnen aus einer Quelle annehmen, auf $ 25 bis $ 50. Andere setzen diese Grenzen bei $ 250. Ebenso bilden viele Unternehmen überhaupt keine Unterstützungsvereine für wahlwerbende Komitees (PAC). Dies zum Teil deshalb, weil sie sehr umstritten sind. Daher gab es 1987 weniger als 4000 Unternehmens-PACs. Dabei ist es für ein Unternehmen durchaus legal, ein PAC zu bilden, weil das eine wichtige Methode darstellt, von Politikern Begünstigungen zu erlangen, indem man ihnen hohe Spenden für ihren Wahlkampf zukommen läßt. Das heißt, daß die meisten Unternehmen gar keine PAC gründeten (PAC-lose Unternehmen umfaßten zahlreiche Unternehmen, die in der Art ihrer Geschäfte, in ihrer Größe und in vielen anderen Attributen durchaus mit jenen vergleichbar waren, die PACs bildeten, doch ihre politische Position ist aus Gründen, die hier nicht untersucht werden sollen, aber scheinbar auf ihre Unterschiede in der Unternehmens»kultur« oder den Unternehmenswerten zurückzuführen sind, verschieden). Von den Unternehmen, die doch PACs bilden, versuchen die meisten, nicht besonders aufzufallen, indem sie weniger spenden, als gesetzlich möglich wäre. Große Spenden erwecken Aufsehen. Zeitungen, *Common Cause* und *Congress Watch* (ein Organ der Nader Gruppe) veröffentlichen regelmäßig Listen der größten PACs (von denen die meisten bedeutende Wirtschaftsakteure sind, wie z. B. Lieferfirmen des Verteidigungsministeriums, Banken, spezielle Branchen und Gewerkschaften).

Es erhebt sich die Frage: Warum sollten diejenigen, die schon über ein großes Maß an wirtschaftlicher Macht verfügen, überhaupt auf der politischen Ebene aktiv werden, wenn sie dort relativ benachteiligt sind? Teilweise gibt es auf politischer Ebene Mittel und Wege, ihre besondere Position aufzubauen und zu bewahren, die in der Wirtschaft nicht verfügbar sind. Und bis zu einem gewissen Punkt *ist politische Einflußnahme relativ billig und kann aus Sicht der Kosten-Nutzen-Analyse sehr effektiv sein.* Die Kosten des Lobbying und der Organisation von PACs sind für einen politisch aktiven Konzern viel niedriger als die Kosten für Forschung und Entwicklung, Werbung oder andere wirtschaftliche Maßnahmen, die in Frage kommen, um vergleichbare Ziele zu erreichen, und sie scheinen im Vergleich oft viel effektiver zu sein.

Aufgrund von fehlenden Daten kann man nur eine grobe Schätzung der vergleichbaren Kosten von politischer Einflußnahme und wirtschaftlicher Macht anstellen. Man kann dennoch zu einem Urteil kommen, weil die eingesetzten Summen in ihrer Größe eindeutig verschieden sind. So brachte zum Beispiel die Carter Administration einen Gesetzesvorschlag ein, dessen Ziel es war, die Spitalkosten und die Ärztehonorare zu reduzieren. Man erwartete, daß dieses Gesetz die Gesundheitsausgaben um $ 40 Milliarden reduzieren würde. Es gab eine starke Korrelation zwischen den Kongreßmitgliedern, die vom PAC der American Medical Association (AMA) Wahlspenden erhalten hatten und denen, die gegen den Gesetzesvorschlag stimmten und ihn zu Fall brachten. Von den 50 Kongreßmitgliedern, die die höchsten Spenden erhalten hatten, stimmten 48 gegen den Vorschlag (Etzioni 1984a). Insgesamt erhielten die, die gegen den Gesetzesvorschlag gestimmt hatten, 3,5mal mehr Spenden als die, die dafür waren. Dennoch waren die Gesamtkosten für das PAC relativ gering: $ 1 647 897. Selbst wenn man die damit verbundenen Kosten auf das Doppelte oder Dreifache schätzt, würden sie immer noch weniger als ein Bruchteil von einem Prozent der Erträge ausmachen, die auf dem Spiel standen. (Die Tatsache, daß Kongreßmitglieder andere, zum Beispiel philosophische Gründe hatten, die American Medical Association zu unterstützen, sind irrelevant; diese Gründe waren für die AMA kostenmäßig nicht zu beziffern und wurden von ihr als alleine nicht ausreichend betrachtet.)

Die im Fiskaljahr 1982 im Rahmen des Preisstützungssytems an die Milchbauern ausgezahlten Subventionen beliefen sich auf ungefähr 2 Milliarden $. Ein 1981 eingebrachter Vorschlag, diese Summe über vier Jahre lang um 600 Millionen $ zu verringern, wurde abgelehnt. Diejenigen, die im Parlament gegen den Gesetzesvorschlag stimmten, erhielten achtmal mehr Unterstützungen von den wichtigsten PACs der Milchwirtschaft als die, die für den Antrag stimmten. Obwohl die durchschnittliche Höhe der Beiträge an die, die gegen den Vorschlag stimmten, nur 1600 $ betrug, lag die Gesamtsumme bei 385260 $ (Public Citizen's Congress Watch 1982, S. 6). Für Chrysler, der eine Bundeshaftung für einen Kredit von 1,5 Milliarden $ erhielt, ohne die das Unternehmen ziemlich sicher bankrott gegangen wäre, beliefen sich die Kosten auf weniger als ein Prozent der zusätzlichen Erträge, soferne solche Kosten überhaupt berechnet werden können. Dasselbe gilt für die amerikanische Autoindustrie, die allein im Jahre 1984 6 Milliarden $ Mehreinnahmen als Ergebnis von »freiwilligen« Importbeschränkungen hatte, sowie für Exporteure, die 13 Milliarden $ Steuernachlaß erhielten (Brown 1983, S. 158). Kurz gesagt, trotz der rapide ansteigenden Kosten politischer Einflußnahme bleiben solche Praktiken ein extrem billiges Geschäft. Vergleichen wir diese Kosten zum Beispiel mit den Kosten für Forschung und Entwicklung oder für Werbung, zwei der wichtigsten Mittel zur Schaffung oder Bewahrung eines Monopols. Die Forschungs- und Entwicklungs- oder Werbungskosten jedes einzelnen der größeren amerikanischen Konzerne übersteigen die Gesamtsumme der Geldmittel, die insgesamt von (Einzelpersonen und Interessengruppen) aufgebracht wurden, um die Wahlkampagnen für die »primary« und die »general election« von 1980/81 für das Repräsentantenhaus und den Senat zu finanzieren, nämlich 356,7 Millionen $.

Obwohl die Stückkosten der politischen Einflußnahme gering sind, hat sie einen steil abfallenden Grenznutzen; tatsächlich können negative Erträge schnell erreicht werden. Weshalb würden Ölgesellschaften, die 1974 dafür kämpften, eine Steuer auf »windfall profits« zu reduzieren, deren Aufkommen über zehn Jahre ursprünglich auf beinahe 400 Milliarden $ geschätzt wurde, dann nur wenige Millionen für Lobbying und Wahlkampfbeiträge ausgeben, anstatt einer oder zwei Milliarden, was das Spendenaufkommen aus allen anderen Quellen übertroffen hätte? Die Antwort scheint darin zu liegen, daß die Ölgesellschaften eine bedeutende Steuersenkung mit geringem Aufwand erreichten (ursprünglich 228 Milliarden $, später noch weitere geringere Senkungen) und daß eine stärkerere politische Einflußnahme das Risiko einer öffentlichen Gegenreaktion vergrößert hätte. Es schien also vernünftig, die reduzierte Steuer zu akzeptieren und die unglaubliche Senkung, die schon erreicht worden war, nicht zu gefährden. Das heißt, daß ökonomische Akteure auf der politischen Ebene nur beschränkt agieren, um die Aufmerksamkeit nicht auf sich zu lenken und ihre Forderungen als »legitime« Interessen verkaufen zu können.

Das Konkurrenzniveau der amerikanischen Wirtschaft

Wie konkurrenzfähig ist die amerikanische Wirtschaft? Die Antwort auf diese Frage verändert sich entscheidend, wenn man zusätzlich zu den Auswirkungen wirtschaftlicher Machtausübung die Auswirkungen von politischer Einflußnahme in Betracht zieht. Shepherds Studie kann hier als nützlicher Ausgangspunkt für so einen Vergleich dienen. Shepherd (1982, S. 624) kommt zu dem Ergebnis, daß der Wettbewerb in der amerikanischen Wirtschaft um 1980 »vorherrschend« war. Reine Monopolunternehmen und dominante Konzerne hatten einen Marktanteil von 5 Prozent; die Oligopolmärkte im engeren Sinn machten etwa 20 Prozent aus, »während die tatsächlich kompetitiven Märkte derzeit [1980] mehr als dreiviertel des Bruttoinlandsprodukts erwirtschaften«.

Obwohl Shepherd verschiedene Kriterien verwendet, um die einzelnen Wirtschaftszweige zu kategorisieren, scheint er den Konzentrationsindikatoren, die relativ leicht zu messen sind, mehr Bedeutung zuzuschreiben als den Bemühungen der Unternehmen, anderen den Marktzugang zu blockieren oder »exzessive« Gewinne zu machen, beides Aspekte, die schwieriger zu bewerten sind (die Bedeutung, die er verschiedenen Indikatoren zuschrieb, beruht auf seiner eigenen Einschätzung; 1982, S. 617). Während der erste Indikator vor allem intra-ökonomischer Natur ist, sind die anderen zwei das Ergebnis von wirtschaftlicher Macht und politischer Einflußnahme. Schreibt man dem ersten mehr Gewicht zu, erscheint die amerikanische Wirtschaft kompetitiver als sie tatsächlich ist.

Eine Untersuchung von Shepherds Datenmaterial läßt den Schluß zu, daß die Erlangung monopolistischer Gewinne durch politische Einflußnahme nur in unzureichendem Maß berücksichtigt wurde. So werden zum Beispiel »die Landwirtschaft, die Forstwirtschaft und die Fischerei« als zu 86,4 Prozent kompetitiv kategorisiert, wobei diese Beurteilung den zuvor erwähnten politischen Einfluß der Bauern unberücksichtigt läßt. So muß die Fähigkeit, die Zuckerpreise *dreimal* so hoch zu halten wie der Weltmarktpreis, eine entscheidende Auswirkung auf die Erträge aus der Zuckerrohr- und Zuckerrübenkultur haben.

Im Jahre 1980 war der Einfluß der Stahl-, Automobil- und Textilindustrie auf den Staat auch nicht unbedeutend. Dennoch klassifiziert Shepherd den Produktionssektor in diesem Jahr als zu 69 Prozent kompetitiv. Ebenso würde jemand, der den politischen Einfluß bei seiner Analyse berücksichtigt, dem Transport- und Versorgungssektor angesichts der hohen Regulierung und anderer Wettbewerbsbeschränkungen wohl kaum eine 40prozentige Konkurrenzfähigkeit zuschreiben. Hat man die Auswirkungen des politischen Einflusses einmal zu jenen der wirtschaftlichen Macht addiert, kann man wahrscheinlich kaum mehr behaupten, daß ein Großteil der amerikanischen Wirtschaft kompetitiv wäre.

Shepherd (1982, S. 624) vertritt auch die Ansicht, daß es zwischen 1958 und 1980 zu einem entscheidenden Anstieg in der Konkurrenzfähigkeit gekommen sei und meint, daß sich dieser Umstand in gesteigerten Wirtschaftsleistungen »in den nächsten 10 oder 20 Jahren« niederschlagen müßte. Statt bis zum Jahr 2000 zu warten, ob sich diese Prognose bewahrheitet, sollte man vielleicht jetzt darauf hinweisen, daß das Wachstum des amerikanischen BIP sich in den Dekaden, in denen der Wettbewerb angeblich so stark angestiegen ist, verlangsamt hat, daß das Produktivitätswachstum stark abnahm und Inflation und Arbeitslosigkeit anstiegen. Dieser Umstand ist viel eher mit der These in Einklang zu bringen, daß jeglicher Fortschritt, der im wirtschaftlichen Bereich durch Reduzierung der Wirtschaftskonzentration und damit der wirtschaftlichen Macht (z. B. durch eine gewisse Deregulierung) erzielt wurde, durch den vermehrten Einsatz politischen Einflusses zur Einschränkung des Wettbewerbs mehr als wettgemacht wurde.

Berücksichtigt man bei Überlegungen hinsichtlich der Aufrechterhaltung monopolistischen Verhaltens nicht nur wirtschaftliche Macht, sondern auch den politischen Einfluß, so kann dies auch dazu dienen, die neoklassische Sichtweise von der irrigen Annahme über die Leichtigkeit zu befreien, mit der es neuen Wettbewerbsteilnehmern angeblich gelingt, sich Zutritt zu »angreifbaren Märkten« (contestable markets) zu verschaffen. In den letzten Jahren haben einige Neoklassiker behauptet, daß monopolistische Tendenzen stark geschwächt wären und die Dringlichkeit von Anti-Trust-Maßnahmen deutlich gesunken sei, da monopolistische Firmen ihre Preise gerade kostendeckend oder sehr nahe an der Kostendeckungsgrenze kalkulieren müßten. Damit könnten potentielle Konkurrenten unter verschiedenen wirtschaftlichen Bedingungen, die hier nicht diskutiert werden können, vom Markt ferngehalten werden (Baumol, Panzar und Willig 1982, S. 4–8; Brock 1983, S. 1055). Andere vertraten die Ansicht, daß die wirtschaftlichen Maßnahmen, mit denen neuen Konkurrenten zwar der Marktzutritt versperrt werden kann (z. B. mittels Kampfpreisen), teuer sind und daher nicht lange aufrechterhalten werden können. Außerdem würden neue Konkurrenten auf den Markt drängen, wenn die monopolistischen Gewinne höher sind als die Kosten des Markteintritts. Diese Argumentation läßt entweder die niedrigen Kosten außer acht, zu denen politische Protektion (Kontrolle des Marktzugangs) sehr oft von mächtigen Wirtschaftsakteuren gekauft werden können, oder geht fälschlicherweise davon aus, daß der Markt unter Einwirkung von staatlichem Schutz besonders kompetitiv wäre, obwohl er in Wirklichkeit ein hohes Maß an Konzentration aufweist.

Abgesehen davon, daß das Ausmaß, in dem die Wirtschaft nicht den Wettbewerbsregeln gehorcht, für jene interessant ist, denen es darum geht, ihre Gesellschaft zu verstehen oder auf sie gestaltend einzuwirken, ist es für die Anwendung der Wirtschaftstheorie von Bedeutung. Neoklassische Ökonomen sind häufig der Ansicht, daß die Wirtschaft ausreichend kompetitiv wäre, um Modelle des vollkommenen Wettbewerbs anwenden zu können (wobei sie die »Second-best«-Erkenntnisse ignorieren). Wenn jedoch viele Wirtschaftssektoren in bedeutendem Maße monopolisiert und von Oligopolen determiniert sind, während einige andere Sektoren kompetitiver sind; wenn also sogar in den Vereinigten Staaten und nicht nur in den sogenannten sozialdemokratischen Ländern eine »mixed economy« besteht, dann wird ein ganz anderes Wirtschaftsmodell benötigt, und es müssen große Teile der vorherrschenden Wirtschaftstheorie und der Empfehlungen für die politische Praxis neu formuliert werden.

Analyse der Korrektive

Weniger Wirtschaftskonzentration und/oder politische Einflußnahme

Die häufigste Empfehlung an die Politiker, die monopolistischen Tendenzen zu zügeln, lautet, die Konzentrationen wirtschaftlicher Macht zu reduzieren, die großen Wirtschaftsakteure zu zerschlagen (AT&T zum Beispiel) und dafür zu sorgen, daß die Wirtschaftsakteure klein bleiben. (Das flache Machtprofil der »demokratischen Industriegesellschaft« wird von Grossman 1974, S. 170 untersucht.) Diese Empfehlung hat wiederum Anlaß zu vielen Arbeiten über die besonderen Aspekte und Auswirkungen verschiedener Anti-Trust-Maßnahmen gegeben. Ohne auf die Einzelheiten dieser Literatur hier näher einzugehen, scheint es, daß der derzeitige Konsens vieler Wissenschaftler, die sich mit den Anti-Trust-Politiken beschäftigen, darin besteht, daß (1) Anti-Trust-Maßnahmen sich letztendlich zur Verhinderung wirtschaftlicher Konzentration als nicht effektiv erwiesen haben und daß (2) andere nichtstaatliche, intraökonomische Faktoren, z. B. der Anstieg des internationalen Wettbewerbs, sich für die Förderung des Wettbewerbs als wirkungsvoller erwiesen haben.

So lautet ein typisches Argument, daß General Motors den Automobilmarkt weltweit beherrschen würde, wenn es sich bei diesem Markt um einen rein amerikanischen Markt handelte. Doch da es auf dem Automobilsektor auch große nichtamerikanische Autoproduzenten gibt, verfügt General Motors nur über einen kleinen Anteil des Weltmarktes.

Ein anderer Lösungsvorschlag besteht darin, die interventionistische Macht durch die Isolierung des öffentlichen vom privaten Sektor zu reduzieren (Etzioni 1984a, Kapitel 7). Eine solche Isolation kann dadurch erreicht werden, daß man die Möglichkeiten von Wirtschaftsakteuren reduziert, politische Macht zu erlangen. So würde zum Beispiel die Finanzierung von Wahlkampagnen durch den Staat (bei gleichzeitigem Verbot, private Mittel einzusetzen) die Verpflichtungen gewählter Beamter gegenüber wirtschaftlichen (und anderen) privaten Kräften reduzieren. Ein ähnlicher Effekt kann erzielt werden, wenn die legal für Wahlkampagnen gespendeten Gelder wie in Großbritannien streng limitiert sind. In den Vereinigten Staaten geplante Gesetze, die die direkte Verwendung von Konzern- und Gewerkschaftsmitteln für Wahlkampagnen beschränken, und Gesetze, die die Veröffentlichung aller Spenden verlangen, werden schon einen Teil des erforderlichen Effekts haben. Ohne hier auf die zahllosen Probleme eingehen zu wollen, die von diesen oder anderen vorgeschlagenen Reformen aufgeworfen werden, ist eindeutig klar, daß staatliche Einrichtungen um so weniger dazu gebracht werden können, mächtige Wirtschaftsakteure zu unterstützen oder dazu verwendet werden können, monopolistische Gewinne zu sichern, je geringer die Möglichkeiten sind, wirtschaftliche Macht in politische zu verwandeln. Das heißt, daß selbst wenn die Konzentration wirtschaftlicher Macht nicht reduziert wird, der politische Einfluß dann geringer wird.

Diese zwei unterschiedlichen Ansätze schließen einander nicht aus, im Gegenteil, sie ergänzen einander mehr oder weniger offensichtlich. Offensichtlich ist, daß wirtschaftliche Macht um so weniger eingesetzt werden kann, um politischen Einfluß zu generieren, je geringer ihre Konzentration ist. Je mehr konzentrierte wirtschaftliche Macht daran gehindert wird, sich in politischen Einfluß zu verwandeln, desto weniger ist, wie wir gesehen haben, die Konzentration von wirtschaftlicher Macht aufrechtzuerhalten.

Der weniger offensichtliche Zusammenhang besteht darin, daß sowohl Anti-Trust-Maßnahmen (die darauf abzielen, die Konzentration wirtschaftlicher Macht zu senken) als auch verschiedene Reformen zur Reduzierung des politischen Einflusses potenter Wirtschaftsakteure in sich selbst politische Handlungen darstellen. Daher verhindert eine hohe Konzentration politischen Einflusses die Umsetzung beider Arten von Reformen. Das heißt, da die vorgeschlagenen Maßnahmen zur Aufrechterhaltung der (weiter oben diskutierten) Kapsel denselben Kräften unterworfen sind, die ihre Mängel ursprünglich verursacht haben, können entscheidende Veränderungen in der Kapsel sehr wohl vom Aufstieg einer neuen politischen Macht abhängig sein. Eine solche Macht wurde zwischen 1900 und 1917 vom »Progressive Movement« in den Vereinigten Staaten auf die Beine gestellt.

Weniger Staat

Ein ganz anderer Lösungsansatz lautet, das Ausmaß staatlicher Eingriffe in die Wirtschaft überhaupt zu reduzieren (und damit seine finanziellen Möglichkeiten oder »Renten«), womit man die Vorteile verringert, die die politische Einflußnahme den potenten Wirtschaftsakteuren bringen kann. Es wird argumentiert, daß die Wirtschaftsakteure ihre Anstrengungen dann auf intra-ökonomische Aktivitäten konzentrieren, wenn sie über Subventionen, Steuerbefreiungen, Ausnahme von der Regulierung usw. nicht Milliardengewinne machen können. Der einzuschränkende staatliche Bereich umfaßt (neben öffentlichen Ausgaben) Steuern und Budgetdefizite, den Umfang staatlicher Kredite, die Zahl der Regulierungsmaßnahmen, den Bestand an staatlichen Bediensteten usw. Es ist aber, wie jüngste Erfahrungen mit der Reagan- und Thatcher-Administration stark vermuten lassen, unwahrscheinlich, daß sich die staatliche Einflußsphäre entscheidend reduzieren wird. Zwischen 1980 und 1986, den ersten sechs Jahren der Regierungszeit von Ronald Reagan, verlangsamte sich das Wachstum der staatlichen Ausgaben in einem gewissen Ausmaß, doch es gab keine generelle Verringerung. Während die Regulierungsmaßnahmen reduziert oder weniger eingesetzt wurden (Tolchin und Tolchin 1983), kam es zu einem wachsenden Interesse an Re-Regulation in anderen Bereichen. Es scheint also, daß auch interventionistische Macht in absehbarer Zeit wahrscheinlich nicht gesenkt werden kann, indem man den Staat zurückdrängt. Daher sind Versuche besonders wichtig, die Fähigkeit der Wirtschaftsakteure zu reduzieren, zu großem politischen Einfluß zu kommen, um eine stärkere Trennung zwischen Politik und Wirtschaft zu erreichen. Dies sowohl, um monopolistische Gewinne zu senken als auch, um die Demokratie zu stärken.

Kapitel 14
Zusammenfassung:
Politik und moralische Implikationen

Politische Implikationen

Normative Faktoren in der Wirtschaftspolitik

Paradigmen und Theorien, die in ihrem Kontext formuliert werden, haben zwei wichtige Ziele: *zum Verständnis* der Welt *beizutragen* (um eine Vorstellung von dem Teil der Welt zu vermitteln, auf den sie sich beziehen, ihn zu erklären) und denen Unterstützung zu bieten, die in der Welt *agieren* (einen Rahmen zu liefern, innerhalb dessen Entscheidungen getroffen werden können und Politik gemacht werden kann). So ist es zum Beispiel etwas anderes zu untersuchen, wohin es führt, wenn man der theoretischen Annahme folgt, daß Information kostenlos und sofort an alle Marktteilnehmer weitergegeben wird, als zu behaupten, daß »Insider«-Geschäfte keinen Schaden verursachen und legalisiert werden sollten, weil Information im Endeffekt mit Lichtgeschwindigkeit verbreitet wird (*Business Week*, 25. August 1986, S. 114). Außerdem beschäftigen sich Theorien, die danach trachten, die Welt zu verstehen, mit Teilphänomenen, die zur bequemeren Analyse isoliert werden. Daher behandeln viele neoklassischen Ökonomen Neigungen, Präferenzen und Werte als exogen (als gegeben) und als stabil und konzentrieren sich auf Veränderungen der äußeren Restriktionen, während viele deontologische Psychologen und Soziologen die Bildung und Veränderung von Neigungen, Präferenzen und Werten untersuchen, wobei sie den Restriktionen (z. B. Preisen) oder Einkommen nur sehr wenig oder gar keine Aufmerksamkeit widmen. Ebenso tendieren Neoklassiker dazu, den Markt oder sogar die Wirtschaft so zu untersuchen, als ob sie mit dem Staatswesen, der Kultur oder der Gesellschaft nichts zu tun hätten, während einige andere Sozialwissenschafter letztere untersuchen, als ob es in ihrem Inneren keine Wirtschaft gäbe. Da die Theorien versuchen, nur die Beziehungen zwischen Variablen zu behandeln, die ein besonderes Segment der Welt charakterisieren, die sie als die »ihre« definieren, sind die Schwierigkeiten, die die analytische Trennung verursacht, oft relativ gering. Dennoch muß man, wenn man dazu übergeht, in der Welt zu agieren und sie nicht mehr nur zu studieren, mit der Welt – so wie sie ist – umzugehen lernen, mit all ihrer Komplexität. Man muß sich mit all den wichtigen relevanten Faktoren, Bedingungen und Zwängen auseinandersetzen. Zu diesem Zweck sind umfassende Paradigmen effektiver als sehr sparsame und besonders fokussierte (für eine weitere Diskussion siehe Kapitel 7 und Etzioni 1986a).

Das deontologische Ich+Wir-Paradigma und die von ihm abgeleitete sozioökonomische Theorie sind weniger sparsam, aber umfassender als das neoklassische Paradigma und die neoklassische Ökonomie. Daher scheint die Sozioökonomie, wie beschränkt sie als wissenschaftliche Methode zum Verständnis der Welt auch sein mag, ein vielversprechender Ratgeber für Handlungen und daher für *die Politikanalyse* zu sein. Hier liegt der Vorteil einer Theorie, die auf einem umfassenderen Paradigma beruht, auf der Hand. Politiker müssen sich mit allen wichtigen relevanten Faktoren auseinandersetzen. Die Sozioökonomie ist, da sie wirtschaftliche, soziale, psychische und politische Faktoren einbezieht, eindeutig umfassender als monodisziplinäre Ansätze. Um dies zu illustrieren, werden wir die Rolle normativer Faktoren in der Wirtschaftspolitik untersuchen. Es sollte hier noch einmal in Erinnerung gerufen werden, daß normative Faktoren, wie wir sie sehen, sowohl bei der Bildung von Präferenzen, Zwecken oder Zielen (wie schon in Teil I diskutiert) und bei der Bildung der gesellschaftlichen Kapsel (wie wir in Teil III, besonders in Kapitel 12 gesehen haben) eine Schlüsselrolle spielen.

Die Sozioökonomie ist der Ansicht, daß immer dann, wenn es das Ziel einer Politik ist, das Verhalten zu verändern, wie zum Beispiel die Leute dazu anzuregen, mehr zu sparen oder ihre Steuern vollkommen zu bezahlen, sowohl normative wie auch ökonomische Faktoren als Ansatzpunkte genommen werden sollten. Dabei muß natürlich die relative Macht jedes dieser Faktoren in der jeweiligen Situation in Betracht gezogen werden. Im Gegensatz dazu neigt die auf der neoklassischen Wirtschaftstheorie basierende Politikanalyse dazu, sich auf pekuniäre Anreize wie Steueranreize, Lohnerhöhungen und Prämien zu stützen und die Bedeutung der moralischen Bildung und der Führerschaft (zum Beispiel von der »Kanzel« des Weißen Hauses aus) zu übersehen oder herunterzuspielen.

Ein interessantes Beispiel in diesem Zusammenhang war der Aufruf Präsident Carters an die Konsumenten im März 1980, aus patriotischen Gründen weniger Kredite aufzunehmen; die Reaktion der amerikanischen Bevölkerung scheint bemerkenswert gewesen zu sein (obwohl der relative Effekt seines Aufrufs schwer festgestellt werden kann, da zur gleichen Zeit die Zinssätze erhöht wurden). Natürlich zeigen nicht alle Aufforderungen des Präsidenten derartige Wirkung, doch wenn der Präsident oder andere öffentliche Autoritäten dazu beitragen, das moralische Klima der Gesellschaft zum Beispiel zugunsten des Sparens, des Kaufs von amerikanischen Waren oder eines anderen wirtschaftlichen Ziels wie Arbeitsfrieden zu beeinflussen, so ist dieser Effekt unabhängig von seiner Größe mit viel geringeren Kosten erkauft, als wenn man sich ausschließlich auf ökonomische Faktoren verließe.

Hinsichtlich ihrer politischen Implikationen wird der Unterschied zwischen den beiden Paradigmen noch klarer, wenn man die Fiskalpolitik untersucht. Neoklassiker legen den Schwerpunkt auf die Auswirkungen verschiedener Steuersätze auf das Steueraufkommen, die Möglichkeit der Steuerhinterziehung und das damit verbundene Risiko. Deontologen weisen darauf hin, daß ein anderer Schlüsselfaktor die öffentliche Meinung hinsichtlich der Legitimität, d. h. der moralischen Bewertung der Steuergesetze ist. In verschiedenen Studien wurde ein relativ enger Zusammenhang zwischen dem Gefühl, daß die Steuern gerechtfertigt sind, dem Gefühl der Legitimität der Regierung, dem Zweck, für den die Steuereinnahmen verwendet werden, und dem Ausmaß an Steuerhinterziehung herausgearbeitet. (Für einen umfassenden Überblick über verfügbare Evidenzen und detaillierte Diskussionen siehe Lewis 1982.)

In den frühen 80er Jahren, in denen in den Vereinigten Staaten ein für Privatinitiativen und Gewinnstreben günstiges Klima herrschte, haben niedrigere Steuersätze nicht, wie die Angebotstheoretiker vorhergesagt hatten, dazu geführt, daß die Leute ihre Steueroasen verließen, sie motivierten aber zumindestens einige Individuen dazu, sich risikoreichere Methoden des Steuersparens zu suchen, wo das »alte« Niveau an Steuerersparnis (oder eine sehr ähnliche Summe) zu den niedrigeren Steuersätzen erreicht werden konnte (Kwitny 1984; Glassman 1984, S. 202). Die Veränderung des moralischen Klimas (zugunsten des Unternehmers) scheint die Präferenz der Menschen für das Risiko zu steigern, was den niedrigeren Grenznutzen aus der Steuervermeidung wegen der neuen Steuersätze wieder kompensiert. Aus dem Blickwinkel der Politikanalyse ergibt sich daraus, daß Maßnahmen, die darauf abzielen, die Legitimität eines Steuersystems zu vergrößern, etwa durch die Einführung eines Einheitssteuersatzes, sehr viel eher zu höheren Steuereinkommen führen können als eine Senkung der Steuersätze bei Beibehaltung der Hintertüren.

Moralische Faktoren spielen nicht nur in der Wirtschaftspolitik eine wichtige Rolle, sondern auch innerhalb jedes Unternehmens und am Arbeitsplatz. Eine typische neoklassische Arbeit zu dem Thema trägt den passenden Titel: »motivating workers: incentive pay« (Ehrenberg und Smith 1982, S. 312), weil sie verschiedene Kompensationsschemata als einziges Mittel zur Motivation der Arbeiter sieht. Mehrere andere neoklassische Schriften über das Thema Arbeit, sei es nun über Produktivität, Arbeitsmobilität, Akzeptanz gefährlicher Arbeit oder andere Probleme aus diesem Bereich, beschäftigen sich vor allem mit wirtschaftlichen Anreizen, wobei sie andere Überlegungen entweder ignorieren oder als unwichtig abtun (Levitan und Johnson 1972; Thurow 1983, Kapitel 7). Dennoch gibt es bedeutende Evidenzen dafür, daß eine Veränderung der Unternehmenskultur inklusive ihrer informellen Moralkodizes sehr häufig einen entscheidenden Schritt in Richtung des gewünschten Resultats, nämlich einer deutlichen Kostensenkung, bringen kann (Kilmann et al. 1985; Deal und Kennedy 1982). Gibt man den Arbeitern mehr Gelegenheit, an der Entscheidungsfindung teilzuhaben, und sorgt man für eine größere soziale Akzeptanz und mehr Würde, so ist das eine der Hauptquellen für die Motivation der Arbeitnehmer, mehr zu arbeiten. Es reduziert die Personalfluktuation und senkt die Fehlzeiten (Greenberg und Glaser 1980). Eine solche Veränderung des Betriebsklimas steigert die Arbeitsqualität und die Effektivität des Managements, da es zu einem besseren Informationsfluß von unten nach oben kommt. Ein Großteil des wirtschaftlichen Erfolgs von Japan wird einer Managementkultur zugeschrieben, die von mehr Einbindung und Teilnahme der Arbeitnehmer geprägt ist, ein Managementstil, der von japanischen Managern in amerikanischen Unternehmen erfolgreich angewandt worden sein soll (*Business Week*, 14. Juli 1986).

Einige neoklassische Ökonomen sind der Ansicht, daß »Betrug durch strenge Überwachung minimiert werden kann« (Ehrenberg und Smith 1982, S. 312). Es gibt jedoch sehr überzeugende psychologische Überlegungen und einige empirische Evidenzen, die darauf schließen lassen, daß strenge Kontrolle besonders entfremdend ist und daß Arbeitnehmer die besten Leistungen bringen, wenn sie nicht streng kontrolliert, sondern entsprechend sozialisiert sind, besonders, wenn die Arbeit Initiative, extensiven Einsatz von Wissen oder besondere Qualitätskontrolle verlangt (Etzioni 1975).

Ein anderes Beispiel für die Unterschiede zwischen der politischen Implikation der zwei Paradigmen findet sich im Versicherungswesen. Viele neoklassische Ökonomen gehen davon aus, daß die Menschen unter Bedingungen, die als »moralischer Hasard« beschrieben werden, am »schlechtesten« handeln. Dieser Begriff bezeichnet eine Situation, in der mehrere Personen gemeinsam ein Risiko auf sich nehmen, wobei jeder einzelne Handlungen setzen kann, die Auswirkungen auf die Verteilung des Ergebnisses haben (Holmstrom 1979, S. 74). Diese Situation entsteht, wenn die Menschen Versicherungspolicen kaufen und dann (was die Neoklassiker annehmen) beim Autofahren, beim Abschließen ihrer Haustüren, beim Einrichten von Rauchdetektoren usw. nachlässiger werden, wenn sie nicht sogar ihren Besitz niederbrennen oder falsche Schäden melden (Varian 1984, S. 298; Layard und Walters 1978, S. 382–83). Vor dem Hintergrund dieser Annahme empfehlen Neoklassiker, die Policennehmer genau zu kontrollieren

(Holmstrom 1979, S. 74). Der nächste Schritt besteht darin, nach Kombinationen von Steuervorteilen und zusätzlichen Versicherungspolicen zu suchen, um entsprechende monetäre Anreize zu schaffen, damit die Leute die Situation nicht ausnützen (Heimer 1985). Die Tatsache, daß viele, wenn nicht die meisten Individuen nicht so agieren, wird ignoriert, genauso wie die Auswirkungen eines Verhaltens, das alle Versicherungsnehmer als potentielle Lügner und Diebe abstempelt, anstatt nach Mitteln und Wegen zu suchen, ihr moralisches Verhalten anzuerkennen und zu verstärken.

Neoklassische Ökonomen, die die Bedeutung der moralischen Werte nicht anerkennen, neigen dazu, sie in intra-ökonomischen Begriffen zu erklären: »Die Wirtschaftstheorie tendiert dazu, in diesem, wie auch in einigen anderen Bereichen anzunehmen, daß die Menschen nur so lange ehrlich sind, als sie einen wirtschaftlichen Anreiz haben, es zu sein« (Johansen zitiert von Sen 1977, S. 332). Diese Ansicht wird von der folgenden Schlußfolgerung Cloningers (1982, S. 33) weiter illustriert: »Die Möglichkeit, das wirtschaftliche Risiko zu minimieren, indem man kleine moralische Risiken eingeht, könnte eine Erklärung für den Einsatz bestimmter unorthodoxer Geschäftspraktiken sein.« Wenn dies der Fall wäre, könnten die normativen Elemente der Wettbewerbskapsel mit Transaktionen zwischen den Akteuren erklärt werden. Moralisches Verhalten würde aufrechterhalten werden, solange es ein gutes Geschäft ist, oder so lange »zurechtgestutzt« werden, bis es eines wäre. Man müßte die normativen Kräfte, die den Wettbewerb aufrechterhalten, nicht außerhalb des Wettbewerbs suchen. Unserer Ansicht nach haben die normativen Faktoren ihre eigenen Grundlagen in den Werten, Persönlichkeiten und Kollektiven der Menschen. Es ist zwar wahr, daß normative Faktoren von wirtschaftlichen beeinflußt werden, doch es gibt auch die umgekehrte Kausalität: nämlich, daß normative Faktoren die wirtschaftlichen prägen; sie sind nicht nur einfach zweitrangig.

Normative Faktoren in anderen gesellschaftlichen Bereichen

Was für die Wirtschaftspolitik gilt, gilt noch mehr für Strategien, die andere Verhalten betreffen, von »public choices« bis zum Verbrechen, auf die die neoklassische Analyse in den letzten Jahren angewandt worden ist. Janowitz (1983) zeigt unter Verwendung historischer Daten und öffentlicher Meinungsumfragen, daß sich die Amerikaner seit dem Zweiten Weltkrieg ihrer Rechte und Interessen mehr bewußt geworden sind, ihre Verpflichtungen gegenüber der Gemeinschaft, der sie angehören, jedoch weniger deutlich wahrnehmen als zuvor. So zeigt zum Beispiel eine Studie aus dem Jahre 1979, daß die Studenten ihr Recht auf Prüfung durch eine Kommission sehr wichtig, ihre Verpflichtung, den Dienst eines Jurors zu übernehmen, jedoch kaum ernst nehmen (Janowitz 1983, S. 7-8; weitere Daten über Egoismus siehe Yankelovich 1981; Veroff, Douvan, Kulka 1981). Janowitz verlangt die Einführung eines Zivildienstes, um das »Bürgerbewußtsein« zu stärken: im hier verwendeten Sinn, um das Gleichgewicht zwischen dem Ich und dem Wir wiederherzustellen. Als dieser Vorschlag während des Jahrestreffen der American Political Science Association 1984 das Thema einer Diskussionsrunde war, lehnte ein Neoklassiker diesen Zivildienst mit der Begründung ab, daß »wir alle Leute, die wir brauchen, bekommen können, indem wir sie bezahlen«. Ein solcher Standpunkt läßt erstens den wirtschaftlichen Wert eines Zivildienstes außer acht; Freiwillige für einen solchen Dienst könnten Mindestgehälter bezahlt bekommen, während Heeresdiener heutzutage reguläre Löhne erhalten. Zweitens können marktgerecht bezahlte Arbeitnehmer keinen Beitrag zur Beseitigung des Ungleichgewichts leisten, das Janowitz und andere festgestellt haben.

Neoklassische Ökonomen analysieren Verbrechen mit Begriffen wie Kosten und Nutzen. Sie meinen, daß die Wahrscheinlichkeit verhaftet und verurteilt zu werden sowie das Ausmaß der Gefängnisstrafe einerseits und die Höhe der Beute andererseits, d. h. Kosten und »Nutzen«, mit der Häufigkeit einer Vielzahl von verschiedenen Verbrechen korreliert, zu denen auch Mord und Vergewaltigung zählen (Andreano und Siegfried 1980; Rottenberg 1979). Die Daten geben Anlaß zu heftigen methodologischen Kontroversen, auf die wir hier aber nicht näher eingehen werden. In dem Maße, in dem diese Daten gezeigt haben, daß Eigennutz in Situationen eine wichtige Rolle spielt, die bisher dem Bereich des Impulsverhaltens zugeordnet wurden, leisten die neoklassischen Ökonomen einen wichtigen Beitrag zur Korrektur der übersozialisierten Sichtweise des Verbrechens. Diese Sichtweise berücksichtigt nämlich fast ausschließlich die Bedeutung der Erziehung, der Subkultur, des Gruppendrucks oder anderer Faktoren dieser Art. Dennoch überbewerten sie ihre Erkenntnisse, wenn sie die Ansicht vertreten, daß der Eigennutz die gesamte oder beinahe die gesamte Varianz bestimmt (Cook 1980). Diese Ansicht wird Politiker eher fehlleiten. So sind zum Beispiel Rubins Feststellungen (1980, S. 13), daß »die Entscheidung, ein Verbrecher zu werden, im Prinzip nichts anderes ist als die Entscheidung, ein Maurer zu werden ... das Individuum stellt die Nettokosten jeder Alternative ihrem Nettogewinn gegenüber und trifft auf dieser Basis seine Entscheidung«, und »die Neigungen sind konstant, und eine Veränderung des [kriminellen] Verhaltens ist durch Veränderungen der Preise [wie Strafen] erklärbar«, irreführend. Sie lassen die Tatsache unberücksichtigt, daß trotz der möglichen Korrelationen zwischen »Preisen« und Kriminalitätsrate vieles an der Varianz (der Kriminalitätsrate) unerklärt bleibt. Dies wahrscheinlich deshalb, weil moralische und andere soziale Faktoren eine Rolle spielen. Zweitens übersehen solche Standpunkte die Tatsache, daß die »Neigung« zum Verbrechen wie alle anderen Neigungen von normativen und anderen sozialen Faktoren geprägt wird, z. B. dadurch, wie sehr die relevante Subkultur bestimmte Arten von Verbrechen ablehnt (Grasmick und Green 1981).

Ebenso werden Aussagen wie die von Murray (1984, S. 168), daß »ein Verbrechen dann passiert, wenn der voraussichtliche Gewinn die voraussichtlichen Kosten übersteigt« nicht nur so formuliert, daß sie nicht falsifiziert werden können (wenn unter bestimmten Bedingungen, unter denen man ein Verbrechen erwartet, keines begangen wird, kann man immer noch sagen, daß der Nutzen die Kosten nicht »ausreichend« übersteigt), sondern verleiten die Politiker dazu, die Bedeutung der Erziehung, Subkultur, Führerschaft und

Rollenideale zu ignorieren. In diesem Zusammenhang ist Wilsons Diskussion (1985) der Rolle verschiedener Bewegungen und Organisationen, die im Amerika des 19. Jahrhunderts die Affektkontrolle zum Ziel hatten, von besonderem Interesse. Wilson zeigt, daß junge Menschen, die im Zuge der fortschreitenden Industrialisierung ihren Familienverband ursprünglich nur verlassen hatten, um in anderen Familienverbänden unter der Aufsicht anderer Bauern oder Handwerker zu arbeiten, dann dazu übergingen, in den Städten in Pensionen zu wohnen, wo sie weder in eine Familie eingebunden waren, noch irgendeiner Autorität unterstanden. Das Ergebnis dieser Entwicklung war ein weitverbreitet ungehöriges und ungeordnetes Verhalten. Dieses gab Anlaß zu vielfältigen Bemühungen, die Triebkontrolle zu verstärken und Selbstkontrolle, Selbstdisziplin und »Charakter« zu entwickeln. Diese Bemühungen fanden in der Gründung von Sonntagsschulen, der Heilsarmee, von Bewegungen, die zur Mäßigung aufriefen, und verschiedenen klerikalen und weltlichen Vereinigungen ihren Niederschlag. Einige hatten andere Ziele, doch die Triebkontrolle war ein Nebenprodukt; andere zielten direkt darauf ab, schrittweise zur Selbstdisziplin zu führen.

Der für die Politikanalyse interessante Punkt ist, daß man also nicht nur an das Verhältnis zwischen Kosten und Nutzen, an die Abschreckung, an den Anreiz und an die Aufrechterhaltung der Ordnung denken muß, sondern auch an die Bildung von Präferenzen durch Moralerziehung, Gruppenkultur, gemeinschaftliche Werte und an die Mobilisierung einer entsprechenden öffentlichen Meinung. Das alles sind Faktoren, die die Neoklassiker meist unberücksichtigt lassen, weil sie davon ausgehen, daß Präferenzen gegeben sind. Außerdem liefern ihre Theorien keinen analytischen Rahmen, der es ermöglicht, die Bildung von Präferenzen in das Konzept einzubinden. Das Problem mit Theorien, die in ein deontologisches Paradigma passen, besteht darin, daß sie eine Vielzahl komplexer Aspekte umfassen, die schwer zu quantifizieren sind. Bevor sie neben der ökonomischen Analyse eine effektive Rolle spielen können, müssen sie wohl synthetisiert, vereinfacht und operationaler gemacht werden.

Damit soll nicht behauptet werden, daß man eine staatliche Politik moralischer Normen entwickeln sollte oder kann; ein Großteil der moralischen Werte unterliegt nicht der Kontrolle staatlicher Organe. Wird den normativen Faktoren einmal genug Aufmerksamkeit gewidmet, können Maßnahmen jedoch so gestaltet werden, daß sie diese Faktoren verstärken oder zumindest nicht unterminieren. Diesem Zweck können geeignete Rollenbilder, die Verbesserung der Bürgererziehung in den Schulen und die Gründung von Selbsthilfegruppen dienen. Eine starke Veränderung des moralischen Klimas zwischen 1900 und 1917, die von einer sozialen Bewegung (the Progressives) gefördert wurde, führte zu einer deutlichen Verringerung der Korruption. Außerdem schuf diese Veränderung bessere Voraussetzungen für die Bildung einer modernen Wirtschaft: Diese reichten von größerem Vertrauen in die Finanzinstitute bis hin zur Beschneidung der Möglichkeiten monopolistischer Unternehmen, sich zur Einschränkung des Wettbewerbs des Staates zu bedienen usw. (Hofstadter 1966).

Die Frage wurde gestellt, ob es einen Widerspruch zwischen der zuvor besprochenen Vorstellung gibt, daß moralische Verpflichtungen »träge« sind, und der Ansicht, daß man sich auf moralische Verpflichtungen stützen soll, wenn es darum geht, Maßnahmen zum allgemeinen Wohl zu fördern. Erkennt man einmal an, daß sich Politiker auf bestehende Verpflichtungen berufen, sie verstärken oder neue einführen können, wo noch keine existieren, besteht kein Widerspruch zwischen beiden. Dennoch ist es ein wesentlich schwierigeres Unterfangen, die Ausrichtung tiefverwurzelter Einstellungen (sagen wir, das Verhalten gegenüber Arbeitskollegen einer anderen Rasse) zu verändern (Stern und Aronson 1984, S. 72).

Interaktionseffekte

Neben den Auswirkungen, die normative »Inputs« auf verschiedene wirtschaftliche (und nichtwirtschaftliche) Ergebnisse wie Sparverhalten und Produktivität haben, gibt es Interaktionseffekte zwischen normativen und ökonomischen »Inputs«, denen wir unsere Aufmerksamkeit zuwenden sollten. Am wichtigsten ist die Hypothese, daß zusätzliche ökonomische Inputs unter bestimmten Bedingungen zu einem *Absinken* des Outputs führen, da ihr Hinzukommen den produktiven Effekt der normativen »Inputs« neutralisiert, d. h. man sagt, daß sich die zwei Inputs nicht gut kombinieren lassen.

Goodin (1980, S. 140) meint dazu, daß »materielle Anreize moralische Anreize eher zerstören als sie ergänzen«. Neoklassiker entwerfen Institutionen meist für Gauner, weil sie entweder davon ausgehen, daß alle Menschen Gauner sind oder daß alle, die »gut« sein wollen, es unter allen Umständen sein werden, aber die anderen bezahlt oder bestraft werden müssen. Goodin glaubt, daß solche Vorgehensweisen das »gute« normative und freiwillige Verhalten unterminieren. Wenn also zum Beispiel ehrenamtliche Helfer blinden Patienten in einem Heim vorlesen, dessen Verwalter in seiner Bestrebung, einen zuverlässigeren Vorlesedienst zu sichern, einen Teil dieses Vorlesens bezahlt, wird man erwarten, daß es mit großer Wahrscheinlichkeit bald keine ehrenamtlichen Vorleser mehr geben wird. Dadurch entstehen, unabhängig davon, welcher Anstieg an Zuverlässigkeit erreicht wird, meßbare Kosten. Dies ist offensichtlich nicht immer oder kategorisch der Fall. Obwohl Blut in Großbritannien gespendet und in den Vereinigten Staaten verkauft wird, *spenden* die Menschen auch in den Vereinigten Staaten sehr wohl Blut, obwohl es wahrscheinlich mehr freiwillige Blutspender gäbe, wenn Blut nicht gehandelt würde (Titmuss 1970).

Die Moral der Kooperation

Es wurde auch schon viel über eine andere Neigung der Politik geschrieben, die von der neoklassischen Ökonomie gefördert wird: die besondere Betonung der Verdienste des Wettbewerbs, des Marktes. Hier geht es nicht darum, zu zeigen, wie mächtig das Marktmodell als Wirtschaftstheorie ist, sondern um darauf hinzuweisen, welchen Vorteil seine Verwendung beim Entwurf von Maßnahmen hat, wenn kein vollkommener Wettbewerb herrscht. Neoklassische Ökonomen haben selbst nachgewiesen, daß das Modell vom vollkommenen Wettbewerb unter diesen Bedingungen nicht anwendbar sein kann (siehe Kapitel 12, S. 338–366). Dennoch treten neoklassische Ökonomen immer wieder für die Deregulierung, die Senkung der Zölle usw. ein, als ob Schritte *in die Richtung* des freien Marktes *einen Teil* der Vorteile eines wirklich freien Marktes bringen könnten, was aber, wie sie in ihren eigenen Untersuchungen zeigen, nicht vorhergesagt werden kann.

Abgesehen davon, daß sie die Vorteile des Marktes überschätzen, unterschätzen die Neoklassiker den Wert der Kooperation, die als die entgegengesetzte Art des Verhaltens betrachtet wird. Wir haben schon auf den Wert der Kooperation zwischen Arbeitnehmern und Managern hingewiesen. Ihre Vorteile sind auch an anderer Stelle sichtbar: nämlich im Falle von Unternehmen, die zusammenarbeiten, um gemeinsame Probleme zu lösen und öffentliche Güter zu produzieren (wie zum Beispiel die Suche nach effizienten Einrichtungen gegen die Umweltverschmutzung oder die Unterstützung der Grundlagenforschung); an Individuen, die bereit sind, ihren Engergiekonsum zu Spitzenzeiten zu reduzieren, um die Schließung umweltverschmutzender Kraftwerke zu ermöglichen (Stern und Aronson 1984, S. 72); an Bestrebungen, zwischen verschiedenen Managergruppen eines Unternehmens einen Konsens herzustellen (Ofshe und Ofshe 1970); und in einem nationalen Klima der Kooperation zwischen dem Management und den Gewerkschaften (Maital und Maital 1984, S. 281; Boulding 1962). Am schädlichsten ist wahrscheinlich ein Konzept, das dem Staat den freien Markt gegenüberstellt und dabei meist die Bedeutung einer dritten Kraft, der der Gemeinschaft, übersieht, die die Kooperation und moralische Werte oft fördert. Benthams Ansicht, daß »die Gemeinschaft eine Fiktion ist« (zitiert von Bell 1980, S. 71), reicht weit über seine Zeit hinaus.

Die Lehre der Bescheidenheit

Erkennt man einmal die beschränkten Fähigkeiten des Menschen zu wissen und die Schlüsselrolle des Affekts und der Werte an und akzeptiert sie in letzter Konsequenz, verändert sich die Sichtweise der Welt entscheidend, besonders die des Entscheidungsprozesses. Statt sich hyperaktiv darauf zu konzentrieren, Ziele zu definieren, die

»effizientesten Mittel« einzusetzen und »zu implementieren« – was voraussetzen würde, daß wir gottähnliche Kreaturen sind und die Welt (inklusive unserer Mitmenschen) formbar ist –, wird man bescheiden. Meistens fehlt uns das Wissen, um gute Entscheidungen treffen zu können. Daher müssen wir vorsichtig vorgehen, jederzeit bereit, den Kurs zu ändern, jederzeit gewillt zu experimentieren; kurz, in Bescheidenheit.

Diese Bescheidenheit erstreckt sich über den Bereich des Geistes hinaus; sie wird von der deontologischen Annahme gestützt, daß die anderen auch als Ziele und nicht nur als Mittel zum Ziel behandelt werden müssen. Wir werden also mehr geneigt, andere wirklich um Rat zu fragen (nicht als eine Form der Manipulation, sondern als eine Methode, um einen Konsens zu bilden) und die Bedürfnisse der anderen und der Gemeinschaft zu berücksichtigen. Dies sowohl aus ethischen als auch aus praktischen Überlegungen heraus.

Außerdem betrachten wir Emotionen oder Werte nicht einfach als Beschränkungen bei der rationalen Entscheidungsfindung; wir erkennen ihre legitime Rolle als Basis der Entscheidung an. Emotionen und Werte reduzieren auch die Palette der Mittel, da durch ihr Einwirken andere Werte berücksichtigt werden als die der Effizienzsteigerung.

Die Bedeutung von Gruppenzugehörigkeit und Gruppenstruktur

Berücksicht man die Tatsache in vollem Umfang, daß (1) Individuen nicht isoliert sind und unabhängig entscheiden und handeln, sondern einer Gruppe angehören und von ihren verschiedenen Gruppenzugehörigkeiten zutiefst geprägt sind, und daß (2) Entscheidungen in bedeutendem Ausmaß von den Organen der Kollektive (z. B. Komitees) getroffen werden, so rückt die Bedeutung der Struktur in den Mittelpunkt. Der erste Schritt besteht darin, zu erkennen, daß die wirtschaftliche, soziale und politische Stellung einer Person, ihre Handlungsfähigkeit, ihre Einflußmöglichkeiten und ihre Wahlmöglichkeiten entscheidend beeinflußt. Zweitens muß man erkennen, daß die Weisheit oder Unangepaßtheit der Handlungsweise einer

Person oft sehr stark von der Struktur des Kollektivs geprägt ist, dem diese Person angehört; zum Beispiel wie dezentralisiert bzw. wie hierarchisch die Struktur ist. Was außerdem besonders wichtig ist: Man versteht, daß Veränderungen im Handlungsverlauf oft nicht nur eine Veränderung der »Köpfe und Herzen« der Individuen notwendig machen, sondern auch eine Veränderung der wirtschaftlichen, sozialen und politischen Strukturen.

Es ist eine entscheidende und komplexe Frage, unter welchen Bedingungen kollektive Strukturen großen Veränderungen unterworfen werden; eine Frage, die der Autor an anderer Stelle untersucht hat (Etzioni 1986). Es mag hier genügen, darauf hinzuweisen, daß strukturelle Veränderungen, besonders in Richtung einer verantwortungsfähigeren Gemeinschaft (more responsive community), mehr brauchen als Wissen oder sogar Konsens; sie ziehen oft die Mobilisierung von Macht durch diejenigen nach sich, die nach Veränderung streben, die es darauf anlegen, die Opposition derjenigen zu überwinden, die den Status quo beibehalten wollen. Beispiele für solche Mobilisierungen sind die Bürgerrechts-, die Frauen-, die Umweltschutzbewegung und die Bewegung der »Progressives«. Damit wollen wir nicht sagen, daß diejenigen, die für die Veränderung sind, automatisch im Recht, ihre Gegner ganz im Unrecht sind. Es geht vielmehr darum, daß strukturelle Veränderungen höchst selten nur durch Wissen, Emotion oder gar Werte ausgelöst werden; sehr oft muß auch Macht (aber nicht notwendigerweise Gewalt!) ausgeübt werden. Daher braucht man eine Theorie, die sowohl die Struktur als auch die Macht als Schlüsselelemente einbezieht.

Normative Implikationen

Obwohl das neoklassische Paradigma und die neoklassische Ökonomie keinerlei normative Faktoren einschließen, haben sie eindeutige, zuvor schon mehrmals angeführte normative Implikationen. Neoklassische Ökonomen unterscheiden zwischen positiver (»wissenschaftlicher«) und normativer (präskriptiver) Wirtschaftstheorie, zwischen tatsächlichen Aussagen, die beschreiben, wie es ist, und

Werturteilen, die beschreiben, wie es sein sollte. Während viele Ökonomen der Ansicht sind, daß sie beim positiven Ansatz bleiben sollten, glauben andere, daß sich Ökonomen dann, wenn die Individuen (oder Kunden oder Politiker) einmal den Werten, zum Beispiel der Gleichheit, verpflichtet fühlen, mit der Frage beschäftigten können, wie sich die Menschen verhalten sollten, um den betreffenden Wert effizient zu fördern. Es muß jedoch darauf hingewiesen werden, daß viele Ökonomen zugeben, daß sie in ihrer täglichen Arbeit mit dem rein normativen Ansatz beschäftigt sind und Werturteile fällen (Alchian und Allen 1977, S. 40; McKee 1982, S. 7 ff.), besonders dann, wenn sie Politiker beraten, unabhängig davon, ob diese ihre Werte und Ziele nun dargelegt haben oder nicht (Brandl 1985, S. 2, 10–11). Die Frage »Was sind die normativen Botschaften, die die Wirtschaftstheorie vermittelt?« ist also durchaus legitim.

Eine Präferenz für Effizienz

Ökonomen, die sich mit Effizienz beschäftigen (wahrscheinlich, weil das moralisch neutral ist) berücksichtigen oft nicht, daß Effizienz selbst ein Wert von vielen ist (Ayres 1981, S. viii).
Tatsächlich steht Effizienz oft im Konflikt mit anderen hoch bewerteten Sozialnormen – mit Zielen wie Gleichheit oder Fairneß und dem Wunsch, »altruistisches« oder selbstloses Verhalten zu fördern. Der Markt ist die Domäne von Ungleichheit und Eigennutz, wo Wohlhabende ihre Wünsche auf Kosten der weniger Wohlhabenden befriedigen können. Letztere werden der Erweiterung dieser Domäne daher vernünftigerweise skeptisch gegenüberstehen.

Weiter unten zitiert er Kelman (1981):
Ein Teil des wahrgenommenen Wertes der Dinge, von Nationalparks angefangen bis hin zu unserem Wahlrecht, machen ihren eigentlichen Charakter aus, sind Teil eines gemeinsamen Schatzes, an dem wir alle unseren gleichen Anteil haben ... Zu einer solch

gleichmäßigen Verteilung käme es nicht, wenn solche Dinge auf dem Markt gehandelt würden; sie ist nur auf dem Weg außermarktlicher Allokation zu erreichen (ebd.).

Und Ayres schließt daraus:
Wie das Common Law seit Hunderten Jahren besagt, legt der [Clean Air] Act (das Gesetz über die Reinhaltung der Luft – Anm. d. Übers.) fest, daß jeder Amerikaner das Recht auf eine Atmosphäre hat, deren Atmung der Gesundheit zuträglich ist.

Nicht effizient, sagen viele Ökonomen. Eine effiziente Gesellschaft würde sich auf eine Art Markttest stützen und die Luft nur bis zu dem Punkt reinhalten, an dem die aggregierten »Nutzen« der Gesellschaft an verbesserter Gesundheit ebenso groß sind wie die aggregierten Kosten dieser Gesundheitsverbesserung. Die Verteilungsfrage wird in dieser Formel nicht sichtbar, weil sie die sehr wahrscheinliche Möglichkeit unberücksichtigt läßt, daß die Gesundheit einiger Individuen verringert würde, um, sagen wir, für viele andere billigere Produkte verfügbar zu machen. (Für eine weitere Diskussion über die Tendenz der Ökonomen, davon auszugehen, daß der Markt für Gerechtigkeit sorgen wird – daß Effizienz und Gerechtigkeit zusammenfallen –, statt beide als exogene Werturteile zu behandeln, siehe Schneider 1974, S. 207–208.)

Chelius (1979, S. 146) schreibt im Zuge einer Diskussion der Risikoanalyse eines anderen Ökonomen: »Viscusi betrachtet ein effizientes Ergebnis implizit als eines, daß zustande gekommen wäre, wenn es vollständige Information gegeben hätte. Harold Demsetz hat diesen Standpunkt in einem anderen Kontext den ›Nirwana-Ansatz‹ der Wirtschaftswissenschaften genannt.« Er fügt hinzu: »(...) warum soll man ein Gleichgewicht nur dann als effizient betrachten, wenn das Ergebnis dasselbe ist wie in einer Situation, in der die Information kostenlos ist? Warum soll man nicht davon ausgehen, daß Bauarbeiter und Maschinenwärter kostenlos sind und es als ineffizient betrachten, wenn der Markt unter diesen Bedingungen nicht die entsprechenden Ergebnisse produziert?« (Er bezieht sich hier auf W. Kip Viscusi, einen führenden Risikoanalytiker.) Doch Viscusi selbst meint: »Ich halte es für diskussionswürdig, ob die Gesellschaft dem Leben eines Arbeiters dann ebenfalls einen geringen Wert zuschreiben soll, wenn der Arbeiter selbst dies tut« (Keller 1984). Kurz, hinter dem Vertrauen auf die Effizienz des Marktes versteckt sich zweifellos ein Werturteil.

Die moralischen Implikationen der Rücksichtnahme auf das Konzept der bekundeten Präferenzen

Die neoklassische Sichtweise, daß Präferenzen im Verhalten sichtbar werden und es daher nicht notwendig ist, ihre Bildung oder Veränderung zu untersuchen, führt in die neoklassische Wirtschaftstheorie ein bedeutendes Werturteil ein, auf das schon oft hingewiesen wurde. Deshalb soll es der Vollständigkeit halber hier kurz angesprochen werden. Mit dem Argument, daß der Markt den Präferenzen der Menschen, dem, »was die Individuen wollen«, am besten dient, lassen die Ökonomen die Tatsache unberücksichtigt, daß Präferenzen zu einem entscheidenden Teil von der Gesellschaft gebildet werden, weshalb sie die Werte, die Kultur und die Machtstruktur einer Gesellschaft widerspiegeln (Boulding 1969; Tisdell 1983, S. 34; McPherson 1985, S. 5–6). Die Menschen westlicher Gesellschaften streben nach Konsum und Wohlstand; doch ist dies der Fall, weil sie von Natur aus besitzergreifend sind oder weil sie von den Werten des reifen Kapitalismus geprägt wurden? Wahr ist, daß Studien über Indien und Nigeria (Inkeles und Smith 1974), Studien über die *Kibbuzim* und neuere Erkenntnisse in der ehemaligen Sowjetunion und im kommunistischen China auf die allgegenwärtige Macht der Konsumgüter hinweisen. Aber sind sie das, was die Menschen wünschen, wenn sie wenig haben, und gehen sie bald darauf zu »höheren« Bedürfnissen über, wie Maslow meint, oder gibt es keine Grenze für das Streben nach ihnen, weil sie auch als Ersatz für Zuneigung, Selbstwert und Selbstverwirklichung verwendet werden? Tatsächlich gibt es bedeutende empirische Evidenzen dafür, daß das, was die Menschen konsumieren, vor allem ihre Kultur und Subkultur, ihre Werte und sozialen Definitionen von Produkten (Douglas

1979; Thompson 1979) widerspiegelt. In den Vereinigten Staaten brachte die Bewegung der »freiwilligen Einfachheit« in den späten 60er und den 70er Jahren Menschen mit mehr Geld, dazu, weniger zu konsumieren, dies jedoch nicht nur proportional, sondern auch absolut (Elgin und Mitchell 1977; Leonard-Barton 1981).

Kurz gesagt, es scheint ziemlich klar zu sein, daß die neoklassische Ökonomie und ihre Annahmen von der »Konsumentensouveränität« in Wahrheit ein Wertsystem und eine soziale, wirtschaftliche und politische Struktur widerspiegelt – nämlich die des reifen Kapitalismus (Hirsch 1976) – und nicht die menschliche Natur. Die gegenteilige Meinung bringt diejenigen, die eine solche Theorie internalisiert haben, dazu anzunehmen, daß ihre Kaufpräferenzen normativ richtige Wahlentscheidungen bekunden, weil sie sie, wie sie glauben, eigenständig getroffen haben, obwohl sie tatsächlich stark kulturell gebunden und konformistisch sind.

Jenseits des Pareto-Optimums

Bei ihrer Beschäftigung mit der allgemeinen Wohlfahrt stützen sich die neoklassischen Ökonomen auf das Prinzip des Pareto-Optimums. Auf den ersten Blick sieht es so aus, als ob niemand ein so objektives Kriterium verwerfen könnte: Das Pareto-Optimum besagt nämlich, daß Allokationen nur dann zu ändern sind, wenn dadurch einige einen Vorteil erhalten, ohne daß anderen ein Schaden zugefügt wird. Tatsächlich wirft das Prinzip viele moralische Fragen auf, wie zum Beispiel, ob alle Präferenzen als moralisch gleichwertig beurteilt werden sollten oder nicht (Drogenabhängigkeit?) und ob Wahlakte aller Individuen (auch von Verbrechern?) der gleiche Status zuerkannt werden soll. Rhoads (1985, S. 185) bringt ein überzeugendes Beispiel für die neoklassische Tendenz, die Rechte zu ignorieren und »einfach und simpel« die Präferenzen der Menschen zu benützen: Tullock unterscheidet zum Beispiel nicht zwischen der Sichtweise jener Bürger seines Landes, die dafür sind, daß das Privatfernsehen Schwarze so zeigt, daß die Vorurteile der weißen Bevölkerung abgebaut werden, und der Einstellung vieler Südafrikaner, die das Gegenteil davon wollen: »Die Tatsache, daß wir eine dieser Haltungen für richtig halten und die andere ablehnen, weist darauf hin, daß wir eine Reihe bestimmter Präferenzen haben. Sie weist nicht darauf hin, daß zwischen den beiden Haltungen ein prinzipieller Unterschied besteht oder daß beide nicht darauf abzielen, Externalitäten zu schaffen.« (Es geht hier um Tullock 1970. Für weitere Kritik siehe Mishan 1981.)

Vor kurzem wurde von Whittington und MacRae (1986) ein neuer Kritikpunkt formuliert. Sie weisen darauf hin, daß die Ergebnisse von Pareto-ähnlichen Analysen sehr stark davon bestimmt werden, wen man in das Konzept der Gesellschaft oder Gemeinschaft einschließt, deren Wohlfahrt man untersucht. Zuerst mag die Antwort offensichtlich als in vielen theoretischen Analysen impliziert erscheinen: jedermann. Dennoch wird das Werturteil sichtbar, wenn man folgende Fragen stellt, wie es die Autoren der Studie tun: Wessen Präferenzen sind inkludiert? Sind zukünftige Generationen einbezogen und wenn ja, wie weit in die Zukunft? Dies ist eine entscheidende Frage für Umweltschutzpolitik, für Budgetzuteilungen für Unterricht und Bildung, Grundlagenforschung und Infrastrukturen, alles Investitionen, die sich vor allem langfristig auszahlen. Was ist mit illegalen Einwanderern, von denen wir in den Vereinigten Staaten geschätzte 20 Millionen haben? Was ist mit den vom Hungertod bedrohten Menschen in anderen Ländern? Auf diese Fragen gibt es zahlreiche Antworten, die jedoch alle mit Werturteilen zu tun haben, von denen die Neoklassiker behaupten, daß sie sie nicht fällen, die jedoch nicht vermieden werden können.

Eine Abneigung gegen Politik

Wie viele Experten, die besonders stark an ihr Wissen glauben, neigen Neoklassiker dazu, politischen Prozessen gegenüber starkes Unbehagen zu empfinden, besonders dem darin involvierten Geben und Nehmen. So stellt zum Beispiel Majone (1976, S. 610) fest, daß viele neoklassische Ökonomen »ihre Präferenz für die Abwasserabgabe [die umweltbelastenden Betrieben auferlegt werden soll] teilweise mit ihrer angeblichen Fähigkeit rechtfertigen, das Feilschen und den politischen Kompromiß zu minimieren«. Sie verwerfen hingegen die Regulierungs- und Auflagenpolitik wegen ihres nichtökonomischen Charakters. Majone zeigt weiter auf, daß es von einem solchen Standpunkt »zum Zweifel an der Fähigkeit des pluralistischen politischen Systems, kluge Wahlentscheidungen zu treffen, nur ein kleiner Schritt ist.« (S. 610–11). Tatsächlich haben beide Prozeduren mit Politik zu tun (für Evidenzen, daß Regulierung *und* Anreizsysteme beide hoch politisch sind, siehe Etzioni 1985c). Akzeptiert man grundlegende demokratische Prinzipien, so könnte man hinzufügen, daß sie es auch haben sollten.

Politikphilosophen und Politikwissenschafter seit Edmund Burke haben eine essentielle Vorbedingung für die Demokratie anerkannt: Gewählte Vertreter müssen ein Mandat haben, innerhalb dessen sie Kompromisse nach eigenem Gutdünken aushandeln dürfen. Dieselben Wissenschafter haben die Gefahr für demokratische Prozesse aufgezeigt, die entsteht, wenn die Wählerschaft ihre Repräsentanten besonders instruiert oder von ihnen verlangt, besondere Maßnahmen von der Wählerschaft billigen zu lassen. Neoklassische Ökonomen, die unter dem Druck stehen, quantifizierbare Inputs finden zu müssen, haben die Abweichungen der Repräsentanten von den besonderen »Präferenzen« der Wähler jedoch als »Betrug«, wenn nicht als »Opportunismus« bezeichnet (Kalt und Zupan 1984, S. 282–83). Sie scheinen dabei zu übersehen, welchen unerwünschten Effekt es auf das demokratische Regierungssystem hat, wenn sich die Repräsentanten besonders eng an die von den Wählern ausgedrückten Wünsche halten, bevor der Prozeß des Gebens und Nehmens eingesetzt hat. (Für weitere Dokumentationen, siehe Rhoads 1985, Kapitel 11.)

Demoralisierende Effekte

Es geht um mehr als um ein Paradigma, das einige seiner Verfechter zu konzeptuellen Kunststücken zwingt, um seine »Wir-brauchen-keine-normativen-Faktoren-Annahme« aufrechtzuerhalten. Das neoklassische Paradigma hat nämlich weitreichende erzieherische Auswirkungen auf die Jugend und auf die breite Öffentlichkeit. Jedes Jahr setzen Neoklassiker Millionen von High School- und College-Studenten einem Paradigma aus, das, wie Solow (1981, S. 40) es formuliert, »die Bedeutung des moralischen Urteils sowohl hinsichtlich seiner Sichtweise der Politik als auch hinsichtlich des Verhaltens von Einzelpersonen und Organisationen unterschätzt«. Neoklassische Lehrbücher wimmeln von Aussagen wie »... rationales Handeln heißt, danach zu streben, soviel Wert wie möglich zu gewinnen und dafür so wenig wie möglich aufzugeben« (Dyke 1981, S. 29). Im Zusammenhang mit den Arbeitgeber-Arbeitnehmer-Beziehung findet man: (...) »dennoch wird, wie bei jeder anderen Transaktion auch, jede Seite versuchen, das meiste zu bekommen und dafür so wenig zu geben, wie sie muß« (Ehrenberg und Smith 1982, S. 32).

Eine Bestrebung, die Annahme vom Mononutzen aufrechtzuerhalten, führt so weit, daß die Bibel und die Droge als zwei Konsumgüter gleichgesetzt werden (Kamerschen und Valentine 1981, S. 82), während Walsh (1970, S. 24) die Beziehungen zu einer Flasche Whiskey (Jack Daniels) und zu einer Person (Marina) als gegeneinander austauschbar sieht. Von Alchian und Allen (1977, S. 96) werden Geschenke als »Äquivalent zu einem Geschäft mit einem Preis« betrachtet, »der unter dem Markträumungspreis liegt«, Kinder werden von Becker (1976, S. 169) als »dauerhafte Konsumgüter« bezeichnet.

Nachdem Becker (ebd., S. 172) festgestellt hat, daß es unmoralisch zu sein scheint, Kinder wie Autos, Häuser und Maschinen zu behandeln, tut er dies auf Seite 173 selbst: »Man geht davon aus, daß Kinder als dauerhafte Konsumgüter einen ›Nutzen‹ bringen.« Teurere Kinder werden als Kinder »höherer Qualität« bezeichnet, die mit Cadillacs verglichen werden, usw. Man fragt sich, was wohl die Auswirkung auf die Einstellung potentieller Eltern zu ihren Kindern ist, wenn man ihnen immer wieder beibringt, ihre Kinder als Alternativen zu anderen »Gütern« wie Autos zu sehen?

»Die Denkweise des Ökonomen... schließt in vielen Fällen... eine Art kultivierter Kaltschnäuzigkeit gegenüber all dem ein, was nach den ›höheren Dingen des Lebens‹ schmeckt«, schreiben Brennan und Buchanan (1982, S. 6). Diese Sichtweise wird von drei

Studien illustriert, die schon vor ihrem Abschluß die Aufmerksamkeit der Medien erregten und dadurch die öffentliche Meinung beeinflußten. Eine Studie von Schwartz kommt zu dem Schluß, daß das Duell ein effizienter Weg zur Beilegung von Konflikten ist; Landes stellt die Frage, ob die Kosten der Prävention von Entführungen die Ausgaben wert sind. Posner zeigt, daß es effizienter ist, Babys auf einem offenen Markt zu kaufen und zu verkaufen, als die Adoption zu regulieren, wodurch ein Schwarzmarkt entsteht (Wermeil 1984).

Eine empirische Studie der demoralisierenden Effekte neoklassischer Lehren könnte sehr wohl zeigen, daß die Studenten irgendwie egozentrischer werden und mehr nach ihrem Vergnügen trachten, als bevor sie solchen Lehren ausgesetzt wurden. Gleichzeitig werden sie in ihren Kauf- und Investitionsentscheidungen rationaler. Solche Auswirkungen werden in einer Reihe von »Schwarzfahr«-Experimenten nachgewiesen, die von Marwell und Ames (1981) durchgeführt wurden. In elf von zwölf Versuchsreihen waren die meisten Probanden keine Schwarzfahrer und steuerten 40 bis 60 Prozent ihrer Ressourcen für ein öffentliches Gut bei (den »Gruppentopf«). Im Gegensatz dazu lag der Beitrag von Absolventen der Wirtschaftswissenschaften durchschnittlich nur bei 20 Prozent. Und während die anderen Probanden durch ein starkes Gefühl von Fairneß motiviert waren und diesen Wert beinahe einstimmig definieren konnten (ebd., S. 308), weigerten sich die Ökonomiestudenten, diesen Begriff zu definieren oder gaben sehr komplexe Antworten. Diejenigen, die eine Antwort gaben, meinten, daß es fair wäre, nur wenig oder gar nicht zum öffentlichen Gut beizutragen (ebd., S. 309). (Diese Ergebnisse könnten auch dadurch zustande gekommen sein, daß Studenten ihr Studiengebiet aufgrund einer bestimmten moralischen Komposition auswählen, und nicht nur durch die dort gehörten Lehren. Aber auch Lehrveranstaltungen haben Auswirkungen. Ein in einer Wirtschaftshochschule abgehaltener Kurs in Standesethik führte zu einem Andrang der Studenten in psychotherapeutischen Ambulanzen (Osiel 1984, S. 43.)

Abgesehen von den Auswirkungen auf Studenten gibt es Auswirkungen der neoklassischen Lehren auf die öffentliche Haltung. Auch hier scheint die vorherrschende Sichtweise die moralischen Werte eher zu untergraben. Goodin, Walzer und Kelman weisen unabhängig voneinander auf die Tatsache hin, daß die Gesellschaft bestimmte Lebensbereiche als »heilig« betrachtet und daß sie »säkularisiert« werden, wenn über sie in Begriffen wie Kosten und Nutzen gesprochen wird. So wird ihnen ihre besondere moralische Stellung genommen, was letztlich dazu führt, daß mit ihnen so umgegangen wird, wie es die Neoklassiker sagen. So unterminiert zum Beispiel die Schaffung eines Marktes für Rechte (als Teil eines Anreizsystems), auf dem, sagen wir, das Recht auf Umweltverschmutzung verkauft wird, die Tabus des umweltverschmutzenden Verhaltens. Umweltverschmutzung wird somit normal, womit ihre Kosten gesenkt und solche Verhaltensweisen verbreitet werden.

Da wahr ist, daß der Markt von einem normativen Unterbau abhängig ist (der die jedem Vertrag vorausgehenden Grundlagen wie Vertrauen, Kooperation und Ehrlichkeit liefert), den jegliche vertragliche Beziehung erfordert, entsteht ein Paradoxon: *Je mehr die Menschen das neoklassische Paradigma zum Leitsatz für ihr Verhalten machen, desto mehr wird die Fähigkeit unterminiert, eine Marktwirtschaft aufrechtzuerhalten.* Dies gilt für alle jene, die Geschäftsbeziehungen aufnehmen, ohne sich dabei permanent auf die Kontrolle durch Inspektoren, Aufseher, Rechtsanwälte und Polizei zu stützen. Wenn sie sich dabei aufgrund internalisierter Werte nicht auf legitimierte (d. h. normative) Wettbewerbsmethoden beschränken, wird das System zusammenbrechen, weil die Transaktionskosten eines vollkommenen oder auch nur stark kontrollierten Systems, prohibitiv sind. Dies gilt um so mehr für die Regulierungssysteme, die jeder Markt braucht. Wenn diejenigen, deren Aufgabe es ist, die Spielregeln zu machen und ihre Einhaltung zu überwachen, danach streben, ihren eigenen Profit à la Public Choice zu maximieren, gibt es für das System keine Hoffnung. Unserer Meinung nach ist dies nicht ihr Ziel, doch die neoklassische Erziehung könnte diese Kontextgestalter sehr wohl in die amoralische, anarchistische Richtung drängen.

Zusammenfassend kann man sagen, daß das neoklassische Paradigma, das Teil der modernen Geisteshaltung geworden und nicht nur Aspekt einer Wissenschaftsdisziplin ist, die Art und Weise prägt, in der die Menschen sich und die Welt sehen und in der sie sich verhalten. Brennan und Buchanan gehen das Problem direkt an. Sie fragen: »Ist die Public-Choice-Theorie unmoralisch?«, weil sie auf das Verhalten der Öffentlichkeit so starke Auswirkungen hat. Sie antworten darauf, daß »es nicht grundsätzlich ›unmoralisch‹ sein kann, Illusionen über die Natur der politischen Ordnung zu zerstören« (1982, S. 3). Die Frage ist freilich, ob die Begriffe, die die Public-Choice-Schule zu zerstören versucht, Illusionen sind. Ich plädiere nicht dafür, daß die Neoklassiker (oder auch irgend jemand anderer) anerkannte Wahrheiten vor der Öffentlichkeit verstecken sollten, um sie in unwissender Unschuld zu halten und dafür zu sorgen, daß sie ungefragt daran festhalten, sich um andere zu kümmern, mit anderen zu teilen und an Gegenseitigkeit und Höflichkeit im Umgang miteinander zu glauben. Es folgt jedoch daraus, daß die Menschen, wenn es wahr ist, daß sie danach streben, ein Gleichgewicht zwischen ihrem Vergnügen und moralischen Überlegungen herzustellen, und gleichzeitig gelehrt bekommen, daß sie »in Wahrheit« darauf aus wären, ihr Vergnügen zu maximieren (und alles, was daraus folgt, nämlich, daß die Menschen sich nur so lange moralisch verhalten, als es sich auszahlt, usw.), auf eine negative, gegen die Moral ausgerichtete Art beeinflußt werden. Ein solcher Einfluß entsteht nicht durch das deontologische Paradigma oder die sozioökonomische Theorie.

Zugleich sollte man nicht leugnen, daß Vergnügen und Eigennutz zu den wichtigsten Motivationen gehören und – im richtigen Maß und am rechten Platz – legitim sind. Die Sozioökonomie sieht Vergnügen und Eigennutz also im breiteren Kontext der menschlichen Natur, der Gesellschaft und der letzten Werte. Weder ignoriert sie diese eigennützige Kraft, noch entwirft sie ein Paradigma, eine Theorie oder eine moralische Haltung, die ausschließlich auf das Selbst ausgerichtet sind.

Übersicht und Vorschlagskatalog

1. Übersicht

1. *Ethische Grundlagen*
   gemäßigt deontologisch (Konsequenzen als sekundäres Kriterium).

2. *Konzeption der menschlichen Natur*
2.1. Gespaltenes Selbst, das in ständigem, aber teilweise kreativem Konflikt mit sich selbst steht.
2.2. Moralische Pflichten sind eine Hauptquelle der Konflikte innerhalb der Person.
2.3. Beschränkte intellektuelle Fähigkeiten.

3. *Konzeption des Sozialsystems*
3.1. Individuum (Ich) und Kollektiv (Wir) sind beide essentielle Elemente und haben dieselbe methodologische und moralische Position.
3.2. Das Ich+Wir steht in einem ständigen, teilweise jedoch kreativen Konflikt.
3.3. Obwohl Individuen und Kollektiv sich gegenseitig prägen, ist der Einfluß der Kollektive größer.

4. *Methodologische Standpunkte* (inter-paradigmatisch)
4.1. Wissenschaftliche Kodetermination: Zwei Arten von Kräften beeinflussen die Soziatät und determinieren einander gegenseitig. Im besonderen definieren deontologische Konzepte den Kontext, innerhalb dessen utilitaristische Zielvor-

stellungen – Vergnügen, Eigennutz und Rationalität – wirken.
4.2. Verhaltensänderungen (wie Sparverhalten, individueller Arbeitseinsatz, Steuermoral) zeigen sowohl Präferenzänderungen als auch Änderungen der Restriktionen an. Wertveränderungen betreffen *sowohl* Präferenzen *als auch* Restriktionen, vor allem aber Präferenzen. Veränderungen der Marktkräfte betreffen sowohl Präferenzen als auch Restriktionen, im besonderen aber Restriktionen.
4.3. Die Sozioökonomie (eine deontologische Theorie sozialen und wirtschaftlichen Verhaltens) verläßt sich mehr auf Induktion und weniger auf Deduktion als die neoklassische Ökonomie (eine utilitaristische Theorie).

5. *Methodologische Standpunkte* (intra-paradigmatisch)
5.1. Der Zweck der Theorie besteht darin, Vorhersagen zu treffen *und* Erklärungen zu liefern.
5.2. Die Sparsamkeit muß in beschränktem Maß geopfert werden, um die Palette der Variablen (besonders sozialer, psychischer und politischer Natur) zu erweitern und mehr von der Varianz des untersuchten Verhaltens zu erklären, wobei aber eine Über-Determinierung zu vermeiden ist.
5.3. Tautologien sind zu vermeiden.

6. *Das Ich+Wir-Paradigma, Grundannahmen*
6.1. Akteure verfolgen zwei oder mehrere Ziele (Nutzen): sie streben nach Vergnügen (und daher nach Eigennutz) und versuchen, nach ihren moralischen Verpflichtungen zu leben.
6.2. Die Mittelwahl der Akteure basiert vor allem auf Werten und Gefühlen. In dem Maß, in dem sie auf Logik und Erfahrung beruht, führen die begrenzten intellektuellen Kapazitäten der Akteure zu subrationalen Entscheidungen.
6.3. Die Akteure sind Individuen, die im Rahmen von Kollektiven agieren, und nicht völlig isolierte Personen.

2. Vorschlagskatalog

A. Menschliche Ziele (Nutzen)

7. Es ist sinnvoll, zwei (oder mehr), jedoch keine große Zahl von Nutzen anzunehmen.
7.1. Alle Dinge haben zumindest zwei Bewertungskriterien: ihre Fähigkeit Vergnügen zu generieren und ihren moralischen Status.
7.2. Vergnügen und moralische Verpflichtungen verstärken einander manchmal, stehen aber oft auch im Konflikt miteinander. D. h., die zwei Bewertungen einer Sache haben oft entgegengesetzte Vorzeichen.
7.3. Es ist technisch möglich, jedoch nicht sinnvoll, die zwei Arten der Bewertung auf eine zu reduzieren.
7.4. Je größer der Einfluß der moralischen Verpflichtungen auf die Handlungen von Individuen ist, desto eher erwartet man, daß ihr Verhalten gleich bleibt (wenn sich die Umstände verändern). Im umgekehrten Fall, also wenn die Individuen nach Vergnügen oder Eigennutz streben, ist es unter geänderten Umständen um so unwahrscheinlicher, daß sie bei ihrem Verhalten bleiben, je wichtiger ihnen diese Ziele sind.
    7.4.1. Moralische Verpflichtungen dehnen die Lernkurve aus.
7.5. Moralische Verpflichtungen senken die Transaktionskosten.
7.6. Wenn die Menschen ihre moralischen Verpflichtungen verletzen, um ihr Vergnügen zu steigern, werden vor, während und nach dieser Verletzung der moralischen Verpflichtungen Verteidigungsmechanismen aktiviert, die besondere Auswirkungen auf das Verhalten haben.

7.6.1. Verletzungen der moralischen Verpflichtungen verursachen Schuldgefühle, die unter anderem zu kompensatorischem, besonders sozialem Verhalten führen.

7.6.2. Konflikte zwischen dem Streben nach Vergnügen und moralischen Verpflichtungen stellen eine wichtige Quelle für Dissonanzen dar, die wiederum dazu führen, daß das Individuum nicht handelt und/oder sich verweigert.

7.6.3. Konflikte zwischen Bewertungen (Vergnügen vs. Moral) führen zu interpsychischen Streßsituationen, die die Fähigkeit des Akteurs vermindern, rationale Entscheidungen zu treffen.

7.7. Es ist zu erwarten, daß Wahlakte, die relativ schwer mit moralischen Überlegungen beladen sind, inklusive vieler ökonomischer Entscheidungen, besonders schwer umzukehren (also asymmetrisch), besonders »unregelmäßig« (oder höchst diskontinuierlich) sind und einen großen »Schwellen«-Effekt haben.

7.8. Wenn moralische Verpflichtungen vorherrschen, schaffen sie in einigen Bereichen »non-markets« (»blocked exchanges«), z. B. verfassungsmäßige Rechte, und »poor markets« in anderen Bereichen, z. B. Adoption.

B. Mittelwahl

8. *Werte und Emotionen sind Schlüsselelemente*

8.1. Die meisten Wahlakte werden vollzogen, ohne daß dafür Information verarbeitet, Schlüsse gezogen oder Überlegungen angestellt werden. D. h., sie sind keine Entscheidungen im eigentlichen Sinn.

8.2. Die meisten Wahlakte werden (unabhängig davon, ob dafür Überlegungen angestellt wurden oder nicht) zu einem entscheidenden Teil aufgrund von Werten/Emotionen getroffen. (Dies gilt nicht nur für Ziele, sondern auch für Mittel.)

8.3. Werte/Emotionen determinieren viele Wahlakte entweder ganz oder definieren einen Kontext, der die Zahl der untersuchten Optionen beschränkt.
8.4. Werte/Emotionen prägen die Überlegungen, die hinsichtlich der untersuchten Optionen angestellt werden, indem sie sie mit nichtempirischen, nichtlogischen Gewichten »beladen«.
8.5. Werte/Emotionen unterbrechen Überlegungen und verhindern die Beendigung eines wohldurchdachten Entscheidungsprozesses.
8.6. Werte/Emotionen legitimieren manche Unterbereiche als diejenigen, in denen logisch/empirische Wahlakte geboten sind. D. h. das Ausmaß, in dem der Entscheidungsprozeß rational sein will, ist stark von Werten/Emotionen determiniert.
8.7. Wahlakte, die aufgrund von Werten/Emotionen getroffen werden, sind nicht notwendigerweise ineffizient.
8.8. Bei den meisten Entscheidungen spielt Wissen nur eine beschränkte Rolle.
8.9. Selbst wenn Wissen extensiv eingesetzt wird, sind die so getroffenen Entscheidungen ineffizient, wenn man sie mit Ergebnissen vergleicht, die einem objektiven Beobachter zufolge erreicht werden könnten.

9. *Kollektive Prozesse sind wichtiger als individuelle, wenn es um die Determinierung von Wahlakten und Entscheidungen geht*
9.1. In der Regel werden viele Entscheidungen von Organisationseinheiten, von Kollektiven (so wie im Direktionsvorstand eines Unternehmens) effizienter getroffen als von Individuen.
9.2. Die Bandbreite und das Ausmaß der Innovationen wird teilweise kollektiv determiniert: je geringer der Wert ist, den die Kultur wirtschaftlichen Zielen, wie Produktivität, Effizienz, Technologie oder Wissenschaft, zuschreibt, desto höher wird soziale Kohäsion, Stabilität oder Religion bewertet und desto geringer ist das Innovationsniveau.

C. Der Markt als Untersystem; die Gesellschaft als System

10. *Die Palette der Transaktionen, die über den Markt abgewickelt werden, wird vor allem von der sozialen Kapsel determiniert*

10.1. Der Wettbewerb kann sich nicht *selbst* aufrechterhalten. Seine Existenz und die Palette der über ihn abgewickelten Transaktionen werden in entscheidendem Maß von den Attributen der sozialen Kapsel geprägt, innerhalb derer er stattfindet; d. h. er ist in entscheidendem Maß extern determiniert.

10.2. Die divergierenden Interessen und Ziele der Akteure im Markt ergeben nicht automatisch ein harmonisches Ganzes; d. h. es werden spezifische Mechanismen notwendig, um den Wettbewerb (als einen gezügelten Konflikt) daran zu hindern, in einen Konflikt ohne Rücksicht auf Verluste zu eskalieren. Unregulierter Wettbewerb zerstört sich selbst.

10.3. Die Stärke der Kapsel wird von der Stärke der moralischen Legitimität determiniert, über die sie verfügt, von der Intensität sozialer Beziehungen, die die Konkurrenten gemeinsam haben, und von der relativen Macht des Staates im Vergleich zu der des Marktes.

10.3.1. Drei Mechanismen substituieren einander. Bis zu einem bestimmten Punkt hat jeder seine eigene Rolle, gleichzeitig prägen sie die gesellschaftliche Kapsel, haben aber auch Einfluß aufeinander.

10.4. Das Verhältnis zwischen den sozialen Beziehungen und dem Wettbewerb ist nicht linear; schwache soziale Beziehungen sind ein Faktor, der einen alles zerstörenden Konflikt möglich macht; sehr enge soziale Beziehungen werden den Wettbewerb eindämmen, wenn nicht sogar unterdrücken. Mittelstarke Beziehungen sind dem Wettbewerb am zuträglichsten.

10.5. Der Staat unterstützt den Wettbewerb, wenn er als ultimativer Verteidiger der Spielregeln auftritt und der Gewaltanwendung vorbeugt; er untergräbt den Wettbewerb, wenn er versucht, seine Ergebnisse zu determinieren.

11. *Zwischen Gleichrangigen gibt es keine Transaktionen. Macht ist die Quelle aller Struktur*

11.1. Der Preis eines Gutes ist Ausdruck seiner Kosten und der relativen wirtschaftlichen und politischen Macht der Produzenten (Lieferanten, Verkäufer etc.) im Vergleich zu der der Konsumenten (Käufer etc.) und anderer Parteien (Regierungsstellen, Konsumentenvereinigungen, Bauernlobbies etc.). Kurz: Kosten + Macht = Preis.

11.2. Die Kapsel wird so weit aufrechterhalten, als die wirtschaftliche Macht gestreut ist oder daran gehindert wird, sich zu konzentrieren oder sich in politische Macht zu verwandeln. Je stärker wirtschaftliche Macht, unabhängig von ihrem Konzentrationsniveau, von politischer Macht getrennt ist, desto größer ist die Wahrscheinlichkeit, daß die Kapsel bestehenbleibt und effektiv funktioniert.

11.3. Strukturen, die die *politische* Macht von Wirtschaftskonkurrenten beschränken können, sind genauso wichtig für die Aufrechterhaltung des Wettbewerbs wie die Verhinderung großer Konzentrationen wirtschaftlicher Macht.

11.4. Die Beeinflussung staatlicher Organe durch mächtige Wirtschaftsakteure generiert einen Pseudo-Konzentrationseffekt (der mit jenem vergleichbar ist, der durch die Konzentration wirtschaftlicher Macht entsteht, ohne daß es eine solche Konzentration oder Kollusion zwischen Wirtschaftsakteuren gibt).

12. *Je mehr die Menschen das neoklassische Paradigma als Leitfaden für ihr Verhalten akzeptieren, desto geringer wird ihre Fähigkeit, die Marktwirtschaft zu bewahren.*

Bibliographie

Abelson, Robert P. 1976. »Social Psychology's Rational Man«. In S. I. Benn und G. W. Mortimore (Hrsg.). *Rationality and the Social Sciences*, London

Abelson, Robert P. und Ariel Levi. 1985. »Decision Making and Decision Theory.« In Gardner Lindzey und Elliot Aronson (Hrsg.). *Handbook of Social Psychology*. Vol. 1. 3. Aufl. New York, Seite 231–310.

Abolafia, Mitchel Y. 1984. »Structured Anarchy: Formal Organization in the Commodity Futures Markets.« In Patricia Adler und Peter Adler (Hrsg.). *The Social Dynamics of Financial Markets*. Greenwich, Conn., Seite 129–150.

Abramowitz, Moses. 1979. »Economic Growth and Its Discontents.« In Michael J. Boskin (Hrsg.). *Economics and Human Welfare*. New York, Seite 3–21.

Adler, Patricia A. und Peter Adler (Hrsg.). 1984. *The Social Dynamics of Financial Markets*. Greenwich, Conn.

Ainslie, George. 1985. »Beyond Microeconomics. Conflict among interests in a multiple self as a determinant of value.« In Jon Elster, (Hrsg.). *The Multiple Self*. Cambridge, Seite 133–175.

Aitken, Hugh G. J. (Hrsg.). 1965. *Exploration in Enterprise*. Cambridge.

Ajzen, Icek und Martin Fishbein. 1980. *Understanding Attitudes and Predicting Behavior*. Englewood Cliffs, NJ.

Akerlof, George A. 1970. »The Market for ›Lemons‹: Quality Uncertainty and the Market Mechanism.« *Quarterly Journal of economics*. Vol. 84 (August), Seite 488–500.

–. 1980. »A Theory of Social Custom, of Which Unemployment May Be One Consequence.« *Quarterly Journal of Economics*. Vol. 94, Seite 749–775.

Akerlof, George A. und William T. Dickens. 1982. »The Economic Consequences of Cognitive Dissonance.« *American Economic Review*. Vol. 72, Seite 307–319.

Alchian, Armen Albert und William R. Allen. 1977, 1983.: *Exchange and Production: Competition, Coordination and Control*. 3. Aufl. Belmont, Calif.

Alessi, L. 1983. »Property Rights, Transaction Costs, and X-Efficiency: An Essay in Economic Theory.« *American Economic Review*. Vol. 73, no. 1 (März), Seite 64–81.

Alhadeff, David A.: 1982. *Micro-economics and Human Behavior*. Berkeley.

Allvine, Fred C. und Fred A. Tarpley, Jr. 1977. *The New State of the Economy*. Cambridge, Mass.

Amemiya, Takeshi. 1981. »Qualitative Response Models: A Survey « *Journal of Economic Literature*. Vol. 19 (Dezember), Seite 1483–1536.

Anderson, Carl A. und William J. Gribbin (Hrsg.). 1982. *The Wealth of Families*. Washington, D. C.

Anderson, Craig A., Mark R. Lepper und Lee Ross. 1980. »Perseverance of Social Theories: The Role of Explanation in the Persistence of Discredited Information.« *Journal of Personality and Social Psychology*. Vol. 39, no. 6, Seite 103–149.

Andreano, Ralph und John J. Siegfried (Hrsg.). 1980. *The Economics of Crime*. New York.

Andress, F. G. 1954. »The Learning Curve as a Production Tool.« *Harvard Business Review*. Vol. 32, Seite 87–97.

Argote, Linda. 1982. »Input Uncertainty and Organizational Coordination in Hospital Emergency Units.« *Administrative Science Quarterly*. Vol. 27, no. 3 (September), Seite 420–434.

Argyris, Chris. 1985. *Strategy, Change and Defensive Routines*. Cambridge, Mass.

Arrow, Kenneth. 1951. *Social Choice and Individual Values*. New York.

–. *The Limits of Organization*. New York.

–. »Gifts and Exchanges.« In Edmund Phelps (Hrsg.). *Altruism, Morality, and Economic Theory*. New York, Seite 13–28.

–. »Risk Perception in Psychology and Economics.« *Economic Inquiry*. Vol. 20 (Januar), Seite 1–9.

Asch, Peter. 1983. *Industrial Organization and Anti Trust Policy*. New York.

Asch, S. E. 1958. »Effects of Group Pressure Upon the Modification and Distortion of Judgements.« In Eleanor E. Maccoby et al. (Hrsg.). *Readings in Social Psychology*. 3. Aufl., New York, Seite 174–183.

Ashley, Richard K. 1984. »The Poverty of Neorealism.« *Internal Organization*. Vol. 38, no. 2 (Frühjahr), Seite 225–286.

Axelrod, Robert. 1984. *The Evolution of Cooperation*. New York.

Ayres, Richard E. 1981. »Forward.« In Steven Kelman, *What Price Incentives?: Economics and the Environment*. Boston.

Azariadis, Costas. 1975. »Implicit Contracts and Underemployment Equilibria.« *Journal of Political Economy*. Vol. 83, Seite 1183–1202.

Azzi, Corry und Ronald Ehrenberg. 1975. »Household Allocation of Time and Church Attendance.« *Journal of Political Economy*. Vol. 38, no. 1, Seite 27–56.

Bailey, Duncan und Stanley E. Boyle. 1977. »Sales Revenue Maximization: An Empirical Investigation.« *Industrial Organization Review*. Vol. 5, no. 1, Seite 46–55.

Baily, Martin Neal. 1974. »Wages and Employment Under Uncertain Demand.« *Review of Economic Studies*. Vol. 41, Seite 37–50.

Baker, Wayne E. 1984a. »Floor Trading and Crowd Dynamics.« In Patricia Adler

und Peter Adler (Hrsg.). *The Social Dynamics of Financial Markets*. Greenwich, Conn., Seite 107–128.
–. 1984b. »The Social Structure of a National Securities Market.« *American Journal of Sociology*. Vol. 89., no. 4 (Januar), Seite 775–811.
Baldwin, James W. 1902. *Social Psychology*. 3. Aufl., London.
Banfield, Edward. 1958. *The Moral Basis of a Backward Society*. Glencoe, Ill.
Baran, Arie, Joseph Lakonishok und Aharon R. Ofer. 1980. »The Informational Content of General Price Level Adjusted Earnings: Some Empirical Evidence.« *Accounting Review*. Vol. 55, no. 1. (Januar), Seite 22–35.
Barnard, Chester. 1947. *The Functions of the Executive*. Cambridge.
Barron's. 10.November 1986, Seite 16.
Barry, Brian. 1978. *Sociologists, Economists and Democracy*. Chicago.
Barth, James R. und Joseph J. Cordes. 1981. »Nontraditional Criteria for Investing Pension Assets: An Economic Appraisal.« *Journal of Labor Research*. Vol. 2 (Herbst), Seite 219–246.
Barth, R. T. und I. Vertinsky. 1975. »The Effect of Goal Orientation and Information Environment on Research Performance: A Field Study.« *Organizational Behavior and Human Performance*. Vol. 13, Seite 110–132.
Barzel, Yoram und Eugene Silberberg. 1973. »Is the Act of Voting Rational?« *Public Choice*. Vol.16 (Herbst), Seite 51–58.
Baston, C. D., B. D. Duncan, P. Ackerman, T. Buckley und K. Birch. 1981. »Is Empathic Emotion a Source of Altruistic Motivation?« *Journal of Personality and Social Psychology*. Vol. 40, Seite 290–302.
Baumgardner, Ann H., P. Paul Heppner und Robert M. Arkin. 1986. »Role of Causal Attribution in Personal Problem Solving.« *Journal of Personality and Social Psychology*. Vol. 50, no. 3, Seite 636–646.
Baumol, William J. 1967. *Business Behavior, Value and Growth*. Durchgesehene Auflage. New York.
Baumol, William J. und Richard E. Quandt. 1964. »Rules of Thumb and Optimally Imperfect Decisions.« *American Economic Review*. Vol. 54, S. 23–46.
Baumol, William J., John C. Panzar und Robert D. Willig. 1982. *Contestable Markets and the Theory of Industry Structure*. New York.
Beauchamp, Tom L. 1982. *Philosophical Ethics: An Introduction to Moral Philosophy*. New York.
Becker, Gary S. 1957. *The Economics of Discrimination*. Chicago.
–. 1976. *The Economic Approach to Human Behavior*. Chicago.
–. 1981. *A Treatise on the Family*. Cambridge.
Beckman, L. 1970. »Effects of Students' Performance on Teachers' and Observers' Attributions of Causality.« *Journal of Educational Psychology*. Vol. 61, Seite 75–82.
Beer, Michael, Bert Spector, Paul R. Lawrence, D. Quinn Mills und Richard E. Walton. 1985. *Human Resource Management A General Manager's Perspective*. New York.

Bell, Daniel. 1975. »The Revolution of Rising Entitlement.« *Fortune*, April.
—. 1980. »Models and Reality in Economic Discourse.« *Public Interest*. Sonderausgabe, Seite 46–80.
Bellah, Robert N., Richard Madsen, William M. Sullivan, Ann Swidler und Steven M. Tipton. 1985. *Habits of the Heart*. Berkeley.
Benedict, Ruth. 1934. *Patterns of Culture*. Boston.
Benn, S. I. u. G. F. Gaus (Hrsg.). 1983. *Public and Private In Social Life*. New York.
Benn, S. I. und G. W. Mortimore (Hrsg.). 1976. *Rationality and the Social Sciences*. London.
Bentham, Jeremy. [1823] 1948. *An Introduction to the Principles of Morals and Legislation*. New York.
—. 1960. *An Introduction to the Principles of Morals and Legislation: a Fragment on Government*. W. Harrison (Hrsg.) Oxford.
Berelson, Bernard und Cary A. Steiner. 1964. Human Behavior: An Inventory of Scientific Findings. New York.
Berger, Peter L. 1986. The Capitalist Revolution: Fifty Propositions about Prosperity, Equality, and Liberty. New York.
Berkowitz, L. und L. R. Daniels. 1963. »Responsibility and Dependency.« *Journal of Abnormal Social Psychology*. Vol. 66, Seite 429–436.
Berlin, Brent und Paul Kay. 1969. *Basic Color Terms: Their Universality and Evolution*. Berkeley.
Berliner, Joseph S. 1972. *Economy, Society and Welfare: A Study in Social Economics*. New York.
Beyleveld, D. 1982. »Ehrlich's Analysis of Deterrence.« *British Journal of Criminology*. Vol. 22, Seite 101.
Black, Fischer. 1982. »The Trouble With Econometric Models.« *Financial Analyst Journal*. Vol. 35 (März/April), Seite 3–11.
Black, J. S. 1978. »Attitudinal, Normative, and Economic Factors in Early Response to an Energy-Use Field Experiment.« Unpublished doctoral dissertation, Dept. of Sociology, University of Wisconsin.
Blau, Peter. 1964. *Exchange and Power in Social Life*. New York.
Blaug, Mark. 1976. »The Empirical Status of Human Capital Theory: A Slightly Jaundiced Survey.« *Journal of Economic Literature*. Vol. 14 (September), Seite 837–855.
—.1984, 1985. *The Methodology of Economics: or How Economists Explain*. 5. und 6. Aufl., New York.
Blinder, Alan S. 1985. »Let's Hear It for Economists (No Kidding)« *Business Week*. 18. März, Seite 18.
Bliven, Naomi. 1985. »... But What Can You Do for Your Country?« Review of Morris Janowitz's *The Reconstruction of Patriotism: Education for Civic Consciousness*. *New Yorker*, 11. Februar, Seite 12–26.
Blumenstiel, Alexander D. 1973. In George Psathas, (Hrsg.). *Phenomenological Sociology: Issues and Applications*. New York, Seite 187–213.

Boffey, Phillip M. 1983. »Rational Decisions Prove Not to Be.« *New York Times.* 6. Dezember.

Bohm, Peter. 1972. »Estimating Demands for a Public Good: An Experiment.« *European Economic Review.* Vol. 3, Seite 111–130.

–. 1973. »Necessary Conditions for Pareto Optimality.« *Social Efficiency.* Appendix 1, Seite 128–142. New York.

Boland, Lawrence A. 1979. »A Critique of Friedman's Critics.« *Journal of Economic Literature.* Vol. 17, no. 2 (Juni), Seite 503–522.

Borak, Jonathan und Suzanne Veilleux. 1982. »Errors of Intuitive Logic Among Physicians.« *Social Science and Medicine.* Vol.16, Seite 1939–1947.

Bosworth, Barry P. 1984. *Tax Incentives and Economic Growth.* Washington, D. C.

Boulding, Kenneth E. 1962. *Conflict and Defense: A General Theory.* New York.

–. 1964. Review of David Braybrooke and Charles E. Lindblom's *A Strategy of Decision: Policy Evaluation as a Social Process. American Sociological Review.* Vol. 29, Seite 930–931.

–. 1969. »Economics as a Moral Science.« *American Economic Review.* Vol. 59, no. 1 (März), Seite 1–12.

–. 1979. Review of Collard, *Altruism and Economy: A Study in Non Selfish Economics. In Journal of Political Economy.* Vol. 87, no. 6, Seite 1383–1384.

–. 1981. *A Preface to Grant's Economics: The Economy of Love and Fear.* New York.

Bower, Joseph L. 1983. *The Two Faces of Management: An American Approach to Leadership in Business and Politics.* Boston.

Bowers, W. J. und G. Pierce. 1975. »The Illusion of Deterrence in Isaac Ehrlich's Research on Capital Punishment.« *Yale Law Journal.* Vol. 85, Seite 187.

Bowie, Norman E. und Robert L. Simon. 1977. *The Individual and the Political Order.* Englewood Cliffs, NJ.

Brandl, John E. 1985. »Distilling Frenzy from Academic Scribbling: On Being a Legislator.« *Journal of Policy Analysis and Management,* Vol. 4, no. 3, Seite 34–53.

Brandt, Richard B. 1972. »Rationality, Egoism, and Morality.« *Journal of Philosophy.* Vol. 69, no. 20 (9. November), Seite 681–697.

–. 1982. »Two Concepts of Utility.« In Harlan B. Miller und William H. Williams (Hrsg.) *The Limits of Utilitarianism.* Minneapolis.

Brennan, Geoffrey und James Buchanan. 1982. »Is Public Choice Immoral?« Paper, präsentiert bei den 1982 Public Choice Society Meetings in San Antonio, Texas. 5.–9. März.

Britan, Gerald M. 1979. »Evaluating a Federal Experiment in Bureaucratic Reform.« *Human Organization.* Vol. 38, no. 3 (Herbst), Seite 319–324.

Brock, William A. 1983. »Contestable Markets and the Theory of Industry Structure: A Review Article.« *Journal of Political Economy.* Vol. 91, no. 6, Seite 1055–1056.

Brodeur, Paul. 1985. *Outrageous Misconduct: The Asbestos Industry on Trial.* New York.
Brown, Henry Phelps. 1977. *The Inequality of Pay.* Berkeley.
Brown, Paul. 1983. »Slipped DISC.« *Forbes.* Vol. 132, 10. Oktober, Seite 158.
Browning, Edgar K. und Jacqueline M. Browning. 1983. *Microeconomic Theory and Applications.* Boston.
Brubaker, E. R. 1975. »Free Ride, Free Revelation, or Golden Rule?« *Journal of Law and Economics.* Vol. 18, Seite 147–161.
Brunsson, Nils. 1982. »The Irrationality of Action and Action Rationality: Decisions, Ideologies and Organizational Actions.« *Journal of Management Studies.* Vol. 19, no. 1, Seite 29–44.
Buchanan, James M. 1978. »Markets, States, and The Extent of Morals.« *American Economic Review.* Vol. 68, no. 2 (Mai), Seite 364–368.
–. 1986. *Liberty, Market and State: Political Economy in the 1980s.* Brighton, Sussex.
Buchanan, James M., R. Tollison und Gordon Tullock. 1980. *Toward A Theory of the Rent-Seeking Society.* College Station.
Buchanan, James M. und Gordon Tullock. 1965. *The Calculus of Consent.* Ann Arbor, Mich.
–. 1975. »Polluters' Profits and Political Response: Direct Controls Versus Taxes.« *American Economic Review.* Vol. 65, (März), Seite 139–147.
Buckley, J. J. 1984. »Compatibility of Multiple Goal Programming and the Maximize Utility Criterion.« *Theory and Decision.* Vol. 16, no. 3 (Mai), Seite 209–216.
Bull, Clive. 1983. »Implicit Contrasts in the Absence of Enforcement and Risk Aversion.« *American Economic Review.* Vol. 83 (September), Seite 658–671.
Burns, Tom R. 1986. »Actors, Transactions and Social Structure: Introduction to Social Rule System Theory.« In Ulf Himmelstrandt (Hrsg.). *Sociology: From Crisis to Science.* London.
Burt, Ronald S. 1983. *Corporate Profits and Cooptation: Networks of Market and Directorate Ties in the American Economy.* New York.
Burton, Roger V. 1963. »General Pity of Honesty Reconsidered.« *Psychological Review.* Vol. 70, no. 6 (November), Seite 481–499.
Business Week. »Japan U. S. A.« (Special Report),14. Juli, 1986, Seite 44–55.
Business Week. 25.August, 1986, Seite 114.
Carlsmith, J. M. und A. E. Gross. 1969. »Some Effects of Guilt on Compliance.« *Journal of Personality and Social Psychology.* Vol. 11, Seite 240–244.
Casson, Mark 1982. *The Entrepreneur: An Economic Theory.* Totowa, NJ.
Chaiken, Shelly und Charles Stangor. 1987. »Attitudes and Attitudinal Change.« *Annual Review of Psychology.* Vol. 38, Seite 575–630.
Chamberlin, E. H. 1948. *The Theory of Monopolistic Competition.* 6. Aufl., Cambridge.
Cheal, David J. 1984. »Wedding Gifts and the Making of Money.« Paper, präsen-

tiert beim 79. Annual Meeting der American Sociological Association. San Antonio. 27.–31. August 1984.

—. 1985. »Moral Economy: Gift Giving in an Urban Society.« *Winnepeg Area Study Report no. 5.* University of Winnipeg. (Januar).

—. 1986. »Intergenerational and Life Course Management: Towards a Socioeconomic Perspective.« Vorbereitet für die Sociological Association Conference on the Sociology of the Life Cycle, 24.–27. März, Loughborough University.

Chelius, James R. 1979. Review of Viscusi (1979). »Employment Hazards: An Investigation of Market Performance.« Cambridge.

Cheng, Joseph L. C. 1984. »Managing Coordination to Enhance Research Performance: An Organizational Approach.« In Barry Bozeman, Michael Crow und Albert Link (Hrsg.), *Strategic Management of Industrial R & D.* Lexington Mass.

Cheng, Joseph L. C. und William McKinley. 1983. »Towards an Integration of Organization Research and Practice: A Contingency Study of Bureaucratic Control and Performance in Scientific Settings.« *Administrative Science Quarterly.* Vol. 28, Seite 85–100.

Chestnut, R. W. 1977. »Information Acquisition in Life Insurance Policy Selection: Monitoring the Impact of Product Beliefs, Affect Toward Agent, and External Memory.« Unveröffentlichte Dissertation, Psychology Dept. Purdue University.

Childress, James F. 1977. »The Identification of Ethical Principles.« *Journal of Religious Ethics.* Vol. 5, no. 1, Seite 39–68.

Clark, Margaret und Susan Fiske (Hrsg.). 1984. *Affect and Cognition.* Hillsdale, N. J.

Cloninger, Dale O. 1982. »Moral and Systematic Risk: A Rationale for Unfair Business Practice.« *Journal of Behavioral Economics.* Vol. 11, Seite 33–49.

Coase, Ronald. 1937. »The Nature of the Firm.« *Economica.* Vol. 10, no. 16 (November), Seite 386–405.

Cohen, L. Jonathan. 1979. »On the Psychology of Prediction: Whose is the Fallacy?« *Cognition.* Vol. 7, Seite 385–407.

Cohen, Michael D., James G. March und Johan P. Olsen. 1972. »A Garbage Car Model of Organizational Choice.« *Administrative Science Quarterly.* Vol. 17, no. 1 (März), Seite 1–25.

Cohen, P. S. 1976. »Rational Conduct and Social Life.« In Stanley Benn und G. W. Mortimore (Hrsg.). *Rationality and the Social Sciences.* London, Seite 132–154.

Cohon, Jared. 1978. *Multiobjective Programming and Planning.* New York.

Colander, D. C. (Hrsg.) 1984. *Neoclassical Political Economy: The Analysis of Rent Seeking and DUP Activities.* Cambridge, Mass.

Coleman, Andrew. 1982. *Game Theory and Experimental Games.* New York.

Coleman, James S. 1984. »Introducing Social Structure into Economic Analysis.« *American Economic Review.* Vol. 74, no. 2, Seite 84–88.

Coleman, James, Thomas Hoffer und Sally Kilgore. 1981. *Public and Private Schools*. Chicago.

Coleman, J. S., T. Hoffer und S. Kilgore. 1982. *High School Achievement-Public, Catholic, and Private Schools Compared*. New York.

Collard, David. 1978. *Altruism & Economy: A Study in Non-Selfish Economics*. New York.

Collesano, Stephen, mit Matthew Creenwald und John P. Katosh. 1984. »Consumer Information Seeking in Purchasing Life Insurance.« In Seymour Sudman und Mary A. Spaeth (Hrsg.). *The Collection and Analysis of Economic and Consumer Behavior Data*. Champaign, Ill.

Cook, Phillip J. 1980. »Punishment and Crime: A Critique of Current Findings Concerning the Preventative Effects of Punishment.« In Ralph Andreano und John J. Siegfried (Hrsg.) *The Economics of Crime*. New York, Seite 127–136.

Cozzens, Susan E. 1985. »The Character of Science.« Review of H. M. Collins' *Changing Order: Replication and Induction in Scientific Practice. Science*. Vol. 20. 13. Dezember, Seite 1267.

Croce, Benedetto. 1953. »On the Economic Principle I.« *International Economic Papers*, no. 3.

Crocker, K. J. und A. Snow. 1985. »The Efficiency of Competitive Equilibria in Insurance Markets with Asymmetric Information.« *Journal of Public Economics*. Vol. 26, no. 2 (März), Seite 207–219.

Cross, John G. 1983. *A Theory of Adaptive Economic Behavior*. Cambridge.

Crouch, Robert L. 1979. *Human Behavior: An Economic Approach*. North Scituate, Mass.

Curtin, Richard T. und Thomas S. Neubig. 1979. »Outstanding Debt Among American Households.« *Survey of Consumer Attitudes*. Ann Arbor, April. Seite 1–2.

Cyert, Richard M. und James G. March. 1963. *Behavioral Theory of the Firm*. Englewood Cliffs, NJ.

Daft, Richard L. und Norman B. Macintosh. 1981. »A Tentative Exploration Into the Amount and Equivocality of Information Processing in Organizational Work Units.« *Administrative Science Quarterly*. Vol. 26, Seite 207–224.

Dahl, Robert A. 1971. *Polyarchy: Participation and Opposition*. New Haven.

Dailey, R. C. 1980. »A Path of R & D Team Coordination and Performance.« *Decision Sciences*. Vol. 11, Seite 357–369.

Dalton, M. 1950. »Conflicts Between Staff and Line Managerial Officers.« *American Sociological Review*. Vol. 15, Seite 342–351.

Davidson, Paul. 1982. *International Money and the Real World*. New York.

Davis, W. L. und D. E. Davis. 1972. »Internal-External Control and Attribution of Responsibility for Success and Failure.« *Journal of Personality*. Vol. 40, Seite 123–136.

Dawes, Robyn M. 1976. »Shallow Psychology.« In J. S. Carroll and J. W. Payne (Hrsg.). *Cognition and Social Behavior*. Hillside, NJ.

–. 1984. »The Road to Mundane Efficacy: Affirmative Action as an Example.« Paper, verarbeitet für eine eintägige Diskussion an der Northwestern University, 30. November.

Dawes, Robyn M. und B. Corrigan. 1974. »Linear Models in Decision Making.« *Psychological Bulletin.* Vol. 81, Seite 95–106.

Dawes, Robyn M., John M. Orbell und Alphons J. C. van de Kragt. 1983. »The Minimal Contributing Set as a Solution to Public Goods Problems.« *American Political Science Review.* Vol. 77, Seite 112–122.

–. »Cooperation in the Absence of Egotistical Incentives.« unveröffentlicht.

Dawes, Robyn M., John M. Orbell und Alphons J. C. van de Kragt, mit S. Braver und L. A. Wilson Il. 1986. »Doing Well and Doing Good as Ways of Resolving Social Dilemmas.« In Henk A. M. Wilke, Dave M. Messick und Christel G. Rutte (Hrsg.). *Experimental Social Dilemmas*, Frankfurt am Main, New York.

Dawes, Robyn M., John M. Orbell, R. T. Simmons und A. J. C. van de Kragt. 1986. »Organizing Groups for Collective Action.« *American Political Science Review.* Vol. 80, no. 4, Seite 1171–1185.

Day, R. H. 1967. »Profits, Learning and the Convergence of Satisficing to Marginalism.« *Quarterly Journal of Economics.* Vol. 81, Seite 302–311.

Deal, Terrence E. und Allen A. Kennedy. 1982. *Corporate Cultures: The Rites and Rituals of Corporate Life.* Vorlesung, Mass.

Debreu, Gerard. 1959. *Theory of Value: An Axiomatic Analysis of Economic Equilibrium.* New York.

Demsetz, Harold. 1974. »Two Systems of Belief about Monopoly.« In Harvey J. Goldschmid et al. (Hrsg.), *Industrial Concentration: The New Learning.* Boston.

Denison, Edward F. 1979. *Accounting for Slower Economic Growth.* Washington, D. C.

Derlega, Valerian J. und Janusz Grzelak (Hrsg.). 1982. *Cooperation and Helping Behavior: Theories and Research.* New York.

Deutsch, Karl W. 1963. *The Nerves of Government.* New York.

Diaz-Alejandro, Carlos F. 1981. »Southern Cone Stability Plans.« In W. Cline und S. Weintraub (Hrsg.). *Economic Stabilization in Developing Countries.* Washington, D. C.

Dickens, William T. 1986. »Crime and Punishment Again: The Economic Approach with a Psychological Twist.« *Journal of Public Economics.* Vol. 30, no. 1 (Juni), Seite 97–107.

Diesing, Paul. 1962. *Reason in Society.* Urbana.

Domhoff, G. W. 1967. *Who Rules America?* Englewood Cliffs, NJ.

Donaldson, Gordon und Jay W. Lorsch. 1983. *Decision Making at the Top.* New York.

Donnellon, Anne, Barbara Cray und Michel C. Bougon. 1986. »Communication, Meaning, and Organized Action.« *Administrative Science Quarterly.* Vol. 31 (März), Seite 43–55.

Douglas, Mary (Hrsg.). 1984. *Food in the Social Order: Studies of Food and Festivities in Three American Communities.* New York.

Douglas, Mary und Baron Isherwood. 1979. *The World of Goods.* New York.

Douglas, Mary und Aaron Wildavsky. 1982. *Risk and Culture: An Essay on the Selection of Technological and Environmental Dangers.* Berkeley.

Douglas, Needham. 1969. *Economic Analysis and Industrial Structure.* New York.

Downs, Anthony. 1957. *An Economic Theory of Democracy.* New York.

–. 1967. *Inside Bureaucracy.* Boston.

Dror, Yehezkel. 1964. »Muddling Through-›Science‹ or Inertia?« *Public Administrative Review.* Vol. 24, Seite 153–157.

Dumont, Louis. 1977. *From Mandeville to Marx, the Genesis and Triumph of Economic Ideology.* Chicago.

Duncan, O. D. 1975. »Does Money Buy Satisfaction?« *Social Indicators Research.* Vol. 2, Seite 267–274.

Dunlop, John T. 1977. »Policy Decision and Research in Economics and Industrial Relations.« *Industrial and Labor Relations in Review.* Vol. 30, no. 3, Seite 275–282.

Durkheim, Émile. 1947. *The Division of Labor in Society.* Glencoe, Ill.

–. 1954. *The Elementary Forms of Religious Life.* New York: Macmillan.

Dyer, Davis, Malcolm S. Salter und Alan M. Webber. 1987. *Changing Alliances.* Boston.

Dyke, C. 1981. *Philosophy of Economics.* Englewood Cliffs, NJ.

Easterbrook, J. A. 1959. »The Effect of Emotion on Cue Utilization and the Organization of Behavior.« *Psychological Review.* Vol. 66, no. 3, Seite 183–201.

Easterlin, R. A. 1974. »Does Economic Growth Improve the Human Lot? Some Empirical Evidence.« In P. A. David und W. M. Reder (Hrsg.). *Nation's Households in Economic Growth. Essays in Honor of Moses Abramowitz.* New York.

Eccles, Robert G. 1985. *The Transfer Pricing Problem: A Theory for Practice.* Lexington, Mass.

Edwards, Ward. 1954. »The Theory of Decision-Making.« *Psychological Bulletin.* Vol. 51, no. 4, Seite 380–417.

Ehrenberg, Ronald G. und Robert S. Smith. 1982. *Modern Labor Economics: Theory and Public Policy.* Glenview, Ill.

Ehrlich, Isaac. 1973. »Participation in Illegitimate Activities: A Theoretical and Empirical Investiation.« *Journal of Political Economy.* Vol. 81, Seite 521.

–. 1975a. »The Deterrent Effect of Capital Punishment.« *American Economic Review.* Vol. 65, Seite 397–417.

–. 1975b. »Deterrence: Evidence and Inference.« *Yale Law Journal.* Vol. 85, Seite 209.

–. 1977a. »Capital Punishment and Deterrence: Some Further Thoughts and Additional Evidence.« *Journal of Political Economy.* Vol. 85, Seite 741–788.

—. 1977b. »The Deterrent Effect of Capital Punishment: Reply.« *American Economic Review.* Vol. 67, Seite 452.
Eichner, Alfred S. (Hrsg.). 1983. *Why Economics is not yet a Science.* Armonk, N. Y.
Einhorn, H. J. 1974. »Expert Judgment: Some Necessary Conditions and Examples.« *Journal of Applied Psychology.* Vol. 59, Seite 562–571.
—. 1982. »Learning From Experience and Suboptimal Rules in Decision Making.« In Daniel Kahneman, Amos Tversky und Paul Slovic (Hrsg.), *Judgement Under Uncertainty: Heuristics and Biases.* Cambridge, Seite 268–283.
Einhorn, H. J. und R. M. Hogarth. 1978. »Confidence in Judgement: Persistence of the Illusion of Validity.« *Psychological Bulletin.* Vol. 85, Seite 395–416.
Elgin, D. und A. Mitchell. 1977. »Voluntary Simplicity.« *CoEvolution Qarterly.* Sommer, Seite 5–8.
Elster, Jon 1979. *Ulysses and the Sirens: Studies in Rationality.* New York.
—. 1985a. »Sadder but Wiser? Rationality and Emotions.« *Social Science Information.* London und Beverly Hills. Vol. 24, Seite 375–406.
—. 1985b. *The Multiple Self* .Cambridge.
Engel, James F. und Roger D. Blackwell, 1982. *Consumer Behavior.* 4 Aufl., Chicago.
Engel, James F., David Kollat und Roger Blackwell. 1968. *Consumer Behavior.* New York.
England, G. W. 1967. »Personal Value Systems of American Managers.« *American Management Journal.* Vol. 10, no. I (März), Seite 53–68.
England, G. W. und R. Lee. 1974. »The Relationship Between Managerial Values and Managerial Success in the United States, Japan, India, and Australia.« *Journal of Applied Psychology.* Vol. 59, no. 4 (August), Seite 411–419.
Engler, Robert. 1961. *The Politics of Oil: A Study of Private Power and Democratic Directions.* New York.
Epstein, Edwin M. 1969. *The Corporation in American Politics.* Englewood Cliffs, NJ..
Epstein, T. Scarlett. 1975. »The Ideal Marriage Between the Economist's Macroapproach and the Social Anthropologist's Microapproach to Development Studies.« *Economic Development and Social Change.* Vol. 24., no. 1 (Oktober), Seite 29–45.
Ethics. 1978. Vol. 88, no. 2 (Januar), Seite 185. Nicht gekennzeichnete Rezension von Becker.
Etzioni, Amitai. 1961. *A Comparative Analysis of Complex Organizations.* New York.
—. 1965. *Political Unification: A Comparative Study of Leaders and Forces.* New York.
—. 1967. »Mixed Scanning: A ›Third‹ Approach to Decision-Making.« *Public Administration Review.* Vol. 27, no. 5. (Dezember), Seite 385–392.
—. 1968. *The Active Society.* New York.

–. 1975. *A Comparative Analysis of Complex Organizations*, durchgesehene Aufl., New York.
–. 1983. *An Immodest Agenda*. New York.
–. 1984a. *Capital Corruption*. New York.
–. 1984b. »Self-Discipline, Schools, and the Business Community.« Vorbereitet für National Chamber Foundation.
–. 1985a. »Making Policy for Complex Systems: A Medical Model for Economics.« *Journal of Policy Analysis and Management*. Vol. 4, no. 3, Seite 383–395.
–. 1985b. »Guidance Rules and Rational Decision Making.« *Social Science Quarterly*. Vol. 66, no. 4 (Dezember), Seite 755–769.
–. 1985c. »On Solving Social Problems-Inducements or Coercion.« *Challenge*. (Juli/August), 35–40.
–. 1985d. »The Political Economy of Imperfect Competition.« *Journal of Public Policy*. Vol. 5, no. 2, Seite 169–186.
–. 1986a. »The Case for a Multiple Utility Conception.« *Economics and Philosophy*. Vol. 2, no. 2 (Oktober), Seite 159–183.
–. 1986b. »Mixed Scanning Revisited.« *Public Administration Review*. Vol. 46., no. I (Januar/Februar), Seite 8–14.
–. 1986c. »Founding a New Socioeconomics.« *Challenge*. Vol. 29, no. 5 (November/Dezember), Seite 475–482.
–. 1986d. »Rationality is Anti-Entropic.« *Journal of Economic Psychology*, Vol. 7, Seite 17–36.
Farris, G. F. 1978. »Informal Organizations in Research and Development.« Paper, präsentiert beim Joint National Meeting of the Institute of Management Sciences and Operations Research Society of America, New York.
Feather, N. T. 1969. »Attribution of Responsibility and Valence of Success and Failure in Relation to Initial Confidence and Task Performance.« *Journal of Personality and Social Psychology*, Vol. 13. Seite 129–144.
Featherstone, Joseph. 1979. »John Dewey and David Riesman: From the Lost Individual to the Lonely Crowd.« In Herbert Gans et al. (Hrsg.), *On the Making of Americans: Essays in Honor of David Riesman*. Philadelphia, Seite 3–39.
Fellner, Carl H. und John R. Marshall. 1968. »Twelve Kidney Donors.« *Journal of the American Medical Association*. Vol. 206. Seite 2703–2707.
–. 1970. »Kidney Donors-The Myth of Informed Consent.« *American Journal of Psychiatry*. Vol. 126, no. 9, Seite 1245–1251.
Fenno, Richard F., 1966. *The Power of the Purse*. Boston.
Festinger, Leon. 1957. *A Theory of Cognitive Dissonance*. Stanford.
–. 1964. *Conflict, Decision, and Dissonance*. Stanford, Cal.
Field, Alexander James. 1984. »Microeconomics, Norms and Rationality.« *Economic Development and Cultural Change*. Vol. 32, no. 4 (Juli), Seite 683–711.
Fishbein, Martin (Hrsg.) 1980. *Progress in Social Psychology*. Hillsdale, NJ. (Hrsg.)

Fishbein, Martin und Icek Ajzen. 1975. *Belief Attitude, Intention and Behavior: An Introduction to Theory and Research*. Reading, Mass.
Fishkin, James S. 1982. *The Limits of Obligation*. New Haven.
Fiske, R. W. und R. A. Shweder. 1986. *Metatheory in the Social Sciences; Pluralisms and Subjectivities*. Chicago.
Fitch, C. 1970. »Effects of Self-Esteem, Perceived Performance, and Change on Causal Attributions.« *Journal of Personality and Social Psychology*. Vol. 16, Seite 311–315.
Folbre, Nancy und Heide Hartman. 1986. »The Rhetoric of Self Interest and the Ideology of Gender.« Vorbereitet für die Präsentation an der Conference on the Rhetoric of Economics, Wellesley College, 17.–19. April.
Foster, Carroll B. 1984. »The Performance of Rational Voter Models in Recent Presidential Elections.« *American Political Science Review*. Vol. 78, no. 3 (September), Seite 678–690.
Fox, Ronald. J. 1982. *Managing Business-Government Relations*. Homewood, Ill.
Frank, Robert H. 1985. *Choosing the Right Pond: Human Behavior and the Quest for Status*. Oxford.
–. 1987. »Shrewdly Irrational.« *Sociological Forum*. Vol. 2, no. 1 (Winter), Seite 21–41.
Frankena, William K. 1973. *Ethics*. 2. Aufl. Englewood Cliffs, NJ.
Frankfurt, Harry G. 1971. »Freedom of the Will and the Concept of the Person.« *Journal of Philosophy*. Vol. 68 (Januar), Seite 5–20.
Frantz, Roger S. »X-Efficiency Theory: A Review of the Literature, 1966–83.« Unveröffentlichtes Paper.
Freedman, Jonathan L. 1970. »Transgression, Compliance and Guilt. In *Altruism and Helping Behavior*, von J. Macaulay und L. Berkowitz. New York.
Freedman, J. L., S. A. Wallington und E. Bless. 1967. »Compliance Without Pressure: The Effect of Guilt.« *Journal of Personality and Social Psychology*. Vol. 7, Seite 117–124.
Freize, I. und B. Weiner. 1971. »Cue Utilization and Attributional Judgments for Success and Failure.« *Journal of Personality*. Vol. 39, Seite 591–606.
Fried, Charles. 1964. »Moral Causation.« *Harvard Law Review*. Vol. 77, no. 77 (Mai), Seite 1258–1270.
Friedman, Milton. 1953. »The Methodology of Positive Economics.« In *Essays in Positive Economics*. Chicago.
–. 1962, 1982. *Capitalism and Freedom*. Chicago.
Fromm, Erich. 1941. *Escape from Freedom*. New York.
Furnham, Adrian und Alan Lewis. 1986. *The Economic Mind: The Social Psychology of Economic Behavior*. New York.
Galbraith, Jay R. 1973. *Designing Complex Organizations*. Vorlesung, Reading Mass.
Galbraith, John Kenneth. 1958 (u. Aufl. v. 1984). *The Affluent Society*. Boston.

–. 1967. *The New Industrial State*. Boston.
Gans, Herbert. 1962. *The Urban Villagers*. New York.
Gans, Herbert J., Nathan Glazer, Joseph R. Gusfield und Christopher Jencks. Aufl. von 1979. *On the Making of Americans: Essays in Honor of David Riesman*. Philadelphia.
Georgescu-Rogen, Nicholas. 1971. *The Entropy Law and the Economic Process*. Cambridge.
Glanzer, M. und R. Glaser. 1961. »Techniques for the Study of Group Structure and Behavior: II. Empirical Studies of the Effects of Structure in Small Groups.« *Psychology Bulletin*. Vol. 58, Seite 1–27.
Glassman, James K. 1984. Financial adviser, Aufsatz in *Washingtonian*, April, Seite 202.
Glazer, Amihai. 1985. »The Advantages of Being First.« *American Economic Review*. Vol. 75, no. 3 (Juni), Seite 473–480.
Glazer, Nathan. 1985. »Interests and Passions.« *The Public Interest*. No. 81, Seite 1730.
Glueck, William F. 1974. »Decision Making: Organization Choice.« *Personnel Psychology*. Vol. 27, Seite 77–99.
Goddard, C. T. 1982. »Debunking the Learning Curve.« *IEEE Transactions on Components, Hybrids, and Manufacturing Technology*. Vol. 5–6, S. 328–335.
Godwin, Kenneth und Robert Cameron Mitchell. 1982. »Rational Models, Collective Goods and Nonelectoral Political Behavior.« *Western Political Quarterly*. Vol. 35, no. 2 (Juni), Seite 161–181.
Goldberg, Victor P. 1974. »The Economics of Product Safety and Imperfect Information.« *Bell Journal of Economics and Management Science*. Vol. 5 (Herbst) Seite 683–688.
Goldberger, Arthur S. 1974. »Unobservable Variables In Econometrics.« In Paul Zarembka (Hrsg.). *Frontiers in Econometrics*. New York.
Goldsen, Rose K., Paul R. Gerhardt und Vincent H. Handy. 1957. »Some Factors Related to Patient Delay in Seeking Diagnosis for Cancer Symptoms.« *Cancer*. Vol. 10, no. 1 (Januar/Februar).
Goleman, Daniel. 1985. »Great Altruists: Science Ponders Soul of Goodness.« *New York Times*. 5. März.
Goodin, Robert E. 1980. »Making Moral Incentives Pay.« *Policy Sciences*. Vol. 12 (August), Seite 131–145.
–. 1982. *Political Theory and Public Policy*. Chicago.
–. 1985. »Two Kinds of Compensation.« Paper, präsentiert bei der Conference on Ethical Approaches to Public Choice, University of York, September.
Goulden, Joseph C. 1984. *The Death Merchant*. New York.
Gouldner, Alvin W. 1960. »The Norm of Reciprocity: A Preliminary Statement.« *American Sociological Review*. Vol. 25, no. 2, Seite 161–178.
Granovetter, Mark. 1985. »Economic Action and Social Structure: A Theory of Embeddedness.« *American Journal of Sociology*. Vol. 91, no. 3, Seite 481–510.

Grasmick, Harold G. und Donald E. Green. 1981. »Deterrence and the Morally Committed.« *Sociological Quarterly*. Vol. 22, no. 1, Seite 1–14.

Greenberg, Paul D. und Edward M. Glaser. 1980. *Some Issues in Joint Union Management Quality of Work Life Improvement Efforts*. Kalamazoo, Mich.

Greer, Douglas F. 1980. *Industrial Organization and Public Policy*. New York.

Grether, David M. 1982. »Inference in Practice.« Review of *Judgement Under Uncertainty* by Amos Tversky, Daniel Kahneman und Paul Slovic (Hrsg.). *Science*. Vol. 218, no. 4579 (24. Dezember), Seite 1300–1301.

Grether, David M. und Charles R. Plott. 1979. »Economic Theory of Choice and the Preference Reversal Phenomenon.« *American Economic Review*, Vol. 69, no. 4 (September), Seite 623–638.

Grice, G. R. 1979. Review of *The Emergence of Norms* von Edna Ullmann-Margalit. *Philosophy*. Vol. 54 (Juli), Seite 420–421.

Grossman, Gregory. 1974. *Economic Systems*. Englewood Cliffs, N. J.

Guttridgte, G. H. 1942. *English Whiggism and the American Revolution*. Berkeley.

Hackman, J. Richard und Charles G. Morris. 1975. »Group Tasks, Group Interaction Process and Group Performance Effectiveness: A Review and Proposed Integration.« In Leonard Berkowitz (Hrsg.). *Advances in Experimental Social Psychology*. Vol. 8. New York, Seite 45–99.

Hall, R. L. und G. J. Hitch. 1939. »Price Theory and Business Behavior.« *Oxford Economic Papers*. Vol. 2 (Mai), Seite 12–45.

Hall, Richard G., Phillip E. Varca und Terri D. Fisher. 1986. »The Effect of Reference Groups, Opinion Polls, and Attitude Polarization on Attitude Formation and Change.« *Political Psychology*. Vol. 7, no. 2 (Juni), Seite 309–321.

Hall, Roger I. 1976. »A System Pathology of an Organization: The Rise and Fall of the Old *Saturday Evening Post*.« *Administrative Science Quarterly*. Vol. 21, no. 2 (Juni), Seite 185–211.

Hamermesh, Daniel S. und Neal M. Soss. 1974. »An Economic Theory of Suicide.« *Journal of Political Economy*, Vol. 82, no. 1 (Januar/Februar), S. 83–98.

Hammond, R., G. H. McClelland und J. Mumpower. 1980. *Human Judgement and Decision Making: Theories, Methods, and Procedures*. New York.

Hansen, F. 1972. *Consumer Choice Behavior: A Cognitive Theory*. New York.

Hargreaves Heap, Shaun P. 1986–87. »Risk and Culture: A Missing Link in the Post Keynesian Tradition.« *Journal of Post-Keynesian Economics*. Vol. 9, no. 2 (Winter), Seite 267–278.

Harsanyi, John C. 1955. »Cardinal Welfare, Individualistic Ethics, and International Comparisons of Utility.« *Journal of Political Economy*. Vol. 63, Seite 309–321.

Hart, Oliver D. 1983. »Optimal Labour Contracts under Asymmetric Information: An Introduction.« *Review of Economic Studies*. Vol. 50, Seite 3–36.

Hartshorne, H. und M. A. May, 1928. *Studies in the Nature of Character* Vol. 1: *Studies in Deceit*. New York.

Hartshorne, H., M. A. May und F. K. Shutleworth. 1930. *Studies in the Nature of Character, Vol. 3: Studies in the Organization of Character*. New York.

Hayakawa, Hiroaki und Yiannis Venieris. 1977. »Consumer Interdependence via Reference Groups.« *Journal of Political Economy*. Vol. 85, no. 3 (Juni), Seite 599–615.

Hays, William. 1973. *Statistics for the Social Sciences*. New York.

Heath, Anthony. 1976. *Rational Choice and Social Exchange: A Critique of Exchange Theory*. Cambridge.

Heberlein, Thomas A. und G. Keith Warriner. 1983. »The Influence of Price and Attitude On Shifting Residential Electricity Consumption From On- To Off-Peak Periods.« *Journal of Economic Psychology*. Vol. 4, Seite 107–130.

Heider, F. 1958. *The Psychology of Interpersonal Relations*. New York.

Heimer, Carol. 1985. *Reactive Risk and Rational Action: Managing Moral Hazard in Insurance Contracts*. Berkeley.

Heimer, Carol A. und Arthur L. Stinchcombe. 1980. »Love and Irrationality: It's got to be rational to love you because it makes me so happy.« *Social Science Information*. Vol. 19, no. 415, Seite 697–754.

Hemenway, David. 1985. *Monitoring and Compliance: The Political Economy of Inspection*. Greenwich, Conn.

Heiner, Ronald A. 1983. »The Origin of Predictable Behavior.« *American Economic Review*. Vol. 73, no. 4 (September), Seite 560–595.

Hendry, David. 1980. »Econometrics-Alchemy or Science?« *Economica*. Vol. 47 (November), Seite 387–406.

Herendeen, James B. und Mark C. Schechter. 1977. »Alternative Models of the Corporate Enterprise: Growth Maximization, An Empirical Test.« *Southern Economic Journal*. April, Seite 1505–1514.

Hershey, Robert D. 1985. »Any Way You Figure, It's Political.« *New York Times*. 2. Februar.

Hill, Richard C. 1974. Rezension von *Economy, Society, and Welfare: A Study in Social Economics*, von Joseph S. Berliner. *Sociology and Social Research*. Vol. 58, Seite 213.

Hirsch, Fred. 1976. *Social Limits to Growth*. Cambridge.

Hirshleifer, Jack. 1976;1980, 2. Aufl. *Price Theory and Application*. Englewood Cliffs, NJ.

–. 1985. »The Expanding Domain of Economics.« *American Economic Review*. Vol. 75, no. 6, Seite 53–68.

Hirshleifer, Jack und John G. Riley. 1979. »The Analytics of Uncertainty and Information – An Expository Survey.« *Journal of Economic Literature*. Vol. 17 (Dezember), Seite 1375–1421.

Hirschman, Albert O. 1958. *The Strategy of Economic Developm*. New Haven.

–. 1970. *Exit, Voice, and Loyalty*. Cambridge.

–. 1982. »Rival Interpretations of Market Society: Civilizing, Destructive, or Feeble?« *Journal Economic Literature*. Vol. 20 (Dezember), Seite 1463–1484.

—. 1984. »Against Parsimony: Three Easy Ways of Complicating Some Categories of Economic Discourse.« *Bulletin: The American Academy of Arts and Sciences*. Vol. 37, no. 8 (Mai), Seite 11–28.

Hirschmann, W. B. 1964. »Profit From the Learning Curve.« *Harvard Business Review*. Vol. 42, Seite 125–139.

Hoch, Irving. 1985. »Retooling the Mainstream.« *Resources*, no. 80 (Frühling), Seite 1–4.

Hoffman, Elizabeth. 1985. »Entitlements, Rights, and Fairness: An Experimental Examination of Subjects' Concepts of Distributive Justice.« *Journal of Legal Studies*. Vol. 14 (Juni), Seite 259–297.

Hoffman, Elizabeth und Matthew L. Spitzer. 1982. »The Coase Theorem: Some Experimental Tests.« *Journal of Law and Economics*. Vol. 25 (April), Seite 73–98.

Hoffman, Martin L. 1983. »Affective and Cognitive Processes in Moral Internalization.« In E. Tory Higgins, Diane N. Ruble und Willard W. Hartups (Hrsg.). Social Cognition and Social Development. Cambridge.

Hofstadter, Richard. 1966. *The Age of Reform*. New York.

Hogarth, Robin M. 1980. *Judgement and Choice*. New York.

Holmstrom, Bengt. 1979. »Moral Hazards and Observability.« *Bell Journal of Economics*. Vol. 10, no. 1 (Frühling), Seite 74–91.

Holsti, Ole R. 1971. »Crisis, Stress, and Decision-Making.« *International Social Science Journal*. Vol. 23, no. 1, Seite 53–67.

Holt, John. 1970. *What Do I Do Monday?* New York.

—. 1972. *Freedom and Beyond*. New York.

Holtz, J. und C. Wright. 1979. »Sociology of Mass Communications.« *Annual Review of Sociology*. Vol. 5.

Holyoak, Keith J. und Peter C. Gordon. 1984. »Information Processing and Social Cognition,« in Robert S. Wyer, Jr. und Thomas K. Srull (Hrsg.). *Handbook of Social Cognition, Vol. 1*. Hillsdale, NJ.

Homans, George C. 1961. *Social Behavior: Its Elementary Forms*. New York.

Hornstein, Harvey A. 1976. *Cruelty and Kindness*. Englewood Cliffs, NJ.

Hornstein, Harvey A., Hugo N. Masor und Kenneth Sole. 1971. »Effects of Sentiment and Completion of a Helping Act on Observer Helping: A Case for Socially Mediated Zeigarnik Effects.« *Journal of Personality and Social Psychology*. Vol. 17, Seite 107–112.

Hornstein, Harvey A., E. Fisch und M. Holmes. 1968. »Influence of a model's feelings about his behavior and his relevance as a comparison to other observers' helping behavior.« *Journal of Personal and Social Psychology*. Vol. 10, Seite 222–226.

Houthakker, H. S. und I. D. Taylor. 1970. *Consumer Demand in the United States*. 2. Aufl. Cambridge.

Hyman, H. H. 1942. »The Psychology of Status.« *Archives of Psychology*, no. 269. New York.

Illich, I. 1971. *De-Schooling Society*. New York.

Inglefinger, R., A. Erlman und M. Findland. 1966. *Controversy in Internal Medicine*. Philadelphia.

Inkeles, Alex und David H. Smith. 1974. *Becoming Modern: Individual Change in Six Developing Countries*. Cambridge.

Isaac, R. Mark, Kenneth F. McCue und Charles R. Plott. 1985. »Public Goods Provision in an Experimental Environment.« *Journal of Public Economics*. Vol. 26, Seite 51–74.

Isen, Alice M. 1984. »Toward Understanding the Role of Affect in Cognition.« In R. Wyer und T. Srull (Hrsg.), *Handbook of Social Cognition*. Hillsdale, NJ.

Isen, Alice M., Thomas E. Shalker, Margaret Clark und Lynn Karp. 1978. »Affect Accessibility of Material in Memory and Behavior: A Cognitive Loop?« *Journal of Personality and Social Psychology*. Vol. 36, no. 1 (Januar), Seite 1–12.

Izard, C. E. 1977. *Human Emotions*. New York.

Izard, C. E., J. Kagan und R. B. Zajonc (Hrsg.) 1984. *Emotion, Cognition, and Behavior*. Cambridge.

Jacobs, David. 1987. »Corporate Economic Power and the State: A Longitudinal Assessment of Explanations: Aggregate Concentration and Business Tax Rates.« *American Journal of Sociology*. Vol. 93, no. 4, Seite 852–857.

Jacoby, J. und R. W. Chestnut. 1978. *Brand Loyalty Measurement and Management*. New York.

Janis, Irving. 1972. *Victims of Groupthink*. Boston.

–. 1983. »The Role of Social Support in Adherence to Stressful Decisions.« *American Psychologist*. Vol. 38, no. 2 (Februar), Seite 143–160.

Janis, Irving und Leon Mann, 1977. *Decision Making: A Psychological Analysis of Conflict, Choice and Commitment*. New York.

Janowitz, Morris. 1983. *The Reconstruction of Patriotism: Education for Civic Consciousness*. Chicago.

Jaques, Elliot. 1982. *The Form of Time*. New York.

Jencks, Christopher. 1979. »The Social Basis of Unselfishness.« In Herbert Gans et al. (Hrsg.). *On The Making of Americans: Essays in Honor of David Riesman*. Philadelphia, Seite 63–86.

Johnsen, Erik. 1968. *Studies in Multiobjective Decision Models*. Lund, Sweden

Johnson, D. L. und I. R. Andrews. 1971. »Risky-Shift Phenomenon Tested With Consumer Products As Stimuli« *Journal of Personality and Social Psychology*. Vol. 20, Seite 382–385.

Johnson, Harry G. 1965. »A Theoretical Model of Economic Nationalism in New and Developing States.« *Political Science Quarterly*. Vol. 80 (Juni), Seite 169–185.

Johnson, T.J., R. Feigenbaum und M. Weiby. 1964. »Some Determinants and Consequences of the Teacher's Perception of Causation.« *Journal of Experimental Psychology*. Vol. 55, Seite 237–246.

Johnson-Laird, P. N. 1982. »Thinking as a Skill« (9. Bartlett Memorial Lecture). *Quarterly Journal of Experimental Psychology*. Vol. 34A, Seite 1–29.
Jones, E. E. und K. E. Davis. 1965. »From Acts to Dispositions: The Attribution Process in Person Perception.« In L. Berkowitz (Hrsg.). *Advances in Experimental Social Psychology*, Vol. 2. New York.
Jones, Russell. 1977. *Self Fulfilling Prophesies*. New York.
Juster, F. Thomas. 1985. *Preferences for Work and Leisure*. Institute for Social Research.
–. 1985. »Empirical Observations on Socioeconomics.« Paper, präsentiert beim 1985 Annual Meeting of the International Meeting of the International Society for Political Psychology, Washington, D. C.
–. 1986. »Rethinking Utility Theory.« Unveröffentlicht.
Kagan, Robert A. 1986. »Warnings.« Review of *Read The Label*, by Susan G. Hadden. In *Science*. Vol. 233 (5. September), Seite 1101.
Kagel, John H., et a1. 1975. »Experimental Studies of Consumer Demands Behavior Using Laboratory Animals.« *Economic Inquiry*. Vol. 13 (März), Seite 22–38.
Kagel, J. H. und D. Levin. 1985. *Individual Bidder Behavior in First-Price Private Value Auctions*. Economic Letters, Vol. 19, no. 2, Seite 125–128.
Kahn, Alfred. 1959. »Pricing Objectives in Large Companies: Comment.« *American Economic Review*. Vol. 49, Seite 670–678.
Kahneman, Daniel und Amos Tversky. 1973. »On The Psychology of Prediction.« *Psychological Review*. Vol. 80, no. 4 (Juli), Seite 237–251.
–. 1979. »Prospect Theory: An Analysis of Decision Under Risk.« *Econometrica*. Vol. 47, no. 2 (März), Seite 263–291.
–. 1982. »The Psychology of Preferences.« *Scientific American*. Vol. 246, Seite 160–173.
Kahneman, Daniel, Paul Slovic und Amos Tversky. 1982. *Judgment Under Uncertainty: Heuristics and Biases*. Cambridge.
Kahneman, Daniel, Jack L. Knetsch und Richard Thaler. 1986. »Fairness as a Constraint on Profit Seeking: Entitlements in the Market.« *American Economic Review*. Vol. 76, no. 4 (September), Seite 728–741.
Kalt, J. P. und M. A. Zupan. 1984. »Capture and Ideology in the Economic Theory of Politics.« *American Economic Review*. Vol. 74, no. 3 (Juni), Seite 279–300.
Kamerschen, David R. und Lloyd M. Valentine. 1981. *Intermediate Microeconomic Theory*. 2. Aufl. Cincinnati.
Kanter, Rosabeth Moss. 1983. *The Change Masters*. New York.
Kaplan, Abraham. 1964. *The Conduct of Inquiry*. San Francisco.
Kaptyn, Arie und Tom Wansbeek. 1982. »Empirical Evidence on Preference Formation. *Journal of Economic Psychology*. Vol. 2, Seite 137–154.
Kariel, Henry. 1961. *The Decline of American Pluralism*. Stanford, Cal.
Katona, George. 1975. *Psychological Economics*. New York.

Katona, George und E. Meuller. 1954. »A Study of Purchase Decisions.« In L. Clark (Hrsg.). *Consumer Behavior*. New York.

Katz, D. und R. L. Kahn. 1966. *The Social Psychology of Organizations*. New York.

Katz, Elihu und Paul F. Lazarsfeld. 1955. *Personal Influence: The Part Played by People in the Flow of Mass Communications*. Glencoe, Ill.

Katz, R. und M. Tushman. 1979. »Communication Patterns, Project Performance and Task Characteristics: An Empirical Evaluation and Integration in an R&D Setting,: *Organizational Behavior and Human Performance*. Vol. 23, Seite 139–162.

Kearl, J. R., Clayne L. Pope, Gordon C. Whiting und Larry T. Wimmer. 1979 »What Economists Think: A Confusion of Economists?« *American Economic Review*. Vol. 69, no. 2 (Mai), Seite 28–37.

Keeney, Ralph L. 1973. »A Decision Analysis with Multiple Objectives: The Mexico City Airport.« *Bell Journal of Economics and Management Science*. Vol. 4 (Frühjahr), Seite 110–117.

Keller, Bill. 1984. »What is the Audited Value of Life?« *New York Times*. 26. Oktober, Seite A24.

Kelley, Harold H. 1959. »Attribution Theory in Social Psychology.« *Nebraska Symposium on Motivation*. Vol. 15, Seite 192–238.

–. 1967. »Attribution Theory in Social Psychology.« In D. Levine (Hrsg.). *Nebraska Symposium on Motivation: 1967*. Lincoln, Seite 192–241.

Kelley, Harold H. und John W. Thibaut. 1978. *Interpersonal Relations: A Theory of Interdependence*. New York.

Kelman, Steven. 1981a. *What Price Incentives?: Economists and the Environment*. Boston.

–. 1981b. »Cost-Benefit Analysis: An Ethical Critique.« *Regulation*. Januar/ Februar, Seite 33–40.

–. 1987. »»Public Choice« and Public Spirit.« *The Public Interest*. No. 87 (Frühjahr), Seite 80–94.

Kerner, Hugh. 1985. »The Politics of Plain Style.« *New York Times Book Review*. 13. September, Seite 1, 39.

Kennett, David A. 1980. »Altruism and Economic Behavior II, Private Charity and Public Policy.« *American Journal of Economics and Sociology*. Vol. 39, Seite 337–354.

Keohane, Robert O. 1984. *After Hegemony*. Princeton, NJ.

Kerr, Clark und Paul D. Staudohar (Hrsg.). 1986. *Industrial Relations in a New Age*. San Francisco.

Kessel, Reuben A. 1980. *Essays in Applied Price Theory*. R. H. Coase und Merton H. Miller (Hrsg.). Chicago.

Key, V. O., Jr. 1958. *Politics, Parties und Pressure Groups*. 4. Aufl. New York.

Kilmann, Ralph, Mary J. Saxton und Roy Sepra u. a. (Hrsg.). 1985. *Gaining Control of the Corporate Culture*. San Francisco.

Kim, Moshe. 1984. »The Beneficiaries of Trucking Regulation, and Producer Gains in the Education Industry.« *Journal of Law and Economics*. Vol. 27 (April), Seite 227–239.

Kindleberger, Charles P. »Social Responsibility of the Multinational Corporation.« Remarks for a panel at the Bentley College Conference in Business Ethics, Waltham Mass. 11. Oktober, 1985.

Kinkead, Eugene. 1959.In *Every War But One*. New York.

Kirzner, Israel M. 1976. *The Economic Point of View*. Lawrence S. Moss (Hrsg.). Kansas City.

Klausner, Michael. 1984. »Sociological Theory and the Behavior of Financial Markets.« *The Social Dynamics of Financial Markets*. Patricia A. Adler und Peter Adler (Hrsg.). Greenwich, Conn.

Koch, James V. 1980. *Industrial Organization and Prices*. Englewood Cliffs, NJ.

Kohlberg, Lawrence. 1968. »Moral Development.« *International Encyclopedia of the Social Sciences*. Vol. 10. David L. Sills (Hrsg.). New York.

–. 1981. *Essay on Moral Development*. San Francisco.

–. 1983. *Moral Stages: A Current Formulation and Response to Critics*. New York.

Kolko, G. 1967. »Brahmins and Business, 1870–1914: A Hypothesis on the Social Basis of Success in American History.« K. H. Wolff, B. Moore Jr. (Hrsg.). *The Critical Spirit*. Boston, Seite 343–363.

Kolm, Serge-Christophe. 1983. »Altruism and Efficiency.« *Ethics*. No. 94. Oktober, Seite 18–65.

Korchin, Sheldon J. 1964. »Anxiety and Cognition.« In Constance Sheever (Hrsg.). *Cognition: Theory, Research, Promise*. New York.

Kornhauser, William. 1959. *The Politics of Mass Society*. Glencoe, Ill.

Kozielecki, Jozef. 1975. *Psychological Decision Theory*. Dordrecht, Holland.

Krebs, Dennis L. und Dale T. Miller. 1985. »Altruism and Aggression.« In Gardner Lindzey und Elliot Aronson (Hrsg.). *Handbook of Social Psychology, Vol. 2*. New York, Seite 1–71.

Kreuger, Anne O. 1974. »The Political Economy of the Rent Seeking Society.« *American Economic Review*. Vol. 64 (Juni), Seite 291–303.

Kuhn, Thomas S. 1962. *The Structure of Scientific Revolutions*. Chicago.

Kuhlman, John M. und Terry M. Davis. 1971. »The Automobile Rental Industry: An Economic Analysis of the Airport Concessionaire Agreements.« *Antitrust Law and Economics Review*. Vol. 5 (Herbst), Seite 59–70.

Kunkel, John H. 1970. *Society and Economic Growth, A Behavioral Perspective of Social Change*. New York.

Kunreuther, Howard. 1978. *Disaster Insurance Protection*. New York.

Kuttner, Robert. 1984. *The Economic Illusion: False Choices Between Prosperity and Social Justice*. Boston.

–. 1985. »The Poverty of Economics.« *The Atlantic Monthly*. Februar, Seite 74–84.

Kwitny, Jonathan. 1984. »Risky Havens: Tax Shelters Attract Attention of Masses – and Revenuers.« *Wall Street Journal*. 29. Juni, Seite 1, 26.

Kwoka, John E., Jr. 1984. »Magical Mystery Tour.« *Society*. Vol. 22, no. 1 (November/Dezember), Seite 10–12.

Laitner, John P. 1979. »Bequests, Golden-Age Capital Accumulation and Government Debt.« *Economica*. Vol. 46, Seite 403–414.

Lancaster, Kelvin. 1966. »A New Approach to Consumer Theory.« *Journal of Political Economy*. Vol. 74, no. 1 (Februar), Seite 132–157.

–. 1971. *Consumer Demand*. New York.

Landes, William. 1978. »An Economic Study of U. S. Aircraft Hijacking, 1961–76.« *The Journal of Law and Economics*. Vol. 21, Seite 1–31.

Lang, Eugene M. 1977. »It's the Little Guys Who Need Export Aid.« *Journal of Small Business Management*. Vol. 15, Seite 7–9.

Langer, Ellen J. 1982. »The Illusion of Control.« In Daniel Kahneman, Paul Slovic, Amos Tversky (Hrsg.). *Judgement Under Uncertainty: Heuristics and Biases*. Cambridge, Seite 231–238.

Lanzillotti, Robert F. 1958. »Pricing Objectives in Large Companies.« *American Economic Review*. Vol. 48, Seite 921–940.

–. 1959. »Pricing Objectives in Large Companies: Reply.« *American Economic Review*. Vol. 49, Seite 679–686.

Latané, B. und J. M. Darley. 1968. »Group Inhibition of Bystander Intervention in Emergencies.« *Journal of Personality and Social Psychology*. Vol. 10, no. 3, Seite 215–221.

–. 1970. *The Unresponsive Bystander: Why Doesn't He Help?* New York.

Latis, Spiro J. (Hrsg.). 1976. *Method and Appraisal in Economics*. New York.

Laughlin, P. R. 1980. »Social Combination Processes of Cooperative Problem Solving Groups on Verbal Intellective Tasks.« In Martin Fishbein (Hrsg.). Progress in Social Psychology. Hillsdale, NJ.

Lave, Lester, 1962. »An Empirical Approach to the Prisoners' Dilemma Game.« *Quarterly Journal of Economics*. Vol. 76, Seite 424–436.

Lawrence, Paul R., Harvey F. Kolodny und Stanley M. Davis. 1977. »Human Side of Matrix.« Organizational Dynamics. Vol. 6, Sommerausg., S. 43–61.

Layard, P. R. G. und A. A. Walters. 1978. *Microeconomic Theory*. New York.

Lea, S. E. G. 1978. »The Psychology and Economics of Demand,« *Psychology and Economics*. Vol. 85, no. 3 (Mai), Seite 441–466.

Leamer, Edward E. 1983. »Let's Take The ›Con‹ Out of Econometrics.« *American Economic Review*. Vol. 73, no. 1 (März/April), Seite 3–11.

Leckachman, Robert. 1976. *Economics at Bay: Why the Experts Will Never Solve Your Problems*. New York.

Lee, Sang M. 1972. *Goal Programming for Decision Analysis*. New York.

Leff, Nathaniel H. 1985. »Optimum Investment Choices for Developing Nations: Rational Theory and Rational Decision Making.« *Journal of Development Economics*. Vol. 18, no. 213, Seite 335–360.

–. 1986. »Trust, Envy, and the Political Economy of Industrial Development: Economic Groups in Developing Countries.« Paper, vorbereitet für eine Konferenz über »The Role of Institutions in Economic Development«, Cornell University, November.
Lefford, Arthur. 1946. »The Influence of Emotional Subject Matter on Logical Reasoning.« *Journal of General Psychology*. Vol. 34, Seite 127–151.
Leibenstein, Harvey. 1966. »Allocative Efficiency vs. ›X-Efficiency.‹« *American Economic Review*. Vol. 56 (Juni), Seite 392–415.
–. 1976. *Beyond Economic Man: A New Foundation for Microeconomics*. Cambridge.
Leijonhufuud, Axel. 1984. »Uncertainty, Behavior and Economic Theory: A Comment.« American Economic Association Meetings, 30. Dezember.
Leonard-Barton, D. 1981. »Voluntary Simplicity, Lifestyles and Energy Conservation.« *Journal of Consumer Research*. Vol. 8, Seite 243–252.
Leontief, Wassily. 1985. »Interview: Why Economics Needs Input-Output Analysis.« *Challenge*. März/April, Seite 27–35.
Leventhal, Howard. 1982. »The Integration of Emotion and Cognition: A View From the Perceptual-Motor Theory of Emotion.« In Margaret Clark und Susan Fiske (Hrsg.). *Affect and Cognition*. Hillsdale, NJ.
Levitan, Sar A. und Clifford M. Johnson. 1982. *Second Thoughts on Work*. Kalamazoo, Mich.
Lewis, Alan, 1982. *The Psychology of Taxation*. New York.
Lewis, Michael, Margaret Wolan Sullivan und Linda Michalson. 1984. »The Cognitive-Emotional Fugue.« In Carroll E. Izard, Jerome Kagan und Robert B. Zajonc (Hrsg.). *Emotions, Cognition, and Behavior*. Cambridge, S. 264–288.
Lichtenstein, Sarah, Baruch Fischoff und Lawrence D. Phillips. 1982. »Calibration of Probabilities: The State of the Art to 1980.« In Daniel Kahneman, Paul Slovic und Amos Tversky (Hrsg.) *Judgement Under Uncertainty: Heuristics and Biases*. Cambridge, Seite 306–334.
Lincoln, James R. und Arne L. Kalleberg. 1985. »Work Organization and Workforce Commitment: A Study of Plants and Employees in the U. S. and Japan.« *American Sociological Review*. Vol. 50 (Dezember), Seite 738–760.
Lindberg, Leon N. und Charles S. Maier (Hrsg.) 1985. *The Politics of Inflation and Economic Stagnation*. Washington, D. C.
Lindblom, D. 1965. *The Intelligence of Democracy*. New York.
Lindenberg, Siegwart. 1983. »Utility and Morality.« *Kyklos*. Vol. 36, Fasc. 3, Seite 450–468.
Lindsay, Cotton Mather. 1984. *Applied Price Theory*. Hindsdale, Ill.
Lipset, S. M. und William Schneider. 1983. *The Confidence Gap*. New York.
Lipsey, Richard G. und Kelvin Lancaster. 1956. »The Ceneral Theory of Second Best.« *Review of Economic Studies*. Vol. 24, Seite 11–32.
Lipsey, Richard G. und Peter Steiner. 1975. *Economics*. 4. Aufl., New York.
Little, I. M. D. 1957. *A Critique of Welfare Economics*. Oxford.

Lodge, George C. 1976. *The New American Ideology*. New York.

Lodge, George C. und Ezra F. Vogel (Hrsg.). 1987. *Ideology and National Competitiveness*. Boston.

Loether, Herman und Donald McTavish. 1980. *Descriptive and Inferential Statistics: An Introduction*. Boston.

Longley, Jeanne und Dean G. Pruitt. 1980. »Groupthink; A Critique of Janis's Theory.« In Ladd Wheeler (Hrsg.). *Review of Personality and Social Psychology*. Vol. 1. Beverly Hills, Cal.

Longman, Phillip. 1985. »The Fall of The Idea of Thrift: How the Economists Came to Label Virtue a Vice.« *Washington Monthly*. Januar.

Losco, Joseph. 1986. »Understanding Altruism: A Critique and Proposal for Integrating Various Approaches.« *Political Psychology*. Vol. 7, no. 2, Seite 323–348.

Lovejoy, Arthur O. 1961. *Reflections on Human Nature*. Baltimore.

Lowi, Theodore. 1969. *The End of Liberalism*. New York.

Luhmann, Niklas. 1979. *Trust and Power*. New York.

Lutz, Mark und Kenneth Lux. 1988. *Humanistic Economics: The New Challenge*. Croton-on-Hudson, New York.

Machlup, Fritz. 1952. *The Economics of Sellers' Competition*. Baltimore.

–. 1967. »Theories of the Firm: Marginalist, Behavioral, Managerial.« *American Economic Review*. Vol. 57, no. 1 (März), Seite 1–33.

MacIver, R. M. 1942. *Social Causation*. Boston.

MacRae, D., Jr. 1978. »The Sociological Economics of Gary S. Becker.« *American Journal of Sociology*. Vol. 83, no. 5, Seite 1244–1258.

Magat, Wesley A., John W. Payne und Peter Brucato, Jr. 1986. »How Important is Information Format? An Experimental Study of Home Energy Audit Programs.« *Journal of Policy Analysis and Management*. Vol. 6, no. 1 (Fall), S. 20–34.

Maital, Shlomo. 1982. *Minds, Markets, and Money*. New York

Maital, Shlomo und Sharone L. Maital. 1984. *Economic Games People Play*. New York.

Majone, Giandomenico. 1976. »Choice Among Policy Instruments for Pollution Control.« *Policy Analysis*. Vol. 2, no. 4 (Herbst), Seite 589–613.

Malinowki, Bronislaw. 1922. *Argonauts of the Western Pacific*. London.

Malinvaud, E. 1972. *Lectures on Microeconomic Theory*. Amsterdam: North Holland.

Mandler, George. 1975. *Mind and Emotion*. New York.

Mannheim, Karl. 1949. *Man and Society*. New York.

Mansfield, Edward. 1982. *Microeconomics: Theory and Applications*. 4. Aufl., New York.

March, James G. 1978. »Bounded Rationality, Ambiguity, and the Engineering of Choice.« *Bell Journal of Economics*. Herbst, Seite 589.

–. »Decisions in Organizations and Theories of Choice.« In Andrew H. Van De Ven and William F. Joyce (Hrsg.) *Perspectives On Organization Design and Behavior*. New York, Seite 205–244.

March, James G. und Johan P. Olson. 1984. »What Administrative Reorganization Tells Us About Governing.« *American Political Science Review*. Vol. 77, no. 2 (Juni), Seite 281–296.

Margolis, Howard. 1982. *Selfishness, Altruism and Rationality: A Theory of Social Choice*. Cambridge.

Marris, Robin und Dennis C. Mueller. 1980. »The Corporation, Competition, and the Invisible Hand.« *Journal of Economic Literature*. Vol. 18, no. 1 (März), Seite 32–63.

Marshall, G. D. und P. G. Zimbardo. 1979. »Affective Consequences of Inadequately Explained Physiological Arousal.« *Journal of Personality and Social Psychology*. Vol. 37, Seite 970–985.

Marvel, H. 1976. »The Economics of Information and Retail Gasoline Price Behavior.« *Journal of Political Economy*. Vol. 84, no. 5, Seite 1033–1060.

Marwell, Gerald. 1982. »Altruism and the Problem of Collective Action.« In V. J. Derlega und Januscz Grzelak (Hrsg.). *Cooperation and Helping Behavior: Theories and Research*. New York, Seite 207–226.

Marwell, Gerald und Ruth E. Ames. 1981. »Economists Free Ride, Does Anyone Else?« *Journal of Public Economists*. Vol. 15, Seite 295–310.

Maslach, C. 1979. »Negative Emotional Biasing of Unexplained Arousal.« *Journal of Personal Social Psychology*. Vol. 37, Seite 953–969.

Mason, Todd. 1987. »America vs. Its Unions: Double Trouble.« *Business Week*, 23. Februar, Seite 45.

Matthews, John D., Kenneth E. Goodpaster und Laura L. Nash. 1985. *Policies and Persons*. New York.

May, Ernest R. (Hrsg.). 1984. *Knowing One's Enemies: Intelligence Assessment Before the Two World Wars*. Princeton, NJ.

Maynes, E. Scott, Robin A. Douthitt, Greg J. Duncan und Loren V. Geistfeld. 1984. »Informationally Imperfect Markets: Implications for Consumers.« In Seymour Sudman and Mary A. Spaeth (Hrsg.). *The Collection and Analysis of Economic and Consumer Behavior Data*. Bureau of Economic and Business Research, University of Illinois.

Mayo, Elton. 1933. *The Human Problems of an Industrial Civilization*. New York.

McClelland, David C. 1986. »Some Reflections on the Two Psychologies of Love.« *Journal of Personality*. Vol. 54, no. 2 (Juni), Seite 334–353.

McCloskey, Donald N. 1985. *The Rhetoric of Economics*. Madison, Wis.

–. 1986. »The Economic Consequences of Economists.« Review of Herbert Stein's *Washington Bedtime Stories*. In *Washington Post Book World*. 30. November, Seite 1.

McConnell, Campbell R. 1975. *Economics*. 6. Aufl., New York.

McConnell, Crant. 1966. *Private Power and American Democracy*. New York.

McCraw, Thomas K. »Business Government.« *California Managerial Review*. Vol. 26 (Winter), 1984. Seite 33–52.

–, (Hrsg.) 1986. *America versus Japan*. Boston.
McGahey, R. M. 1980. »Dr. Ehrlich's Magic Bullet: Economic Theory, Econometrics, and the Death Penalty.« *Crime and Delinquency*. Vol. 26, Seite 485–502.
McGrath, Joseph E. 1978. »Small Group Research.« *American Behavioral Scientist*. Vol. 21, no. 5 (Mai/Juni), Seite 651–674.
McGrath, Joseph E. und David A. Kravitz. 1982. »Group Research.« *Annual Review of Psychology*. Vol. 33, Seite 195–230.
McGregor, Douglas. 1960. *The Human Side of Enterprise*. New York.
McKean, Roland. 1975. »Economics of Trust, Altruism, and Corporate Responsibility.« In Edmund S. Phelps (Hrsg.). *Altruism, Morality and Economic Theory*. New York.
McKean, John R. und Robert R. Keller. 1983. »The Shaping of Tastes, Pareto Efficiency and Economic Policy.« *Journal of Behavioral Economics*, Vol. 12, no. 1 (Sommer), Seite 23–41.
McKee, Arnold F. 1982. »Social Economics and Values.« *International Journal of Social Economics*, Vol. 9, nos. 6–7, Seite 5–19.
McPherson, Michael S. 1984. »Limits on Self-Seeking: The Role of Morality in Economic Life.« In David C. Colander (Hrsg.). *Neoclassical Political economy*. Cambridge.
–. 1984b. »On Schelling, Hirschman and Sen: Revising the Conception of the Self.« *Partisan Review*, Seite 236–247.
–. 1985. »Reuniting Economics and Philosophy.« Paper, präsentiert im Murphy Institute Lecture Series, *The Boundaries of Economics*. New Orleans, La.
Meissner, W. W. 1981. *Internalization in the Psychoanalysis*. New York.
Meltzer, Alan H. 1980. »Monetarism and the Crisis in Economics.« *Public Interest*. Special Issue, Seite 35–45.
Milgram, Stanley. 1974. *Obedience to Authority*. New York.
Miller, David M. und M. K. Starr. *Structure of Human Decision*. Englewood Cliffs, NJ.
Mintzberg, Henry, Duru Raisinghano und Andre Theoret. 1976. »The Structure of ›Unstructured‹ Decision Processes.« *Administrative Science Quarterly*. Vol. 21, no. 2 (Juni), Seite 246–275.
Mishan, E..J. 1979. »Evaluation of Life and Limb: A Theoretical Approach.« *Journal of Political Economy*. Vol. 79 (Juli/August), Seite 687–705.
–. 1981. »The Nature of Economic Expertise Reconsidered.« In *Economic Efficiency and Social Welfare: Selected Essays on Fundamental Aspects of the Economic Theory of Social Welfare*. London.
Moch, Michael K. und Edward V. Morse. 1977. »Size, Centralization and Organizational Adoption of Innovations.« *American Sociological Review*. Vol. 42 (Oktober), Seite 716–725.
Moe, Terry M. 1979. »On The Scientific Status of Rational Models.« *American Journal of Political Science*. Vol. 23, no. 1 (Februar), Seite 215–243.

Moffit, R. 1983. »An Economic Model of Welfare Stigma.« *American Economic Review*. Vol. 73, no. 5, Seite 1023–1035.

Moment, David. 1967. »Career Development: A Future Oriented Historical Approach for Research and Action.« *Personnel Administration*. Vol. 30, no. 4 (Juli/Aug), Seite 6–11.

Monsen, R. Joseph, John S. Chieu und David E. Cooley, 1968. »The Effect of Separation of Ownership and Control on the Performance of the Large Firm.« *Quarterly Journal of Economics*. Vol. 82, no. 3 (August), Seite 435–451.

Morgan, James N. 1978. »Multiple Motives, Group Decisions, Uncertainty, Ignorance, and Confusion: A Realistic Economics of the Consumer Requires Some Psychology.« *American Economic Review*. Vol. 68, no. 2 (Mai), S. 58–63.

Moriarty, Rowland T. 1983. *Industrial Buying Behavior*. Lexington, Mass.

Mowery, David C., Mark S. Kamlet und John P. Crecine. 1980. »Presidential Management of Budgetary und Fiscal Policymaking.« *Political Science Quarterly*. Vol. 95, no. 3 (Herbst), Seite 395–425.

Mueller, Dennis C. 1979. *Public Choice*. New York.

–. 1986. »Rational Egoism versus Adaptive Egoism as Fundamental Postulate for a Descriptive Theory of Human Behavior.« (Presidential address.) *Public Choice*. Vol. 51, Seite 323.

Murray, Charles A. 1984. *Losing Ground: American Social Policy 1950–1980*. New York.

Musgrave, A. 1981. »Unreal Assumptions in Economic Theory: The F-Twist Untwisted.« *Kyklos*. Vol. 34, Seite 377–387.

Myers, David G. und Helmut Lamm. 1976. »The Group Prolongation Phenomenum.« *Psychological Bulletin*. Vol. 83, Seite 602–627.

National Academy of Sciences. 1986. »Research Briefings 1986; Report of the Research Briefing Panel on Decision Making and Problem Solving.« Washington, D. C.

Navarro, Peter. 1982. »Public Utility Commission Regulation: Performance, Determinants, and Energy Policy Impacts.« *Energy Journal*. März/April, Seite 119–139

–. 1984. *The Policy Game: How Special Interests and Ideologues are Stealing America*. New York.

Needham, Douglas. 1969. *Economic Analysis and Industrial Structure*. New York.

Nelson, E. A., R. E. Grinder und M. L. Mitterer. 1969. »Sources of Variance in Behavioral Measures of Honesty in Temptation Situations: Methodological Analyses.« *Developing Psychology*. Vol. 1, Seite 265–279.

Nelson, Joan N. »The Political Economy of Stabilization in Small, Low Income, Trade-Dependent Nations.« Unveröffentlicht.

Nelson, Richard R. und Sidney G. Winter. 1972. *Toward An Evolutionary Theory of Economic Capabilities*. Ann Arbor. University of Michigan Institute of Public Policy Studies.

–. 1982. *An Evolutionary Theory of Economic Change*. Cambridge.
Neustadt, R. E. und H. V. Fineberg. 1978. »The Swine Flu Affair: Decision Making on a Slippery Disease.« Washington, D. C.
New York Times. 11. November 1973. »Study Finds Patrol Cars Do Little to Reduce Crime.« Seite 1.
New York Times. 14. Januar 1979.
New York Times. 31. März 1983.
New York Times. 26. Oktober 1984.
New York Times. 10. März 1985.
New York Times. 18. März 1985. »Japanese Companies in U. S. Seen Excelling.«
New York Times. 31. März 1985.
Newbery, David M. G. und Joseph E. Stiglitz. 1984. »Pareto Inferior Trade.« *Review of Economic Studies*. Vol 51, Seite 1–12.
Nicholson, Walter. 1978. *Microeconomic Theory*. 2. Aufl. Hinsdale, Ill.
Nisbet, J. D. und W. Grant. 1965. »Vocational Intentions and Decisions of Aberdeen Arts Graduates.« *Occupational Psychology*. Vol. 39, Seite 215–219.
Nisbet, Robert A. 1981. »Replies to Steven Kelman.« *Regulation*. März/April, Seite 42–43.
Nisbett, Richard und Lee Ross. 1980. *Human Inference: Strategies and Shortcomings of Social Judgment*. Englewood Cliffs, NJ.
Niskanen, William A., Jr. 1971. *Bureaucracy and Representative Government*. Chicago.
Nitsch, Thomas O. P982. »Economic Man, Socio-Economic Man and Homoeconomicus.« *International Journal of Social Economics*. Vol. 9, nos. 6–7, Seite 20–49.
Nooteboom, Bart. 1986. »Plausibility in Economics.« *Economics and Philosophy*. Vol. 2, no. 2, Seite 197–224.
Norman, D. A. 1980. »Twelve Issues for Cognitive Science.« In D. A. Norman (Hrsg.), *Perspectives on Cognitive Science: Talks from the La Jolla Conference*. Hillsdale, NJ.
North, Douglas C. 1981. *Structure and Change in Economic History*. New York.
Novak, Michael. 1982. *The Spirit of Democratic Capitalism*. New York.
Nutt, Paul C. 1984. »Types of Organizational Decision Processes.« *Administrative Science Quarterly*. Vol. 29, no. 3 (September), Seite 414–450.
Oi, Walter Y. 1973. »The Economics of Product Safety.« *Bell Journal of Economics and Management Science*. Vol. 4 (Frühjahr), Seite 3–28.
–. 1974. »The Economics of Product Safety: A Rejoinder.« *Bell Journal of Economics and Management Science*. Vol. 5 (Herbst), Seite 689–695.
Ofshe, L. und R. Ofshe. 1970. *Utility and Choice in Social Interaction*. Englewood Cliffs, NJ.
Okun, Arthur. 1975. *Equality and Efficiency: The Big Tradeoff*. Washington, D. C.
Olson, Mancur. 1965. *The Logic of Collective Action*. Cambridge.

–. 1982. *The Rise and Decline of Nations*. New Haven.
–. 1984. »How Rational Are We?« Book review of Thomas C. Schelling's *Choice and Consequence*. *New York Times Book Review*. 1. Juli 1984, Seite 10.
Ornstein, Norman J. und Shirley Elder. 1978. *Interest Groups. Lobbying and Policymaking*. Washington, D. C.
Osiel, Mark J. 1984. »The Politics of Professional Ethics.« *Social Policy*. Sommer 1984, Seite 43–48.
Osterman, Paul. 1986. Review of *Career Mobility in a Corporate Hierarchy*, von James E. Rosenbaum. *Contemporary Sociology*. Vol. 15, no. 4 (Juli), Seite 587–588.
Ozga, S. A. 1955. »An Essay in the Theory of Tariffs.« *Journal of Political Economy*. Vol. 63, no. 6 (Dezember), Seite 489–499.
Papandreou, Andreas G. 1952. »Some Basic Problems in the Theory of the Firm.« In B. F. Haley (Hrsg.), *A Survey of Contemporary Economics*. Vol. 2. Homewood, Ill.
Parfit, Derek. 1984. *Reason and Persons*. Oxford
Parker, Tom. 1983. *Rules of Thumb*. Boston.
Parsons, Talcott. 1937. *The Structure of Social Action*. Glencoe, Ill.
–. 1951.*The Social System*. Glencoe, Ill.
Parsons, Talcott und Neal J. Smelser. 1956. *Economy and Society: A Study in the Integration of Economic and Social Theory*. Glencoe, Ill.
Pashigian, Peter B. 1984. »The Effect of Environmental Regulation on Optimal Plant Size and Factor Shares.« *Journal of Law and Economics*. Vol. 27, no. 1 (April), Seite 1–28.
Passell, P. und J. B. Taylor. 1977. »The Deterrent Effect of Capital Punishment: Another View.« *American Economic Review*. Vol. 67, Seite 445.
Peck, J. K. 1976. »The Deterrent Effect of Capital Punishment: Ehrlich and his Critics.« *Yale Law Journal*. Vol. 85. Seite 359.
Peltzman, Sam. 1976. »Toward A More General Theory of Regulation.« *Journal of Law and Economics*. Vol. 19, no. 2 (August), Seite 211–240.
Pelz, Donald C. und Frank M. Andrews. 1966. *Scientists in Organizations*. New York.
Perrow, Charles. 1981. »Normal Accident at Three Mile Island.« *Society*. Vol. 18 (Juli/August), Seite 17–26.
–. 1986. *Complex Organizations*. 3. Aufl., New York
Peters, Thomas J. und Robert H. Waterman. 1983. In *Search of Excellence*. New York.
Pfeffer, Jeffrey. 1981. *Power in Organizations*. Boston.
Phaup, Marvin. 1985. »Regulation and the Use of Knowledge.« *Challenge*. Januar/Februar, Seite 56–57.
Phelps, Edmund S. 1975. »Introduction.« *Altruism, Morality, and Economic Theory*. New York, Seite 1–9.
Pieters, Rik G. M. und W. Fred van Raaij. 1987. »The Role of Affect in Economic

Behavior.« In W. Fred van Raaij, Gery M. van Veldhoven, Theo M. M. Verhallen, und Karl-Erik Warneryd (Hrsg.), *Handbook of Economic Psychology*. Amsterdam.

Piliavin, I. M., J. Rodin und J. A. Piliavin. 1969. »Good Samaritanism: An Underground Phenomenon?« *Journal of Personality and Social Psychology*. Vol. 13, Seite 289–299.

Pittman, Russell. 1976. »The Effects of Industry Concentration and Regulation on Contributions in Three 1972 U. S. Senate Campaigns.« *Public Choice*. Vol. 27 (Herbst), Seite 71–80.

Polanyi, Karl, 1957 (1944). *The Great Transformation*. Boston.

Polsby, Nelson W. 1964. *Congress and the Presidency*. Englewood Cliffs.

Popper, Karl. 1961. *Logic of Scientific Discovery*. New York.

Posner, Richard A. 1975. »The Social Costs of Monopoly and Regulation.« *Journal of Political Economy*. Vol. 83 (August), Seite 807–827.

–. 1977. *Economic Analysis of Law.*, 2. Aufl., Boston.

Powell, Walter W. 1985. »The Institutionalization of Rational Organization.« Review of *Organizational Environments: Ritual and Rationality* von John W. Meyer und W. Richard Scott. *Contemporary Sociology*. Vol. 14, Seite 564–566.

Power, Christopher. 1984. »Investment Clubs Are Hanging in There.« *Forbes*. Vol. 133 (4. Juni), Seite 188–192.

Pratt, John W. und Robert Schlaifer. 1979. »On the Nature and Discovery of Structure.« (mimeo)

Psathas, George. 1973. *Phenomenological Sociology: Issues and Applications*. New York.

Public Citizen's Congress Watch. 1982. »An Ocean of Milk, a Mountain of Cheese, and a Ton of Money: Contributions from the Dairy PACs to Members of Congress.« Washington, D. C.

Public Opinion. Juni/Juli 1980, Seite 33.

Quade, E. S. 1982. *Analysis for Public Decisions*. 2. Aufl. New York.

Radner, Roy. 1975. »Satisficing.« *Journal of Mathematical Economics*. Vol. 2, Seite 253–262.

Rados, David L. 1972. »Selection and Evaluation of Alternatives in Repetitive Decision Making.« *Administrative Science Quarterly*. Vol. 17, no. 2, Seite 196–206.

Rapping, Leonard A. 1979. »The Domestic and International Aspects of Structural Inflation.« In James Gapinski und Charles E. Rockwood (Hrsg.), *Essays in Post-Keynesian Inflation*. Cambridge, Mass., Seite 31–54.

Rapoport, Amnon. 1985. »Provision of Public Goods and the MCS Experimental Paradigm.« *American Political Science Review*. Vol. 79, no. 1 (März), Seite 148–155.

Reisman, David. 1950. *The Lonely Crowd*. New Haven, Conn.

Rhoads, Steven E. 1985. *The Economist's View of the World: Government, Markets, and Public Policy*. Cambridge.

Riker, W. H. und P. C. Ordeshook. 1968. »A Theory of the Calculus of Voting.« *American Political Science Review.* Vol. 62, Seite 25–42.

Riley, J. G. 1979. »Noncooperative Equilibrium and Market Signalling.« *American Economic Review.* Vol. 69, Seite 303–307.

Roberts, Russell D. 1986. »Why Do We Feel Guilty Tipping Less Than 15 %?« *Wall Street Journal,* 25. November.

Robertson, James Oliver. 1985. *American's Business.* New York.

Roe, A. 1952. *The Making of a Scientist.* New York.

Rorty, Richard. 1979. *Philosophy and the Mirror of Nature.* Princeton, NJ.

Rosaldo, Michelle Z. 1984. »Toward an Anthropology of Self and Feeling.« In Richard A. Shweder und Robert A. LeVine (Hrsg.). *Culture Theory: Essays on Mind, Self, and Emotion.* New York, Seite 137–157.

Ross, H. L. 1973. »Law, Science, and Accidents: The British Road Safety Act of 1967.« *Journal of Legal Studies.* Vol. 2, Seite 1.

Roth, Alvin E. 1986. »Laboratory Experimentation in Economics.« *Economics and Philosophy.* Vol. 2, no. 2 (Oktober), Seite 245–273.

Roth, Alvin E., Michael Malouf und J. Keith Murnighan. 1981. »Sociological versus Strategic Factors in Bargaining.« *Journal of Economic Behavior and Organization.* Vol. 2 (Juni), Seite 153–177.

Rothenberg, Jerome. 1966. *The Economic Evaluation of Urban Renewal.* Washington, D. C.

Rottenberg, Simon (Hrsg.). 1979. *The Economics of Crime and Punishment.* Washington, D. C.

Rubin, Paul H. 1980. »The Economics of Crime.« In Ralph Andreano und John J. Siegfried (Hrsg.), *The Economics of Crime.* New York, Seite 13–25.

–. 1983. Review of Nelson and Winter, »Toward An Evolutionary Theory of Economic Capabilities.« In *Journal of Political Economy.* Vol. 91, no. 4 (August), Seite 718–720.

Ruggie, John Gerard. 1983. »Continuity and Transformation in the World Polity: Toward a Neorealist Synthesis.« *World Politics.* Vol. 35, no. 2 (Januar), Seite 261–285.

Rushton, J. Philippe. 1980. *Altruism, Socialization, and Society.* Englewood Cliffs, NJ.

Sadalla E. und J. Wallace. 1966. »Behavioral Consequences of Transgression.« *Journal of Experimental Research in Personality.* Vol. 1, Seite 187–194.

Salamon, Lester M. und John J. Siegfried. 1977. »Economic Power and Political Influence: The Impact of Industry Structure on Public Policy.« *American Political Science Review.* Vol. 71, Seite 1026–1043.

Samuelson, Paul A. 1980. *Economics.* 11. Aufl., New York.

–. 1983. *Foundations of Economic Analysis.* (Erweiterte Aufl.) Cambridge.

Schachter, Stanley. 1966. »The Interaction of Cognitive and Psychological Determinants of Emotional State.« In Charles D. Spielberger (Hrsg.). *Anxiety and Behavior.* New York, Seite 193–224.

—. 1971. *Emotion, Obesity, and Crime.* New York.
Schachter, Stanley und J. E. Singer. 1962. »Cognitive Social and Psychological Determinants of Emotional State.« *Psychological Review.* Vol. 69, Seite 379–399.
Schattsneider, Elmer Eric. 1935. *Politics, Pressures, and Tariffs.* New York.
Schelling, Thomas C. 1978. »Egonomics or the Art of Self Management.« *American Economic Association Papers and Proceedings.* Vol. 68 (Mai), Seite 290–294.
—. 1960. *The Strategy of Conflict.* Cambridge.
—. 1984a. *Choice and Consequence.* Cambridge.
—. 1984b. »Self-Command in Practice, in Policy, and in a Theory of Rational Choice.« *American Economic Review.* Vol. 74, no. 2 (Mai), Seite 1–11.
—. 1985. »The Mind as a Consuming Organ.« In Jon Elster (Hrsg.), *The Multiple Self.* Cambridge.
Scherer, F. M. 1980. *Industrial Market Structure and Economic Performance.* 2. Aufl., Boston.
Schmedel, Scott R. »IRS Guidelines Give Some Insights into How Returns Are Scrutinized.« *Wall Street Journal.* 26. März 1985, Sec. 2, Seite 1.
Schmookler, Jacob. 1972. *Patents, Invention, and Economic Change.* Cambridge.
Schneider, F. und W. W. Pommerehne. 1979. »On the Rationality of Free-Riding: An Experiment.« Unveröffentlichtes Manuskript, University of Zurich, Switzerland.
Schneider, Harold K. 1974. *Economic Man: The Anthropology of Economics.* New York.
Schon, D. 1983. *The Reflective Practitioner.* New York.
Schott, Kerry. 1984. *Policy, Power and Order: The Persistence of Economic Problems in Capitalist States.* New Haven.
Schultz, George. 1974. »Reflections on Political Economics.« *Challenge.* März/April, Seite 6–11.
Schumpeter, Joseph A. 1934. *Theorie der wirtschaftlichen Entwicklung.* Von Etzioni zitiert aus der englischen Übersetzung: *The Theory of Economic Development.* Cambridge.
Schutz, Alfred. *Phenomenology of the Social World.* Evanston, Ill.
Schwartz, Shalom H. 1970a. »Elicitation of Moral Obligation And Self-Sacrificing Behavior: An Experimental Study of Volunteering to be a Bone Marrow Donor.« *Journal of Personality and Social Psychology.* Vol. 15, no. 4, Seite 283–293.
—. 1970b. »Moral Decision Making and Behavior.« In J. Macaulay and L. Berkowitz (Hrsg.). *Altruism and Helping Behavior.* New York, Seite 127–141.
—. 1977. »Normative Influences on Altruism.« In Leonard Berkowitz (Hrsg.), *Advances in Experimental Social Psychology.* Vol. 10. New York, Seite 221–270.
Schwartz, Warren, Keith Baxter und David Ryan. 1984. »The Duel: Can These

Gentlemen Be Acting Efficiently?« *Journal of Legal Studies*. Vol. 13, Seite 321–355.

Scitovsky, Tibor. 1976. *The Joyless Economy*. New York.

–. 1978. »Asymmetrics in Economics.« *Scottish Journal of Political Economy*. Vol. 25, Seite 237–277.

Sears, David O., Richard R. Lau, Tom R. Tyler und Harris M. Allen, Jr. 1980. »Self-Interest vs. Symbolic Politics in Policy Attitudes and Presidential Voting.« *The American Political Science Review*. Vol. 74, Seite 670–684.

Selten, Reinhard. 1978. »The Equity Principle in Economic Behavior.« In Hans W. Gottinger und Werner Leinfellner (Hrsg.). *Decision Theory and Social Ethics: Issues in Social Choice*. Dordrecht, Seite 289–301.

Sen, Amartya K. 1977. »Rational Fools« *Philosophy and Public Affairs*. Vol. 6, no. 4, Seite 317–344.

Sexauer, B. 1977. »The Role of Habits and Stocks in Consumer Expenditure« *Quarterly Journal of Economics*. Vol. 91, no. 1 (Februar), Seite 127–142.

Shaw, Marvin E. 1964. »Communication Networks.« In L. Berkowitz (Hrsg.). *Advances in Experimental Social Psychology*. New York.

Sheffrin, S. 1983. *Rational Expectations*. Cambridge.

Shepherd, William G. 1982. »Causes of Increased Competition in the U. S.« *The Review of Economics and Statistics*. Vol. 64 (November), Seite 613–626.

Sherif, Muzafer. 1952. »Group Influences Upon the Formation of Norms and Attitudes.« In G. E. Swanson et al. (Hrsg.). Readings in Social Psychology. Rev. ed. New York, Seite 249–262.

Shiler, Robert J. 1984. »Stock Prices and Social Dynamics.« In *Brookings Papers on Economic Activity*. Washington, D. C., Seite 457–498.

Shorrocks, Anthony F. 1979. »On the Structure of Inter-Generational Transfers Between Families.« *Economica*. Vol. 46, Seite 415–425.

Shweder, Richard A. 1986a. »Divergent Rationalities.« In R. W. Fiske and R. A. Shweder (Hrsg.), *Metatheory in the Social Sciences: Pluralisms and Subjectivities*. Chicago.

–. 1986b. »Storytelling Among the Anthropologists«. *New York Times Book Review*, 21. September, Seite 1, 38–39

Shweder, Richard A. und Robert A. Levine (Hrsg.), 1984. *Culture Theory: Essays on Mind, Self and Emotion*. Cambridge.

Siegel, Sidney. 1964. In collaboration with Albert Engvall Siegal und Julia McMichael Andrews. *Choice, Strategy and Utility*. New York.

Sills, David S. 1957. *The Volunteers: Means and Ends in a National Organization*. Glencoe, Ill.

Simmons, Roberta C., Susan D. Klein, Robert L. Simmons. 1977. *Gift of Life: The Social and Psychological Impact of Organ Transplantation*. New York.

Simon, Herbert A. 1957. *Models of Man*. New York.

–. 1959. »Theories of Decision Making in Economics and Behavioral Science.« *American Economic Review*. Vol. 49, no. 3 (Juni), Seite 253–283.

–. 1976a. »From Substantive to Procedural Rationality.« In S. J. Latis (Hrsg.), *Method and Appraisal in Economics*. Cambridge, Seite 129–148.

–. 1976b. *Administrative Behavior: A Study of Decision Making Processes in Administrative Organization*. 3. Aufl., New York.

–. 1978. »Rationality as Process and as Product of Thought.« *American Economic Review* Vol. 68, 2. Mai, Seite 3.

–. 1979. »Rational Decision Making in Business Organizations.« *American Economic Review*. Vol. 69, no. 4 (September), Seite 493–513.

–. 1981. *The Sciences of the Artificial*. 2., durchgesehene und erweiterte Aufl., Cambridge.

–. 1983. *Reason in Human Affairs*. Stanford, Cal.

–. 1986. »The Failure of Arm Chair Economics.« Interview in *Challenge*. November/Dezember, Seite 18–25.

Sims, C. A. 1980. »Macroeconomics and Reality.« *Econometrica*. Vol. 48, S. 1–48.

Sims, Henry P., Jr. und Dennis A. Gioia et al. 1986. *The Thinking Organization*. San Francisco.

Sjöberg, Lennart. 1980. »Volition Problems in Carrying Through A Difficult Decision.« *Acta Psychologica*. Vol. 45, Seite 123–132.

Skinner, B. F. 1948. »Superstition in the Pigeon.« *Journal of Experimental Psychology*. Vol. 38, 168–172.

Slovic, Paul und Sarah Lichtenstein. 1982. »Facts versus Fears: Understanding Perceived Risk.« In Daniel Kahneman, Paul Slovic, und Amos. Tversky (Hrsg.). *Judgement Under Uncertainty*. New York, Seite 463–489.

–. 1983. »Preference Reversals: A Broader Perspective.« *American Economic Review*. Vol. 73, no. 4, Seite 596–605.

Small, Maurice. 1900. »On Some Psychical Relations of Society and Solitude.« *Pedagogical Seminary*. Vol. 7, no. 1, Seite 13–69.

Smiley, Robert und S. A. Ravid. 1981. »The Importance of Being First: Learning, Price and Strategy.« Working Paper, Cornell University, August.

Smith, Adam. [1759] 1969. *The Theory of Moral Sentiments*. New Rochelle, N. Y.

–. [1759] 1976. *The Theory of Moral Sentiments*. Oxford.

–. [1776]1937. *Wealth of Nations*. Modern Library Edition. New York.

Smith, Vernon L. 1980. »Relevance of Laboratory Experiments to Testing Resource Allocation Theory.« In J. Kmenta und J. Ramsey (Hrsg.), *Evaluation of Econometric Models*. New York, Seite 345–377.

Snortland, Neil E. und John E. Stanga. 1973. »Neutral Principles und Decision Making Theory: An Alternative to Incrementalism.« *George Washington Law Review*. Vol. 41 (Juli), Seite 1006–1032.

Soelberg, P. 1967. »Unprogrammed Decision Making: Job Choice.« *Industrial Management Review*. Vol. 9, Seite 1–12.

Solow, Robert M. 1980. »On Theories of Unemployment.« *American Economic Review*. Vol. 70. no. 1 (März), Seite 1–11.

–. 1981. »Replies to Steven Kelman.« *Regulation*. März/April.
Song, Young-dahl und Tinsley E. Yarbrough. 1978. »Tax Ethics and Taxpayer Attitudes: A Survey.« *Public Administration Review*. Sept./Okt., Seite 442–451.
Sorenson, Aage B. und Arne L. Kalleberg. 1981. »An Outline of a Theory of the Matching of Persons to Jobs.« In Ivar Berg (Hrsg.). *Sociological Perspectives on Labor Markets*. New York, Seite 49–74.
Spangler, Miller B. 1983. »A Critique of Methods in the Quantification of Risks, Costs and Benefits in the Societal Choice of Energy Options.« Annals *of Nuclear Energy*. Vol. 10, nos. 314, Seite 119–151.
Sproul, Lee S. 1981. »Managing Education Programs: A Microbehavioral Analysis.« *Human Organization*. Vol. 40, no. 2 (Sommer) Seite 113–122.
Srole, Leo. 1975. »Measurement and Classification in Socio-Psychiatric Epidemiology: Midtown Manhattan Study (1954) and Midtown Manhattan Restudy (1974).« *Journal of Health and Social Behavior*. Vol. 16, Seite 347–363.
Starr, Martin K. 1985. *The Performance of Japanese-Owned Firms in America: Survey Report*. New York.
Stein, Herbert. 1984. *Presidential Economics: The Making of Economic Policy from Roosevelt to Reagan and Beyond*. New York.
–. 1986. *Washington Bedtime Stories: The Politics of Money and Jobs*. New York.
Steinbruner, John D. 1974. *The Cybernetic Theory of Decision*. Princeton, N. J.
Steiner, Ivan D. 1980. »Attribution of Choice.« Martin Fishbein (Hrsg.). *Progress in Social Psychology*. Hillsdale, NJ.
Stern, Paul C. 1984. *Improving Energy Demand Analysis*. Washington, D. C.
.- 1986. »Blind Spots in Policy Analysis: What Economics Doesn't Say About Energy Use.« *Journal of Policy Analysis and Management*. Vol. 5, no. 2, Seite 200–227.
Stern, Paul C. und Elliot Aronson (Hrsg.), 1984. *Energy Use: The Human Dimension*. New York.
Stewart, James B. 1983. *The Partners*. New York.
Stigler, Ceorge J. 1961. »The Economics of Information.« *Journal of Political Economy* (Juni), Seite 213–225.
–. 1962. »Information in the Labor Market.« *Journal of Political economy*. Labor Supplement. Vol. 70, Seite 94–104.
–. 1966. *The Theory of Price*. 3. Aufl., New York.
–. 1968. »Competition.« *International Encyclopedia of Social Science*. Vol. 3. New York, Seite 181–182.
–. 1971. »The Theory of Economic Regulation.« *Bell Journal of Economics and Management Science*. (Frühling), Seite 321.
–. 1972. »Economic Competition and Political Competition.« *Public Choice*. Vol. 13 (Herbst), Seite 91–106.
Stigler, George J. und Gary S. Becker. 1977. »De Gustibus Non Est Disputandum,« *American Economic Review*. Vol. 67, no. 2 (März), Seite 76–90.

Stigler, George J. und Claire Friedland. 1962. »What Can Regulators Regulate? The Case of Electricity.« *Journal of Law and Economics*. Vol. 5 (Oktober), Seite 1–16.
Stinchcombe, Arthur L. 1986. »Reason and Rationality.« *Sociological Theory*. Vol. 4, no. 2 (Herbst), Seite 151–166.
Stokey, Edith und Richard Zeckhauser. 1978. *A Primer for Policy Analysis*. New York.
Strauss, Leo. 1953. *Natural Right and History*. Chicago.
–. 1959. *What Is Political Philosophy?* Glencoe, Ill.
–. 1968. *Liberalism Ancient and Modern*. New York.
Stuart, Reginald. 1984. »To Regulate, to Deregulate or, Now, to Reregulate,« *New York Times*. Monday, 29. Oktober 1984.
Sunquist, James L. 1985. »Has America Lost Its Social Conscience?« The Brookings Institution. Paper, präsentiert an der Florence Heller Graduate School for Advanced Studies in Social Welfare, 11. November 1985.
Swedberg, Richard. 1987. »Economic Sociology.« *Current Sociology*. Vol. 35 (Frühling). Seite 1–221.
Swedberg, Richard, Ulf Himmelstrand und Goran Brulin. 1985. »The Paradigm of Economic Sociology: Premises and Promises.« *Research Reports from the Department of Sociology, Uppsala University*, Vol. 1985, no. 1, Seite 1–62.
Telser, Lester. 1973. »Searching for the Lowest Price.« *American Economic Review*. Vol. 63 (Mai), Seite 40–49.
Thalberg, Irving. 1985. Review of David Pears's *Motivated Irrationality Ethics*. (Juli), Seite 943–945.
Thaler, Richard. 1980. »Toward a Positive Theory of Consumer Choice.« *Journal of Economic Behavior and Organization*. Vol. 1, Seite 39–60.
Thaler, Richard und H. M. Shefrin. 1981. »An Economic Theory of Self Control.« *Journal of Political Economy*. Vol. 89, Seite 392–406.
Thomas, William I. und Dorothy S. Thomas. 1982. *The Child in America: Behavioral Problems and Programs*. New York.
Thompson, Michael. 1979. *Rubbish Theory: The Creation and Destruction of Value*. New York.
Thurow, Lester C. 1980. *The Zero-Sum Society*. New York.
–. 1983. *Dangerous Currents*. New York.
Tisdell, C. S. 1983. »Dissent From Value, Preference and Choice Theory in Economics.« *International Journal of Social Economy*. Vol. 10, no. 2, Seite 32–43.
Titmuss, R. M. 1970. *The Gift Relationship*. New York.
Tittle, Charles R. 1985. »Can Social Science Answer Questions about Deterrence for Policy Use?« In R. Lance Shotland und Melvin M. Mark (Hrsg.), *Social Science and Social Policy*. Beverly Hills, Seite 265–295.
Tobin, James. 1971. »Money, Wage Rates and Employment.« *Essays in Economics. Vol. 1: Macroeconomics*. Chicago.
–. 1972. »Wealth, Liquidity and the Propensity to Consume.« In B. Strumpel,

J. N. Morgan, und E. Zahn (Hrsg.). *Human Behavior in Economic Affairs*. San Francisco, Seite 37–56.

Toda, Masanao. 1980. »Emotion in Decision-Making.« *Acta Psychologica*. Vol. 45, Seite 133–155.

Tolchin, Susan und Martin Tolchin. 1983. *Dismantling America: The Rush to Deregulate*. Boston.

Toma, Eugenia Froedge. 1983. »Institutional Structures, Regulation, and Producer Gains in the Education Industry.« *Journal of Law and Economics*. Vol. 26 (April), Seite 103–116.

de Tocqueville, Alexis. [1835–1840] 1945. *Democracy in America*. 2 vols. New York.

Torrance, E. Paul. 1954. »The Behavior of Small Groups Under the Stress Conditions of ›Survival‹.« *American Sociological Review*. Vol. 19, Seite 751–755.

Tullock, Gordon. 1967. »The Welfare Costs of Tariffs, Monopolies, and Theft.« *Western Economic Journal*. Vol. 5 (Juni), Seite 224–232.

–. 1970. *Private Wants, Public Means; an Economic Analysis of the Desirable Scope of Covernment*. New York.

–. 1974. *The Social Dilemma: The Economics of War and Revolution*. Blacksburg, Va.

Turner, Barry A. 1976. »The Organizational and Interorganizational Development of Disasters.« *Administrative Science Quarterly*. Vol. 21 (Sept.), S. 378–397.

Tversky, Amos und Daniel Kahneman. 1974. »Judgement Under Uncertainty.« *Science*. Vol. 185., no. 4157 (27. September), Seite 1124–1131.

Uhlaner, Carole Jean. 1986. »Political Participation, Rational Actors, and Rationality: A New Approach.« *Political Psychology*. Vol. 7, no. 3, Seite 551–573.

Ulen, Thomas S. 1983. Review of Nelson and Winter. In *Business History Review*. Vol. 57, no. 4 (Winter), Seite 576–578.

Ullman-Margalit, Edna. 1977. *The Emergence of Norms*. Oxford.

Useem, Michael. 1979. »The Social Organization of the American Business Elite and Participation of Corporation Directors in the Governance of American Institutions.« *American Sociological Review*. Vol. 44, (August), Seite 553–572.

–. 1984. *The Inner Circle: Large Corporations and the Rise of Business Political Activity in the U. S. and U. K.* New York.

Van de Kragt, Alphons J. C., John M. Orbell und Robyn M. Dawes. 1983. »The Minimal Contributing Set As a Solution to Public Goods Problems.« *American Political Science Review*. Vol. 77, Seite 112–122.

Varian, Hal R. 1984. *Microeconomic Analysis*. 2. Aufl., New York.

Verhallen, Theo M. M. und W. Fred van Raaij. 1985. »A Behavioral Cost Benefit Approach to the Explanation and Prediction of Behavior.« Paper, präsentiert auf dem 10th Annual Colloquium of the *International Association for Research in Economic Psychology*. Linz, Austria. 1.–5. Juli

Veroff, Joseph, Elizabeth Douvan und Richard A. Kulka. 1981. *The Inner American: A Self-Portrait from 1957 to 1976*. New York.

Viner, Jacob. 1950. *The Custom Union Issue*. New York.
Viscusi, W. Kip. 1979. *Employment Hazards: An Investigation of Market Performance*. Cambridge.
Vogel, Ezra F. 1979. *Japan as Number One: Lessons for America*. Cambridge.
Volkart, Edmund H. 1951. *Social Behavior and Personality: Contributions of W. I. Thomas to Theory and Social Research*. New York.
von Magnus, Eric. 1984. »Preference, Rationality, and Risk Taking.« *Ethics*. Vol. 94 (Juli), Seite 637–648.
Wagner, Wolfgang, Erich Kirchler und Herman Brandstatter. 1984. »Marital Relationships and Purchasing Decisions – To Buy Or Not To Buy, That Is The Question.« *Journal of Economic Psychology*. Vol. 5, Seite 139–157.
Waldrop, M. Mitchell. 1984. »The Necessity of Knowledge.« *Science*. Vol. 223 (März 23), Seite 1279–82.
The Wall Street Journal. 25. Juni 1985.
Wallach, Michael A. und Lise Wallach. 1983. *Psychology's Sanction for Selfishness*. San Francisco.
Walras, Leon. [1874–77] 1954. *Elements of Pure Economics: Or the Theory of Social Wealth*. Übersetzt von William Jaffe. Homewood, Ill.
Walsh, Vivian Charles. 1970. *Introduction To Contemporary Microeconomics*. New York.
Walster, E., G. W. Walster und E. Berscheid. 1978. *Equity: Theory and Research*. Rockleigh, NJ.
Walton, Richard E. und Paul R. Lawrence (Hrsg.), 1985. *Human Resource Management HRM Trends & Challenges*. Boston.
Walzer, Michael. 1980. *Radical Principles*. New York: Basic Books.
–. 1982. »The Community.« *New Republic*. 31. März, Seite 11–17.
–. 1983. *Spheres of Justice*. New York.
Watson, J. G. und Sam Barone. 1976. »The Self Concept, Personal Values, and Motivational Orientations of Black and White Managers.« *Academy of Management Journal*. Vol. 19, no. 1 (März), Seite 442–451.
Weber, Max. [1904–5] 1930. Die protestantische Ethik und der Geist des Kapitalismus, zitiert nach der Übersetzung von Talcott Parsons: *The Protestant Ethic and the Spirit of Capitalism*. Trans. by Talcott Parsons; Vorwort von R. H. Tawney. New York.
–. [1915] 1951. *The Religion of China: Confucianism and Taoism*. Übersetzt und veröffentlicht von Hans H. Gerth und Don Martindale. Glencoe, Ill.
–. [1916–17] 1958. *The Religion of India: The Sociology of Hinduism and Buddhism*. Übersetzt und veröffentlicht von Hans H. Gerth and Don Martindale. Glencoe, Ill.
–. [1921–22] 1968. *Enconomy and Society*. Gunther Roth und Claus Wittich (Hrsg.), New York.
–. 1947. *The Theory of Social and Economic Organization*. Übersetzt von A. R. Henderson und Talcott Parsons. London.

Weinberg, Meyer und Oscar E. Shabat. 1956. *Society and Man*. Englewood Cliffs, NJ.

Weintraub, Sidney. 1978. *Capitalism's Inflation and Unemployment Crisis*. Reading, Mass.

Weitzman, Lenore J. 1985. *The Divorce Revolution*. New York

Weitzman, Martin. 1984. *The Share Economy: Conquering Stagflation*. Cambridge.

Wells, A. 1970. *Social Institutions*. London.

Wermeil, Stephen. 1984. »Is Analysis Out of Touch?: Scholars Blend Law, Economics.« *Wall Street Journal*, 18. Dezember, Seite 64.

West, Edwin C. und Michael McKee. 1983. »De Custibus Est Disputandum: The Phenomenon of ›Merit Wants‹ Revisited.« *American Economic Review*. Vol. 73, no. 5 (Dezember), Seite 1110–1121.

White, Alice Patricia. 1983. *The Dominant Firm: A Study of Market Power*. Ann Arbor Mich.

Whittington, D. und D. Macrae. 1986. »The Issue of Standing in Cost-Benefit Analysis.« *Journal of Policy Analysis and Management*. Vol. 5, no. 4, Seite 665–682.

Wilber, Charles K. und Kenneth P. Jameson. 1983. *An Inquiry into the Poverty of Economics*. Notre Dame.

Wildavsky, Aaron B. 1979. *The Politics of the Budgetary Process*. 3. Aufl., Boston.

Wildavsky, Aaron B. und Jeffrey L. Pressman. 1984. *Implementation: How Great Expectations in Washington are Dashed in Oakland: Or Why It's Amazing that Federal Programs Work at All*. Berkeley.

Wilde, Keith D., Allen D. Lebaron und L. Dwight Israelsen. 1985. »Knowledge, Uncertainty, and Behavior.« *AEA Papers and Proceedings*. Vol. 75 (Mai), Seite 403–408.

Williams, Edward E. und M. Chapman Findlay III. 1981. »A Reconsideration of the Rationality Postulate.« *American Journal of Economics and Sociology*. Vol. 40, no. 1 (Januar), Seite 18–19.

Williams, Robin M., Jr. 1968. »The Concept of Values.« In David Sills, (Hrsg.), *International Encyclopedia of Social Sciences*. Vol. 16, Seite 283–287.

Williamson, Oliver E. 1975. *Markets and Hierarchies: Analysis and Antitrust Implications*. New York.

–. 1985. *Economic Institutions of Capitalism*. New York.

Wilson, Bryan R. 1970. *Rationality*. Evanston and New York: Harper and Row.

Wilson, Graham K. 1981. *Interest Groups in the United States*. Oxford.

Wilson, James Q. 1973. *Political Organizations*. New York.

–. 1980. *The Politics of Regulation*. New York.

–. 1985. (durchgesehene Aufl.) *Thinking About Crime*. New York.

–. 1985. »The Rediscovery of Character: Private Virtue and Public Policy.« *The Public Interest*. No. 81, Seite 316.

Wilson, James Q., Richard J. Herrnstein. 1985. *Crime and Human Nature*. New York.
Winrich, J. Steven. 1984. »Self Reference and the Incomplete Structure of Neoclassical Economics.« *Journal of Economic Issues*. Vol. 18, no. 4 (Dezember), Seite 987–1005.
Winston, Gordon C. 1982. *The Timing of Economic Activity*. Cambridge.
Winter, Sidney G. 1975. »Optimization and Evolution in the Theory of the Firm.« In Richard H. Day und Theodore Groves (Hrsg.). *Adaptive Economic Models*. New York, Seite 73–118.
von Winterfeldt, Detlof und Ward Edwards. 1986. *Decision Analysis and Behavioral Research*.
Wohlstetter, Roberta. 1962. *Pearl Harbor: Warning and Decision*. Stanford, Cal.
Wolosin, R. J., S. J. Sherman und A. Till. 1973. »Effects of Cooperation and Competition on Responsibility Attribution after Success and Failure.« *Journal of Experimental Social Psychology*. Vol. 9, Seite 220–235.
Woodworth, R. S. und R. S. Schlosberg. 1954. *Experimental Psychology*. New York.
Wright, W. F. und G. H. Bower. 1981. *Mood Effects on Subjective Probability Assessment*. Unveröffentlichtes Manuskript, Stanford University.
Wright, T. P. 1936. »Factors Affecting the Cost of Airplanes.« *Journal of Aeronautical Science*. Vol. 3, no. 4.
Wrong, Dennis. 1961. »Oversocialized Concept of Man in Sociology.« *American Sociological Review*. Vol. 26, no. 2, Seite 183–193.
Yanke Povich, Daniel. 1981. *New Rules: Searching for Self-Fulfillment in a World Turned Upside Down*. New York.
Yatchew, Adonis J. 1985. »Labor Supply In The Presence of Taxes: An Alternative Specifications." *Review of Economics and Statistics*. Vol. 67, no. 1 (Februar), Seite 27–33.
Yerkes, R. M. and J. D. Dodson. 1908. »The Relation of Strength of Stimulus to Rapidity of Habit Formation.« *Journal of Comparative Neurological Psychology*. Vol. 18, Seite 459–482.
Young, T. 1983. »The Demand for Cigarettes: Alternative Specifications of Fujii Model.« *Applied Economics*. Vol. 15, Seite 203–211.
Zaid, Gabriel. 1979. *El progreso improductivo*. Mexico, D. F.
Zajonc, R. B. 1980. »Feeling and Thinking: Preferences Need No Inferences.« *American Psychologist*. Vol. 35, no. 2 (Februar), Seite 151–175.
Zeckhauser, Richard. 1982. Review of »Toward a Theory of the Rent-Seeking Society,« veröffentlicht von James M. Buchanan, Robert D. Tollison und Gordon Tullock. *Journal of Political Economy*. Vol. 90 (Dezember), Seite 1303–1306.
Zeleny, Milan. 1982. *Multiple Criteria Decision Making*. New York.
Zelizer, Viviana. 1985. *Pricing the Priceless Child: The Changing Social Value of Children*. New York.
Znaniecki, Florien. 1936. *Social Actions*. New York.

Namenregister

Abelson, R. P. 39, 168, 190
Abolafia, M. Y. 356
Abramowitz, M. 327
Adsen 34
Ainslie, G. 132
Ajzen, I. 180, 199, 257
Akerlof, G. 135, 275
Alchian, A. A. 68, 110, 413, 419
Alessi, I. 264
Alhadeff, D. A. 83
Allen, W. R. 68, 110, 413, 419
Allvine, F. C. 23
Amemiya, T. 158
Ames, R. E. 115, 116, 420
Anderson, C. A. 211
Andreano, R. 405
Andress F. J. 277
Andrews, F. M. 337
Andrews, I. R. 323
Argyris, C. 293
Aronson, E. 408, 420
Arrow, K. 49, 108, 110, 246, 247, 352
Asch, S. E. 322
Ashley, R. K. 317
Axelrod, R. 118
Ayris, R. E. 413, 414
Azariadis, C. 147
Azzi, C. 65

Bailey, D. 109
Baily, M. N. 147
Baker, W. E. 356
Baldwin, J. W. 28

Banfield, E. 158
Baran, A. 296
Barnard, C. 181
Barone, S. 199
Barry, B. 29, 100, 120
Barth, J. R. 103
Barth, R. T. 336
Barzel, Y. 111, 112
Baumol, W. 370, 394
Beaucamp, T. L. 40
Becker, G. S. 65, 113, 144, 145, 152, 170, 249, 250, 259, 419
Beckman, L. 196
Beer, M. 192
Bell, D. 373, 410
Bellah, R. N. 34
Benedict, R. 64
Benn, S. I. 110
Bentham, J. 29, 58, 59, 60, 410
Berelson, B. 180, 319, 324
Berger, P. L. 385
Berkowitz, L. 154
Berlin, B. 78
Berscheid, E. 152
Black, J. S. 125
Blackwell, R. 182, 211, 280
Blaug, M. 251
Bohm, P. 116, 340
Boland, L. A. 47
Borak, J. 214
Bosworth, B. P. 281
Bougan, M. G. 217
Boulding, K. E. 35, 62, 65, 223, 410, 415

Bower, G. H. 184
Bowie, N. E. 65
Boyle, S. E. 109
Brandl, J. E. 413
Brandt, R. B. 61, 255
Brennan, G. 416, 422
Britan, G. M. 296
Brock, W. A. 394
Brown, P. 391
Browning, E. K. 60, 380
Browning, J. M. 60, 380
Brubaker, E. R. 116
Brucato, P. 284
Brunsson, N. 261
Buchanan, J. M. 111, 121, 368, 419, 422
Buckley, J. J. 158
Bull, C. 147
Burke, E. 418
Burt, R. S. 385
Burton, R. V. 97

Carlsmith, J. M. 134, 135
Casson, M. 268
Chaiken, S. 190, 301
Chamberlin, E. H. 342
Cheal, D. J. 105, 154
Chelius, J. R. 414
Cheng, J. 336
Chieu, J. S. 109
Childress, J. 88
Cloninger, D. 122, 404
Coase, R. 305
Cohen, L. J. 216
Cohen, P. S. 263
Coleman, A. 118
Coleman, J. S. 269, 363
Collard, D. 117, 156
Collesano, S. 283
Cook, P. 406
Cooley, D. 108
Cordes, J. J. 103
Corrigan, B. 214
Croce, B. 249
Crocker, K. J. 275
Cross, J. G. 50, 247, 304

Crouch, R. L. 39, 60, 317
Curtin, R. T. 135
Cyert, R. M. 109, 204, 288 ff., 295, 296

Daft, R. L. 336
Dailey, R. C. 337
Dalton, M. 277
Daniels, G. A. 154
Darley, J. M. 105, 172, 323
Davis, K. E. 196
Dawes, R. M. 117, 214
Day, R. H. 264
Deal, T. E. 402
Debreu, G. 340
Demsetz, H. 380, 385, 414
Denison, E. F. 131, 353
Derlega, V. J. 105, 117
Diaz-Alejandro, C. F. 220
Dickens, W. T. 96, 135
Diesing, P. 248
Dodson 187
Donaldson, G. 109
Donnellon, A. 217
Douglas, M. 133, 307, 415
Douvan, E. 405
Downs, A. 111, 112, 121, 373
Duncan, O. D. 327
Durkheim, E. 30, 88, 354
Dyke, C. 59, 60, 90, 419

Easterbrook, J. A. 175
Easterlin, R. A. 326, 327
Eccles, R. G. 153
Edwards, W. 185, 213
Ehrenberg, R. G. 402, 403, 419
Eichner, A. 51
Einhorn, H. J. 214
Elder 374
Elgin, D. 416
Elster, J. 86, 132, 179, 184, 264
Engel, J. F. 182, 211, 280
England, G. W. 199
Engler, R. 378
Epstein, T. S. 374, 376
Erlman, A. 227

Etzioni, A. 71, 74, 95, 110, 129, 140, 185, 200, 204, 234, 258, 269, 343, 346, 355, 364, 365, 390, 396, 400, 403, 412, 418

Farris, G. F. 336
Feather, N. T. 196
Feigenbaum, R. 196
Fellner, C. H. 88, 174
Fenno, R. F. 231f.
Festinger, L. 135, 176
Field, A. J. 307
Findland, M. 227
Findlay, M. C. 245, 263
Fineberg, H. V. 295
Fisch, E. 104
Fishoff, B. 212
Fishbein, M. 180, 199, 257
Fisher, T. D. 325
Fitch, G. 196
Foster, C. B. 112
Frank, R. H. 102, 286, 327
Frankena, W. K. 61
Frankfurt, H. 86
Freedman, J. L. 134
Freize, I. 196
Freud, S. 138, 186
Fried, C. 13
Friedman, M. 30, 47, 114, 373, 385
Fromm, E. 36, 241
Furnham, A. 182

Galbraith, J. K. 108, 370
Galbraith, J. R. 336
Gans, H. 34
Gaus, G. F. 110
Georgescu-Roegen, N. 262
Glanzer, M. 337
Glaser, E. M. 337, 403
Glassman, J. K. 402
Glazer, A. 380
Glazer, N. 347
Glueck, 179
Goddard, C. T. 277
Godwin, K. 100
Goldberg, V. P. 158

Goldsen, R. 268
Goodin, R. E. 88, 148, 409, 420
Gordon, P. C. 198
Goulden, J. C. 379
Gouldner, A. W. 154
Granovetter, M. 29, 346, 354
Grant, W. 179
Grasmick, H. G. 123, 124, 125, 406
Gray, B. 217
Green, D. 124, 125, 406
Greenberg, P. D. 403
Greenwald, M. 283
Greer, D. 370
Grether, D. M. 213
Grinder, R. E. 97
Gross, A. E. 134, 135
Grossman, G. 395
Grzelak, J. 105, 117
Gusfield, J. R. 34
Guttridgte, G. H. 30

Hackman, J. R. 334
Hall, R. G. 325
Hall, R. I. 295 f.
Hall, R. L. 288, 290
Hamermesh, D. 66
Hammond, R. 221
Hansen, F. 280
Harsanyi, J. C. 82
Hart, O. D. 147
Hartshorne 97
Hayek, F. von 30
Heath, A. 304
Heberlein, T. A. 125, 126, 281
Heider, F. 195
Heimer, C. A. 152, 404
Heiner, R. A. 246, 286, 307
Herendeen, J. B. 109
Hirsch, F. 350, 416
Hirschman, A. O. 48, 85, 86, 169, 350, 352
Hirschmann, W. B. 251, 276
Hirshleifer, J. 68, 100, 180, 209
Hitch, G. J. 288, 290
Hobbes, T. 33, 102
Hoch, J. 199

Hoffman, M. L. 94
Hofstadter, R. 408
Hogarth, R. M. 213
Holmes, M. 104
Holmstrom, B. 403, 404
Holsti, O. R. 178, 187
Holt, J. 269
Holtz, J. 323
Holyoak, K. J. 198
Homans, G. C. 259
Hornstein, H. A. 104
Houthakker, H. S. 279
Hyman, H. H. 325

Illich, I. 269
Inglefinger, R. 227
Inkeles, A. 415
Irsteub, 374
Isaac, R. M. 117
Isen, A. M. 184, 198
Isherwood, B. 133
Izard, C. E. 199

Jameson, K. P. 23
Janis, I. 104, 138, 183, 185, 236, 319, 324
Janowitz, M. 110, 405
Jencks, J. 34
Johansen 122, 404
Johnson, C. M. 402
Johnson, D. L. 323
Johnson, E. 158
Johnson, H. G. 65
Johnson, T. J. 196
Johnson-Laird, P. N. 263
Jones, E. E. 196
Juster, F. T. 155

Kagan, J. 199
Kagel, J. H. 70, 211, 212, 250, 259
Kahn, A. 49, 208, 291, 292
Kahn, R. L. 185
Kahneman, D. 117, 151, 154, 195, 208, 211, 213, 249, 303
Kalleberg, A. L. 146
Kalt, J. P. 65, 84, 85, 114, 144, 418

Kamerschen, D. R. 69, 274, 380, 419
Kant, I. 40
Kaptyn, A. 327
Katona, G. 173, 177, 225, 278f., 280, 292
Katosh, J. P. 283
Katz, D. 185
Katz, E. 323
Katz, R. 337
Kay, P. 78
Kearl, J. R. 342
Keeney, R. L. 158
Keller, B. 415
Kelley, H. H. 180, 196
Kelman, S. 413, 420
Kennedy, A. 402
Kenner, H. 301
Kennett, D. A. 141
Keohane, R. O. 378
Kerr, C. 146
Kessel, R. A. 148
Key, V. O. 374
Kilmann, R. 402
Kim, M. 368
Kindleberger, C. P. 300
Kinkead, E. 324
Kirzner, I. 249
Klausner, M. 136
Klein, S. D. 88, 172, 174, 261
Knetsch, J. L. 117, 153, 154
Koch, J. V. 384
Kohlberg, L 31, 61, 94, 176
Korchin, S. J. 178
Kornhauser, W. 36, 241
Kragt, A. van de 117
Kravitz, D. A. 333
Krueger, A. O. 368
Kuhn, T. 23
Kulka, R. A. 405
Kunkel, J. H. 107, 253
Kunreuther, H. 213, 246
Kuttner, R. 146, 152
Kwitny, J. 402

Laitner, J. P. 65, 107
Lakonishok, J. 296

Lamm, H. 323
Lancester, K. 160, 340, 342
Landes, W. 420
Lang, E. M. 372
Langer, E. J. 211
Lanzillotti, R. F. 208, 290, 291, 292
La Piere, D. 151
Latané, B. 105, 172, 323
Latis, S. 49
Laughlin, P. R. 334
Lave, L. 118
Lawrence, P. R. 192
Layard, P. R. 403
Lazarsfeld, P. F. 323
Leamer, E. E. 51
Leckachman, R. 245
Lee, R. 199
Lee, S. M. 158, 253
Leff, N. 230
Lefford, A. 190
Leibenstein, H. 140, 264
Leonard-Barton, D. 416
Leontief, W. 51
Lepper 211
Leventhal, H. 186
Levi, A. 190
Levin, D. 211, 212
Levine, D. 42
Levitan, S. A. 402
Lewis, A. 182, 280, 401
Lichtenstein, S. 194, 212, 214
Lincoln, J. R. 146
Lindblom, C. F. 203
Lindblom, D. 222, 223 ff.
Lindenberg, S. 82
Lindsay, C. M. 247
Lipset, S. M. 350
Lipsey, R. G. 60, 62, 340, 342
Little, I. M. 61, 68, 69
Lodge, G. C. 351
Loether, H. 47
Longley, J. 319
Longman, P. 108
Lorsch, J. W. 109
Losco, J. 102
Lovejoy, A. O. 263

Lowi, T. 374
Luhmann, N. 31

Machlup, F. 50, 109, 288, 290
Macintosh, N. B. 336
MacRae, D. 276, 417
Magat, W. A. 284
Magnus, E. von 190
Maital, S. 135, 410
Maital, S. L. 410
Majone, G. 417, 418
Malinowski, B. 23
Malinvaud, E. 340
Mann, L. 104, 138, 183, 185, 236
Mannheim, K. 248
March, J. G. 38, 72, 109, 204, 239, 250, 253, 259, 286, 288 ff., 295, 296, 306
Marcuse, H. 138
Margolis, H. 62, 83, 85, 114
Marris, R. 339
Marshall, G. D. 198
Marshall, J. R. 88, 174
Marvel, H. 274
Marwell, G. 115, 116, 420
Maslach, 198
Maslow, A 186, 350, 415
Mason, T. 326
May, E. R. 330, 331
May, M. A. 97
Maynes, E. S. 246
Mayo, E. 146
McClelland, G. H. 221
McCloskey, D. N. 214, 216
McConnell, C. R. 371
McCraw, T. K. 351
McCue, K. F. 117
McGrath, J. 333, 334
McGregor, D. 86, 146
McKee, A. F. 240, 413
McKinley, W. 336
McPherson, M. S. 86, 91, 103, 121, 415
McTavish, D. 48
Meissner, W. W. 94
Meltzer, A. H. 49

Metterer 97
Miller, D. M. 256
Mills, D. 192
Mishan., E. J. 417
Mitchell, A. 416
Mitchell, R. C. 100
Moe, T. M. 47
Moffit, R. 136, 159
Moment, D. 179
Monsen, R. J. 109
Morgan, J. N. 182
Morris, C. G. 334
Mowery, D. C. 296
Mueller, D. C. 111, 246, 255, 279, 339
Mumpower 221
Murray, C. A. 406
Musgrave, A. 243
Myers, D. G. 323

Navarro, P. 371
Needham, D. 370
Nelson, E. A. 97
Nelson, J. N. 220
Nelson, R. R. 24, 80
Neubig, T. S. 135
Neustadt, R. E. 295
Newbery, D. M. 342
Nicholson, W. 274, 290
Nisbet, R. A. 127
Nisbett, R. 179, 196, 208, 210, 211, 214, 243
Niskanen, W. 373
Norman, D. A. 197
North, D. C. 22, 306, 308
Novak, M. 350, 385
Nozick, R. 30
Nutt, P. C. 295

Ofer, A. R. 2966
Ofshe, I. 83, 410
Ofshe, R. 83, 410
Okun, A. 151, 152
Olsen, J. P. 113, 286, 306
Olson, M. 113, 115, 373
Orbell, J. M. 117

Ordeshook, P. C. 111, 121
Osiel, M. J. 420
Ozga, S. A. 341

Panzar, J. C. 370, 394
Papandreou, A. G. 204
Parker, T. 286, 298, 299, 300
Parsons, T. 23, 30, 139, 248, 253, 346
Pashigian, P. B. 368
Payne, J. W. 284
Peltzman, 368
Pelz, D. C. 337
Perrow, C. 294, 307
Pfeffer, J. 109
Phelps, E. S. 108, 354, 381
Phillips, L. D. 212
Piaget 186
Pieters, R. G. 188
Piliavin, I. M. 105
Plott, C. R. 117, 213
Polanyi, K. 346
Polsby, N. W. 232
Pommerehne, W. W. 116
Popper, K. 216
Posner, R. A. 22, 368, 420
Power, C. 334
Pruitt, D. G. 319

Quade, E. S. 230

Radner, R. 214, 273
Rados, D. L. 204
Rapoport, A. 118
Ravid, S. A. 380
Rhoads, S. E. 416, 418
Riker, W. H. 111, 121
Riley, J. G. 209, 274
Roberts, R. D. 102
Rodin, J. 105
Roe, A. 336
Rorty, R. 216
Ross, L. 196, 208, 210, 211, 214, 243
Rottenberg, S. 405
Rubin, P. H. 24, 406
Ruesnab 374
Rushton, J. P. 105, 134

Sadalla, E. 135
Salamon, L. M. 376
Samuelson P. A. 60, 69, 110, 250
Sandquist 120
Schachter, S. 197
Schattsneider, E. E. 367, 374
Schechter, M. C. 109
Schelling, T. C. 80, 86, 132
Scherer, F. M. 293, 370, 384
Schlosberg, R. S. 187
Schmookler, J. 272, 329
Schneider, F. 116
Schneider, H. K. 22, 414
Schneider, W. 350
Schon, D. 227
Schopenhauer, A. 34
Schott, K. 338
Schultz, G. 217
Schumpeter, J. A. 328
Schwartz, S. H. 104, 172, 199, 420
Scitovsky, T. 87, 280
Sears, D. O. 119
Sen, A. K. 49, 85, 92, 122, 249, 404
Sexauer, B. 279
Shaw, M. E. 337
Shefrin, H. M. 80, 81, 82
Shephard, W. G. 370, 386, 392 f.
Sherif, M. 322
Sherman, S. J. 196
Shorrocks, A. F. 65, 107
Shweder, R. A. 42, 217 f., 254
Siegel, S. 83
Siegfried, J. J. 376, 405
Silberberg, E. 111, 112
Sills, D. S. 191, 296
Simmons, R. G. 88, 172, 174, 261
Simmons, R. L. 88, 172, 174, 261
Simon, H. A. 51, 185, 203, 204 ff., 245, 253, 307, 308
Simon, R. L. 65
Sims, H. P. 51
Singer, J. E. 197
Sjöberg, L. 179, 184
Skinner, B. F. 303
Slovic, P. 194, 208
Smelser, N. J. 248, 346

Smiley, R. 380
Smith, A. 29, 57, 60, 67, 79, 99, 338, 343, 356, 359
Smith, D. H. 414
Smith, R. S. 402, 403, 419
Snortland, N. E. 233
Snow, A. 275
Soelberg, P. 179, 257
Solow, R. M. 419
Song, Y. 126
Soss, N. M. 66
Spector, B. 192
Sproull, L. S. 296
Srole, L. 35, 324
Stanga, J. E. 233
Stangor, C. 190, 301
Starr, M. K. 256
Staudohar, P. D. 146
Stein, H. 214, 331
Steinbruner, J. D. 207
Steiner, G. A. 179 f., 319, 324
Steiner, P. 60, 62
Stern, P. C. 124, 281, 284, 293, 322, 332, 408, 410
Stigler, G. J. 65, 84, 85, 170, 273, 274, 340, 353, 367, 369, 374, 383, 386, 388
Stiglitz, J. E. 342
Stinchcombe, A. L. 152, 271
Stockey, E. 158
Strauss, L. 31
Sullivan, W. M. 34
Swedberg, R. 346, 369
Swindler, A. 34

Tagliacozzuo 265
Tarpley, F. A. 23
Taylor, I. D. 279
Telser, L. 246
Thaler, R. 80, 81, 82, 117, 153, 154, 208, 212
Thibault, J. W. 180
Thompson, M. 133, 416
Thurow, L. C. 23, 72, 92, 106, 146, 247, 277, 282, 338, 374, 402
Till, A. 196

Tisdell, C. S. 415
Titmuss, R. M. 141, 149, 409
Tobin, J. 122, 245
Toda, M. 184, 304
Tolchin, M. 398
Tolchin, S. 398
Tollinson, R. D. 368
Toma, E. F. 368
Toqueville, A. de 241
Torrance, E. P. 178
Tullock, G. 111, 112, 368, 417
Turner, B. A. 295
Tushman, M. 337
Tversky, A. 195, 208, 211, 213, 249, 303

Uhlaner, C. J. 114
Ulen, T. S. 24
Ullmann-Margalit, E. 307
Useem, M. 385

Valentine, L. M. 69, 274, 380, 419
Van Raaij, W. F. 18, 278
Varca, P. E. 325
Varian, H. R. 403
Veilleux, S. 214
Verhallen, T. M. 278
Veroff, J. 405
Vertinsky, J. 336
Viner, J. 342
Viscusi, W. 414f.
Vogel, E. F. 351, 354
Vroom, V. 257

Waldrop, M. M. 207
Wallace, J. 135
Wallach, L. 60, 102, 105
Wallach, M. A. 60, 102, 105
Walras, L. 340
Walsh, V. C. 60, 69, 419
Walster, E. 152
Walters, A. A. 403
Walton, R. E. 192
Walzer, M. 34, 88, 151, 421

Wansbeek, T. 327
Warriner, G. K. 125, 126, 281
Watson, J. G. 199
Weber, M. 176, 253, 267, 270, 349
Weiby, M. 196
Weiner, B. 196
Weitzman, L. J. 73
Wells, A. 105
Wermeil, S. 420
West, E. G. 240
White, A. P. 370
Whittington, D. 417
Wilber, C. K. 23
Wildavsky, A. 307, 331
Wilde, K. D. 255, 259
Williams, E. E. 245, 263
Williams, R. M. 189
Williamson, O. E. 113, 270, 305, 306
Willig, R. D. 370, 394
Wilson, B. R. 264
Wilson, J. A. 388, 407
Winrich, J. S. 30
Winter, S. G. 24, 80, 303
Winterfeldt, D. von 213
Wohlstetter, R. 294
Wolosin, R. J. 196
Woodworth, R. S. 187
Wright, C. 323
Wright, T. P. 277
Wright, W. F. 184
Wrong, D. 28, 30

Yankelovich, D. 405
Yarborough, T. E. 126
Yerkes, R. M. 187
Young, T. 280

Zaid, G. 351
Zajonc, R. B. 197, 199
Zeckhauser, R. 158
Zelizer, V. 133
Zimbardo, P. G. 198
Zupan, M. A. 65, 84, 85, 114, 144, 418

Wirtschaft
Herausgegeben von Bert Rürup

 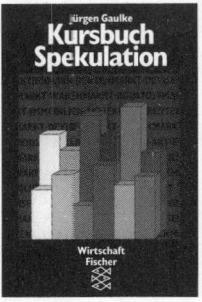 

Horst Biallo
Die Doktormacher
Namen und Adressen, Preise und Verträge, Behörden und Betrogene, Gesetze und Strafen
Band 13025

Jürgen Borchert
Renten vor dem Absturz
Ist der Sozialstaat am Ende?
Band 11624

Hans G. Christoffel
Kursbuch Einkommensteuer
sowie Vermögen- und Erbschaftsteuer
Band 12882
(*in Vorbereitung*)

Amitai Etzioni
Die faire Gesellschaft
Jenseits von Sozialismus und Kapitalismus. Band 12537

Christian Fälschle
Kursbuch Finanzen
Zum Umgang mit Geld und Vermögen
Band 12360

Jeffrey E. Garten
Der kalte Frieden
Amerika, Japan und Deutschland im Wettstreit um die Hegemonie
Band 12600

Jürgen Gaulke
Kursbuch Altersvorsorge
Band 12361
Kursbuch Baufinanzierung
Band 13354

Jürgen Gaulke
Kursbuch Spekulation
Band 11682
Kursbuch Immobilien als Kapitalanlage
Richtig kaufen, finanzieren, vermieten. Band 12944
Kursbuch Versicherung 96/97
Risikovorsorge auf dem Prüfstand
Band 13355

K. Handschuch
D-Mark ade!
Das Maastricher Experiment
Band 11611

Wilhelm Hankel
Dollar und ECU
Leitwährungen im Wettstreit
Band 11014

Fischer Taschenbuch Verlag

fi 1362 / 11 a

Wirtschaft
Herausgegeben von Bert Rürup

Udo Hielscher
Fischer Börsenlexikon
Band 10389

Michael Köhne
Der unsichtbare Strick
Wie der Staat seine Steuerzahler betrügt
Band 12816

Johannes Ludwig
Wirtschaftskriminalität
Schleichwege zum großen Geld
Band 10791

Hans G. Möntmann
Protzkis Traumland
Das Brevier über Bereicherung, Verschwendung und Prunksucht im öffentlichen Dienst
Band 12632

Hans G. Möntmann
Raubritter in Glaspalästen
Obskure Praktiken in der Kreditwirtschaft. Band 12631

Joachim Merkl
Kursbuch Steueroasen
Band 12680

Eva Müller
Das Ende der Ölzeit
Strategie für eine saubere Wirtschaft in Deutschland
Band 11276

Gaby Neujahr-Schwachulla/
Sibylle Bauer
Führungsfrauen
Anforderungen und Chancen in der Wirtschaft
Band 12305

Martina Niembs
China – Wirtschaftsmacht der Zukunft
Band 13069

Peter Oberender/
Ansgar Hebborn
Wachstumsmarkt Gesundheit
Therapie des Kosteninfarkts
Band 10273

Kenichi Ohmae
Die neue Logik der Weltwirtschaft
Zukunftsstrategien der internationalen Konzerne
Band 12062

Udo Perina
Kursbuch Geld 1
Anlagemöglichkeiten: Chancen und Risiken
Band 10130

Fischer Taschenbuch Verlag

fi 1362 / 8 b

Wirtschaft
Herausgegeben von Bert Rürup

Udo Perina
Kursbuch Geld 2
Schulden: Nutzen
und Gefahren
Band 10847

Jan Reetze
**Gläserne
Verbraucher**
Markt- und
Medienforschung
unter der Lupe
Band 12684

Robert B. Reich
**Die neue
Weltwirtschaft**
Das Ende der natio-
nalen Ökonomie
Band 12833

Richard Reichel
Markt oder Moral?
Entwicklungs-
politik auf die
ökonomischen
Füße gestellt
Band 11957

Joachim Riecker
Ware Lust
Wirtschaftsfaktor
Prostitution
Band 12171

Bert Rürup
**Fischer
Wirtschaftslexikon**
Band 12261

Lothar Schemmel
Kursbuch Steuern
Band 11576

Otto Schily
**Flora, Fauna
und Finanzen**
Über die Wechsel-
beziehung von
Natur und Geld
Band 12981

Renate Schubert
**Ökonomische
Diskriminierung
von Frauen**
Band 10279

Karin Schütrumpf
**Kursbuch
Erben und
Schenken**
Band 11192

Hans See
**Kapital –
Verbrechen**
Die Verwirtschaf-
tung der Moral
Band 10865

Jochen Struwe
**Kursbuch
Betriebs-
wirtschaftslehre**
Band 11131

Mechtild Upgang
**Finanzratgeber
für Frauen**
Band 12378

Fischer Taschenbuch Verlag